Theorie und Empirie der Alterssicherung in Deutschland

Sozialökonomische Schriften

Herausgegeben von
Bert Rürup und Werner Sesselmeier

Band 44

PETER LANG

Frankfurt am Main · Berlin · Bern · Bruxelles · New York · Oxford · Wien

Jörg Schoder

Theorie und Empirie der Alterssicherung in Deutschland

Eine Bestandsaufnahme zu den Versorgungswegen des Drei-Schichten-Modells unter Berücksichtigung regionaler Aspekte

PETER LANG
Internationaler Verlag der Wissenschaften

Bibliografische Information der Deutschen Nationalbibliothek
Die Deutsche Nationalbibliothek verzeichnet diese Publikation
in der Deutschen Nationalbibliografie; detaillierte bibliografische
Daten sind im Internet über http://dnb.d-nb.de abrufbar.

Zugl.: Freiburg (Breisgau), Univ., Diss., 2011

Gedruckt auf alterungsbeständigem,
säurefreiem Papier.

D 25
ISSN 0172-1747
ISBN 978-3-631-60792-3

© Peter Lang GmbH
Internationaler Verlag der Wissenschaften
Frankfurt am Main 2011
Alle Rechte vorbehalten.

www.peterlang.de

Vorwort

„Im Schwierigen liegen die
freundlichen Kräfte, die fleißigen
Hände, die an uns selbst
arbeiten..."

Rainer Maria Rilke

Die Zeit, in der die vorliegende Arbeit entstand, war ein in vielerlei Hinsicht lehrreicher Lebensabschnitt. In der Rückschau erscheint er wie immer weniger problematisch, als im konkreten Augenblick des Weges, auf dem so manches Tief zu durchschreiten war.

Auch die Volkswirtschaftslehre geriet während meiner Promotionszeit in eine schwierige Phase. Im Zusammenhang mit der Finanzkrise entbrannte auch unter den deutschen Fachvertretern ein Streit über die ökonomische Methode. Aus meiner Sicht sind in diesem Zusammenhang die Ausführungen von KRUGMAN (1995) erhellend. Er macht deutlich, dass in Methodenfragen Extrempositionen problematisch sind, weil letztlich jeder Ansatz an Grenzen stößt. So haben formal-mathematische Modelle zwar den Vorteil, dass sie zu stringentem Denken zwingen und es ermöglichen, die Sensitivität der Ergebnisse im Hinblick auf die Annahmen offen zu legen. Eine ausschließliche Beschränkung auf derartige Modelle kann jedoch dazu führen, dass wichtige Aspekte der Realität aufgrund (temporärer) Formalisierungsschwierigkeiten ignoriert werden. Demgegenüber besteht bei verbal-analytischen Modellen die Gefahr, sich mit Plausibilitäten zufrieden zu geben und so eine falsche Sicherheit vorzutäuschen. Letztlich muss es also darum gehen, die erwähnten Vorteile der Formalisierung zu nutzen, ohne darüber die Nachteile aus den Augen zu verlieren – also die verschiedenen Ansätze problemadäquat und lösungsorientiert zu kombinieren. Meine Arbeit versucht für den Bereich der Alterssicherung einen solchen mehrperspektivischen Ansatz, durch die Verbindung von Theoriebildung, empirischer Untersuchung und Institutionenkenntnis, umzusetzen und damit nicht nur für Fachkollegen einen Mehrwert zu schaffen.

Beim Bewältigen der persönlichen Tiefs haben mir die vielfältigen Parallelen zwischen Wissenschaft und Sport immer wieder geholfen. Vor allem aber haben mich viele Menschen in unterschiedlicher Weise unterstützt und gefördert. Ohne sie hätte ich diese Arbeit nicht abschließen können. Ihnen allen möchte ich daher an dieser Stelle herzlich danken.

Zu Ihnen gehört zuerst mein Doktorvater, Prof. Dr. Bernd Raffelhüschen, dem ich dafür danke, dass er mir meine Befähigung zum wissenschaftlichen Arbeiten auf seine unnachahmliche Art bereits im Studium bewusst machte und mich während meiner Promotionszeit als wissenschaftlicher Mitarbeiter an seinem Lehrstuhl beschäftigt hat. Die Umwege bei der Themenfindung haben uns beide einige Nerven gekostet, sich am Ende aber gelohnt. Es freut mich, dass sich Prof. Dr. Wolfgang Eggert dieser Einschätzung anschließen konnte. Ihm danke ich für Anregungen und die Übernahme des Zweitgutachtens.

Widmen möchte ich diese Arbeit meinen Eltern, die sich über die Fertigstellung wohl am meisten gefreut haben. Ihnen danke ich dafür, dass sie meinen Lebensweg mit viel Verständnis aber auch mit – nicht immer willkommener, aber doch notwendiger – Kritik begleitet haben. Danke auch meinem Bruder Johannes, der mich auf dem Weg zur Promotion noch überholt hat. Mit ihm konnte ich nicht nur Fachfragen besprechen, sondern in den lohnenden Pausen die sportliche Ablenkung in der Natur genießen.

Ein besonders herzlicher Dank gilt Jasmin Häcker, die mich als Kollegin am Institut nicht nur fachlich und moralisch unterstützt hat, sondern mich als Freundin wiederholt und mit viel Verständnis bei meinem geliebten Schwarzwälder Rucksacklauf betreute. Dass sie nach ihrem Abschied aus Freiburg noch Zeit fand, meine Arbeit gründlich durchzusehen und mit wertvollen Kommentaren zu verbessern, weiß ich besonders zu schätzen.

Thorsten Henne danke ich für seine Unterstützung bei einem Projekt, das Grundlage für den empirischen Teil dieser Arbeit war. Ideal war, dass wir manches methodische oder programmiertechnische Problem auf dem Rennrad besprechen konnten. Auch die wegen des Datenschutzes notwendigen Arbeiten am Forschungsdatenzentrum (FDZ) des Statistischen Landesamtes Baden-Württemberg in Stuttgart, die wir mehrfach gemeinsam durchgeführt haben, waren stets ertragreich.

Danken möchte ich auch meinen Kollegen Tobias Benz, Christian Hagist, Matthias Heidler, Arne Leifels, Stefan Moog und Johannes Vatter für wertvolle Hinweise und anregende Diskussionen sowie Martin Benedix für technische Hilfestellungen.

Für die manchmal spontane aber stets unkomplizierte Beherbergung bei den wiederholt mehrtägigen Aufenthalten am FDZ in Stuttgart danke ich ganz herzlich meinen Freunden Nicola und Tim zur Nieden, Daniel Rost sowie Steffi und Nils Schildmann. Natürlich hatten noch viele Menschen indirekt Anteil an dieser Arbeit. Da ich das Risiko einer langen und dennoch unvollständigen Aufzählung vermeiden will, hoffe ich, dass sie sich hiermit angesprochen fühlen: Danke.

Freiburg, im Juni 2011 Jörg Schoder

Inhaltsverzeichnis

Abbildungsverzeichnis

Tabellenverzeichnis

Abkürzungsverzeichnis

Abs.	Absatz
ABV	Arbeitsgemeinschaft berufsständischer Versorgungseinrichtungen e. V.
ADL	Alterssicherung der Landwirte
ADM	Arbeitskreis deutscher Markt- und Sozialforschungsinstitute e. V.
AKA	Arbeitsgemeinschaft kommunale und kirchliche Altersversorgung e. V.
AltEinkG	Alterseinkünftegesetz
AR	Aktueller Rentenwert
ATV	Tarifvertrag Altersversorgung
ATV-K	Altersvorsorge-TV-Kommunal
AVA	Altersvorsorge-Anteil
AVmEG	Altersvermögens-Ergänzungsgesetz
AVmG	Altersvermögensgesetz
AVWL	Altersvermögenswirksame Leistungen
BaFin	Bundesanstalt für Finanzdienstleistungsaufsicht
bAV	Betriebliche Altersversorgung
BBG	Beitragsbemessungsgrenze
BBR	Bundesamt für Bauwesen und Raumordnung
BeamtVG	Beamtenversorgungs-Gesetz
BeamtVÜV	Beamtenversorgungs-Übergangsverordnung
BetrAVG	Gesetz zur Verbesserung der betrieblichen Altersversorgung
BFH	Bundesfinanzhof
BGH	Bundesgerichtshof
BIP	Bruttoinlandsprodukt
BMAS	Bundesministerium für Arbeit und Soziales
BMF	Bundesministerium der Finanzen
BMFSFJ	Bundesministerium für Familie, Senioren, Frauen und Jugend
BMG	Bundesministerium für Gesundheit
BMI	Bundesministerium des Innern
BMGS	Bundesministerium für Gesundheit und Soziale Sicherung
BStatG	Gesetz über die Statistik für Bundeszwecke
BSV	Berufsständische Versorgung
BV	Beamtenversorgung
BVerfG	Bundesverfassungsgericht
BvL	Normenkontrolle auf Vorlage der Gerichte
CAPI	Computer Assisted Personal Interview

CGE	Computable General Equilibrium
DAV	Deutsche Aktuarvereinigung e. V.
DB	Defined Benefit
DC	Defined Contribution
DIW	Deutsches Institut für Wirtschaftsforschung
DRV	Deutsche Rentenversicherung
e. V.	eingetragener Verein
EStG	Einkommensteuergesetz
EU	Europäische Union
EVS	Einkommens- und Verbrauchsstichprobe
FDZ	Forschungsdatenzentrum
GDV	Gesamtverband der deutschen Versicherungswirtschaft
GFK	Gesellschaft für Konsumforschung
GG	Grundgesetz
GiA	Grundsicherung im Alter und bei Erwerbsminderung
GKV	Gesetzliche Krankenversicherung
GRV	Gesetzliche Rentenversicherung
GWAP	Gastwissenschaftler Arbeitsplatz
KMK	Kultusministerkonferenz
KnV	Knappschaftliche Rentenversicherung
KVdR	Krankenversicherung der Rentner
LSRA	Lump Sum Redistribution Authority
MPK	Grenzproduktivität des Kapitals
MRS	Grenzrate der Substitution
MZ	Mikrozensus
MZG	Mikrozensus-Gesetz
OECD	Organisation for Economic Co-operation and Development
OLG	Overlapping Generations
PrHaushStatG	Gesetz über die Wirtschaftsrechnungen privater Haushalte
ROC	Receiver Operating Curve
RRG	Rentenreform-Gesetz
RSVwV	Allgemeine Verwaltungsvorschrift über die Statistik in der Rentenversicherung
RVAGAnpG	Rentenversicherungs-Altersgrenzenanpassungsgesetz
RVNG	Rentenversicherungs-Nachhaltigkeitsgesetz
SGB	Sozialgesetzbuch
SOEP	Sozio-oekonomisches Panel
SPV	Soziale Pflegeversicherung
SUF	Scientific Use File

SVR	Sachverständigenrat zur Begutachtung der gesamtwirtschaftlichen Lage der Bundesrepublik
TV	Tarifvertrag
VBL	Versorgungsanstalt des Bundes und der Länder
VersTV	Tarifvertrag über die Versorgung der Arbeitnehmer des Bundes und der Länder
VersTV-G	Tarifvertrag über die Versorgung der Arbeitnehmer kommunaler Verwaltungen und Betriebe
VGR	Volkswirtschaftliche Gesamtrechnung
VÖB	Verband Öffentlicher Banken
VSKT	Versicherungskontenstichprobe
ZfA	Zentrale Zulagenstelle für Altersvermögen
ZöD	Zusatzversorgung für Arbeiter und Angestellte des öffentlichen Dienstes
ZRL	Zusatzversorgungsanstalt des Reichs und der Länder

Symbolverzeichnis

R_t^{Monat}	Monatliche Rentenzahlung aus der GRV zum Zeitpunkt t
pEP	persönliche Entgeltpunkte
EP	Entgeltpunkte
AR_t	Aktueller Rentenwert im Jahr t
RF	Rentenartfaktor
ZF	Zugangsfaktor
BE_t	Bruttolohn- und -gehaltssumme je durchschnittlich beschäftigtem Arbeitnehmer
BE^*	Bruttolohn- und -gehaltssumme je durchschnittlich beschäftigtem Arbeitnehmer unter Berücksichtigung der Veränderung der BPE
BPE	Beitragspflichtige Bruttolohn- und -gehaltssumme je durchschnittlich beschäftigtem Arbeitnehmer ohne Beamte einschließlich der Bezieher von Arbeitslosengeld
AVA	Altersvorsorgeanteil
RVB	Rentenversicherungsbeitragssatz (allg. Rentenversicherung)
α	Parameter zur Gewichtung der Veränderung des RQ
RQ	Rentnerquotient; gibt das Verhältnis von Äquivalenzrentnern (ÄR) zu Äquivalenzbeitragszahlern (ÄB) wieder
ÄR	Äquivalenzrentner; werden als Verhältnis aus Rentenausgaben (R) und Standardrente (SR) ermittelt
ÄB	Äquivalenzbeitragszahler; entsprechen dem Quotient Beitragseinnahmen (B) zu BE

$U(.)$	Nutzenfunktion
c_t^j	individueller Konsum in der Erwerbsphase zum Zeitpunkt t
c_t^a	individueller Konsum im Ruhestand zum Zeitpunkt t
w_t	Lohnsatz bzw. Arbeitseinkommen zum Zeitpunkt t
r_t	Realzins zum Zeitpunkt t
γ_t	Beitragssatz zum System der Alterssicherung, Zeitpunkt t
p_t	Rentenzahlung zum Zeitpunkt t
g_t	reales Lohnwachstum zwischen dem Zeitpunkt $t-1$ und t
E_t	Einnahmen des Rentenversicherers zum Zeitpunkt t
A_t	Ausgaben des Rentenversicherers zum Zeitpunkt t
N_t^j	Zahl der Erwerbstätigen zum Zeitpunkt t
N_t^a	Zahl der Rentenempfänger zum Zeitpunkt t
RQ_t	Rentnerquotient zum Zeitpunkt t

n_t	Wachstumsrate der Erwerbsbevölkerung zwischen dem Zeitpunkt $t-1$ und t
ϕ_t	Ersatzquote (Verhältnis von Rentenzahlung und Erwerbseinkommen) zum Zeitpunkt t
$\forall$	für alle
i_t	interne Rendite des Umlageverfahrens zum Zeitpunkt t
τ_t	fiktiver Steueranteil am Rentenbeitrag bzw. implizite Steuer des Umlageverfahrens zum Zeitpunkt t
ς_t	fiktiver Sparanteil am Rentenbeitrag zum Zeitpunkt t
PV_t	Barwert der impliziten Steuerzahlungen zum Zeitpunkt t
s_t	private Ersparnisbildung (pro Kopf) zum Zeitpunkt t
S_t	aggregierte private Ersparnis zum Zeitpunkt t
K_t	volkswirtschaftlicher Kapitalstock zum Zeitpunkt t
k_t	Kapitalstock pro Kopf zum Zeitpunkt t
Y_t	volkswirtschaftliches Produktionsniveau zum Zeitpunkt t
$F(.)$	volkswirtschaftliche Produktionsfunktion
ν	Bismarck-Faktor, Kennzahl für die Beitragsäquivalenz
$N(.)$	Normalverteilung
μ	Mittelwert
σ^2	Varianz
σ	Standardabweichung
ϵ	stochastischer Störterm
LE	Lebenserwartung bei Eintritt in den Ruhestand

1 Einleitung

> „Was immer du schreibst -
> schreibe kurz, und sie werden es
> lesen; schreibe klar, und sie
> werden es verstehen; schreibe
> bildhaft, und sie werden es im
> Gedächtnis behalten."
>
> *Joseph Pulitzer*

Deutschland altert. Diese Erkenntnis ist nicht neu, sondern war bereits 1973 Anlass für die Gründung des Bundesinstituts für Bevölkerungsforschung durch den damaligen Bundesminister des Innern Hans-Dietrich Genscher. Ende 1978 beauftragte das Bundeskabinett eine interministerielle *Arbeitsgruppe Bevölkerungsfragen* damit, einen „umfassenden und vertiefenden Bericht über die Bevölkerungsentwicklung in der Bundesrepublik Deutschland" vorzulegen.[1] Im Jahr 1980 wurde der erste Teil dieses Berichts vorgestellt, der sich auf die demografische Entwicklung selbst beschränkt. Der zweite, 1984 vorgelegte Teil befasst sich mit den Auswirkungen dieser Entwicklungen „auf die verschiedenen Bereiche von Staat und Gesellschaft" und nimmt dabei im Hinblick auf die Alterssicherung explizit Bezug auf ein Gutachten des Sozialbeirats aus dem Jahr 1981,[2] das zu den „längerfristigen Entwicklungsperspektiven der Rentenversicherung" feststellt:

> „Die künftige Bevölkerungsentwicklung, so wie sie sich in den bisher vorliegenden Vorausschätzungen darstellt, läßt längerfristig erhebliche Probleme für die Alterssicherung erwarten."[3]

Zwischen dieser Erkenntnis und der politischen Umsetzung von Problemlösungen im Bereich der Alterssicherung liegt ein beachtlicher Zeitraum. Denn mit Ausnahme des im Jahr 1989 verabschiedeten und 1992 in Kraft getretenen Gesetzes zur Rentenreform (RRG92), das u. a. eine Anhebung der Regelaltersgrenzen auf 65 Jahre ab 2001 festlegte, fanden sämtliche (heute wirksamen) Reformen, die mit

---

[1] Vgl. BUNDESREGIERUNG (1980).
[2] Vgl. BUNDESREGIERUNG (1984).
[3] BUNDESREGIERUNG (1981), S. 83.

der demografischen Entwicklung legitimiert bzw. begründet wurden, erst in den vergangenen knapp zehn Jahren statt.

Die Gründe für diese zeitlichen Verzögerungen sind vielschichtig. Sicher spielt dabei eine Rolle, dass unbequeme Nachrichten in einer Demokratie häufig wegen der Wiederwahl-Restriktion aufgeschoben bzw. vermeintlich drängendere Probleme zuerst angegangen werden. Allgemeiner formuliert handeln die Entscheidungsträger immer auch unter dem Eindruck der spezifischen Probleme ihrer Zeit.[4]

Problemstellung und Zielsetzung

Neben polit-ökonomischen Aspekten spielt vor allem auch das zum jeweiligen Zeitpunkt vorhandene (und akzeptierte) Wissen eine wichtige Rolle. Im idealtypischen Bild von modernen Gesellschaften erfolgt die Gewinnung und Bereitstellung dieses Wissens durch die Wissenschaft.[5]

Dieser Vorstellung entsprechend, verfolgt die vorliegende Arbeit das durchaus ambitionierte Ziel, die aktuellen politischen und rechtlichen Gegebenheiten im Bereich der Alterssicherung sowie den aktuellen Stand der Forschung zum Thema aufzuarbeiten und damit eine wissenschaftlich umfassende Bestandsaufnahme über die Alterssicherung in Deutschland vorzulegen. Dies geschieht im Bewusstsein der vom Physiker KUHN (1962) formulierten Erkenntnis, dass auch die Wissenschaft (also nicht nur wie erwähnt die Politik) in Zeit und Raum stattfindet und folglich durch die in der „scientific community" gültigen Konventionen bzw. Paradigmen – um nicht zu sagen vom jeweiligen Zeitgeist – wesentlich mitgeprägt ist.[6] Diesem

---

[4] Realwirtschaftlich bestanden die Probleme der 1980er Jahre in konjunkturellen Tiefs und einer für damalige Verhältnisse hohen Arbeitslosigkeit. Inwieweit eine frühzeitigere Reaktion auf die langfristigen Effekte der Demografie seinerzeit politisch durchsetzbar gewesen wären ist spekulativ und letztlich eine sinnlose Diskussion. Dies gilt auch für die nicht genutzten Möglichkeiten zur Reformierung im Zuge der Wiedervereinigung in den frühen 1990er Jahren. Offensichtlich hat die Politik in beiden Fällen andere Prioritäten gesetzt.

[5] Diese Stellung der Wissenschaft (gegenüber anderen Methoden der Erkenntnisgewinnung) bewertet der Wissenschaftstheoretiker und Philosoph Paul Feyerabend äußerst kritisch (vgl. bspw. OBERSCHELP (2002)).

[6] So wird bspw. bei der Lektüre des o. a. Gutachtens der Wissenschaftlergruppe immer wieder der Einfluss keynesianisch motivierter Skepsis gegenüber der Ersparnisbildung deutlich. Einer „Kapitalansammlung" mit dem Ziel, die zeitlichen Belastungen auszugleichen steht die Wissenschaftlergruppe äußerst kritisch gegenüber und sieht die – zwischenzeitlich als widerlegt geltende Mackenroth-These (vgl. Kapitel 4) – als Be-

Sachverhalt soll durch eine methodenkritische Darstellung an den entsprechenden problematischen Stellen Rechnung getragen werden. Die einführend genannten polit-ökonomischen Aspekte können dabei jedoch aufgrund des umfangreichen Forschungsprogramms nur am Rande thematisiert werden.

Ein natürlicher Ausgangspunkt für die Bestandsaufnahme ist die Darstellung der, maßgeblich durch die (Reform-)Politik der vergangenen Jahre geprägten, aktuellen institutionellen Gegebenheiten. Zeitgleich mit diesen institutionellen Veränderungen hat sich auch die themenbezogene Forschung weiter entwickelt. Deshalb gilt es zum einen der Stand der ökonomischen Theorie der Alterssicherung aufzuarbeiten und zum anderen eben diesen Stand der Forschung mit den erfolgten politischen Reformen abzugleichen sowie möglichen – verbliebenen oder neu entstandenen – Handlungsbedarf zu identifizieren. Die angestrebte umfassende Bestandsaufnahme wird vervollständigt, indem die theoretische Analyse durch eine empirische Untersuchung der aktuellen Situation ergänzt wird. Ziel ist die Abbildung des aktuellen Status der Altersvorsorge im Rahmen des mit dem Alterseinkünftegesetz 2005 geschaffenen und noch näher zu erläuternden Drei-Schichten-Modells, um so klären zu können, ob und inwieweit die intendierten Folgen der Reformen bereits empirisch nachweisbar sind. In diesem Zusammenhang sollen außerdem Probleme und/oder Problemgruppen identifiziert werden, die durch die Reformen in unerwünschter Weise betroffen sind. Damit stellt der empirische Teil eine Form der Qualitätskontrolle politischer Maßnahmen bzw. eine Wirkungsanalyse dar. Derartige Evaluationen sind grundsätzlich für sämtliche politische Maßnahmen sinnvoll und wünschenswert, werden aber tatsächlich – vermutlich aufgrund der auch im Rahmen dieser Arbeit thematisierten Schwierigkeiten der Komplexität und Datenverfügbarkeit – eher selten durchgeführt.[7]

Arbeitskonzeption und Methodik

Aus dem beschriebenen Forschungsprogramm kann die folgende dreiteilige Struktur der vorliegenden Arbeit abgeleitet werden:

Der *erste Teil* der Arbeit dient der Erarbeitung und Darstellung der Grundlagen der Bestandsaufnahme, zu denen die demografische Situation sowie die institu-

---

gründung, warum „in einer Kapitalansammlung aus wirtschafts-, finanz- und sozialpolitischen Gesichtspunkten keine geeignete Maßnahme" (BUNDESREGIERUNG (1981), S. 8) zur Lösung der demografisch bedingten Probleme in der GRV zu sehen sei.

[7] Als Beleg möge an dieser Stelle die Kritik des DIW an den Erfolgsmeldungen zur Riester-Rente dienen (vgl. HAGEN und REISCH (2010)).

tionellen Gegebenheiten gehören. Weil die Bevölkerungsentwicklung als zentrale Motivation für die institutionellen Veränderungen im Bereich der deutschen Alterssicherung in den vergangenen Jahren gelten muss, werden in Kapitel 3 die für die Arbeit relevanten Erkenntnisse zur Bevölkerungsentwicklung dargestellt. Im Hinblick auf die Berücksichtigung regionaler Aspekte im empirischen Teil, werden dabei auch die für die vorliegende Arbeit relevanten regionalen Aspekte der Bevölkerungsentwicklung betrachtet.[8] Die gegenwärtige institutionelle Situation der Alterssicherung in Deutschland sowie die für das Verständnis notwendigen historischen Bezüge sind Gegenstand der Ausführungen im dritten Kapitel. Die verschiedenen institutionalisierten Versorgungswege werden dabei mit Hilfe des bereits erwähnten Drei-Schichten-Modells der Altersvorsorge systematisch eingeordnet und ausführlich beschrieben. Methodisch basieren die Ausführungen in diesem ersten Teil auf Inhaltsanalysen und der Interpretation von Bevölkerungsdaten und Gesetzestexten sowie deren grafische oder tabellarische Aufbereitung.

Im *zweiten Teil* der Arbeit (Kapitel 4) wird dann der aktuelle Stand der Forschung in der ökonomischen Theorie der Alterssicherung aufgearbeitet. Dazu werden notwendige (ideen-)geschichtliche Zusammenhänge aufgezeigt, die einerseits den Forschungsstand verständlicher und andererseits die Entwicklungen und Bestrebungen in der Politik nachvollziehbar machen. Anders formuliert geht es um die Rationalisierung der zentralen Reformelemente. Dies geschieht schrittweise, angefangen beim einfachen deterministischen Modell überlappender Generation, das bereits in den 1960er Jahren erste Erkenntnisse lieferte, bis zum aktuellen Rand der Forschung im Rahmen numerischer Simulationsmodelle unter Einbeziehung von Unsicherheit. Eine ähnlich umfassende und didaktisch aufbereitete Darstellung des Erkenntnisfortschritts sowie die Herstellung der Bezüge zwischen diesen Entwicklungen und der Politik der Alterssicherung existiert bislang nicht. Zusammengenommen erlauben diese systematisch-analytischen Beschreibungen eine Beurteilung der gegenwärtigen Konzeption und Organisation der deutschen Alterssicherung vor dem Hintergrund des aktuellen Forschungsstandes. Methodisch wird soweit möglich im Rahmen eines sukzessive erweiterten Modells überlappender Generationen gearbeitet und argumentiert, um so die zentralen Wirkungszusammenhänge bzw. Wechselwirkungen aufzuzeigen. Mit fortschreitender Komplexität wird dabei zur Verbalanalyse übergegangen.

---

[8] Von einer ausführlicheren Darstellung wird dabei allerdings abgesehen, weil die demografische Situation und die Entwicklung in den kommenden 30 bis 40 Jahren nicht nur in der Wissenschaft, sondern auch in der breiten Bevölkerung mittlerweile hinlänglich bekannt ist.

Der *dritte Teil* der Arbeit (Kapitel 5) dient der empirischen Analyse der Alterssicherung in Deutschland. Untersucht wird, ob und inwieweit die verschiedenen Reformen zu der intendierten bzw. erwarteten Bedeutungsverschiebung zwischen staatlichen Pflichtsystemen und ergänzender bzw. ersetzender Privatvorsorge geführt haben. Dies erfordert eine möglichst vollständige Abbildung des Altersvorsorgestatus auf individueller Ebene. Weil die dafür benötigten Informationen nicht aus einer einzigen Datengrundlage zu gewinnen sind, muss ein Verfahren der Datenkombination bzw. Imputation entwickelt werden, das u.a. verschiedene Datenquellen bzw. Mikrodatensätze miteinander verknüpft. Die hierzu verwendeten Daten sowie die in diesem Kontext erstmalig angewandte Methodik der Datenkombination werden ausführlich beschrieben und begründet, um die notwendigen Grundlagen für die sachgerechte Interpretation der Ergebnisse zu schaffen. Die Diskussion der Ergebnisse erfolgt im Wesentlichen verbalanalytisch und verwendet soweit möglich grafische und tabellarische Darstellungen, um die Informationen möglichst kompakt zu transportieren. Die Darstellung der Ergebnisse dient vor allem auch der Identifikation von Problemen und/oder Problemgruppen: Aufgrund der schrittweisen Einführung der Reformen ist bspw. damit zu rechnen, dass verschiedene Jahrgänge unterschiedlich betroffen sind. Neben dem Alter verspricht auch eine Auswertung nach Einkommen und Geschlecht weitergehende Erkenntnisse. Angesichts der in verschiedenen Studien nachgewiesenen Existenz regionaler Disparitäten in Deutschland, liegt nicht zuletzt die Frage nahe, ob regionale Unterschiede auch im Kontext der Altersvorsorge bestehen.

Zusammenfassend kann das mit dieser Arbeit verfolgte Forschungsprogramm mit drei zentralen Fragen beschrieben werden:

1. Wie ist die Alterssicherung in Deutschland gegenwärtig ausgestaltet?
2. Wie ist diese Ausgestaltung aus Sicht der ökonomischen Theorie zu bewerten bzw. wurde mit den Reformen dem aktuellen Stand der wirtschaftswissenschaftlichen Forschung hinreichend Rechnung getragen?
3. Wie wirken sich die Reformen auf individueller (und regionaler) Ebene aus?

Im Zusammenhang mit der Behandlung dieser Leitfragen werden sowohl thematisch-inhaltliche als auch methodologische Erkenntnisse gewonnen. Das abschließende Fazit greift die Leitfragen auf und fasst die im Rahmen der Arbeit gewonnenen Erkenntnisse in diesen Bereichen zusammen.

2 Demografischer Überblick

> „Wenn ein demographischer
> Prozeß ein Vierteljahrhundert in
> die falsche Richtung läuft, dauert
> es ein Dreivierteljahrhundert, um
> ihn zu stoppen."
>
> *Herwig Birg*

Die demografische Entwicklung hat maßgeblich zur Reformierung der Alterssicherung in Deutschland beigetragen. Entsprechend wird dieser auslösende Faktor zu Beginn dieser Arbeit behandelt, um einen Überblick über die zentralen Wirkungszusammenhänge zu geben und die Dimension der Veränderungen zu verdeutlichen.

Grundsätzlich lässt sich eine Bevölkerung und ihre Entwicklung statistisch mit Hilfe dreier Variablen charakterisieren, die selbst wiederum von verschiedenen, zum Teil interdependenten Faktoren beeinflusst werden. Die Determinanten *Fertilität* und *Lebenserwartung* bestimmen den natürlichen Bevölkerungssaldo, der gemeinsam mit der dritten Variablen, dem *Migrationssaldo*, die Bevölkerungsentwicklung bestimmt.

Diese drei Determinanten und ihre Entwicklung werden in Abschnitt 2.1 beschrieben. Der anschließende Abschnitt 2.2 geht dann auf die daraus abzuleitenden Bevölkerungsvorausberechnungen des Statistischen Bundesamtes ein. Abschließend wird in Abschnitt 2.3 die stark durch Binnenwanderungen geprägte regionale Dimension der Bevölkerungsentwicklung skizziert. Die Ausführungen konzentrieren sich hier auf die wesentlichen Bevölkerungskennziffern und sind bewusst knapp gehalten, weil die vorgestellten Befunde in den Berechnungen zum Altersvorsorgestatus, die im zweiten Teil der Arbeit vorgestellt werden, nicht berücksichtigt werden konnten. Dennoch stellen diese Informationen durchaus wertvolles Hintergrundwissen für die Einordnung der empirischen Ergebnisse zur Altersvorsorge (vgl. Abschnitte 5.3 und 5.4) dar.

2.1 Determinanten der Bevölkerungsentwicklung

2.1.1 Fertilität

Als Maßzahl für die Fertilität eines Landes unterscheidet die Statistik verschiedene so genannte Geburtenziffern.[9] Die gängigste Maßzahl ist dabei die periodenspezifische zusammengefasste Geburtenziffer, die aus der Summe der altersspezifischen Geburtenziffern der 15- bis 49-jährigen Frauen eines Betrachtungsjahres ermittelt wird. Sie gibt an, wie viele Kinder eine Frau zwischen ihrem 15. und 49. Lebensjahr durchschnittlich zur Welt bringen würde, wenn die Verhältnisse des betrachteten Jahres konstant blieben. Um die derzeitige Bevölkerungszahl konstant zu halten, müsste diese zusammengefasste Geburtenziffer bei 2,1 Kindern pro Frau liegen.

Tatsächlich liegt die zusammengefasste Geburtenziffer[10] in Deutschland aber seit etwa drei Jahrzehnten nur bei ungefähr 1,4 (2007: 1,368)[11] Kindern je Frau. In absoluten Zahlen bedeutete dies im Jahr 2007 684.862 Geburten.[12] Damit reproduziert sich die gegenwärtige Elterngeneration nur zu etwa zwei Dritteln, so dass die Bevölkerungszahl langfristig zurückgehen wird, wenn nicht die beiden anderen Faktoren (Lebenserwartung und Migration) dieser Entwicklung entgegenwirken.[13] Ein Blick in die Vergangenheit zeigt, dass die Geburtenziffer in Deutschland in der zweiten Hälfte des 19. Jahrhunderts, ausgehend von über fünf Kindern pro Frau, kontinuierlich gesunken ist. Zu Beginn des 20. Jahrhunderts lag die Geburtenziffer zunächst noch knapp über dem Reproduktionsniveau, zwischen ca. 1920 und 1950 dann mit wenigen Ausnahmen darunter.[14] Besonders die Zeit nach dem 2. Weltkrieg – von etwa 1952 bis 1970 – ist durch geburtenstarke Kohorten gekennzeichnet,

---

[9] Unterschieden wird meist zwischen *altersspezifischen* (Zahl der Kinder von Frauen gleichen Alters in einem bestimmten Jahr), *kohortenspezifischen* (Zahl der Kinder von Frauen eines bestimmten Geburtsjahrgangs) und *periodenspezifischen* Geburtenziffern (Summe der altersspezifischen Geburtenziffern eines Kalenderjahres).

[10] Im Folgenden kurz als *Geburtenziffer* bezeichnet.

[11] STATISTISCHES BUNDESAMT (2009d), S. 56.

[12] STATISTISCHES BUNDESAMT (2009d), S. 54.

[13] Im Jahr 2007 starben 142.293 Menschen mehr als geboren wurden. Dabei gibt es z.T. erhebliche Unterschiede zwischen den Bundesländern. In den ostdeutschen Bundesländern ist das Geburtendefizit tendenziell am größten. Das einzige Bundesland mit einem Geburtenüberschuss war im genannten Jahr Berlin (vgl. STATISTISCHES BUNDESAMT (2009d), S. 56).

[14] Eine differenzierte Diskussion zur Interpretation und zu den Ursachen der langfristigen Entwicklung der Geburtenrate in Deutschland bietet BIRG (2001), S. 42 ff.

die heute als *Babyboomer* bezeichnet werden.[15] Zwischen 1967 und 1975 ist die Geburtenhäufigkeit unter anderem durch die Einführung der Antibabypille mehr oder weniger schlagartig von 2,5 Kindern pro Frau auf etwa 1,5 gesunken. Bereits Anfang der 1970er Jahre lag die Geburtenrate unter dem Reproduktionsniveau. Dabei entwickelte sich die Geburtenziffer in der ehemaligen DDR und der Bundesrepublik zunächst relativ parallel. Während aber in der DDR bis Anfang der 1980er Jahre ein Anstieg auf knapp zwei Kinder je Frau folgte, blieb die Geburtenziffer in der BRD konstant. Bis zur Wiedervereinigung ging die Geburtenziffer dann in der DDR kontinuierlich zurück, in der BRD folgte einem leichten Rückgang ein ebenso leichter Anstieg. Zum Zeitpunkt der Wiedervereinigung lag die Geburtenziffer in der BRD und der DDR bei 1,5 Kindern je Frau. In den Jahren 1990 bis 1994 brach die Geburtenziffer in den neuen Bundesländern auf zwischenzeitlich 0,8 Kinder je Frau ein, um dann seit Mitte der 1990er Jahre wieder anzusteigen. Aktuell sind die Fertilitäts-Unterschiede zwischen Ost- und Westdeutschland vernachlässigbar gering (vgl. auch Abschnitt 2.3).[16]

Seit einigen Jahren versucht die Politik der Entwicklung der geringen Geburtenraten durch verschiedene Maßnahmen entgegenzuwirken.[17] Ein Anlass sind soziologische Studien, die belegen, dass die Entscheidung gegen Kinder auch durch politische Rahmenbedingungen beeinflusst wird. Die Antibabypille und die bessere (Aus-)Bildung der Frauen haben Kinder zu einer Option unter vielen Lebensentwürfen werden lassen. Der Anstieg des Alters der Mütter bei Geburt in den letzten Jahrzehnten lässt den Schluss zu, dass die persönliche *Fertilitätsplanung* dazu führt, dass der Kinderwunsch immer mehr aufgeschoben wird.[18] Häufig führt ein wiederholtes Aufschieben dann zur permanenten Kinderlosigkeit, weil der Fähigkeit zur Mutterschaft biologische Grenzen gesetzt sind.[19] Inwieweit die in der deutschen Familienpolitik nach wie vor dominierenden Geldleistungen als geeignete Fördermaßnahmen zur Lösung dieses Problems gelten können, kann und soll im

---

[15] Im Hochjahr des *Baby-Booms* 1964 lag die Zahl der Geburten mit 1,4 Mio. bei gut dem doppelten des Jahres 2007 (vgl. PLÖTZSCH (2007), S. 8).

[16] Vgl. PLÖTZSCH (2007), S. 16 f.

[17] Als Beispiel sei an dieser Stelle auf das im Jahr 2007 eingeführte Elterngeld verwiesen.

[18] Anfang der 1970er Jahre brachten die 20- bis 24-jährigen Frauen die meisten Kinder (pro 1.000 Frauen) zur Welt. Während dies im Osten bis 1990 so blieb, waren im Westen die 25- bis 29-jährigen Frauen jene mit den meisten Geburten pro 1.000 Frauen. Seit der Wiedervereinigung ist in beiden Landesteilen ein starker Trend zu über 30-jährigen Müttern zu erkennen. Im Westen löste die Gruppe der 30- bis 34-jährigen Frauen die jüngeren Mütter als Kohorte mit der höchsten Geburtenhäufigkeit ab (vgl. PLÖTZSCH (2007), S. 14 f.).

[19] Vgl. HÜLSKAMP und SEYDA (2005).

Rahmen dieser Arbeit nicht weiter thematisiert werden. Vermutlich fördert diese Politik jedoch eher die traditionelle Rollenverteilung zwischen Mann und Frau als dem verbreiteten Wunsch nach „Vereinbarkeit von Familie und Beruf" zu entsprechen. Mit Sachtransfers, wie bspw. dem weiteren Ausbau der Kinderbetreuung, wäre diesem Ziel vermutlich mehr gedient.[20]

Im Hinblick auf die Alterssicherung ist festzustellen, dass primär der in der zeitlichen Entwicklung beschriebene Wechsel von den geburtenstarken *Baby-Boom-* zu den geburtenschwachen *Baby-Bust-*Jahrgängen zu Problemen führt (vgl. auch Abbildung 2.3, S. 21), weil dadurch umlagefinanzierte Sozialsysteme unter erheblichen Finanzierungsdruck gesetzt werden können (vgl. Kapitel 3).

2.1.2 Lebenserwartung

Als weitere Determinante der Bevölkerungsentwicklung gibt die Lebenserwartung die ab einem bestimmten Zeitpunkt im statistischen Durchschnitt zu durchlebenden Jahre an. Diese verbleibende Lebenszeit wird auf Basis von sog. Sterbetafeln berechnet,[21] welche u. a. die Wahrscheinlichkeit erfassen, mit der in einem definierten Alter ein weiteres Jahr durchlebt wird. Zur Ermittlung dieser Kennzahlen gibt es zwei grundsätzliche Alternativen, die sich in Datengrundlage und Methodik unterscheiden.

Methodische Hinweise zu Perioden- und Generationensterbetafeln

Beim Konzept der *Generationensterbetafel* handelt es sich um eine echte Längsschnittanalyse. Damit werden logisch stringent die in einem bestimmten Jahr geborenen Personen (Geburtsjahrgänge) betrachtet und die künftig erwartete Sterblichkeitsveränderung mit einkalkuliert. Es wird folglich angenommen, dass die Sterblichkeit nicht nur vom Geschlecht und vom Alter, sondern zudem vom Geburtsjahr abhängt.

Die *Periodensterbetafeln* stellen hingegen eine Querschnittsanalyse (auch als synthetische Kohorte bzw. synthetischer Längsschnitt bezeichnet) dar, die sich letzt-

---

[20] Zu den politischen Rahmenbedingungen und Handlungsoptionen bzw. -empfehlungen vgl. bspw. HÜLSKAMP und SEYDA (2005).

[21] Sterbetafeln stellen die vollständigste statistische Beschreibung der Mortalität dar (vgl. LUY (2006b), S. 3).

lich nur auf die in einem bestimmten Jahr (bzw. Zeitraum) lebenden Personen unterschiedlichen Alters bezieht. Die Tatsache, dass bei Angaben zu Sterblichkeit und Lebenserwartung – nicht nur in der amtlichen Statistik – meist auf Periodensterbetafeln zurückgegriffen wird, obwohl diese zu einer systematischen Unterschätzung der Lebenserwartung führen, ist maßgeblich auch mit diesem methodischen Unterschied zu erklären. Denn eine Generationensterbetafel kann streng genommen erst konstruiert werden, wenn das letzte Mitglied einer Kohorte verstorben ist. Die Berechnung der Sterbewahrscheinlichkeiten der übrigen, noch lebenden, Kohorten ist zwar grundsätzlich möglich, erfordert jedoch den Einsatz vergleichsweise aufwendiger Verfahren (s. u.).[22]

Daten und Annahmen zur Lebenserwartung

Die Tabellen 2.1 und 2.2 zeigen die Dimension des Unterschieds zwischen Perioden- und Generationensterbetafeln. Neben den Angaben zu den Generationensterbetafeln des STATISTISCHEN BUNDESAMTES (2006b) ist auch die Generationensterbetafel DAV2004R der Deutschen Aktuarvereinigung e. V. aufgeführt.

Eine direkte Vergleichbarkeit zu den Erstgenannten ist dabei aus verschiedenen Gründen nicht gegeben. So unterscheiden sich die Grundgesamtheiten, weil zur Berechnung der DAV2004R neben Sterbetafeln des Statistischen Bundesamtes (Gesamtbevölkerung und Beamte) und der gesetzlichen Rentenversicherung (GRV) auch Daten einer Versichertenpopulation verwendet wurden.[23] Zudem ist die Vergleichbarkeit eingeschränkt, weil die DAV2004R als Grundlage für die Kalkulation von Versicherungen mit sog. *Erlebensfallcharakter* dient und deshalb sog. *Selektionseffekten* (vgl. dazu S.175, Fußnote 526) Rechnung tragen muss. Dies geschieht durch die genannte Ergänzung mit Daten zur Versichertenpopulation, auf

---

[22] Methodisch bieten sich auch hier wiederum verschiedene Möglichkeiten. Vergleichsweise einfach ist die Berechnung anhand der jahrgangsspezifischen Verkettungsmethode, die in der Regel auf Periodensterbetafeln zurückgreift. Die logisch korrekte Alternative ist die vom STATISTISCHEN BUNDESAMT (2006b) verwendete (ungleich aufwendigere) Geburtsjahrmethode, bei der die Sterbewahrscheinlichkeiten neu berechnet werden müssen. Weil streng genommen nur die vor 1900 geborenen Kohorten als ausgestorben gelten können, musste das STATISTISCHE BUNDESAMT (2006b) zur Berechnung der Generationensterbetafeln für die Geburtsjahrgänge 1871 bis 2004 auf verschiedene Schätzverfahren zurückgreifen (vgl. ebd.).

[23] Mit Beobachtungsmaterial der Münchner Rück und der Gen Re werden für den Zeitraum 1995 bis 2002 20 Lebensversicherungsgesellschaften mit insgesamt 13,7 Mio. Bestandsjahren erfasst (vgl. dazu DAV (2005)).

deren Grundlage die Sterbewahrscheinlichkeiten als rentenhöhengewichtete Versichertensterblichkeit berechnet werden. Der Absicherung des Erlebensfalls ist zum Anderen auch geschuldet, dass in der sog. „Tafel 1. Ordnung" zusätzliche Sicherheitsabschläge (in einer Größenordnung von 15,6 (16,5) Prozent für Männer (Frauen)) einkalkuliert werden.

Trotz dieser Einschränkungen hinsichtlich der Vergleichbarkeit werden in den Tabellen 2.1 und 2.2 die genannten Generationensterbetafeln gegenübergestellt. Der hier vermittelte Eindruck über die Größenordnung der Unterschiede bei Annahmen zur Lebenserwartung trägt dazu bei, dass die Annahmendiskussion im Zusammenhang mit der Berechnung von Annuitätenzahlungen im dritten Teil dieser Arbeit besser nachvollziehbar wird (vgl. dazu die Abschnitte 5.3.2.1.1, 5.3.2.2.1 bzw. 5.3.3.1).

Die Lebenserwartung Neugeborener gibt die durchschnittliche Anzahl an Lebensjahren an, die ein neugeborenes Kind erwarten kann. In den ersten 50 Jahren des 20. Jahrhunderts ist diese besonders drastisch gestiegen – von etwa 45 Jahren bei Jungen bzw. 48 Jahren bei Mädchen auf knapp 65 bzw. 69 Jahre.[24] Seit etwa 1950 hat sich der Anstieg der Lebenserwartung Neugeborener zwar verlangsamt, er setzt sich aber kontinuierlich fort. Dies zeigt sich bereits für den kurzen Beobachtungszeitraum der Tabelle 2.1 zu Grunde liegenden Basisjahre 1998/2000, 2002/2004 und 2006/2008.

Diese Periodensterbetafeln verwendet das Statistische Bundesamt auch für die Vorausberechnungen der Bevölkerungsentwicklung. Die Annahmen zur künftigen Lebenserwartung wurden, der skizzierten Entwicklung in den Basisjahren folgend, von der 10. koordinierten Bevölkerungsvorausberechnung bis zur aktuellen 12. koordinierten Bevölkerungsvorausberechnung kontinuierlich nach oben gesetzt (vgl. Tabelle 2.1). Damit musste der skizzierten Entwicklung der aktuellen Sterblichkeit in den jeweiligen Basisjahren entsprochen werden. Die „Basisannahme (L1)" in der 12. koordinierten Bevölkerungsvorausberechnung ergibt sich als Kombination aus kurzfristiger Trendentwicklung seit 1970 und langfristiger Trendentwicklung seit 1871, während bei der Variante „starker Anstieg (L2)" lediglich der Trend seit

---

[24] Als Erklärung können u. a. eine gesunkene Säuglings- und Kindersterblichkeit, deutlich verbesserte Arbeitsbedingungen, der medizinisch-technische Fortschritt bzw. die Verbesserungen in der medizinischen Versorgung, eine gesichertere Ernährungssituation sowie weitere Faktoren, die im Zusammenhang mit dem allgemeinen Anstieg des Wohlstands stehen, angeführt werden.

Tabelle 2.1:
Lebenserwartung bei Geburt.
Vergleich von Perioden- und Generationensterbetafeln.

Männlich	Weiblich		Männlich	Weiblich
Periodensterbetafeln				
Ist		Variante	**Projektion**	
(Jahr/e)		(Projektion)[†]	**(Jahr)**	
10. koordinierte Bevölkerungsvorausberechnung				
1998/2000			**2050**	
		L1	78,9	85,7
74,8	80,8	L2	81,1	86,8
		L3	82,6	88,1
11. koordinierte Bevölkerungsvorausberechnung				
2002/2004			**2050**	
75,9	81,5	L1	83,5	88
		L2	85,4	89,8
12. koordinierte Bevölkerungsvorausberechnung				
2006/2008			**2060**	
77,2	82,4	L1	85	89,2
		L2	87,7	91,2
Generationensterbetafeln				
Ist		Variante	**Projektion**	
(Jahr=Geburtsjahr)		(Ist)[‡]	**(Jahr=Geburtsjahr)**	
Statistisches Bundesamt 2006, zivile Kriegssterblichkeit				
2004				
81,7	87,8	V1	-	-
84,9	90,4	V2	-	-
Deutsche Aktuarvereinigung e.V., Sterbetafel DAV2004R, 1. Ordnung[◇]				
2004			**2050**	
98,1	102,1		106,1	109

[†] Die Varianten L1, L2, L3 beziehen sich auf die Annahmen zur künftigen Lebenserwartung. Sie ergeben sich durch unterschiedliche Gewichtungen von kurz- und langfristigem Langlebigkeitstrend.

[‡] Die Varianten V1 und V2 beziehen sich auf die Generationensterbetafeln des Jahres 2004 für verschiedene Jahrgänge (hier: 2004). Analog zu L1, L2 wird der Langlebigkeitstrend in unterschiedlicher Weise gewichtet.

[◇] Im Vergleich zu STATISTISCHES BUNDESAMT (2006d) basiert die DAV2004R 1. Ordnung auf einer anderen Grundgesamtheit. Weitere Unterschiede liegen in der Gewichtung des Langlebigkeitstrends und der Berücksichtigung zusätzlicher Sicherheitsabschläge.

Eigene Darstellung auf Basis STATISTISCHES BUNDESAMT (2003, 2006d,a, 2009a) und DAV (2004).

Tabelle 2.2:

Fernere Lebenserwartung im Alter 65.
Vergleich von Perioden- und Generationensterbetafeln.

Männlich	Weiblich		Männlich	Weiblich
Periodensterbetafeln				
Ist (Jahr/e)		Variante (Projektion)[†]	**Projektion (Jahr)**	
		12. koordinierte Bevölkerungsvorausberechnung		
2006/2008			**2060**	
17,1	20,4	L1	22,3	25,5
		L2	24,7	27,4
Generationensterbetafeln				
Ist (Jahr)		Variante (Ist)[‡]	**Projektion (Jahr)**	
		Statistisches Bundesamt 2006, zivile Kriegssterblichkeit		
2004				
(Jahrgang: 1939)				
20,2	24,6	V1	-	-
23,1	27,2	V2	-	-
		Deutsche Aktuarvereinigung e.V., Sterbetafel DAV2004R, 1. Ordnung[◊]		
2004			**2050**	
(Jahrgang: 1939)			(Jahrgang: 1985)	
34,8	38,2		41,6	44,4

[†] Die Varianten L1, L2, L3 beziehen sich auf die Annahmen zur künftigen Lebenserwartung. Sie ergeben sich durch unterschiedliche Gewichtungen von kurz- und langfristigem Langlebigkeitstrend.

[‡] Die Varianten V1 und V2 beziehen sich auf die Generationensterbetafeln des Jahres 2004 für verschiedene Jahrgänge (hier: 1939). Analog zu L1, L2 wird der Langlebigkeitstrend in unterschiedlicher Weise gewichtet.

[◊] Im Vergleich zu STATISTISCHES BUNDESAMT (2006d) basiert die DAV2004R 1. Ordnung auf einer anderen Grundgesamtheit. Weitere Unterschiede liegen in der Gewichtung des Langlebigkeitstrends und der Berücksichtigung zusätzlicher Sicherheitsabschläge.

Eigene Darstellung auf Basis STATISTISCHES BUNDESAMT (2003, 2006d,a, 2009a) und DAV (2004).

1970 fortgeschrieben wird.[25] Diese beiden Trends verwendet das STATISTISCHES BUNDESAMT (2006d) auch bei der Berechnung der Generationensterbetafeln, unterscheidet dort jedoch zusätzlich eine Variante A „Vollständige Kriegssterblichkeit" und eine Variante B „Zivile Kriegssterblichkeit".[26]

Gemäß „Basisannahme (L1)" der aktuellen Bevölkerungsvorausberechnung wird die Lebenserwartung bis 2060 kontinuierlich weiter zunehmen (vgl. ebenfalls Tabelle 2.1). Für Jungen liegt sie dann bei durchschnittlich 85 Jahren und damit acht Jahre über dem heutigen Niveau. In der Variante „starker Anstieg (L2)" wird gar ein Anstieg um zehn Jahre angenommen. Bei den Mädchen nimmt die Lebenserwartung ebenfalls auf 89,2 (L1) bzw. 91,2 (L2) Jahre zu. Der Anstieg ist jedoch aufgrund der Annahme einer Annäherung der Lebenserwartungen von Jungen und Mädchen etwas geringer als bei den Jungen.[27]

Im Hinblick auf die Alterssicherung hat die sog. fernere Lebenserwartung eine besondere Bedeutung. Als bedingte Wahrscheinlichkeit gibt sie die durchschnittliche Zahl der noch zu durchlebenden Jahre an, wenn ein bestimmtes Alter bereits erreicht wurde. Die grundsätzlichen Entwicklungen, die im Kontext der Neugeborenen erläutert wurden, gelten hier analog. Einen Eindruck zu den Größenordnungen vermittelt Tabelle 2.2. Die fernere Lebenserwartung wirkt sich nicht nur in der umlagefinanzierten GRV aus, indem sie die Rentenbezugsdauer und damit die Ausgaben mitbestimmt. Sie hat auch direkte Effekte auf die kapitalgedeckte private Altersversorgung, indem sie, wie oben ausgeführt, in die Berechnung von Annuitäten aus einem gegebenen Altersvorsorgevermögen eingeht. In der Öffentlichkeit kommt es dabei wiederkehrend zu Diskussionen, weil die (Lebens-)Versicherungsbranche mit deutlich höheren Lebenserwartungen rechnet als in der amtlichen Statistik ausgewiesen. Der Gesamtverband der deutschen Versicherungswirtschaft (GDV) hat zu diesem Sachverhalt am 21.10.2008 Stellung genommen und dabei auf die bereits oben genannten Punkte verwiesen: stärkere Berücksichtigung des Langlebigkeitstrends, Selektionseffekte und Sicherheitsabschläge.[28] Zudem ist auf die Überschussbeteiligung als Element der privaten Rentenversicherungen hinzuweisen, die höher ausfallen wird/sollte, wenn sich die Annahmen als zu vorsichtig herausstellen.

---

[25] Vgl. STATISTISCHES BUNDESAMT (2009a), S. 30.

[26] In Variante B werden für die von Kriegen betroffenen Jahrgänge lediglich die Daten zur Zivilbevölkerung berücksichtigt. Für eine kurze und anschauliche Diskussion der Kriegssterblichkeit vgl. STATISTISCHES BUNDESAMT (2006d), S. 16 f.

[27] Vgl. STATISTISCHES BUNDESAMT (2009a), S. 30.

[28] Vgl. die Diskussion zu den Generationen- und Periodensterbetafeln auf S. 10 ff.

2.1.3 Migration

Der dritte wesentliche Bestimmungsfaktor für die Entwicklung einer Bevölkerung sind Wanderungsbewegungen, die sich sowohl auf die Gesamtzahl als auch auf die Altersstruktur der Bevölkerung auswirken. Entscheidend ist dabei die Differenz von auf Dauer angelegten Zu- und Fortzügen. Dieser Außenwanderungssaldo wird durch eine Vielzahl von Faktoren im In- und Ausland bestimmt und unterliegt nicht zuletzt deshalb erheblichen Schwankungen (vgl. Abbildung 2.1). Die größten Wanderungsverluste lagen bei einem negativen Wanderungssaldo von 223.902 im Jahr 1975, die größten Wanderungsgewinne bei einer Nettozuwanderung in Höhe von 782.071 Personen im Jahr 1992.[29]

Seit der Wiedervereinigung sind im Durchschnitt jährlich knapp 250.000 Menschen mehr nach Deutschland eingewandert, als das Land verlassen haben. Damit liegt der Migrationssaldo um knapp 80.000 über dem langjährigen Durchschnitt (1950-2007) von gut 171.000 Personen (vgl. auch Abbildung 2.1). Dieser Niveaueffekt ist maßgeblich durch die große Zahl der Spätaussiedler beeinflusst, die bis Mitte der 1990er Jahr zugewandert sind. Im Fünfjahreszeitraum 2003 bis 2007 betrug der durchschnittliche jährliche Migrationssaldo allerdings nur gut 74.000, obwohl sich die Politik speziell um die Zuwanderung von Fachkräften aktiv bemühte.[30,31] Nach vorläufigen Zahlen weisen die Jahre 2008 (2009) einen negativen Wanderungssaldo von 56.000 (13.000) Personen auf.[32]

Nach Auffassung von BOMSDORF und BABEL (2007, S. 907 f.) wird bei der Berechnung der Bevölkerungsentwicklung häufig die sog. Sockelwanderung vernachlässigt, die grundsätzlich Einfluss auf die Bevölkerungsentwicklung hat. Sie ergibt sich als Minimum der Zu- und Fortzüge und lag zwischen 1991 und 2007 bei etwa 680.000 Personen. Eine Sockelwanderung von 200.000 Personen kann sich bereits mittelfristig auf den Bevölkerungsumfang und die -struktur auswirken, obwohl der Außenwanderungssaldo bei null liegt. Dies ist möglich, weil z. B. die Altersstruktur der zugewanderten und der abgewanderten Personen unterschiedlich ist. Der Einfluss ist nach BOMSDORF und BABEL (2007) zwar quantitativ deutlich geringer als der Einfluss des Außenwanderungssaldos, jedoch deshalb keinesfalls vernachlässigbar.

---

[29] Vgl. STATISTISCHES BUNDESAMT (2005c).
[30] Informationen zur Greencard-Debatte, die durch Bundeskanzler Schröder im Sommer 2000 angestoßen wurde, finden sich bspw. unter http://www.migration-info.de.
[31] Vgl. STATISTISCHES BUNDESAMT (2009d), S. 64.
[32] Vgl. STATISTISCHES BUNDESAMT (2010b).

Abbildung 2.1:
Außenwanderungssaldo für die Jahre 1950-2007.

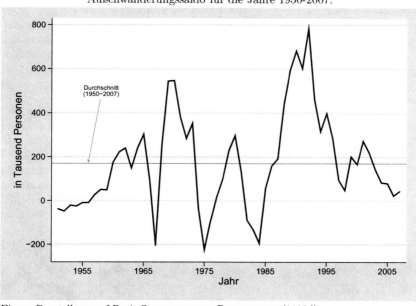

Eigene Darstellung auf Basis STATISTISCHES BUNDESAMT (2009d).

2.2 Künftige Bevölkerungsentwicklung

Auch hinsichtlich der Vorausberechnung der Bevölkerungsentwicklung besteht das allen Prognosen gemeinsame Problem, dass letztlich nur Wenn-Dann-Aussagen getroffen werden können. Nicht zuletzt deshalb verwendet das Statistische Bundesamt bei seinen Bevölkerungsvorausberechnungen verschiedene Annahmen bzgl. der o. a. Determinanten, um auf diese Weise eine Bandbreite möglicher bzw. wahrscheinlicher Entwicklungen aufzuzeigen.

In der aktuellen 12. koordinierten Bevölkerungsvorausberechnung arbeitet das Statistische Bundesamt (2009a) mit drei Szenarien zur Geburtenziffer, zwei Szenarien zur Lebenserwartung (L1, L2, vgl. Tabellen 2.1 und 2.2) sowie zwei Annahmen zur Migrationsentwicklung. Für die Geburtenziffer wird neben einer annähernden

Konstanz (G1: 1,4 Kinder je Frau) und einem leichten Anstieg (G2: 1,6 Kinder je Frau) auch ein Szenario mit einer leichten Abnahme (G3: 1,2 Kinder je Frau) berechnet.[33] Die Basisannahme bei der Lebenserwartung bildet die in den Tabellen 2.1 und 2.2 ausgewiesene Variante L1, während die Variante L2 die Obergrenze darstellt. Hinsichtlich der Migration werden die Varianten W1 („allmählicher Anstieg auf jährlichen Saldo von 100.000 Personen ab 2014") und W2 („allmählicher Anstieg auf jährlichen Saldo von 200.000 Personen ab 2020") unterschieden. Entsprechend ergeben sich zwölf mögliche Annahmenkombinationen, mit denen die künftige Bevölkerungsentwicklung vorausberechnet wird.

Als „mittlere Bevölkerung, Obergrenze" (Variante 1-W2) wird die Entwicklung unter der Annahmenkombination G1-L1-W2 bezeichnet.[34] In dieser Variante wird das Geburtendefizit von gut 140.000 in 2007 (vgl. S. 8, Fußnote 13) auf 281.000 in 2020 steigen. Bis 2050 steigt es weiter auf 549.000, um dann bis 2060 wieder leicht bis auf 527.000 zu sinken.[35] Für die Entwicklung der Gesamtbevölkerung bedeutet dies bis 2020 einen noch moderaten Rückgang von etwa 82 Mio. in 2008 auf dann 80,4 Mio. Einwohner. Bis 2040 reduziert sich die Bevölkerung weiter auf 76,8 Mio. und liegt 2060 mit gut 70 Mio. Einwohnern deutlich unter dem heutigen Niveau.

BOMSDORF und BABEL (2007, S. 912) knüpfen an die 11. koordinierte Bevölkerungsvorausberechnung an und zeigen, dass die isolierte Variation einer Annahme (bspw. zur Lebenserwartung) in einem annähernd linearen Zusammenhang zur langfristigen Bevökerungsentwicklung steht. Zudem wurden unter Verwendung von 5.000 zufälligen Annahmenkombinationen, die Auswirkungen von unterschiedlichen Annahmen für Fertilität, Migration (Nettozu- und Sockelwanderung) und Mortalität auf den langfristigen Bevölkerungsumfang sowie den Altersquotienten im Rahmen eines Regressionsmodells simuliert. Dabei zeigt sich, dass Fertilität und Nettozuwanderung als die für die Bevölkerungsentwicklung bedeutsamsten Größen anzusehen sind. Dieses Modell approximiert die aufwendigere Bevölkerungsvorausberechnung vergleichsweise gut und bietet die Möglichkeit, auf einfache Weise die

---

[33] Für einen Anstieg der Geburtenziffer spricht die Studie von MYRSKYLÄ et al. (2009), die mit neueren Daten zum Human-Development-Index als Maß für den Lebensstandard zeigen, dass sich der ursprünglich vermutete strikt negative Zusammenhang von Fertilitätsrate und Lebensstandard nicht bestätigt. Vielmehr besteht ein J-förmiger Zusammenhang. Mithin steigen die Fertilitätsraten ab einem gewissen Lebensstandard wieder an.

[34] Als eher optimistisch ist dabei angesichts der Ausführungen zur Migration die Annahme zum Außenwanderungssaldo zu sehen.

[35] Vgl. STATISTISCHES BUNDESAMT (2009a), S. 13.

Größenordnung zu bestimmen, in der die zentralen Parameter der Bevölkerungsentwicklung liegen müssen, um den Bevölkerungsumfang bis 2050 konstant zu halten. Ausgehend von der mittleren Variante der Lebenserwartung (L2), einer Nettozuwanderung (Sockelwanderung) von jährlich 150.000 (400.000) Personen, wäre eine Zunahme der Fertilitätsrate auf 1,76 bis 2010 (danach konstant) erforderlich.

Aber selbst diese Zunahme der Fertilität (die gemäß der o. a. Statistiken nicht eingetroffen ist) und die damit verbundene Konstanz des Bevölkerungsumfangs wären im Hinblick auf die Alterssicherung in den kommenden 20 bis 30 Jahren ohne Bedeutung bzw. Auswirkung. Denn für die Alterssicherung ist primär die Verschiebung in der Altersstruktur problematisch. Als Maßzahl für die Veränderungen der Altersstruktur wird in der Regel der sog. Altersquotient herangezogen. Er setzt die Bevölkerung oberhalb einer bestimmten Altersgrenze ins Verhältnis zur Bevölkerung unterhalb dieser Grenze. Als Altersgrenze dienen meist das durchschnittliche Renteneintrittsalter oder das gesetzliche Renteneintrittsalter (65 bzw. künftig 67 Jahre).

Kommen im Jahr 2008 noch 33,7 über 65-jährige auf 100 potenziell Erwerbstätige im Alter zwischen 20 und 65 Jahren, wird sich dieses Verhältnis – bedingt durch den ab etwa Mitte der 2020er bis Mitte der 2030er Jahre erfolgenden Ruhestandseintritt der *Baby-Boom*-Kohorten – bis 2030 bereits auf 51,4 (Variante 1-W2) erhöhen. Ab 2040 verlangsamt sich der Anstieg dann, so dass der Altersquotient im Jahr 2050 (2060) dann bei 60,5 (63,1) liegen wird (vgl. Abbildung 2.2). In dem o. a. Szenario von BOMSDORF und BABEL (2007) liegt der Altersquotient 2050 nur wenig darunter bei 56. Dies macht deutlich, dass die Zunahme der Fertilität für die Alterssicherung kaum entlastend wirken kann.

Die Verschiebung der Altersstruktur ist auch in den *Bevölkerungspyramiden* für die Jahre 1960 bis 2060 (vgl. Abbildung 2.3) erkennbar. Deutlich wird hier jedoch insbesondere der Hintergrund des einleitenden Zitats von BIRG (2005) und die folgenschwere Implikation. Wie bereits festgestellt, ist die Fertilität (und weniger die steigende Lebenserwartung) der entscheidende Faktor für den Anstieg des Altersquotienten. Genauer ist es die geringe Fertilität *der Vergangenheit*, die unabänderlich feststeht und damit auch den Anstieg des Altersquotienten bis zur Mitte des 21. Jahrhunderts nahezu *irreversibel* macht. Der Grund ist in Abbildung 2.3 abzulesen: in den letzten 50 Jahren hat sich der *Bauch der Baby-Boomer* kontinuierlich nach oben geschoben, während sich parallel die jüngeren Kohorten und damit die Zahl der potenziellen Mütter in den entsprechenden Altersgruppen zum Teil halbiert haben. Während also die Bevölkerungsschrumpfung, wie von

Abbildung 2.2:
Künftige Entwicklung des Altersquotienten gemäß Variante 1-W2
der 12. koordinierten Bevölkerungsvorausberechnung.

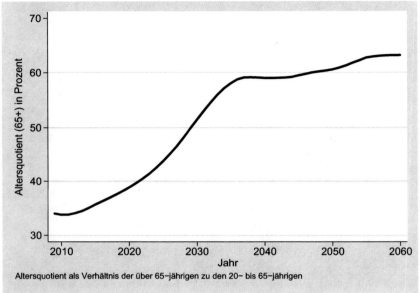

Eigene Darstellung auf Basis STATISTISCHES BUNDESAMT (2009a).

BOMSDORF und BABEL (2007) gezeigt, durch einen Anstieg der Fertilität auf 1,76 vergleichsweise einfach auf konstantem Niveau gehalten werden könnte, ist auch ein sprunghafter Anstieg der Fertilität auf das (höhere) Reproduktionsniveau allenfalls in der Lage, die Bevölkerungsalterung etwas abzumildern. Wollte man sie aufhalten, wäre nach BIRG (2007) eine Verdreifachung der Geburtenrate nötig. Auf ähnlich utopische Weise könnte der Alterungsprozess durch eine Nettozuwanderung von 188 Mio. Personen bis 2050 gestoppt werden.

Mit Blick auf die gesetzliche Rentenversicherung (GRV) ist vom Altersquotienten noch der Rentnerquotient zu unterscheiden, bei dem die Zahl der Rentenempfänger zur Zahl der Beitragszahler ins Verhältnis gesetzt wird. Offensichtlich wird der Rentnerquotient von einer komplexeren Faktorenmenge beeinflusst – zu nennen

Abbildung 2.3:
Altersstruktur der deutschen Bevölkerung in den Jahren 1960,
2008, 2010 und 2060.

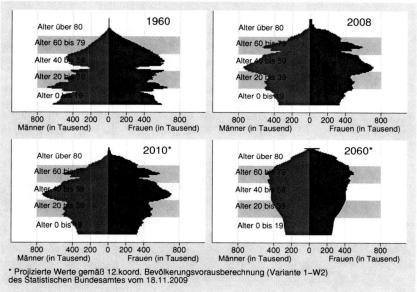

* Projizierte Werte gemäß 12.koord. Bevölkerungsvorausberechnung (Variante 1–W2)
des Statistischen Bundesamtes vom 18.11.2009

Eigene Darstellung auf Basis STATISTISCHES BUNDESAMT (2009a).

sind bspw. die Situation am Arbeitsmarkt oder die Entwicklung der Frauener-
werbsquote. Entsprechend lässt sich die künftige Entwicklung des Altersquotient
deutlich besser vorhersagen.[36]

---

[36] Prognosen zur Entwicklung des Rentnerquotienten finden sich bspw. im Abschlussbericht der *Kommission für die Nachhaltigkeit in der Finanzierung der Sozialen Sicherungssysteme*, BMGS (2003).

2.3 Regionale Aspekte der Bevölkerungsentwicklung

Demografische Trends zeigen sich meist auch in räumlichen Mustern. Unterschiedliche Arbeits- und Lebensbedingungen, sozioökonomische Strukturen und regionalkulturelle Besonderheiten wirken sich letztlich auf alle genannten Determinanten der Bevölkerungsentwicklung aus.

Wie die Darstellung der zeitlichen Entwicklung der Geburtenziffer zeigt, bestanden zwischenzeitlich durchaus große Unterschiede zwischen Ost- und Westdeutschland. Seit 2005 kann die *Fertilitätslücke* im Ost-West-Vergleich aber als nahezu geschlossen angesehen werden. Regionale Unterschiede in der Fertilität zeigen sich (im Jahr 2005) aber bspw. in deutlich unterdurchschnittliche Geburtenziffern im Saarland und in den Stadtstaaten, mit einem Minimum von 1,18 Kindern je Frau in Berlin.

Auch in der Lebenserwartung hat sich das West-Ost-Gefälle, das nach LUY (2006a) zum Zeitpunkt der Wiedervereinigung ein Maximum erreicht hatte, kontinuierlich verringert.[37] Jedoch bestehen nach LUY (2006a) noch deutliche regionale Unterschiede zwischen den Bundesländern. Auf Basis der Periodensterbetafeln 1997-1999 lagen zwischen den Landkreisen mit der höchsten bzw. geringsten Lebenserwartung bei Frauen 5,85 Jahre (Eisenach (Thüringen): 78,11 Jahre vs. Rosenheim (Bayern): 83,96 Jahre). Bei den Männern betrug der regionale Unterschied in der Lebenserwartung Neugeborener sogar bis zu 8,53 Jahre (Demmin (Mecklenburg-Vorpommern): 69,89 Jahre vs. München (Bayern): 78,42 Jahren). Die Mortalitätsdifferenzen auf Landkreisebene sind damit so groß, dass die Männer im Landkreis mit der geringsten Sterblichkeit eine höhere Lebenserwartung aufweisen als die Frauen im Landkreis mit der höchsten Sterblichkeit.[38]

Die weitaus größte Bedeutung für die innerdeutsche Bevölkerungsentwicklung hat die Binnenwanderung.[39] Zum Zeitpunkt der Wiedervereinigung wiesen die ostdeutschen Länder noch die höchsten Anteile bei der jüngeren Bevölkerung auf. Die vor allem nach Süddeutschland und in die Stadtstaaten gerichtete Binnenwanderung

---

[37] Vom Ende der 1960er Jahre bis zur Wiedervereinigung war in Westdeutschland ein deutlich rascherer Anstieg der Lebenserwartung zu beobachten.

[38] Zu möglichen Ursachen und weiterführenden Literaturhinweisen vgl. LUY (2006a).

[39] Auch die Außenwanderung hat eine gewisse Bedeutung für die regionale Bevölkerungsentwicklung, weil sich die Zuwanderung vom Ausland auf Westdeutschland bzw. Gebiete mit entsprechender Wirtschaftskraft konzentriert.

führte dazu, dass sich Alterung und Bevölkerungsrückgang in den von der Abwanderung betroffenen Ländern beschleunigten. Die Entwicklung der Altersstruktur seit der Wiedervereinigung ist in Abbildung 2.4 anhand des Altersquotienten zusammengefasst.

Abbildung 2.4:
Entwicklung des Altersquotienten in den Bundesländern im
Vergleich der Jahre 1990, 1999 und 2008.

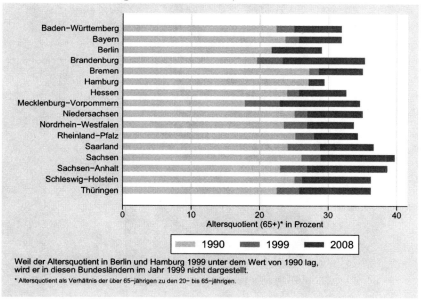

Eigene Darstellung auf Basis STATISTISCHES BUNDESAMT (2007).

Einen Eindruck zu den räumlichen Entwicklungsmustern vermittelt die regelmäßig im Rahmen der sog. Raumordnungsprognosen des Bundesamtes für Bauwesen und Raumordnung (BBR) veröffentlichte regionale Bevölkerungsprognose. Die aktuelle Prognose (2025/2050) orientiert sich dabei noch an den Basisannahmen der 11. koordinierten Bevölkerungsvorausberechnung des Statistischen Bundesamtes.

Abbildung 2.5 zeigt, dass neben einer Fortsetzung der Ost-West-Wanderung auch ausgeprägte kleinräumige Entwicklungsunterschiede bestehen, die sich primär zwischen peripheren und zentral gelegenen Gemeinden ereignen werden.[40]

Abbildung 2.5:
Regionale Bevölkerungsentwicklung gemäß
Raumordnungsprognose 2025/2050 des BBR.

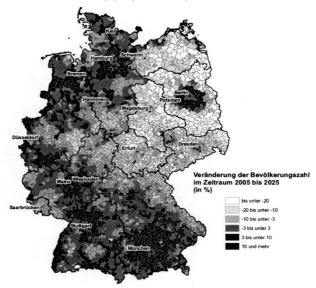

Quelle: BUCHER und SCHLÖMER (2009), veränderte Darstellung.

---

[40] Zur regionalen Bevölkerungsprognose und den raumordnungspolitischen Konsequenzen, vgl. ausführlich BUCHER und SCHLÖMER (2009).

3 Institutionelle Aspekte der Alterssicherung in Deutschland

> „Die sterbenden
> Gesellschaften häufen
> Gesetze an wie die
> Sterbenden Heilmittel."
>
> *Nicolás Gómez Dávila*

Der im zweiten Kapitel dargestellte demografische Übergang hat mannigfaltige soziokulturelle und sozioökonomische Implikationen. Besonders naheliegend sind die Auswirkungen eines steigenden Altersquotienten auf die Alterssicherung. Denn eine steigende Lebenserwartung hat Auswirkungen auf jedes System der Alterssicherung und keines dieser Systeme funktioniert ohne Kinder.

Grundsätzlich geht es bei der Altersvorsorge um die intertemporale Verlagerung von Einkommen und Konsum. Gemäß der Lebenszyklus-Hypothese von ANDO und MODIGLIANI (1963) streben rationale Haushalte danach, den Konsum gleichmäßig über das Leben zu verteilen und sind somit daran interessiert, Ressourcen aus der Erwerbs- in die Ruhestandsphase zu übertragen. Weniger technisch formuliert, verfolgt die Alterssicherung das Ziel, den Lebensstandard der Erwerbsphase auch im Ruhestand aufrecht zu erhalten. Ein dieser Zielsetzung dienendes System der Alterssicherung kann sich nach HOMBURG (1988) in mehreren Dimensionen unterscheiden:[41]

a) Administrierung/Organisation: staatlich vs. privat
b) Beteiligung: freiwillig vs. obligatorisch
c) Finanzierung: Umlage- vs. Kapitaldeckungsverfahren
d) Umverteilung: mit vs. ohne intragenerative Umverteilung
e) Risikoausgleich: mit vs. ohne Pooling des Langlebigkeitsrisikos[42]

---

[41] Vgl. HOMBURG (1988), S. 15 ff.

[42] Langlebigkeitsrisiko wird im Rahmen der Arbeit als Unsicherheit über die individuelle Lebensdauer verstanden. Die Gewährung eines Risikoausgleichs ist gleichbedeutend

Wären diese Begriffspaare in einem System frei kombinierbar, so ergäben sich $2^5 = 32$ mögliche alternative Systeme – HOMBURG (1988, S. 8 ff.) stellt jedoch fest, dass nicht alle „Menüpunkte" miteinander kompatibel sind. Im Kontext des demografischen Wandels sind inbesondere die Punkte c), d) und e) interessant und werden daher in Kapitel 4 vor dem Hintergrund der fortschreitenden wirtschaftwissenschaftlichen Erkenntnisbildung behandelt.

Zunächst geht es aber vornehmlich darum, das Gesamtsystem der Alterssicherung in Deutschland zu charakterisieren und die einzelnen Subsysteme (im Folgenden: Versorgungswege) in ihren Grundzügen vorzustellen. In Abschnitt 3.1 werden die verschiedenen Versorgungswege aufgezählt. Die Gruppierung dieser Systeme erfolgte in der Vergangenheit vornehmlich auf Basis des sog. Drei-Säulen-Modells. Seit den im Jahr 2001 begonnenen Reformen im Bereich der gesetzlichen Rentenversicherung (GRV) und insbesondere seit der Verabschiedung des Alterseinkünftegesetzes (AltEinkG) bietet sich nun jedoch auch das sog. Drei-Schichten-Modell zur Systematisierung an. An die Erläuterung und Gegenüberstellung dieser beiden Modelle anschließend, erfolgt in den Abschnitten 3.2 – 3.4 dann die Charakterisierung der einzelnen Versorgungswege.

3.1 Säulen- vs. Schichten-Modell – Ein Überblick

Das Gesamtsystem der deutschen Alterssicherung umfasst gegenwärtig acht institutionalisierte Versorgungswege, die neben der individuellen privaten Ersparnis- und Vermögensbildung und dem Unterhalt innerhalb des Familienverbundes dem Ziel der Absicherung des Lebensstandards dienen:

1. Gesetzliche Rentenversicherung
   a) Pflichtversicherte
      i. Arbeiter und Angestellte
      ii. Arbeiter und Angestellte in knappschaftlichen Betrieben
      iii. nichtverkammerte Freiberufler nach § 2 SGB VI
   b) Freiwillig Versicherte
2. Alterssicherung der Landwirte (AdL)
3. Kapitalgedeckte Leibrentenprodukte (Basis-Rente)
4. Beamtenversorgung (BV)

---

mit einer lebenslangen Rentenzahlung (auch: Annuität) und damit einer *Versicherung* gegen das Langlebigkeitsrisiko (vgl. auch Kapitel 4, S. 174).

5. Berufsständische Versorgung (BSV)
6. Betriebliche Altersversorgung (bAV)
7. Zusatzversorgung für Arbeiter und Angestellte des öffentlichen Dienstes (ZöD)
8. Private Zusatzversorgung gemäß § 10 a EStG (Riester-Rente)[43]

Seit den 1960er Jahren wurden die verschiedenen Versorgungswege üblicherweise mit Hilfe des Drei-Säulen-Modells kategorisiert.[44] Die Zuordnung erfolgt dabei unter den Gesichtspunkten der Organisationsform (staatlich, betrieblich, privat) und der Beteiligung (obligatorisch vs. freiwillig). Der *ersten Säule* werden in der Regel die öffentlich-rechtlichen Pflichtsysteme der GRV, AdL, BV und BSV zugeordnet. Diese erste Säule ist gemessen an der durch sie abgedeckten Bevölkerung von überragender Bedeutung.[45] Ein Zuordnungsproblem ergibt sich bei der für die Beschäftigten im öffentlichen Dienst *obligatorischen* ZöD, die damit grundsätzlich auch der ersten Säule zugeordnet werden könnte. Der Begriff Zusatzversorgung verweist jedoch bereits auf den ergänzenden Charakter, weshalb sie als Sonderform der betrieblichen Altersversorgung gelten kann und in der Regel mit der allgemeinen bAV die *zweite Säule* der betrieblichen Altersversorgung bildet. Der *dritten Säule* werden die privaten Ersparnisse zugerechnet, die – wie die Riester- und die Basis-Rente (auch als Rürup-Rente bezeichnet) – staatlich gefördert sein können oder nicht. Folglich sind auch die Geld- und Immobilienvermögensbildung Teil dieser dritten Säule.

Den Versorgungswegen ist gemeinsam, dass die Gewährung der Leistungen nach dem Versicherungsprinzip (s. u.) erfolgt und damit unabhängig von der Bedürftigkeit ist. Dies unterscheidet sie von der im SGB XII geregelten bedarfsorientierten *Grundsicherung im Alter und bei Erwerbsminderung* (GiA), die zum 1.1.2003 für über 65-jährige sowie für dauerhaft erwerbsgeminderte Erwachsene geschaffen wurde.[46] Obwohl sie Teil der Alterssicherung in Deutschland ist, steht die GiA

---

[43] Der Begriff Riester-Rente geht auf den zum Zeitpunkt der Reformen zuständigen Arbeitsminister Walter Riester zurück.

[44] Vgl. KAEMPFE (2005).

[45] Vgl. BMAS (2008) und Abschnitt 5.3.1.

[46] Anspruch auf GiA hat der genannte Personenkreis, wenn der Lebensunterhalt nicht aus eigenem Einkommen und Vermögen oder aus Einkommen und Vermögen des Ehepartners oder Partners einer eheähnlichen Gemeinschaft bestritten werden kann. Der Leistungsumfang entspricht im Wesentlichen der Hilfe zum Lebensunterhalt nach dem SGB XII. Zwar findet bei der GiA kein Unterhaltsrückgriff statt, ein Anspruch auf diese Fürsorgeleistung ist jedoch ausgeschlossen, wenn das jährliche Gesamteinkommen eines Unterhaltsverpflichteten mindestens 100.000 Euro beträgt (vgl. § 43 Abs. 2 SGB XII).

als *Fürsorgeleistung* neben den drei Säulen bzw. bildet bildlich gesprochen einen *Sockel* unter den Säulen.

Sowohl bei der Abgrenzung von erster und zweiter, sowie der zweiten und dritten Säule gab und gibt es jedoch einige Probleme. Auf die Abgrenzungsproblematik hinsichtlich der ZöD wurde bereits hingewiesen. Bei der BV, der knappschaftlichen Rentenversicherung (KnV) und ggf. der BSV besteht das Problem darin, dass diese Systeme in ihrem Leistungsumfang über jenen der GRV hinausgehen. Als sog. bifunktionale Systeme umfassen sie auch Aufgaben der zweiten Säule.[47] Mit der Möglichkeit der Riester-Förderung (nach § 10 a EStG) für bestimmte Formen der bAV besteht seit dem Jahr 2001 ein weiteres Abgrenzungsproblem.

Aufgrund dieser Abgrenzungsprobleme sowie der durch die Reformen der GRV (vgl. Abschnitt 3.2.1) abnehmenden Bedeutung der ersten Säule – besonders aber aus steuersystematischen Gründen – bietet sich eine Kategorisierung auf Basis des Drei-Schichten-Modells an. Entwickelt wurde dieses Modell von der *Sachverständigenkommission zur Neuordnung der steuerrechtlichen Behandlung von Altersvorsorgeaufwendungen und Altersbezügen* (auch als Rürup-I-Kommission bezeichnet). Anlass für die Beauftragung der Kommission durch den Bundesfinanzminister war ein Urteil des Bundesverfassungsgerichts vom 6.3.2002,[48] das den Bund zu einer verfassungskonformen Neuregelung der steuerrechtlichen Behandlung von Pensionen und Renten bis zum 1.1.2005 verpflichtete. Das im Verfassungsgerichtsurteil adressierte Problem reicht letztlich bis ins Jahr 1954 zurück. Damals wurde die ursprünglich nur für private Veräußerungsrenten bestimmte Ertragsanteilsbesteuerung auf unentgeltlich erworbene Leibrenten übertragen, wodurch es im Verhältnis zwischen Beamtenpensionen und der Sozialversicherungsrente spätestens seit der Abschaffung des Kapitaldeckungsverfahrens im Jahr 1957 zu einer systematischen Ungleichbehandlung kam.[49]

---

[47] Vgl. BMGS (2003). Die KnV beinhaltet eine integrierte betriebliche Vorsorgekomponente, die mit entsprechend höheren Beiträgen ein über der GRV liegendes Leistungsniveau in Aussicht stellt. Bei der Beamtenversorgung handelt es sich, wie in Abschnitt 3.2.2 vertieft, um ein am Alimentationsprinzip ausgerichtetes System. Bei der BSV hängt die Frage der Bifunktionalität von der konkreten Ausgestaltung ab, die sich zwischen den Versorgungswerken unterscheiden kann (s. u.).

[48] BVerfG 2 BvL 17/99.

[49] Die verfassungsrechtlichen Probleme bestanden darin, dass der Aufbau des sog. Rentenstammrechts teilweise steuerfrei erfolgen konnte, mit der Folge, dass Rentenzahlungen steuerfreie Teile enthielten, während Pensionszahlungen als nachträglicher Arbeitslohn voll zu versteuern waren. Zur Genese der Problematik und einer Analyse

Der Auftrag des Bundesfinanzministers an die Rürup-I-Kommission ging jedoch über den Gestaltungsauftrag des Verfassungsgerichts hinaus. Der auszuarbeitende Lösungsvorschlag

> „sollte zu einer systematischen schlüssigen und folgerichtigen Behandlung von Altersvorsorgeaufwendungen und Altersbezügen führen, in die Konsolidierungspolitik eingebettet, gesamtwirtschaftlich und sozial tragfähig sein und unter Nutzung von generalisierenden, typisierenden und pauschalierenden Regelungen sowohl der wirtschaftlichen Leistungsfähigkeit der Steuerpflichtigen wie den Notwendigkeiten einfacher und praktikabler Handhabungen Rechnung tragen."[50]

Im folgenden Satz stellt der Kommissionsvorsitzende fest, dass dieser Auftrag "[...] 'in seiner Komplexität der Aufgabe der Quadratur des Kreises" ähnelt. MEINDEL (2004) betont zudem den politischen Sprengstoff dieser Thematik.

Zentrales Ergebnis der Kommissionsarbeit war, dass sich die Behandlung von Altersvorsorgeaufwendungen und Alterseinkommen an der Leitlinie einer *nachgelagerten Besteuerung* orientieren sollte. Im Grundsatz wurde eine Steuerfreistellung von Altersvorsorgeaufwendungen vorgeschlagen, wobei im Gegenzug die korrespondierenden Alterseinkommen vollumfänglich in die Ermittlung der steuerlichen Bemessungsgrundlage einzubeziehen sind.[51] Der Grad der Steuerfreistellung in der Ansparphase richtet sich dabei primär danach, inwieweit der betreffende Versorgungsweg (oder das betreffende Altersvorsorgeprodukt) ausschließlich für die Altersversorgung genutzt werden kann. Dies ist bei Leibrentenprodukten offensichtlich eher gegeben als bei einem einfachen Sparbuch, das grundsätzlich jederzeit zu Konsumzwecken aufgelöst werden kann.

Folglich müssen die Versorgungswege und -produkte hinsichtlich ihrer Ausgestaltung klassifiziert werden. Diesem Zweck dient das von der Rürup-I-Kommission entwickelte Drei-Schichten-Modell, das somit eine praxisnahe Einordnung der Versorgungswege unter steuerrechtlichen Gesichtspunkten gewährleistet. Je ähnlicher ein Versorgungsweg bzw. ein Produkt der GRV ist, d. h. je „stärker ein Produkt darauf beschränkt ist, für eine lebenslange einkommensmäßige Absicherung eingesetzt zu werden, desto mehr ist es der ersten Schicht zuzuordnen."[52] Dabei ist es

---

unter steuerrechtlichen und volkswirtschaftlichen Gesichtspunkten vgl. ausführlich MEINDEL (2004).

[50] BMF (2003), S. 1.

[51] Mithin hängt die tatsächliche Steuerbelastung im Alter vom jeweiligen Einzelfall ab.

[52] RÜRUP und MYSSEN (2008), S. 190.

grundsätzlich unerheblich, in welchem Umfang der Versorgungsweg letzten Endes zum Gesamtniveau der Alterssicherung beiträgt.[53]

Mit dem Alterseinkünftegesetz (AltEinkG) beschloss der Gesetzgeber zum 1.1.2005 die Neuordnung der steuerlichen Behandlung von Altersvorsorgeaufwendungen und Alterseinkommen innerhalb eines kohärenten Systems. Hinsichtlich der Schichtenzuordnung der Versorgungswege gilt seitdem folgendes:

1. Erste Schicht – Basisversorgung:
   Zur ersten Schicht gehören die Versorgungswege, die eine Auszahlung nur als lebenslange Leibrente vorsehen. Zudem dürfen die Anwartschaften nicht vererblich, nicht beleihbar, nicht veräußerbar und nicht übertragbar sowie nicht kapitalisierbar sein. Mithin muss eine wirtschaftliche Nutzbarkeit der Anwartschaften vor dem Eintritt in den Ruhestand ausgeschlossen sein. Neben der GRV trifft dies auf die AdL, die BV, die BSV und die Rürup-Rente zu.
2. Zweite Schicht – Zusatzversorgung:
   Für die Versorgungswege der zweiten Schicht sind die Anforderungen weniger restriktiv. Grundsätzlich ist eine lebenslange Auszahlung erforderlich, allerdings ist eine Teilkapitalisierung und Übertragbarkeit in gewissem Umfang gestattet. Die zweite Schicht wird durch die (kapitalgedeckte) bAV, die ZöD als Sonderform der betrieblichen Vorsorge und die Riester-Rente konstituiert. Ein zentraler Unterschied zum Drei-Säulen-Modell besteht darin, dass bestimmte Formen der bAV letztlich auch der ersten Schicht zugeordnet werden, wenn die entsprechenden Anforderungen des § 10 EStG erfüllt sind.[54] Die Riester-Rente ist hingegen eindeutig der zweiten Schicht zuzuordnen, weil die hier angesparten Mittel für die Anschaffung einer Immobilie (s. u.) verwendet werden können, was in der ersten Schicht einen Ausschlusstatbestand darstellt.
3. Dritte Schicht – Kapitalanlageprodukte:
   Zur dritten Schicht gehören alle Anlageprodukte (Formen der Vermögensbildung), welche die Anforderungen der ersten beiden Schichten nicht erfüllen. Bei diesen Produkten ist die Verwendung für die Altersversorgung zwar möglich, sie ist aber nicht zwingend, sondern bedarf zusätzlich einer – jederzeit revidierbaren – Entscheidung des Steuerpflichtigen.[55] Aus diesem Grund werden diese Formen der Altersvorsorge nicht nachgelagert, sondern vorgelagert besteuert. Die

---

[53] Vgl. RÜRUP und MYSSEN (2008).
[54] Vgl. dazu auch die kritischen Ausführungen in HEUBECK und SEYBOLD (2007).
[55] Vgl. RÜRUP und MYSSEN (2008).

Ersparnisbildung, ob sie mit dem Motiv der Altersvorsorge erfolgt oder nicht, muss somit immer aus bereits versteuertem Einkommen geleistet werden.

Diese Zuordnung orientiert sich weitestgehend an den Vorschlägen der Rürup-I-Kommission. Eine Ausnahme stellt die Behandlung der bAV dar, die im Kommissionsbericht eindeutig der zweiten Schicht zugeordnet ist. HEUBECK und SEYBOLD (2007) kritisieren jedoch insbesondere, dass die bAV sowohl der ersten als auch der zweiten Schicht zugeordnet werden kann. Dies schaffe eine unnötige Komplexität bei der Besteuerung der bAV und sei mit „erheblichen Unsicherheiten und Mehrbelastungen für die Praxis" verbunden.[56]

Auch hinsichtlich der steuerlichen Abzugsmöglichkeiten folgte der Gesetzgeber den Kommissionsempfehlungen nicht vollständig. Im Kommissionsbericht wird empfohlen, die Beiträge zu den Versorgungswegen der ersten Schicht vollständig und in unbegrenzter Höhe als Werbungskosten abzugsfähig zu machen. Für Produkte der zweiten Schicht sollte ein begrenzter Sonderausgabenabzug gelten, der den im AVmG genannten Grenzen von vier Prozent des Einkommens bzw. maximal 2.100 € pro Jahr entspricht.[57] Die Empfehlung, Produkte der dritten Schicht vorgelagert zu besteuern, wurde bereits erwähnt. Abweichend von diesen Empfehlungen wurde die Abzugsfähigkeit von Vorsorgeaufwendungen für die Basisversorgung (erste Schicht) aus fiskalischen Gründen nur bis zu einer Höchstgrenze (s. u.) ermöglicht. Dennoch wurde das Ziel einer Differenzierung der Vorsorgeaufwendungen in solche mit dem Zweck der Altersvorsorge und solche mit anderen Zwecken grundsätzlich verwirklicht.[58,59,60]

---

[56] Aus diesem Grund fordern sie die Änderung der für diese Gesetzesauslegung verantwortlichen BMF-Schreiben der Finanzverwaltung. Die klare Trennung sei ihrer Auffassung nach mit dem AltEinkG durchaus vereinbar.

[57] Die genannten Grenzen entsprechen den im AVmG für die Jahre nach 2008 vorgesehenen, vorerst unbefristet geltenden Grenzen. Diese wurden seit 2001 ausgehend von einem Prozent (525 €) schrittweise erhöht.

[58] So gibt es seit Inkrafttreten des AltEinkG nach § 10 EStG zwei Arten von Vorsorgeaufwendungen (Aufwendungen für die Basisversorgung (der ersten Schicht) und sonstige Vorsorgeaufwendungen(u. a. Krankenversicherung)) mit je eigenen Höchstbeträgen beim steuerlichen Abzug (vgl. BIRK und WERNSMANN (2008)).

[59] Bis zum 31.12.2004 gab es hingegen ein einheitliches Abzugsvolumen für alle Vorsorgeaufwendungen. Allerdings findet eine Günstigerprüfung statt, so dass in Einzelfällen das alte Recht weiter Anwendung finden kann.

[60] Mit dem Bürgerentlastungsgesetz vom 16.7.2009 wurde die steuerliche Berücksichtigung der sonstigen Vorsorgeaufwendungen verbessert. Insbesondere die Behandlung von Kranken- und Pflegeversicherungsbeiträgen wurde neu geregelt (vgl. BMF-Schreiben vom 26.4.2010 (GZ: IV C 3 - S 2222/09/10041)).

Trotz der genannten Kritikpunkte lässt sich insgesamt die Meinung von Rürup und Myssen (2008, S. 193) vertreten, dass die Umsetzung des Drei-Schichten-Modells weitgehend „konsequent" erfolgt ist.

Die folgenden Abschnitte behandeln die einzelnen Versorgungswege. Dabei geht es nicht um eine vollständige Darstellung sämtlicher institutioneller Details, die im Rahmen dieser Arbeit weder sinnvoll noch möglich ist.[61] Vielmehr geht es darum, die für das weitere Verständnis der Arbeit notwendigen Grundlagen zu schaffen. Dies erfordert zum einen die Erläuterung der jeweiligen Grundprinzipien einschließlich der Finanzierungsverfahren. Desweiteren ist auf die Probleme im demografischen Übergang und die in diesem Kontext erfolgten Reformen der vergangenen Jahre einzugehen. Mit dem AltEinkG wurde bereits auf eine zentrale Maßnahme eingegangen, die das Gesamtsystem der Alterssicherung betrifft. Weitere zentrale Reformen fanden vor allem im Bereich der GRV statt. Hier bestand aufgrund der Größe des Systems – sowohl bezogen auf das Leistungsvolumen, als auch des durch sie abgedeckten Bevölkerungsteils – der größte Handlungsbedarf. Weil die GRV-Reformen direkt oder indirekt auch die anderen genannten Versorgungswege betroffen haben, werden sie etwas ausführlicher behandelt, um damit den Grundstein für die theoretische Bewertung der Maßnahmen in Kapitel 4 zu legen.

Propädeutischen Charakter haben die folgenden Ausführungen auch für den empirischen Teil der Arbeit. Besonders die verschiedenen Vorschriften zur Ermittlung der individuellen Ansprüche in den jeweiligen Versorgungswegen bilden die Basis für die Berechnungen zum Altersvorsorgestatus und sind entsprechend Grundvoraussetzung für deren Verständnis.

3.2 Versorgungswege der ersten Schicht

Mit dem AltEinkG hat der Gesetzgeber allen Steuerpflichtigen ein Abzugsvolumen für Beiträge zum Aufbau einer Basisversorgung in Höhe von 20.000 € pro Jahr zugestanden. Damit bestehen grundsätzlich für alle Steuerpflichtigen die gleichen Möglichkeiten. Insbesondere für Personen, die nicht in der GRV pflichtversichert

---

[61] Während die Versorgungswege der ersten Schicht gesetzlich geregelt sind, handelt es sich – von wenigen Ausnahmen abgesehen – bei den Produkten der zweiten und dritten Schicht um tarifvertragliche und privatrechtliche Regelungen (vgl. Ruland (2008a)).

und nicht in einem kammerfähigen Beruf tätig sind, wurde zudem ein neues Instrument, die sog. Basis- oder Rürup-Rente geschaffen, die als kapitalgedeckte Leibrentenversicherung die o. a. Anforderungen an ein Produkt der ersten Schicht erfüllt. Auf diesen Versorgungsweg sowie auf die AdL wird im Folgenden nicht weiter eingegangen, weil diese derzeit von untergeordneter Bedeutung im Altersvorsorgemix sind bzw. im empirischen Teil der Arbeit nicht untersucht werden können.[62]

3.2.1 Gesetzliche Rentenversicherung

Die von der Deutschen Rentenversicherung (DRV) bereitgestellte Chronik verweist auf die bis ins 12. Jahrhundert zurückreichende Fürsorge innerhalb von Zünften und Gilden als Vorläufer der Sozialversicherung.[63] Als Vorläufer der heutigen GRV gilt in der Regel die unter Reichskanzler Bismarck im Jahr 1889 beschlossene und 1891 in Kraft getretene gesetzliche Invaliditäts- und Altersversicherung,[64] die zunächst als *Kapitaldeckungsverfahren* konzipiert war (vgl. zu den verschiedenen Finanzierungsverfahren ausführlich Abschnitt 4.1).[65,66]

---

[62] Die Datengrundlage für eine empirische Analyse ist in diesen Fällen als unzureichend anzusehen (vgl. Abschnitt 5.1). Dies gilt insbesondere für die erst seit kurzem existierende Rürup-Rente.

[63] Vgl. DRV (2009b), S. 262 ff.

[64] Die Initiative zur Schaffung der Sozialversicherung geht auf eine kaiserliche Botschaft aus dem Jahr 1881 zurück, in der Wilhelm I. die Schaffung einer Arbeiterversicherung ankündigt. Im Jahr 1883 wurde zunächst die Krankenversicherung und 1884 die Unfallversicherung geschaffen.

[65] Tatsächlich gab es aber durch Kriege und Wirtschaftskrisen auch in der frühen Geschichte Abweichungen von dieser Finanzierungsform. Für einen Überblick sowie weiterführende Literaturhinweise vgl. bspw. BRUNNER (2001).

[66] Zum Versichertenkreis gehörten fast ausschließlich Arbeiter, erst 1911/1913 wurde eine vergleichbare Versicherung auch für Angestellte geschaffen. Im Jahr 1911 wurde die Reichsversicherungsanstalt für Angestellte als Vorläufer der späteren Bundesversicherungsanstalt für Angestellte gegründet. Das Versicherungsgesetz für Angestellte trat 1913 in Kraft. Im Jahr 1923 wurde schließlich die KnV begründet. Seit dem Jahr 2005 sind die genannten Berufsgruppen in der sog. Deutschen Rentenversicherung (DRV) organisiert (vgl. dazu auch RISCHE (2005)).

3.2.1.1 Grundprinzipien der GRV

Die wechselvolle Geschichte dieses heute vom Leistungsvolumen her größten Zweigs der gegliederten Sozialversicherung kann im Rahmen dieser Arbeit nicht umfassend behandelt werden. Zu den zentralen Daten, die für den weiteren Gang der Untersuchung von Bedeutung sind, gehört vor allem die große Rentenreform des Jahres 1957. Der Kernpunkt dieser Reform bestand in der Umwidmung des bis dahin an einer nominell fixierten Mindestsicherung orientierten Systems zu einem System der Lebensstandardsicherung,[67] das eine entsprechende Dynamisierung der Renten mit der Einkommensentwicklung der Erwerbstätigen erforderte.[68],[69] An der Zielsetzung der Lebensstandardsicherung orientierte sich die Rentenpolitik in den folgenden Jahrzehnten. Mit den Rentenreformen seit 2001, auf die im Folgenden noch näher eingegangen wird, folgte dann ein erneuter Paradigmenwechsel, der im Sinne der Rürup-I-Kommission den Übergang zu einer Basisabsicherung darstellt.[70]

Die Finanzierung erfolgte ab 1957 zunächst im *Abschnittsdeckungsverfahren*,[71] das mit dem dritten Rentenversicherungs-Änderungsgesetz vom 28.7.1969 dann zum reinen *Umlageverfahren* umgestellt wurde. Im Umlageverfahren werden die Einnahmen unmittelbar zur Auszahlung der laufenden Rentenleistungen verwendet, mithin existiert kein Kapitalstock zur Deckung künftiger Renten. Zum Ausgleich von Liquiditäts- und seit 2005 auch konjunkturellen Schwankungen wird allerdings

---

[67] Vgl. HEIDLER (2009). Die Ausgestaltung als Mindestsicherung war der Grund dafür, dass das Rentensystem auch nach dem zweiten Weltkrieg – unter Rückgriff auf Bundesmittel – aufrecht erhalten werden konnte (vgl. BMAS (2010)).

[68] Zudem wurden die Regelungen für Arbeiter und Angestellte weitgehend vereinheitlicht.

[69] In den Folgejahren kam es zunächst noch zu Leistungsausweitungen, bevor dann ab etwa Mitte der 1970er Jahre mehr und mehr Kürzungen in den Vordergrund rückten. Es ist naheliegend, dass durch die laufenden Reformen verschiedene Jahrgänge in unterschiedlicher Weise betroffen sind, was sich nicht zuletzt in den von HEIDLER (2009) für verschiedene Jahrgänge berechneten internen Renditen der GRV zeigt.

[70] Vgl. RÜRUP und MYSSEN (2008).

[71] Beim Abschnittsdeckungsverfahren werden Einnahmen und Ausgaben nicht innerhalb eines Jahres (wie im Umlageverfahren), sondern innerhalb einer bestimmten Periode (Deckungsabschnitt) ausgeglichen. Als Deckungsabschnitt waren zehn Jahre vorgesehen (vgl. DRV (2009b)).

eine *Nachhaltigkeitsrücklage* vorgehalten, die gemäß § 158 SGB VI in einem Zielkorridor zwischen 0,2 bis 1,5 Monatsausgaben liegen soll.[72]

Zu den Grundprinzipien der GRV gehören neben den bereits genannten Aspekten der Einkommensersatzfunktion (Lebensstandardsicherung bzw. künftig der Basisversorgung) und der Umlagefinanzierung auch das Versicherungsprinzip, das Äquivalenzprinzip sowie das Prinzip des sozialen Ausgleichs.[73]

Im Sinne des *Versicherungsprinzips* bietet die GRV einen Risikoausgleich, indem das Versichertenkollektiv durch entsprechende laufende Beitragszahlungen die notwendigen Mittel bereitstellt, um das biometrische Risiko eines Einkommensmangels infolge von Langlebigkeit (kurz: Langlebigkeitsrisiko) – als Regelleistung[74] – abzusichern. Die meisten Versicherten sind nach § 1 SGB VI pflichtversichert. Dies gilt vor allem für die abhängig beschäftigten Arbeiter bzw. Angestellten, wobei die Versicherungspflicht nicht an das Arbeits-, sondern an das Beschäftigungsverhältnis anknüpft. Auch für bestimmte Gruppen von Selbständigen besteht nach § 2 SGB VI eine Versicherungspflicht. Zu ihnen gehören bspw. Künstler oder Handwerker.[75] Weiterhin werden in § 3 SGB VI die „Sonstigen Versicherten" Kraft Gesetzes definiert. Dies sind u. a. Wehr- und Zivildienstleistende sowie Bezieher von Lohnersatz- bzw. Grundsicherungsleistungen (Arbeitslosengeld I bzw. II). Versicherungsfreiheit besteht nach § 5 SGB VI grundsätzlich für Beamte, Richter, Soldaten, geringfügig Beschäftigte sowie Beschäftigte von Körperschaften, Anstalten oder Stiftungen des öffentlichen Rechts oder kirchlicher Träger, wenn sie über eine gesicherte Versorgungsanwartschaft verfügen.[76] Unter bestimmten, in § 6 SGB VI definierten Voraussetzungen ist (insbesondere für Mitglieder der kammerfähigen Freien Berufe) eine Befreiung von der Versicherungspflicht möglich (vgl. dazu auch

---

[72] Die Nachhaltigkeitsrücklage wurde bis 1977 als „Rücklage" und zwischenzeitlich bis zur Verabschiedung des RV-Nachhaltigkeitsgesetzes 2004 als „Schwankungsreserve" bezeichnet (vgl. MOLLENHAUER (2005)). Die Schwankungsreserve diente zunächst nur dem Ausgleich unterjähriger Liquiditätsschwankungen, seit 2005 soll die Nachhaltigkeitsrücklage auch zum Ausgleich konjunktureller Effekte beitragen.

[73] Vgl. BMGS (2003).

[74] Zu den weiteren Leistungen vgl. auch Abschnitt 3.2.1.2 und ausführlicher RULAND (2008c).

[75] Künstler und Publizisten sind gemäß Künstlersozialversicherungsgesetz versicherungspflichtig. Handwerker können sich unter bestimmten Voraussetzungen (u. a. Pflichtbeiträge für mindestens 18 Jahre) von der Versicherungspflicht befreien lassen.

[76] Offensichtlich sind Bezieher von Renten- bzw. Versorgungsleistungen auch von der Versicherungspflicht befreit. Für weitere Details sei auf das Gesetz verwiesen.

Abschnitt 3.2.3). Personen, die nicht versicherungspflichtig sind, können der GRV gemäß § 7 SGB VI freiwillig beitreten.

In privatwirtschaftlich organisierten Systemen geht das Versicherungsprinzip als gemeinsame Selbsthilfe grundsätzlich mit einer versicherungsmathematischen *Äquivalenz* von Beiträgen und Leistungen einher. Im Vergleich zu den anderen Zweigen der deutschen Sozialversicherung ist das Äquivalenzprinzip zwar in der GRV stark ausgeprägt, weicht aber aus zwei Gründen dennoch von der versicherungsmathematischen Fairness ab.

Zum einen ist eine vollständige Äquivalenz im Rahmen eines Umlageverfahrens nur unter sehr speziellen gesamtwirtschaftlichen Rahmenbedingungen möglich (vgl. dazu Abschnitt 4.1.3). Bei den realiter variablen Beitragssätzen der GRV kann bei demografischen und konjunkturellen Schwankungen allenfalls *Teilhabeäquivalenz* angestrebt werden. Nach diesem Prinzip erwerben die Versicherten mit gleichen Beiträgen zu einem bestimmten Betrachtungszeitpunkt auch gleichwertige Rentenansprüche. Verschiedene Jahrgänge können damit durchaus unterschiedlich behandelt werden, ohne gegen das Prinzip der Teilhabeäquivalenz zu verstoßen.

Zum zweiten enthält die GRV Elemente des *sozialen Ausgleichs*, der im Sinne der Typologie auch als Risikoausgleich zu bezeichnen ist. Hierzu zählt sowohl der Verzicht auf eine Risikodifferenzierung, so dass Beiträge und Leistungen unabhängig von der individuellen Lebenserwartung, dem Geschlecht und dem Gesundheitszustand sind.[77] Ebenso sind die sog. versicherungsfremden Leistungen Teil des sozialen Ausgleichs. Zu ihnen gehören u. a. Ausgaben für Kriegsfolgelasten, beitragsfreie Zeiten (insbesondere für die Kindererziehung), arbeitsmarktbedingte Leistungen und Fremdrentenleistungen. Da es sich hierbei um gesamtgesellschaftliche Anliegen handelt, sind die damit verbundenen Ausgaben nicht durch die Versichertengemeinschaft und deren Beiträge allein, sondern durch alle Steuerpflichtigen mit entsprechenden Steuermitteln zu finanzieren (s. u.).

3.2.1.2 Versichertenkollektiv, Einnahmen und Ausgaben

Neben der Absicherung des Langlebigkeitsrisikos bietet die GRV einen Schutz gegen das Risiko der Erwerbsminderung und gewährt zudem im Fall des Todes eines Versicherten mit Angehörigen gewisse Leistungen für dessen Hinterbliebene.[78] Von

---

[77] Vgl. BMGS (2003), S. 70 f.
[78] Vgl. RULAND (2008c).

den 20,3 Mio. Rentnern zum 1.7.2008 bezogen knapp 4 Mio. eine Mehrfachrente. Diese Mehrfachansprüche sind im Wesentlichen für den in der Statistik ausgewiesenen höheren Rentenbestand verantwortlich, der zum 31.12.2009 bei 24,93 Mio. liegt und sich auf 17,54 Mio. Renten wegen Alters, knapp 1,57 Mio. Renten wegen Erwerbsminderung und gut 5,82 Mio. Renten wegen Todes aufteilt.[79] Den Rentnern stehen zum 31.12.2008 etwa 52,2 Mio. Versicherte (ohne Rentenbezug) gegenüber. Diese teilen sich in etwa 17,2 Mio. passiv und 35 Mio. aktiv Versicherte auf.[80] Lediglich 366.000 aktiv Versicherte sind freiwillige GRV-Mitglieder.[81]

Bereits die Zahlen zum Rentenbestand dokumentieren die dominierende Rolle der Altersrente, die gegenwärtig (künftig) ab dem 65. (67.) Lebensjahr ohne Abschläge gewährt wird. Unterstrichen wird der Charakter der Altersrente als Regelleistung der GRV zudem durch die Tatsache, dass 75,8 Prozent der Rentenausgaben des Jahres 2008 auf diese Rentenart entfallen.[82] Nach den Rentenausgaben (2008: 216,2 Mrd. € bzw. 90 Prozent der konsolidierten Ausgaben der GRV),[83] stellen die Ausgaben für die Krankenversicherung der Rentner (KVdR) mit 14,9 Mrd. €, die Leistungen zur Teilhabe (Rehabilitation) mit knapp 5 Mrd. € und die Verwaltungsausgaben (3,6 Mrd. €) die nächstgrößeren Ausgabenpositionen dar.[84]

---

[79] Vgl. DRV (2010b), S. 48 f.

[80] Aufgrund der Stichtagsbetrachtung gelten als *aktiv Versicherte* nur jene Personen, die am 31.12. Pflichtbeitragszeiten, freiwillige Beitragszeiten, geringfügige Beschäftigungszeiten oder Anrechnungszeiten aufweisen, die für das Berichtsjahr auf dem Versicherungskonto verbucht werden. Bei den *passiv Versicherten* handelt es sich um die Summe aus latent Versicherten und Übergangsfällen. Letztere weisen zwar im Berichtsjahr Beitragszeiten auf, sind aber am Stichtag des Berichtsjahr nicht aktiv versichert. Auch die latent Versicherten erfüllen den Tatbestand aktiver Versicherung am Stichtag nicht, können aber in den Vorjahren Beitragszeiten aufweisen. Passiv Versicherte sind bspw. Beamte oder Selbständige, die keine Beiträge zur GRV leisten, aber zu einem früheren Zeitpunkt aktiv in der GRV versichert waren.

[81] Vgl. DRV (2010b).

[82] Der Anteil der Renten wegen Todes betrug 17,7 Prozent der Rentenausgaben des Jahres 2008, der Anteil der Erwerbsminderungsrenten knapp 6,6 Prozent (vgl. DRV (2009b)).

[83] Die konsolidierten Einnahmen und Ausgaben berücksichtigen die Einnahmen der allgemeinen Rentenversicherung und der KnV sowie der Ausgleichsbeträge zwischen beiden Versicherungsträgern.

[84] Vgl. DRV (2009b).

Den konsolidierten Ausgaben von insgesamt 240,4 Mrd. € im Jahr 2008 standen konsolidierte Einnahmen von 244,2 Mrd. € gegenüber.[85] Diese Einnahmen stammen zu 73,7 Prozent aus den Beiträgen der Versicherten. Der allgemeine Bundeszuschuss betrug 44,3 Mrd. €, der zusätzliche Bundeszuschuss knapp 18,2 Mrd. €, so dass über 99 Prozent der konsolidierten GRV-Einnahmen aus Beiträgen und Bundeszuschüssen stammen.[86],[87]

Die Bundeszuschüsse erhält die GRV als „pauschale Abgeltung nicht beitragsgedeckter [versicherungsfremder] Leistungen."[88] Genügen diese Steuermittel zur Finanzierung der versicherungsfremden Leistungen, kann von Teilhabeäquivalenz in der GRV gesprochen werden. In einer differenzierteren Analyse für die Allgemeine Rentenversicherung weist der *Sachverständigenrat zur Begutachtung der gesamtwirtschaftlichen Entwicklung* (SVR) in seinem Jahresgutachten 2005/2006 einen – von der Abgrenzung der als versicherungsfremd angesehenen Leistungen abhängigen – Fehlbetrag von bis zu 19 Mrd. € im Jahr 2003 aus.[89] Erfolgt die Abgrenzung nach dem Vorbild des *Verbandes Deutscher Rentenversicherungsträger* (VDR als Vorgänger der DRV), so liegt der Fehlbetrag lediglich bei 3 Mrd. € und die Teilhabeäquivalenz wäre annähernd gegeben – eine Auffassung, die von der *Kommission für die Nachhaltigkeit in der Finanzierung der Sozialen Sicherungssysteme* (im Folgenden Rürup-II-Kommission) vertreten wird.[90] Auch wenn die Teilhabeäquivalenz zu einem bestimmten Zeitpunkt gegeben sein sollte, ist im Zeitablauf keineswegs sichergestellt, dass dies so bleibt. Denn die Dynamisierung

---

[85] Damit konnte die GRV (einschließlich der KnV) im Jahr 2008 einen Einnahmenüberschuss erzielen. Für die allgemeine RV (ohne KnV) wird für 2010 mit einem Defizit von etwa 2 Mrd. € gerechnet, das durch die Nachhaltigkeitsrücklage gedeckt werden kann (vgl. DRV (2009a, 2010a)).

[86] Vom allgemeinen Bundeszuschuss gingen 38,2 Mrd. € an die allgemeine Rentenversicherung, der Rest an die KnV. Der zusätzliche Bundeszuschuss ging ausschließlich an die allgemeine Rentenversicherung (vgl. DRV (2009b)).

[87] Im Jahre 1998 drohte ein weiterer Anstieg des Beitragssatzes über 20,3 Prozent hinaus. Dies konnte durch Erhöhung der Bundesmittel verhindert werden. Neben den allgemeinen Bundeszuschuss trat ein sog. zusätzlicher Bundeszuschuss, der durch die Mehrwertsteuererhöhung von 15 auf 16 Prozent zum 1.4.1998 finanziert wurde und wird. Seit 2001 wird der zusätzliche Bundeszuschuss um einen Erhöhungsbetrag aus den Einnahmen der ökologischen Steuerreform ergänzt (vgl. RULAND (2008c)).

[88] Vgl. BMGS (2003), S. 71.

[89] Der Fehlbetrag von 19 Mrd. € ergibt sich bei Berücksichtigung der Ostrenten als versicherungsfremde Leistungen (vgl. hierzu auch die Ausführungen zur Ermittlung der Entgeltpunkte im Beitrittsgebiet auf S. 41 f.). Für 2007 wird ein Fehlbetrag zwischen 8,5 und 9,5 Mrd.€ ausgewiesen (vgl. ausführlich SVR (2005), S. 370 ff.).

[90] Vgl. BMGS (2003), S. 71.

der Bundeszuschüsse orientiert sich gemäß § 213 SGB VI an der Entwicklung der Bruttolöhne und -gehälter sowie der Beitragssätze (und nicht an der Entwicklung der versicherungsfremden Leistungen selbst).

3.2.1.3 Rentenhöhe und Rentenanpassung

Die genannten Prinzipien (Einkommensersatzfunktion, Umlagefinanzierung, Versicherungsprinzip, Äquivalenzprinzip und sozialer Ausgleich) zeigen sich in der Berechnung und Anpassung der Rentenhöhe, die seit dem Rentenreformgesetz (RRG) von 1992 im dritten Unterabschnitt des SGB VI (§ 63 ff.) geregelt ist.[91] Gemäß § 64 SGB VI ergibt sich die Höhe der monatlichen Rentenzahlung R^{Monat} zum Zeitpunkt t

$$R_t^{\text{Monat}} = \text{pEP} \times \text{AR}_t \times \text{RF} \tag{3.1}$$

als Produkt aus persönlichen Entgeltpunkten pEP, Rentenartfaktor RF und dem aktuellen Rentenwert AR_t. Die persönlichen Entgeltpunkte einer im Zeitraum $t-x$ bis t aktiv versicherten Person ergeben sich wiederum als Produkt aus Zugangsfaktor ZF und der Summe der Entgeltpunkte: $\text{pEP} = \text{ZF} \times \sum_{\tau=t-x}^{t} \text{EP}_\tau$.

Entgeltpunkte. Die Entgeltpunkte drücken das Verhältnis von beitragspflichtigen Einnahmen zu dem in Anlage 1 des SGB VI festgelegten Durchschnittsentgelt (2010: 32.003 €) aus.[92] Ein Mitglied der GRV mit beitragspflichtigen Einnahmen in Höhe von 16.001,50 € erhält folglich für 2010 eine Gutschrift von 0,5 Entgeltpunkten auf seinem Versicherungskonto. Die beitragspflichtigen Einnahmen werden dabei maximal bis zur sog. Beitragsbemessungsgrenze berücksichtigt, die in etwa dem doppelten Durchschnittsentgelt entspricht.[93] Damit können in einem Kalenderjahr maximal knapp über zwei Entgeltpunkte (2010: 2,0623) erreicht

---

[91] Eine kompakte Darstellung der Rechtsstände vor 1992 bietet HEIDLER (2009).

[92] Das Durchschnittsentgelt für 2010 ist gegenwärtig noch vorläufig (vgl. SGB VI, Anlage 1). Grundsätzlich wird diese Rechengröße durch eine Rechtsverordnung der Bundesregierung entsprechend der Entwicklung der Bruttolohn- und -gehaltssumme je durchschnittlich beschäftigtem Arbeitnehmer bestimmt (§ 69 SGB VI). Bruttolöhne und -gehälter je Arbeitnehmer sind wie beim aktuellen Rentenwert die durch das Statistische Bundesamt ermittelten Bruttolöhne und -gehälter je Arbeitnehmer nach der Systematik der Volkswirtschaftlichen Gesamtrechnung.

[93] Wie das Durchschnittsentgelt wird auch die Beitragsbemessungsgrenze mit der Wachstumsrate der Bruttolöhne und -gehälter fortgeschrieben. Zusätzlich erfolgt eine Rundung auf das nächsthöhere Vielfache von 600 (vgl. § 159 SGB VI).

werden.[94] Gemäß Anlage 2 (2a) des SGB VI liegt die Beitragsbemessungsgrenze der allgemeinen Rentenversicherung in den alten (neuen) Bundesländern 2010 bei 66.000 € (55.800 €).[95] Es ist offensichtlich, dass Entgeltpunkte nur dann gutgeschrieben werden, wenn entsprechende Beiträge bezahlt werden. Diese ergeben sich aus der Anwendung des gültigen Beitragssatzes auf die beitragspflichtigen Einnahmen. Dieser liegt seit 2007 bei 19,9 Prozent für die allgemeine Rentenversicherung und bei 26,4 Prozent für die KnV.[96] Der Arbeitnehmeranteil beträgt in beiden Fällen 9,95 Prozent. Für freiwillig Versicherte gibt es einen Mindest- und einen Höchstbeitrag.[97]

Diese Ausführungen verdeutlichen die Umsetzung des Versicherungs- und des Äquivalenzprinzips in der GRV. Die Höhe der Rente richtet sich gemäß § 63 Abs. 1 SGB VI – und dem Versicherungsprinzip folgend – „vor allem nach der Höhe" der Beiträge, die während der Erwerbsphase geleistet wurden. Die Berechnungsweise der Entgeltpunkte führt (zumindest bis zur Bemessungsgrundlage) zur Übertragung der Einkommensposition des Versicherten während seiner Erwerbs- in die Ruhestandsphase, was in der Regel als Realisierung des Prinzips der Teilhabeäquivalenz interpretiert wird.[98]

Durch die Berücksichtigung von *versicherungsfremden Leistungen* bei der Ermittlung der Entgeltpunkte wird dieses Prinzip der Teilhabeäquivalenz jedoch durchbrochen. Die bisherigen Ausführungen gehen von Beitragszeiten mit vollwertigen Beiträgen aus, für die das Prinzip der Teilhabeäquivalenz gilt.[99] Neben dieser „rentenrechtlichen Zeit" werden in § 54 SGB VI aber außerdem noch „Beitragszeiten als beitragsgeminderte Zeiten", „beitragsfreie Zeiten" und „Berücksichtigungszeiten" definiert.[100] Auf die Einzelheiten kann an dieser Stelle verzichtet werden, weil im empirischen Teil die entsprechenden Zeiten implizit in den aus der Versicherungskontenstichprobe entnommenen Entgeltpunkten enthalten sind (vgl. dazu ausführlicher Abschnitt 5.3.1.1.1). Grundsätzlich erfolgt die Anrechnung von Entgeltpunkten für *beitragsfreie Zeiten* in Abhängigkeit von der übrigen Erwerbsbiografie (sog.

---

[94] Der angegebene Maximalwert bezieht sich auf die allgemeine Rentenversicherung.

[95] Für die KnV liegen die Werte bei 81.600 € bzw. 68.400 €.

[96] Die Beitragssätze sind gemäß § 158 SGB VI anzupassen, wenn die Nachhaltigkeitsrücklage (voraussichtlich) nicht im vorgegebenen Bereich liegt.

[97] Die sog. Geringfügigkeitsgrenze liegt gemäß § 167 SGB VI gegenwärtig bei 400 € monatlich, so dass der Mindestbeitrag bei 79,60 € liegt.

[98] Vgl. RULAND (2008c), S. 66.

[99] Beitragszeiten gelten als vollwertig, soweit keine beitragsgeminderte Zeit vorliegt.

[100] Die beitragsfreien Zeiten gliedern sich wiederum in Anrechnungs-, Zurechnungs- und Ersatzzeiten.

Gesamtleistungswert). Der Gesamtleistungswert ergibt sich durch Division der gesamten Entgeltpunkte durch die Zahl der belegungsfähigen Monate.[101] Je höher die Beitragszahlungen und je weniger Lücken das Versicherungskonto aufweist, desto höher die Bewertung für die (nicht belegungsfähigen) beitragsfreien Zeiten. Lücken werden durch *Berücksichtigungszeiten* ausgeglichen. Zu den Berücksichtigungszeiten, die sich indirekt auf den Gesamtleistungswert auswirken, gehören u. a. die Kindererziehungszeiten, Zeiten der Krankheit und Arbeitslosigkeit.[102,103]

Abschließend ist noch auf eine Besonderheit bei der Ermittlung der *Entgeltpunkte für Versicherte im Beitrittsgebiet* einzugehen, die sich in den empirischen Ergebnissen dieser Arbeit deutlich niederschlägt. Mit der Wiedervereinigung stellte sich das Problem der Zusammenführung der voneinander unabhängigen Alterssicherungssysteme. Als erster Angleichungsschritt gilt die im Staatsvertrag zur Wiedervereinigung vorgesehene 1:1-Umrechnung der laufenden Rentenzahlungen der DDR in DM-Beträge sowie deren Angleichung an das Westniveau.[104] Den zweiten Schritt stellt die Überführung der Rentenanwartschaften der Versicherten im Beitrittsgebiet dar, die zum 1.1.1992 auf Basis des Rentenüberleitungsgesetzes (RÜG) erfolgte. Aufgrund des deutlich geringeren Durchschnittseinkommens in den neuen Bundesländern ergaben sich dabei jedoch Probleme hinsichtlich der Ermittlung der Entgeltpunkte, weshalb verschiedene Ausnahmeregelungen beschlossen wurden.

Zu den umstrittensten aber bis heute gültigen Ausnahmen gehört die sog. Hochwertung der Bemessungsgrundlage in den neuen Ländern, die solange gelten soll, bis die Einkommensverhältnisse in Gesamtdeutschland als einheitlich gelten.[105] Vor der Division des Einkommens durch das (für beide Landesteile gültige) Durch-

---

[101] Belegungsfähig ist grundsätzlich der Zeitraum zwischen dem vollendeten 17. Lebensjahr und dem Eintritt des Versicherungsfalls. Beitragsfreie Zeiten sind nicht belegungsfähig (vgl. dazu auch RULAND (2008c)).

[102] Mit der Gutschrift von derzeit drei Entgeltpunkten (je ein Entgeltpunkt in drei Jahren) für Mütter von Kindern, die nach 1992 geboren sind, wird das Äquivalenzprinzip in gewisser Weise durchbrochen. Diese versicherungsfremde Leistung wird aber zum Teil als sog. generativer Beitrag gerechtfertigt, der mit dem Äquivalenzprinzip vereinbar ist.

[103] Für die Rentenzugänge vor dem 1.1.2009 wurden noch Anrechnungszeiten für bestimmte Ausbildungsmaßnahmen berücksichtigt.

[104] Vgl. BÄCKER und JANSEN (2009).

[105] Der Angleichungsprozess der Bruttolöhne und -gehälter hat sich nach BÄCKER und JANSEN (2009) bereits Mitte der 1990er Jahre deutlich verlangsamt. Mittelfristig ist ihrer Ansicht nach nicht von einer Angleichung auszugehen. Daher sei zu prüfen, ob und in welcher Form eine Vereinheitlichung des Rentenrechts auch ohne tatsächliche Angleichung der Einkommensverhältnisse möglich bzw. sinnvoll wäre.

schnittsentgelt, wird die Bemessungsgrundlage gemäß § 256 a SGB VI mit einem Faktor multipliziert.[106] Für 2010 liegt der Faktor bei 1,1889. Folglich erhält ein Versicherter im Beitrittsgebiet, der im Jahr 2010 beitragspflichtige Einnahmen in Höhe des Durchschnittsentgelts erreichte, eine Gutschrift von 1,1889 (statt 1,0) Entgeltpunkten auf seinem Versicherungskonto. Diese Hochwertung fällt für die 1970er und 1980er Jahre, mit Werten zwischen 1,8875 (1970) und 3,3129 (1985) besonders hoch aus.[107] Der Hochwertung steht allerdings auch ein geringerer aktueller Rentenwert (Ost) gegenüber (vgl. 3.2.1.3). Die Abweichung vom Prinzip der Teilhabeäquivalenz beschränkt sich folglich auf die Differenz von Hochrechnungsfaktor und geringerem aktuellem Rentenwert (Ost). Die Berechnung eines Nettoeffekts ist jedoch aufgrund des zeitlichen Auseinanderfallens von Beitragszahlung und Leistungsempfang nur im Einzelfall möglich. Unter der Annahme, dass der aktuelle Rentenwert West – wie 2010 – auch in der Bezugsphase um 12,72 Prozent über demjenigen im Beitrittsgebiet liegt, läge der Nettoeffekt für im Jahr 2010 geleistete Beiträge bei $(18,89 - 12,72 =)$ 6,17 Prozent zugunsten der Versicherten im Beitrittsgebiet. Dies erklärt auch, warum die Renten in den neuen Ländern in der Vergangenheit stärker gestiegen sind als die Löhne.[108]

Rentenart- und Zugangsfaktor. Wie bereits angeführt gibt es in der GRV neben der Altersrente noch weitere Rentenarten (wie bspw. die Erwerbsminderungs- oder Hinterbliebenenrente). Das Sicherungsziel der jeweiligen Rentenart wird relativ zur Altersrente mit dem Rentenartfaktor operationalisiert, dessen Höhe in § 67 SGB VI festgelegt ist. Für die Problemstellung der vorliegenden Arbeit ist einzig der Rentenartfaktor für die Altersrente (mit RF = 1) von Bedeutung.

Der Zugangsfaktor dient gemäß § 63 Abs. 5 SGB VI der Vermeidung von Vor- bzw. Nachteilen einer unterschiedlichen Rentenbezugsdauer. Für die Renten wegen Alters, um die es im Rahmen dieser Arbeit geht, beträgt der Zugangsfaktor ZF = 1, wenn der Renteneintritt entsprechend der Regelaltersgrenze (vgl. auch

---

[106] Die gesetzlich festgelegten Faktoren seit 1945 sind der Anlage 10 des SGB VI zu entnehmen.

[107] Dies dürfte der Hauptgrund für die höheren Rentenzahlungen im gegenwärtigen Bestand sein. Die von HEIDLER (2009, S. 13) angeführten stetigeren Erwerbsbiografien dürften hingegen eher von sekundärer Bedeutung für den gegenwärtigen Bestand sein.

[108] Zur Frage der Hochwertung vgl. auch BERATUNGSGREMIUM FÜR DIE GESETZGEBENDEN KÖRPERSCHAFTEN UND DIE BUNDESREGIERUNG (2009). RAGNITZ (2010) diskutiert Vorschläge zur Angleichung der Rentenberechnung in Ost und West und kommt zu dem Ergebnis, dass die Beibehaltung des Status Quo vermutlich am ehesten politisch konsensfähig ist.

Abschnitt 3.2.1.4) erfolgt. Ein Renteneintritt vor dem Erreichen der regulären Altersgrenze ist möglich, der Versicherte muss dann aber nach § 77 Abs. 2 SGB VI Abschläge in Höhe von 0,3 Prozent pro Monat (bzw. 3,6 Prozent pro Jahr) in Kauf nehmen. Gegenwärtig ist ein Renteneintritt zwischen dem 60. und 65. Lebensjahr möglich. Mit der Anpassung der Regelaltersgrenzen auf 67 Jahre steigt das Alter des frühestmöglichen Renteneintritts künftig auf 63 Jahre (vgl. Abschnitt 3.2.1.4). Umgekehrt kann ein Versicherter seinen Renteneintritt auch (maximal zwei Jahre) aufschieben. Für jeden Monat, den ein Versicherter über die Regelaltersgrenze hinaus arbeitet, erhält er Zuschläge von in Höhe von 0,5 Prozent (§ 77 Abs. 2 SGB VI).

Verschiedentlich wird kritisiert, dass die Abschläge bei vorzeitigem Renteneintritt zu gering sind, um aus versicherungsmathematischer Sicht dem seit den 1980er Jahren bestehenden Trend der Frühverrentung entgegenzuwirken. BREYER und HUPFELD (2010) weisen darauf hin, dass die optimale Höhe der Abschläge von der Zielsetzung abhängt. Sie entwickeln das Konzept der distributiven Neutralität, demzufolge die interne Rendite nicht von den individuellen Fähigkeiten abhängen sollte. Im gegenwärtigen System wird gegen dieses Prinzip verstoßen, weil die von BREYER und HUPFELD (2010) konstatierte höhere Lebenserwartung der Gutverdiener zu einer Umverteilung zugunsten der Gutverdiener führt. Das Gebot der distributiven Neutralität könnte nach ihren Berechnungen in der GRV durch eine Anhebung der Abschläge von derzeit 3,6 Prozent auf etwa 7,1 Prozent pro Jahr erfüllt werden. Der empirische Ansatz von BREYER und HUPFELD (2010) basiert dabei auf der Annahme, dass sich die gegenwärtigen Abschläge nicht auf die individuelle Entscheidung zum Renteneintritt auswirkt, was angesichts der Befunde von BRUSSIG (2010b) aber angezweifelt werden kann.[109]

So ist das durchschnittliche Zugangsalter in Altersrenten von ca. 62 Jahren im Jahr 2000 in kurzer Zeit auf ca. 63 Jahre (2003) gestiegen. Seitdem stagniert der Anstieg bei vordergründiger Betrachtung. Genau genommen handelt es sich dabei aber um einen statistischen Effekt.[110] Unter Kontrolle demografischer Veränderungen erfolgt der Rentenzugang aktuell tatsächlich häufiger als in der Vergangenheit mit

---

[109] Jedoch zeigen die Ausführungen in BRUSSIG (2010a), dass ein Zusammenhang zwischen Berufsgruppe und Renteneintrittsverhalten besteht. So gewinnen mit zunehmendem Alter die einfachen Dienste einen größeren Anteil unter den verbleibenden Erwerbstätigen.

[110] Als Folge der steigenden Geburtenzahlen nach 1945 sind die Kohorten der heutigen „Frührentner/innen" stärker besetzt als die Kohorten der heutigen „Spätrentner/innen". Dies bremst den Anstieg des durchschnittlichen Rentenzugangsalters aller

65 bzw. 63 Jahren. Der Rentenzugang mit 60 Jahren, obwohl quantitativ immer noch bedeutsam, geht allmählich zurück.

Aktueller Rentenwert. Der AR gibt die Höhe der monatlichen Rente an, die mit einem Entgeltpunkt verbunden ist. Er wird jährlich zum 1.7. festgelegt und beträgt seit dem 1.7.2009 bei 27,20 € (West) bzw. 24,13 € (Ost). Aufgrund der Hochwertung der Beiträge im Beitrittsgebiet ist der niedrigere AR Ost jedoch keineswegs gleichbedeutend mit geringeren Rentenanwartschaften für Versicherte in den neuen Bundesländern. Vielmehr ergeben sich aus beitragspflichtigen Einnahmen in Höhe des Durschschnittsentgelts (unter der Annahme konstanter aktueller Rentenwerte) Rentenansprüche von 27,20 € im Westen und 28,68 € (= $1,1889 \cdot 24,13$ €) im Beitrittsgebiet.

Die Anpassung des aktuellen Rentenwerts AR_t zum Zeitpunkt t erfolgt nach den folgenden Rechenvorschriften:[111]

$$\text{AR}_t = \text{AR}_{t-1} \cdot \overbrace{\frac{\text{BE}_{t-1}}{\text{BE}_{t-2}^*}}^{(a)} \cdot \overbrace{\frac{100 - \text{AVA}_{t-1} - \text{RVB}_{t-1}}{100 - \text{AVA}_{t-2} - \text{RVB}_{t-2}}}^{(b)} \cdot \overbrace{\text{NHF}_t}^{(c)} \tag{3.2}$$

$$\text{BE}_{t-2}^* = \text{BE}_{t-2} \cdot \left(\frac{\text{BE}_{t-2}}{\text{BE}_{t-3}} \bigg/ \frac{\text{BPE}_{t-2}}{\text{BPE}_{t-3}} \right) \tag{3.3}$$

$$\text{NHF}_t = \left[\left(1 - \frac{\text{RQ}_{t-1}}{\text{RQ}_{t-2}} \right) \cdot \alpha + 1 \right] \tag{3.4}$$

$$\text{RQ}_t = \frac{\ddot{\text{A}}\text{R}_t}{\ddot{\text{A}}\text{B}_t} = \frac{\text{R}_t}{\text{SR}_t} \bigg/ \frac{\text{B}_t}{\text{BE}_t} \tag{3.5}$$

Neurentner/innen, obwohl nach wie vor zunehmende Anteile der Versicherten ihren individuellen Rentenbeginn aufschieben.

[111] Vgl. § 68 bzw. für die neuen Bundesländer § 255 a SGB VI.

mit
AR Aktueller Rentenwert
BE Bruttolohn- und -gehaltssumme je durchschnittlich beschäftigtem Arbeitnehmer
BE^* Bruttolohn- und -gehaltssumme je durchschnittlich beschäftigtem Arbeitnehmer unter Berücksichtigung der Veränderung der BPE
BPE Beitragspflichtige Bruttolohn- und -gehaltssumme je durchschnittlich beschäftigtem Arbeitnehmer ohne Beamte einschließlich der Bezieher von Arbeitslosengeld
AVA Altersvorsorgeanteil
RVB Rentenversicherungsbeitragssatz (allg. Rentenversicherung)
α Parameter zur Gewichtung der Veränderung des RQ
RQ Rentnerquotient; gibt das Verhältnis von Äquivalenzrentnern (ÄR) zu Äquivalenzbeitragszahlern (ÄB) wieder
ÄR Äquivalenzrentner; werden als Verhältnis aus Rentenausgaben (R) und Standardrente (SR) ermittelt
ÄB Äquivalenzbeitragszahler; entsprechen dem Quotient Beitragseinnahmen (B) zu BE

Der AR ergibt sich also durch Fortschreibung des Vorjahreswerts unter Berücksichtigung der Entwicklung von drei (mit geschweiften Klammern gekennzeichneten) Komponenten:

(a) Nach dem Prinzip der Einkommensersatzfunktion hängt die Anpassung des AR von der Entwicklung der Bruttolohn- und -gehaltssumme je durchschnittlichem Arbeitnehmer (BE) der letzten drei Jahre ab. Bei der Verhältnisbildung von vergangenen und vorvergangenem Jahr kommt es gemäß Gleichung (3.3) auch auf die Entwicklung der beitragspflichtigen Entgelte (BPE) an.

(b) Die Bruttolohnindexierung aus (a) wird *modifiziert*, indem die Entwicklung der Beitragssätze (RVB) und der sog. Altersvorsorgeanteil (AVA) berücksichtigt wird. Steigen die Beitragssätze zur Rentenversicherung (RVB) und/oder zur privaten steuerlich geförderten Altersvorsorge (AVA), wirkt dies dämpfend auf die Rentenanpassung und umgekehrt. Während die Beitragssatzentwicklung von verschiedenen Bedingungen abhängt ist die Entwicklung des AVA durch die sog. *Riestertreppe* in § 255 e SGB VI gesetzlich vorgegeben (vgl. Abschnitt 3.2.1.4).

(c) Mit dem *Nachhaltigkeitsfaktor* (NHF) wird der demografischen Entwicklung durch Berücksichtigung des Rentnerquotienten (RQ) bei der Rentenanpassung Rechnung getragen. Der RQ hängt nach Gleichung (3.5) nicht von der Entwicklung der Köpfe, sondern auch von den Renten- und Beitragsleistungen ab. Neben der demografischen Entwicklung wird also auch die Arbeitsmarktsituation und das Rentenzugangsverhalten berücksichtigt.[112] Der Parameter α ist politisch festzulegen und liegt gegenwärtig bei 0,25. Ein Wert von $\alpha = 0$ ($\alpha = 1$) würde bedeuten, dass die volle Last des demografischen Wandels durch die Jüngeren (Älteren) zu tragen ist.

3.2.1.4 Ausgewählte Rentenreformen im Überblick

Die gegenwärtige Grundformel (3.1) zur Berechnung der Rentenhöhe geht wie erwähnt auf das RRG 1992 zurück. Dieses Gesetzespaket enthielt u. a. auch die Neuordnung der beitragslosen Zeiten und die Regelungen zu der in diesem Zusammenhang eingeführten Gesamtleistungsbewertung. Als mögliche Maßnahme, um dem demografischen Wandel gerecht zu werden, hatte eine *Wissenschaftlergruppe des Sozialbeirats* bereits 1981 die Anhebung der Altersgrenzen diskutiert.[113] Im RRG 1992 wurde dies dann durch den Gesetzgeber erstmals umgesetzt. Ab 2001 sollten die Altersgrenzen für die Altersrente für langjährig Versicherte stufenweise von 63 auf 65 Jahre angehoben werden.[114] Eine frühzeitige Inanspruchnahme sollte weiterhin möglich sein, jedoch nur mit den o. a. versicherungsmathematisch berechneten Abschlägen. Im Gesetzespaket des RRG 1992 war zudem die Umstellung der seit 1957 erfolgten Bruttolohn- in eine Nettolohnanpassung enthalten, die im Jahr 2001 dann durch die gegenwärtig geltende modifizierte Bruttolohnanpassung abgelöst wurde.[115]

Mit dem Wachstums- und Beschäftigungsförderungsgesetz (WFG) von 1996 wurde die Anpassung der Altersgrenzen auf die Jahre ab 1997 vorgezogen. Ebenfalls 1996 berief das Bundesministerium für Arbeit eine Rentenkommission, die nach dem damals zuständigen Arbeitsminister auch als *Blüm-Kommission* bezeichnet wird. Ein zentrales Ergebnis der Kommissionsarbeit, das Eingang in das RRG 1999 fand, war der sog. *demografische Faktor*. Dieser sollte der steigenden Lebenserwartung – genauer: 50 Prozent dieses Effekts – Rechnung tragen. Beschlossen

---

[112] Dies geschieht über die Entwicklung der Kennzahlen der Äquivalenzrentner (ÄR) und der Äquivalenzbeitragszahler (ÄB), die sich als Verhältnis des Gesamtvolumens der Renten (R) bzw. der Beitragseinnahmen (B) zur Standardrente (SR) bzw. beitragspflichtigen Einnahmen (BE) ergeben.

[113] Vgl. BUNDESREGIERUNG (1981).

[114] Im Fall der Altersrente wegen Arbeitslosigkeit und der Altersrente für Frauen war die Anhebung von 60 auf 65 Jahre vorgesehen.

[115] Weitere Bestandteile des Gesetzespakets sind der Chronik in DRV (2009b) zu entnehmen.

wurde das RRG 1999 am 16.12.1997 und damit am Ende der Regierungskoalition aus CDU/CSU und FDP unter Kanzler Kohl. Eine der ersten Maßnahmen der im Jahr 1998 gewählten Regierungskoalition aus SPD und Grünen unter Kanzler Schröder war die Verabschiedung des Rentenkorrekturgesetzes vom 19.12.1998, das die Aussetzung des RRG 1999 und damit des demografischen Faktors bestimmte.

Allerdings musste auch die Schröder-Regierung bald erkennen, dass die GRV ohne baldige, einschneidende Reformen in massive finanzielle Schwierigkeiten geraten würde. Diese langfristigen Finanzierungsprobleme erfordern letztlich einen Kompromiss zwischen Absicherungsniveau und Beitragssatz. Denn eine Veränderung in der Altersstruktur verändert zwangsläufig auch das Verhältnis zwischen Beitragssatzniveau und Rentenniveau (vgl. dazu ausführlich Kapitel 4). Dies führte im Jahr 2001 zur Verabschiedung eines Gesetzespaketes, das einen Paradigmenwechsel in der deutschen Rentenpolitik begründete.

Mit dem Altersvermögensergänzungsgesetz (AVmEG) vom 21.3.2001 wurde der angesprochene notwendige Kompromiss zwischen Absicherungsniveau und Beitragssatz mit § 154 SGB VI kodifiziert. Seither muss die Bundesregierung neben der Sicherung des Rentenniveaus (in der Terminologie der folgenden Kapitel dieser Arbeit: der Ersatzquote) auch die Stabilisierung der Beitragssätze gewährleisten. Letztere dürfen bis 2020 (2030) die Obergrenze von 20 (22) Prozent nicht überschreiten. Dies soll insbesondere der Vermeidung zusätzlicher negativer Effekte des demografischen Wandels auf den Arbeitsmarkt dienen. Mit der Begrenzung der Beitragssätze musste im Gegenzug das bis zu diesem Zeitpunkt definierte Leistungsziel in Höhe von 70 Prozent des durchschnittlichen Nettoentgelts aufgegeben werden.[116]

Zur Realisierung dieser Ziele wurde in einem ersten Schritt das AVmEG verabschiedet, mit dem die Ablösung der Nettolohnanpassung des RRG 1992 durch die *modifizierte Bruttolohnanpassung* (vgl. Gleichung (3.3)) verbunden war. Damit wurde das Problem gelöst, dass eine Nettolohnanpassung auch bei Änderungen der Einkommensbesteuerung und den anderen Sozialversicherungsbeiträgen Auswirkungen auf die Rentenhöhe hat.[117] Anders formuliert führt die modifizierte Bruttolohnanpassung zu einer Beteiligung der Rentner an den Kosten, die den Erwerbstätigen sowohl durch Anhebungen des Beitragssatzes zur GRV als auch durch die im AVA zum Ausdruck kommenden Aufwendungen für die private Al-

---

[116] Vgl. SCHMÄHL (2007).

[117] Beispielsweise hätte eine Steuersenkung bei einer Nettolohnanpassung einen rentensteigernden Effekt (vgl. dazu BMGS (2003), S. 99).

tersvorsorge entstehen. Ursprünglich sollte der AVA auf 0,5 Prozent in 2002 und 2003 steigen. Für 2004 war ein AVA von 1,0 Prozent und ein jährlicher Anstieg um 0,5 Prozentpunkte vorgesehen, bis der Zielwert von 4,0 Prozent in 2010 erreicht werden sollte. Ohne die nachträglichen Aussetzungen wäre mit dieser Staffelung die jährliche Rentenanpassung von 2003 bis 2010 acht Mal um etwa 0,6 Prozentpunkte gekürzt worden — sofern die Entgeltsteigerungen des Vorjahres dies erlaubt hätten (vgl. dazu die untenstehenden Ausführungen zu den sog. Schutzklauseln).[118]

Die private (wie auch die betriebliche) Vorsorge wurde bis zum AVmEG als individuelle Vermögensbildung verstanden. Mit dem das AVmEG komplementierenden Altersvermögensgesetz (AVmG) änderte sich diese Auffassung. Die durch die Leistungskürzungen des AVmEG entstehenden individuellen Versorgungslücken sollen durch eine private und/oder betriebliche Altersvorsorge kompensiert werden. Das AVmG enthält die Bestimmungen, die eine staatliche Förderung dieser Eigenvorsorgeleistungen in gewissem Umfang garantieren (vgl. dazu Abschnitt 3.3).

Die dämpfenden Effekte dieser Reformen auf die Beitragssätze erwiesen sich jedoch bald als unzureichend. So beziffern FEHR und HABERMANN (2006) auf Basis ihres stochastischen Simulationsmodells die Wahrscheinlichkeit einer Einhaltung der Beitragssatzziele unter diesem Rechtsstand auf unter drei Prozent. Diese absehbaren Schwierigkeiten führten im Jahr 2003 zur Einsetzung der Rürup-II-Kommission. Diese erhielt den Auftrag Lösungen für den mit § 154 SGB VI verbundenen Zielkonflikt (Sicherung des Rentenniveaus *und* Stabilisierung der Beitragssätze) zu erarbeiten. Zu den Vorschlägen, die in der Folgezeit als zentrale Maßnahmen Eingang in die Rentengesetzgebung gefunden haben, gehört der mit dem Rentenversicherungs-Nachhaltigkeitsgesetz (RVNG) vom 21.7.2004 eingeführte sog. Nachhaltigkeitsfaktor sowie die schrittweise Anhebung der Regelaltersgrenze, die mit dem Rentenversicherungs-Altersgrenzenanpassungsgesetz (RVAGAnpG) vom 20.4.2007 beschlossen wurde.

Wie oben ausgeführt stellt der *Nachhaltigkeitsfaktor* auf die Veränderung der Äquivalenzrentner ab. Über die rein demografische Komponente der Köpfe hinaus wird durch die Betrachtung von Äquivalenzrentnern und -beitragszahlern auch die Situation am Arbeitsmarkt berücksichtigt. Er unterscheidet sich dementsprechend vom Blümschen demografischen Faktor, der auf die Veränderung der (ferneren) Lebenserwartung abstellte. Bei der Verabschiedung des Nachhaltigkeitsfaktors wurde davon ausgegangen, dass dieser die Anpassung der Renten bis 2030 um mehr als

---

[118] Vgl. RÜRUP und MYSSEN (2008).

7 Prozent vermindert und den Anstieg der Beitragssätze um etwa 1,5 Prozentpunkte verringert.[119]

Neben dem Nachhaltigkeitsfaktor enthält das RVNG 2004 auch eine sog. *Schutzklausel*, die ursprünglich in § 68 Abs. 6 SGB VI[120] sowie § 255 e Abs. 5 SGB VI kodifiziert wurde. Diese Regelungen sehen vor, dass es nicht wegen des Nachhaltigkeitsfaktors und des Faktors für die Veränderung des durchschnittlichen Beitragssatzes in der RV sowie – im Fall des § 255 e Abs. 5 SGB VI — aufgrund des Faktors für die Veränderung des AVA bzw. durch deren Zusammenwirken zu einer Negativanpassung kommt oder sich eine Negativanpassung verstärkt.[121] Keiner der Faktoren darf also isoliert zu einer nominalen Minusanpassung des aktuellen Rentenwertes führen.

Schon im Jahr 2005 – im ersten Jahr ihrer Anwendung – führte diese Klausel zu einer Aussetzung von Rentendämpfungen, die bei strikter Anwendung der Anpassungsformel erfolgt wären. Bereits im Jahr 2006 wurden dadurch Rentendämpfungen aufgeschoben. Erstmals konnten die genannten Dämpfungsfaktoren im konjunkturell günstigen Jahr 2007 vollständig bei der Rentenanpassung berücksichtigt werden. Mit dem RVAGAnpG vom 20.4.2007 wurde auch die Schutzklausel modifiziert und damit die genannten Eingriffe in die Anpassungsformel zumindest teilweise korrigiert. Denn einerseits wurde mit der *modifizierten Schutzklausel* nach § 68 a SGB VI der aus den ausgesetzten Rentenkürzungen resultierende Ausgleichsbedarf gesetzlich festgeschrieben. Andererseits wurde dabei auch festgelegt, dass die sich aus der Rentenanpassungsformel ergebenden Rentenerhöhungen ab 2011 so lange nur hälftig an die Rentner weitergegeben werden, bis der in § 255 d SGB VI festgehaltene Ausgleichsbedarf nachgeholt ist.

Neben der modifizierten Schutzklausel enthält das RVAGAnpG auch Vorschriften zur weiteren Anhebung der Regelaltersgrenze für den Bezug einer Regelaltersrente. Ab dem Jahr 2012 soll diese schrittweise bis zum Jahr 2029 von 65 auf 67 Jahre angehoben – daher auch als *Rente mit 67* bezeichnet. Für die Jahrgänge 1947 bis 1959 erhöht sich die Regelaltersgrenze um einen Monat je Geburtsjahr. Entsprechend können Versicherte des Jahrgangs 1959 erst im Alter von 66 Jahren ohne Abschläge in Rente gehen. Ab dem Jahrgang 1960 beschleunigt sich die Anpassung der Altersgrenzen auf 2 Monate pro Jahrgang, so dass für alle nach 1964 geborenen

---

[119] Vgl. RULAND (2008c).

[120] Mit dem RVAGAnpG des Jahres 2007 wurde die Schutzklausel in einen eigenen Paragraphen § 68 a ausgegliedert.

[121] Vgl. KRÄMER (2004).

Versicherten eine Regelaltersgrenze von 67 Jahren gilt. Im politischen Prozess kam es jedoch zu problematischen Ausnahmeregelungen.[122] So sind Versicherte von diesen Vorschriften ausgenommen, die entweder vor dem 1.1.1955 geboren sind und vor dem 1.1.2007 Altersteilzeitarbeit gemäß Altersteilzeitgesetz vereinbart haben oder ein Anpassungsgeld für entlassene Arbeitnehmer des Bergbaus bezogen haben. Ebenso gilt die Regelung nicht für die Versicherten, die im Alter von 65 Jahren eine Wartezeit von 45 Jahren erfüllen. Damit ist nach SVR (2007) für immerhin 30 Prozent der Männer und fünf Prozent der Frauen ein Renteneintritt mit 65 Jahren ohne Abschläge möglich. Dies widerspricht dem Prinzip der Teilhabeäquivalenz und führt zu einer spürbaren Reduzierung der positiven Finanzierungseffekte der Reform.[123]

Hinzuweisen ist noch auf zwei weitere problematische Maßnahmen der jüngeren Vergangenheit, mit denen die positiven Finanzierungseffekte der Reformbemühungen der vergangenen zehn Jahre konterkariert werden (vgl. auch Abschnitt 4.4.1, S. 4.4.1.1.1). Nachvollziehbar sind diese Regelungen daher allenfalls unter kurzfristigen politökonomischen Gesichtspunkten. Mit dem Gesetz zur Rentenanpassung vom 26.6.2008 wurde der Anstieg des AVA für die Jahre 2008 und 2009 erneut ausgesetzt und eine Nachholung für die Jahre 2012 und 2013 vorgesehen.[124] Im Rahmen eines am 15.7.2009 verabschiedeten Gesetzespakets[125] wurde § 68 a SGB VI ergänzt. Absatz 5 bestimmt, dass der AR sich auch dann nicht vermindert, wenn dies aufgrund der Veränderung des AVA eigentlich der Fall wäre. Damit sind nominale Rentenkürzungen faktisch ausgeschlossen, weshalb die Regelung auch als Rentengarantie bezeichnet wird.

3.2.1.5 Quantitative Effekte der Reformen

Die beschriebenen Reformen haben erheblichen Einfluss auf die Entwicklung der künftigen Altersrente. Seit der Einführung der Nettolohnanpassung mit dem RRG 1992 wurde zur Quantifizierung des Leistungsniveaus der GRV in der Regel das sog. Nettorentenniveau für den Standardrentner (auch als Eckrentner bezeichnet) herangezogen: Eine alleinstehende Person mit 45 Jahren in einer abhängigen Beschäftigung bei einem Durchschnittsverdienst gemäß Anlage 1 SGB VI.

---

[122] Vgl. dazu auch die Ausführungen zur Risikoteilung in Kapitel 4.

[123] Vgl. HEIDLER (2009).

[124] Vgl. DEUTSCHER BUNDESTAG (2008).

[125] Gesetz zur Änderung des Vierten Buches Sozialgesetzbuch, zur Errichtung einer Versorgungsausgleichskasse und anderer Gesetze (SGB4uaÄndG).

Durch das AltEinkG ist die Betrachtung des Nettorentenniveaus aber – wie bereits erwähnt – nicht mehr sinnvoll, so dass wieder auf das bis 1992 gängige Brutto-rentenniveau zurückgegriffen wird.[126] Dieses lag im langjährigen Durchschnitt der Jahre 1957 bis 2007 bei 49,6 Prozent. Das Maximum (Minimum) war dabei im Jahr 1957 (1971) mit 57,3 (46,4) Prozent zu verzeichnen.[127] Im Jahr 2009 liegt es (vor-läufig) bei 47,7 Prozent.[128] Die o. a. Reformen führen langfristig zu einer deutlichen Absenkung des Bruttorentenniveaus. Gemäß Alterssicherungsbericht der Bundes-regierung kommt es bis 2020 (2030) zu einem Rückgang des Bruttorentenniveaus auf 42,9 (40,4) Prozent.[129] Je nach Annahmen zur künftigen Arbeitsmarktent-wicklung und zum Renteneintrittsverhalten ergeben sich nach BÖRSCH-SUPAN et al. (2008a) unterschiedliche Ergebnisse. Bei einer Fortschreibung des Status Quo kommt es hier bis 2030 zu einem Absinken des Bruttorentenniveaus auf unter 38 Prozent. Im günstigen Fall einer Angleichung der Erwerbsquoten von Frauen und Männern sowie einer faktischen Anhebung des Renteneintrittsalters (47 statt 45 Entgeltpunkte bei Renteneintritt) läge das Bruttorentenniveau im Jahr 2030 bei knapp über 40 Prozent.[130] Für die Effekte der einzelnen Reformschritte auf das Rentenniveau sowie die Auswirkungen auf die Nachhaltigkeit der GRV sei auf HEIDLER (2009, S. 104 ff.) verwiesen.

Die verschiedenen Schutzklauseln bzw. das Gesetz zur Rentenanpassung vom 26.6.2008 führten 2009 trotz der Auswirkungen der Finanzkrise zur größten Ren-tenanpassung in Westdeutschland (Ostdeutschland) seit 1994 (1997).[131] Die Kos-ten der bisherigen Aussetzungen der Dämpfungsfaktoren sind nach MOOG et al. (2009) auf etwa 11 Mrd. € zu beziffern. Bis 2020 werden sich diese Kosten auf insgesamt etwa 23 Mrd.€ belaufen.[132] Die Kosten der Rentengarantie sind noch

---

[126] Vgl. BMGS (2003).

[127] Vgl. Tabelle 095 (Lange Reihe, National) des SVR, Stand 22.01.2008. Hinsichtlich der genannten Werte (Mittelwert, Minimum, Maximum) ist auf Lücken in der Zeitreihe in den 1950er und 1960er Jahren hinzuweisen.

[128] Vgl. DRV (2010b).

[129] Vgl. BMAS (2008).

[130] Im Jahresgutachten 2007/2008 untersucht der Sachverständigenrat die Effekte der Sozialabgabenfreiheit der Entgeltumwandlung (vgl. auch Abschnitt 3.3.2). Im Szena-rio der Beibehaltung dieser Regelung kommt es nach diesen Berechnungen bis 2060 zu einem Rückgang des Bruttorentenniveaus auf 37 Prozent (vgl. SVR (2007)).

[131] Vgl. SVR (2009a). Hier sind auch weitere Informationen zu den Konsequenzen und Problemen dieser Politik zu finden.

[132] Vgl. MOOG et al. (2009).

höher. So berechnen MOOG et al. (2009) eine Mehrbelastung der Beitragszahler in Höhe von etwa 73 Mrd.€ bis 2020.[133]

3.2.2 Beamtenversorgung

Das deutsche Berufsbeamtentum und seine Stellung im Gesamtsystem der Altersversorgung hat eine lange Tradition, die auf König Friedrich Wilhelm I. von Preußen (1713-1740) zurückgeht. Die erste gesetzliche Regelung des Beamtenrechts erfolgte im Preußischen Allgemeinen Landrecht von 1794. Insgesamt gingen die deutschen Länder jedoch zunächst durchaus unterschiedliche Wege. In Preußen gab es bis 1872 beitragsfinanzierte Pensionskassen. Andere Länder, wie zum Beispiel Bayern, führten dagegen schon früh eine beitragsfreie Versorgung aus Steuermitteln ein, die sich im letzten Drittel des 19. Jahrhunderts dann allgemein durchsetzte.[134] Nach dem zweiten Weltkrieg war der Fortbestand des Berufsbeamtentums sehr umstritten. Gegen alle Widerstände setzte sich der Parlamentarische Rat durch und legte im Artikel 33 des Grundgesetzes (GG) fest, das Recht des öffentlichen Dienstes unter Berücksichtigung der „hergebrachten Grundsätze des Berufsbeamtentums" zu regeln.[135]

Die Rechtsverhältnisse der Beamten wurden mit dem Bundesbeamtengesetz vom 14.7.1953 grundlegend geregelt. Im Rahmen der konkurrierenden Gesetzgebung erfolgte durch das Beamtenversorgungsgesetz (BeamtVG) vom 24.8.1976 eine bundeseinheitliche Gestaltung der Versorgung der Beamten des Bundes und der Länder. Dies änderte sich mit der Föderalismusreform des Jahres 2006 wieder, mit der die „Einheitlichkeit im deutschen Beamtenrecht aufgegeben, zumindest aber erheblich gefährdet worden" ist.[136] Die zwischen 1976 und 2006 im Zuge der konkurrierenden Gesetzgebung gegebene Zuständigkeit für die Besoldung, Versorgung und das Dienstrecht ging wieder an die Länder über, die sich seitdem nicht mehr am Beamtenrechtsrahmengesetz orientieren müssen.[137] Mit dem Bundesbesoldungs- und -versorgungsanpassungsgesetz (BBVAnpG) 2008/2009 vom 29.7.2008 wurde

---

[133] Zu Ergebnissen in ähnlicher Größenordnung kommt GASCHE (2010).

[134] Vgl. RULAND (2008b).

[135] Artikel 33 Abs. 5 gilt nicht für Soldaten, denen aber in Artikel 14 ein vergleichbares Recht eingeräumt wird (vgl. BUNDESREGIERUNG (2009), S. 51).

[136] RULAND (2008b), S. 98.

[137] Mit der Föderalismusreform 2006 wurden die Artikel 74a und 75 GG zum 1.9.2006 abgeschafft. Der Bund hat seither nach Art. 74 lediglich die Gesetzgebungskompetenz für grundlegende Statusangelegenheiten und kann nur über Statusrechte und

die Gültigkeit des BeamtVG gemäß § 1 zum 1.1.2008 auf die Beamten (und Richter) des Bundes beschränkt.[138] Inwieweit sich die anderen Gebietskörperschaften künftig an den Regelungen für die Bundesbeamten orientieren werden, kann hier nicht abgeschätzt werden.

Die folgenden Ausführungen beziehen sich, soweit nicht explizit anders vermerkt, auf die Regelungen des Bundes, die auch im empirischen Teil der Arbeit zugrundegelegt wurden. Es wird also implizit unterstellt, dass die Regelungen des Bundes künftig einen Orientierungscharakter für die Länderregelungen haben.

3.2.2.1 Grundprinzipien der Beamtenversorgung

Zu den o. a. hergebrachten Grundsätzen der Beamtenversorgung gehört das sog. *Alimentationsprinzip.* Dieses begründet zwar keinen Anspruch auf eine bestimmte Versorgungshöhe, jedoch muss die Alimentation, die sowohl die Besoldung als auch die Versorgung umfasst, angemessen sein, um die wirtschaftliche Unabhängigkeit des Beamten und seiner Familie zu gewährleisten.[139,140] Das Alimentationsprinzip garantiert dem Beamten und seiner Familie einen lebenslangen, dem ausgeübten Amt angemessenen Lebensunterhalt. Die Besoldung während der Erwerbsphase und die Versorgung im Ruhestand sind damit fest miteinander verbunden.[141]

Ziel der Beamtenversorgung ist die Gewährleistung einer Voll- bzw. *Gesamtversorgung.* Damit unterscheidet sie sich von der GRV zum einen darin, dass sie neben einer Grund- auch eine (Art betriebliche) Zusatzversorgung umfasst, weshalb RULAND (2008b, S. 91) von einer „Bifunktionalität" der Beamtenversorgung spricht. Aufgrund dieser Bifunktionalität sind Zusicherungen und Vereinbarungen (wie etwa eine Betriebsrente), die dem Beamten eine höhere als die ihm gesetzlich zustehende Versorgung verschaffen sollen, gemäß § 3 Abs. 2 BeamtVG nicht

---

-pflichten der Landesbeamten bestimmen (vgl. dazu die Synopse von LACHMUTH et al. (2006)).

[138] Auf Landesebene gilt das BeamtVG bis eine eigenständige landesrechtliche Regelung getroffen worden ist.

[139] Vgl. HEUBECK und RÜRUP (2000).

[140] Neben der Gewährleistung der Unabhängigkeit ergibt sich die besondere Verpflichtung des Arbeitgebers Staat im Bereich der Besoldung und Versorgung dadurch, dass die Rechtsordnung den Beamten die Möglichkeit nimmt, die Arbeitsbedingungen durch Vertrag auszuhandeln und gegebenenfalls für sie zu streiken (vgl. RULAND (2008b)).

[141] Vgl. HEUBECK und RÜRUP (2000).

zulässig.[142] Bis zum Versorgungsänderungsgesetz vom 20.12.2001 (s. u.), das die GRV-Reformen (AVmEG und AVmG) wirkungsgleich auf die Beamtenversorgung übertrug, war die Bifunktionalität auch gleichbedeutend damit, dass für den Beamten keine Notwendigkeit bestand, eine individuelle Altersvorsorge aufzubauen.

Ein weiterer konstitutiver Unterschied zur GRV ist, dass die Beamten – zumindest explizit – keine eigenen Beiträge entrichten müssen.[143] Historisch stellte die mit dem Alimentationsprinzip garantierte Versorgung für den Beamten während seiner Aktivzeit keinen geldwerten Vorteil im Sinne des Einkommenssteuerrechts dar. Die Einkünfte unterlagen – mit Ausnahme des sog. Versorgungsfreibetrags – dem Lohnsteuerabzug, so dass sich mit dem AltEinkG für die Beamtenpensionen vergleichsweise geringe Veränderungen ergaben, die primär in der Abschmelzung der Versorgungsfreibeträge und des Arbeitnehmer-Pauschbetrags bestehen.[144]

Sowohl Besoldungsbezüge als auch Ruhegehälter werden durch die jeweiligen Dienstherren (Bund, Länder) aus den laufenden Haushalten (bzw. im Fall der Kommunen über umlagefinanzierte Versorgungskassen) finanziert, so dass von einem steuerfinanzierten *Umlageverfahren* gesprochen werden kann. Bund und Länder sind dabei zugleich die auszahlende Stelle, während im kommunalen Bereich die Auszahlung über die kommunalen Versorgungskassen erfolgt. Mit der Schaffung der Versorgungsrücklage und des Versorgungsfonds erfolgt seit 1999 bzw. 2006 ein schrittweiser Übergang zur Kapitaldeckung (vgl. Abschnitt 3.2.2.4).

3.2.2.2 Versorgungsleistungen und statistische Kennzahlen

Die Versorgungsleistungen sind in § 2 BeamtVG definiert. Neben der Gewährung eines Ruhegehalts oder Unterhaltsbeitrags und einer Hinterbliebenenversorgung umfasst die Beamtenversorgung u. a. auch Bezüge bei Verschollenheit sowie eine Unfallfürsorge. Das Risiko der Krankheit ist bei Beamten durch die Beihilfe abgedeckt, die nicht zum System der Beamtenversorgung gehört. Im Hinblick auf die Zielsetzung der Arbeit im empirischen Teil, beziehen sich die Ausführungen der folgenden Abschnitte im Wesentlichen auf das Ruhegehalt als Pendant zur Rente wegen Alters in der GRV.

---

[142] Vgl. auch MARBURGER (2006), S. 16.

[143] Auf die Inzidenz dieser Regelungen kann im Rahmen dieser Arbeit nicht eingegangen werden. Ein signifikanter Anteil der impliziten Beiträge dürfte jedoch einen Gehaltsverzicht darstellen.

[144] Vgl. BUNDESREGIERUNG (2009).

Am 1.1.2009 wurden gut 1,51 Mio. Versorgungsempfänger gezählt, darunter 23.816 Versorgungsempfänger nach beamtenrechtlichen Grundsätzen sowie 27.614 Versorgungsempfänger gemäß Artikel 131 GG.[145],[146] Von den beiden letztgenannten Personengruppen abgesehen, entfielen 172.527 auf den Bund, 671.970 auf die Länder, 109.217 auf die Gemeinden sowie 472.265 auf Bahn und Post.[147] Im mittelbaren öffentlichen Dienst lag die Zahl der Versorgungsempfänger Anfang 2009 bei 32.765 Personen. Gut 71 Prozent der 1,51 Mio. Versorgungsempfänger beziehen ein Ruhegehalt,[148] das restliche Viertel entfällt auf die Hinterbliebenenabsicherung.[149] Seit 1994 ist die Hinterbliebenenversorgung dabei deutlich rückläufig.[150]

In den vergangenen Jahrzehnten hat die Zahl der Versorgungsempfänger kontinuierlich zugenommen, wobei sich der Anstieg speziell für die Länder seit Mitte der 1990er Jahr beschleunigte.[151] Damit einhergehend haben sich auch die Versorgungsausgaben erhöht. Im Jahr 2007 betrugen diese für die Versorgungsempfänger/innen des öffentlichen Dienstes knapp 36 Mrd. €, was gleichbedeutend mit einem Anstieg der Versorgungsquote (gemessen am BIP) von 1,4 auf 1,48 Prozent zwischen 1991 und 2007 ist.[152] Kaum verändert hat sich die Höhe der durchschnittlichen Ruhegehälter im Zeitraum 2004 bis 2007. Für den unmittelbaren Bundesbereich liegt der Durchschnitt hier bei etwa 2.500 € monatlich.[153]

---

[145] Vgl. STATISTISCHES BUNDESAMT (2010a).

[146] Art. 131 GG regelt die Versorgung der nach dem Zweiten Weltkrieg nicht übernommenen Beschäftigten des Deutschen Reiches.

[147] Der im Vierten Versorgungsbericht der Bundesregierung angeführte deutliche Rückgang der Zahl der Versorgungsempfänger des Bundes ist dabei im Wesentlichen das Ergebnis der Privatisierung von Bahn und Post und der entsprechend auslaufenden Verpflichtungen, die auch Art. 131 GG betreffen (vgl. BUNDESREGIERUNG (2009)).

[148] Bei Betrachtung ohne Versorgungsempfänger nach Art. 131 GG und ohne Versorgungsempfänger nach beamtenrechtlichen Grundsätzen liegt die Ruhegehaltsquote marginal höher bei 72,4 Prozent. Dies ist maßgeblich durch die Versorgungsempfänger nach Art. 131 GG bestimmt, die zu über 93 Prozent eine Hinterbliebenenversorgung beziehen.

[149] Vgl. STATISTISCHES BUNDESAMT (2010a).

[150] Vgl. BUNDESREGIERUNG (2009), S. 33 f.

[151] Detaillierte Informationen zur zeitlichen Entwicklung der Zahl der Versorgungsempfänger bietet SCHWAN (2009).

[152] Nicht berücksichtigt sind dabei die Zeitsoldaten (vgl. SCHWAN (2009), S. 86).

[153] Vgl. BUNDESREGIERUNG (2009), S. 39.

3.2.2.3 Die Berechnung des Ruhegehalts

Ein Beamter hat Anspruch auf ein Ruhegehalt, wenn er eine Dienstzeit von mindestens fünf Jahren abgeleistet hat. Diese Wartezeit gilt bei einer Dienstbeschädigung generell als erfüllt.[154] Bei Ausscheiden aus dem Beamtenverhältnis muss der Dienstherr eine Nachversicherung in der GRV bis zur dortigen Bemessungsgrenze gewährleisten, wenn keine Versorgung im System der BV erfolgt.

Die Höhe des Ruhegehalts (P) hängt gemäß § 14 BeamtVG maßgeblich von den Faktoren ruhegehaltsfähige Dienstzeit (DZ), ruhegehaltsfähige Dienstbezüge (DB), Steigerungsfaktor (S) und Verminderungsfaktor (VF) ab und kann damit zusammenfassend auf folgende Gleichung gebracht werden:

$$P^{\text{Monat}} = DZ \times S \times DB \times VF \tag{3.6}$$

Ruhegehaltsfähige Dienstzeit und -bezüge. Historisch war die Bemessungsgrundlage für die Pension nach RULAND (2008b) fast ausnahmslos das Einkommen des letzten Amtes, die Höhe der Versorgung war immer von der Dauer des Dienstverhältnisses abhängig. Dies gilt bis heute.

Zu den ruhegehaltsfähigen Dienstbezügen gehört nach § 5 BeamtVG das Grundgehalt, das vor dem Ruhestand mindestens zwei Jahre bezogen worden ist. Hinzu kommen ein Familienzuschlag der Stufe 1 sowie sonstige ruhegehaltsfähige Dienstbezüge. Die Details zur ruhegehaltsfähigen Dienstzeit sind in § 6 BeamtVG geregelt. Grundsätzlich umfasst diese alle Dienstzeiten (ab dem 17. Lebensjahr) in einem Beamten- oder Richterverhältnis, als Mitglied einer Bundes- oder Landesregierung und als Parlamentarischer Staatssekretär sowie den Wehrdienst. Wichtig ist die Einschränkung auf Vollzeitäquivalente, so dass bspw. eine Halbtagsbeschäftigung entsprechend nur zu 50 Prozent ruhegehaltsfähig ist.[155] Ähnlich wie in der GRV gibt es auch bestimmte Anrechnungszeiten.[156]

Wie in der GRV mussten auch im Rahmen der BV entsprechende Übergangsregelungen für das Beitrittsgebiet geschaffen werden. Mit § 107 a BeamtVG wurde die Bundesregierung dazu ermächtigt, die versorgungsrechtlichen Modalitäten für die

---

[154] Vgl. BUNDESREGIERUNG (2009).

[155] Für weitere Details sei auf die genannten Bestimmungen des BeamtVG oder RULAND (2008a) verwiesen.

[156] Vgl. BUNDESREGIERUNG (2009).

neuen Bundesländer via Rechtsverordnung (mit Zustimmung des Bundesrates) zu regeln. Für die in den neuen Bundesländern tätigen Beamten findet daher zusätzlich zum BeamtVG die Verordnung über beamtenversorgungsrechtliche Übergangsregelungen nach Herstellung der Einheit Deutschlands (BeamtVÜV) Anwendung. Diese sieht vor, dass Beschäftigungszeiten im Beitrittsgebiet vor dem 3.10.1990 grundsätzlich nicht als ruhegehaltfähige Dienstzeit zu berücksichtigen sind, sondern in der GRV abgebildet werden sollen. Einzelheiten und Besonderheiten sind in den §§ 9 bis 12 BeamtVG geregelt: Mit einigen Ausnahmen, wie bspw. Bediensteten im Ministerium für Staatssicherheit, können bis zu fünf Jahre von vor dem 3.10.1990 liegenden Dienstzeiten als ruhegehaltsfähig angerechnet werden. Auch bei den Dienstbezügen gab es bis zum 31.12.2009 Besonderheiten, auf die hier jedoch nicht einzugehen ist.

Steigerungs- und Verminderungsfaktoren. Mit dem Steigerungsfaktor wird für jedes (ruhegehaltsfähige) Dienstjahr ein bestimmter Prozentsatz der ruhegehaltsfähigen Dienstbezüge als Ruhegehalt gewährt. Der Prozentsatz, der für die idealtypische Dienstzeit als Ersatzquote gewährt wurde, war historisch nicht konstant. Er lag aber zumeist zwischen 75 und 80 Prozent.[157] Mit dem Versorgungsänderungsgesetzes vom 20.12.2001 wurde die sog. Höchstversorgung von zuletzt 75 Prozent auf 71,75 Prozent reduziert. Dieser Höchstsatz kann nach 40 Jahren ruhegehaltsfähiger Dienstzeit erreicht werden, so dass die Versorgung mit jedem (ruhegehaltsfähigen) Dienstjahr um 1,79375 Prozentpunkte steigt. Während einer Übergangsphase dienen die in § 69 e BeamtVG definierten Anpassungsfaktoren (seit 2003) der Absenkung des Versorgungsniveaus in acht Schritten.

Im Unterschied zur GRV gibt es in der BV eine Mindestversorgung, die auch von den Anpassungsfaktoren des § 69 e BeamtVG nicht berührt wird. Sie beträgt 35 Prozent des Minimums aus ruhegehaltsfähigen Dienstbezügen und der Endstufe der Besoldungsgruppe A 4, im Fall des Unfallruhegehalts infolge einer Dienstbeschädigung $66\frac{2}{3}$ Prozent.[158]

Analog zur GRV wurden mit dem Dienstrechtsreformgesetz 1997 Versorgungsabschläge in Höhe von 3,6 Prozent für jedes Jahr der vorzeitigen Zurruhesetzung eingeführt. Diese Minderung war zunächst auf maximal 10,8 Prozent begrenzt. Für

---

[157] Vgl. RULAND (2008b).

[158] Das Unfallruhegehalt kann maximal 75 Prozent bzw. im Fall eines qualifizierten Dienstunfalls sogar 80 Prozent betragen und bleibt vom § 69 e BeamtVG ebenfalls unberührt (vgl. BUNDESREGIERUNG (2009)).

die Beamten des Bundes wurde diese Grenze mit dem Dienstrechtsneuordnungsgesetz 2009 auf 14,4 Prozent angehoben. Die Einführung von Versorgungsabschlägen dürften der Hauptgrund für den nach SCHWAN (2009, S. 88 f.) beobachtbaren Bedeutungsgewinn der Regelaltersgrenze als Pensionierungsgrund sein.

3.2.2.4 Ausgewählte Reformen

In den vergangenen Jahren gab es zahlreiche Veränderungen des Versorgungsrechts für Beamte, die im Dritten und Vierten Versorgungsbericht der Bundesregierung ausführlich dargestellt sind. Im Folgenden wird lediglich ein kurzer Überblick gegeben, der zeigt, dass im Prinzip eine wirkungsgleiche Übertragung der kostendämpfenden Reformen aus dem Bereich der GRV erfolgt ist.

Das zum 1.1.1992 in Kraft getretene Beamtenversorgungs-Änderungsgesetz linearisierte die Ruhegehaltsskala und führte im Ergebnis dazu, dass die Höchstversorgung von damals noch 75 Prozent der ruhegehaltsfähigen Bezüge erst nach 40 Dienstjahren erreicht werden konnte, insgesamt fünf Jahre später als bei der abgelösten Rechtslage. Das bereits erwähnte Dienstrechtsreformgesetz aus dem Jahr 1997 führte neben den Versorgungsabschlägen verschärfte Regelungen zum Eintritt in den Ruhestand wegen Dienstunfähigkeit ein und verringerte die zu berücksichtigenden Zurechnungszeiten. Korrespondierend mit der GRV sanken die maximal anrechenbaren Ausbildungszeiten auf höchstens drei Jahre.[159]

Ein wesentliches Element des Gesetzes zur Umsetzung des Versorgungsberichts (Versorgungsreformgesetz 1998) war die Bildung einer sog. Versorgungsrücklage, die im Versorgungsrücklagengesetz geregelt ist. Die Bildung dieser Rücklagen soll durch den Aufbau eines Sondervermögens erfolgen, das wiederum durch die schrittweise Absenkung des Besoldungs- und Versorgungsniveaus um etwa drei Prozent gegenfinanziert werden soll. Die schrittweise Reduzierung beträgt dabei gemäß § 14a Bundesbesoldungsgesetz jährlich 0,2 Prozentpunkte. Wie in der GRV kam es dabei aber bereits zu Aussetzungen, so dass die 1999 begonnene Anpassung nach gegenwärtigem Stand erst im Jahr 2017 abgeschlossen sein wird.[160]

---

[159] Daneben wurde die allgemeine Antragsaltersgrenze zum Eintritt in den Ruhestand von 62 auf 63 Jahre angehoben und gleichzeitig der Versorgungsabschlag erhöht.

[160] Weiterhin sollte die Wartezeit für die Versorgung aus dem letzten Amt von zwei auf drei Jahre verlängert werden, was allerdings für rechtswidrig erklärt wurde.

Bei der o. a. Absenkung des Höchstruhegehaltssatz von 75 Prozent auf 71,75 Prozent handelt es sich um die Übertragung der modifizierten Bruttolohnanpassung aus der GRV, die mit dem Versorgungsänderungsgesetz 2001 erfolgte. Das Versorgungsniveau verringert sich damit um 4,33 Prozent.[161] Ähnlich wie in der GRV kommen die o. a. Anpassungsfaktoren aus § 69 e BeamtVG aber nur bei einer Besoldungsanpassung zum Tragen, so dass es letztlich nur zu einer Verminderung der Erhöhung kommt.

Ergänzend und unabhängig vom Sondervermögen der Versorgungsrücklagen wurde mit dem Gesetz über die Versorgungsrücklage des Bundes (VersRücklG) vom 9.11.2006 ein Sondervermögen, der sog. *Versorgungsfonds des Bundes*, eingerichtet. Dieses Sondervermögen dient dem (zumindest formalen)[162] Übergang zu einer kapitalgedeckten Finanzierung der Versorgungsausgaben für Beamte, Richter und Berufssoldaten, deren Dienst- oder Beschäftigungsverhältnis ab 2007 begründet worden ist.[163]

Ebenfalls genannt wurde bereits die Föderalismusreform, die den verfassungsrechtlichen Schutz des Beamtentums anerkennt, dem Gesetzgeber durch Ergänzung von Artikel 33, 5 GG einräumt, die „hergebrachten Grundsätze [..] fortzuentwickeln". Nach geltendem Verfassungsrecht ist es damit nicht möglich, die Beamtenversorgung als Sondersystem sozialer Sicherung einfach abzuschaffen und die Beamten in die gesetzliche Rentenversicherung einzugliedern.[164] Jedoch schließen die grundgesetzlichen Bestimmungen weder eine Harmonisierung von BV und GRV noch eine Reform der BV angesichts sich verändernder demografischer, wirtschaftlicher und finanzieller Rahmenbedingungen aus.[165] Damit können grundsätzlich auch die Elemente *Nachhaltigkeitsfaktor* und *Erhöhung der Regelaltersgrenze* der jüngsten GRV-Reformen auf die BV übertragen werden.

---

[161] Vgl. BUNDESREGIERUNG (2009).

[162] Inwieweit es sich auch aus ökonomischer Sicht um ein Kapitaldeckungsverfahren handelt, hängt davon ab, in welche Wertpapiere investiert wird. Wie in Abschnitt 4.2 gezeigt wird, wäre eine Anlage, die ausschließlich in inländischen Staatsschuldpapieren besteht, letztlich äquivalent mit einem Umlageverfahren. Der Versorgungsfonds des Bundes kann gemäß § 15 VersRücklG bis zu 10 Prozent der Mittel in Aktien anlegen.

[163] Einige Bundesländer, so z. B. Niedersachsen, haben in dieser Hinsicht bereits nachgezogen (vgl. BENZ et al. (2009)). Speziell die Bestimmungen zur zulässigen Höhe des Aktienanteils sind dabei durchaus unterschiedlich.

[164] Dies wurde durch das Bundesverfassungsgericht wiederholt bestätigt.

[165] Vgl. RULAND (2008b), S. 93.

Ein erster Schritt wurde hier mit dem Dienstrechtsneuordnungsgesetz vom 5.2.2009 gemacht, das die Erhöhung der Regelaltersgrenze für die Beamten *des Bundes* analog zur GRV vorsieht. Auf Bundesländerebene wurde diesem Vorbild mit unterschiedlichem Reformtempo gefolgt – zum gegenwärtigen Zeitpunkt haben neun der 16 Bundesländer die Regelaltersgrenze ebenfalls angehoben.

3.2.3 Berufsständische Versorgung

Wie die GRV und die BV, ist auch die BSV ein öffentlich-rechtliches Pflichtsystem der Alterssicherung. Geschaffen wurde es ursprünglich, um die Alterssicherung von Selbständigen zu gewährleisten, die keine Möglichkeit hatten, sich freiwillig in der GRV zu versichern.[166] Den Beginn der BSV stellt die Gründung der Bayerischen Ärzteversorgung (Apothekerversorgung) im Jahr 1923 (1925) dar. Motiviert war die Gründung seinerzeit maßgeblich durch die Hyperinflation, die zu einer weitgehenden Entwertung der privaten Vermögen der Freiberufler geführt hatte und eine kollektive Sicherung sinnvoll erscheinen ließ. Die Folgen des Zweiten Weltkriegs bestätigten diese Entscheidung und es kam zu weiteren Gründungen. Diese erfolgten jedoch ausgehend vom Südwesten nur zögerlich, weil eine Einbeziehung der Selbständigen/Freiberufler in die GRV zwischenzeitlich möglich schien.[167] Nachdem die GRV-Reform des Jahres 1957 diese Hoffnungen durch die Beibehaltung der Fokussierung der GRV auf Arbeiter und Angestellte zerschlagen hatte und die Freiberufler auf die Hilfe zur Selbsthilfe verwiesen waren, kam es nach JUNG (2008, S. 117) zu Neugründungen in „rascher Folge". Bedingt durch den Systemwechsel gab es schließlich nach der Wiedervereinigung weitere Neugründungen in Ostdeutschland.

Gegenwärtig bestehen insgesamt 89 Versorgungswerke, die eine Absicherung für die Angehörigen der sog. kammerfähigen Freien Berufe (Ärzte, Apotheker, Architekten, Notare, Rechtsanwälte, Steuerberater beziehungsweise Steuerbevollmächtigte, Tierärzte, Wirtschaftsprüfer und vereidigte Buchprüfer, Zahnärzte sowie Psychologische Psychotherapeuten und Ingenieure) gewährleisten.[168]

---

[166] Vgl. BUNDESREGIERUNG (2010b).

[167] Für weitere historische Zusammenhänge sei auf JUNG (2008) verwiesen.

[168] Die Angabe bezieht sich auf den Stichtag des 22.1.2010 (vgl. BUNDESREGIERUNG (2010b)).

3.2.3.1 Grundprinzipien der BSV

Grundsätzlich weist die BSV große Ähnlichkeiten mit der GRV auf, da sie auf dem Versicherungs- und Äquivalenzprinzip basiert und einen begrenzten sozialen Ausgleich bietet. Die Finanzierung erfolgt allerdings über kapitalbildende Verfahren.

Die im Dachverband der Arbeitsgemeinschaft berufsständischer Versorgungseinrichtungen e. V. (ABV) organisierten Versorgungswerke verstehen sich als ein auf Landesrecht beruhendes Sondersystem außerhalb der Sozialversicherung.[169] Befürchtungen der Versorgungswerke, dass die BSV einschließlich ihres Kapitalstocks in die GRV eingegliedert werden könnte, sind nach Auffassung von JUNG (2008) unbegründet. Eine grundlegende Revision dieses Sondersystems sei mit dem Grundgesetz nur dann vereinbar, wenn die Versorgungswerke ihren Versorgungsauftrag nicht erfüllen könnten. Dies ist nach gegenwärtigem Kenntnisstand nicht zu erwarten: So sieht die „Bundesregierung [..] in den bestehenden berufsständischen Versorgungseinrichtungen ein historisch gewachsenes, effizientes und effektives System der Alterssicherung für spezifische Berufsstände. Gründe, an deren gesellschafts-, sozial- und wirtschaftspolitischer Sinnhaftigkeit zu zweifeln, sieht sie nicht."[170]

Aufgrund dieses Sonderstatus beschränkt sich die Rolle des Staates im Zusammenhang mit der BSV auf die Bereitstellung der rechtlichen Basis und die Beaufsichtigung durch den föderalen Gesetzgeber, d. h. die Bundesländer. Innerhalb des Regelrahmens ist die Eigeninitiative des Berufsstandes, von dem auch die Gründung der Versorgungswerke – unter Berücksichtigung der sog. *Friedensgrenze* (s. u.) – ausgeht, entscheidend. Die Versorgungseinrichtung erfüllt ihre Aufgaben als Anstalt oder Körperschaft des öffentlichen Rechts oder als Einrichtung der Kammer in Selbstverwaltung entsprechend dem Prinzip der repräsentativen Demokratie.[171] Als Konsequenz aus der landesgesetzlichen Ermächtigung der Berufsstände erfolgt die Beaufsichtigung dabei durch die Bundesländer bzw. die zuständigen Behörden und Ministerien in den Ländern.[172]

---

[169] Diese Auffassung ist nach JUNG (2008) zwar durchaus strittig, kann vor der gegenwärtigen Auslegung des Grundgesetzes aber als gültig angesehen werden.

[170] BUNDESREGIERUNG (2010b), S. 2.

[171] Damit ist das System grundsätzlich heterogener als die GRV und kann möglicherweise als Indikator dafür dienen, welche Entwicklungen in der Beamtenversorgung künftig zu erwarten sind.

[172] Vgl. JUNG (2008).

3.2.3.2 Versichertenkollektiv

Die Versicherungspflicht ist ausschließlich an die Mitgliedschaft in der jeweiligen Kammer gebunden. Durch die allmählich erfolgte Öffnung der Versorgungswerke für Angestellte in kammerfähigen Berufen ist die Stellung im Beruf (selbständig vs. angestellt) mittlerweile grundsätzlich unerheblich.[173] Auch gibt es kein Höchstalter für den Eintritt in ein Versorgungswerk. Aus Gründen der EU-Harmonisierung wurden entsprechende Regelungen, die in einigen Versorgungswerken ein Höchsteintrittsalter von 45 Jahren vorsahen, zum 1.1.2005 abgeschafft.[174] In diesem Zuge wurde auch das in Europa geltende Lokalitätsprinzip im Satzungsrecht verankert, das zur Mitgliedschaft in jenem Versorgungswerk verpflichtet, in dessen Zuständigkeitsbereich die Berufsausübung fällt. Folglich werden Mitglieder künftig nicht selten Anwartschaften in mehreren Versorgungswerken aufbauen.[175]

Da die Stellung im Beruf für die Versicherungspflicht in der BSV unerheblich ist, sind angestellt Tätige in den kammerfähigen Freien Berufen sowohl in der BSV als auch in der GRV grundsätzlich versicherungspflichtig. Für sie besteht jedoch die Möglichkeit, sich nach § 6 SGB VI von der Versicherungspflicht in der GRV befreien zu lassen. Diese sog. *Friedensgrenze* wurde 1995 weiter manifestiert. Seither dürfen nur die vor dem 31.12.1995 verkammerten klassischen Freien Berufe neue Versorgungswerke mit Befreiungsmöglichkeit von der Versicherungspflicht in der GRV gründen. Damit soll der Gefahr einer Aushöhlung der GRV begegnet werden.

Die Zahl der über die BSV versicherten Personen ist im Vergleich zur BV und speziell der GRV gering. Ende 2006 gab es etwa 686.000 beitragszahlende Mitglieder, davon 65.000 in Ostdeutschland.[176] Dies entspricht in etwa 1,7 Prozent der erwerbstätigen Bevölkerung. Eine Aufschlüsselung in Selbständige und Angestellte ist nicht verfügbar, die beiden Gruppen dürften aber in etwa gleich groß sein.[177]

---

[173] Ausnahmen von der Versicherungspflicht bestehen bei Gewährung einer Versorgung nach beamten- oder soldatenrechtlichen Grundsätzen und bei einer Berufsunfähigkeit zum Zeitpunkt der Aufnahme in die Kammer (vgl. JUNG (2008)).

[174] Vgl. JUNG (2008).

[175] In der Vergangenheit konnten sich Mitglieder wegen einer freiwillig fortgesetzten Mitgliedschaft in einem Versorgungswerk von der Versicherungspflicht im eigentlich zuständigen Versorgungswerk befreien lassen.

[176] Aktuellere Zahlen sind laut BUNDESREGIERUNG (2010b) nicht verfügbar, weil die ABV nicht über prozessproduzierte statistische Daten verfügt.

[177] Vgl. BUNDESREGIERUNG (2010b).

Den Beitragszahlern stehen Ende 2006 gut 150.000 Leistungsempfänger gegenüber, von denen gut zwei Drittel ein Altersruhegeld beziehen.[178] Das durchschnittliche Altersruhegeld betrug im genannten Jahr 1.948 €.[179]

3.2.3.3 Beiträge, Leistungen und Finanzierung

Gemeinsam ist den Versorgungswerken eine auf dem Versicherungs- und Äquivalenzprinzip basierende Finanzierung der gewährten Leistungen ohne staatliche Zuschüsse. Aufgrund der föderalen Struktur und kammerspezifischen Organisation nach dem Prinzip der Selbstverwaltung unterscheiden sich die Versorgungswerke jedoch bei der konkreten Ausgestaltung der Finanzierung.[180] Dominierend sind zwei Finanzierungsverfahren, die beide eine Mischform aus Kapitaldeckungs- und Umlageverfahren (vgl. dazu ausführlich Abschnitt 4.1) darstellen.

Die meisten Versorgungswerke verwenden nach JUNG (2008) das sog. offene Deckungsplanverfahren. Dieses verlangt keine individuelle, sondern lediglich eine kollektive Äquivalenz zwischen Beiträgen und Leistungen. Damit kann auch der künftige Zugang an neuen, meist jungen Kammermitgliedern in die Äquivalenzbeziehung mit einbezogen werden.[181] Bei der Anwendung des offenen Deckungsplanverfahrens führt ein Beitrag unabhängig vom Zeitpunkt der Einzahlung in der Regel zur gleichen Rentenwirksamkeit. Im Gegensatz hierzu berücksichtigt das weniger häufig verwendete modifizierte Anwartschaftsdeckungsverfahren die Verweildauer der Beiträge im Versorgungswerk. Es kommt folglich dem im Bereich der Lebensversicherung gängigen reinen Anwartschaftsdeckungsverfahren aufgrund der stärkeren versicherungsmathematischen Äquivalenz recht nahe. Ein kontinuierlicher Zugang an neuen Mitgliedern ist daher weniger essenziell als für das offene Deckungsplanverfahren.

Das Portfolio der Versorgungswerke umfasst die gängigen Anlageklassen einschließlich Immobilien. Die Gewichtung variierte in den vergangenen 20 Jahren deutlich.

---

[178] Eine Berufsunfähigkeitsrente erhalten etwa 4,8 Prozent und eine Hinterbliebenenversorgung 28,1 Prozent der Leistungsempfänger.

[179] Vgl. BUNDESREGIERUNG (2010b).

[180] Auf staatsvertraglicher Ebene kann ein Versorgungswerk grundsätzlich auch Beschäftigte in mehreren Bundesländern bedienen. Auch kann ein Versorgungswerk innerhalb eines Bundeslandes verschiedene Berufsstände abdecken.

[181] Vgl. JUNG (2008).

Lag die Aktienquote im Jahr 2000 durchschnittlich noch bei über 35 Prozent, betrug sie 2007 lediglich 17 Prozent im Durchschnitt der Versorgungswerke.[182]

Auch die Beiträge und Leistungen bzw. deren Dynamisierung werden dem Prinzip der Selbstverwaltung entsprechend durch gewählte Kammer- und Vertreterversammlungen eigenständig und für jeden Berufsstand im jeweiligen Bundesland festgelegt. Die Beiträge richten sich grundsätzlich nach den individuellen Einkommensverhältnissen und differenzieren in der Regel zwischen Selbständigen und Angestellten.[183]

Der Regelbeitrag für *Selbständige* orientiert sich meist am GRV-Höchstbeitrag.[184] Neben dem vollen Satz wird zum Teil nur der halbe Satz erhoben.[185] Auch erheben einige Versorgungswerke nach JUNG (2008) einen Beitrag als festen Prozentsatz vom Berufseinkommen.[186] Aufgrund langer Ausbildungszeiten und des damit verkürzten Ansparhorizonts sind, wie bereits im Kontext der Besteuerung angedeutet, in einigen Versorgungswerken zusätzliche Versorgungsbeiträge über die Pflichtbeiträge hinaus möglich. Nach JUNG (2008) liegt die Spanne der Mehrbeiträge meist im Bereich zwischen 130 und 170 Prozent des Höchstbeitrags der GRV.[187]

Für *Angestellte* entspricht der Pflichtbeitrag in der Regel dem Beitrag, den sie ohne Befreiung nach § 6 SGB VI in der GRV leisten müssten. Angestellte Mitglieder, die keinen Gebrauch vom § 6 SGB VI machen, zahlen nach JUNG (2008) einen Mindestbeitrag zwischen 10 und 50 Prozent des Höchstbeitrags zur GRV. Die Entrichtung von Mehrbeiträgen über die Pflichtbeiträge hinaus steht auch Angestellten offen.

Leistungsspektrum und steuerliche Aspekte. Trotz des Sonderstatus gibt es vor allem im *Leistungsrecht* strukturelle Ähnlichkeiten mit der GRV. Auch die BSV

---

[182] Die genannten Daten/Gewichte gehen auf die Mitgliederbefragung der ABV zum 31.12.2009 zurück (vgl. BUNDESREGIERUNG (2010b)).

[183] Vgl. ABV (2008).

[184] Vgl. JUNG (2008).

[185] Vgl. bspw. die Satzung des Versorgungswerks der Zahnärztekammer Westfalen-Lippe (vom 14.1.2008) und die Satzung des Versorgungswerks der Steuerberaterinnen und Steuerberater im Land Schleswig-Holstein (vom 16.2.1999).

[186] Das Berufseinkommen ergibt sich aus einer Einnahmenüberschussrechnung.

[187] Einige Versorgungswerke erlauben auch Beitragszahlungen bis zur Grenze des Körperschaftssteuergesetzes, was dem 12- bis 15-fachen des doppelten Höchstbeitrags zur GRV entspricht (vgl. JUNG (2008)).

gewährt eine Alters-, Invaliditäts- und Hinterbliebenenversorgung sowie Zuschüsse zu Rehabilitationsmaßnahmen.[188] Diese erfolgt generell ohne Gesundheitsprüfung und für Frauen und Männer zu gleichen Bedingungen.[189]

Den Ausführungen zur GRV und BV entsprechend, beschränkt sich die folgende Darstellung auf die Altersrenten. Die Höhe der Altersrente hängt offensichtlich von der Höhe der geleisteten Beiträge ab. Je nach Satzung/Ordnung gibt es jedoch unterschiedliche Berechnungsverfahren für die Festlegung der Monatsrente. Dabei spielt nicht zuletzt das Finanzierungsverfahren eine Rolle, das darüber entscheidet, ob der Zeitpunkt der Einzahlung für die Rentenhöhe von Bedeutung ist (modifizierte Anwartschaftsdeckung) oder nicht (offenes Deckungsplanverfahren). Generell werden die Leistungen dynamisiert.[190]

Das Alter, ab dem ein Rechtsanspruch auf die Altersrente besteht, unterscheidet sich zwischen den Versorgungswerken. Gemäß ABV diskutieren alle Versorgungswerke die Umstellung auf die Rente mit 67 nach dem Vorbild der GRV. Letztlich wird diese Umstellung unausweichlich sein, weil die Population der BSV eine signifikant höhere Lebenserwartung hat als die allgemeine Bevölkerung.[191] Gegenwärtig kann jedoch nicht von einer flächendeckenden Übertragung gesprochen werden. Das Versorgungswerk der Steuerberater in Baden-Württemberg gehört zu den ersten, die eine Anhebung der Regelaltersgrenze der GRV implementiert haben.[192] Wie in der GRV ist aber ein Vorziehen und ein Aufschieben des Bezugs der Regelaltersrente mit entsprechenden Abschlägen bzw. Zuschlägen (zwischen 0,5 und 0,7 Prozentpunkten pro Monat) möglich.[193]

Nicht nur aus demografischen Gründen orientiert sich die BSV an der GRV. Auch aufgrund der Regelungen des Alterseinkünftegesetzes und der im Schichten-Modell

---

[188] Vgl. ABV (2008).

[189] Die Leistungen im Fall der Berufsunfähigkeit wurden dabei abweichend zur GRV nicht reformiert. Die Mitglieder der BSV sind bei Berufsunfähigkeit uneingeschränkt, ohne Gesundheitsprüfung und ohne Wartezeit geschützt (vgl. dazu die Homepage der ABV).

[190] Die Dynamisierung der Leistungen wird durch die Vertreterversammlung auf Basis des Jahresabschlusses festgelegt.

[191] Frauen (Männer) in Freien Berufen leben heute nach Angaben des Statistischen Bundesamtes und der Heubeck AG 3 (3,9) Jahre länger als die allgemeine Bevölkerung (vgl. ABV (2008), S. 9.

[192] Vgl. die Satzung vom 24.6.2008. Auch die Ärzteversorgung Sachsen hat die Anhebung der Regelaltersgrenze zum 1.1.2010 beschlossen.

[193] Vgl. JUNG (2008).

definierten Anforderungen für die steuerliche Förderung fand in den vergangenen Jahren eine weitere Annäherung der Versorgungswege GRV und BSV statt, weil die berufsständischen Versorgungseinrichtungen nicht pauschal begünstigte Beitragsempfänger sind. Ein Sonderausgabenabzug ist gemäß § 10 Abs. 1 EStG nur dann möglich, wenn der *GRV vergleichbare Leistungen* erbracht werden.[194]

Dies führte u. a. dazu, dass die geringe Zahl der Versorgungswerke, die in ihren Satzungen ein Kapitalwahlrecht bzw. eine Teilkapitalisierung bei Renteneintritt vorsahen, diese Regelungen für Beitragszahlungen nach dem 31.12.2004 abgeschafft haben.[195] Mit dem BMF-Schreiben[196] vom 7.2.2007 stellte der Gesetzgeber fest, dass die Vergleichbarkeit der Leistungen mit der GRV gemäß § 10 EStG für alle zu diesem Zeitpunkt bestehenden Versorgungswerke gegeben war. Damit können die Beiträge an Versorgungseinrichtungen, die nach dem 31.12.2004 geleistet wurden, bis zur o. a. Grenze als Sonderausgaben steuerlich geltend gemacht werden. Die Besteuerung erfolgt grundsätzlich nachgelagert, unabhängig davon, ob in der Beitragsphase vom Sonderausgabenabzug Gebrauch gemacht wurde oder nicht.[197] Lediglich Leistungen, die auf Beiträgen oberhalb der jeweiligen Höchstbeiträge zur GRV beruhen, können auf Antrag und nicht vor Beginn des Leistungsbezugs einer Ertragsanteilsbesteuerung zugeführt werden.[198]

3.3 Versorgungswege der zweiten Schicht

Die mit dem AVmEG und dem AVmG im Jahr 2001 erfolgten Reformen stellen für RÜRUP und MYSSEN (2008) einen zweifachen Paradigmenwechsel in der Alterssicherung in Deutschland dar. Zum einen stellt das AVmEG den Übergang von einer „ausgabenorientierten Einnahmepolitik" zu einer „einnahmeorientierten Ausgabenpolitik" dar.[199] Die damit verbundenen Leistungsrücknahmen führten zum anderen zu der Zielsetzung einer möglichst flächendeckenden Teilkapitaldeckung, die ein Versorgungsniveau ermöglichen soll, das im Bereich des ehemaligen

---

[194] Diese Einschränkung ist systemkonform. Nach der Vorstellung des Gesetzgebers sollen lediglich Anlageformen begünstigt werden, deren Leistungsspektrum dem Grunde nach mit dem der GRV vergleichbar ist.

[195] Vgl. JUNG (2008).

[196] Das Geschäftszeichen des BMF-Schreibens lautet: IV C 8 - S 2221 - 128/06.

[197] Vgl. JUNG (2008), S. 131.

[198] Vgl. die Ausführungen zur sog. Öffnungsklausel in JUNG (2008, S. 132 f.).

[199] RÜRUP und MYSSEN (2008), S. 188.

GRV-Niveaus liegt. Die Realisierung dieses Ziels soll durch entsprechende staatliche Förderung für die ergänzende private und betriebliche Altersvorsorge erreicht werden.

WESTERHEIDE (1999) unterscheidet drei Phasen der Vermögenspolitik in Deutschland:

1. Sparvolumenorientierte Vermögenspolitik (bis Mitte der 1950er)
2. Verteilungsorientierte Vermögensförderung (Mitte 1950er bis Ende 1970er)
3. Asymmetrischer Abbau der Förderung (ab Ende der 1970er)

Diese Kategorisierung kann seit infolge der 2001 realisierten Reformen um eine vierte Phase ergänzt werden:

4. Förderung des Sparens für das Alter (seit 2001)

Die Altersvorsorge wurde zur zentralen Legitimation für die staatliche Förderung privater Ersparnisbildung.[200] Mit anderen Worten wurde die in der Vergangenheit verfolgte Politik der allgemeinen Vermögenspolitik durch eine Altersvorsorgepolitik abgelöst. Diese Bedeutungsverschiebung zeigt sich auch in Tarifabschlüssen der jüngeren Vergangenheit, mit denen eine Fortentwicklung der staatlich geförderten *vermögenswirksamen Leistungen* zu *altersvorsorgewirksamen Leistungen* erfolgt ist.[201]

Primär erfolgt die Förderung der ergänzenden bzw. ersetzenden Altersvorsorge jedoch innerhalb der durch das AltEinkG 2005 geschaffenen zweiten Schicht, zu der neben der ergänzenden privaten und betrieblichen Altersvorsorge auch die ZöD (hier verstanden als Sonderform der bAV) gehört. Diese drei Versorgungswege werden in den folgenden Abschnitten vorgestellt und beschrieben. Abschnitt 3.3.1 behandelt die (private) Riester-Rente. Anschließend wendet sich Abschnitt 3.3.2 der bAV zu, für die neben der staatlichen Fördermöglichkeit der sog. Entgeltumwandlung auch die Riesterförderung nach § 10 a EStG offen steht. Schließlich wird in Abschnitt 3.3.3 die spezielle Form der betrieblichen Altersversorgung im öf-

---

[200] Vgl. auch RAFFELHÜSCHEN und SCHODER (2004a,b).

[201] So haben bspw. die Tarifpartner in der Metall- und Elektroindustrie 22.4.2006 den Tarifvertrag über altersvorsorgewirksame Leistungen (TV AVWL) unterzeichnet. In der Präambel heißt es dort: „Vor dem Hintergrund der Problematik der umlagefinanzierten gesetzlichen Rentenversicherung halten die Tarifvertragsparteien eine ergänzende private Altersvorsorge für notwendig. Um diese zu fördern, werden die bisherigen vermögenswirksamen Leistungen durch eine altersvorsorgewirksame Leistung ersetzt."

fentlichen Dienst (ZöD) behandelt, die im Unterschied zu Riester-Rente und bAV verpflichtend ist und nicht staatlich gefördert wird. Die Versorgungskassen bieten jedoch teilweise freiwillige Betriebsrentenprodukte an, für die sowohl eine Entgeltumwandlung als auch die Riester-Förderung nach § 10 a EStG möglich ist.

3.3.1 Private Altersversorgung nach § 10 a EStG (Riester-Rente)

Wie bereits mehrfach angedeutet, war mit der Einführung der Riester-Rente die Intention des Gesetzgebers verbunden, die durch das AVmEG entstandene Absenkung des Rentenniveaus der GRV zu kompensieren. Aus dieser Motivation ergibt sich der begünstigte Personenkreis und die Fördersystematik, die in den folgenden Abschnitten abgegrenzt und beschrieben werden.

3.3.1.1 Grundidee und begünstigter Personenkreis

Dieser Zielsetzung entsprechend, wurden in die staatliche Förderung – mit Ausnahme der Bestandsrentner – grundsätzlich jene Bevölkerungsgruppen einbezogen, die von der GRV-Reformierung betroffen sind. Mitglieder der BSV und andere, nicht pflichtversicherte Selbständige sind folgerichtig von der Förderung ausgeschlossen. Hingegen gehören aktive Beamte aufgrund der mit dem Versorgungsänderungsgesetz 2001 erfolgten Absenkung des Gesamtversorgungsniveaus zum Kreis der Riester-berechtigten Personen. Aufgrund der Verankerung der Förderung im Einkommensteuergesetz ist zudem eine unbeschränkte Steuerpflicht Voraussetzung für die Inanspruchnahme der Riester-Förderung. Zum berechtigten Personenkreis gehören die unmittelbar berechtigten Personen nach § 10 a EStG und die mittelbar berechtigten Personen nach § 79 EStG (vgl. auch Abschnitt 5.3.2).[202]

Die staatliche Förderung der berechtigten Personen erfolgt durch die Kombination einer Steuer- und Zulagenförderung mit Günstigerprüfung. Diese Förderung wurde im Zeitraum 2002 bis 2008 in vier Schritten eingeführt. Seit 2008 können die geleisteten Einzahlungen in einen zertifizierten Riester-Vertrag (s. u.) in Höhe von bis zu 2.100 € als Sonderausgaben gemäß § 10 a EStG steuerlich geltend gemacht werden. Die späteren Rückflüsse sind nachgelagert zu versteuern und erhöhen somit

---

[202] Als mittelbar Berechtigte gelten die Ehepartner von unmittelbar Berechtigten, sofern sie nicht selbst unmittelbar berechtigt sind.

die Bemessungsgrundlage in der Rentenphase. Folglich ergibt sich zumindest ein Steuerstundungseffekt, der zu einer Steuersenkung werden kann, wenn der Grenzsteuersatz im Alter unter jenem in der Erwerbsphase liegt. Damit war mit dem AVmG bereits eine nachgelagerte Besteuerung angelegt bevor das AltEinkG 2005 in Kraft trat, so dass sich aus steuerlicher Sicht für Riester-Produkte nichts veränderte.

Aus Gründen der sozialen[203] Gerechtigkeit wurde diese Steuerförderung durch eine Zulagenlösung ergänzt, um so auch Steuerpflichtigen mit geringen Einkommen, die durch den Sonderausgabenabzug nicht oder weniger stark profitieren, eine spürbare Förderung zukommen zu lassen. Die Zulagen setzen sich aus einer Grund- und einer Kinderzulage zusammen, wobei Letztere an die Berechtigung zum Kindergeld geknüpft ist. Diese Zulagen wurden im Takt mit der Erhöhung des prozentualen Anteils des Sonderausgabenabzugs erhöht.

Seit 2008 erhalten Inhaber eines Riester-Vertrags eine Grundzulage in Höhe von 154 € pro Jahr. Für Personen unter 25 Jahren wird zusätzlich ein – mit dem Eigenheimrentengesetz vom 29.7.2008 (s. u.) eingeführter – einmaliger sog. Berufseinsteigerbonus in Höhe von 200 € gewährt.[204] Ebenfalls im Eigenheimrentengesetz ist geregelt, dass die Kinderzulage für nach dem 31.12.2007 geborene Kinder 300 € beträgt. Für alle anderen (früher geborenen) Kinder beträgt die maximale Kinderzulage wie ursprünglich im AVmG vorgesehen seit dem Beitragsjahr 2008 jährlich 185 € pro Kind.

Die Zulagen sind bei der *Zentralen Zulagenstelle für Altersvermögen* (ZfA) zu beantragen, welche bei der DRV Bund angesiedelt ist. Diese entscheidet über die Gewährung und überweist die entsprechenden Mittel direkt auf das dem Riester-Vertrag zugehörige Konto. Mit dem AltEinkG wurde zum 1.1.2005 die Möglichkeit eines Dauerzulagenantrags geschaffen, mit dem der Anbieter bis auf Widerruf bevollmächtigt werden kann, den Zulageantrag jährlich auf elektronischem Wege zu stellen. Im Jahr 2006 gingen 87,1 Prozent der Zulagen an GRV-Versicherte,

---

[203] An dieser Stelle sei nur beiläufig auf die Problematik des Begriffs „sozial" hingewiesen. Für VON HAYEK (1979) ist es ein „Wieselwort par excellence" (S. 16). In Anlehnung an das Tier, das den Inhalt aus einem Ei saugt, ohne dass dies von außen zu erkennen ist, definiert VON HAYEK (1979) auf Wieselwörter als jene Beiwörter, die, „wenn man sie einem Wort hinzufügt, dieses Wort jedes Inhalts und jeder Bedeutung berauben" (S. 16) – sie inhaltsleer machen.

[204] Diese Einmalzahlung erhalten Berufseinsteiger, die bis zu dem Kalenderjahr, in welchem das 25. Lebensjahr vollendet wird, einen Riester-Vertrag abschließen.

8,2 Prozent an mittelbar Berechtigte, 4,4 Prozent an Beamte und 0,3 Prozent an Landwirte.[205]

Die ZfA gewährt die volle Zulage nur dann, wenn der in § 86 EStG definierte *Mindesteigenbeitrag* erbracht wird. Der Mindesteigenbeitrag setzt sich zusammen aus den Eigenbeiträgen (Altervorsorgebeiträge nach § 82 EStG) und den Zulagen. Sind diese nicht hinreichend für die Gewährung der vollen Zulagen, erfolgt eine *anteilige Kürzung* der Zulagen durch die ZfA.[206] Der für die Ausschöpfung der vollen Zulage notwendige Mindesteigenbeitrag wurde im Zeitraum 2002 bis 2008 von ein auf vier Prozent der beitragspflichtigen Einnahmen erhöht. Der tatsächlich aus eigenen finanziellen Mitteln zu leistende Beitrag in einen Riester-Vertrag liegt also bei vier Prozent der beitragspflichtigen Einnahmen abzüglich der Zulagen.[207] Personen mit geringen oder keinen beitragspflichtigen Einnahmen (wie bspw. Kindererziehende im Rahmen von Kindererziehungszeiten) müssen einen sog. Sockelbeitrag leisten. Dieser liegt seit dem Jahr 2005 bei 60 € und soll sicherstellen, dass stets eigene Beiträge geleistet werden. Dies gilt nicht für die nach § 79, Satz 2 mittelbar berechtigten Personen bzw. Ehegatten, die nach § 86 Abs. 2 auch ohne eigene Beiträge Anspruch auf eine ungekürzte Zulage haben, wenn der unmittelbar förderberechtigte Ehegatte einen Mindesteigenbeitrag unter Berücksichtigung der den Ehegatten insgesamt zustehenden Zulagen erbringt und der Altersvorsorgevertrag auf den Vertrag der mittelbar berechtigten Person lautet.

Die Prüfung, ob für den Berechtigten ein zusätzlicher Sonderausgabenabzug hinsichtlich der erbrachten Altersvorsorgeaufwendungen günstiger ist, findet im Rahmen der Veranlagung zur Einkommensteuer durch das Finanzamt statt. Zur Vermeidung einer Doppelförderung wird bei dieser Günstigerprüfung die Bemessungsgrundlage um die Zulagen erhöht. Stellt sich bei der Günstigerprüfung heraus, dass die Förderung durch den Sonderausgabenabzug größer ist als die alleinige Zulagenförderung, erhält der Begünstigte die über die Zulage hinausgehende Steuerermäßigung.[208] Diese wird im Gegensatz zur Zulage nicht auf den Altersvorsorgevertrag,

---

[205] Vgl. BUNDESREGIERUNG (2010a).

[206] Die Kürzung der Zulage ergibt sich aus dem Verhältnis der Eigenbeiträge (inkl. Zulagen) zum Mindesteigenbeitrag. Ist der Sockelbetrag höher als der Mindesteigenbeitrag, dann gilt der Sockelbetrag als Mindesteigenbeitrag.

[207] Ein Beispiel: Bei beitragspflichtigen Einnahmen eines Alleinstehenden in Höhe von 30.000 € liegt der Mindesteigenbeitrag bei 1.200 €. Um die volle Zulage in Höhe von 154 € zu erhalten, muss er aus eigenen Mitteln 1.200 – 154 = 1.046 € in den Riester-Vertrag einzahlen.

[208] In Ehegemeinschaften, in denen nur ein Ehepartner unmittelbar begünstigt ist, kann nur dieser einen Sonderausgabenabzug in Höhe von maximal 2.100 € geltend machen.

Tabelle 3.1:

Fiskalische Wirkung der Riester-Rente.

Jahr	Riester-Zulagen	Steuermindereinnahmen
	in Tausend €	
2002	n.V.	38.471
2003	72.491	53.519
2004	145.530	107.811
2005	333.476	140.784
2006	562.037	n.V.
2007	1.070.819	n.V.
2008	1.404.885	n.V.
2009	2.488.664	n.V.
Gesamt	6.077.902[†]	340.585[‡]

[†] Summe der Zulagen im Zeitraum 2003 bis 2009.
[‡] Summe der Auswirkungen des § 10 a EStG (Steuermindereinnahmen) im Zeitraum 2002 bis 2005.

Eigene Darstellung auf Basis BUNDESREGIERUNG (2010a).

sondern direkt an den Steuerpflichtigen überwiesen bzw. mit seiner Steuerschuld verrechnet. Die fiskalischen Effekte der Riester-Förderung (Sonderausgabenabzug bzw. Zulagen) sind Tabelle 3.1 zu entnehmen.

3.3.1.2 Begünstigte Sparformen, Marktüberblick und Kritik

Mit der durch das AVmG erstmals eingeführten nachgelagerten Besteuerung, die dann mit dem AltEinkG ausgeweitet wurde, erfolgte ein Schritt in Richtung einer konsumorientierten Besteuerung. Im Unterschied zu einer allgemeinen Konsumsteuer, wie bspw. der Einfachsteuer des Heidelberger Steuerkreises,[209] sind Altersvorsorgeaufwendungen gegenwärtig aber nicht per se steuerlich abzugsfähig. Vielmehr müssen die Anforderungen des Schichten-Modells, bzw. im Fall der Riester-Förderung die im Altersvorsorgeverträge-Zertifizierungsgesetz (AltZertG) vom 26.6.2001 definierten Anforderungen erfüllt sein. Dies ist aus wettbewerblicher und

---

Jedoch werden bis zu dieser Höchstgrenze auch die Zulagen des mittelbar begünstigten Ehepartners sowie dessen eventuelle Eigenbeiträge berücksichtigt.
[209] Vgl. bspw. ROSE (2002) oder ROSE und ZÖLLER (2008).

allokativer Sicht nicht unproblematisch, weil nur bestimmte Sparformen begünstigt werden (vgl. dazu die untenstehenden Ausführungen zum sog. Wohnriester).

Zu den zentralen, im AltZertG definierten Anforderungen für die Begünstigung von Sparformen gehört – wie bereits im Kontext der allgemeinen Ausführungen zum Schichten-Modell erläutert – die Sicherstellung der Mittelverwendung für die Altersversorgung. Neben der Garantie der eingezahlten Beiträge (Eigenleistung und Zulagen) fordert das AltZertG die Gewährung einer lebenslangen Leibrente oder von Ratenzahlungen im Rahmen eines Auszahlungsplans mit einer anschließenden Teilkapitalverrentung ab spätestens dem 85. Lebensjahr. Die Auszahlungsphase kann frühestens mit Vollendung des 60. Lebensjahres beginnen. Zu diesem Zeitpunkt dürfen maximal 30 Prozent des zu Beginn der Auszahlungsphase zur Verfügung stehenden Kapitals in Form einer Einmalzahlung an den Vertragsinhaber ausgezahlt werden. Weiterhin erforderlich sind laufende Beitragszahlungen während der Ansparphase, sowie die Erfüllung von Vorgaben zur Umlage der Vertriebskosten sowie zur Bereitstellung von Informationen durch den Anbieter.[210] Das AltZertG wurde mit dem AltEinkG in einigen Teilen überarbeitet. Neben der Straffung des Anforderungskatalogs und Vereinfachungen, wie der bereits erwähnten Möglichkeit des Dauerzulagenantrags, beinhaltete das AltEinkG auch die Verpflichtung der Anbieter auf sog. Unisex-Tarife.[211]

Eine Vererbung des angesparten Kapitals ist grundsätzlich möglich. Allerdings bleibt die Förderung gemäß § 93 EStG nur bei Vererbung an den Ehegatten erhalten. Eine Übertragung an andere Erben stellt eine sog. *schädliche Verwendung* im Sinne des § 93 EStG dar, welche die Rückzahlung der Förderung erforderlich macht. Eine schädliche Verwendung stellt offensichtlich auch die Einzahlung auf Verträge dar, die nicht gemäß AltZertG strukturiert sind.

Die selbstgenutzte Wohnimmobilie in der Riester-Förderung. Trotz der allgemein anerkannten Rolle des selbstgenutzten Wohneigentums als Form der privaten Altersvorsorge wurde die Immobilie im AVmG nur durch die sog. Entnahmere-

---

[210] Für weitere Details sei auf das AltZertG verwiesen.

[211] Bis zu diesem Zeitpunkt wurde die unterschiedliche Lebenserwartung von Männern und Frauen in der Tarifkalkulation der Anbieter berücksichtigt. Eine kompakte Übersicht zu den Änderungen bietet STEFFEN (2004).

gelung einbezogen.[212,213] Diese Lösung war aus mehreren Gründen unbefriedigend
und verdeutlicht das Problem, das bei einer Positivliste geförderter Sparformen
– im Unterschied zur einheitlichen Behandlung der Ersparnisbildung im Rahmen
eines konsumorientierten Steuersystems – zwangsläufig entstehen muss.

Nach mehrmaliger Vertagung der Entscheidung, zu einer befriedigenderen Lösung zu kommen,[214] wurde am 29.7.2008 das Eigenheimrentengesetz verabschiedet, das die selbstgenutzte Immobilie rückwirkend zum 1.1.2008 in konsistenter
Weise in die Riester-Förderung einbezieht. Neben Beiträgen in der Ansparphase sind seither auch Tilgungsleistungen, die für das selbstgenutzte Wohneigentum (in der sog. Nachsparphase) erbracht werden, als Altersvorsorgebeiträge im
Sinne des § 82 EStG anerkannt und entsprechend durch Zulagen bzw. Sonderausgabenabzug gefördert. Im Gegenzug erfolgt dann in der Bezugsphase, wie bei
allen Riester-Produkten, eine nachgelagerte Besteuerung des – durch einen fiktiven Kapitalstock abgebildeten – geförderten Riester-Kapitals. Damit setzte der
Gesetzgeber die Kernidee eines bereits im Jahr 2003 durch RAFFELHÜSCHEN und
SCHODER (2004a,b) erarbeiteten Modells um.[215] Die gesamten Riester-Mittel (eigene (Tilgungs-)Beiträge und staatliche Zulagen) stehen folglich für eine rasche
Entschuldung zur Verfügung. In den Details zur nachgelagerten Besteuerung unterscheidet sich die gesetzliche Regelung geringfügig von der in RAFFELHÜSCHEN
und SCHODER (2004a,b) vorgeschlagenen Lösung. So werden Einzahlungen in
die Eigenheimrente auf einem fiktiven Wohnförderkonto mit zwei Prozent auf-
gezinst,[216] um den zum Renteneintritt bestehenden Kapitalstock an gefördertem

---

[212] Zur Rolle der Immobilie in der Altersvorsorge (stichwortartig: mietfreies Wohnen,
aber auch die Verrentung durch Verkauf bzw. *Reverse Mortgages*) und der Kritik am
Entnahmemodell vgl. ausführlich RAFFELHÜSCHEN und SCHODER (2004a,b).

[213] Die Rürup-I-Kommission war gänzlich anderer Auffassung und wollte die Immobilie
(vermietet oder selbstgenutzt) vollständig der dritten Schicht zuordnen. Die entsprechenden Argumente finden sich auch in RÜRUP und MYSSEN (2008).

[214] Auf die politökonomischen Aspekte dieses Gesetzgebungsprozesses kann an dieser
Stelle nicht eingegangen werden. Naheliegend ist aber, dass es massiven Widerstand
durch die bereits im Riester-Markt befindlichen Akteure gab.

[215] Als Alternative war ein vom Verband der Bausparkassen favorisiertes Modell in der
politischen Diskussion, das letztlich auf die Erhöhung der Wohnungsbauprämie hin-
ausgelaufen wäre. Die SPD hatte sich zwischenzeitlich dafür ausgesprochen, die Zulagen auf Tilgungsleistungen zwar zu gewähren, allerdings ohne diese für Tilgungs-
zwecke freizugeben. Stattdessen sollten die Zulagen obligatorisch in den Aufbau einer
Geldrente investiert werden.

[216] RAFFELHÜSCHEN und SCHODER (2004a,b) hatten andere Kalkulationszinssätze vorgeschlagen, die sich bspw. an der durchschnittlichen Verzinsung der anderen Riester-
Produkte orientieren können.

Immobilien-Riester-Vermögen zu ermitteln. Dieser fiktive Kapitalstock – und nicht ein praktisch kaum zu ermittelnder und mit dem gegenwärtigen Steuerrecht nicht zu vereinbarender Nutzungswert – bildet dann die Grundlage der Besteuerung in der Ruhestandsphase. Die Steuerschuld kann bei Renteneintritt mit einem Abschlag von 30 Prozent durch eine Einmalzahlung oder (ohne Abschlag) über einen Zeitraum von 17 bis 23 Jahren ratierlich beglichen werden.[217]

Der Riester-Markt im Überblick. Seit 2001 haben Anbieter von Bank-, Versicherungs- und Finanzdienstleistungen ihre Produktpalette erweitert bzw. bestehende Produkte an die Anforderungen des AltZertG angepasst. Auch einige Zusatzversorgungseinrichtungen, wie die VBL, bieten entsprechende Produkte an. Mit der Verabschiedung des Eigenheimrentengesetzes im Herbst 2008 (s. u.) sind auch die Bausparkassen in den Riester-Markt eingetreten und bewerben ihre Produkte als „Wohnriester-Verträge". Diese Bezeichnung ist jedoch letztlich unkorrekt und irreführend, weil suggeriert wird, dass nur diese Produkte für die Verwendung zur Anschaffung selbstgenutzter Immobilien geeignet sind. Die Ausführungen im vorherigen Abschnitt haben jedoch deutlich gezeigt, dass die Regelungen im Eigenheimrentengesetz jeden Riester-Vertrag zu einem Wohnriester-Produkt machen.

Dem allgemeinen Sprachgebrauch und der Nomenklatur des BMAS folgend, werden im Folgenden jedoch nur die Verträge der Bausparkassen als Wohnriester bezeichnet. Mithin können sich die Förderberechtigten zwischen vier Grundtypen von Riester-Verträgen entscheiden, die den Anforderungen des AltZertG entsprechen: Versicherungsverträge, Banksparpläne, Investmentfonds-Verträge und Wohnriester-Verträge. Nach einem vergleichsweise verhaltenen Start, der nicht zuletzt auch auf den Vertrieb der Unternehmen zurückzuführen ist,[218] existieren zum 30.6.2010 gut 13,8 Mio. Riester-Verträge. Neben der zeitlichen Entwicklung der Vertragszahlen gemäß BMAS enthält Tabelle 3.2 zusätzlich die Zahl der im entsprechenden Beitragsjahr geförderten Personen.

---

[217] Die Wahlmöglichkeit zwischen Einmalzahlung und jährlicher nachgelagerter Besteuerung war auch in RAFFELHÜSCHEN und SCHODER (2004a,b) vorgesehen. Allerdings sollte die jährliche Besteuerung mit dem jeweiligen individuellen Steuersatz erfolgen.

[218] Im Vertrieb dominierte zunächst noch der Verkauf der klassischen Lebensversicherung aufgrund des auslaufenden Lebensversicherungsprivilegs (vgl. Abschnitt 3.4), dem noch eine vergleichsweise geringe Riester-Förderung gegenüberstand. Zudem war eine Zillmerung der Riester-Verträge bis zum AltEinkG (s. u.) nicht möglich.

Tabelle 3.2:

Zeitliche Entwicklung des Riester-Marktes und der Zulagenförderung.

	Riester-Verträge (BMAS) im Jahr...	Geförderte Personen (ZfA) im *Beitragsjahr*...	Geförderte Personen mit voller Förderung[†] (in Prozent der geförderten Personen)
2001	1.400.000	-	-
2002	3.370.500	1.938.000	-
2003	3.924.440	2.363.558	73,6
2004	4.189.500	2.824.745	62,9
2005	5.630.900	4.042.763	58,0
2006	8.050.000	6.013.691	57,3
2007	10.757.000	7.808.755	60,1
2008	12.147.000	8.690.000*	61,8*
2009	13.253.000	8.130.000*	57,5*
2010	13.852.000[†]	-	-

[†] Gemessen an der Grundzulage.
[‡] Stand zum Ende des zweiten Quartals.
* Vorläufige Zwischenergebnisse auf Basis STOLZ und RIECKHOFF (2010). Da Zulagenanträge für diese Beitragsjahre bis Ende 2010 bzw. 2011 gestellt werden können, sind die Zahlen nur bedingt aussagekräftig.

Eigene Darstellung auf Basis BMAS (2010b), DRV (2008), STOLZ und RIECKHOFF (2007, 2008, 2009, 2010) und Auskunft von Herrn Rieckhoff (ZfA).

Zwischen der von den Anbieterverbänden an das BMAS übermittelten Zahl der im jeweiligen Kalenderjahr abgeschlossenen Verträgen und den durch die ZfA im entsprechenden Beitragsjahr geförderten Personen besteht offensichtlich ein Unterschied. Weil die ZfA von einem Vertrag erst durch die Stellung des Zulagenantrags erfährt, besteht ein Grund für die Differenz offensichtlich in nicht beantragten Zulagen. Wie bereits ausgeführt können Zulagenanträge für ein Basisjahr jedoch noch bis zu zwei Jahre später eingereicht werden, so dass die Zahl der geförderten Personen für Beitragsjahre ab 2008 noch vorläufig sind.[219] Mithin können nur die Vertragszahlen und die Zahlen zu den geförderten Personen in den Beitragsjahren bis 2007 abschließend verglichen werden.

---

[219] Vgl. STOLZ und RIECKHOFF (2009).

Aber auch bei diesem Vergleich ist auf wichtige Einschränkungen hinzuweisen: Neben der fehlenden Antragstellung kann die Differenz zwischen Vertragszahl und geförderten Personen auch durch ruhende Verträge sowie Personen mit mehreren Verträgen oder Personen ohne Anspruch auf Riester-Förderung getrieben sein.[220] Eine aktuelle Studie von RAFFELHÜSCHEN und SCHODER (2010) untersucht die relative Bedeutung der Gründe für die große Zahl der nicht geförderten Verträge. So waren die Zahl der Personen mit mehreren Verträgen bei der ZfA in den Beitragsjahren bis 2007 vernachlässigbar gering. Dies gilt auch für die Vertragsinhaber ohne Riester-Berechtigung. Den größten Einfluss neben der fehlenden Beantragung haben ruhende Verträge. Erstmals veröffentlichte das BMAS im Jahr 2010 eine Schätzung der Quote der im Beitragsjahr 2008 ruhenden Verträge. Diese lag bei etwa 15 Prozent der Verträge (1,26 Mio. Verträge),[221] wobei anzunehmen ist, dass dies die historische Obergrenze darstellt.[222] Wie sich die Zahl der ruhenden Verträge künftig entwickeln wird, ist an dieser Stelle kaum abzuschätzen.[223]

Für den Erhalt der Zulagenförderung ist neben der Antragstellung zudem die Einzahlung der Mindesteigenbeiträge notwendige Voraussetzung. Tabelle 3.2 zeigt, dass die Riester-Förderung auch in dieser Hinsicht nicht effizient genutzt werden. Von den 10,76 Mio. Personen, die 2007 im Besitz eines Riester-Vertrags waren erhielten faktisch nur knapp 4,7 Mio. die volle Grundzulage. Die übrigen 3,1 Millio-

---

[220] So kann ein Riester-Vertrag für Personen ohne Förderung steuerlich attraktiv sein, weil Einzahlungen in eine Riester-Rente von der Abgeltungssteuer ausgenommen sind, so dass generell ein Steuerstundungseffekt erreicht wird. Im Rahmen sog. Überzahlungsmodelle (mit Einzahlungen oberhalb der maximalen Sonderausgabenhöhe von 2.100 €) können weitere Vorteile realisiert werden. Analog zu Lebensversicherungen mit einer Mindestlaufzeit von 12 Jahren und einem Beginn der Auszahlungsphase ab dem 60. Lebensjahr wird für den Teil des aus Überzahlungen angesparten Kapitalstocks (i) im Fall der Einmalauszahlung lediglich der hälftige Unterschiedsbetrag aus Ein- und Auszahlungen mit dem persönlichen Steuersatz versteuert, was im Vergleich zur Abgeltungssteuer eine Ersparnis darstellt, (ii) im Fall der Verrentung nur der Ertragsanteil versteuert, was ebenfalls eine Steuerersparnis im Vergleich zur Abgeltungssteuer bedeutet.

[221] Nach Angaben des BMAS (2010b) liegt der Anteil der ruhenden Verträge bei Riester-Produkten unter demjenigen für nicht förderfähige Rentenversicherungen.

[222] Hinter dieser Annahme steht die plausible Vermutung, dass die Quote der ruhenden Verträge umso geringer sein dürfte, je näher das Betrachtungsdatum am Datum des Vertragsschlusses liegt.

[223] In der jüngeren Vergangenheit suggerieren Presseberichte einen Vertrauensschwund der Anleger in die Riester-Rente. Es bleibt abzuwarten, ob damit tatsächlich auch höhere Quoten von ruhenden oder stornierten Verträgen einher gehen. Die Anbieter können bislang nach eigenem Bekunden keine derartigen Effekte feststellen.

nen Zulagenempfänger erhielten lediglich gekürzte Zulagen in einer durchschnittlichen Höhe von nur 55,9 Prozent der vollen Zulage (für eine vertiefende statistische Analyse der Riester-Rente sei auf Abschnitt 5.3.2.2 verwiesen).[224]

Auf die Marktanteile der verschiedenen Produkttypen soll hier nur kurz hingewiesen werden. Mit etwa 10,1 Mio. Verträgen verfügen die Versicherungen (klassische und fondsgebundene) gegenwärtig über einen Marktanteil von fast 75 Prozent. Den zweitgrößten Marktanteil haben mit knapp 2,7 Mio. Verträgen (etwa 20 Prozent) die Investmentfonds-Sparpläne. Banksparpläne und Wohnriester-Verträge spielen bislang mit 654.000 respektive 261.000 Verträgen nur eine untergeordnete Rolle, wobei im Fall der Wohnriester-Verträge vor allem die erst seit Ende 2008 erfolgte Marktöffnung zu beachten ist. Am Neugeschäft liegen Sie im ersten Halbjahr 2010 mit einem Marktanteil von gut 25 Prozent auf Rang 2 hinter den Versicherungen.[225]

Kritik. Das Spektrum der Kritik an der Riester-Rente reicht von Detailfragen bis zur – nicht selten ideologisch geprägten – Fundamentalkritik. Letztere beschränkt sich jedoch meist nicht auf die Riester-Rente, sondern bezieht sich generell auf die Reformierung der GRV, wobei offenbar die demografischen Realitäten und deren Konsequenzen für die Finanzierung bzw. Finanzierbarkeit verkannt werden (vgl. ausführlich Kapitel 4). Argumentiert wird häufig mit einem steigenden Risiko der Altersarmut.[226] Dieser Aspekt kann hier nicht weiter diskutiert werden, er wird jedoch in Abschnitt 5.4 kurz aufgegriffen.

Ohne Anspruch auf Vollständigkeit werden im Folgenden einige Kritikpunkte aufgezählt, die sich auf die makroökonomischen, verteilungs- und sozialpolitischen Wirkungen sowie das direkte Marktgeschehen beziehen. Soweit möglich werden diese anschließend bewertet bzw. auf die entsprechenden Abschnitte in der Arbeit verwiesen, in denen die Kritik inhaltlich weiter behandelt wird.

a) Absolute Definition der Höchstgrenze für den Sonderausgabenabzug
b) Förderung der Vertragsinhaber vs. Subventionierung der Riester-Anbieter

---

[224] Vgl. STOLZ und RIECKHOFF (2009). Daten für die Jahre nach 2007 sind gegenwärtig nicht gesichert verfügbar, was mit dem Beantragungsmodus der Riester-Zulagen zu erklären ist: Ein Zulagenanspruch verfällt erst nach vier Jahren.

[225] Vgl. BMAS (2010b).

[226] Vgl. bspw. DEDRING et al. (2010), die eine Rücknahme der GRV-Reformen der vergangenen Jahre empfehlen.

c) mangelnde Transparenz der Riester-Produkte
d) Verdrängungs- und Mitnahmeeffekte
e) Anreizproblematik bei Geringverdienern

Ad a): Wie bereits angedeutet, ist die Höchstgrenze für den Sonderausgabenanzug von Riester-Beiträgen in § 10 a EStG mit jährlich 2.100 € in absoluter Form definiert. Dieser Betrag entsprach bei Inkrafttreten des AVmG im Jahr 2002 in etwa vier Prozent der Beitragsbemessungsgrenze (BBG, West) der GRV (54.000 €) und war insofern konsistent mit den Zielwerten des AVA und des sog. Mindesteigenbeitrags, die ebenfalls bei vier Prozent liegen. Demgegenüber werden Beiträge zur bAV in größerem Umfang steuermindernd berücksichtigt, weil statt einer absoluten Höhe nur die (relative) Festlegung der Abzugsmöglichkeiten auf vier Prozent der BBG der GRV erfolgt (vgl. Abschnitt 3.3.2).

Dadurch kommt es auf Dauer zu einer zweifachen Ungleichbehandlung der Riester-Sparer: Zum einen führt die absolut definierte Höchstgrenze auf Dauer zur Erosion der Steuerförderung für Besserverdiener – sie können bereits heute relativ weniger steuerfreie Beiträge im Verhältnis zu ihrem Einkommen in einen Riester-Vertrag einbringen, als ein Sparer mit geringerem Einkommen, für den diese Restriktion nicht greift. Bereits im kurzen Zeitraum 2002 bis 2010 stieg die BBG der GRV (West) auf 66.000 €, so dass gegenwärtig nur noch knapp 3,2 Prozent der BBG (West) als Sonderausgaben abzugsfähig sind. Weil die Absenkung des Rentenniveaus über die AVA-Faktoren der Rentenformel aber implizit unterstellen, dass (nach gegenwärtiger Rechtslage ab 2013) vier Prozent des Einkommens ersetzend gespart werden, kommt es zu einer einkommensabhängigen Ungleichbehandlung der Riester-Sparer.[227] Zum anderen werden Riester-Sparer gegenüber den Sparern im Rahmen einer bAV benachteiligt, weil dort die Höchstgrenze relativ definiert ist.[228]

Ad b) und c): Die zum Teil hohe Kostenbelastung bzw. die Intransparenz der Riester-Produkte wird nicht nur von den Verbraucherschützern, sondern ebenso in der politischen Diskussion kritisiert. WEBER und WYSTUP (2008) zeigen, dass die Gebührenstruktur sich erheblich auf den Vermögensendwert eines Riester-Produk-

---

[227] Entscheidend für die Rentenformel ist wohlgemerkt nicht der absolute Prozentsatz, sondern lediglich die Veränderung. Eine Konstanz des AVA hat keine Auswirkungen auf das Rentenniveau (vgl. Gleichung 3.2).

[228] Zusätzlich zur Steuerfreiheit in Höhe von 4 Prozent der BBG der GRV können im Rahmen einer bAV weitere 1.800 € jährlich steuerfrei eingezahlt werden (vgl. dazu die Ausführungen zur bAV in Abschnitt 3.3.2).

tes auswirkt. Sie vergleichen dazu vier Produkte etablierter Anbieter, die mit einer Kostenbelastung zwischen 7,3 und 16,6 Prozent des Vermögensendwertes verbunden sind. Obwohl nur sehr eingeschränkt vergleichbar,[229] erscheint dies verglichen mit den vom GDV um das Jahr 2000 kommunizierten Kostenanteilen zwischen sechs und sieben Prozent für private Rentensparbeträge – und insbesondere verglichen mit in den USA gruppenweise durch den Arbeitgeber vermittelten Verträgen mit Verwaltungskosten um 3,5 Prozent – eher hoch.[230,231]

WESTERHEIDE et al. (2010, S. 10) kommen in ihrem durch das Bundesministerium der Finanzen (BMF) beauftragten aktuellen Gutachten zur Transparenz von Riester- und Rürup-Produkten zu dem Ergebnis, dass „die bisherigen Transparenzvorschriften zum Ausweis der Kosten von Altersvorsorgeverträgen das Ziel der Schaffung von Kostentransparenz beim Vorsorgesparer [aufgrund komplexer Kosten- und Leistungsstrukturen der Produkte] weitgehend verfehlen."[232] Dies bestätigten auch die angeführten Expertengespräche mit Vertretern der Anbieterseite. Die Anbieter kritisieren an den gegenwärtigen Regelungen die vielfältigen Informationspflichten, die von den Nachfragern kaum zu überschauen seien. Ein Ergebnis des Gutachtens ist deshalb die Empfehlung, die Informationen stärker zu komprimieren. Dies könnte im Idealfall in Form eines einheitlichen Produktinformationsblatts erfolgen.[233] Im genannten Gutachten sind noch einige weitere und praxisorientierte Verbesserungsvorschläge – wie bspw. die Einführung einer einheitlichen und umfassend definierten Kostenkennzahl oder Rendite-Risiko-Darstellung – aufgeführt, auf die hier aber nicht weiter eingegangen wird.

Ad d): Die Frage, ob durch den Übergang zur (partiellen) Kapitaldeckung eine zusätzliche Ersparnis induziert wird oder es lediglich zu einer Umschichtung

---

[229] Eine direkte Vergleichbarkeit ist aus methodischen und inhaltlichen Gründen nur sehr eingeschränkt gegeben. Die Angaben von WEBER und WYSTUP (2008) beziehen sich auf die Vermögensendwerte, während sich die anderen genannten Kostenbeispiele auf die Einzahlungen beziehen. Zudem ist unklar, welche Kosten in den einzelnen Kennzahlen mitberücksichtigt wurden.

[230] Vgl. BÖRSCH-SUPAN (2000), S. 445.

[231] Im internationalen Vergleich finden sich sowohl positivere als auch negativere Beispiele. So floss nach GILL (2004) die Hälfte der Beiträge eines durchschnittlichen chilenischen Arbeiters, der im Jahr 2000 in den Ruhestand ging, in Managementgebühren.

[232] Zu einem ähnlichen Befund kommt das Gutachten von OEHLER (2009).

[233] Eine grundlegendere Herangehensweise könnte bei der Verbesserung der Bildung in Finanzangelegenheiten ansetzten. Diese sieht bspw. VISCO (2005) als eine zentrale Politikempfehlung im Bereich der Alterssicherungsstrategie für die G-10-Staaten an.

der bestehenden Ersparnis in geförderte Formen der Ersparnisbildung kommt, ist sowohl aus individueller, als auch aus gesamtwirtschaftlicher Sicht von Interesse. Mithin ist zwischen dem Einkommens- und dem Substitutionseffekt der Riester-Förderung zu unterscheiden, wobei in beiden Fällen das Problem besteht, dass für eine abschließende Beurteilung letztlich ein kontrafaktischer Referenzpunkt notwendig ist (vgl. auch Abschnitt 4.3.1).

Einen ersten Anhaltspunkt bietet die Betrachtung der Entwicklung der privaten Sparquote in der VGR-Abgrenzung. Diese ist nach der Wiedervereinigung von 12,9 auf 9,2 Prozent im Jahr 2000 gesunken und anschließend kontinuierlich auf 11,3 Prozent im Jahr 2009 angestiegen.[234] Dies könnte als Indiz dafür dienen, dass die Verdrängungseffekte des Umlageverfahrens (vgl. ausführlich Abschnitt 4.3.1) durch die Teil-Kapitaldeckung im Zuge der Riester-Rente reduziert werden und der Einkommenseffekt der Förderung vernachlässigbar ist.[235]

Auf Basis des Sozioökonomischen Panels (SOEP) verläuft die private Sparquote zwar teilweise unterschiedlich zur VGR-Abgrenzung. Das grobe Muster einer Zunahme, die auf einen Rückgang folgt, findet sich nach STEIN (2009) aber ebenfalls, so dass er eine mikrobasierte Analyse vornehmen kann, die ihn zu dem Schluss führt, dass der Erklärungsbeitrag der Riester-Rente allenfalls von untergeordneter Bedeutung ist. Für STEIN (2009) ist der Anstieg der Sparquote ab 2004 primär auf die Entwicklung der Sparquote der Selbständigen, der Rentner und der Haushalte mit einem im öffentlichen Dienst beschäftigten Haushaltsvorstand zurückzuführen. Dabei ist der Anstieg in der Gesamtsparquote „alleine auf das Sparverhalten der Haushalte im obersten Einkommensquartil zurückzuführen [..], während die Sparquoten der Haushalte in den anderen drei Einkommensquartilen tendenziell gefallen [ist]."

Auch BÖRSCH-SUPAN und GASCHE (2010b) sehen die Entwicklung der Einkommensverteilung als einen Treiber für den Anstieg der Sparquoten. Daneben spielt für sie aber auch die Riester-Rente eine Rolle, obgleich BÖRSCH-SUPAN et al. (2006, 2008c) die Existenz von Mitnahmeeffekten nachweisen. Besonders Haushalte, die eine Immobilie erwerben wollen oder ein starkes Vererbungsmotiv haben, halten sich bei Riester-Verträgen zurück. Dieser Befund muss jedoch nach der

---

[234] Vgl. Tabelle 039 (Lange Reihe, National) des SVR, Stand 17.06.2010.

[235] Eine alternative Erklärung könnte in der Erkenntnis der privaten Haushalte liegen, dass die Kapitalmarktrenditen der 1980er und 1990er nicht nachhaltig waren. Nach dem Ende des New-Economy-Booms könnte diese Erkenntnis sich in einer steigenden Ersparnisbildung niedergeschlagen haben.

Einführung des Wohn-Riesters neu evaluiert werden, weil nun Riester-Verträge durchaus mit dem Wunsch nach einer Immobilie in Einklang zu bringen sind.[236]

Ad e): Auch CORNEO et al. (2007, 2009) können keine nennenswerten Mobilisierungseffekte feststellen. Dies gilt ihrer Ansicht nach insbesondere für Geringverdiener, die eigentlich von hohen Förderquoten[237] profitieren, so dass eine vergleichsweise hohe Riester-Bereitschaft zu vermuten wäre.[238]

Dieser Befund macht auf einen möglichen negativen Anreizeffekt für Geringverdiener aufmerksam. Aus ex-post-Sicht lohnt sich der Abschluss eines Riester-Vertrages für die Gruppe der Geringverdiener nur dann, wenn die späteren Leistungen aus GRV und Riester über dem GiA-Niveau liegen. Das einzige Instrument, das sowohl das Anreizproblem löst, als auch dem Ziel der Haushaltskonsolidierung nicht widerspricht, ist ein Obligatorium. Für eine Entscheidung in dieser Richtung ist das tatsächliche Abschlussverhalten von Beziehern geringer Einkommen jedoch von elementarer Bedeutung. Dieses wird in Abschnitt 5.3.2.2 eingehend behandelt.

Insgesamt ist festzustellen, dass wie bei der Mehrzahl der Reformen eine systematische Erfolgskontrolle der Maßnahmen nicht erfolgt. Dies wird auch vom Deutschen Institut für Wirtschaftsforschung (DIW) bemängelt, das im Kontext der Riester-Rente eine eingehende Evaluation anmahnt, um eine möglichst effiziente Ressourcenverwendung in Zeiten knapper Haushalte zu gewährleisten.[239,240]

---

[236] Auf Basis des SOEP kommen auch PFARR und SCHNEIDER (2009) zu dem Ergebnis, dass die Wahrscheinlichkeit, einen Riester-Vertrag zu besitzen, für Inhaber einer Lebensversicherung oder eines Bausparvertrags signifikant höher ist. Weil die Lebensversicherung bis 2004 ebenfalls gefördert wurde (vgl. Abschnitt 3.4) und die Wohnungsbauprämie nach wie vor existiert, schließen die Autoren auf die Existenz eines Mitnahmeeffekts, der sich jedoch bei geschlechtsspezifischer Betrachtung nur für die Frauen bestätigt. Insgesamt scheint dieser Schluss ohne die Überprüfung auf möglicherweise ruhende Verträge jedoch nicht überzeugend.

[237] Die Förderquote kann als Verhältnis von eigenen Einzahlungen zu staatlichen Zulagen ausgedrückt werden.

[238] Die Implementierung des Difference-in-Differences-Ansatzes ist dabei allerdings kritisch zu sehen. Verglichen wird die Untersuchungsgruppe im Einkommensbereich bis 25.000 € mit der Kontrollgruppe, die im Einkommensbereich zwischen 35.000 und 45.000 € liegt.

[239] Vgl. HAGEN und REISCH (2010).

[240] Generell könnte dem Mangel an Reformevaluationen durch die automatische Budgetierung und Beauftragung von wissenschaftlichen Wirksamkeitsstudien im Zuge der jeweiligen Gesetzgebungsverfahren begegnet werden.

3.3.2 Betriebliche Altersversorgung (bAV)

Die Tradition der bAV in Deutschland reicht bis in die Mitte des 19. Jahrhunderts zurück.[241] Zunächst handelte es sich dabei nach allgemeinem Verständnis um eine freiwillige Sozialleistung des Arbeitgebers.[242,243] Eine gesetzliche Regelung erfolgte erst mit dem Gesetz zur Verbesserung der betrieblichen Altersversorgung (BetrAVG) vom 19.12.1974, also vergleichsweise spät.[244] Deutliche Veränderungen für dieses auch als Betriebsrentengesetz bezeichnete Regelwerk ergaben sich u. a. durch das AVmG, das die staatliche Förderung der bAV verbesserte und den Arbeitnehmern einen Rechtsanspruch auf die sog. Entgeltumwandlung (s. u.) einräumte. Auch das AltEinkG wirkte sich auf die bAV aus, indem es für eine stärkere Vereinheitlichung der steuerlichen Behandlung (s. u.) sorgte.

Die Bedingungen, die für eine Anerkennung von betrieblichen Leistungen als bAV erfüllt sein müssen, sind in § 1 BetrAVG definiert. Nach Abs. 1 liegt eine bAV dann vor, wenn einem Arbeitnehmer aus Anlass seines Arbeitsverhältnisses Leistungen vom Arbeitgeber zugesagt werden, die mindestens ein biometrisches Risiko (Alters-, Invaliditäts- oder Hinterbliebenenversorgung) absichern. Die Leistungsgewährung muss also an die Realisierung des biometrischen Risikos geknüpft sein.[245] Entsprechend liegt eine Altersversorgung im Sinne des BetrAVG nur dann vor, wenn die Leistung vom Ausscheiden aus dem Erwerbsleben abhängt.[246,247]

---

[241] Eine knappe Darstellung zur Geschichte der bAV bietet EHRENTRAUT (2006, S. 31 f.).

[242] Die Einführung betrieblicher Versorgungswerke war dabei von Beginn an mit dem Ziel der Gewinnung, Bindung und Motivation von Arbeitskräften verbunden. Bis heute ist die Mitarbeiterbindung eines der wichtigsten Motive für die Gewährung von Altersvorsorgeleistungen durch Unternehmen geblieben.

[243] Aber auch zu dieser Zeit leisteten die Arbeitnehmer bereits Eigenbeiträge zum Aufbau ihrer bAV.

[244] Vgl. DOETSCH et al. (2008).

[245] Folglich sind Vereinbarungen, nach denen Arbeitslohn gutgeschrieben und ohne Abdeckung eines biometrischen Risikos zu einem späteren Zeitpunkt ausgezahlt wird, nicht dem Bereich der bAV zuzuordnen.

[246] Das biologische Ereignis bei der Hinterbliebenenversorgung ist der Tod des Arbeitnehmers und bei der Invaliditätsversorgung die Arbeitsunfähigkeit. Auf diese Leistungen wird aus den bereits mehrfach erwähnten Gründen im Rahmen der vorliegenden Arbeit nicht weiter eingegangen.

[247] Ein konkretes Mindestalter für eine Altersrente wird im BetrAVG nicht benannt. Die von der Finanzverwaltung bestimmte Untergrenze für das altersbedingte Ausscheiden aus dem Erwerbsleben ist gegenwärtig noch das 60. Lebensjahr. Altersleistungen, die aus nach dem 31.12.2011 erteilten Versorgungszusagen resultieren, gelten nicht als

3.3.2.1 Durchführungswege, Arten der Zusage und Entgeltumwandlung

Weiterhin definiert § 1 Abs. 1 BetrAVG, dass die *Durchführung der bAV* sowohl unmittelbar über den Arbeitgeber als auch mittelbar über einen der in den Absätzen 2 bis 4 § 1 b BetrAVG genannten Versorgungsträger erfolgen kann. Für die Erfüllung der zugesagten Leistungen hat dabei nach § 1 Abs. 1 BetrAVG in jedem Fall der Arbeitgeber einzustehen.

Für den Arbeitnehmer besteht bis zum Eintreten des Versorgungsfalls eine sog. *Anwartschaft* auf Betriebsrente, die mit der Zusage des Arbeitgebers entsteht. Diese gesicherte Rechtsposition auf eine zukünftige Leistung wächst mit der Dauer der Betriebszugehörigkeit und wird mit Eintritt des Versorgungsfalls zum sog. *Anspruch.* Für den Fall einer Beendigung des Arbeitsverhältnisses vor Eintritt des Versorgungsfalls ist die sog. *Unverfallbarkeit* der Anwartschaften in den §§ 1 b und 30 f BetrAVG geregelt. Nach § 1 b bleibt eine Anwartschaft aus einer nach dem 31.12.2000 erteilten Versorgungszusagen erhalten, wenn diese zum Zeitpunkt der Beendigung des Arbeitsverhältnisses mindestens fünf Jahre bestanden und der Arbeitnehmer das 30. Lebensjahr vollendet hat.[248] Für nach dem 31.12.2008 erteilte Zusagen wird das für die Unverfallbarkeit notwendige Lebensalter auf das 25. Lebensjahr gesenkt (§ 30 f BetrAVG).[249]

Die Höhe der unverfallbaren Anwartschaft wird in § 2 BetrAVG geregelt. Das zu wählende Berechnungsverfahren hängt von der spezifischen Kombination von Durchführungsweg und Zusageart ab.[250]

Durchführungswege

Insgesamt bestehen gegenwärtig fünf Durchführungswege, die sich primär in der steuer- und sozialversicherungsrechtlichen Behandlung von Beiträgen und Leistun-

---

bAV, wenn sie vor dem 62. Lebensjahr einsetzen (vgl. dazu das BMF-Schreiben mit dem Geschäftszeichen IV C 3 - S 2222/09/10041 vom 31.3.2010, in dem auch einige Ausnahmen benannt sind).

[248] Wurde die Versorgungszusage vor dem 1.1.2001 erteilt, sind diese gemäß § 30 f BetrAVG spätestens seit dem 1.1.2006 unverfallbar, wenn zugleich das 30. Lebensjahr vollendet ist.

[249] Vgl. DOETSCH et al. (2008).

[250] Vgl. im Detail FÖRSTER und RECHTENWALD (2008) sowie die Übersicht in DOETSCH et al. (2008).

gen, der Finanzierungsweise, der staatlichen Aufsicht und der Insolvenzsicherung unterscheiden.[251]

Bei der *Direktzusage*[252] und der *Unterstützungskasse*[253] handelt es sich um unternehmensinterne Durchführungswege, während *Direktversicherung*,[254] *Pensionskasse*[255] und *Pensionsfonds*[256] als unternehmensexterne Durchführungswege gelten.[257] Nur bei der Direktzusage gibt der Arbeitgeber dem Arbeitnehmer ein unmittelbares Versorgungsversprechen und ist damit zugleich Versorgungsträger. Bei den übrigen genannten Möglichkeiten besteht letztlich stets ein Dreiecksverhältnis zwischen dem die Leistung zusagenden Arbeitgeber, seinem Arbeitnehmer (und späteren Leistungsempfänger) sowie einer rechtlich selbständigen Versorgungseinrichtung.

---

[251] Vgl. DOETSCH et al. (2008) oder FÖRSTER und RECHTENWALD (2008).

[252] Die *Direktzusage* stellt eine unmittelbare Versorgungszusage des Arbeitgebers an seinen Arbeitnehmer dar. Dazu bildet der Arbeitgeber nach versicherungsmathematischen Grundsätzen steuerlich anerkannte Pensionsrückstellungen, die er entweder selbst finanziert oder vom Arbeitnehmer durch Entgeltumwandlung (mit-)finanzieren lässt. Im Fall der Insolvenz des Unternehmers haftet der über Arbeitgeberbeiträge finanzierte Pensions-Sicherungs-Verein als Träger der Insolvenzsicherung (§§ 7 und 14 BetrAVG).

[253] *Unterstützungskassen* sind rechtlich selbständige Einrichtungen zur Durchführung einer bAV, die allerdings keinen Rechtsanspruch auf ihre Leistungen gewähren. Entsprechend unterliegen sie auch nicht der Versicherungsaufsicht. Träger können dabei ein oder mehrere Unternehmen sein, die ihren Arbeitnehmern eine mittelbare betriebliche Versorgungsleistung zusagen (vgl. FZG et al. (2007)).

[254] Im Falle der *Direktversicherung* schließt der Arbeitgeber als Versicherungsnehmer eine Lebensversicherung zu Gunsten des Arbeitnehmers oder seiner Hinterbliebenen ab. Direktversicherungen können als Einzel- oder Gruppenverträge abgeschlossen werden.

[255] *Pensionskassen* sind sowohl rechtsfähige Versorgungseinrichtungen, als auch nicht rechtsfähige Zusatzversorgungseinrichtungen des öffentlichen Dienstes (vgl. Abschnitt 3.3.3), die den Leistungsberechtigten auf ihre Versorgungsleistungen einen Rechtsanspruch gewähren. Wie auch bei den Unterstützungskassen können als Träger der Pensionskasse ein oder mehrere Unternehmen fungieren.

[256] Der *Pensionsfonds* führt als rechtlich selbständige Einrichtung gegen Zahlung von Beiträgen eine kapitalgedeckte betriebliche Altersversorgung für den Arbeitgeber durch. Aufgrund der Gewährleistung eines individuellen Rechtsanspruchs unterliegt ein Pensionsfonds (wie auch die Pensionskasse und die Direktversicherung) der Aufsicht der Bundesanstalt für Finanzdienstleistungsaufsicht (BaFin), genießt aber hinsichtlich der Anlagepolitik größere Freiheiten (vgl. FZG et al. (2007)).

[257] Vgl. bspw. EHRENTRAUT (2006) oder BRÄUNINGER (2010).

Die Kenntnis der spezifischen Ausgestaltung der einzelnen Durchführungswege ist allerdings für das weitere Verständnis der vorliegenden Arbeit nicht zwingend erforderlich. Deshalb wird von einer detaillierten Behandlung abgesehen und auf die anschauliche Darstellung in DOETSCH et al. (2008) verwiesen.[258]

Die Zusagearten im Überblick

Neben der bereits erwähnten und in § 1 Abs. 1 BetrAVG definierten traditionellen bzw. reinen Leistungszusage kann sich der Arbeitgeber gemäß § 1 Abs. 2 BetrAVG auch für die Zusagearten der beitragsorientierten Leistungszusage und der mit dem AVmG zum 1.1.2002 neu geschaffenen Beitragszusage mit Mindestleistung entscheiden. Grundsätzlich sind in allen Durchführungswegen sowohl die Leistungszusage als auch die beitragsorientierte Leistungszusage möglich.[259] Die Beitragszusage mit Mindestleistung ist hingegen nur für die Durchführungswege Direktversicherung, Pensionskasse und Pensionsfonds zulässig.[260] Die Zusagen können entweder vom Arbeitgeber oder im Wege der Entgeltumwandlung durch die Arbeitnehmer finanziert werden.

Reine Leistungszusage. Die reine Leistungszusage (auch *Defined Benefit* (DB) genannt) stellt wie bereits angedeutet die klassische Form der arbeitgeberfinanzierten Betriebsrente dar. Eine Leistungszusage liegt vor, wenn der Arbeitgeber dem Arbeitnehmer eine von vornherein in der Höhe definierte Versorgungsleistung (hier: Altersrente) verspricht. Historisch bedingt verfügt der Arbeitgeber bei der Definition der zugesagten Leistungshöhe und der zu erfüllenden Kriterien über einen großen Gestaltungsspielraum. DOETSCH et al. (2008) unterscheiden zwischen Festbetrags-, Baustein-, Endgehalts- und Gesamtversorgungsplänen als grundsätzlichen Ausgestaltungsmöglichkeiten einer Leistungszusage.[261]

---

[258] Einen kompakten und guten Überblick gibt auch EHRENTRAUT (2006). Sehr ausführlich behandelt LÖSEL (2004) die Durchführungswege.

[259] Vgl. FÖRSTER und RECHTENWALD (2008).

[260] Vgl. DOETSCH et al. (2008).

[261] Bei *Festbetragsplänen* erfolgt eine nominale Fixierung der zugesagten Leistung, die üblicherweise nach Dienstjahren gestaffelt wird. Eine dynamisierte Form der Festbetragssysteme stellen die *Bausteinpläne* dar, die den Leistungsanspruch in Abhängigkeit von einer persönlichen (bspw. das individuelle Gehalt) und/oder allgemeinen Bezugsgröße (bspw. die BBG in der GRV) festlegen. Bei den *Endgehaltsplänen* richtet sich die Leistung ähnlich wie in der BV nach dem letzten Gehalt und der Dienstzeit. Eine Dynamisierung kann dabei in unterschiedlicher Weise erfolgen. Im Rahmen eines

Je nach Ausgestaltung übernimmt der Arbeitgeber mit einer Leistungszusage erhebliche Risiken, die insbesondere aus der Entwicklung der Lebenserwartung seiner Mitarbeiter sowie der Art der Finanzierung resultieren. Dies gilt besonders für Gesamtversorgungssysteme, die in Zeiten sinkender gesetzlicher Renten aufgrund der zunehmenden Diskrepanz zum zugesagten Versorgungsniveau mit stark wachsenden Verpflichtungen des Arbeitgebers verbunden sind (vgl. auch Abschnitt 3.3.3), weshalb ihre Bedeutung kontinuierlich zurückgeht.[262]

Beitragsorientierte Leistungszusage. Diese Zusageart wurde mit dem RRG 1999 als Form der bAV anerkannt und in das BetrAVG eingefügt. Sie liegt vor, wenn sich der Arbeitgeber verpflichtet, bestimmte Beiträge in eine Anwartschaft auf Altersversorgung umzuwandeln und wird üblicherweise im Zusammenhang mit den versicherungsförmigen Durchführungswegen verwendet.[263] Demnach wird hier von vornherein keine Leistung zugesagt, sondern es wird der Aufwand festgelegt, der für die bAV eingesetzt werden soll. Die Höhe der Leistung ergibt sich dann nach Maßgabe versicherungsmathematischer Kalkulationen.[264] Im Unterschied zu einer in Deutschland nicht zulässigen reinen Beitragszusage (auch *Defined Contribution* (DC) genannt)[265], muss der Arbeitgeber, wie bereits erwähnt, für die errechnete Leistungshöhe (im Sinne einer Leistungszusage) einstehen.[266]

Beitragszusage mit Mindestleistung. Diese Zusageart wurde mit dem AVmG zum 1.1.2002 im BetrAVG verankert. Sie stellt letztlich einen Kompromiss aus den beiden bereits beschriebenen Zusageformen dar. Der Arbeitgeber verpflichtet sich zur Zahlung von Beiträgen an eine externe Vorsorgeeinrichtung (Pensionsfonds,

---

Gesamtversorgungssystems wird typischerweise der Unterschiedsbetrag zwischen der GRV (sowie evtl. weiterer Versorgungsleistungen) und einer vorher definierten Zielgröße (bspw. 60 bis 70 Prozent des Bruttoeinkommens) als Betriebsrente zugesagt.

[262] Vgl. DOETSCH et al. (2008).

[263] Vgl. BRÄUNINGER (2010).

[264] Dabei wird nach BRÄUNINGER (2010) üblicherweise eine Mindestverzinsung der Beiträge gewährleistet. Diese liegt zwischen 0 und 6 Prozent (bei Neuzusagen derzeit ca. 2,25 Prozent).

[265] Hier garantiert der Arbeitgeber nur die Zahlung von bestimmten Beiträgen für den Aufbau einer betrieblichen Altersversorgung und gewährleistet folglich nicht den Erhalt der eingezahlten Beiträge.

[266] Vgl. ORTHMANN (2003).

Pensionskasse oder Direktversicherung)[267] und übernimmt im Gegenzug (obligatorisch) die Garantie für eine Mindestleistung bzw. den Erhalt der eingezahlten Beiträge.[268] Für die Arbeitgeber ist damit ein hohes Maß an Planbarkeit und eine Begrenzung von Risiken möglich. Arbeitnehmer profitieren ähnlich wie im Fall der Riester-Rente von der Garantie der eingezahlten Beiträge, sind dafür aber auch mit dem Anlagerisiko konfrontiert. Letzteres bedeutet aber auch, dass die Arbeitnehmer vollumfänglich am Investitionserfolg der Versorgungseinrichtung partizipieren.

Entgeltumwandlung

Bei der Entgeltumwandlung handelt es sich um eine ausschließlich vom Arbeitnehmer finanzierte bAV. Der Arbeitnehmer verzichtet auf Teile des bereits vereinbarten Entgelts für künftig zu erbringende Arbeitsleistung, damit der Arbeitgeber diesen Anteil zum Erwerb einer *wertgleichen* Anwartschaft auf bAV verwendet.[269] Bei den Durchführungswegen Direktzusage und Unterstützungskasse bemisst sich die Wertgleichheit nach herrschender Meinung an aktuarischen Grundsätzen, während sie bei den anderen Durchführungswegen als gegeben erachtet wird, wenn die umgewandelten Beiträge vollständig an den Versorgungsträger abgeführt werden.[270] Anwartschaften auf eine durch Entgeltumwandlung finanzierte Betriebsrente sind nach § 1 b BetrAVG sofort gesetzlich unverfallbar und unterliegen nach § 7 BetrAVG sofortigem Insolvenzschutz.[271]

Mit dem AVmG wurde den Arbeitnehmern mit § 1 a BetrAVG zum 1.1.2002 ein individueller Rechtsanspruch auf Entgeltumwandlung in Höhe von 4 Prozent der BBG der GRV (West) eingeräumt. Ist der Arbeitgeber dazu bereit, kann die Durchführung über eine Pensionskasse oder einen Pensionsfonds erfolgen. Ansonsten kann der Arbeitnehmer verlangen, dass der Arbeitgeber für ihn eine Direktversicherung abschließt. Soweit von der Entgeltumwandlung Gebrauch gemacht wird, muss der Arbeitnehmer jährlich einen Betrag in Höhe von mindestens einem Hundertsechzigstel der Bezugsgröße nach § 18 1 SGB IV für seine betriebliche Altersver-

---

[267] Nur diese Durchführungswege sind bei der Beitragszusage mit Mindestleistung zulässig. Die anderen Zusagearten (Leistungszusage und beitragsorientierte Leistungszusage) sind mit allen fünf Durchführungswegen kompatibel.

[268] Vgl. BRÄUNINGER (2010) und DOETSCH et al. (2008).

[269] Gängig ist bspw. der Verzicht der Arbeitnehmer auf das Weihnachts- oder Urlaubsgeld.

[270] Vgl. DOETSCH et al. (2008).

[271] Vgl. FÖRSTER und RECHTENWALD (2008).

sorgung verwenden. Für das Jahr 2010 beläuft sich die Bezugsgröße auf 30.660 €, der Mindestbeitrag im Rahmen der Entgeltumwandlung somit auf 191,63 €.[272]

3.3.2.2 Entwicklungstrends in der bAV

Im Auftrag des Bundesministeriums für Arbeit und Soziales (BMAS) führte TNS Infratest drei Studien zur Entwicklung der bAV durch. Die vorerst letzte Erhebung stammt aus dem Jahr 2007 und wird von KORTMANN (2008) dokumentiert.

Festzustellen ist danach im Zeitraum zwischen Ende 2001 und 2007 eine Zunahme des Anteils der Betriebsstätten mit einer Zusatzversorgung um 20 Prozentpunkte (von 31 auf 51 Prozent), wobei sich der Anstieg seit Dezember 2005 verlangsamt hat.[273] Im Vergleich zur Ebene der Betriebsstätten ist bei der Betrachtung der Arbeitnehmer eine geringere Dynamik zu beobachten. Hier nahm der Anteil der sozialversicherungspflichtig Beschäftigten der Privatwirtschaft mit Zusatzversorgung im gleichen Zeitraum nur um 14 Prozentpunkte (von 38 auf 52 Prozent) zu. Dies ist nach KORTMANN (2008) im Wesentlichen darauf zurückzuführen, dass seit Anfang 2002 überproportional viele kleinere Betriebsstätten eine bAV eingeführt haben.

Bei den *Zusagearten* dominierte in der Vergangenheit die klassische Leistungszusage. Im Bestand gilt dies aufgrund der typischerweise langen Laufzeit der Pläne nach wie vor. So liegt der Anteil der traditionellen Leistungszusage am Gesamtbestand nach einer Mitte 2009 veröffentlichte Studie von Watson Wyatt Heissmann über Betriebsrentenpläne noch bei etwa 45 Prozent.[274] Bei den Neuzusagen dominiert jedoch mittlerweile die beitragsorientierte Leistungszusage. Mehr als 85 Prozent der seit 2001 neu eingeführten Rentenpläne sind dieser Untersuchung zufolge beitragsorientiert gestaltet.[275]

Mit dem Rückgang der reinen Leistungszusage ist auch eine abnehmende Bedeutung der rein arbeitgeberfinanzierten Betriebsrente zu beobachten. Während Ende

---

[272] Eigene Berechnung auf Basis des § 18 Abs. 1 SGB IV und der Anlage 1 SGB VI. § 18 Abs. 1 SGB IV definiert die Bezugsgröße als Durchschnittsentgelt der GRV im vorvergangenen Kalenderjahr (2008 also: 30.625 €), aufgerundet auf den nächsthöheren, durch 420 teilbaren Betrag.

[273] Vgl. KORTMANN (2008).

[274] Vgl. BRÄUNINGER (2010).

[275] Vgl. ebd.

2001 noch in 54 Prozent der Betriebsstätten eine reine Arbeitgeberfinanzierung praktiziert wurde, ging dieser Anteil bis Ende 2004 stark zurück und lag nach einem zwischenzeitlich leichten Anstieg im Dezember 2007 bei 38 Prozent. Zugenommen hat im Gegenzug die Bedeutung der rein arbeitnehmerfinanzierten und die durch Arbeitnehmer sowie Arbeitgeber gemeinsam finanzierte Betriebsrente (Mischfinanzierung). Der Anteil der Betriebsstätten mit reiner Arbeitnehmerfinanzierung (Mischfinanzierung) stieg zwischen 2001 und 2007 von 26 (27) Prozent auf 32 (42) Prozent.[276]

Bei den *Durchführungswegen* dominiert aufgrund der historischen Bedeutung und der langen Vertragslaufzeiten gegenwärtig noch die Direktzusage mit 54 Prozent des Bestandes der Deckungsmittel der bAV (2008: 453,8 Mrd. €).[277] Die Pensionskassen verwalten 23,6 Prozent der Deckungsmittel. Die übrigen Deckungsmittel verteilen sich auf Unterstützungskassen (8,2 Prozent), Direktversicherungen (11 Prozent) und Pensionsfonds (3,2 Prozent).

Bei Betrachtung der Arbeitnehmer in den unterschiedlichen Durchführungswegen zeigen sich jedoch bereits Veränderungen. Die Trägerbefragung von TNS Infratest weist für Ende 2007 gut 13,7 Mio. Arbeitnehmer mit einer bAV-Anwartschaft aus.[278] Zwischen 2001 und 2007 haben sich dabei die Pensionskassen und -fonds besonders dynamisch entwickelt. Die Zahl der Arbeitnehmer in Pensionskassen stieg von knapp 1,4 Mio. im Ende 2001 auf gut 4,4 Mio. Ende 2007. Damit ist die Marktabdeckung durch die Pensionskassen deutlich größer als bei den noch jungen Pensionsfonds. Hier stieg die Zahl der Arbeitnehmer von 57.000 in 2002 auf 322.000 in 2007, wobei sich der Anstieg besonders seit Ende 2005 beschleunigt zu haben scheint. Weniger dynamisch, aber auf hohem Niveau, entwickelte sich die Direktversicherung mit 4,2 Mio. versicherten Arbeitnehmern im Dezember 2001 und etwa 4,36 Mio. Arbeitnehmern Ende 2007. Direktzusagen und Unterstützungskassen werden in KORTMANN (2008) lediglich im Aggregat ausgewiesen. Hier war zwischen 2001 und 2007 ein Anstieg von knapp 3,9 auf 4,6 Mio. Arbeitnehmer zu verzeichnen. Perspektivisch wird von informierten Marktteilnehmern eine zunehmende Mischung der Durchführungswege auf Ebene der Betriebsstätten vermutet.[279]

---

[276] Vgl. KORTMANN (2008).
[277] Vgl. SCHWIND (2010).
[278] Vgl. KORTMANN (2008).
[279] Vgl. FZG et al. (2007).

3.3.2.3 Staatliche Förderung bzw. steuerliche Behandlung der bAV

Der Staat unterstützt den Aufbau einer betrieblichen Altersversorgung auf zwei Wegen: Durch Steuer- und Sozialabgabenfreiheit sowie im Rahmen der Riester-Förderung.

Die Riester-Förderung ist für die Durchführungswege der Direktversicherung, der Pensionskasse oder des Pensionsfonds möglich. Ansonsten gelten für die betriebliche und die private Altersvorsorge dieselben Bedingungen, so dass diese hier nicht weiter vertieft werden müssen.

Durch das AltEinkG erfolgt auch im Bereich der bAV der Übergang zur nachgelagerten Besteuerung. Dies brachte, wie bereits erwähnt, eine weitgehende Vereinheitlichung mit sich, jedoch unterscheidet sich die steuer- und abgabenrechtliche Behandlung von Neuverträgen zwischen internen und externen Durchführungswegen sowie (insbesondere im Kontext der ZöD) zwischen kapitalgedeckten und umlagefinanzierten Leistungen.[280] Für Altverträge, die vor dem 1.1.2005 geschlossen wurden, ist die steuer- und abgabenrechtliche Situation weniger übersichtlich und letztlich auch unsystematisch.[281]

Für nach dem 31.12.2004 geschlossene Neuverträge in den *externen Durchführungswegen* Pensionskasse, Pensionsfonds und Direktversicherung gelten gegenwärtig folgende steuerliche Regelungen: In der Einzahlungsphase sind die Beiträge nach § 3 Nr. 63 EStG in Höhe von bis zu vier Prozent der BBG der GRV (West) zzgl. 1.800 € steuerfrei. Dies sind für das Jahr 2010 maximal 4.440 €. Damit ist die Förderung der bAV deutlich großzügiger als jene der Riester-Produkte. Zudem sind vier Prozent der BBG der GRV (West) auch sozialabgabenfrei – unabhängig davon, ob es sich um arbeitgeber- oder arbeitnehmerfinanzierte Beiträge handelt.[282] Im Gegenzug unterliegen die Leistungen während der Auszahlungsphase einer vollständigen Steuerpflicht gemäß § 22 EStG sowie einer Sozialabgabenpflicht zur Kranken- und Pflegeversicherung.

Für vor dem 31.12.2004 geschlossene Altverträge in den Durchführungswegen Direktversicherung und Pensionskasse kommt (wie vor der Verabschiedung des Alt-

---

[280] Vgl. hierzu ausführlicher BIRK und WERNSMANN (2008).

[281] Vgl. EHRENTRAUT (2006).

[282] Die zunächst bis Ende 2008 befristete Sozialabgabenfreiheit bei einer Arbeitnehmerfinanzierung (Entgeltumwandlung) wurde mit dem Gesetz zur Förderung der betrieblichen Altersversorgung vom 8.8.2007 entfristet.

EinG) § 40 b EStG zur Anwendung, der eine pauschale Besteuerung der Beiträge in Höhe von 20 Prozent (zzgl. Solidaritätszuschlag und Kirchensteuer) vorsieht. Diese Förderung gilt für Beiträge bis maximal 1.752 € (bei der sog. Durchschnittsbildung 2.148 €) jährlich.[283] Die Versteuerung der Renten erfolgt nur mit dem Ertragsanteil nach § 22 EStG (s. u.). Handelt es sich um umlagefinanzierte Pensionskassen ist diese steuerliche Förderung auch für nach diesem Datum erfolgte Zusagen möglich.[284]

Bei den *internen Durchführungswegen* (Direktzusage und Unterstützungskasse) gibt es keine Unterschiede zwischen Neu- und Altverträgen. Hier werden die Rückstellungen bzw. Zuwendungen des Arbeitgebers nicht als Lohn betrachtet und sind daher in unbegrenzter Höhe steuer- und sozialabgabenfrei. In der Auszahlungsphase besteht im Gegenzug Steuerpflicht gemäß § 19 EStG. Während die arbeitgeberfinanzierten Beiträge in der Einzahlungsphase von der Sozialabgabenpflicht befreit sind, besteht für arbeitnehmerfinanzierte Beiträge lediglich eine Sozialabgabenfreiheit bis zu vier Prozent der BBG der GRV (West), also analog zu den externen Durchführungswegen. In jedem Fall sind die Leistungen in der Auszahlungsphase sozialabgabenpflichtig.

3.3.3 Zusatzversorgung des öffentlichen Dienstes (ZöD)

Die ZöD stellt, nicht zuletzt aufgrund ihres verpflichtenden Charakters für die Beschäftigten im öffentlichen Dienst, eine Sonderform der bAV dar und hat dabei eine ähnlich lange Tradition wie die bAV in der Privatwirtschaft.[285] Die historische Entwicklung wird im folgenden Abschnitt (3.3.3.1) kurz nachgezeichnet, weil speziell die Kenntnis des bis Ende 2000 bestehenden Gesamtversorgungsmodells für das Verständnis der aktuellen Situation nicht nur hilfreich, sondern notwendig ist. Denn dieses System beeinflusst über die Höhe Anwartschaften, die in das zum 1.1.2002 geschaffene sog. Punktemodell übertragen werden mussten, auch die gegenwärtige Situation der ZöD. Abschnitt 3.3.3.2 behandelt dieses aktuelle Versorgungspunktemodell und geht dabei auch auf die rechtlichen Aspekte der Systemumstellung ein, die für den empirischen Teil dieser Arbeit bedeutsam sind.

---

[283] Vgl. MARBURGER (2006).

[284] Vgl. die Ausführungen zum Jahressteuergesetz 2007 im Kontext der steuerlichen Behandlung der ZöD.

[285] Die Ähnlichkeit zur bAV wird in der vorliegenden Arbeit als Hauptargument für die Zuordnung zur zweiten Schicht gewertet.

3.3.3.1 Frühe Entwicklungen, Gesamtversorgungsmodell und der Altersvorsorgeplan 2001

Die ersten sog. *Zusatzversorgungseinrichtungen* entstanden in Deutschland in der zweiten Hälfte des 19. Jahrhunderts. Vorreiter war der Bereich der staatlichen Eisenbahnen.[286] Mit der Ausweitung der hoheitlichen und öffentlichen Aufgaben war eine Zunahme der nicht verbeamteten staatlichen Bediensteten verbunden. Die Zusatzversorgung sollte mögliche Spannungen zwischen den beiden Gruppen (Beamte vs. Arbeiter und Angestellte) durch Gewährung einer Absicherung für die Fälle der Invalidität, Krankheit und des Todes verhindern bzw. verringern.[287]

Im Jahr 1929 wurde die Zusatzversorgungsanstalt des Reichs und der Länder (ZRL) in Berlin gegründet.[288] Sie sollte die zusätzliche Versicherung der Arbeiter und Angestellten von Reich und Ländern neben der GRV sicherstellen. Seit 1944 ist die Zusatzversicherung der Angestellten bei der ZRL obligatorisch. Die Rechtsnachfolge der ZRL übernahm nach dem Zweiten Weltkrieg die Versorgungsanstalt des Bundes und der Länder (VBL), die 1951 in Karlsruhe angesiedelt wurde und bis heute größter Träger der Zusatzversorgung ist.[289] Insgesamt 24 weitere Träger der ZöD aus dem kommunalen und kirchlichen Bereich sind gegenwärtig in der Arbeitsgemeinschaft kommunale und kirchliche Altersversorgung (AKA) e. V. organisiert. VBL und AKA haben damit eine überragende Bedeutung im Bereich der ZöD.[290]

---

[286] Bereits 1859 wurde die „Unterstützungskasse für die Arbeiter der preußischen Eisenbahnen" gegründet. In diesem Sektor wurden erstmalig in großem Umfang technische Mitarbeiter in Arbeiter- und Angestelltenverhältnissen und nicht als Beamte beschäftigt (vgl. VBL (2004)).

[287] Vgl. VBL (2004).

[288] Die Ausführungen dieses Absatzes basieren soweit nicht anders benannt auf GOTTWALD (2005).

[289] Vgl. HEUBECK (2008).

[290] Informationen zu weiteren öffentlichen Versorgungsträgern sind kaum verfügbar. Laut KORTMANN (2008) waren im Verband Öffentlicher Banken Deutschlands (VÖB) 34 ordentliche und 28 außerordentliche Mitglieder (insgesamt 62) organisiert. Mit nur etwa 70.000 Beschäftigten bei den VÖB-Mitgliedern ist diese Trägervereinigung jedoch vernachlässigbar. Weiterhin verweist KORTMANN (2008) auf 10 Pensionskassen der BaFin-Liste, die dem öffentlichen Bereich zuzuordnen sind. Vgl. auch Abschnitt 3.3.3.3.

Das Gesamtversorgungssystem. Als Folge der GRV-Reformen des Jahres 1957 kam es 1966 zu einer grundlegenden Neuregelung der ZöD, die bis dahin ein von der GRV-Rente unabhängiges und nicht-dynamisiertes Ruhegeld darstellte. Auf tarifvertraglicher[291] Grundlage wurde zum 1.1.1967 das sog. *Gesamtversorgungssystem* eingeführt, mit dem den Angestellten und Arbeitern im öffentlichen Dienst eine den Beamten vergleichbare Versorgung gewährt werden sollte. Die sog. Versorgungsrente ergab sich folglich als Residuum der sog. Gesamtversorgung und der (typischerweise) durch die GRV bestehenden Grundversorgung und diente der Schließung dieser Versorgungslücke.[292]

Die Höhe der Zusatzrente war damit von den beiden Komponenten GRV und Gesamtversorgung abhängig. Letztere bestimmte sich analog zum Beamtenrecht als Prozentsatz des durchschnittlichen Endgehalts der letzten drei versorgungsfähigen Dienstjahre. Der Versorgungssatz richtete sich nach der gesamtversorgungsfähigen Zeit und orientierte sich zunächst an der degressiv gestalteten sog. *Beamtenstaffel* und lag zwischen 35 und – nach 35 Jahren – maximal 75 Prozent.[293] Mit der Tarifrunde 1983/1984 wurde dem Problem der sog. Netto-Überversorgung Rechnung getragen: Stark steigenden Steuer- und Beitragsbelastungen der Aktiven stand eine nur geringe Abgabenbelastung von GRV- und Versorgungsrente gegenüber.[294] Mit dem Tarifbeschluss erfolgte eine *Nettobegrenzung* der Versorgungsrente auf 45 bis maximal 91,25 Prozent des fiktiven Netto-Endeinkommens. Die zum Erreichen des später auf 91,75 Prozent erhöhten Maximalsatzes notwendige Dienstzeit lag weiterhin bei 35 Dienstjahren. Sie wurde 1992 auf 40 Jahre erhöht.[295]

Mit dem Tarifvertrag vom 1.2.1996 über die Einführung der Zusatzversorgung im Tarifgebiet Ost, wurde die ZöD mit Wirkung vom 1.1.1997 auch in den neuen Bundesländern eingeführt. Seither kann, abgesehen von einigen Besonderheiten (bspw. die sog. Härtefallregelung), von einer einheitlichen Zusatzversorgung für den öffentlichen Dienst im gesamten Bundesgebiet gesprochen werden.[296]

---

[291] Kernstück dieser Neuregelung waren der Tarifvertrag über die Versorgung der Arbeitnehmer des Bundes und der Länder vom 4.11.1966 (VersTV) bzw. der Tarifvertrag über die Versorgung der Arbeitnehmer kommunaler Verwaltungen und Betriebe vom 6.3.1967 (VersTV-G).

[292] Vgl. HEUBECK (2008).

[293] Vgl. FIEBERG (2002) und HEUBECK (2008).

[294] Vgl. FIEBERG (2002).

[295] Im gleichen Jahr erfolgte auch die Übertragung der mit dem Beamtenversorgungs-Änderungsgesetz beschlossene Linearisierung der Versorgungsstaffel (vgl. FIEBERG (2002)).

[296] Vgl. GOTTWALD (2005).

Durch die Abhängigkeit des Gesamtversorgungsmodells von den beiden externen Faktoren der Aktivengehälter und der GRV-Renten war die bis dahin praktizierte versicherungsmathematische Orientierung in der Finanzierung nicht mehr praktikabel.[297] Daher wurde das Abschnittsdeckungsverfahren zunächst im Wege eines Mischsystems aus Beiträgen und Umlagen finanziert, bis 1978 erfolgte dann eine vollständige Umstellung auf Umlagen.[298] Zwischen 1973 und 1999 hat der Arbeitgeber die Aufwendungen für die Zusatzversorgung allein getragen. Seither sind die Beschäftigten an den Kosten über Umlagebeiträge beteiligt.[299,300]

Zunehmender Reformierungsdruck. Die mit der Umstellung auf das Gesamtversorgungsmodell verbundenen finanziellen Belastungsrisiken wurden nach FIE-BERG (2002, S. 231) seinerzeit durchaus erkannt, konnten aber bei der VBL über „einvernehmliche Satzungsbeschlüsse" zunächst kaschiert werden. Die Begrenzung der Finanzierungslast auf vier Prozent konnte bis 1989 aufrecht erhalten werden, dann ließ die „Ausgabenentwicklung keinen anderen Ausweg"[301] als die annähernde Verdopplung der Umlagesätze.[302]

Die Aussicht auf zunehmende Finanzierungsprobleme und sich mehrende Einwände der Rechtsprechung sorgten bald für einen zunehmenden Reformdruck.

Hinsichtlich der Finanzierungssituation ließ sowohl die allgemeine demografische Entwicklung im Zusammenspiel mit dem praktizierten Umlageverfahren, als auch die spezielle Entwicklung des Versichertenkollektivs in der ZöD – auf die großzügige Einstellungspraxis im öffentlichen Dienst in den 1970er Jahren folgte ein fortschreitender Personalabbau in den vergangenen Jahren – langfristig erhebliche Probleme erwarten.[303,304] Kurzfristig ergaben sich die Finanzierungsprobleme aber weniger aus Mindereinnahmen aufgrund abnehmender Versichertenzahlen,

---

[297] Vgl. FIEBERG (2002).

[298] Vgl. HEUBECK (2008).

[299] Vgl. MARBURGER (2006), S. 179.

[300] Im Abrechnungsverband West (s. u.) der VBL als größter Zusatzversorgungseinrichtung beträgt der Arbeitgeberanteil an der Umlage für das Beitragsjahr 2010 6,45 Prozent, der Arbeitnehmeranteil liegt bei 1,41 Prozent (vgl. VBL (2010)).

[301] FIEBERG (2002), S. 231.

[302] Für das Jahr 2010 liegt der Umlagesatz im Abrechnungsverband West der VBL bei 7,86 Prozent (vgl. VBL (2010)).

[303] Vgl. GOTTWALD (2005).

[304] Bereits bis 2008 drohte allein bei der VBL ein Defizit von über 7 Mrd. € zu entstehen (vgl. SCHMIDT und TROTZEWITZ (2003)).

sondern vielmehr durch Ausgabensteigerungen infolge der Ausgestaltung als Gesamtversorgungsmodell.[305],[306]

Die Abhängigkeit des Gesamtversorgungsmodells von den externen Bezugssystemen der GRV und des Beamtenversorgungsrechts machte laufende Anpassungen (insbesondere des Leistungsrechts) der ZöD erforderlich.[307] Dadurch wurde das im Grundsatz einfache System zunehmend komplexer, was wiederum rechtliche Fragen, insbesondere zur Gleichbehandlung, aufwarf.[308] Verschiedene Gerichtsurteile, darunter besonders das Urteil des Bundesverfassungsgerichts vom 22.3.2000 zur Anrechnung von Rentenversicherungszeiten,[309] hätten bei Weiterführung des Gesamtversorgungsmodells zusätzliche Ausgabensteigerungen bedeutet.[310]

Aus diesen Gründen einigten sich die Tarifvertragsparteien am 13.11.2000 auf den sog. *Altersvorsorgeplan 2001*, mit dem das Gesamtversorgungssystem rückwirkend zum 31.12.2000 geschlossen und durch das zum 1.1.2002 geschaffene *Versorgungspunktemodell* ersetzt wurde.[311]

---

[305] Nicht nur sinkende GRV-Renten, sondern auch sinkende Abgabenlasten der Aktivengeneration führen im Gesamtversorgungsmodell zu Ausgabensteigerungen (vgl. VON PUSKÁS (2001)).

[306] STEPHAN (2002) verweist auf versicherungmathematische Kalkulationen, die für die VBL bis Ende 2003 ein Defizit von 3,6 Mrd. € berechnen. Der Beitrag der Ausgabensteigerungen zu diesem Defizit wird auf 3,2 Mrd. € beziffert.

[307] Allein die Mustersatzung der AKA musste nach der grundlegenden Reform im Jahr 1967 insgesamt 42 Mal geändert werden; die VBL hatte in diesem Zeitraum 40 Änderungen zu verzeichnen (vgl. HÜGELSCHÄFFER (2002)).

[308] Vgl. HEUBECK (2008).

[309] Moniert wurde die sog. Halbanrechnung von Vordienstzeiten außerhalb des öffentlichen Dienstes bei der Ermittlung der gesamtversorgungsfähigen Zeit. Die nur hälftige Anrechnung von Beschäftigungszeiten vor Aufnahme der Tätigkeit im öffentlichen Dienst bei voller Anrechnung der auf diese Zeit entfallende GRV-Rente wurde als verfassungswidrig erachtet. Ausführlichere Erläuterungen zu diesem und weiteren Rechtsurteilen bietet FIEBERG (2002).

[310] Zur Aufschlüsselung und Größenordnung der finanziellen Mehrbelastungen durch die Abhängigkeit von externen Bezugssystemen sowie der Rechtsprechung vgl. VON PUSKÁS (2001).

[311] Das Jahr 2001 wurde aus verwaltungstechnischen Gründen als Einführungsphase ausgestaltet (vgl. STEPHAN (2002)). Gemäß Präambel des ATV wird das Jahr 2001 im Rahmen des Übergangsrechts berücksichtigt. Faktisch wurde das Gesamtversorgungssystem somit erst zum 31.12.2001 geschlossen (vgl. HÜGELSCHÄFFER (2004)).

3.3.3.2 Das aktuelle Zusatzversorgungssystem

Die Festlegung der konkreten Parameter dieser neuen Zusatzversorgung erfolgte im Rahmen der Tarifbeschlüsse vom 1.3.2002. Bei den Tarifbeschlüssen handelt es sich um den Tarifvertrag über die betriebliche Altersversorgung der Beschäftigten des öffentlichen Dienstes (Tarifvertrag Altersversorgung, ATV) und den (inhaltsgleichen) Tarifvertrag über die zusätzliche Altersvorsorge der Beschäftigten des öffentlichen Dienstes (Altersvorsorge-TV-Kommunal, ATV-K).[312] Die Abkürzungen ATV und ATV-K werden daher im Folgenden synonym verwendet.[313] Zu den Kernpunkten des Versorgungspunktemodells gehört, dass die Abhängigkeit von den externen Bezugssystemen der GRV und der Beamtenversorgung aufgegeben und von der Endgehaltsbezogenheit der Versorgungsleistung abgerückt wurde. Das künftige Leistungsniveau wird dabei unter demjenigen im Gesamtversorgungsmodell liegen,[314] was gleichbedeutend ist mit der weitgehenden Abkehr von der Zielsetzung einer beamtengleichen Altersversorgung der Arbeiter und Angestellten im öffentlichen Dienst.[315]

Das Leistungsrecht

Die Berechnung der Ansprüche. Die Höhe der Leistungen ist im neuen System von der Höhe der versicherten Entgelte während des gesamten Erwerbslebens unter Berücksichtigung des Lebensalters zum jeweiligen Einzahlungszeitpunkt abhängig. Umgesetzt wird diese Grundidee über die in § 8 ATV definierten sog. Versorgungspunkte (VP_t), die für das jeweilige Beschäftigungsjahr t grundsätzlich wie folgt ermittelt werden:

$$\text{VP}_t = \frac{E_t}{R_t} \times \text{AF}_t^a, \tag{3.7}$$

wobei E_t für das im Jahr t erworbene Monatsentgelt[316] und R_t für das im Jahr t gültige Referenzentgelt (seit 2002: 1000 €) steht. AF_t^a ist der für den Versicherten im Alter a gültige Gewichtungsfaktor, der als Altersfaktor oder Tabellenwert

---

[312] Vgl. Schmidt und Trotzewitz (2003).

[313] Soweit auf den ATV verwiesen wird, beziehen sich die Angaben auf dessen Fassung vom 22.6.2007.

[314] Vgl. Stephan (2002).

[315] Vgl. dazu kritisch Furtmayer und Wagner (2007).

[316] Dieses ergibt sich als das durch zwölf geteilte Jahresentgelt.

Tabelle 3.3:
Die Altersfaktoren zur Ermittlung der Versorgungspunkte.

Alter	AF	Alter	AF	Alter	AF	Alter	AF
17	3,1	23	2,5	32/33	1,9	44-46	1,3
18	3,0	24/25	2,4	34	1,8	47-49	1,2
19	2,9	26	2,3	35/36	1,7	50-52	1,1
20	2,8	27/28	2,2	37-39	1,6	53-56	1,0
21	2,7	29	2,1	40/41	1,5	57-61	0,9
22	2,6	30/31	2,0	42/43	1,4	ab 62	0,8

Eigene Darstellung auf Basis STEPHAN (2002).

bezeichnet wird. Gemäß Tabelle 3.3 werden Beiträge in jungen Jahren höher gewichtet. Hierin liegt der wesentliche Unterschied bei der Ermittlung der Versorgungspunkte der ZöD im Vergleich zur Berechnung der Entgeltpunkte der GRV. Hintergrund dieser abweichenden Regelung ist die hinter dem Versorgungspunktemodell stehende Fiktion eines kapitalgedeckten Systems (s. u.).

Die Höhe der Betriebsrente, die eine Form der beitragsorientierten Leistungszusage darstellt, ergibt sich dann als Produkt der über die Dienstzeit erworbenen Summe der Versorgungspunkte mit dem Messbetrag und unter Berücksichtigung der im § 77 SGB VI (vgl. die Ausführungen zur GRV) definierten Abschläge/Zuschläge bei Abweichungen von der Regelaltersgrenze in der GRV.[317,318] Der Messbetrag steht in einem bindenden Zusammenhang zum Referenzentgelt und beträgt stets 0,4 Prozent des Referenzentgelts.[319] Seit 2002 liegt er somit bei 4 €.

Kalkulation, soziale Komponenten und Dynamisierung. Die Kalkulation der genannten Rechengrößen basiert auf einem (ggf. fiktiven) Beitrag von 4 Prozent des zusatzversorgungspflichtigen Entgelts, der in ein (ggf. fiktives) kapitalgedecktes System fließt. Vor dem Hintergrund dieser Fiktion einer Kapitaldeckung ist auch der Altersfaktor zu verstehen, der Beiträge in jungen Jahren höher gewichtet, weil diese dem System länger zur Verfügung stehen. Werden sie nicht zur Leistungsgewährung benötigt, können sie prinzipiell verzinslich angelegt werden (vgl. auch Abschnitt 3.3.3.4).

---

[317] Vgl. HEUBECK (2008).

[318] Für die Regelungen zur Invaliditäts- und Hinterbliebenenrente sei auf MARBURGER (2006) verwiesen.

[319] Vgl. STEPHAN (2002).

Die aktuarische Umrechnung der Beiträge erfordert Annahmen zur Lebenserwartung, zur Verzinsung der Beiträge und zur Höhe der Verwaltungskosten.[320] Anlage 4 ATV legt fest, dass die Annahmen zur Lebenserwartung auf Basis der Richttafeln 1998 der Heubeck AG getroffen werden.[321] Als Rechnungszins bis zum Eintritt des Versorgungsfalls werden 3,25 Prozent angenommen. Dies entspricht dem damaligen Höchstrechnungszins der Deckungsrückstellungsverordnung.[322] Nach Rentenbeginn wird nach Anlage 4 ATV mit einem Zuschlag von zwei Prozent gerechnet, mithin ein Gesamtzins von 5,25 Prozent veranschlagt.[323] Die Verwaltungskosten werden in § 19 ATV für den Fall eines nicht tatsächlich kapitalgedeckten Systems mit zwei Prozent angesetzt.

Im Fall einer echten Kapitaldeckung werden mögliche Überschüsse auf Basis der tatsächlich erzielten Kapitalerträge berechnet.[324] Überwiegend ist die Zusatzversorgung jedoch noch im Umlageverfahren finanziert (vgl. Abschnitt 3.3.3.4). Für diesen Fall werden gemäß Anlage 5, ATV die durchschnittliche laufende Verzinsung der zehn nach der Bilanzsumme größten Pensionskassen zugrunde gelegt.[325] Die Berechnung der Überschüsse erfolgt auf Basis einer fiktiven versicherungstechnischen Bilanz und einer fiktiven Gewinn- und Verlustrechnung. Diese Überschüsse werden zur Finanzierung der in § 9 ATV definierten *sozialen Komponenten* – wie insbesondere die Gewährung von Versorgungspunkten während der Erziehungszeit – verwendet.[326]

Ebenso dienen die Überschüsse der *Dynamisierung der Renten und Rentenanwartschaften*.[327] Die Dynamisierung der Rentenanwartschaften geschieht – die Erfüllung einer Wartezeit von 120 Beitrags-/Umlagemonaten vorausgesetzt – nach § 19

---

[320] Vgl. HEUBECK (2008).

[321] Die Lebenserwartung der RT 1998 liegt etwa im Bereich der Periodensterbetafel des Statistischen Bundesamtes 2006/2008, vgl. Tabelle 2.2.

[322] Vgl. ebd.

[323] HEUBECK (2008) interpretiert diesen Zuschlag als vorweggenommene Gewinnbeteiligung.

[324] Vgl. auch HÜGELSCHÄFFER (2002).

[325] In den Tarifverhandlungen wurde seinerzeit von einer Kapitalmarktverzinsung von 6,25 Prozent ausgegangen, so dass die fiktive Bilanz beim Rechnungszins von 5,25 Prozent einen Spielraum eröffnete, welcher für die Finanzierung der sozialen Komponenten und der Leistungsdynamisierung nutzbar schien (vgl. HEUBECK (2008)).

[326] Für anerkannte Erziehungszeiten werden Versorgungspunkte in der Höhe gewährt, die sich aus einem Monatseinkommen von 500 € ergeben (vgl. MARBURGER (2006)). Eine weitere soziale Komponente ist bspw. die Ergänzung des Punktestands bei Versorgungsfällen vor dem 60. Lebensjahr.

[327] Vgl. HÜGELSCHÄFFER (2002).

ATV über sog. *Bonuspunkte.* Die Höhe der Bonuspunkte richtet sich nach den Überschüssen der (fiktiven) Bilanz, vermindert um den Aufwand für die sozialen Komponenten und die (ggf. fiktiven) Verwaltungskosten (s. o.). Bei der *Dynamisierung der (laufenden) Renten* nahmen die Tarifparteien Abstand von diesem Berechnungsverfahren und legten dessen Ergebnis unabhängig vom Finanzierungsverfahren (in § 11 ATV) gleichsam per Dekret auf 1 Prozent pro Jahr fest.[328]

3.3.3.3 Das Versichertenkollektiv der ZöD und die Übergangsregelungen

Das Versichertenkollektiv. Nach § 2 ATV fallen unter die Versicherungspflicht alle Beschäftigten im Geltungsbereich des ATV, wenn sie das 17. Lebensjahr vollendet haben und die Wartezeit (60 Monate) erfüllen können.[329] Damit gilt die Pflichtversicherung grundsätzlich für alle Beschäftigten von Arbeitgebern, bei denen die verschiedenen Tarifverträge für den öffentlichen Dienst (oder wesentlich gleichen Inhalts)[330] Anwendung finden. Diese sind in Anlage 1 des ATV enumerativ aufgeführt.

Folglich sind bei den öffentlichen Zusatzversorgungsträgern keineswegs nur Beschäftigte des unmittelbaren öffentlichen Dienstes versichert. So zeigt ein Vergleich der vom Statistischen Bundesamt veröffentlichten Beschäftigtenstatistik des öffentlichen Diensts mit der Trägerbefragung im Rahmen der im Kontext der bAV erwähnten Trägerbefragung von TNS Infratest eine deutliche Differenz aus: Zum 30.6.2006 verzeichnet das Statistische Bundesamt nach KORTMANN (2008) knapp 2,7 Mio. aktiv beschäftigte Arbeitnehmer, während die Trägerbefragung für Ende 2006 gut 5,2 Mio. aktiv Versicherte ausweist. Für das letzte in der Trägerbefragung erfasste Jahr 2007 weist KORTMANN (2008) 5,155 Mio. Versicherte in der ZöD aus. Die VBL und die Träger der AKA vereinen dabei die Masse der Versicherten auf sich. Allein die VBL verzeichnet in ihrem Geschäftsbericht 2008 gut 1,8 Mio. Pflichtmitglieder zum 31.12.2007 (Ende 2008 sind es mit 1,796 Mio. nur geringfü-

---

[328] Die Höhe der Dynamisierung entspricht damit dem in Fußnote 325 (S. 98) angedeuteten Spielraum (vgl. auch HEUBECK (2008)).

[329] Eine beitragsfreie Versicherung erfolgt gemäß § 3 ATV nach Beendigung des Arbeitsverhältnisses bis zum Eintritt des Versorgungsfalls (oder der Aufnahme eines neuen versicherungspflichtigen Beschäftigungsverhältnisses).

[330] Vgl. MARBURGER (2006).

gig weniger). Die AKA verweist auf ihrer Webseite auf 3,1 Mio. Pflichtversicherte bei ihren Mitgliedern.[331]

Behandlung von Bestandsrenten und Anwartschaften. So einfach die Ermittlung der Versorgungsanwartschaften für nach dem 1.1.2002 erworbene Versorgungspunkte ist, so kompliziert gestaltete sich die Überführung der Renten und Anwartschaften aus dem Gesamtversorgungsmodell. Eine Überführung wurde notwendig, weil sich die Tarifpartner gegen eine parallele Weiterführung des alten Gesamtversorgungssystems ausgesprochen hatten.[332],[333] Folglich musste eine Lösung für diesen Systemübergang gefunden werden, die den Interessen aller Beteiligten gerecht wurde. Neben den Bestandsrentnern und den Pflichtversicherten waren im sog. Transfermodell somit auch die Arbeitgeber und die administrierenden Zusatzversorgungseinrichtungen zu berücksichtigen.

Im Sinne des Bestands- bzw. Vertrauensschutzes wurde bei der Überführung zunächst zwischen Bestandsrentnern und aktiv Beschäftigten unterschieden. Die zum 31.12.2001 ermittelten *Bestandsrenten* wurden weitergeführt. Veränderungen ergaben sich hier lediglich in der Dynamisierung. Diese erfolgt gemäß ATV nun jährlich zum 1.7. mit einem Prozent.[334]

Ungleich schwieriger und bis heute umstritten stellte sich die Überleitung der *Anwartschaften der aktiv Beschäftigten* dar. Denn im Gesamtversorgungsmodell wurde die Höhe der Versorgungsrente erst bei Renteneintritt bestimmt, mitlaufende Anwartschaften waren also systembedingt nicht vorgesehen.[335] Entsprechend mussten sich die Tarifpartner auf ein Verfahren einigen, das einerseits die Berechnung der Anwartschaften für etwa 4,8 Mio. Fälle mit vertretbarem administrativem

---

[331] Das zugehörige Jahr ist den Angaben nicht zu entnehmen. Aufgrund der vergleichsweise konstanten zeitlichen Entwicklung schränkt dies die Gültigkeit der These jedoch nicht ein.

[332] Vgl. SEITER (2002).

[333] Bis die dort erworbenen Ansprüche erloschen wären, hätte das in Teilen als verfassungswidrig befundene Gesamtversorgungssystem Jahrzehnte fortgeführt sowie rechtlich angepasst werden müssen und wäre nicht zuletzt mit einem deutlichen Verwaltungsmehraufwand verbunden gewesen (vgl. HÜGELSCHÄFFER (2004)).

[334] Die Anrechnung von Erhöhungen in der GRV erfolgt damit nicht mehr (vgl. HÜGELSCHÄFFER (2002)).

[335] Vgl. PRELLER (2009).

Aufwand erlaubte und andererseits dem Gebot des Vertrauensschutzes genügen musste.[336]

Von den Tarifpartnern wurde dabei der zu gewährende Vertrauensschutz für die kurz vor dem Ruhestandseintritt befindlichen Jahrgänge höher eingeschätzt.[337] Mithin wurde eine Unterscheidung in sog. rentennahe und rentenferne Jahrgänge getroffen.

Die Gruppe der *rentennahen Jahrgänge* konstituiert sich nach § 33 Abs. 2 ATV grundsätzlich aus den Versicherten im Tarifgebiet West,[338] die zum 31.12.2001 mindestens 55 Jahre alt waren, und umfasste etwa 600.000 Versicherte in VBL und AKA.[339] Für sie wurden die Anwartschaften weitgehend auf Basis des alten Leistungsrechts berechnet. In einem ersten Schritt erfolgte die Berechnung des Gesamtversorgungsanspruchs, der sich bei einer Verrentung mit 63 Jahren ergeben hätte.[340] Im zweiten Schritt wurde auf Basis einer aktuellen Rentenauskunft, die auf das sog. Referenzalter von 63 Jahren hochgerechnete gesetzliche Rente bestimmt. Aus der Differenz dieser beiden Größen ergibt sich die Anwartschaft bzw. die Versorgungsrente.[341] Zu einer Besser- oder Schlechterstellung gegenüber dem alten Leistungsrecht kommt es dabei, wenn der tatsächliche Versorgungsfall vor oder nach dem Referenzalter eintritt.[342]

Die Ermittlung der Anwartschaften der *rentenfernen Jahrgänge*, zu denen grundsätzlich alle Versicherten im Tarifgebiet Ost rechnen, erfolgte auf Grundlage eines

---

[336] Insgesamt bestanden seinerzeit 8,8 Mio. Anwartschaften, von denen etwa 4 Mio. auf beitragsfrei Versicherte entfielen. Für letztere war die Höhe der Anwartschaften bereits durch das alte Recht geregelt (vgl. PRELLER (2009)).

[337] Vgl. HÜGELSCHÄFFER (2004).

[338] Für schwerbehinderte Menschen galt das 52. Lebensjahr. Versicherte, die vor dem 14.11.2001 Altersteilzeit oder Vorruhestand vereinbart hatten, gelten ebenfalls als rentennah, wobei sich bei diesen Fällen das Referenzalter aus dem jeweils vereinbarten Rentenbeginnalter ergibt.

[339] Vgl. ebd.

[340] Mithin wurde die gesamtversorgungsfähige Zeit bis zum 63. Lebensjahr verlängert. Das durchschnittliche Renteneintrittsalter lag bei der VBL im Jahr 1999 bei 59,5 Jahren (vgl. STEPHAN (2002)), so dass ein erheblicher Spielraum zugunsten der Versicherten berücksichtigt wurde. Relativiert wird dies jedoch durch die Approximation des gesamtversorgungsfähigen Entgelts mit dem durchschnittlichen Entgelt der letzten drei Jahre vor dem Umstellungsstichtag (vgl. PRELLER (2009)).

[341] Die Vorschriften über Mindestrenten und die Berücksichtigung von Versicherungsrenten wurden dabei beachtet.

[342] Vgl. HEUBECK (2008).

stärker pauschalisierten Verfahrens. Konkret bestimmt § 33 ATV die Berechnung der Anwartschaften nach den in § 18 Abs. 2 BetrAVG definierten Vorschriften zur Höhe unverfallbarer Anwartschaften für vorzeitig ausgeschiedene Beschäftigte. Im ersten Berechnungsschritt war dabei die sog. Voll-Leistung im Referenzalter (hier: Regelaltersgrenze) als Unterschiedsbetrag von fiktiver Gesamtversorgung[343] und der Grundversorgung (gesetzliche Rente) zu bestimmen. Die fiktive Gesamtversorgung wurde durch Multiplikation des fiktiven Nettoarbeitsentgelts[344] mit dem höchstmöglichen Versorgungssatz (91,75 Prozent) ermittelt und die gesetzliche Rente nach dem im BetrAVG bestimmten Näherungsverfahren, das keine Rentenauskunft erforderlich machte (zur genaueren Berechnungsweise vgl. auch Abschnitt 5.3.2.3.1). Im zweiten Rechenschritt erhielt der Beschäftigte dann für jedes Jahr der Pflichtversicherung (bis zum 31.12.2001) 2,25 Prozent der Voll-Leistung (maximal 100 Prozent) als Anwartschaft bzw. Versorgungsrente. Für die maximal mögliche Versorgungsrente war mithin eine Pflichtversicherungszeit von $44,\bar{4}$ Jahren (gegenüber 40 Jahren im Gesamtversorgungsmodell) notwendig.

Von den auf diese Weise berechneten Versorgungsrenten für rentennahe und rentenferne Jahrgänge war die im Zeitraum zwischen dem 1.1.2002 bis zum Referenzalters erreichbare Betriebsrente abzuziehen.[345] Die verbliebene Zusatzrente wurde durch den Messbetrag von 4 € dividiert und das Ergebnis als sog. *Startgutschrift* auf dem Versorgungspunktekonto verbucht. Diese Startgutschriften wurden und werden weder dynamisiert noch mit dem jeweiligen Altersfaktor multipliziert, können jedoch über die Zuteilung von Bonuspunkten noch an Wert gewinnen.[346]

An diesen Modalitäten entzündete sich heftige Kritik. Es kam zu zahlreichen Einsprüchen und Prozessen zu verschiedenen Aspekten.[347] Die vorerst finale Entscheidung stellt das Urteil des Bundesgerichtshofs (BGH) vom 14.11.2007 dar. Nach Ansicht des BGH folgen alle Zusatzversorgungs-Ansprüche aus Tarifvereinbarungen und unterliegen damit einem stetigen Änderungsvorbehalt. Die Umstellung der Zusatzversorgung des öffentlichen Dienstes vom Gesamtversorgungssystem auf

---

[343] Anders als bei den rentenfernen Jahrgängen wurden dabei Mindestleistungen nicht berücksichtigt (vgl. KONRAD (2008)).

[344] Entgelt der letzten drei Jahre vor dem Umstellungsstichtag vermindert um Lohnsteuer und Abgaben gemäß den Bestimmungen in der alten Satzung (vgl. HÜGELSCHÄFFER (2004)).

[345] Vgl. HÜGELSCHÄFFER (2005).

[346] Vgl. GOTTWALD (2005).

[347] Eine ausführlichere Darstellung zu den verschiedenen rechtlichen Aspekten, Verfahren und Entscheidungen bieten WAGNER (2008), KONRAD (2008), WEIN (2008) oder HÜGELSCHÄFFER (2008).

das Versorgungspunktemodell ist damit grundsätzlich zulässig.[348] Auch die Bestimmungen zur Ermittlung der Startgutschriften für die rentennahen Jahrgänge wurden für rechtens erklärt. Ebenso sind die Übergangsvorschrift nach § 18 BetrAVG einschließlich des Näherungsverfahrens zur Ermittlung der gesetzlichen Rente prinzipiell verfassungsrechtlich und zivilrechtlich unbedenklich.[349] Jedoch wurde der Versorgungssatz von jährlich 2,25 Prozent als verfassungswidrig erachtet, weil dieser eine Lebensarbeitszeit von fast 45 Jahren voraussetze, die für Arbeitnehmer mit langen Ausbildungszeiten unerreichbar sei.

Mit dieser Entscheidung hat der BGH die Startgutschriften für die rentenfernen Jahrgänge für unwirksam erklärt und den Tarifpartnern die Verantwortung für eine verfassungskonforme Neuregelung zugewiesen, die gegenwärtig noch aussteht.[350] Das BGH-Urteil hat Mustercharakter: In ähnlich gelagerten Revisionsverfahren hat der BGH die Klage ohne mündliche Verhandlung abgewiesen. Das Bundesverfassungsgericht (BVerfG) hat die Rechtsprechung des BGH durch die Ablehnung zweier Verfassungsbeschwerden im Jahr 2010 bekräftigt.[351]

3.3.3.4 Finanzierung und steuerliche Behandlung

Es wurde mehrfach deutlich, dass hinter dem Punktemodell die Logik eines kapitalgedeckten Systems steht. Grundsätzlich ist die Finanzierungsweise der ZöD jedoch im Unterschied zum Leistungsrecht nicht einheitlich auf Basis der tarifvertraglichen Vereinbarungen geregelt. Vielmehr überlässt § 15 ATV die Wahl des Finanzierungsverfahrens der einzelnen Zusatzversorgungseinrichtung.[352]

Vor der Reform erfolgte die Finanzierung der ZöD, wie bereits angedeutet, im Rahmen eines Abschnittsdeckungsverfahrens (vgl. Abschnitt 4.1). Der Deckungsabschnitt lag bei einigen kirchlichen Trägern bei bis zu 25 Jahren, bei vielen kommunalen Kassen bei zehn und bei der VBL bei fünf Jahren zzgl. einer Mindestreserve.[353] Aufgrund der hohen schwebenden Ansprüche aus dem Gesamtversor-

---

[348] Kritisch hierzu äußert sich WAGNER (2008).

[349] Allerdings forderte der BGH die Tarifpartner dazu auf, die ausschließliche Anwendung des Näherungsverfahrens sowie dessen Auswirkungen genauer zu überprüfen (vgl. HÜGELSCHÄFFER (2008).

[350] Mögliche Lösungsansätze in Anlehnung an das BGH-Urteil skizziert bspw. KONRAD (2008).

[351] BVerfG, Entscheidungen 1 BvR 1373/08 und 1 BvR 1433/08 vom 29.03.2010.

[352] Vgl. HEUBECK (2008).

[353] Vgl. PRELLER (2009).

gungsmodell und der vergleichsweise geringen Deckungsgrade zwischen fünf und 30 Prozent der bestehenden Verpflichtungen kam ein zeitnaher und vollständiger Übergang zur Kapitaldeckung für die überwiegende Zahl der Zusatzversorgungseinrichtungen jedoch nicht in Betracht.[354] Aus diesem Grund haben die Tarifvertragsparteien bei der Systemumstellung das Anwartschaftsdeckungsverfahren „virtuell" bzw. fiktiv gebildet.[355]

Mit der Reform erhielten die Zusatzversorgungseinrichtungen neue Finanzierungsinstrumente. So können neben den Umlagen auch sog. Sanierungsgelder und/oder Zusatzbeiträge im Wege der Kapitaldeckung erhoben werden.[356] Die Sanierungsgelder dienen ausschließlich der Finanzierung der Deckungslücke im Gesamtversorgungssystem und dürfen nur von Versorgungskassen erhoben werden, deren Umlagesatz im November 2001 bei über 4 Prozent lag.[357] Während die Sanierungsgelder vollständig steuer- und sozialabgabenfrei sind (s. u.), gilt dies für die Zusatzbeiträge in ein kapitalgedecktes System nur innerhalb der Grenzen des § 3 Nr. 63 EStG.

Diese zusätzlichen Finanzierungsmöglichkeiten wurden von den Zusatzversorgungseinrichtungen in unterschiedlicher Weise genutzt.[358] Dementsprechend haben sich verschiedene Finanzierungssysteme etabliert, so dass eine einheitliche Bewertung der Finanzierung der ZöD nicht möglich ist.[359]

Arbeitgeber können grundsätzlich die Zusatzversorgungseinrichtung wechseln oder innerhalb einer Zusatzversorgungskasse vom im Abschnittsdeckungsverfahren finanzierten sog. Abrechnungsverband I in den im Wege der Kapitaldeckung finanzierten Abrechnungsverband II optieren.[360] Voraussetzung dafür ist allerdings, dass der Arbeitgeber durch Zahlung des sog. Ausgleichsbetrags (auch als Gegen-

---

[354] Vgl. HEUBECK (2008).

[355] Vgl. GRAF (2004).

[356] Vgl. HEUBECK (2008). PRELLER (2009) nennt als weitere Finanzierungsquelle die Kapitalerträge.

[357] Vgl. PRELLER (2009).

[358] Vgl. HEUBECK (2008).

[359] Vgl. LANGENBRINCK (2007).

[360] Besonders die VBL war im Zeitraum 2001 und 2004 von Austritten betroffen. MORGENSTERN (2004) führt diese „Austrittswelle" auf die verglichen mit den Mitgliedern der AKA hohen Umlagesätze zurück, die seiner Ansicht nach Folge einer ungünstigeren Versichertenstruktur der VBL sind. Die Austritte erfolgten dabei v. a. durch Sozialversicherungsträger. So verringerte sich die Zahl der bei der VBL beteiligten Arbeitgeber aus dem Bereich der Sozialversicherungsträger im genannten Zeitraum von 159 auf 110, bis 2008 sank diese Zahl auf 85 weiter ab. Die Zahl der Pflichtver-

wert bezeichnet) die bis zum Zeitpunkt des Austritts bzw. Wechsels bestehenden Anwartschaften und Ansprüche der ehemaligen und der aktiven Belegschaft im Barwert abdeckt.[361],[362]

Einige wenige Versorgungskassen, insbesondere die kirchlichen Kassen, hatten bei der Systemumstellung ausreichende Vermögenswerte, um zu einer kapitalgedeckte Beitragsfinanzierung überzugehen.[363] Andere Zusatzversorgungseinrichtungen vollziehen durch Erhebung von Zusatzbeiträgen einen sukzessiven Übergang zur Kapitaldeckung. Selbst innerhalb einzelner Träger kommen teilweise mehrere Finanzierungsmodelle parallel zur Anwendung – bspw. unterscheidet die VBL die Abrechnungsverbände Ost und West.[364] Bei der überwiegenden Zahl der Zusatzversorgungsträger kommt jedoch nach wie vor das Abschnittsdeckungsverfahren – wenngleich in unterschiedlichsten Varianten – zur Anwendung.[365] Mit Ausnahme der VBL handelt es sich um verschiedene Varianten gleitender Abschnittsdeckungsverfahren mit überlappenden Deckungsabschnitten, die dadurch gekennzeichnet sind, dass die neuen Umlagesätze berechnet werden, während der alte Deckungsabschnitt noch läuft.[366],[367] Dabei werden Sanierungsgelder erhoben, um

---

sicherten in der VBL aus dem Bereich der Sozialversicherungsträger sank zwischen 2001 und 2005 von 147.955 auf 93.813 – bis 2008 war ein weiterer Rückgang auf 84.570 zu verzeichnen (vgl. VBL (2006) und VBL (2009)).

[361] Die Berechnungsweise des Gegenwerts und mögliche Alternativen diskutieren bspw. RHIEL (2010) und NIERMANN und FUHRMANN (2010) ausführlicher.

[362] Das Ziel der Vermeidung von Belastungen für das umlagefinanzierte System kann mit Hilfe des Ausgleichsbetrags allein jedoch nicht erreicht werden, weil sich durch den Austritt bzw. Wechsel die Struktur der im Abschnittsdeckungsverfahren verbleibenden Versicherten verändert. Weil in der Regel Betriebe ausscheiden dürften, die eine günstige Altersstruktur aufweisen und daher einen Teil der Alterslasten der anderen Betriebe getragen haben, dürften die Belastungen für die im Abrechnungsverband I verbleibenden Betriebe künftig stärker steigen. Vor dem Hintergrund dieser Interdependenzen gehen FEHR und HABERMANN (2004) in ihrem Beitrag der Frage nach, wann sich ein Wechsel in die Kapitaldeckung für Arbeitgeber des öffentlichen Dienstes lohnt. Im Kontext der VBL entwickeln sie hierzu ein Modell, das grundsätzlich auch auf die Zusatzversorgungskassen der AKA übertragbar ist.

[363] Vgl. HEUBECK (2008).

[364] Vgl. PRELLER (2009).

[365] Vgl. PRELLER (2009), HEUBECK (2008) und LANGENBRINCK (2007).

[366] Ausführliche Erläuterungen zu den Finanzierungsverfahren finden sich in PRELLER (2009, S. 19 ff.).

[367] Nach PRELLER (2009, S. 25) treffen damit bei der VBL zwei „bedenkliche Eigenschaften von Abschnittsdeckungsverfahren zusammen: Einerseits sehr kurze Deckungsabschnitte und andererseits eine fehlende Überlappung dieser Abschnitte."

die künftig steigenden Zahlungsbelastungen aus Altlasten zeitnäher zu finanzieren und so die Gesamtbelastungen zu verstetigen.[368]

Steuerliche Behandlung. KORTMANN (2008) berechnet auf Basis des durchschnittlichen zusatzversorgungspflichtigen Jahresentgelts sowie dem trägerspezifischen Umlagesatz den durchschnittlichen ZöD-Beitrag. Ende 2006 lag dieser bei etwa 160 € (Männer: 226 €, Frauen: 151 €) monatlich. Die steuerliche Behandlung der ZöD-Beiträge entspricht dabei *im Grundsatz* jener der bAV-Beiträge.[369] Zentral ist die Abhängigkeit der Besteuerung vom Finanzierungsverfahren. Auch wird zwischen laufenden Zahlungen und Sonderzahlungen unterschieden.

Laufende Beitragszahlungen des Arbeitgebers an eine im *Kapitaldeckungsverfahren* finanzierte Zusatzversorgungseinrichtungen respektive Pensionskasse im Sinne der bAV, sind nach § 19 EStG[370] grundsätzlich steuerpflichtige Einkünfte.[371] Unter den Voraussetzungen und in den Grenzen von § 3 Nr. 63 und 66 EStG (vgl. Abschnitt 3.3.2.3) sind diese Beiträge aber steuerfrei. Die Steuerfreiheit besteht auch dann, wenn die eigentliche Finanzierung im Zuge einer Entgeltumwandlung über den Arbeitnehmer erfolgt, der Arbeitgeber diese Beiträge also nur abführt. Im Fall der Entgeltumwandlung hat der Arbeitnehmer grundsätzlich auch die Möglichkeit, die Förderung durch Sonderausgabenabzug nach § 10a EStG und ggf. § 10 EStG in Anspruch zu nehmen.[372] Grundsätzlich ist damit festzuhalten, dass Beiträge in ein Kapitaldeckungsverfahren nachgelagert besteuert werden.

Die Regel in der ZöD sind jedoch wie oben ausgeführt *laufende Beitragszahlungen*, die in eine *umlagefinanzierte* Zusatzversorgungseinrichtung fließen. Anders als im Fall einer kapitalgedeckten Zusatzversorgungseinrichtung findet dabei § 3 Nr. 63 EStG keine Anwendung. Stattdessen besteht die Möglichkeit der Pauschalbesteuerung gemäß § 40b Abs. 1 EStG. Diese Regelung war und ist umstritten, so dass der Gesetzgeber mit dem Jahressteuergesetz 2007 vom 13.12.2006 beschloss, die Beiträge auch für die umlagefinanzierte bAV im Rahmen der ZöD schrittweise in die nachgelagerte Besteuerung zu überführen.[373] Gemäß der neuen Regelung in § 3 Nr. 56 EStG sind Beiträge an eine Pensionskasse zum Aufbau einer nicht ka-

---

[368] Vgl. PRELLER (2009).

[369] Eine ausführliche Darstellung bieten HÜGELSCHÄFFER (2004) oder SARRAZIN (2003).

[370] Genauer: § 19 Abs. 1 Nr. 3 S. 1 EStG.

[371] Dies wurde im Jahressteuergesetz 2007 explizit bestimmt.

[372] Vgl. HEUBECK und SEYBOLD (2007).

[373] Vgl. ausführlich LANGENBRINCK (2007).

pitalgedeckten bAV mit einer dem AltZertG entsprechenden Versorgungsleistung seit 2008 bis zu 1 Prozent der BBG der GRV (West) steuerfrei. Der Steuerfreibetrag wird schrittweise erhöht, ab 2014 auf 2, ab 2020 auf 3 und schließlich ab 2025 auf 4 Prozent der BBG der GRV (West). Die steuerfreien Beträge der umlagefinanzierten Versorgungssysteme sind dabei zwar um die nach § 3 Nr. 63 EStG steuerfreien Beträge der kapitalgedeckten bAV zu mindern, die Möglichkeit der Pauschalbesteuerung nach § 40 b EStG bleibt jedoch erhalten.[374] Damit sind die steuerlichen Regelungen zu laufenenden ZöD-Beiträgen keineswegs einfach. Insbesondere in Einrichtungen, die parallel ein Umlage- und Kapitaldeckungsverfahren praktizieren, kommt es zu einem komplizierten Nebeneinander von vor- und nachgelagerter Besteuerung.[375]

Ebenfalls kompliziert stellt sich die Situation bei *Sonderzahlungen* dar, die der Arbeitgeber neben laufenden Beiträgen und Zuwendungen leistet. Diese sind nach dem 23.8.2006 gemäß § 19 EStG[376] grundsätzlich steuerpflichtig. Die Besteuerung erfolgt nach § 40 b Abs. 4 EStG pauschal mit 15 Prozent. Mit dieser Regelung wurde die lange Zeit umstrittene Behandlung der Gegenwertzahlungen beim Ausscheiden des Arbeitgebers aus einer nicht im Wege der Kapitaldeckung finanzierten bAV vorerst[377] abschließend geregelt.[378] Ausgenommen von dieser Regelung sind explizit die Sanierungsgelder, die nicht als steuerpflichtiger Arbeitslohn anzusehen sind.

---

[374] Vgl. DRV (2007). Dieses Protokoll behandelt auch die Fragen der Beitragsfreiheit. Grundsätzlich gilt diesbezüglich, dass ein nach Ausschöpfung des Steuerfreibetrags gemäß § 3 Nr. 56 EStG und der Pauschalierungsmöglichkeit gemäß § 40 b EStG eventuell verbleibender geldwerter Vorteil aus dem Arbeitgeberanteil an der Umlage individuell zu versteuern und beitragspflichtig ist.

[375] Zur Vorgeschichte der Regelung vgl. GANSEL (2006).

[376] Genauer: § 19 Abs. 1 Nr. 3 S. 2 EStG.

[377] BIRK und WERNSMANN (2008) sehen die Regelung als verfassungswidrig an, weshalb u. U. mit einer neuerlichen Revision zu rechnen ist. Auch der BFH hatte diese Zahlungen mit Urteil vom 15.2.2006 als steuerfreien Arbeitslohn erklärt.

[378] Zur Vorgeschichte der Regelung siehe GANSEL (2006).

3.4 Vorsorgeprodukte der dritten Schicht

Zur dritten Schicht gehört grundsätzlich jede Form der Vermögensbildung, die aus individueller Sicht später zwar für eine Altersvorsorge eingesetzt werden könnte, bei der dies aber nicht zwingend der Fall sein muss. Griffiger formuliert werden all jene Anlageformen unter die dritte Schicht subsumiert, welche die Anforderung der ersten beiden Schichten nicht erfüllen. Diese können zwar grundsätzlich als Altersvorsorge dienen, es überwiegt jedoch der Charakter einer frei verfügbaren Kapitalanlage.[379]

Die große Vielfalt der mittlerweile auch dem privaten Investor zur Verfügung stehenden Möglichkeiten kann nicht Gegenstand dieser Arbeit sein. Dennoch soll ein knapper Überblick über die Möglichkeiten gegeben werden, die auf der Kategorisierung in drei grundsätzliche Anlagemöglichkeiten basiert: Versicherungsprodukte, Kapitalmarktprodukte und Immobilien.[380]

Zu den Versicherungsprodukten zählen kapitalbildende und fondsgebundene Lebensversicherungen, Risikoversicherungen (für den Todesfall und Berufsunfähigkeit) sowie private und fondsgebundene Rentenversicherungen. Die Kapitalmarktprodukte umfassen Aktien, Anleihen, Investmentfonds, Zertifikate bzw. Schuldverschreibungen sowie Spareinlagen und Sparpläne bei Banken und Investmentgesellschaften. Bei den Immobilien ist neben Wohn- und Gewerbeimmobilien auch zwischen der vermieteten und der selbstgenutzten Immobilie zu unterscheiden. Die Sonderstellung der selbstgenutzten Wohnimmobilie wurde bereits im Kontext der Riester-Förderung beschrieben. Sie steht bildlich ausgedrückt mit je einem Bein in beiden Schichten.

Für die Anlageformen der dritten Schicht gilt wie in Abschnitt 3.1 bereits festgestellt, das Prinzip der vorgelagerten Besteuerung. Mithin erfolgt die Ersparnisbildung aus zuvor versteuertem Einkommen. Der spätere Kapitalrückfluss ist damit nicht mehr steuerbar, so dass nur die Zinsen versteuert werden.

Wesentliche Ausnahmen hiervon stellen Lebensversicherungen und die selbstgenutzte Wohnimmobilie dar.

---

[379] Vgl. RÜRUP und MYSSEN (2008).

[380] Alternativ wäre eine Unterscheidung in Geld- und Sachwerte oder in Finanz- und Immobilienvermögen möglich, wobei keines der Begriffspaare letztlich trennscharf ist.

Bis 1987 wurde das selbstgenutzte Wohneigentum im Rahmen der sog. Investitionsgutlösung behandelt und entsprechend seines Nutzwerts besteuert. Im Gegenzug war ein Abzug der Schuldzinsen möglich.[381] Im seither gültigen Konsumgutmodell wird die Eigennutzung der Immobilie in den Bereich der Privatsphäre verwiesen.[382] Sie wird wie jedes Konsumgut aus versteuerten Mitteln finanziert und ist ansonsten nicht Gegenstand der Besteuerung. Die als Kapitalrückfluss interpretierbare Mietersparnis im Alter ist folglich steuerfrei.

Lebensversicherungen, die vor dem 31.12.2004 abgeschlossen wurden, fallen unter das sog. Lebensversicherungsprivileg.[383] Unabhängig davon, ob es sich um reine Risikolebensversicherungen, Rentenversicherungen mit und ohne Kapitalwahlrecht oder reine Kapitalversicherungen handelt, sind die Beiträge – im Rahmen der Höchstgrenzen für *sonstige Vorsorgeaufwendungen* – grundsätzlich als Sonderausgaben absetzbar. Die in § 10 EStG Abs. 4 definierten Höchstbeträge liegen seit 1.1.2010 bei 2.800 € bzw. 1.900 €, je nachdem ob der Steuerpflichtige bestimmte Leistungen, insbesondere im Kontext der Krankenversicherung, ohne eigene Beiträge beanspruchen kann.[384] Für Rentenversicherungen mit und ohne Kapitalwahlrecht sowie reine Kapitalversicherungen gelten diese Abzugsmöglichkeiten nur, wenn eine Mindestlaufzeit von zwölf Jahren und laufende Beitragsleistungen vereinbart wurden. Dabei muss die erste Beitragszahlung gemäß § 10 Abs. 1 Nr. 3a EStG vor dem 1.1.2005 erfolgt sein.

Für nach dem 1.1.2005 geschlossene Lebensversicherungsverträge gilt dieses Privileg nicht mehr. Beiträge zu reinen Kapitallebensversicherungen sind nicht mehr als Sonderausgaben abzugsfähig. Die Möglichkeit zum Sonderausgabenabzug von Beiträgen besteht nach § 10 EStG lediglich für Beiträge zu reinen Risiko-Lebensversicherungen im Rahmen der genannten Höchstgrenzen für sonstige Vorsorgeaufwendungen.

---

[381] Eine umfassende Darstellung zu verschiedenen Aspekten der Wohnungspolitik findet sich im Hauptgutachten der EXPERTENKOMMISSION WOHNUNGSPOLITIK (1995).

[382] Jedoch erfolgte bis 1996 eine steuerliche Förderung im Rahmen der §§ 7 b und 10 e EStG. Diese Förderung wurde dann durch die Eigenheimzulage ersetzt. Diese wurde wiederum zum 1.1.2006 abgeschafft, so dass sie letztmalig für im Jahr 2005 angeschafftes Wohneigentum Anwendung findet.

[383] BIRK und WERNSMANN (2008).

[384] So können bspw. Selbständige, die Beiträge für eine Krankenversicherung vollständig aus eigenem Einkommen finanzieren müssen bis zu 2.800 € in Abzug bringen.

In der Auszahlungsphase ist mit Blick auf die Besteuerung die Unterscheidung zwischen Alt- und Neuverträgen (bezogen auf den o. a. Stichtag 31.12.2004) nur im Fall der Kapitalauszahlung relevant.

Bei den Altverträgen ist die Kapitalauszahlung steuerfrei, wenn eine Mindestlaufzeit von 12 Jahren und ein Todesfallschutz von mindestens 60 Prozent der Beitragssumme vereinbart war sowie mindestens 5 Jahre Beiträge geleistet wurden.[385] Kapitalauszahlungen aus Neuverträgen sind hingegen steuerpflichtig. Hier wird grundsätzlich der Unterschiedsbetrag aus Auszahlungen und geleisteten Beiträgen mit dem persönlichen Steuersatz belegt. Bei einer Mindestlaufzeit von 12 Jahren und Auszahlung nach dem 60. Lebensjahr sind lediglich 50 Prozent des Unterschiedsbetrags steuerpflichtig.[386]

Erfolgt die Auszahlung der Versicherungsleistungen in der Form von Renten, so ist nach § 22 EStG nur der dort tabellarisch definierte Ertragsanteil mit dem persönlichen Steuersatz zu versteuern, unabhängig davon, ob es sich um einen Alt- oder Neuvertrag handelt.[387]

---

[385] Ist eine dieser Bedingungen nicht erfüllt, tritt Steuerpflicht ein.
[386] Vgl. BIRK und WERNSMANN (2008).
[387] Vgl. RÜRUP und MYSSEN (2008).

4 Reformen der Alterssicherung und wissenschaftlicher Erkenntnisfortschritt – Gegenüberstellung und Bewertung

> „Wenn auch anzunehmen ist, alles
> sei bereits gesagt, so darf man
> doch keinesfalls folgern, dass auch
> alles gehört und verstanden
> worden ist ..."
>
> *Franz Liszt*

In der Wissenschaft wurden die Fragen der Alterssicherung bereits untersucht, bevor das demografische Problem in seiner heute bekannten Dimension offenbar wurde. Im Vordergrund standen dabei zunächst die Beziehungen zwischen dem Finanzierungsverfahren und der einzel- sowie gesamtwirtschaftlichen Ersparnisbildung. Seit der Formulierung der Lebenszyklus-Hypothese durch ANDO und MODIGLIANI (1963) steht ein geeigneter formal-analytischer Rahmen für die Untersuchung von Fragen der Alterssicherung zur Verfügung, der in diesem Zusammenhang erstmals in FELDSTEIN (1974) angewendet wurde.[388] FELDSTEIN (1974) kam auf Basis eines mit Zeitreihendaten überprüften theoretischen Modells – einer Erweiterung des Modells von ANDO und MODIGLIANI (1963) – zu dem Schluss, dass mit dem US-amerikanischen System der Alterssicherung (im Folgenden *Social Security*)[389] eine erhebliche Reduzierung bzw. Verdrängung von privater und

---

[388] Die Lebenszyklus-Hypothese ist für die Analyse von Fragen der Alterssicherung prädestiniert, weil sie die Verstetigung bzw. Glättung des individuellen Konsums – durch eine entsprechende Altersvorsorge – als zentrales Sparmotiv ansieht.

[389] Das US-amerikanische *Social-Security*-System besteht grundsätzlich aus mehreren Programmen. Zu den bedeutenden zählen die *Federal Old-Age, Survivors, and Disability Insurance* (OASDI), die neben Altersrenten auch Erwerbsminderungsrenten bereitstellt. Beim *Medicare*-Programm handelt es sich um eine rudimentäre Krankenversicherung für Rentner. Neben diesen Leistungen für die ältere Bevölkerung gibt es noch das *Medicaid*-Programm, das eine Krankenversicherung nach Bedürftigkeit bereitstellt und eine staatliche Krankenversicherung für Kinder. Schließlich gibt es noch einige Transferprogramme, die u. a. im Fall der Arbeitslosigkeit greifen. In der volkswirtschaftlichen Literatur zur Alterssicherung wird das OASI (ohne Erwerbsmin-

gesamtwirtschaftlicher Ersparnisbildung verbunden ist. Dies wiederum führt langfristig zu einer Einschränkung der Kapitalbildung und des volkswirtschaftlichen
Wachstums. Feldsteins These blieb nicht lange unwidersprochen und motivierte in
der Folge eine größere Reihe von Forschungsarbeiten.[390,391]

Mit dem sich abzeichnenden demografischen Wandel wurden ab Anfang/Mitte der
1980er Jahre dann die Wechselwirkungen der Bevölkerungsentwicklung und der
Alterssicherung analysiert, wobei auch hier zunächst die Frage der Finanzierung
im Vordergrund stand. Zunehmend fanden die Erkenntnisse auch Eingang in die
politische Diskussion. In Deutschland stand dabei die GRV als staatlich organi-
siertes umlagefinanziertes Zwangssystem mit intra-generativer Umverteilung seit
jeher im Mittelpunkt.

Ziel des Kapitels ist es, die Entwicklung der wirtschaftswissenschaftlichen Erkenntnis bis in die Gegenwart auf der einen und des realweltlichen deutschen Alterssicherungssystems auf der anderen Seite vergleichend zu beschreiben. Im Zentrum
der realweltlichen Bezüge steht dabei die GRV, dies sowohl aufgrund ihrer nach
wie vor überragenden Bedeutung für die Alterssicherung als auch aufgrund der
Tatsache, dass die Reformierung der GRV eine Vorbildfunktion für die anderen
staatlichen Versorgungswege der ersten Schicht hat(te).[392] Diese Veränderungen
des institutionellen Rahmens sollen in Verbindung zum aus der äußerst umfang-

---

derungsrenten) oder das OASDI häufig verallgemeinernd als *Social Security* bezeichnet. Trotz der damit verbundenen Probleme der Vergleichbarkeit wird diese grobe
Terminologie auch im Rahmen dieser Arbeit verwendet.

[390] So zeigt BARRO (1974) zunächst theoretisch, dass eine umlagefinanzierte soziale Alterssicherung (ebenso wie schuldfinanzierte Staatsausgaben) keinen Effekt auf die gesamtwirtschaftliche Ersparnis hat, weil die Eltern ihre private Ersparnis so anpassen,
dass die öffentlichen Transfers, die sie zu Lasten nachfolgender Generationen erhalten,
durch Erbschaften an die Kinder (die die Staatsschuld bedienen müssen) beglichen
werden können. Basierend auf dieser Hypothese spezifiziert BARRO (1978) ein Regressionsmodell, mit dem er zeigt, dass die gesamtwirtschaftliche Ersparnis durch *Social
Security* nicht gesenkt wird.

[391] PFAU (2005) führt die Untersuchung von FELDSTEIN (1974) und BARRO (1978) mit
einer verlängerten Zeitreihe (Daten bis 1998) durch und kommt zu dem Ergebnis, dass
die Resultate stark von der Modellspezifikation abhängen, die These von Feldstein
jedoch tendenziell bestätigt werden kann. Auf anderem Wege kommt auch BÖRSCH-
SUPAN (2003) zu diesem Ergebnis.

[392] Die herausragenden Bedeutung der GRV als seit jeher wichtigstem Einzelelement im
Gesamtsystem der Alterssicherung in Deutschland (vgl. Kapitel 3) ergibt sich sowohl
aus dem Anteil der GRV-Renteneinkommen am individuellen Alterseinkommen, als
auch aus dem durch die GRV abgedeckten Bevölkerungsanteil.

reichen wissenschaftlichen Literatur zum Thema abzuleitenden (und im Rahmen dieses Kapitels nachgezeichneten) Erkenntnisfortschritt gebracht werden. Wenn KUHN (1962) betont, dass wissenschaftlicher Fortschritt nicht linear verläuft, so ist dem grundsätzlich zuzustimmen. Entsprechend sollte das im Folgenden präsentierte Muster – sowohl hinsichtlich des wissenschaftlichen Erkenntnis- als auch des politischen Umsetzungsprozesses – und die damit suggerierte Zwangsläufigkeit eher unter didaktischen Gesichtspunkten gesehen werden.

Dabei geht es einerseits darum, das gegenwärtige System der Alterssicherung vor dem Hintergrund des aktuellen Erkenntnisstandes zu bewerten und möglichen verbliebenen bzw. neu entstandenen Handlungsbedarf aufzuzeigen. Andererseits sollen die stichhaltigen Argumente für die zentralen Reformmaßnahmen, die durch den demografischen Wandel motiviert waren und sind, identifiziert werden. Zur Identifizierung stichhaltiger Argumente ist die in Kapitel 3 angeführte Typologie Homburgs (1988) hilfreich. Die Typologie kann nach seiner Argumentation dazu beitragen „Sprachverwirrungen"[393] zu vermeiden, weil sie dafür sensibilisiert, nur Begriffspaare gegenüberzustellen, die eine direkte Alternative darstellen. Mit anderen Worten ist ein Vergleich verschiedener Systeme nur dann sinnvoll, wenn diese auch identische Risiken absichern. Dies wurde und wird in der Diskussion um die GRV zuweilen nicht hinreichend berücksichtigt.

In Abschnitt 4.1 werden zunächst die Finanzierungsverfahren der Altersvorsorge im Rahmen eines einfachen Modells überlappender Generationen (*Overlapping-Generations-*(OLG)-Modell) vorgestellt und grundlegende Zusammenhänge herausgearbeitet. Das einfache OLG-Modell erlaubt auch eine erste Beurteilung der Effizienz der Finanzierungsverfahren unter der vereinfachenden Annahme exogener Faktorpreise (Abschnitt 4.2). Untersucht wird, ob ein Übergang vom Umlage- zum Kapitaldeckungsverfahren aus Effizienzgründen zu rechtfertigen ist, bzw. inwieweit (intergenerative) Verteilungsüberlegungen eine Rolle spielen, welche wiederum gerade im Zusammenhang mit dem demografischen Wandel von Bedeutung sind. Die Wohlfahrtsimplikationen, die sich unter der Aufgabe einiger vereinfachender Annahmen ergeben, sind Gegenstand der Untersuchung in Abschnitt 4.3. Im Rahmen der in diesem Kontext analysierten allgemeinen Gleichgewichtsmodelle sind die Faktorpreise endogenisiert, so dass makroökonomische Rückkopplungseffekte betrachtet werden können. Die präsentierten Simulationsmodelle erlauben eine quantitative Abschätzung der Auswirkungen des demografischen Wandels und möglicher Politikoptionen. Dies ist im Hinblick auf die Rationalisierung der in den

---

[393] HOMBURG (1988), S. 5.

vergangenen Jahren durchgeführten Reformen hilfreich. Anschließend werden die neueren Entwicklungen im Kontext stochastischer Modelle betrachtet. Die Einbeziehung von Unsicherheit führt zu einer neuen Bewertung einiger Ausgestaltungselemente, die unter dem Begriff der Risikoteilung diskutiert werden. Diese Perspektive erlaubt es, weitere Reformelemente der deutschen Rentenpolitik zu erklären und ihren Beitrag zum Gesamtsystem der Alterssicherung fundierter abzuschätzen. Die zentralen theoretischen Ergebnisse werden dann in Abschnitt 4.5 zusammengefasst. Dabei wird der Reformprozess der vergangenen Jahre unter Verwendung der erarbeiteten theoretischen Argumente stilisiert beschrieben.

4.1 Die Finanzierungsverfahren der Alterssicherung

In der wissenschaftlichen und politischen Diskussion um die Reformierung der deutschen Alterssicherung stand mindestens seit Ende der 1980er Jahre besonders die Frage der Finanzierung immer wieder im Mittelpunkt.[394] Für die Finanzierung eines Alterssicherungssystems kann grundsätzlich von einem Kontinuum an Möglichkeiten ausgegangen werden. Die beiden Extremwerte bilden das Umlageverfahren und das Kapitaldeckungsverfahren. Beide Verfahren können in sog. Abschnittsdeckungsverfahren quasi beliebig gemischt werden.[395] Je länger der Deckungsabschnitt, desto höher der Kapitalfundierungsgrad.[396,397]

Die beiden Extremtypen der Finanzierung werden im Folgenden im Rahmen eines partialanalytischen Modells verglichen, um erste grundlegende Mechanismen aufzuzeigen. Betrachtet wird ein einfaches OLG-Modell, in dem ein repräsentatives Individuum jeweils eine Periode arbeitet und eine Periode im Ruhestand verbringt. Als Argumente gehen in die (ordinale) Nutzenfunktion $U(c^j, c^a)$ der Konsum c der

---

[394] Als Beleg möge an dieser Stelle die durch die unter Bundeskanzler Schröder eingerichtete *Kommission für die Nachhaltigkeit in der Finanzierung der Sozialen Sicherungssysteme* genügen.

[395] Vgl. bspw. RAFFELHÜSCHEN (1989), S. 39 f.

[396] Eine detaillierte Auseinandersetzung mit den Begrifflichkeiten bietet der einleitende Abschnitt von BRUNNER (2001).

[397] Die Nachhaltigkeitsrücklage der GRV (siehe Abschnitt 3.2.1) wird im Folgenden aufgrund der vernachlässigbaren Höhe von maximal 1,5 Monatsausgaben nicht als Deckungsabschnitt verstanden.

Erwerbs- (**jung**) und Ruhestandsphase (**alt**) ein. Aus Gründen der Einfachheit wird eine vollkommene Marktstruktur unterstellt.[398]

Die periodenspezifischen Budgetrestriktionen für die Erwerbsphase (t) und die Ruhestandsphase ($t + 1$) lauten im einfachsten Fall ohne weitere private Ersparnisbildung:

$$c_t^j = w_t \cdot (1 - \gamma_t) \tag{4.1}$$

und

$$c_{t+1}^a = p_{t+1}. \tag{4.2}$$

Dabei steht γ_t für den in Periode t auf das – mit einem auf eins normierten (exogenen) Arbeitsangebot verdiente – Lohneinkommen w_t angewendeten Beitragssatz der Rentenversicherung (hier noch unabhängig von der Finanzierungsform). Die Lohneinkommen wachsen annahmegemäß mit

$$g_t = \frac{w_t}{w_{t-1}} - 1. \tag{4.3}$$

Im Ruhestand erhält der Versicherte eine Rentenzahlung (**p**ension) in Höhe von p_{t+t}.

Der Rentenversicherer verfügt demnach in Periode t über Einnahmen E_t von

$$E_t = N_t^j \cdot w_t \cdot \gamma_t. \tag{4.4}$$

Die Ausgaben A_t betragen

$$A_t = N_t^a \cdot p_t, \tag{4.5}$$

wobei N_t^j, respektive N_t^a, für die Zahl der Erwerbstätigen bzw. Ruheständler in Periode t stehen soll, so dass für den Rentnerquotient RQ_t in Periode t gilt:

$$RQ_t = \frac{N_t^a}{N_t^j} = \frac{N_{t-1}^j}{N_t^j}. \tag{4.6}$$

Entscheidend ist nun, dass sich der Rentenversicherer in den beiden nachfolgend betrachteten Finanzierungsverfahren unterschiedlichen Budgetrestriktionen gegen-

---

[398] OLG-Modelle gehen auf die Arbeiten von SAMUELSON (1958) und DIAMOND (1965) zurück und sind für die Analyse von Fragen der Alterssicherung besonders geeignet, weil sie es erlauben, die wesentlichen Aspekte (Heterogenität durch Altersunterschiede) zu isolieren. Grundsätzlich kann die Komplexität in nahezu beliebiger Weise erhöht werden.

übersieht. Im Umlageverfahren müssen die Einnahmen einer Periode den Ausgaben in eben dieser Periode entsprechen, weil die eingenommenen Beiträge direkt wieder an die Ruheständler ausgeschüttet werden. Demgegenüber werden die Beiträge im Kapitaldeckungsverfahren zum Aufbau eines individuell zurechenbaren Kapitalstocks verwendet, die Ausgaben entsprechen mithin den verzinsten Einnahmen der Vorperiode. Ein sinnvoller Vergleich erfordert dabei noch eine zusätzliche Differenzierung, denn der Rentenversicherer hat verschiedene Politikoptionen, die sich zwischen zwei Extremen bewegen. Grundsätzlich kann ein privater oder staatlicher Rentenversicherer die Beiträge oder die Leistungen festlegen. Vor allem im Kontext der betrieblich organisierten Altersvorsorge haben sich in diesem Kontext die englischen Begriffe *Defined Contribution* (DC) und *Defined Benefit* (DB) etabliert (vgl. auch Abschnitt 3.3.2). Diese Begriffe werden im Folgenden in einer allgemeinen Form verwendet, die eben diesen Umstand charakterisieren soll: orientiert sich die Politik an der Festlegung von Beitragssätzen oder an der Festlegung der Leistung im Rentenalter?

In beiden Fällen kann eine Definition in absoluter oder relativer Höhe erfolgen. Im privatwirtschaftlichen Bereich ist dabei häufig eine absolute Festlegung vorzufinden – bspw. ein fixer monatlicher Beitrag zu einer privaten Rentenversicherung. Gleichwohl dürfte auch in diesem Fall die Entscheidung über die Höhe der Beiträge implizit häufig durch bestimmte Bezugsgrößen geprägt – und damit relativ – sein. Als Bezugsgrößen bei einer (expliziten) relativen Definition dienen in der Regel Löhne (*Lohnindexierung*) oder das allgemeine Preisniveau (*Preisindexierung*). Wenn nicht explizit anders vermerkt, sind die relativen Größen im Rahmen dieser Arbeit stets als lohnindexiert zu verstehen, weil dies im Kontext der staatlich organisierten Altersvorsorge mit lohnabhängigen Beiträgen die dominierende Form darstellt.

4.1.1 Umlageverfahren

Die Anforderung des periodischen Ausgleichs von Einnahmen und Ausgaben $A_t = E_t$ führt unter Verwendung der Gleichungen (4.4) und (4.5) zu folgender Grundgleichung für das Umlageverfahren:

$$N_t^j \cdot w_t \cdot \gamma_t = N_t^a \cdot p_t. \tag{4.7}$$

Die lohnabhängigen Beiträge wirken im Umlagesystem aus ökonomischer Sicht wie der Erwerb von Anteilen am Humankapital der Folgegeneration. Durch Auflösen nach p_t und unter Verwendung der Wachstumsrate der (Erwerbs-)Bevölkerung

$$n_t = \frac{N_t^j}{N_t^a} - 1 = \frac{N_t^j - N_{t-1}^j}{N_{t-1}^j} = \frac{1}{RQ_t} - 1 \tag{4.8}$$

ergibt sich für die Rentenzahlung in Periode t:

$$p_t = \frac{N_t^j}{N_t^a} \cdot w_t \cdot \gamma_t = (1 + n_t) \cdot w_t \cdot \gamma_t. \tag{4.9}$$

Defined Benefit. Wird das Verhältnis von Rentenzahlbetrag zu Lohneinkommen als Ersatzquote $\phi_t = \frac{p_t}{w_t}$ definiert (welche in diesem Fall als bruttolohnindexiert zu interpretieren ist), so folgt aus den Gleichungen (4.6) und (4.9) für den Beitragssatz in Abhängigkeit von der Ersatzquote:

$$\gamma_t = RQ_t \cdot \phi_t. \tag{4.10}$$

Bis zu dem im Jahr 2001 begonnenen Reformprozess (vgl. auch S. 47 und Abschnitt 4.2.3) orientierte sich die deutsche GRV als wichtigstes und größtes Element der Alterssicherung klar an einer definierten Leistung in Form einer möglichst konstanten, lebensstandardsichernden, Ersatzquote.[399] Die Implikationen einer solchen Politik verdeutlicht Gleichung (4.10). Bei gegebener konstanter Ersatzquote ($\phi_t = \bar{\phi}, \forall t$) ist der Beitragssatz in einem reinen Umlageverfahren nur von der Entwicklung des Rentnerquotienten abhängig. Entspricht die Zahl der Rentenempfänger jener der Beitragszahler, d.h. gilt $RQ = 1$, so entspricht der Beitragssatz der Ersatzquote. Steigt hingegen der Rentnerquotient, wie es die für Deutschland beschriebene Bevölkerungsentwicklung (vgl. dazu Abschnitt 2.2) vermuten lässt, so muss zwangsläufig der Beitragssatz steigen, um die Konstanz der Ersatzquote zu gewährleisten. Spätestens bei einem konfiskatorischen Beitragssatz von $\gamma_t = 1$ ist in einer geschlossenen Volkswirtschaft mit dem Zusammenbruch des Umlagesystems zu rechnen. Tatsächlich dürfte die Grenze der Beitragstoleranz bereits bei Werten deutlich unter eins liegen.[400] In einer *offenen* Volkswirtschaft besteht zwar die Möglichkeit, dass sich die Beitragszahler im Ausland verschulden, so dass hier

---

[399] Zur Definition einer Ersatzquote, die den Lebensstandard sichert vgl. Abschnitt 5.4.2.

[400] In diese Richtung können bspw. die allgemeinen Ergebnisse der experimentellen Ökonomie zum sog. Ultimatumspiel gedeutet werden, wenngleich diese in anderem Kontext erlangt wurden. Diese Ergebnisse scheinen dennoch auf die Situation der GRV-

auch Beitragssätze von $\gamma_t > 1$ denkbar sind – die Bereitschaft des Auslands, diese Leistungsbilanzdefizite auf Dauer zu finanzieren, wird aber ebenfalls an Grenzen stoßen.[401] Dies bedeutet jedoch, dass ein umlagefinanziertes Rentensystem mit DB-Politik durch eine Bevölkerungsentwicklung, wie sie für Deutschland zu erwarten ist, erheblich unter Druck geraten muss. Ein Zusammenbruch des Systems ist dann auch ohne (politisch opportune) Leistungsausweitungen möglich, wenn die Wachstumsrate der Erwerbsbevölkerung dauerhaft unter einem (von der Beitragstoleranz abhängigen) kritischen Niveau bleibt. Dabei kann ein noch so großes Wirtschaftswachstum definitorisch (siehe Gleichung (4.10)) nicht kompensierend auf die Beitragssätze wirken – schließlich wird von einer konstanten Ersatzquote und nicht von einem konstanten absoluten Rentenniveau ausgegangen.

Defined Contribution. Die Mechanismen, die bei einer Politik konstanter Beitragssätze ($\gamma_t = \bar{\gamma}, \forall t$) im Rahmen eines Umlageverfahrens greifen, sind aus Gleichung (4.9) abzuleiten. Die Ersatzquote $\phi_t = (1 + n_t) \cdot \bar{\gamma}$ hängt auch hier direkt vom Bevölkerungswachstum ab.

Die gemeinsame Betrachtung der Ergebnisse zu umlagefinanzierten DB- bzw. DC-Systemen zeigt, dass diese nur bei einem konstanten Rentnerquotienten äquivalent sind. Für den anderen Fall zeigen die beiden Alternativen hingegen den Spielraum für die Verteilung demografisch bedingter Belastungen auf. Während im DC-System die Rentenempfänger alleine die Last tragen, gilt dies innerhalb eines DB-Systems für die Beitragszahler.

Beiträge übertragbar, weil diese von der Bevölkerung in hohem Maße als Steuer empfunden werden (s. u.). In diesem Spiel werden Angebote von 40 bis 50 Prozent nur selten abgelehnt - Angebote um 30 Prozent und weniger hingegen signifikant häufiger. Entsprechend dürften Gesamtabgabenquoten von deutlich über 50 Prozent bereits bedeutende Ausweichreaktionen beim Arbeitsangebot und der Besteuerung auslösen. Einen Überblick über die experimentelle Ökonomie bietet CAMERER (2003).

[401] Als Beleg mag an dieser Stelle die Entwicklung griechischer Staatsanleihen im Jahr 2010 und die Diskussionen um den Verbleib Griechenlands in der Europäischen Währungsunion dienen. Neben einem Budgetdefizit weist Griechenland auch ein hohes Außenhandelsdefizit auf.

4.1.2 Kapitaldeckungsverfahren

Während im Umlageverfahren ein periodischer Budgetausgleich erfolgen muss, gilt für das Kapitaldeckungsverfahren die folgende Grundgleichung:

$$A_t = \left(1 + r_{t-1}\right) \cdot E_{t-1}. \tag{4.11}$$

Im Kapitaldeckungsverfahren sind die Ausgaben des Rentenversicherers in Periode t somit unabhängig von den Beiträgen in dieser Periode. Vielmehr wird auf die in Periode $t-1$ geleisteten Beiträge E_{t-1} der Kapitalmarktzins r_{t-1} angewendet. Mithin muss der in der Vorperiode angesparte (und verzinste) Kapitalstock für die Bedienung der Zahlungsverpflichtungen ausreichen. Für den einzelnen Versicherten gilt analog:

$$p_t = \left(1 + r_{t-1}\right) \cdot w_{t-1} \cdot \gamma_{t-1}. \tag{4.12}$$

Damit zeigt Gleichung (4.12) das zentrale Charakteristikum der Kapitaldeckung auf. Es gilt das sog. (versicherungsmathematische) Äquivalenzprinzip: Der Barwert von Beiträgen und Leistungen ist identisch. Zudem weist Gleichung (4.12) eine exakte Analogie zur Beziehung zwischen Alterskonsum und Ersparnisbildung in einem einfachen Modell ohne Staat auf. Daher gilt, dass die Beiträge zu einem Kapitaldeckungsverfahren so lange mit der freiwilligen privaten Ersparnisbildung gleichzusetzen sind, wie diese Beiträge nicht oberhalb der vom Haushalt geplanten Ersparnisbildung in Abwesenheit eines Alterssicherungssystems liegen.[402] Für diesen Fall sind private Ersparnisbildung und Beitragszahlungen in ein wie auch immer ausgestaltetes Kapitaldeckungsverfahren aus einzel- und gesamtwirtschaftlicher Perspektive vollkommene Substitute und das Kapitaldeckungsverfahren ist als allokationsneutral zu bezeichnen.

Die Rentenzahlung im hier betrachteten partialanalytischen Modell hängt nur von Vergangenheitsgrößen ab und ist von der Wachstumsrate der (Erwerbs-)Bevölkerung unabhängig. Daraus wird häufig bereits auf die *Demografieresistenz* kapitalgedeckter Systeme geschlossen. Allerdings wird sich in den folgenden Abschnitten zeigen, dass dies in Gleichgewichtsmodellen, welche die makroökonomischen Interdependenzen erfassen, nicht mehr in dieser strikten Form gilt.

---

[402] Muss das Individuum im Rahmen einer obligatorischen kapitalgedeckten Alterssicherung mehr sparen als es bei rein privater Entscheidungsfindung für optimal erachtet, gilt diese Neutralität nicht mehr. Das individuelle Nutzenniveau ist dann durch das Zwangssparen niedriger (vgl. bspw. BREYER und BUCHHOLZ (2007), S. 119 f.).

Defined Benefit. Die Umformung von Gleichung (4.12) zu $\frac{p_t}{w_{t-1}} = (1 + r_{t-1}) \cdot \gamma_{t-1}$ führt unter Verwendung der Definition der Lohnwachstumsrate (Gleichung 4.3) zur Beziehung $\frac{p_t}{\frac{w_t}{1+g_t}} = \phi_t \cdot (1 + g_t) = (1 + r_{t-1}) \cdot \gamma_{t-1}$. Aufgelöst nach dem Beitragssatz γ_{t-1} ergibt sich somit:

$$\gamma_{t-1} = \frac{1 + g_t}{1 + r_{t-1}} \cdot \phi_t. \tag{4.13}$$

Eine kapitalgedeckte Politik konstanter Ersatzquoten ($\phi_t = \bar{\phi}$, $\forall t$) muss somit die Beiträge auf Basis der künftigen Lohneinkommensentwicklung kalkulieren, was realiter mit Prognoseproblemen verbunden ist.[403] Hohe Lohnsteigerungsraten sind entsprechend problematisch, was angesichts der Zielsetzung einer Konstanz der *relativ* definierten Ersatzquote intuitiv ist.

Defined Contribution. Wird eine beitragssatzorientierte Politik mit ($\gamma_t = \bar{\gamma}$, $\forall t$) verfolgt, ergibt sich analog zu Gleichung (4.13):

$$\phi_t = \frac{1 + r_{t-1}}{1 + g_t} \cdot \gamma. \tag{4.14}$$

Auch hier ist der Zusammenhang zwischen Leistung, Zinssatz und Lohnwachstum intuitiv. Die Ersatzquote steigt mit der Verzinsung und sinkt (aufgrund der Unabhängigkeit der Rentenzahlung von der Lohnentwicklung in der gleichen Periode und der relativen Definition der Ersatzquote) mit der Lohnentwicklung.

4.1.3 Vergleichende Betrachtung

Weitere grundlegende Einsichten lassen sich durch einen Vergleich der Renditen gewinnen, die sich in den unterschiedlichen Systemen ergeben. Im Kapitaldeckungsverfahren ist die Frage – oberflächlich betrachtet – einfach zu beantworten. Die interne Rendite im Kapitaldeckungsverfahren entspricht dem Kapitalmarktzins ($i_t^{\mathrm{KD}} = 1 + r_t$). Es ist offensichtlich, dass es *die* Kapitalmarktrendite nicht gibt:

---

[403] Die Leistungszusage gilt als typische Form der klassisch arbeitgeberfinanzierten Betriebsrente mit DB-Charakter. Neben der Zusage eines bestimmten Anteils des letzten Gehalts kann mit einer Leistungszusage jedoch auch nur ein bestimmtes absolutes Niveau versprochen werden. Die Prognoseproblematik und das damit verbundene Kostenrisiko dürften der Hauptgrund für Reduzierung dieser Form der bAV in der jüngeren Vergangenheit sein (vgl. auch Abschnitt 3.3.2).

Zum einen ist die Annahme eines exogenen Zinssatzes im hier betrachteten Partial-modell, das von makroökonomischen Interdependenzen (vgl. dazu Abschnitt 4.3.1) abstrahiert, keine hinreichende Bedingung für die Markträumung in einer geschlos-senen Volkswirtschaft – Modelle dieser Art werden daher meist als Abbildung kleiner offener Volkswirtschaften interpretiert.[404] Zum anderen hängt die konkrete Rendite letztlich von der jeweiligen Anlageentscheidung zwischen verschiedenen Kapitalgütern ab und ist zudem mit Risiko behaftet.

Interne Rendite im Umlageverfahren. Die interne Rendite im Rahmen eines Umlageverfahrens ergibt sich aus dem Verhältnis von Leistungen zu Beiträgen:

$$i_t = \frac{p_{t+1}}{w_t \cdot \gamma_t} - 1. \qquad (4.15)$$

Durch Einsetzen von Gleichung (4.9) und unter Berücksichtigung der Zeitindexie-rung folgt hieraus:

$$i_t = \frac{\frac{N_{t+1}^j}{N_{t+1}^a} \cdot w_{t+1} \cdot \gamma_{t+1}}{w_t \cdot \gamma_t} - 1 = \frac{N_{t+1}^j \cdot w_{t+1} \cdot \gamma_{t+1}}{N_t^j \cdot w_t \cdot \gamma_t} - 1. \qquad (4.16)$$

Wird die Politik eines konstanten Beitragssatzes ($\gamma_t = \bar{\gamma}, \forall t$) verfolgt, vereinfacht sich Gleichung (4.16) durch Kürzen von γ zu einem Bruch mit der Lohnsumme (als Produkt der Zahl der Erwerbstätigen und Pro-Kopf-Lohneinkommen) der Periode $t+1$ im Zähler und der Lohnsumme der Periode t im Nenner. Die interne Rendite im DC-System entspricht somit der Wachstumsrate der Lohnsumme oder:

$$i_t^{\text{DC}} = (1 + n_{t+1}) \cdot (1 + g_{t+1}) - 1. \qquad (4.17)$$

Für kleine Werte von n und g entspricht dies wegen $(1+g) \cdot (1+n) = 1+g+n \cdot g+n \approx 1 + g + n$ näherungsweise der Summe der Wachstumsraten von Bevölkerung und Produktivität.

---

[404] In einer kleinen offenen Volkswirtschaft hat das betrachtete Land aufgrund seines Kapitalmarktvolumens keinen Einfluss auf den Kapitalmarktzins (der damit exogen ist). Die Handels- bzw. Kapitalbilanz wird quasi automatisch über den internationalen Kapitalmarkt ausgeglichen und mit der Räumung des Arbeitsmarktes (bei exogenem Arbeitsangebot per Definition) kommt es aufgrund des Gesetzes von Walras auch auf dem Gütermarkt zur Markträumung.

Bei einer DB-Politik folgt aus den Gleichungen (4.16) und (4.10) mit $(\phi_t = \bar{\phi}, \forall t)$:

$$i_t^{\mathrm{DB}} = \left(1 + g_{t+1}\right) \cdot \frac{\left(1 + n_{t+1}\right) \cdot \gamma_{t+1}}{\gamma_t} - 1 = \left(1 + g_{t+1}\right) \cdot \left(1 + n_{t+1}\right) \frac{\frac{\bar{\phi}}{(1+n_{t+1})}}{\frac{\bar{\phi}}{(1+n_t)}} - 1. \quad (4.18)$$

Somit hängt die interne Rendite bei konstanter Ersatzquote

$$i_t^{\mathrm{DB}} = \left(1 + g_{t+1}\right) \cdot \left(1 + n_t\right) - 1 \quad (4.19)$$

ebenfalls von der Wachstumsrate der Lohneinkommen und der Bevölkerung ab. Allerdings ist die Rendite (aufgrund der relativen Fixierung) unabhängig von der Wachstumsrate der Folgegeneration n_{t+1} und wird stattdessen durch die Wachstumsrate n_t beeinflusst, welche die eigenen Beitragszahlungen in der Vorperiode mitbestimmt hat.

Ferner ist abzuleiten, dass ein Bevölkerungsrückgang nicht notwendigerweise zu einer negativen internen Rendite führen muss. Wie die folgenden Ausführungen zeigen werden, sind negative Renditen eher durch andere Elemente eines realweltlichen Systems bedingt und nicht durch das Umlageverfahren per se.

Äquivalenz im Umlageverfahren. Versicherungsmathematische Äquivalenz besteht wie o. a. in der Alterssicherung dann, wenn Beiträge und Leistungen im Barwert übereinstimmen. Dies erfordert, dass die interne Rendite des Alterssicherungssystems der Kapitalmarktrendite entspricht. Im Kapitaldeckungsverfahren ist dies per Definition erfüllt.

Im Umlageverfahren folgt aus dieser Zielsetzung $(i_t = r_t)$ unter Rückgriff auf Gleichung (4.18) und bei Berücksichtigung der Zeitindexierung, die notwendige Beitragshöhe:

$$\gamma_t = \frac{1 + r_{t-1}}{\left(1 + n_t\right) \cdot \left(1 + g_t\right)} \cdot \gamma_{t-1} \approx \frac{1 + r_{t-1}}{1 + n_t + g_t} \cdot \gamma_{t-1}. \quad (4.20)$$

Damit zeigt sich, dass die versicherungsmathematische Äquivalenz und damit die Äquivalenz von Umlage- und Kapitaldeckungsverfahren von der Beziehung zwischen Kapitalmarktzins und den Wachstumsraten der Bevölkerung bzw. der Löhne (mithin dem Lohnsummenwachstum) abhängt.

Aus Gründen der Einfachheit bezieht sich die folgende Argumentation auf die kleine offene Ökonomie (vgl. S. 121, Fußnote 404). Diese befinde sich per Annahme auf (in) einem gleichgewichtigen Wachstumspfad (*steady state*), so dass auf die Zeitindexierung der Zustandsvariablen n, g und r verzichtet werden kann.

Ein Umlageverfahren mit dauerhaft konstanten Beitragssätzen kann in diesem Fall gemäß (modifizierter) Gleichung (4.20) nur dann die Äquivalenz von Leistungen und Beiträgen gewährleisten, wenn die nach dem Entdecker dieses Zusammenhangs benannte Aaron-Bedingung $r = n + g$ erfüllt ist.[405] Im neoklassischen Wachstumsmodell befindet sich die Volkswirtschaft in diesem Fall und unter Abstraktion von Abschreibungen zudem im sog. *Golden-Rule-Gleichgewicht* – dem gleichgewichtigen Wachstumspfad, auf welchem für alle Generationen der Konsum maximiert wird. Gemessen am Lebenszykluskonsum sind die Individuen hier indifferent zwischen einem Kapitaldeckungsverfahren und einem Umlageverfahren.

Gilt hingegen $r < n + g$, d.h. befindet sich die Ökonomie im dynamisch ineffizienten (überkapitalisierten) Bereich (s.u.), so wäre das Umlageverfahren (mit konstanten Beiträgen) dem Kapitaldeckungsverfahren vorzuziehen – die „natürliche Verzinsung"[406] läge oberhalb derjenigen am Kapitalmarkt. In diesem Fall profitiert nicht nur die Generation, die selbst keine eigenen Beiträge bezahlen musste vom *Einführungsgeschenk*[407] des Umlageverfahrens, sondern alle Generationen – zumindest wenn von einem unendlichen Zeithorizont ausgegangen wird. Folglich ist das Umla-

---

[405] Vgl. AARON (1966), S. 374. STEURER (2009) macht darauf aufmerksam, dass der Wohlfahrtsvergleich auf Basis dieser einfachen Gleichung nicht präzise genug ist und zeigt, dass die Beurteilung von der konkreten Ausgestaltung des Umlageverfahrens als DB- oder DC-System abhängt.

[406] Aufgrund der durch die additive Verknüpfung (n+g) gegebenen Wirkungsgleichheit wird diese Terminologie hier in Anlehnung an SAMUELSON (1958) verwendet. Er betrachtet in seinem Modell einzig das Bevölkerungswachstum (n) und spricht bildlich von der natürlichen Verzinsung im Umlageverfahren.

[407] Die erste Generation von Rentenempfängern erhält bei Einführung des Umlageverfahrens letztlich eine unendliche Rendite, da sie eine Zahlung erhält, ohne selbst Beiträge bezahlt zu haben.

geverfahren gegenüber dem Kapitaldeckungsverfahren Pareto-dominant.[408,409,410] AARON (1966, S. 374) bezeichnet diese Möglichkeit einer dauerhaften Überlegenheit des Umlageverfahrens als *Sozialversicherungs-Paradoxon*.

Der Fall $r > n + g$ wird als dynamisch effizienter Bereich der Kapitalakkumulation bezeichnet. Es ist keine Pareto-Verbesserung möglich, weil hierzu ein Konsumverzicht mindestens einer Generation notwendig wäre. Aus individueller Sicht ist das Kapitaldeckungsverfahren dem Umlageverfahren hier aufgrund der höheren (internen) Rendite überlegen. Denn aufgrund Gleichung (4.20) ist im Umlageverfahren keine versicherungsmathematische Äquivalenz möglich. Volkswirtschaftlich betrachtet bedeutet dies jedoch nicht zwangsläufig, dass ein Kapitaldeckungsverfahren *effizienter* im Sinne Paretos ist.

Einerseits liegt dies an der bisherigen *steady-state*-Betrachtung. So stellt FENGE (1997, S. 65 f.) fest, dass im Rahmen eines *steady-state*-Vergleichs von Rentensystemen letztlich keine Aussage über deren Pareto-Effizienz getroffen werden kann:

> „Denn ein Nutzenvergleich der Generationen im Steady State läßt alle Generationen außen vor, die im Übergang von einem zum anderen Steady State leben. Deshalb kann ein solcher Vergleich [...] nur ein Anhaltspunkt dafür sein, ob man den Übergang von einem Rentensystem zum anderen überhaupt anstreben sollte. Ist nämlich schon der Steady-State-Nutzen eines alternativen Rentensystems geringer als der des existierenden Verfahrens, dann ist jede weitere Überlegung, wie ein Übergang paretoverbessernd zu gestalten wäre, überflüssig."

Andererseits wird im folgenden Abschnitt gezeigt, dass der Renditeunterschied zwischen Kapitaldeckungs- und Umlageverfahren *unter bestimmten Annahmen* einzig auf die Einführungsgewinne der ersten Umlage-Generation zurückzuführen ist. Dann ermöglicht ein Umlageverfahren aus individueller Sicht die sog. *vollständige*

---

[408] Das Pareto-Kriterium ist ein aus der Wohlfahrtsökonomik stammendes Werturteil, das nach wie vor verbreitet ist, weil es eine vergleichsweise schwache Forderung stellt: Nach dem starken Pareto-Kriterium gilt ein System als effizient, wenn in keinem anderen System mindestens eine Generation (strikt) besser gestellt werden kann, ohne das andere Generationen schlechter gestellt werden. Die in den Ruhestand tretende Generation muss im neuen System also mindestens so gut gestellt sein, wie im alten.

[409] Als Maßstab für die Besserstellung wird in der Regel der Lebenszykluskonsum oder das Lebenszykluseinkommen herangezogen.

[410] Ein endlicher Zeithorizont bedeutet, dass es als Pendant zur Generation der Einführungsgewinner eine letzte Verlierergeneration gibt, die keine Leistungen erhält, obwohl sie selbst Beiträge geleistet hat.

Teilhabeäquivalenz und ein Kapitaldeckungsverfahren stellt gesamtwirtschaftlich keine Pareto-Verbesserung dar (vgl. dazu ausführlich Abschnitt 4.2.2).

4.2 Implizite Schuld, implizite Steuer und die Frage des Systemwechsels bei exogenen Faktorpreisen

Im Rahmen dieses Abschnitts wird zunächst die Analogie zwischen Staatsverschuldung und Umlagefinanzierung dargestellt, die für die darauf folgende Wohlfahrtsbeurteilung der Finanzierungsverfahren hilfreich ist. Die Ausführungen fokussieren dabei auf die Situation einer dynamisch effizienten Volkswirtschaft. Mit Blick auf die GRV ist gerade dieser Fall interessant, weil dann das Kapitaldeckungsverfahren einen Renditevorteil aufweist. Zudem wird in Abschnitt 4.3.2 (S. 135 f.) gezeigt, dass dies der in der Realität wahrscheinliche Fall ist.

Ob und inwieweit der dann bestehende Renditevorteil des Kapitaldeckungsverfahrens auch einen Effizienzvorteil darstellt, wird im Rahmen dieses Abschnitts untersucht. Zu fragen ist, ob eine theoretische Effizienzbeurteilung der beiden Finanzierungstypen davon abhängt, ob über die Fortführung eines bestehenden Systems diskutiert wird oder über die Einführung (oder wirkungsgleich: Ausweitung)[411] eines Umlageverfahrens. Für beide Fälle gibt es in Deutschland Beispiele. Die GRV wurde bereits 1957 als Umlageverfahren organisiert (vgl. auch Abschnitt 3.2.1.1) und stellt somit ein mehr oder weniger *reifes* Umlageverfahren dar.[412] Bei den seit den 1980er Jahren geführten Diskussionen zur Reformierung des deutschen Sozialstaats ging es also um einen Systemwechsel, während es bei den Debatten um die

---

[411] Die Ausweitung des Systems kann durch Weiterreichen der Rechnung an die Folgegeneration erfolgen. Mit entsprechenden Beitragseinnahmen ist vordergründig betrachtet jedes Leistungsniveau möglich. Doch haben die Ausführungen auf S. 117 f. gezeigt, dass eine solche Politik an Grenzen der Beitragstoleranz stoßen muss.

[412] Ein Umlageverfahren wird als reif bezeichnet, wenn es die Lebenszyklus-Budgetrestriktion aller lebenden Generationen in identischer Weise betrifft. Im einfachen Zwei-Perioden-Modell ist dies nach einer Periode der Fall. Realweltliche Umlagesysteme unterliegen nach BÖRSCH-SUPAN (1998) einer etwa 40-jährigen Reifephase, bis sich Leistungen und Beiträge über den Lebenszyklus annähernd entsprechen, so dass die GRV aufgrund der in den 1970er Jahren erfolgten Leistungsausweitungen (vgl. bspw. HEIDLER (2009)) allenfalls seit kurzem einen *steady-state*-Beitragssatz erreicht haben kann. Auch die Ausweitung im Zuge der Wiedervereinigung (vgl. Kapitel 4) stellt die Reife des Umlageverfahrens GRV erheblich in Frage.

Einführung der sozialen Pflegeversicherung (SPV) im Jahr 1995 um die Schaffung eines neuen Umlageverfahrens ging.

Die herausgearbeiteten Implikationen werden abschließend zur Einordnung der seit dem Jahr 2001 erfolgten Reformen der GRV verwendet.

4.2.1 Umlagefinanzierung, Staatsverschuldung und die implizite Steuer

Im Umlageverfahren erhält der Versicherte für seine in der Erwerbsphase erbrachte Beitragsleistung $(\gamma_t \cdot w_t)$ das Versprechen auf ein späteres Alterseinkommen p_{t+1}. Die Beiträge fließen aber nicht in den Aufbau eines Kapitalstocks, sondern als Transfer in Höhe von p_t an die jeweils aktuelle Rentnergeneration, die damit ihren Alterskonsum finanziert. Dieser Transfer kann letztlich auch als Bruttokredit in Höhe der Beitragsleistungen der Jungen $\left(N_t^j \cdot \gamma_t \cdot w_t\right)$ interpretiert werden, mit dem der Staat die in der Vorperiode bei der in Periode t im Ruhestand befindlichen Generation aufgenommenen Schulden $\left(N_{t-1}^j \cdot \gamma_{t-1} \cdot w_{t-1}\right)$ durch Rückzahlung in Höhe von $\left(N_{t-1}^j \cdot p_t = N_t^a \cdot p_t\right)$ begleicht. Damit wird die Budgetrestriktion einer umlagefinanzierten Rentenversicherung $\left(N_t^j \cdot \gamma_t \cdot w_t = N_t^a \cdot p_t\right)$ exakt eingehalten.

Tatsächlich sind Staatsverschuldung und Umlagefinanzierung sowohl einzel- als auch gesamtwirtschaftlich äquivalent. Im mikroökonomischen Kontext zeigt sich die Äquivalenz von Umlageverfahren und Staatsverschuldung darin, dass (die makroökonomische Äquivalenz vorausgesetzt) die intertemporale Budgetrestriktion der Individuen in identischer Form betroffen ist, wenn der Beitragssatz des Umlageverfahrens dem zur Bedienung der Staatsschuld notwendigen Steuersatz entspricht. Bei konsumtiver Verwendung der Staatsschuld folgt die Äquivalenz im makroökonomischen Kontext aus der Tatsache, dass die Kapitalintensität in einer Volkswirtschaft mit Umlageverfahren bzw. Staatsverschuldung identisch ist, wenn sich Steuersatz (Staatsschuld) und Beitragssatz (Umlageverfahren) entsprechen, so dass in beiden Fällen die Arbeitseinkommen respektive der Zinssatz übereinstimmen.[413]

Aufgrund dieser Parallelen wird im Zusammenhang mit umlagefinanzierten Systemen auch von einer *impliziten Schuld* in Form schwebender, nicht verbriefter

---

[413] Für einen ausführlicheren Äquivalenzbeweis, vgl. bspw. BORGMANN (2005), S. 8 ff.

Ansprüche auf künftige Staatsbudgets gesprochen.[414] Bleibt das Umlageverfahren bestehen, kann die implizite Schuld nahezu beliebig in die Zukunft verschoben werden. Eine Abschaffung des Umlageverfahrens bedeutet, dass die impliziten Schulden – je nach Gestaltung des Systemübergangs (s.u.) früher oder später – vollständig zu expliziten Staatsschulden werden, die aufgrund der staatlichen Budgetrestriktion irgendwann durch Steuereinnahmen gegenfinanziert werden müssen. Bildlich formuliert steht der impliziten Schuld damit eine *implizite Steuer* gegenüber.

In Anlehnung an SINN (2000) kann modellhaft gezeigt werden, dass diese impliziten Steuern in ihrer Höhe gerade der Differenz aus Kapitalmarktrendite und interner Rendite des Umlageverfahrens entsprechen. Zu diesem Zweck werden die Beiträge $(w_t \cdot \gamma_t)$ in einen fiktiven Sparanteil $(w_t \cdot \varsigma_t)$ und einen fiktiven Steueranteil $(w_t \cdot \tau_t)$ mit

$$\gamma_t = \varsigma_t + \tau_t \tag{4.21}$$

aufgeteilt. In der Fiktion wird mit dem Steueranteil die Staatsschuld bedient, der Sparanteil wird am Kapitalmarkt angelegt, so dass die Rentenzahlung – als am Kapitalmarkt verzinste Beiträge – hier $p_{t+1} = (1 + r_t) \cdot w_t \cdot \varsigma_t$ beträgt. Umgeformt nach ς_t und eingesetzt in Gleichung (4.21) folgt für den impliziten Steuersatz $\tau_t = \gamma_t - \varsigma_t = \gamma_t - \frac{p_{t+1}}{(1+r_t) \cdot w_t}$. Durch Umstellen von Gleichung (4.15) nach p_{t+1} kann dies vereinfacht werden zu:

$$\tau_t = \gamma_t - \frac{(1 + i_t) \cdot w_t \cdot \gamma_t}{(1 + r_t) \cdot w_t} = \gamma_t \cdot \frac{(1 + r_t) - (1 + i_t)}{(1 + r_t)}. \tag{4.22}$$

Aus Gründen der Einfachheit, aber ohne an Allgemeingültigkeit (insbesondere hinsichtlich der auf S. 124 im Zitat von FENGE (1997) angesprochenen Problematik einer *steady-state*-Betrachtung) zu verlieren, wird auch hier ein gleichgewichtiger Wachstumspfad angenommen.[415] Mit $i \approx n + g$ ergibt sich näherungsweise

$$\tau = \gamma \cdot \frac{r - (n + g)}{1 + r}. \tag{4.23}$$

Somit kann nahtlos an die oben aufgezeigten Zusammenhänge angeknüpft werden: Im Golden-Rule-Gleichgewicht $(r = n + g)$ ist die implizite Steuer Null, im dyna-

---

[414] Vgl. bspw. KOTLIKOFF (1989), S. 179 f.

[415] Eine verallgemeinerte Beweisführung zur zentralen Aussage, die ohne die Annahme konstanter Wachstumsraten bzw. Zinssätze auskommt, findet sich in SINN (2000).

misch ineffizienten Bereich ist sie negativ und im dynamisch effizienten Bereich erwartungsgemäß positiv.

Behauptung 1 *Der Barwert der von allen Generationen bezahlten impliziten Steuern entspricht im Fall dynamischer Effizienz genau dem Barwert der im Umlageverfahren bestehenden impliziten Schuld.*

Für den Barwert der impliziten Steuerzahlungen gilt zunächst intuitiv[416]

$$
\begin{aligned}
\mathrm{PV}_t &= \gamma \cdot \frac{r-(n+g)}{1+r} \cdot N_t^j + \gamma \cdot \frac{r-(n+g)}{1+r} \cdot \frac{N_{t+1}^j \cdot (1+g)}{1+r} + \ldots \\
&= \gamma \cdot \frac{r-(n+g)}{1+r} \sum_{k=0}^{\infty} \frac{N_{t+k}^j \cdot (1+g)^k}{(1+r)^k}.
\end{aligned}
\tag{4.24}
$$

Gemäß Grundgleichung (4.7) des Umlageverfahrens stimmen zu jedem Zeitpunkt die Beitragszahlungen der jeweils jungen Generation mit den Rentenzahlungen an die jeweils alte Generation überein. Die implizite Schuld entspricht eben diesen Rentenzahlungen an die alte Generation, denn der Staat müsste in jeder Periode gerade in dieser Höhe eine explizite Schuld aufnehmen, um die in der jeweiligen Periode bestehenden Ansprüche zu befriedigen. Damit genügt es zu beweisen, dass der Barwert der impliziten Steuern in jeder Periode gerade der Beitragszahlung der jeweils jungen Generation entspricht.

Beweis 1 *Sei $Q_k = \sum_{k=0}^{\infty} q^k$ eine unendliche geometrische Reihe mit $q \equiv \frac{1+(n+g)}{1+r}$, dann gilt bei dynamischer Effizienz ($r>n+g$), dass $|q|<1$ und somit $\lim_{k\to\infty} Q_k = \frac{1}{1-q}$. Aus Gleichung 4.24 folgt damit*

$$
PV_t = \gamma \cdot \frac{r-(n+g)}{1+r} \cdot \frac{N_t^j}{1 - \frac{1+(n+g)}{1+r}} = \gamma \cdot N_t^j.
\tag{4.25}
$$

Also entspricht die Summe der Barwerte der impliziten Steuern PV_t in jeder Periode t genau den Beitragszahlungen der jeweils jungen Generation in der betrachteten Periode.

qed.

Daraus folgt zudem, dass die Summe der Barwerte der impliziten Steuern aufgrund der laufend weitergereichten impliziten Schulden gerade auch dem Einführungsgewinn entspricht.

---

[416] Beweisführung in Anlehnung an BORGMANN (2005), S. 12.

4.2.2 Wohlfahrtsbeurteilung bei exogenen Faktorpreisen und dynamischer Effizienz

Die implizite Schuld eines bestehenden Umlagesystems muss beim Wechsel ins Kapitaldeckungsverfahren in eine explizite Schuld umgewandelt und folglich mit (expliziten) Steuern finanziert werden. Für die Erhebung der Steuern sowie die Geschwindigkeit des Systemwechsels wurden in der Literatur verschiedene Möglichkeiten und Modellspezifikationen untersucht, die FENGE (1997) in einem umfassenden Überblick darstellt. In diesem Abschnitt werden einige zentrale Resultate unter Beibehaltung der Annahme exogener Faktorpreise (vgl. S. 121, Fußnote 404) dargestellt, die eine erste Bewertung der Frage nach der geeigneten Finanzierung zulassen.

Eine Möglichkeit des Übergangs zur Kapitaldeckung wäre ein plötzlicher Systemwechsel. Zur Beurteilung der Effizienz einer solchen Strategie wird in der Regel das Pareto-Kriterium herangezogen, das im vorliegenden Fall den Bestandsschutz für die Ansprüche der in den Ruhestand tretenden Generation erfordert. Die gleichzeitig in das Erwerbsleben eintretende Generation muss folglich neben den Beiträgen für die eigene kapitalgedeckte Altersvorsorge auch die Steuerzahlungen in Höhe der kompletten impliziten Schulden leisten. Schon intuitiv scheint diese Doppelbelastung beim Übergang zur Kapitaldeckung kaum mit einer Pareto-Verbesserung vereinbar. Aus diesem Grund wurden in der Literatur verschiedene Verfahren zur Gestaltung des Übergangs diskutiert, die eine möglichst gleichmäßige Verteilung der Lasten gewährleisten sollen. Eine häufig gewählte Form zur modellhaften Gestaltung des Übergangs geht auf TOWNLEY (1981) zurück, der vorschlägt, die alte Generation durch kreditfinanzierte staatliche Transfers zu kompensieren und die *Wechselgewinne* aller folgenden Generationen via Pauschalsteuer zur Finanzierung dieser Staatsschuld zu verwenden.[417]

Satz 1 *Die Quintessenz der verschiedenen Wechselstrategien ist, dass aufgrund des oben (für eine dynamisch effiziente Ökonomie) bewiesenen Zusammenhangs nicht die (Steuer-)Belastung selbst, sondern lediglich deren zeitliche Fälligkeit be-*

---

[417] TOWNLEY (1981) zeigte in einem Medianwählermodell, dass ein Umlageverfahren auch dann politisch opportun ist, wenn es zwar nicht Pareto-effizient ist, die Wähler aber auch nicht altruistisch sind. Durch Wahlen ist später kein Systemwechsel möglich, ohne dass der Staat diesen mit Krediten finanziert. Die Kreditfinanzierung kann aber, wie BREYER (1989) zeigt (vgl. dazu S. 130), nicht zu einer Pareto-Verbesserung führen.

einflusst werden kann. Dieser Satz gilt grundsätzlich auch in einer Ökonomie außerhalb eines steady-states.[418]

Pareto-Effizienz bei exogenem Arbeitsangebot. Damit wird die Frage der Steuererhebung (sowie das Vorliegen anderer Verzerrungen) zum entscheidenden Aspekt für die Wohlfahrtsbeurteilung des Systemwechsels. Für eine isolierte Betrachtung der beiden Finanzierungsverfahren unter Vermeidung der o. a. Sprachverwirrungen im Sinne Homburgs ist mit Blick auf das bisher verwendete einfache Modell mit lohnabhängigen Beiträgen die Annahme eines vollkommen unelastischen (exogenen) Arbeitsangebots (vgl. S. 115) beizubehalten.[419] Ebenso könnte, wie in BREYER (1989), die Annahme unverzerrender Pauschalbeiträge getroffen werden.

Von der Finanzierungsseite gehen dann keine verzerrenden Effekte auf den Arbeitsmarkt aus – die Beiträge lösen einen reinen Einkommenseffekt aus und das Umlageverfahren ist allokativ neutral. In Abwesenheit weiterer Verzerrungen beweist BREYER (1989), dass durch einen Systemwechsel nach dem Townley-Schema keine Effizienzgewinne realisiert werden können, mit denen der Abbau der Staatsschuld (in endlicher Zeit) finanziert werden könnte.[420] Die bei dynamischer Effizienz bestehende Renditedifferenz führt zwar zu einer höheren Verzinsung der Beiträge im Kapitaldeckungsverfahren. Dem stehen aber die höheren Zinszahlungen für die Bedienung der aufgenommenen Staatsschuld gegenüber, während die zur Finanzierung dieser Schuld erhobenen Steuereinnahmen nur mit der Differenz aus Zinssatz und Wachstumsrate (multipliziert mit der Höhe der Staatsschuld) steigen können. Damit bleibt die Pro-Kopf-Staatsschuld konstant und das (bestehende, reine) Umlageverfahren ist Pareto-effizient.

Pareto-Effizienz bei endogenem Arbeitsangebot. Die Ableitung dieses Resultats ist offensichtlich nur durch verschiedene, zum Teil starke Annahmen möglich,

---

[418] Vgl. SINN (2000), S. 397.

[419] Weitere durch das System der Alterssicherung induzierte Verzerrungen bzw. Verhaltensänderungen, wie etwa die Beeinflussung der Ruhestandsentscheidung, werden an dieser Stelle ebenfalls (per Definition) ausgeschlossen. Weiterhin werden homogene Generationen, d.h. ein repräsentatives Individuum pro Generation, angenommen.

[420] Erstmals zeigt SPREMANN (1984) in einem Modell mit exogenem Produktionssektor, dass ein Kapitaldeckungsverfahren ein Umlageverfahren nicht Pareto-dominieren kann.

die in nachfolgenden Arbeiten auf ihre Relevanz für das gezeigte Ergebnis überprüft wurden. HOMBURG (1990) gibt die Annahme des exogenen Arbeitsangebots auf und zeigt, dass dann eine Pareto-Verbesserung im Übergang von einem *Pauschalrentenmodell* zu einem kapitalgedeckten System möglich ist, weil die implizite Schuld in endlicher Zeit beglichen werden kann und danach alle Generationen besser gestellt werden. Die Annahme eines Pauschalrentenmodells ist dabei entscheidend für das Ergebnis. Dieses wird mit *lohnabhängigen Beiträgen* finanziert, die im Wesentlichen als Steuern wahrgenommen werden, weil die späteren Rentenleistungen quasi beitragsunabhängig sind. Dadurch wird neben dem Einkommenseffekt auch ein Substitutionseffekt eingeführt, der sich in Form eines Keils zwischen Brutto- und Nettolöhnen bemerkbar macht. Folgerichtig kommt es zu Verzerrungen der Arbeitsangebots-Entscheidung und zu der aus der allgemeinen Steuerlehre bekannten Problematik der Zusatzlast der Besteuerung. Entsprechend profitieren die ab diesem Zeitpunkt ins Erwerbsleben tretenden Generationen beim Systemwechsel nicht nur von der höheren Verzinsung am Kapitalmarkt. Ihre Wohlfahrt steigt auch, weil die Beiträge zur Kapitaldeckung aufgrund der versicherungsmathematischen Äquivalenz nicht als Steuern wahrgenommen werden und somit die Zusatzlast der Besteuerung entfällt. Mit dem so erzielten Wohlfahrtsgewinn kann in endlicher Zeit die explizite Staatsschuld getilgt bzw. die Verlierergeneration(en) kompensiert werden. Damit ist durch den Übergang von einem umlagefinanzierten Pauschalrentenmodell mit lohnabhängigen Beiträgen zu einem kapitalgedeckten System (in einer dynamisch effizienten Ökonomie) keine Pareto-Verbesserung möglich.

Das von HOMBURG (1990) betrachtete Pauschalrentenmodell kann dem Grundtyp der angelsächsisch geprägten sog. *Beveridge-Systeme* zugeordnet werden, bei denen mit lohnabhängigen Beiträgen eine (beitragsunabhängige) Grundrente finanziert wird. Für den alternativen Grundtyp eines am Prinzip der vollständigen Teilhabeäquivalenz (zur Definition vgl. S. 125) anknüpfenden *Bismarck-Systems* zeigt FENGE (1995), dass auch bei endogenem Arbeitsangebot kein effizienzsteigernder Übergang zur Kapitaldeckung möglich ist. Im Unterschied zum Pauschalrentenmodell werden die Beiträge nicht im Wesentlichen als Steuern wahrgenommen, weil höhere Beiträge zu einer proportional höheren Rente führen, wobei die vollständige Teilhabeäquivalenz bedeutet, dass die geleisteten Beiträge gerade mit $(n + g)$ verzinst werden. Der implizite Steuersatz entspricht dabei exakt Gleichung (4.22). Bei endogenem Arbeitsangebot kommt es damit zwar auch in dem Modell von FENGE (1995) zu einer Verzerrung mit entsprechender Zusatzlast. Der Substitutionseffekt ist aber geringer als im Pauschalrentenmodell, weil nicht mehr die gesamten

Beiträge als Steuern wahrgenommen werden. Der Übergang zur Kapitaldeckung bringt somit einen Wohlfahrtsgewinn durch Beseitigung der Zusatzlast mit sich. Der Übergang muss aber auch hier durch Aufnahme von Staatsschuld finanziert werden. Aus Gründen der Symmetrie geschieht dies nicht durch eine Pauschal- sondern durch eine Lohnsteuer, die wiederum das Arbeitsangebot verzerrt. FEN- GE (1995) zeigt, dass die Wohlfahrtsgewinne aus dem Wechsel zur Kapitaldeckung gerade durch die Wohlfahrtsverluste der zur Tilgung benötigten Lohnsteuer auf- gezehrt werden.

Folglich bedeuten die impliziten Steuern des Umlageverfahrens nicht zwangsläu- fig, dass dieses System ineffizient ist. In Abwesenheit von Verzerrungen sind die impliziten Steuern lediglich Spiegel der intergenerativen Umverteilung infolge der Einführung des Umlageverfahrens. Mit anderen Worten:

Satz 2 *Allokativ neutral gestaltete, reife Umlagesysteme sind intergenerational Pareto-effizient.*

Sowohl im Umlage- als auch im Kapitaldeckungsverfahren entsprechen die Bar- werte der Einzahlungen *aller* Generationen dann exakt dem Barwert aller Renten- zahlungen, weshalb SINN (2000) beide Verfahren als intergenerative Null-Summen- Spiele bezeichnet.

Folgerung 1 *Damit werden Rentenreformen zu reinen Umverteilungsmaßnahmen, die lediglich den Zeitpfad der Belastungen verändern können (s. o.). Die Entschei- dung zwischen den beiden Finanzierungsverfahren ist dann weniger mit Effizienz- steigerungen zu begründen, als vielmehr eine Frage der intergenerativen Umvertei- lung.*

4.2.3 Zur Rechtfertigung von Reformen der deutschen Sozialversicherung

Vor diesem Hintergrund wird es unter Effizienzgesichtspunkten unbedeutend, ob über die Einführung oder Fortführung eines Umlage- bzw. Kapitaldeckungsver- fahrens entschieden wird. In der dynamisch effizienten Ökonomie wird sich die junge Generation aufgrund der höheren Rendite zwar klar für die Einführung ei- nes kapitalgedeckten Systems aussprechen, die alte Generation stellt sich aber im Umlageverfahren besser. Da der Vorteil der einen Generation im Barwert gerade dem Nachteil der (aller) folgenden Generation(en) entspricht, ist unter Effizienzgesichtspunkten – in dieser einfachen Modellwelt – keine Empfehlung möglich, wenn das Postulat der Werturteilsfreiheit beachtet wird.

Als pragmatische Rechtfertigung für einen Übergang von umlagefinanzierten zu kapitalgedeckten Systemen der Alterssicherung sieht SINN (2000, S. 402 ff.) den demografischen Wandel, der aus seiner Sicht, unabhängig von Effizienzargumenten, für eine Lastenglättung („burden-smoothing") spricht, welche die Umstellungslasten verstärkt den *Baby-Boomer*-Jahrgängen aufbürdet. Die geburtenstarken Jahrgänge sind sowohl für SINN (2000) als auch RAFFELHÜSCHEN (2002, S. 325) die Verursacher des demografischen Problems, weil sie nicht genügend in Human-Kapital (Kinder) investiert haben. Notwendigerweise müssten sie dies nun durch Investitionen in Sachkapital kompensieren, um so den Lebensstandard im Alter zu sichern. Tatsächlich wurden die *Baby-Boomer*-Jahrgänge mit den seit 2001 erfolgten Rentenreformen stärker in die Verantwortung genommen.[421]

Die in Abschnitt 3.2.1.4 (S. 46) genannten Maßnahmen zur Reformierung der Alterssicherung in Deutschland können insgesamt als Abkehr von der bis dahin verfolgten DB-Orientierung hin zu einer mehr DC-orientierten Politik interpretiert werden. Mit dem AVmEG wurde beschlossen, dass die demografischen Lasten, je nach Ausnutzung der Anpassungsspielräume auf Erwerbstätige und Rentner aufzuteilen sind. Die dadurch entstandenen Rentenlücken sollen im Gegenzug durch eine verstärkte private kapitalgedeckte Vorsorge kompensiert werden. Parallel mit dem AVmEG wurde am 26.6.2006 deshalb das AVmG beschlossen, das die staatliche Förderung dieser privaten Vorsorgeleistungen vorsieht (vgl. dazu ausführlicher Kapitel 3). Allerdings wird dadurch die Zielsetzung der Lastenglättung zumindest teilweise konterkariert. Für RAFFELHÜSCHEN (2002) war dieses Zugeständnis an die *Baby-Boomer* einerseits notwendig, um die Reformen seinerzeit politisch durchsetzen zu können. Zum anderen sei die Förderung gerechtfertigt, weil es sich um eine Form der privaten Alterssicherung handelt, mit welcher die bisher durch den Staat abgedeckte Einkommenssicherung ersetzt wird.

---

[421] SHILLER (1999, S. 173) steht einem Übergang zu einem kapitalgedeckten System, der primär die zu diesem Zeitpunkt lebenden Generationen belastet äußerst kritische gegenüber: „There appears to be no reason why the transition cost should be visited disproportionately in this way on the social security benefits or incomes of social security participants who are alive at certain times."

4.3 Alterssicherung, Ersparnisbildung und Demografie bei endogenen Faktorpreisen

Die in SINN (2000) zum Ausdruck kommende Skepsis gegenüber Effizienzargumenten zur Rechtfertigung eines Systemwechsels ist vor dem Hintergrund der bisher dargestellten Ergebnisse zur Pareto-Effizienz in der Alterssicherung durchaus nachvollziehbar. Allerdings wurden dazu bisher einige vereinfachende Annahmen getroffen. Eine zentrale Annahme war die Unterstellung exogener Faktorpreise, die nun aufgegeben wird, um auch makroökonomische Rückwirkungen der Finanzierungsverfahren in die Analyse einzubeziehen. Diese Interdependenzen werden zunächst in deterministischen Modellen untersucht, um anschließend (in Abschnitt 4.4) der Frage nachzugehen, inwieweit die Berücksichtigung von Unsicherheit zu einer anderen Bewertung der Effizienzeigenschaften alternativer Alterssicherungssysteme führt.

Bei exogenen Faktorpreisen stellt sich grundsätzlich das Problem der Markträumung. Dieses wurde bisher nicht betrachtet bzw. durch Annahme einer kleinen offenen Volkswirtschaft per Definition gelöst.[422] Die in der Einleitung zu diesem Kapitel erwähnte Diskussion zur Studie von FELDSTEIN (1974) lässt jedoch vermuten, dass zwischen dem Finanzierungsverfahren der Alterssicherung und der gesamtwirtschaftlichen Kapitalbildung Rückwirkungen bestehen, die sich auf die Knappheitsverhältnisse und damit die Faktorpreise der Produktionsfaktoren Arbeit und Kapital auswirken. Auch der demografische Wandel hat direkten Einfluss auf die Knappheitsverhältnisse und somit die Faktorpreise. Somit ist die Endogenisierung der Faktorpreise unumgänglich, um weitere und v. a. realitätsnähere Einsichten zu gewinnen. Sie führt aber unweigerlich auch zu einer zunehmenden Komplexität der Analyse, weil die Abbildung dieser Interdependenzen die Einführung eines Produktionssektors in das bisher betrachtete Modell notwendig macht. Dabei sind grundsätzlich verschiedene Produktionsfunktionen bzw. -technologien denkbar. Im klassischen, auf DIAMOND (1965) zurückgehenden OLG-Modell wird eine einfache Cobb-Douglas-Funktion unterstellt, wie sie der neoklassischen Wachstumstheorie zugrunde liegt.

Zunächst wird im Rahmen eines partialanalytischen Modells gezeigt, wie sich ein Umlageverfahren auf die Kapitalisierung einer Volkswirtschaft auswirkt (Abschnitt 4.3.1). Dies ist bedeutsam, weil in den anschließend behandelten Gleichge-

---

[422] Vgl. S. 121, Fußnote 404.

wichtsmodellen mit endogenen Faktorpreisen die dynamische Effizienz nicht mehr wie bisher per Annahme vorausgesetzt werden kann. Welcher Kapitalisierungsgrad in Realität wahrscheinlich ist, wird daher ebenfalls im folgenden Abschnitt untersucht.

In den anschließenden Abschnitten wird dann die Komplexität zunehmend erhöht, um weitere Einsichten über bestehende Interdependenzen zu gewinnen. Zunächst erfolgt in Abschnitt 4.3.2 die Betrachtung auf Grundlage von deterministischen dynamischen allgemeinen Gleichgewichtsmodellen. Diese unterscheiden sich durchaus in ihrer Einschätzung zur Frage der Ausgestaltung von Alterssicherungssystemen, wobei die Ergebnisse, ähnlich wie in Abschnitt 4.2.2 gezeigt, stark von der Existenz statischer Ineffizienzen bestimmt sind.

4.3.1 Endogene Faktorpreise und die Frage der dynamischen Effizienz

Der Zusammenhang zwischen Finanzierungsverfahren und Kapitalbildung wird zunächst im Rahmen eines partialanalytischen Modells beleuchtet. Das zentrale Resultat wird dann auf seine Gültigkeit im Rahmen eines allgemeinen Gleichgewichtsmodells überprüft, das die Rückwirkungen auf die Faktorpreise und damit die Einkommenssituation des Haushalts miteinbezieht.

Finanzierungsverfahren und Ersparnisbildung im Partialmodell. Die in Abschnitt 4.1 betrachteten Konsumgleichungen (4.1) und (4.2) können unter Verwendung von (4.12) und (4.9) modifiziert werden, um neben der Konsumverschiebung im Rahmen des Alterssicherungssystems die Möglichkeit weiterer privater Ersparnisbildung s_t^j zuzulassen:

$$c_t^j = w_t \cdot (1 - \gamma_t) - s_t^j$$

bzw.

$$c_{t+1}^a = (1 + r_{t+1}) \cdot s_t^j + (1 + n_{t+1}) \cdot \gamma_{t+1} \cdot w_{t+1}.$$

Die Auflösung beider Konsumgleichungen nach s_t^j und Gleichsetzen liefert die intertemporale Budgetrestriktion:

$$c_t^j + \frac{c_{t+1}^a}{1 + r_{t+1}} = (1 - \gamma_t) \cdot w_t + \gamma_{t+1} \cdot \frac{1 + n_{t+1}}{1 + r_{t+1}} \cdot w_{t+1} \qquad (4.26)$$

Diese vereinfacht sich bei einer *steady-state*-Betrachtung zu:

$$c_t^j + \frac{c_{t+1}^a}{1+r} = w \cdot \left(1 - \frac{r-n}{1+r} \cdot \gamma\right). \tag{4.27}$$

Im Fall der vollständigen Teilhabeäquivalenz $r = n$ entspricht die intertemporale Budgetrestriktion somit derjenigen in einer Situation ohne ein Alterssicherungssystem.[423] Die Sparentscheidung des Individuums ändert sich demnach in Gegenwart eines Umlageverfahrens nicht, weil private Ersparnis und Beitragsleistung dann aus *einzelwirtschaftlicher Sicht* perfekt substituierbare Vermögensgegenstände darstellen. Aus individueller Sicht begründen sowohl die Beiträge zum Umlageverfahren als auch die private Ersparnisbildung Ansprüche auf Alterseinkommen. Mithin werden lediglich zwei Vermögensgegenstände (Privatvermögen vs. Sozialversicherungsvermögen) gegeneinander ausgetauscht, so dass die individuelle Ersparnisbildung als konstant wahrgenommen wird. *Gesamtwirtschaftlich* impliziert dieser *asset substitution effect* im Sinne Feldsteins jedoch einen Rückgang der Ersparnis, weil die Beiträge im Umlageverfahren nicht dem Kapitalmarkt, sondern der alten Generation zufließen, die damit ihren Alterskonsum finanziert.[424] Da hier im Rahmen des Partialmodells argumentiert wird, bleiben die Auswirkungen veränderter Faktorpreise auf die Neigung der Budgetgerade (s. u.) noch unberücksichtigt. Gilt $r \neq n$, kommt es gemäß Gleichungen (4.26) bzw. (4.27) lediglich zu einer Verschiebung der Budgetgeraden, weil neben den im Fall $(r = n)$ betrachteten *asset substitution effect* dann ein Einkommens- bzw. Vermögenseffekt tritt. Im Fall $r > n$ erweitern sich die Konsummöglichkeiten um $\frac{n-r}{1+r} \cdot \gamma \cdot w$, im Fall $r < n$ sinken die Lebenszyklusressourcen analog um $\frac{r-n}{1+r} \cdot \gamma \cdot w$.

HOMBURG (1988, S. 42 ff.) zeigt, dass auch für diese beiden Fälle im vorliegenden Partialmodell die individuelle Ersparnisbildung eindeutig abnimmt, wenn die vergleichsweise schwache Annahme getroffen wird, dass Konsum ein normales Gut ist.

---

[423] Das Lebenszykluseinkommen w wird auf den Konsum in den beiden Lebensphasen nach Maßgabe der Nutzenfunktion aufgeteilt.

[424] Hinsichtlich des Zusammenhangs von *asset substitution effect* und gesamtwirtschaftlicher Ersparnisbildung wird bisweilen angemerkt, dass nicht jede private Ersparnis eine Bildung von Produktivkapital bedeuten muss. Denn wenn die private Ersparnis in Staatspapiere fließt, die wiederum zur Finanzierung von (konsumtiven) Staatsausgaben verwendet werden, resultiert letztlich ebenfalls ein Umlageverfahren (vgl. bspw. RAFFELHÜSCHEN (1989)). Diese Argumentation ist zwar grundsätzlich korrekt, sie ändert jedoch nichts an der hier vorgenommenen Partialanalyse, die von einer gegebenen Höhe des staatlichen Budgetdefizits ausgeht.

Somit ist festzuhalten, dass das betrachtete Umlageverfahren zu einer Reduzierung der privaten und gesamtwirtschaftlichen Ersparnis führt.

Mit der aggregierten privaten Ersparnis der Periode $t-1$ ($S_{t-1} = N_{t-1}^j \cdot s_{t-1}^j$) wird der gesamtwirtschaftliche Kapitalstock K_t gebildet, der in der folgenden Periode mit den Arbeitskräften N_t^j als Produktionsfaktor in die neoklassische Produktionsfunktion der Form $Y_t = F(K_t, N_t)$ eingeht. Die Produktionsfunktion kann aufgrund der Annahme konstanter Skalenerträge durch Division mit N_t^j in die verkürzte intensive Form $y_t = f(k_t)$ überführt werden. Für das Kapitalmarktgleichgewicht in Pro-Kopf-Größen gilt unter Berücksichtigung des Bevölkerungswachstums:[425]

$$s_{t-1}^j = (1 + n_t) \cdot k_t \tag{4.28}$$

Der Rückgang der privaten Ersparnisbildung hat folglich einen Rückgang der Kapitalisierung der Volkswirtschaft in gleichem Umfang zur Folge, der sich entsprechend auf die gesamtwirtschaftliche Produktionsleistung auswirkt.

Finanzierungsverfahren und Ersparnisbildung im allgemeinen Gleichgewicht.
Zudem hat der Rückgang der Kapitalisierung offensichtlich auch Effekte auf die Faktorpreise. Dies wird bei einer Betrachtung im Rahmen eines allgemeinen Gleichgewichtsmodells deutlich. Bei vollständiger Konkurrenz werden die Produktionsfaktoren im *allgemeinen Gleichgewicht* mit ihrem Grenzprodukt entlohnt:

$$r_t = f'(k_t) \tag{4.29}$$

bzw.

$$w_t = y_t - r_t \cdot k_t = f(k_t) - f'(k_t) \cdot k_t. \tag{4.30}$$

Da die Ableitung von Gleichung (4.29) nach k_t in der neoklassischen Welt annahmegemäß negativ ist, führt eine abnehmende Kapitalintensität zu einer Veränderung der Knappheitsverhältnisse zugunsten des Faktors Kapital und somit zu steigenden Zinssätzen.[426] Analog hat die abnehmende Kapitalintensität sin-

---

[425] $k_t = \frac{K_t}{N_t^j} = \frac{S_{t-1}^j}{N_t^j} = \frac{S_{t-1}^j}{N_{t-1}^j \cdot (1+n_t)} = \frac{s_{t-1}^j}{1+n_t}$

[426] Formal: $\frac{\partial r_t}{\partial k_t} = f''(k_t) < 0$, da im neoklassischen Produktionssektor ein positives, aber abnehmendes Grenzprodukt $f''(k_t) < 0$ unterstellt wird.

kende Lohnsätze zur Folge.[427] Somit ergeben sich im allgemeinen Gleichgewicht (über die bereits betrachteten partialanalytischen Effekte hinaus) infolge der veränderten (nun endogenen) Faktorpreise weitere Rückwirkungen auf die individuelle Budgetrestriktion. Auch in Gegenwart dieser zusätzlichen Substitutions- und Einkommenseffekte kann allerdings gezeigt werden, dass der grundsätzliche Zusammenhang einer Verdrängung privater Ersparnisbildung durch das Umlageverfahren erhalten bleibt.[428]

Wird jedoch, wie in RAFFELHÜSCHEN (1989), ein komplexeres Modell mit einer endogenen Arbeitsentscheidung betrachtet, dann ist der Effekt auf die Ersparnisbildung theoretisch unbestimmt, so dass letztlich empirische Befunde heranzuziehen sind. Auf die Arbeit von FELDSTEIN (1974) hierzu wurde bereits hingewiesen, einen Überblick über weitere empirische Studien gibt BÖRSCH-SUPAN (2000). All diese empirischen Arbeiten stehen vor dem Problem, dass zur Beurteilung der Verdrängungseffekte eines Umlageverfahrens bzw. der positiven Kapitalisierungseffekte einer Privatisierung letztlich ein kontrafaktischer Referenzpunkt benötigt wird.[429] Die Zahl der sog. natürlichen Experimente ist gering. Als Beispiel für eine erfolgreiche Privatisierung wird häufig Chile genannt. Die dort im Jahr 1980 erfolgte Privatisierung ging mit einem deutlichen Anstieg der Kapitalisierung einher und war Vorbild für weitere südamerikanische Länder.[430] Insgesamt ergibt die Sichtung der empirischen Literatur nach BÖRSCH-SUPAN (2000, S. 441 f.) ein durchaus gemischtes Bild. Aus seiner Sicht spricht die Evidenz jedoch dafür, dass Umlagesysteme ein zentrales Sparmotiv (das Sparen für die Altersvorsorge) verdrängen. Der Anstieg der Sparquote in den Jahren nach Einführung der Riester-Rente (vgl. Abschnitt 3.3.1.2) konnte zwar bisher wissenschaftlich nicht im Sinne einer Kausalität nachgewiesen werden. Dennoch liefert diese Entwicklung weitere Anhaltspunkte dafür, dass Verdrängungseffekte grundsätzlich auch empirische Relevanz haben können.

Die Wohlfahrtswirkung dieser reduzierten gesamtwirtschaftlichen Ersparnis- und damit Kapitalbildung ist jedoch a priori keineswegs eindeutig. Denn im Zusammenhang mit dem Renditevergleich zwischen Umlage- und Kapitaldeckungsverfahren (Abschnitt 4.1.3) wurde bereits angedeutet, dass dynamisch ineffiziente *steady*

---

[427] Formal: $\frac{\partial w_t}{\partial k_t} = -f''(k_t) \cdot k_t > 0$, da $f''(k_t) < 0$.

[428] Ein formaler Beweis findet sich in BREYER (1990, S. 91 f.) und HAUENSCHILD (1999, S. 69 ff.).

[429] Vgl. auch die Ausführungen zu Kritikpunkt d) in Abschnitt 3.3.1.2.

[430] Ein Bericht der Weltbank zeigt, dass die Reformen in Chile bzw. ganz Südamerika jedoch keineswegs nur positiv beurteilt werden können (vgl. GILL (2004)).

states (d. h. nicht Pareto-effiziente Gleichgewichte) möglich sind, mithin eine Reduzierung der gesamtwirtschaftlichen Ersparnis theoretisch auch die Wohlfahrt erhöhen kann.

Zur Frage der dynamischen Effizienz. Während im Rahmen *statischer* allgemeiner Gleichgewichtsmodelle die Pareto-Effizienz von Gleichgewichten in perfekten Märkten aufgrund des *Ersten Satzes der Wohlfahrtsökonomik* gegeben ist, impliziert die sog. Transversalitätsbedingung die Pareto-Effizienz des Gleichgewichts in *dynamischen* Gleichgewichtsmodellen vom Ramsey-Typ, in denen ein unendlicher Planungshorizont der Individuen angenommen wird.[431]

In dynamischen Gleichgewichtsmodellen vom (hier in einer einfachen Form betrachteten) OLG-Typ ist jedoch die Pareto-Effizienz eines Gleichgewichts auch in Abwesenheit von Externalitäten und bei individuell rationalem Verhalten nicht sichergestellt. Der ökonomische Grund ist, dass (in der unendlich existierenden Wirtschaft) aufgrund der Überlappungsstruktur der Generationen ein Markt für Pareto-verbessernde Transaktionen zwischen den Individuen (mit begrenzter Lebensdauer und ohne Vererbungsmotiv) fehlt. In einer solchen Situation kann die Reduzierung der gesamtwirtschaftlichen Ersparnis durch ein Umlageverfahren somit zu einer Pareto-Verbesserung führen.[432] BREYER (1990, S. 75 ff.) zeigt in einer einfachen *steady-state*-Betrachtung, dass ein Abschnittsdeckungsverfahren mit *variablem Deckungsabschnitt* die Möglichkeit eröffnet, eine Ökonomie auf dem Golden-Rule-Wachstumspfad zu halten. Je nach Situation müsste die Politik den Fundierungsgrad entsprechend anpassen.[433] Hier offenbart sich jedoch das bereits angesprochene Problem, dass ausgehend von einem Verfahren mit geringem Deckungsabschnitt die Kapitalintensität nur durch temporären Konsumverzicht erhöht werden kann.

---

[431] Vgl. zum Ramsey-Modell bspw. ROMER (2001), S. 62.

[432] Dieses Ergebnis kann auch in Modellen mit Unsicherheit abgeleitet werden. Vgl. bspw. die Modelle von İMROHOROĞLU et al. (1995) und STORESLETTEN et al. (1999) in Abschnitt 4.4.4.2.

[433] Ist die Ökonomie temporär dynamisch ineffizient, müsste der Deckungsabschnitt auf Null reduziert werden, so dass ein reines Umlageverfahren resultiert, das zu einer Reduzierung der Kapitalintensität führt und die Ökonomie damit in Richtung Golden-Rule-Gleichgewicht bringt. Umgekehrt kann die Politik durch Erhöhung des Deckungsabschnitts und damit der Kapitalintensität eine dynamisch effiziente Ökonomie in ein Golden-Rule-Gleichgewicht führen.

Verschiedene Autoren haben *theoretische* Argumente vorgebracht, die auch in OLG-Modellen mit endogener Sparquote für die dynamische Effizienz gleichgewichtiger Wachstumspfade sprechen, ohne dass – wie im Fall der Einführung eines Umlageverfahrens – staatlich eingegriffen wird.[434] So weist bspw. TIROLE (1985) auf die Möglichkeit hin, dass Finanzmarktblasen die Effizienz des Gleichgewichts sicherstellen können.[435] Alternativ zeigt HOMBURG (1991) durch Abwandlung des einfachen Modells von DIAMOND (1965), dass dynamische Ineffizienz ausgeschlossen werden kann, wenn statt des Produktionsfaktors *Kapital* ein fixer (nicht reproduzierbarer) Produktionsfaktor *Boden* in die Produktionsfunktion eingeht.[436] RICHTER (1993) verallgemeinert dieses Resultat für Modelle mit unsicherem Arbeitseinkommen. KRUEGER und KUBLER (2002) zeigen in einem Modell, dass der fixe Faktor Boden (der in ihrem Modell das einzige Vermögensgut darstellt), nur dann die Pareto-Effizienz des Gleichgewichts sicherstellt, wenn die Finanzmärkte sequentiell vollständig sind.[437]

Theoretisch gibt es somit einige Gründe, die für eine dynamisch effiziente Welt sprechen. Eine *empirische* Bestätigung dieser These gestaltet sich allerdings schwierig.[438] Eine detailreiche Studie zur Frage der dynamischen Effizienz wurde von ABEL et al. (1989a,b) durchgeführt. Statt des Vergleichs von Wachstumsraten und Zinssätzen wird in Anlehnung an PHELPS (1961) unter der Annahme einer kompetitiven Ökonomie der Saldo aus Investitionsniveau und den generierten (ope-

---

[434] WIGGER (2005) zeigt, dass auch Staatsverschuldung die dynamische Ineffizienz einer Ökonomie vermeiden kann, was angesichts der Äquivalenz von Staatsverschuldung und Umlageverfahren wenig überrascht.

[435] Eine Blase besteht, wenn die Preise von Vermögensgegenständen über der auf Basis von Fundamentaldaten vorgenommenen Bewertung liegt. Dadurch wird ein (unproduktives) Substitut für die Investition in produktives Realkapital geschaffen und folglich die Kapitalintensität (in Richtung Golden-Rule-Gleichgewicht) reduziert.

[436] RHEE (1991) präzisiert diesen Befund. In seinem Modell lautet die hinreichende Bedingung für den Ausschluss dynamischer Ineffizienz, dass der Einkommensanteil des Faktors Land nicht asymptotisch gegen Null geht. Die Erfüllung dieser Annahme in der Realität ist angesichts der von Menschen besiedelten (Wirtschafts-)Räume und der damit gegebenen Konkurrenz um den Faktor Boden als äußerst plausibel anzusehen.

[437] In Gegenwart unvollständiger Märkte können KRUEGER und KUBLER (2002) zeigen, dass die Einführung eines umlagefinanzierten Systems dann eine Pareto-Verbesserung bedeuten kann, wenn sie in einem negativen Zustand der Ökonomie (sie nennen das Beispiel der großen Depression) erfolgt.

[438] Während das Lohnsummenwachstum $(n + g)$ noch vergleichsweise einfach zu messen ist, stellt sich hinsichtlich der Grenzproduktivität des Kapitals r die Frage nach der geeigneten Operationalisierung.

rativen) Cash-Flows nach Abzug der Lohnzahlungen gebildet. Dieses auf Basis eines stochastischen Modells entwickelte *Cash-Flow-Kriterium* ist nach ABEL et al. (1989a,b) für verschiedene Spezifikationen mit Bezug auf die US-Volkswirtschaft seit 1929 in allen Jahren erfüllt, so dass diese als dynamisch effizient zu bezeichnen sind.[439],[440] Die Untersuchung weiterer großer und entwickelter Volkswirtschaften (Kanada, England, Frankreich, Deutschland, Italien und Japan) zeigt, dass im Betrachtungszeitraum 1960 bis 1984 das Cash-Flow-Kriterium auch dort in allen Jahren erfüllt ist.

Die Resultate deuten also auf eine dynamisch effiziente (entwickelte) Welt hin. Genau genommen ist nach PHELPS (1965, S. 794) aber eine endgültige Diagnose dynamischer (In-)Effizienz theoretisch erst nach unendlich vielen Beobachtungen möglich. Inwieweit die empirischen Befunde von ABEL et al. (1989a,b) auch für die letzten beiden Jahrzehnte gültig sind, kann an dieser Stelle nicht abschließend beurteilt werden. Die im Rahmen dieses Abschnitts genannten Studien und Argumente werden in der Literatur zur Alterssicherung jedoch als hinreichend erachtet, um von einer dynamisch effizienten Ökonomie ausgehen zu können.

4.3.2 Wohlfahrtsbetrachtungen in Gleichgewichtsmodellen unter Sicherheit

Angesichts der für den Fall endogener Faktorpreise aufgezeigten Effekte einer Umlagefinanzierung auf die gesamtwirtschaftliche Kapitalbildung und folglich das Wachstum, ist zu fragen, ob dies zu einer anderen Einschätzung der Frage des Systemwechsels führt. Neben dem bereits (auf S. 130) referierten Modell mit exogenen Faktorpreisen betrachtet BREYER (1989) ein Modell einer geschlossenen

---

[439] Für eine Antwort auf die Frage, ob eine realweltliche Ökonomie wie die USA dynamisch effizient ist, sind nach Ansicht von ABEL et al. (1989a,b) Modelle zu untersuchen, die eine sinnvolle Unterscheidung zwischen dem Grenzprodukt des Kapitals und dem Zinssatz auf sichere Staatspapiere zulassen. Folglich ist ein stochastisches Modell erforderlich, auf dessen Grundlage die Autoren das Cash-Flow-Kriterium zur Beurteilung der Frage der dynamischen Effizienz entwickeln.

[440] Die Autoren untersuchen das *Cash-Flow-Kriterium* in den USA sowohl für die gesamte Volkswirtschaft als auch für den Unternehmenssektor unter Ausklammerung des Finanzsektors (*nonfinancial corporate sector*). Im letzteren Fall können die Investitionen in Produktivkapital (gegenüber der Einbeziehung von Investitionen in Wohnimmobilien) isoliert werden, wodurch das Problem von Schätzungen zu unterstellten Mietzahlungen vermieden werden kann. Das Cash-Flow-Kriterium erweist sich als robust gegenüber diesen unterschiedlichen Spezifikationen.

Volkswirtschaft. Trotz der positiven Wachstumseffekte durch einen Übergang zur Kapitaldeckung bleibt es auch in diesem Modell bei der Pareto-Effizienz des Umlageverfahrens. Dies liegt daran, dass die (geschlossene) Volkswirtschaft sich nicht im Ausland verschulden kann und somit zur Umstellung auf die Kapitaldeckung ein Konsumverzicht der jeweiligen jungen Generation erforderlich ist, um den höheren Wachstumspfad erreichen zu können. Für diesen Konsumverzicht (zugunsten der Kapitalbildung) während ihrer Erwerbsphase werden die Individuen im Alter durch entsprechende Kompensationszahlungen entschädigt. Grundsätzlich ist dabei ein höherer Gesamtkonsum möglich, der aber nicht zwangsläufig ausreicht, um zu einer positiven Wohlfahrtsbeurteilung zu kommen. Denn die notwendige Höhe der Entschädigung richtet sich nach der intertemporalen Grenzrate der Substitution (MRS). Tatsächlich ist jedoch nur eine Entschädigung in Höhe der Mehrproduktion in Höhe der Grenzproduktivität des Kapitals (MPK) möglich. Gilt im Ausgangsgleichgewicht MPK = r = MRS, dann ist der Konsumverzicht nicht allein aus der Mehrproduktion finanzierbar und es müssen neue Darlehen aufgenommen werden. BREYER (1989) zeigt, dass die Darlehen nicht in endlicher Zeit getilgt werden können. Mit anderen Worten genügt unter Einbeziehung der Nutzenfunktion der höhere Gesamtlebenszykluskonsum (infolge des Wirtschaftswachstums) nicht, um für den Konsumverzicht zu kompensieren, weil die Aufteilung des Gesamtkonsums aus individueller Sicht suboptimal ist.

Damit gilt nicht nur im Fall der kleinen offenen Volkswirtschaft mit exogenen Faktorpreisen, sondern auch in der geschlossenen Volkswirtschaft mit endogenen Faktorpreisen, dass ein Systemwechsel[441] nicht mit einer Pareto-Verbesserung verbunden sein kann, wenn keine statischen Ineffizienzen vorliegen bzw. Teilhabeäquivalenz gegeben ist.[442] Daran anknüpfend stellt sich die Frage, wie die Wohlfahrtsbeurteilung bei einem Kompromiss aus beiden Fällen ausfällt.

Dieser Kompromiss wird durch eine *große offene* Volkswirtschaft abgebildet. Hier werden die Faktorpreise *endogen* bestimmt, weil die Volkswirtschaft genügend Gewicht auf den internationalen Kapitalmärkten hat. In diesem Fall hängt die Wohlfahrtsbeurteilung davon ab, ob die Ökonomie als Nettoexporteur oder Nettoimporteur auf dem Kapitalmarkt agiert. Dies zeigen BREYER und WILDASIN (1993) – allerdings lediglich in einer für die Beurteilung der Pareto-Effizienz eines Systemwechsels weniger geeigneten *steady-state*-Betrachtung (s. o.). Ausgehend vom

---

[441] Wenn nicht explizit anders erwähnt, wird im Folgenden mit Systemwechsel der Übergang von einem Umlageverfahren zu einem Kapitaldeckungsverfahren verstanden.

[442] Auch das Ergebnis von HOMBURG (1990) kann im Rahmen eines Modells einer geschlossenen Volkswirtschaft bestätigt werden (vgl. BREYER und STRAUB (1993)).

Golden-Rule-Gleichgewicht kann die Wohlfahrt durch Ausdehnung des Umlage-verfahrens in ihrem Modell noch weiter erhöht werden, wenn das Land als Net-toexporteur am Kapitalmarkt operiert. Für ein intuitives Verständnis hilft die Logik der realen Außenwirtschaftstheorie weiter. Die Ausdehnung (Reduzierung) des Umlageverfahrens führt zur Abnahme (Zunahme) der gesamtwirtschaftlichen Ersparnis und aufgrund des internationalen Gewichts der Volkswirtschaft zu stei-genden Kapitalmarktzinsen. Für den Nettoexporteur bedeutet dieser Preisanstieg des Exportguts unzweifelhaft einen Wohlfahrtsgewinn. Für einen Nettoimporteur bedeutet dies im Umkehrschluss, dass durch eine Schrumpfung des Umlageverfah-rens der Kapitalmarktzins nach unten gedrückt und die Wohlfahrt erhöht werden kann: „That is, ‚dynamic efficiency' is sacrificed in order to take advantage of the country's monopsony power in the international capital market."[443]

4.3.2.1 Theorie, Empirie und numerische Simulation. Eine methodische und inhaltliche Einordnung

Die bisher betrachteten Modelle sind allesamt analytisch zu lösen. Allerdings müs-sen hierzu jeweils gewisse Abstraktionen von der Realität in Kauf genommen wer-den. Nicht ohne Hintergrund wurden daher nochmals die Modelle von HOMBURG (1990) und FENGE (1995) aus Abschnitt 4.2 aufgegriffen. Die abgeleiteten Ergeb-nisse sind offensichtlich maßgeblich von der spezifischen Annahmenkombination geprägt – im konkreten Fall ergab sich die unterschiedliche Wohlfahrtsbetrach-tung aus der Annahme der Pauschalrente im Fall Homburgs bzw. der vollstän-digen Teilhabeäquivalenz bei Fenge. Ansonsten weisen die Modelle eine weitge-hend identische Grundstruktur (endogenes Arbeitsangebot, exogene Faktorpreise und lohnabhängige Beiträge) auf, die damit eine isolierte Betrachtung der Finanz-ierungsverfahren möglich erscheinen lässt. Als entscheidend für die Effizienz des Umlageverfahrens wurde die Wahrnehmung der Beiträge als Ersparnisbildung bzw. als Steuern identifiziert. Die theoretische Robustheit dieses Ergebnisses ist bereits bei endogenen Faktorpreisen mit gewissen Schwierigkeiten verbunden. So konnte BREYER (1989) sein o. a. Ergebnis in der geschlossenen Volkswirtschaft nur bei exogenem Arbeitsangebot ableiten bzw. ergaben sich in der großen offenen Volks-wirtschaft bereits differenziertere Ergebnisse.

Das Problem ist letztlich methodischer Natur. Denn die Lösung der OLG-Model-le erfordert die Lösung von nichtlinearen Differenzengleichungen. Mit zunehmend

---

[443] BREYER und WILDASIN (1993), S. 48.

komplexeren Annahmenkombinationen ist dies nicht mehr analytisch möglich. Zur Lösung können dann, wie bspw. in der Konjunkturtheorie und in finanzmathematischen Modellen üblich, Linearisierungen dienen, die in der Umgebung des Gleichgewichts zu gültigen Lösungen führen.[444] Eine Alternative stellen numerische (Iterations-)Lösungen im Rahmen von Simulationsmodellen dar, die auch als *Computable-General-Equilibrium*-Modelle (im Folgenden CGE-Modelle) oder angewandte allgemeine Gleichgewichtsmodelle (*Applied General Equilibrium Models*) bezeichnet werden.[445] Einen Meilenstein der CGE-Modellgeschichte stellt die Monografie von AUERBACH und KOTLIKOFF (1987) zur Anwendung numerischer Lebenszyklusmodelle auf verschiedene finanzwissenschaftliche Fragestellungen dar, mit der das Forschungsfeld der dynamischen Fiskalpolitik begründet wurde. Die Modelle des Auerbach/Kotlikoff-Typs (im Folgenden: AK-Modelle) erlauben dabei eine vollständige Analyse der gesamtwirtschaftlichen Auswirkungen einer fiskalpolitischen Reformmaßnahme im Zeitablauf und sind daher gerade auch für Fragen der Alterssicherung geeignet.

Alle numerischen Modelle erfordern eine funktionale Spezifikation mit konkreten Parameterwerten. Hinsichtlich der Spezifikation der funktionalen Zusammenhänge können zwei grundsätzliche Herangehensweisen unterschieden werden. Die Mehrzahl der Autoren greift in Anlehnung an AUERBACH und KOTLIKOFF (1987) bei der Spezifikation der funktionalen Zusammenhänge teilweise auf Parameterwerte aus der bestehenden Literatur zurück, die nicht selten ad-hoc-Annahmen darstellen.[446] Die übrigen Werte werden so gewählt, dass das betrachtete Modell in der Lage ist, gewisse Makro-Aggregate der realen Ökonomie (bspw. aus der volkswirtschaftlichen Gesamtrechnung) zu replizieren. Nicht nur JORGENSEN (1984) kritisiert diese sog. Kalibrierungsansätze und spricht sich für eine – ungleich aufwendigere – ökonometrische Schätzung der Parameterwerte aus.[447]

---

[444] Diesen Lösungsweg wählt BOHN in verschiedenen Arbeitspapieren bzw. Modellen, die zum Teil weiter unten referiert werden.

[445] Erste numerische Lebenszyklusmodelle vom OLG-Typ wurden von SUMMERS (1981) entwickelt, der sich allerdings noch auf eine reine *steady-state*-Betrachtung beschränkte. Vgl. zur Ideengeschichte und zu den methodischen Grundlagen das umfangreiche Werk von HEER (2009).

[446] Neben einer Arbeitsersparnis erhöht dieses Vorgehen die Vergleichbarkeit der Ergebnisse, die nicht selten sensitiv gegenüber der konkreten funktionalen Spezifikation sind.

[447] Einen guten Überblick zu Kalibrierungsansätzen und der angesprochenen Kontroverse bieten DAWKINS et al. (2001). Dort werden auch neuere Entwicklungen im Bereich der Kalibrierung thematisiert.

Nicht nur die funktionale Spezifikation bzw. die Kalibrierung auf bestimmte volkswirtschaftliche Aggregate, sondern auch die institutionelle Ausgestaltung der Systeme (neben der Alterssicherung häufig Steuer- oder Gesundheitssysteme) orientiert sich im Rahmen der *CGE-Modelle* dabei meist an einer realen Volkswirtschaft.
Damit verbinden diese Modelle einerseits Theorie und Empirie auf fruchtbare Weise.[448] Andererseits sind die gewonnenen Erkenntnisse aufgrund der spezifischen
Annahmen nicht zwangsläufig zu verallgemeinern und – was als problematischer
anzusehen ist – nicht notwendig mit den Ergebnissen anderer CGE-Modelle vergleichbar.

Im vorliegenden Fall der Alterssicherung findet in der Regel keine isolierte Betrachtung der Umlagekomponente mehr statt, vielmehr werden die Gesamtsysteme untersucht. Dies wiederum hat nicht selten Sprachverwirrungen im Sinne Homburgs
zur Folge, wenn das jeweils in der Heimat der Autoren bestehende System (unter
Vernachlässigung der übrigen Systemelemente) mit einem Umlagesystem gleichge-
setzt wird.[449] So ist zu erklären, dass US-amerikanische Autoren speziell in den
hier betrachteten deterministischen Modellen tendenziell einheitlicher für einen
Systemwechsel plädieren, als dies bspw. in Deutschland der Fall ist und war.

Wie gezeigt wurde, ist aber nicht das Umlageverfahren per se, sondern der Grad
der Äquivalenz von Beiträgen und Leistungen entscheidend für die Effizienzbeurteilung eines Finanzierungsverfahrens.[450] Die diesbezüglichen Unterschiede zwischen mehreren OECD-Ländern quantifizieren KRIEGER und TRAUB (2008) unter
Verwendung eines sog. Bismarck-Faktors $\nu \in [0;1]$. Je näher ν bei eins liegt, desto größer die Beitragsäquivalenz. In Deutschland war die Beitragsäquivalenz mit
$\nu = 0,56$ folglich ausgeprägter als in den USA mit $\nu \approx 0,45$.[451,452] Die Beitrags-

---

[448] RAFFELHÜSCHEN (1989, S. 189) bemerkt in diesem Zusammenhang: „[Simulations-
analysen] stellen einen fruchtbaren Mittelweg zwischen Theorie und Empirie dar, der
es erlaubt, auch über die komparative Dynamik hinauszugehen und numerische Bei-
spielrechnungen über mögliche Transitionsabläufe durchzuführen."

[449] Tatsächlich werden die Begriffe *Pay-as-you-go*-System (Umlageverfahren) und *Social
Security* immer wieder als Synonyme verwendet.

[450] Von Effizienznachteilen kann diesbezüglich letztlich nur in den bisher betrachteten
deterministischen Modellen gesprochen werden. Unter Einbeziehung von Unsicherheit
ergeben sich teilweise andere Ergebnisse (vgl. Abschnitt 4.4).

[451] Der Wert für die USA geht nicht aus dem Fließtext zitierten Aufsatz hervor und
musste daher aus dem Diagramm abgelesen werden.

[452] Während sich in Deutschland im Zeitraum 1984-2000 die Beitragsäquivalenz nur wenig erhöht hat, war im US-Social-Security-System eine deutliche Stärkung des Zusammenhangs zwischen Beiträgen und Leistungen zu beobachten. Nach wie vor ist der

äquivalenz liegt damit nahe am experimentell ermittelten Bismarck-Faktor in Höhe von $\nu = 0, 61$, den die Autoren als von Seiten der deutschen Bevölkerung präferierten Wert angeben. Als Argument für einen zumindest teilweisen Übergang führt BÖRSCH-SUPAN (2000) hingegen Umfrageergebnisse an, die dafür sprechen, dass die deutsche Bevölkerung die GRV-Beiträge im Wesentlichen als Steuern wahrnimmt. Diese Ergebnisse müssen jedoch nicht zwangsläufig im Widerspruch stehen. BÖRSCH-SUPAN (2000) argumentiert unter einseitiger Berücksichtigung der Effizienz, während die Experimentalergebnisse dafür sprechen, dass letztlich ein Kompromiss zwischen Umverteilung und Effizienz erwünscht ist.

Aufgrund der Gesamtbetrachtungen im Rahmen der CGE-Modelle wird im Folgenden der Fokus zwangsläufig über die primäre Betrachtung der Finanzierungsverfahren hinaus erweitert. Weil die Zahl der Simulationsstudien mittlerweile kaum noch zu überschauen ist und nicht selten mit großem rechnerischen Aufwand marginale Erkenntnisgewinne erzielt werden – die zudem in der Regel nicht verallgemeinerbar sind – erfolgt ein eher kursorischer Gang durch jene Modelle, die zentrale Einsichten gewähren. Soweit möglich wird auf Modelle zurückgegriffen, die auf die deutschen Gegebenheiten kalibriert wurden. Die Ergebnisse werden dabei zwar in den quantitativen Dimensionen vorgestellt, sollten allerdings eher qualitativ interpretiert werden, weil die Vergleichbarkeit der unterschiedlich spezifizierten Modelle nur in Ausnahmefällen gegeben sein dürfte.

4.3.2.2 Ausgewählte Ergebnisse deterministischer CGE-Modelle

In der genannten Monografie von AUERBACH und KOTLIKOFF (1987) wird u. a. ein 55-Generationenmodell eines repräsentativen Haushalts betrachtet, der im Alter von 20 Jahren auf den Arbeitsmarkt tritt und mit 75 Jahren stirbt. Die Autoren untersuchen die Auswirkungen des demografischen Wandels in den USA im Fall mit und ohne Rentensystem sowie verschiedene Reformszenarien. Dabei geht es den Autoren weniger um eine exakte Quantifizierung als vielmehr darum, einen Eindruck über die qualitativen Effekte zu vermitteln. Im Fall ohne Rentensystem führt ein plötzlicher und dauerhafter Rückgang der Fertilität um jährlich drei Prozent zu einer für alle Generationen spürbaren Wohlfahrtsverbesserung, weil die Konsummöglichkeiten (als einziges Argument der Nutzenfunktion) aufgrund einer

---

Bismarck-Faktor für Deutschland aber höher. Die im Rahmen der Studie ebenfalls untersuchte Generosität der Systeme weist in Deutschland eine leichte Abnahme auf, während in den USA ein leichter Anstieg zu verzeichnen ist.

günstigen Faktorpreisentwicklung zunehmen.[453] Letztere folgt aus der Zunahme der relativen Knappheit des Produktionsfaktors Arbeit im Vergleich zum Kapital. Im Sinne der neoklassischen Wachstumstheorie geht dieser Anstieg der Kapitalintensität (*capital deepening*) mit steigenden Reallöhnen und sinkenden Realzinsen einher.

Wie Tabelle 4.1 exemplarisch zeigt, fallen diese Wohlfahrtsgewinne in Gegenwart eines umlagefinanzierten Rentensystems – vor allem in der langen Frist – deutlich geringer aus. Dies ist Folge der geringeren Kapitalisierung und der bei sinkender Bevölkerung notwendig höheren Beiträge. Das Modell veranschaulicht somit die wesentlichen Effekte, die v. a. in den Reformdiskussionen bis Ende der 1990er Jahre eine Rolle gespielt haben. Das Umlageverfahren geht mit einer geringeren Kapitalisierung einher und gerät durch den demografischen Wandel direkt unter Finanzierungsdruck – höhere Beiträge verringern die Kapitalisierung aufgrund der reduzierten Ersparnisbildung weiter. Die günstige Faktorpreisentwicklung, die sich im stilisierten Modell ergibt, könnte aber schlimmeres verhindern. In der Folgezeit wurden diese und weitere Effekte im Rahmen erweiterter AK-Modelle untersucht, um mögliche Reaktionen der Politik zu analysieren und diesbezügliche Empfehlungen geben zu können.

Im deutschsprachigen Raum erfolgte die Anwendung von AK-Modellen zu Fragen der Reformierung der Alterssicherung erstmals durch RAFFELHÜSCHEN (1989).[454] Er betrachtet ein Sieben-Generationen-Modell einer geschlossenen Volkswirtschaft mit endogener Arbeitsangebotsentscheidung sowie einem Vererbungsmotiv.[455] Im Zentrum der Analyse stehen die Effekte einer Teilfundierung, die durch eine zuvor angekündigte Kürzung der Beitragssätze von 20 Prozent im Ausgangspunkt auf dann 12 Prozent erfolgt und den Individuen entsprechende Anpassungszeit gibt. Zentral sind die Verhaltensreaktionen der im Zeitraum zwischen Ankündigung und Systemwechsel geborenen Übergangsgenerationen, die zur Kompensation des abgesenkten Rentenniveaus die Ersparnisse erhöhen und ihr Arbeitsangebot

---

[453] Die Fokussierung auf den Konsum als einziges Argument der Nutzenfunktion ist dabei freilich nicht unproblematisch, weil bspw. mögliche Nutzeneinbußen der Kinderlosigkeit vernachlässigt werden.

[454] KEUSCHNIGG (1989) wendet erstmals ein AK-Modell zu steuerpolitischen Fragestellungen in Deutschland an.

[455] Das Vererbungsmotiv hat allerdings nicht die üblichen kapitalbildenden Effekte sondern dient, als rein privater Transfer, lediglich der Eliminierung von „zinsbringenden Hinterlassenschaften [, die] in dieser Modellspezifikation zu unrealistischen Ergebnissen [führen würden]." (RAFFELHÜSCHEN (1989), S. 202).

Tabelle 4.1:
Wohlfahrtseffekt eines dreiprozentigen Bevölkerungsrückgangs.

Generation[‡]	Wohlfahrtseffekt in Prozent[†]	
	ohne Rentensystem	mit Rentensystem
-75	0,00	0,00
-50	0,02	0,01
-25	0,95	0,99
0	10,33	9,95
25	12,36	8,70
50	12,76	7,29
75	12,66	6,72

[†] Äquivalente Variation, d.h. die notwendige Erhöhung der Konsumausgaben im Ausgangsgleichgewicht, um das Nutzenniveau im neuen Gleichgewicht zu erreichen.
[‡] Geburtsjahr bezogen auf den Zeitpunkt des Fertilitätsrückgangs.

Eigene Darstellung auf Basis AUERBACH und KOTLIKOFF (1987).

ausdehnen. Langfristig resultiert eine Erhöhung der Kapitalintensität um 32 Prozent, wobei die Anpassungsreaktionen erst nach 100 Jahren abgeschlossen sind. Unter Wohlfahrtsaspekten ergibt sich für die Übergangsgenerationen die erwartete Doppelbelastung zwischen einem und sechs Prozent – je näher die Geburt am Zeitpunkt des Systemwechsels liegt, desto höher die Nutzenreduktion. Bereits zwei bis drei Perioden (16-24 Jahre) nach dem Systemwechsel ist das Wohlfahrtsniveau erheblich ausgeweitet und nahe am langfristigen Gleichgewichtsniveau. Für RAFFELHÜSCHEN (1989) bedeutet dies, dass die Teilfundierung als Lösung für die in Deutschland zu dieser Zeit bereits absehbaren demografischen Probleme anzusehen ist und mit möglichst viel Vorlauf angegangen werden sollte.

RAFFELHÜSCHEN (1993) knüpft an diese Arbeit an und untersucht in einem für Deutschland parametrisierten Modell die Möglichkeiten, durch die Abschaffung des umlagefinanzierten Rentensystems, eine echte Pareto-Verbesserung zu erreichen. Dazu greift er auf die in AUERBACH und KOTLIKOFF (1987, S. 56) eingeführte *Lump Sum Redistribution Authority* (LSRA) zurück, eine fiktive staatliche Einrichtung, die mit Pauschaltransfers alle vor den Reformen geborenen Generationen auf das Nutzenniveau hebt, das sie ohne Reformen erreicht hätte und alle künftigen Generationen gleich stellt. Wenn die künftigen Jahrgänge in diesem Fall besser gestellt werden als in der Situation ohne Reformen, so kann von einem echten Effizienzgewinn im Sinne Paretos gesprochen werden. Andernfalls handelt es sich um eine reine intergenerative Umverteilung. Tatsächlich zeigt sich, dass der überwiegende Teil der Wohlfahrtsgewinne der Jungen das Ergebnis der intergenerativen Umverteilung ist. Lediglich 20 Prozent dieser Gewinne sind nach RAFFELHÜSCHEN (1993) auf die effizientere Allokation (insbesondere am Arbeitsmarkt) zurückzuführen. Insgesamt besteht im Modell jedoch durchaus die Möglichkeit zu echten Effizienzgewinnen durch einen Übergang zur Kapitaldeckung. Mit Blick auf die politische Realisierbarkeit werden auch Teilfundierungsstrategien untersucht und es zeigt sich, dass bereits eine 25 (50)-prozentige Kapitalfundierung mit der Realisierung von 50 (72) Prozent der Effizienzgewinne verbunden ist. Ein mit Blick auf das AVmG interessanter Befund. Allerdings ist anzumerken, dass die Kompensation der Verlierergenerationen im Modell über Pauschaltransfers finanziert werden, die realiter nicht zur Verfügung stehen.

KOTLIKOFF (1995) zeigt, dass die Annahme von Pauschaltransfers erheblichen Einfluss auf das Ergebnis hat. In seinem Modell für das US-Rentensystem werden insgesamt fünf Politikszenarien dargestellt, die zeigen, dass die Möglichkeiten zu einer echten Effizienzverbesserung stark vom Steuer- und Beitragssystem bzw. der Art der Finanzierung der Kompensationszahlungen abhängen. Tabelle 4.2 stellt drei der fünf betrachteten Szenarien dar. Eine quantitative Vergleichbarkeit mit den Ergebnissen aus Tabelle 4.1 ist dabei aufgrund der unterschiedlichen Spezifikationen und Zielsetzungen der jeweiligen Arbeiten nicht gegeben.

Im Basisszenario und im Szenario Konsumsteuer wird angenommen, dass keine Beziehung zwischen Beiträgen und Leistungen besteht. Während im Basisszenario die zur Finanzierung des Übergangs notwendigen Einnahmen über das progressive Steuersystem erzielt werden, erfolgt dies im zweiten Szenario über eine Konsumsteuer. In beiden Szenarien stellt die Privatisierung eine Pareto-Verbesserung dar. Im Basisszenario (Konsumsteuerszenario) können die (Konsum-)Verluste der zum Zeitpunkt der 10 (25) und mehr Jahre vor den Reformen Geborenen kompensiert werden. Für die jüngeren und künftigen Generationen erhöhen sich die verbleibenden Lebenszyklusressourcen um 0,93 respektive 4,45 Prozent. In beiden Fällen können die mit der Beitragserhebung verbundenen Verzerrungen auf dem Arbeitsmarkt behoben werden. Der Effizienzgewinn ist im Fall der Konsumsteuer deutlich größer, weil die Finanzierung der Kompensationszahlungen über die Einkommensteuer selbst wiederum mit Verzerrungen und damit Effizienzeinbußen verbunden ist. Bestehen starke Beziehungen zwischen Beiträgen und Leistungen, bewirkt das Rentensystem keine Arbeitsangebotsverzerrungen, so dass der im Zuge der Pri-

Tabelle 4.2:
Wohlfahrts- und Effizienzeffekte einer Abschaffung des
US-Rentensystems, verschiedene Szenarien.

Generation[‡]	Basisszenario[†]		Konsumsteuer[†]		Äquivalenz[†]	
	Wohlfahrt	Effizienz	Wohlfahrt	Effizienz	Wohlfahrt	Effizienz
-54	-0,12	0	-4,71	0	-0,24	0
-25	-1,84	0	-1,19	0	-3,06	0
-10	-0,17	0	1,81	0	-1,26	0
0	1,19	0,93	3,55	4,45	0,31	-3,14
10	2,38	0,93	5,07	4,45	1,39	-3,14
25	5,17	0,93	7,57	4,45	4,29	-3,14
150	9,67	0,93	10,79	4,45	8,89	-3,14

[†] Veränderung der verbleibenden Lebenszyklusressourcen.
[‡] Geburtsjahr bezogen auf das Jahr Null der Reform.

Eigene Darstellung auf Basis KOTLIKOFF (1995).

vatisierung erfolgende Wechsel auf eine lohnsteuerfinanzierte Kompensation per
Saldo sogar zu einem Effizienzverlust (einer Pareto-Verschlechterung) von 3,1 Prozent führt. Mithin kommt es darauf an, welche Beziehung zwischen Beiträgen und
Leistungen im Ausgangsgleichgewicht besteht und welche Verzerrungen mit den
zur Finanzierung des Übergangs erhobenen Steuern verbunden sind.

In einem sehr ausdifferenzierten CGE-Modell für Deutschland kommt FEHR (2000)
zu vergleichbaren Ergebnissen. Neben dem Transitionspfad betrachtet er ebenfalls
die Frage der Pareto-Effizienz. Eine Privatisierung, die aufgrund der versicherungsmathematischen Äquivalenz quasi automatisch zu einer Effizienzsteigerung führt,
lohnt besonders dann, wenn eine schwache Beziehung zwischen Beiträgen und Leistungen besteht. Die Einführung einer Pauschalrente führt folgerichtig zu einem Effizienzverlust. Über den Aspekt der Beitragsäquivalenz hinausgehend kommt FEHR
(2000) – der im Modell zusätzlich noch fünf Einkommensklassen unterscheidet – zu
dem Ergebnis, dass neben intergenerativen Verteilungswirkungen auch intragenerative Verteilungseffekte von Reformoptionen zu berücksichtigen sind. Erwartungsgemäß findet die stärkste Umverteilung zugunsten der unteren Einkommensklassen
im Pauschalrentenszenario statt, das jedoch unter Effizienzgesichtspunkten hinter
dem Äquivalenzszenario deutlich zurückbleibt – mit Blick auf die noch folgende
Diskussion zur Risikoteilung (vgl. Abschnitt 4.4) ein interessanter Befund.

Die Befunde der genannten Simulationsstudien sind damit grundsätzlich kompatibel mit den bereits angeführten theoretischen Erkenntnissen von BREYER (1989), HOMBURG (1990) und FENGE (1995). Nur wenn im Zuge des Systemwechsels statische Ineffizienzen beseitigt werden, ist ein Übergang möglich, bei dem die Übergangsgenerationen durch die LSRA kompensiert werden könnten. Die Beseitigung derartiger Ineffizienzen erfordert jedoch nach Auffassung von SINN (2000) nicht zwangsläufig die (teilweise) Abschaffung der Umlagefinanzierung, sondern ist vielmehr auch durch entsprechende Reformen im Steuersystem (genauer: eine Cash-Flow-Steuer zur Förderung der Kapitalbildung und eine stärkere Beitragsäquivalenz zur Lösung der Verzerrungen am Arbeitsmarkt) möglich.[456] Diese Überlegung kann letztlich auf alle deterministischen Simulationsmodelle angewendet werden, die einen Übergang zur Kapitaldeckung lohnend erscheinen lassen. Auf eine ausführliche Darstellung weiterer verwandter Modelle wird deshalb verzichtet.

Exkurs: Generationenbilanzierung und allgemeines Gleichgewicht. Vielmehr soll an dieser Stelle kurz auf die Problematik von *Politikempfehlungen* auf Basis der mittlerweile etablierten Methodik der Generationenbilanzierung eingegangen werden. Die zunehmende Berücksichtigung von Ergebnissen aus Generationenbilanzen im politischen Prozess ist zwar grundsätzlich positiv zu bewerten, weil sie die Transparenz im Hinblick auf die langfristigen Konsequenzen politischer Maßnahmen erhöhen. Jedoch zeigen die folgenden Ausführungen, dass die nach wie vor fehlende Einbettung in ein allgemeines Gleichgewichtsmodell zu problematischen Politikempfehlungen führen kann, wenn die Ergebnisse nicht entsprechend interpretiert werden.

Im Grundsatz handelt es sich bei der von AUERBACH et al. (1991, 1992, 1994) entwickelten Methode um ein intertemporales Budgetierungssystem, mit dessen Hilfe alle zukünftigen Zahlungen eines Individuums an den Staat mit allen zukünftigen Leistungen, die es vom Staat erhält, saldiert werden. Auf diese Weise lassen sich die Nettosteuerlasten einzelner Generationen bestimmen, die auch die impliziten Zahlungsversprechen umlagefinanzierter Parafiski beinhalten.[457] Aus diesem

---

[456] Zur Rolle der statischen Ineffizienzen vgl. auch BREYER und STRAUB (1993). Zur Rolle von Kapitaleinkommensteuern vgl. auch die Abschnitte zur Risikoteilung, insbesondere die Ausführungen zur Kapitaleinkommensteuer im Kontext des Bewertungsrisikos S. 168.

[457] Eine umfassende Einführung in die Generationenbilanzierung bietet BONIN (2001). BENZ und FETZER (2004) stellen Gemeinsamkeiten und Unterschiede mit der OECD-Methode dar und diskutieren verschiedene Nachhaltigkeitsindikatoren.

Grund wird diese Methode grundsätzlich als geeignet angesehen, um die Nachhaltigkeit von Fiskalpolitik und deren intergenerative Verteilungswirkungen zu untersuchen.[458] Das Problem ist allerdings, dass es sich um ein statisches Modell handelt, das weder individuelle Verhaltensreaktionen (auf Politikmaßnahmen), noch makroökonomische Rückwirkungen erfasst.

Die Konsequenzen dieser Eigenschaften für die Güte der auf Generationenbilanzen basierenden Politikempfehlungen untersuchen unter anderem RAFFELHÜSCHEN und RISA (1997) in einem sehr stilisierten CGE-Modell. Ähnlich wie AUERBACH und KOTLIKOFF (1987) bildet ein plötzlicher und dauerhafter Rückgang der Fertilität den Ausgangspunkt ihrer Analyse. Im Rahmen des umlagefinanzierten Rentensystems werden erwartungsgemäß die kleineren Kohorten mit höheren Beiträgen belastet. Das zentrale Ergebnis ist, dass eine Politik, die durch Teilfundierung einen Ausgleich der Generationenkonten anstrebt, im Rahmen des sehr abstrakten Modells nicht mit einer Wohlfahrtsmaximierng vereinbar ist. Zwar werden die kleineren Kohorten durch höhere Rentenbeiträge im demografischen Übergang stärker belastet und im Sinne der Generationenbilanzierung benachteiligt. Gleichzeitig profitieren sie jedoch durch die infolge der makroökonomischen Effekte höheren Arbeitseinkommen. Die *Baby Boomer*, die im Modell sämtliches Kapital halten, sind durch die Faktorpreisverschiebungen negativ betroffen. Eine Reform, die eine Teilfundierung vorsieht würde diesen negativen Effekt noch verstärken und ist damit nicht mit einer Wohlfahrtsmaximierung kompatibel.

Daraus ist keineswegs zu schließen, dass das Instrument der Generationenbilanzierung keinen Beitrag zur Politikberatung leisten kann. Zum einen ist das Ergebnis von RAFFELHÜSCHEN und RISA (1997) Folge der sehr stilisierten Betrachtung eines Zwei-Generationen-Modells, in dem die alte Generation sämtliches Kapital hält. Zum anderen können die Probleme durch entsprechende Interpretation der Generationenbilanzen vermieden werden. Die Untersuchung von RAFFELHÜSCHEN und RISA (1997) sensibilisiert somit für den Umstand, dass die Generationenbilanz letztlich nur das Verhältnis Individuum vs. Staat abbildet und für eine ganzheitliche Wohlfahrtsanalyse auch makroökonomische Rückwirkungen sowie private intergenerative Transfers zu berücksichtigen sind.[459] Letztere können zwar die Lasten des demografischen Wandels nicht vollständig kompensieren, tragen aber dennoch zur Entlastung der geburtenschwachen Jahrgänge bei, weil aufgrund der geringeren

---

[458] Aktuelle Ergebnisse zur GRV finden sich bspw. in HEIDLER (2009).

[459] Zum Anspruch der Generationenbilanzierung hinsichtlich intergenerativer Verteilungsanalysen vgl. auch RAFFELHÜSCHEN und SCHODER (2007).

Zahl der Erben die Pro-Kopf-Erbschaften zunehmen.[460] Gleichwohl sprechen diese Argumente kaum gegen die Einhaltung einer angemessenen fiskalische Disziplin, zu deren Beurteilung die Generationenbilanzen systematisch beitragen können. Im übrigen ist es durchaus denkbar, dass die politische Zielfunktion nur das Verhältnis Individuum vs. Staat enthält und die Faktorpreiseffekte im politischen Prozess keine Rolle spielen (sollten).[461]

Demografischer Wandel, Reformen und die Entwicklung der Faktorpreise. In einer umfassenden Wohlfahrtsanalyse sind die Faktorpreise jedoch stets zu berücksichtigen. Für Deutschland untersuchen BÖRSCH-SUPAN et al. (2003) daher die Auswirkungen des AVmEG im Hinblick auf die Faktorpreise sowie auf die politischen Zielgrößen der Beitragssatz- und Rentenniveauentwicklung. Hierzu kalibrieren sie ein CGE-Modell einer kleinen offenen Volkswirtschaft und betrachten die Auswirkungen verschiedener Szenarien (darunter Arbeitsmarktentwicklung und Renteneintrittsalter) und Rentenpolitiken. Zu den zentralen Ergebnissen gehört, dass mit den Regelungen des AVmEG der Beitragssatz bis etwa 2010 (dem ursprünglich geplanten Ende der Erhöhungen des AVA, vgl. Abschnitt 3.2.1.4) nahezu konstant gehalten werden kann, bevor er dann ähnlich stark ansteigt, wie im Szenario ohne Reform, so dass allenfalls von einem dämpfenden Effekt der Reform gesprochen werden kann.

Im Hinblick auf die Faktorpreise unterscheiden BÖRSCH-SUPAN et al. (2003) zwischen einem rein demografischen Effekt und dem bereits von RAFFELHÜSCHEN und RISA (1997) angesprochenen zusätzlichen Effekt einer kapitalgedeckten Komponente in der Alterssicherung. Die Bevölkerungsalterung führt zu einem Rückgang der Realverzinsung (physischen Kapitals) um 0,7 Prozentpunkte (von 4,5 auf etwa 3,8 Prozent) für den Zeitraum 2000 bis 2028. Die Effekte der zusätzlichen Kapitalbildung im Zuge der Riester-Reform (AVmEG) sind hingegen vernachlässigbar. Im Politikszenario eines konstanten Beitragssatzes ab 2000 und damit drastischer Kürzungen der Rentenniveaus, würde die zusätzliche private Ersparnisbildung eine Reduzierung der Kapitalmarktrenditen um zusätzliche 0,5 Prozentpunkte mit sich bringen. Die Autoren sehen dies als Bestätigung für die Überschätzung der Problematik des sog. *Asset Meltdowns* an,[462] zumal sie im Modell einer geschlossenen

---

[460] Zur Bedeutung privater Transfers vgl. ausführlich LÜTH (2001).

[461] Für LUDWIG und REITER (2010) stellt dies hingegen eine durchaus pragmatische politische Zielfunktion dar.

[462] Die *Asset-Meltdown*-Hypothese behauptet einen engen Zusammenhang zwischen den Preisen für Vermögensgütern (*Assets*) und der demografischen Entwicklung und kann

Volkswirtschaft die Möglichkeiten internationaler Anlage- bzw. Investitionsmöglichkeiten vernachlässigen würden.[463]

---

daher als *finanzwirtschaftliches Pendant* zu den im Rahmen dieser Arbeit betrachteten realwirtschaftlichen Modellen angesehen werden. Den Anstoß für die *Asset-Meltdown*-Debatte gab eine empirische Untersuchung von MANKIW und WEIL (1989). Den Ausgangspunkt stellt eine Regression des (historischen) Nachfragewachstums auf den Preisindex für Wohnungsbauinvestitionen dar, die zu dem Ergebnis führt, dass die Konstanz der Immobilienpreise eine jährliche Zunahme der Nachfrage um 1,5 Prozent erfordert. Auf Basis eines Altersprofils der Immobiliennachfrage kommen die Autoren dann zu dem Schluss, dass die Alterung (nicht Abnahme!) der Bevölkerung mit durchgängig unzureichenden Wachstumsraten der Nachfrage verbunden ist. Der damit verbundene Preisdruck führt innerhalb von 20 Jahren, so die damalige Prognose, zu einem Rückgang der realen Immobilienpreise um 47 Prozent. Mittlerweile können die speziellen Vorhersagen des Modells von MANKIW und WEIL (1989) als mit Sicherheit falsifiziert gelten. Ursache für die falschen Prognosen waren methodische Mängel, wie insbesondere die Vernachlässigung von Kohorten- und Einkommenseffekten. Dies bedeutet aber nicht, dass die allgemeine Vermutung einer Beziehung zwischen der demografischen Entwicklung und den Immobilienpreisen widerlegt ist. In einer Panel-Studie zu 22 entwickelten Ländern kommt TAKÁTS (2010) auf Basis eines *Difference-in-Differences*-Ansatzes zu dem Ergebnis, dass durchaus signifikante marginale Effekte der demografischen Entwicklung auf die Immobilienpreise existieren. Während in den USA ein positiver demografischer Effekt von 80 Basispunkten pro Jahr konstatiert wird, stellte sich in Kontinentaleuropa der dämpfende Effekt der Demografie bereits früher ein. In Deutschland war im gleichen Zeitraum 1970 bis 2009 ein negativer marginaler Effekt der Demografie auf die Immobilienpreise in Höhe von 60 Basispunkten p. a. zu beobachten. Bis 2050 prognostiziert TAKÁTS (2010) bei isolierter Betrachtung der demografischen Effekte einen Rückgang der deutschen Immobilienpreise um jährlich 300 Basispunkte. Die Grundidee von MANKIW und WEIL (1989) wurde in den vergangenen Jahren auf die Entwicklung der Preise von Vermögensgütern (*Assets*) insgesamt verallgemeinert (daher: *Asset Meltdown*). POTERBA (2001b) zeigt die vermutete Beziehung in einem einfachen Modell auf, kommt aber sowohl aus theoretischen als auch empirischen Gründen zu dem Ergebnis, dass ein deutlicher Rückgang der Vermögenspreise eher unwahrscheinlich ist. Empirisch erweist sich die Untersuchung der demografischen Auswirkungen jedoch – speziell in liquiden Märkten mit zahlreichen Einflussfaktoren – als nicht trivial. Ein sorgfältig spezifiziertes ökonometrisches Modell zur Frage „Asset Meltdown – Fact or Fiction" schätzen MAREKWICA et al. (2006). Diese Autoren kommen zu dem Schluss, dass ein *Asset Meltdown* zwar nicht völlig auszuschließen ist, jedoch mehr Fiktion als Fakt zu sein scheint. Einen Überblick über eine Vielzahl von Studien zum Thema gibt BRUNETTI (2007). Sie geht auch auf Studien zu möglichen Portfolio-Effekten des demografischen Wandels ein.

[463] Berücksichtigt man allerdings den langen Zeithorizont beim Sparen für die Altersvorsorge wirken sich diese Renditeunterschiede durchaus spürbar aus. Über 30 Jahre

Gerade diese Möglichkeit, die Ersparnisse für die Rentenphase im Ausland anzulegen, ermöglicht aber – unter Ausklammerung der Wechselkursproblematik – eine weitgehende Abkopplung des Kapitaleinkommens von der inländischen demografischen Entwicklung. Nicht nur aus diesem Grund muss die sog. Mackenroth-These als widerlegt gelten.[464] Die Mackenroth-These postuliert die Äquivalenz von Kapitaldeckungs- und Umlageverfahren, weil letztlich aller Sozialaufwand aus dem laufenden Volkseinkommen zu finanzieren sei. Damit negiert sie die Möglichkeit, sich im Ausland zu verschulden bzw. durch Kapitalexporte Konsummöglichkeiten in die Zukunft zu transferieren.[465] Gerade dieser Aufbau von Ansprüchen an ausländische Volkseinkommen ist aber für eine gegenwärtig stark exportorientierte Volkswirtschaft wie Deutschland eine gute Möglichkeit, die Folgen des demografischen Wandels zu lindern,[466] wobei die Entwicklungen der griechischen Staatsanleihen im Frühjahr 2010 dafür sensibilisiert haben, dass es relevante Unterschiede in der Bonität von Schuldnerländern auch innerhalb des Euro-Raums gibt. Eine Tatsache, die zwischenzeitlich vernachlässigt wurde.

Gleichwohl muss bei diesem Argument berücksichtigt werden, dass die demografische Entwicklung in fast allen entwickelten Ländern ähnlich verlaufen wird. Allerdings machen BÖRSCH-SUPAN et al. (2002) darauf aufmerksam, dass unterschiedliche zeitliche Verläufe der Bevölkerungsalterung in den betrachteten Ländern die Auswirkungen auf die Faktorpreise deutlich begrenzen können.[467] In ihrem für Deutschland kalibrierten CGE-Modell untersuchen sie die Auswirkungen internationaler Anlagemöglichkeiten im Vergleich zu einer geschlossenen Volkswirtschaft.[468] Berechnet werden die Auswirkungen von Anlagemöglichkeiten innerhalb der EU, in den OECD-Ländern und weltweit. Dabei wird jeweils von vollständiger Kapitalmobilität innerhalb des betrachteten Raums ausgegangen. Diese Annah-

---

gerechnet führen Einzahlungen in gleicher Höhe für die genannten Renditen zu einem Unterschied im Kapitalstock bei Renteneintritt von über 20 Prozent.

[464] Vgl. bspw. HOMBURG (1988).

[465] Selbst innerhalb einer geschlossenen Volkswirtschaft muss dieser Satz als falsch gelten, weil auch hier im Aggregat Konsum in die Zukunft transferiert werden kann, indem bspw. langlebige Konsumgüter oder Immobilien hergestellt werden (vgl. BREYER (2000)).

[466] Zum Erklärungsbeitrag der demografischen Struktur eines Landes im Hinblick auf die Entwicklung der Leistungsbilanz vgl. FEROLI (2003).

[467] Die Bevölkerungsentwicklung in verschiedenen Ländern vergleicht bspw. BORGMANN (2005) sehr anschaulich.

[468] Die Regionen werden dabei als große offene Volkswirtschaften modelliert. Das Arbeitsangebot ist exogen, wobei die Autoren davon ausgehen, dass diese Annahme die zentralen Ergebnisse nicht maßgeblich beeinflusst.

me muss auch in der Gegenwart noch als stark gelten (vgl. dazu die Ausführungen zur internationalen Risikoteilung, S. 178). Im Szenario der geschlossenen Volkswirtschaft resultiert, ähnlich wie in BÖRSCH-SUPAN et al. (2003), ein alterungsbedingter Renditerückgang von etwa 0,7 Prozentpunkten zwischen 2010 und 2026. Durch Anlagemöglichkeiten im EU-Raum reduziert sich dieser Rückgang bereits auf nur noch 0,2 Prozentpunkte, während die Annahme der Kapitalmobilität innerhalb der OECD-Länder den Renditerückgang gänzlich verschwinden lässt. Die Effekte der Riester-Reform werden nicht betrachtet. Die drastischere Politik konstanter Beitragssätze führt im Szenario der geschlossenen Volkswirtschaft zu einem zusätzlichen Rückgang der Kapitalrendite um einen Prozentpunkt bis 2050.[469]

Die Ergebnisse bestätigen die These, dass die Ersparnisse für die Altersvorsorge auch im Ausland angelegt werden sollten. Dies gilt auch dann, wenn, wie hier, die zusätzlichen Vorteile der Risikodiversifikation (vgl. Abschnitte 4.4.1 und 4.4.3) nicht berücksichtigt werden.

Sämtliche bisher genannten Studien kommen zu dem Ergebnis, dass es im Zuge des demografischen Wandels zu einem *capital deepening* mit steigenden Löhnen und sinkenden Zinsen kommt. Dies wäre insofern günstig, weil dadurch die Belastungen durch steigende Abgaben in umlagefinanzierten Systemen etwas abgemildert würden. Allerdings kommen KOTLIKOFF et al. (2007) zu *qualitativ* abweichenden Ergebnissen hinsichtlich der Faktorpreisentwicklung im demografischen Wandel. Werden die USA als geschlossene Volkswirtschaft modelliert, so resultiert in ihrem Modell bis 2030 ein Anstieg der Realzinsen um 100 Basispunkte. Die Autoren führen dieses Ergebnis auf das Zusammenwirken dreier Faktoren zurück. Zum einen werden neben dem Rentensystem noch weitere Sozialsysteme in die Analyse eingeführt. Die umlagefinanzierten Systeme sind im demografischen Wandel mit erheblichen Abgabensteigerungen verbunden, so dass die gesamtwirtschaftliche Ersparnisbildung erschwert wird. Zum zweiten führt die spezifische Implementierung des arbeitsvermehrenden technischen Fortschritts dazu, dass die Lohnsteigerungen hinter dem Produktivitätsfortschritt zurückbleiben, während die Einkommen stetig wachsen.[470] Die Finanzierung eines konstanten Staatsausgabenniveaus, das

---

[469] Den Unterschied zum etwas leichteren Rückgang BÖRSCH-SUPAN et al. (2003) begründen die Autoren nicht.

[470] Dies wird durch ein jährlich zunehmendes Zeitbudget erreicht. Die Autoren rechtfertigen diese kontrafaktische Annahme damit, dass ansonsten die Konvergenz zu einem *steady state* nicht möglich ist bzw. die Haushalte bei steigenden Lohnsätzen ihren Freizeitkonsum aufgrund des Substitutionseffekts immer weiter ausdehnen würden. Das Arbeitsangebot würde mithin asymptotisch gegen Null streben.

an die Bevölkerungs- und Produktivitätsentwicklung angepasst wird, erfolgt über die progressive Einkommensteuer, die aufgrund des im Vergleich zur Produktivität schwachen Lohnwachstums zwangsläufig ansteigt.[471] Als dritten potenziellen Grund sehen die Autoren, dass sich die Ökonomie im Ausgangspunkt nicht in einem *steady state* befindet. Insgesamt kommt es bei dieser Konstellation zu einem Anstieg des effektiven Arbeitsangebots um knapp 60 Prozent bis 2030.[472] Der Kapitalstock steigt hingegen nur um 37 Prozent, so dass Kapital vergleichsweise knapp ist und die Zinsen steigen. Dies würde bedeuten, dass der demografische Wandel neben den steigenden Lasten der umlagefinanzierten Sozialsysteme auch eine für die jüngeren Generationen ungünstige Faktorpreisentwicklung mit sich bringen würde.

Umlageverfahren und endogenes Wachstum. Die bisher dargestellten Untersuchungsergebnisse haben deutlich gemacht, dass die Richtung und die Stärke der Effekte von der spezifischen Annahmenkombination abhängig sind. Die Spezifikation der Produktionsfunktion und die Form des technischen Fortschritts haben sich dabei als wesentliche Komponenten herausgestellt. Im Standardfall konstanter Skalenerträge bestimmt die Parameterwahl die Stärke der Faktorpreisreaktion und damit die Wohlfahrtseffekte der makroökonomischen Rückwirkungen.[473] Wird statt konstanter Skalenerträge ein *endogenes Wachstumsmodell* betrachtet, dann kann es zu einer gänzlich anderen Einschätzung des Umlageverfahrens kommen. So zeigen KEMNITZ und WIGGER (2000) im Rahmen eines solchen Modells, dass ein Umlageverfahren positive Wachstumseffekte haben kann und widersprechen damit den bisher dargestellten Studien. Als Form einer Pigou-Subvention trägt das Umlageverfahren zur Internalisierung der externen Effekte der Bildung bei. In einer rein privaten Ökonomie profitiert die Elterngenerationen (zumindest in monetärer Hinsicht) nicht von der Bildung ihrer Kinder und investiert zu wenig in deren Humankapital.[474] Das Umlageverfahren kann nun aus Sicht von KEMNITZ und WIGGER (2000) dazu beitragen, dass die Humankapitalinvestitionen auf effizientem Niveau erfolgen und so ein Wachstum generieren, das größer ist als in der rein privaten Ökonomie. Die Autoren wollen ihr Modell explizit nicht als Verteidigung des Umlageverfahrens verstanden wissen. Vielmehr geht es ihnen darum, die

---

[471] Das Steuersystem umfasst eine Pauschalsteuer auf Kapitaleinkommen und eine progressive Lohnsteuer.

[472] Ohne technischen Fortschritt steigt das Arbeitsangebot hingegen nur um 24 Prozent.

[473] Vgl. auch LUDWIG und REITER (2010).

[474] Altruismus wird im Modell offensichtlich ebenfalls ausgeblendet.

Schwächen der rein auf der Akkumulierung von physischem Kapital aufbauenden Studien aufzuzeigen, die umso mehr ins Gewicht fällt, je stärker die relative Bedeutung der Humankapitalakkumulation (im Vergleich zur Akkumulation physischen Kapitals) für das Wirtschaftswachstum ist.

4.4 Alterssicherung bei Unsicherheit und die Rolle der Risikoteilung

In den 1990er Jahren wurde überwiegend mit deterministischen Modellen gearbeitet.[475] Tatsächlich ist das menschliche Leben aber in allen Bereichen grundsätzlich von Unsicherheit geprägt, so dass letztlich jede ökonomische Entscheidung unter Unsicherheit getroffen wird und entsprechende Chancen und Risiken beinhaltet. Diese Risiken bzw. Chancen werden häufig in sog. idiosynkratische und aggregierte Risiken unterschieden. Erstere treffen das einzelne Individuum in unterschiedlicher, stochastischer Weise, wie bspw. Krankheit oder Begabung. Im Gegensatz zu den auf Ebene des Individuums auftretenden idiosynkratischen Risiken, wirken *aggregierte Risiken*, wie bspw. konjunkturelle Schwankungen oder demografische Schocks, auf Ebene der Gesamtwirtschaft und betreffen alle Individuen dieser Gruppe mehr oder weniger einheitlich.

Nun liegt die Abstraktion von der Realität in der Natur der Modellbildung und ist solange unproblematisch, wie die im Rahmen der Theorie abgeleiteten Ergebnisse der empirischen Wirklichkeit nicht widersprechen. Mit Blick auf die idiosynkratischen Risiken stellt AIYAGARI (1994) auf Basis empirischer Studien jedoch fest, dass die empirischen Fakten den Implikationen deterministischer Modelle nicht entsprechen (vgl. dazu ausführlicher Abschnitt 4.4.2). Demzufolge erfordert eine differenzierte Beurteilung auch die Untersuchung der Implikationen von Modellen, die Unsicherheit zulassen.

Werden *idiosynkratische und aggregierte Risiken* in die Betrachtung mit einbezogen, dann ergeben sich für die Beurteilung alternativer Alterssicherungssysteme *zusätzliche Effizienzgesichtspunkte*. Intragenerative Umverteilung hat in Gegenwart idiosynkratischer Risiken nicht mehr primär distributiven Charakter, sondern aufgrund der *intragenerativen Versicherungsaspekte* auch eine allokative Funktion. In einer Welt unvollständiger Märkte können Sozialversicherungssysteme zu einer

---

[475] Vgl. HAUENSCHILD (1999).

effizienten Allokation der Ressourcen beitragen, weil sie es den Individuen ermöglichen, sich gegen anderweitig nicht versicherbare Risiken abzusichern. Analog ergeben sich bei Vorliegen aggregierter Risiken zusätzliche *intergenerative Versicherungsaspekte*, die sich ebenfalls effizienzsteigernd auswirken.[476] Die Wohlfahrtsbeurteilung hängt dann letztlich davon ab, ob die zusätzlichen Versicherungsaspekte die bereits geschilderten Verzerrungen – primär der Kapitalbildung und des Arbeitsangebots – überkompensieren können.

Im Folgenden geht es zunächst darum, die Grundidee der Risikoteilung zu skizzieren und die modelltheoretischen Implikationen der Abkehr vom Determinismus zu verdeutlichen. Grundsätzlich können die Rentnergenerationen ihre Risiken mit drei Gruppen teilen: Mit den jungen Kohorten im Inland (intergenerative Risikoteilung, Abschnitt 4.4.1), mit den Mitgliedern ihrer eigenen Generation (intragenerative Risikoteilung, Abschnitt 4.4.2) und mit dem Ausland (internationale Risikoteilung, Abschnitt 4.4.3). Wie sich zeigen wird, ergibt sich insbesondere im Kontext der intergenerativen Risikoteilung eine Notwendigkeit für staatliche Eingriffe. Entsprechend liegt hier auch der Schwerpunkt. Die intragenerativen und internationalen Versicherungsaspekte werden vergleichsweise kurz erläutert. Die in diesen Abschnitten erläuterten Effekte sind auch als Propädeutik für die abschließend präsentierten CGE-Modelle zu verstehen, in denen meist mehrere Effekte interagieren. Die Kenntnis über die Auswirkungen der isolierten Effekte ermöglicht somit eine fundiertere Einordnung der aus Simulationsstudien gewonnenen Erkenntnisse.

Insgesamt sollen die folgenden Ausführungen eine Abschätzung der relativen Bedeutung der bereits angedeuteten Versicherungsaspekte sowie der parallel dazu auftretenden Verzerrungswirkungen ermöglichen. Sie können damit zur angestrebten umfassenden Gesamtbeurteilung der Ausgestaltung der Alterssicherung in Deutschland am Schluss des Kapitels (Abschnitt 4.5) beitragen.

4.4.1 Aggregierte Risiken und intergenerative Risikoteilung

Innerhalb einer Generation können allenfalls idiosynkratische (s. u.), nicht aber aggregierte Risiken *gepoolt* und damit versichert werden. Die Schaffung eines *Pooling-Mechanismus* müsste folglich das aggregierte Risiko in ein idiosynkratisches

---

[476] Als grundlegende Arbeiten zur Einbeziehung aggregierter Risiken in die deterministische Welt der AK-Modelle gelten die Arbeiten von RIOS-RULL (1996, 2001).

Risiko mit ex-ante-Charakter transformieren. Grundsätzlich existieren hierzu drei mögliche Mechanismen: Markt, Familie und Staat.[477] Die familiäre intergenerative Risikoteilung ist empirisch äußerst umstritten und wird im Zuge des demografischen Wandels für einen wachsenden Teil der Bevölkerung auch nicht mehr möglich sein.[478]

Die marktliche intergenerative Risikoteilung ist bestenfalls begrenzt. Eine der grundlegenden Arbeiten zur sog. intergenerativen Risikoteilung stammt von GORDON und VARIAN (1988), die feststellen:

> „Markets cannot allocate risk efficiently between two generations whenever the two generations are not both alive prior to the occurrence of a stochastic event."

Die im Kontext der dynamischen Ineffizienz aufgezeigte Möglichkeit ineffizienter Gleichgewichte in OLG-Modellen kann also auf die Situation mit Unsicherheiten übertragen werden. Unter Sicherheit verhindert die Überlappungsstruktur einen Markt für den Handel zwischen zwei Generationen und führt zur (ineffizienten) Überkapitalisierung. Bei Unsicherheit besteht die Ineffizienz in einer Unterversicherung.

Im Zwei-Perioden-OLG-Modell ist damit eine private, über den Markt vermittelte intergenerative Risikoteilung gänzlich unmöglich. Denn der Abschluss eines Versicherungskontrakts ist nur vor Eintritt eines stochastischen Ereignisses sinnvoll bzw. möglich. Die Realisierung für die jeweils alte Generation ist jedoch im Zwei-Perioden-OLG-Modell bereits bekannt, wenn die junge Generation ins Leben tritt. Anders im Drei-Perioden-OLG-Modell (Jugend, Erwerbstätigkeit, Ruhestand). Hier ergeben sich, wenngleich begrenzte, Möglichkeiten zur privaten intergenerativen Risikoteilung – mit den ungeborenen Kohorten bleibt sie aber auch in diesem Fall unmöglich. Somit ist festzustellen, dass eine Versicherung über private Märkte bei

---

[477] Vgl. BOHN (2005).

[478] Familiäre Risikoteilung kann über Erbschaften und Schenkungen erfolgen. Die von BARRO (1974) gezeigte ricardianische Äquivalenz (vgl. S. 112, Fußnote 390) stellt damit eine perfekte familiäre Risikoteilung dar. HAYASHI et al. (1996) kommen in einer Panelstudie zu dem Ergebnis, dass in den USA inter- und intrafamiliäre Risikoteilung nicht nachweisbar sind. Aktuelle Entwicklungen deuten darauf hin, dass dieses Feld wieder verstärkt erforscht wird – vielversprechend erscheinen die Möglichkeiten, durch familiäre Transfers mögliche Liquiditätsbeschränkungen insbesondere der jüngeren Agenten zu entschärfen. Zu den neueren Entwicklungen vgl. FEHR (2009, S. 381 ff.).

großen Altersunterschieden – groß genug, damit die Risiken der Alten bei Eintritt der Jungen weitestgehend bekannt sind – kaum möglich ist.[479]

Bleibt folglich allein der Staat als Mechanismus zur intergenerativen Risikoteilung, dem hierzu grundsätzlich das fiskalpolitische Instrumentarium zur Verfügung steht. Durch die Fähigkeit des Staates, künftige Generationen (durch Steuern oder Beiträge bzw. allgemeiner: durch hoheitlichen Zwang) in die Pflicht zu nehmen ist die Transformation des aggregierten in ein versicherbares Risiko möglich. Damit kann bspw. das fiskalpolitische Instrument der Umlagefinanzierung auch als *Pooling-Mechanismus* interpretiert werden, der die Ineffizienz einer Unterversicherung gegen stochastische Ereignisse durch die Möglichkeit der Inanspruchnahme künftiger Generationen behebt.[480] Hierin sehen nicht nur GORDON und VARIAN (1988) ein originäres Effizienzargument für einen staatlichen Eingriff.[481]

Als integraler Bestandteil des menschlichen Lebens treten Unsicherheiten in einer Vielzahl unterschiedlicher Formen auf, die im Rahmen dieser Arbeit kaum vollständig zu untersuchen sind. Die folgenden Erläuterungen beschränken sich daher auf jene Aspekte, die im Kontext der Alterssicherung für zentral erachtet werden, müssen aber selbst dabei exemplarisch bleiben. Für die langfristige wirtschaftliche Entwicklung stellt das *Produktivitätswachstum* die quantitativ bedeutendste Quelle von Unsicherheit für die Faktorentlohnung dar. Beim Produktionsfaktor Kapital kommt dabei noch ein *Bewertungsrisiko* hinzu, das aus der Unsicherheit am Kapitalmarkt resultiert. Aber nicht nur die Kapitalmarktrenditen sind mit Unsicherheit behaftet. Auch die interne Rendite eines Umlageverfahrens ist risikobehaftet. Dies ist neben ökonomischen Gründen auf *politische* und *demografische Risiken* zurückzuführen. Die genannten Risiken werden im Folgenden eingehender betrachtet und im Hinblick auf ihre Implikationen für die intergenerative Risikoteilung untersucht.

4.4.1.1 Produktivitätswachstum und Unsicherheit

Bereits über den Zeitraum einer Generation (30 Jahre) wirken sich Unterschiede von nur 1,5 Prozent erheblich aus – im Vergleich zum Nullwachstum bedeutet ein solches Produktivitätswachstum eine über 50-prozentige Erhöhung der Pro-Kopf-

---

[479] Vgl. BOHN (2005).

[480] Eine frühe Arbeit zu dieser Thematik stammt von ENDERS und LAPAN (1982).

[481] KRUEGER und PERRI (2009) machen darauf aufmerksam, dass der Grund für die fehlende private Risikoteilung selbst darüber entscheidet, ob ein staatliches Eingreifen effizienzsteigernd oder sogar kontraproduktiv wirken kann.

Einkommen. Bei konstanten Anteilen der Produktionsfaktoren Kapital und Arbeit am Volkseinkommen wirkt sich das Produktivitätswachstum auf die Faktorentlohnung (im Zwei-Perioden-Modell: die Lohnsätze der Erwerbsgeneration und die Renditen der Rentnergeneration) in gleicher Weise aus.[482] Die Empirie bestätigt diese These über längere Zeiträume: Die Korrelation der Renditen auf physisches Kapital und Humankapital ist sehr hoch.[483]

Für BOHN (2005) kommt es bei der intergenerativen Risikoteilung jedoch weniger auf die Einkommens- als vielmehr auf die Konsumniveaus an. Mit Blick auf die Lebenszyklushypothese erscheint dieser Einwand durchaus angebracht, führt aber im Rahmen eines OLG-Ansatzes zu einer anderen Bewertung. Die Erwerbsgeneration ist dann dem Produktivitätsrisiko eindeutig stärker ausgesetzt als die Rentnergeneration.[484]

---

[482] Die Voraussetzung konstanter Faktoreinkommen ist bei einer Cobb-Douglas-Technologie mit konstanten Skalenerträgen gegeben. Eine formale Herleitung des Ergebnisses unter der Annahme arbeitsvermehrenden technischen Fortschritts findet sich in BORGMANN (2005, S. 54 f.).

[483] Vgl. BOHN (1999). BAXTER und JERMANN (1997) zeigen für vier OECD-Länder, darunter Deutschland, dass die Faktoreinkommen im Zeitraum von 1960 bis 1993 hoch korreliert sind. Dabei ist der Zusammenhang in Deutschland am geringsten ausgeprägt (0,78), was primär an der Entwicklung der Jahre vor 1976 liegt. Seither dürfte die Korrelation im Bereich der anderen betrachteten Länder (Japan (0,99), Großbritannien (0,93), USA(0,99)) liegen.

[484] Dafür sprechen aus Sicht von BOHN (2005) drei wesentliche Argumente. *Erstens:* Die Rentnergeneration hält den Großteil des Real- und Finanzkapitals (im Zwei-Perioden-Modell das gesamte) und ist damit bei isolierter Betrachtung – unter Abstraktion vom Bewertungsrisiko (s. u.) – dem Produktivitätsrisiko in geringerem Umfang ausgesetzt als die Erwerbsgeneration, die Lohneinkommen bezieht. BOHN (2005) bezieht sich auf eine seiner Studien, in der er empirische Evidenz für diese These findet. Trotz einer Zeitreihe für die Jahre 1975-2002 ist die Zahl der Datenpunkte für eine Analyse der Varianzen und Kovarianzen nicht-überlappender Generationen jedoch gering. Weil die Befunde in Einklang mit der ökonomischen Theorie stehen, hält BOHN (2005) sie aber für ausreichend. *Zweitens:* Fiskalpolitik reduziert den Grad, zu dem die Rentner dem Produktivitätsrisiko ausgesetzt sind, weiter. Sie sind Empfänger von Netto-Transfers (vgl. dazu auch die typische Generationenbilanz), die weniger auf Produktivitätsschocks reagieren als Lohneinkommen. Dazu trägt nicht zuletzt der Bestandsschutz bei, den Politiker in Rentendebatten regelmäßig anführen. *Drittens:* Die Erwerbsgeneration hat die Möglichkeit, auf Schocks mit Anpassungen von Arbeitsangebot und Ersparnisbildung zu reagieren. Für BOHN (2005) bedeutet auch dies, dass der Konsum der Erwerbsgeneration dem Produktivitätsrisiko stärker ausgesetzt ist. Er gesteht jedoch ein, dass die Analyse aufgrund verschiedener Einkommens- und Substitutionseffekte nicht trivial ist.

Trotz der geringeren Betroffenheit vom Produktivitätsrisiko wird das Kapitaleinkommen im Vergleich zum Lohneinkommen als riskanter angesehen, weil es zusätzlich noch einem Bewertungsrisiko (s. u.) unterliegt. Aus dieser Konstellation ergeben sich natürliche Möglichkeiten zur intergenerativen Risikoteilung:

Satz 3 *Eine effiziente intergenerative Risikoteilung erlaubt es der Erwerbsgeneration, einen Teil ihres Produktivitätsrisikos an die Rentnergeneration abzugeben, die im Gegenzug einen Teil des Bewertungsrisikos auf die Erwerbsgeneration überträgt.*

Zwei Mechanismen, die eine solche Risikoteilung in der Praxis leisten können, sind das Umlageverfahren und die Kapitaleinkommensbesteuerung. Beide werden im Folgenden kurz beleuchtet.

4.4.1.1.1 Einkommensrisiko und Risikoteilung

Eine Illustration der *intergenerativen Risikoteilung* ist auf vergleichsweise einfache Weise in Anlehnung an das von GORDON und VARIAN (1988) verwendete OLG-Modell möglich. Betrachtet seien *periodisch auftretende aggregierte Risiken*, die durch eine unabhängig normalverteilte Zufallsvariable $\varepsilon_t \sim N(0; \sigma^2)$ mit Mittelwert Null und Varianz σ^2 abgebildet werden. Für Lohneinkommen der Periode t gelte: $w_t = w + \varepsilon_t$. Im Zwei-Perioden-OLG-Modell unterliegt damit jede Erwerbsgeneration einem aggregierten Risiko und ein Umlageverfahren kann effizienzsteigernd wirken.[485] Die ökonomische Intuition knüpft an die oben formulierte *Pooling*-Idee an. Beim Kapitaldeckungsverfahren wird der Einkommensschock in der Erwerbsphase aufgrund der versicherungsmathematischen Äquivalenz eins zu eins in die Ruhestandsphase übertragen. Beim Umlageverfahren werden hingegen die Einkommen in beiden Lebensphasen entkoppelt, weil die Rentenleistung von den Beitragseinnahmen der laufenden Periode abhängt, die wiederum einem anderen Schock unterliegen, als die eigenen Erwerbseinkommen. Das Umlageverfahren

---

[485] Formal äußert sich dies im Fall *dynamischer Ineffizienz* darin, dass der Erwartungswert des Einkommens, bei geringerer Varianz, mindestens so groß ist wie im Rahmen eines Kapitaldeckungsverfahren. Im interessanteren *dynamisch effizienten* Bereich hängt das Resultat von der Parameterkonstellation ab: Ist die Differenz zwischen r und n im Vergleich zur Risikoaversion nicht zu groß, führt das Umlageverfahren auch hier zu einer Effizienzsteigerung, weil dann ein geringerer Erwartungswert im Umlageverfahren durch eine kleinere Varianz im Vergleich zum Kapitaldeckungsverfahren überkompensiert wird.

dient somit als *Pooling Mechanismus*, der es den Jungen ermöglicht, einen Teil ihrer Einkommensschwankungen an die ältere Generation abzugeben und dafür einen Teil des Einkommensrisikos der Nachfolgegeneration zu erhalten. Daran anknüpfend zeigt THØGERSEN (1998), dass die konkrete Ausgestaltung als DB- oder DC-System eine entscheidende Rolle für die Möglichkeit der intergenerativen Risikoteilung spielt. Während eine DB-Politik die Einkommensrisiken noch verstärkt, stellt ein (lohnindexiertes) DC-System (mit entsprechend unsicherer Ersatzquote) eine effektive Möglichkeit der intergenerativen Risikoteilung dar. Insofern ist die Lohnindexierung via Bruttolohn- und -gehaltssumme in der deutschen Rentenformel aus Sicht der intergenerativen Risikoteilung sinnvoll, wird jedoch durch die verschiedenen Regelungen zur Rentengarantie (vgl. Abschnitt 3.2.1.4) konterkariert.

4.4.1.1.2 Bewertungsrisiko und Risikoteilung

Das Bewertungsrisiko besteht allgemein in der Unsicherheit über den Preis, zu welchem Vermögensgüter ge- und verkauft werden können. Folglich ist es ausschlaggebend für die erzielte Rendite und umfasst sämtliche Finanz- bzw. Kapitalmarktrisiken. Während unsystematische Risiken durch entsprechende Portfolio-Diversifikation – zumindest in der Welt von MARKOWITZ (1952) – eliminiert werden können, gilt dies für die aggregierten, systematischen Risiken nicht.

Gemäß der Lebenszyklushypothese befinden sich die Vermögensgüter hauptsächlich im Besitz der alten Generation, die diese zu Konsumzwecken veräußert bzw. gegen Annuitäten eintauscht.[486] Damit trifft das Bewertungsrisiko vor allem die Rentnergeneration und ist der Grund dafür, dass deren Einkommen insgesamt volatiler sind als jene der vom Produktivitätsrisiko stärker betroffenen Erwerbsgeneration.[487] Vor diesem Hintergrund – und unter Abstraktion von politischen Risiken im Umlageverfahren (vgl. S. 168) – ist der Übergang zu einer Kapitaldeckung unter dem Aspekt der intergenerativen Risikoteilung zunächst kritisch zu sehen. Wie im Folgenden jedoch gezeigt wird, ist eine abschließende Beurteilung von der konkreten Ausgestaltung abhängig. Unter dem Aspekt der Risikoteilung wird sich das AltEinkG als sinnvolle Ergänzung des AVmG herausstellen (s. u.).

---

[486] Vgl. auch Abschnitt 5.3.3.1.

[487] Vgl. BOHN (2005). Eine intuitive formale Darstellung findet sich in BORGMANN (2005, S. 55).

Ein Übergang zur Kapitaldeckung bedeutet zunächst immer, dass die (künftigen) Rentnergenerationen ein höheres Bewertungsrisiko zu tragen haben. Häufig wird im Kontext der Aktienanlage argumentiert, dass dieses zusätzliche Risiko bei entsprechend langen Anlagehorizonten eher gering ist. FELDSTEIN und RANGUELOVA (2001) quantifizieren das individuelle Risiko in einem (voll eingephasten) kapitalgedeckten System, indem sie die Alterseinkommen in diesem System mit jenen im *Social-Security*-System vergleichen. Die Verteilung der Alterseinkommen aus einem Portfolio mit 60 Prozent Aktienanteil und 40 Prozent Schuldpapieren generieren die Autoren mit einem geometrischen *Random-Walk*-Prozess. Neben der Realisierung im Rahmen des Zufallsprozesses hängen die Ergebnisse natürlich auch von der Höhe der Einzahlungen ab. Bei einem Beitrag in Höhe von 4 Prozent des Einkommens liegt der in 10.000 Simulationen ermittelte Median der Auszahlungen im Alter von 67 Jahren um 41 Prozent über dem Referenzniveau des *Social-Security*-Systems, das mit künftigen Beitragssätzen von über 18 Prozent verbunden wäre. Bei einer Sparquote von sechs Prozent liegt die Wahrscheinlichkeit weniger als im Umlagesystem zu erhalten bei 17 Prozent. FELDSTEIN und RANGUELOVA (2001) sehen dies als Beleg dafür, dass die Risiken durchaus begrenzt sind.

Dieser Argumentation sollte aber aus mindestens zwei Gründen nicht gefolgt werden: Zum einen ist der verwendete Zufallsprozess empirisch nicht zu rechtfertigen. So sprechen mehrere Befunde gegen die Annahme einer nicht autokorrelierten, unabhängigen Verteilung der Aktienmarktrenditen – vielmehr ist eine Tendenz zur Rückkehr zum Mittelwert zu beobachten.[488] Eine hochinteressante Sicht auf die Risiken im Finanzmarkt bieten MANDELBROT und HUDSON (2004), die überzeugend darlegen, dass die orthodoxe Finanzmarkttheorie Risiken systematisch falsch einschätzt, weil sie von Verteilungsannahmen ausgeht, die den empirisch beobachtbaren leptokurtischen Verteilungen mit sog. *fat tails* nicht gerecht werden.[489] MILES und TIMMERMANN (1999) stellen im Kontext der Alterssicherung auf Basis von einer Million Simulationen eines sog. *Mean-Reversion*-Prozesses überzeugend dar, dass auch über lange Zeiträume ein erheblich größeres Risiko besteht als von

---

[488] Hierfür sprechen nach Ansicht von MILES und TIMMERMANN (1999) die Befunde von CAMPBELL und SHILLER (1988) und FAMA und FRENCH (1988), die zeigen, dass *langfristige* Aktienmarktrenditen durch Kurs-Dividenden-Verhältnisse vorhergesagt werden können, so dass die Verteilung nicht unabhängig (i. i. d.) sein kann.

[489] Die damit verbundenen Unterschätzung von Ausreißern kann durchaus als eine Ursache der im Jahr 2007 ausgebrochenen Finanzmarktkrise gesehen werden, deren Auswirkungen bis in die Gegenwart reichen.

FELDSTEIN und RANGUELOVA (2001) berücksichtigt.[490] BODIE (1995) zeigt, dass selbst unter der Annahme eines *Mean-Reversion*-Prozesses langfristige Aktienanlagen nicht weniger risikobehaftet sind. Andere Befunde wie bspw. von MERRILL und THORLEY (1996) kommen zum gegenteiligen Ergebnis. AMMANN und ZIMMERMANN (1997) lösen die scheinbaren Widersprüche auf und stellen fest, dass die unterschiedlichen Einschätzungen die Folge von impliziten (im Falle der auf Black-Scholes-Modellen beruhenden Ergebnisse wie in BODIE (1995)) oder expliziten Annahmen zur Risikoaversion/Präferenz sind. Letztere wiederum dürften stark von den individuellen Einkommensrisiken abhängen. Folglich sind die landläufigen Empfehlungen von Kapitalanlagegesellschaften, die in jungen Jahren eine höhere Aktienquote im Portfolio empfehlen, nicht allgemein gültig.

Zum anderen ist eine Politik, die darin besteht, die Sozialversicherungsbeiträge nur in eine Kapitaldeckung umzuleiten und die damit verbundenen Risiken beim Individuum zu belassen, aus Sicht von SHILLER (1999, S. 169) ein

> „[. . .] nonstarter as a national risk-management institution for the elderly. It is not insurance at all."

Dabei sieht SHILLER (1999) durchaus das Problem, dass bei rein individueller und freiwilliger Entscheidung die individuell optimale Menge risikobehafteter Vermögensgüter unterhalb der volkswirtschaftlich optimalen Allokation liegen kann, weil die Potenziale der Risikoteilung nicht ausgeschöpft werden.[491] Ein staatlicher Eingriff in Form einer Erhebung von Zwangsbeiträgen zu einem *Alterssicherungsfonds* könnte daher gerechtfertigt werden, weil auf diese Weise theoretisch die sozial optimale Allokation erreichbar wäre.[492]

---

[490] Zu einem ähnlichen Ergebnis kommt THOMPSON (1998), der zeigt, dass ein auf die gesamte Erwerbsphase eines Individuums berechneter Sparplan, der bei durchschnittlicher Rendite auf ein bestimmtes Zielvermögen ausgerichtet ist, nach 40 Jahren um bis zum Dreifachen nach oben oder – was gravierender ist – nach unten abweichen kann.

[491] Ein Sozialplaner würde die Portfolioentscheidung unter Berücksichtigung des Gesamteinkommens von junger und alter Generation treffen.

[492] Ähnlich argumentiert BOHN (1999), der zeigt, dass durch Investition eines staatlichen Fonds (konkret betrachtet er den US-amerikanischen *Social Security Trust Fund*) in Aktien Wohlfahrtsgewinne möglich sind. Der *Social Security Trust Fund* wurde im Jahr 1983 geschaffen. Er war Bestandteil einer Reform zur Rettung des annähernd insolventen *Social-Security*-Systems. Durch eine deutliche Erhöhung der Beitragssätze wurde die Erzielung von Überschüssen möglich, die zum Kauf von US-Staatsanleihen verwendet werden. Ende 2008 belief sich der Einnahmenüberschuss gemäß U.S. So-

Sind die Einkommens- und Kapitalmarktrisiken korreliert, stellt sich die Situation komplizierter dar, weil dann das soziale Optimum theoretisch auch unterhalb des individuellen Optimums liegen kann. SHILLER (1999) weist darauf hin, dass der Staat die Korrelationen gar nicht kennen muss, wenn er einen Mechanismus installiert, der z. B. durch Transfers das laufende Volkseinkommen zwischen den jeweils lebenden Generationen in vorher spezifizierter Weise aufteilt.[493] Dann führt die individuelle Portfolioentscheidung auch ins soziale Optimum. Für dieses Ergebnis spielt allerdings die Annahme einer identischen Risikoaversion der alten und jungen Generation eine Rolle.[494] Ähnlich argumentiert BOHN (2005), der zeigt, dass intergenerative Risikoteilung nicht nur durch einen staatlichen Fonds, sondern auch mit *individuellen Konten* erreicht werden kann, wenn diese durch eine *staatliche Garantie* ergänzt werden.[495,496] Eine weitere Möglichkeit der institutionalisierten Risikoteilung zeigen BALL und MANKIW (2007) auf. Sie schlagen vor, die Leistungen des Rentensystems invers an die Realkapitalrendite zu koppeln, wenn das Bewertungsrisiko, wie im Fall individueller Kontensysteme, bei den Individuen liegt.

Insgesamt weist BOHN (2005) darauf hin, dass die konkrete Beurteilung unter dem Aspekt der Risikoteilung immer von der spezifischen Kombination der Systemelemente abhängt. Ein Alterssicherungsfonds in Kombination mit einem DC-System beinhaltet keine Risikoteilung, weil sämtliches Risiko bei der Rentnergeneration liegt.

CIAL SECURITY ADMINISTRATION (2010) auf etwa 180 Milliarden US$, das Trust-Vermögen auf 2,4 Billionen US$ (Alters- (OASI) und Invaliditätsversicherung (DI))

[493] In Zukunft sieht SHILLER (1993, 1999) erhebliche Potenziale für die Risikoteilung durch die von ihm als *Macro Markets* bezeichneten Finanzinstrumente, die genau diese Partizipation am Volkseinkommen ermöglichen können (vgl. auch die Ausführungen zur internationalen Risikoteilung).

[494] Vgl. SHILLER (1999, S. 181). Sowohl BOHN (2005) als auch SHILLER (1999) können sich vorstellen, dass die Risikoaversion mit dem Alter zunimmt. Empirisch ist die Frage jedoch bislang nicht abschließend zu entscheiden. BELLANTE und GREEN (2004) zeigen, dass die Ergebnisse auch davon abhängen, ob Wohnimmobilien als riskante oder risikolose Vermögensgüter angesehen werden. Ist letzteres der Fall wird der Anteil riskanter Wertpapiere im Portfolio mit einem Anstieg des Alters von 70 auf 90 Jahre zwar reduziert. Der Effekt ist allerdings gering.

[495] Eine derartige Politik betrachten FELDSTEIN und RANGUELOVA (1998) in ihrem Arbeitspapier. Mit einem Beitrag von sechs Prozent müssen immerhin 40 Prozent der Rentner subventioniert werden, um die Referenzleistung zu erhalten.

[496] BOHN (2005) bezeichnet diese als *minimum-return guarantee*. Diese stellen die Analogie zu den Transfers in SHILLER (1999) dar.

Eine weitere Möglichkeit zur intergenerativen Teilung von Bewertungsrisiken besteht in der *Besteuerung von Kapitaleinkommen.*[497] Der Beitrag der Kapitaleinkommensteuer zur Risikoteilung besteht darin, dass diese im Fall einer positiven Entwicklung der Kapitaleinkommen (bei gegebenem Staatsbudget) zu einer geringeren Steuerbelastung der Jungen führt. Die negativen Anreizeffekte der Besteuerung können durch eine konsumorientierte Steuer nicht vollständig vermieden,[498] aber doch deutlich reduziert werden. Mit dem AltEinkG wurde dieser Weg in Deutschland eingeschlagen. Dabei werden die Beiträge zur Altersvorsorge grundsätzlich aus unversteuertem Einkommen geleistet, während die Erträge in der Ruhestandsphase dann *nachgelagert* besteuert werden (vgl. dazu Abschnitt 3.1). Eine nachgelagerte Besteuerung bringt nach BOHN (2005) zusätzliche Effekte in Bezug auf die intergenerative Risikoteilung. Sein Argument läuft vereinfacht gesagt darauf hinaus, dass die Steuerfreistellung der Ansparbeträge im Staatshaushalt finanziert werden muss. Ceteris paribus erhöht sich damit der Anteil von Staatspapieren am Kapitalmarkt und reduziert das Risiko im (damit gewachsenen) durchschnittlichen Portfolio.[499] So gesehen ist die Ausgestaltung des AltEinkG unter dem Aspekt der Risikoteilung als geeignet anzusehen.

4.4.1.2 Politisches Risiko

Die bisherigen Ausführungen zur internen Rendite im Umlageverfahren und jene zum Bewertungsrisiko mögen den Eindruck vermittelt haben, dass die interne Rendite als sichere Größe zu betrachten ist. Dem ist nicht so. Tatsächlich unterliegen die öffentlichen Steuer- und Transfersysteme ebenfalls Risiken. Das Restrisiko der Staatspleite ist derzeit wieder ins öffentliche Bewusstsein gerückt, der Vormarsch inflationsindexierter Rentenpapiere dürfte zumindest das Inflationsrisiko weitgehend eliminieren, das dafür verantwortlich ist, dass die kurzfristig als sicher erachteten Staatsschuldpapiere langfristig keineswegs als sicher gelten können.[500]

---

[497] Erbschaften lassen sich als selbst auferlegte Kapitaleinkommensteuer interpretieren, werden im Folgenden aus den genannten Gründen jedoch nicht betrachtet.

[498] Die Literatur zur zustandsabhängigen Besteuerung (*state contingent taxation*) zeigt, dass die Erhebung von Kapitaleinkommensteuern nur dann ohne jegliche Verzerrungen möglich ist, wenn bei ungünstiger Realisierung für den Zensiten auch eine negative Steuer resultiert (vgl. BOHN (1994, 1998)).

[499] Diese Betrachtung gilt wohlgemerkt nur für das Aggregat und kann offensichtlich für das individuelle Portfolio nicht gelten.

[500] Vgl. bspw. BOHN (2005) oder CAMPBELL und VICEIRA (2002).

Neben diesem und weiteren ökonomischen Risiken besteht nicht zuletzt auch ein politisches Risiko.

Dieses stellt für DIAMOND (1997) die Hauptquelle von Unsicherheit in einem Umlagesystem dar. BORGMANN und HEIDLER (2007) und HEIDLER (2009) analysieren das politische Risiko für die deutsche GRV. HEIDLER (2009, S. 137) definiert das politische Risiko als die „von der Politik induzierten Schwankungen, die über die notwendigen Anpassungen des Beitrags- und Leistungsniveaus an die unmittelbare demografische Entwicklung hinausgehen." Er zeigt, dass dieses Risiko durchaus beträchtlich ist. Die relative Generosität für die betrachteten Kohorten unterliegt im Zeitablauf deutlichen Schwankungen. Die seit den 1970er Jahren erfolgten Leistungsrücknahmen fielen dabei für die älteren Kohorten geringer aus, als für die jüngeren.[501] Die interne Rendite des Jahrgangs 1960 hat sich dabei im Zuge der Änderungen im Rechtsstand annähernd halbiert. Für die Zukunft sieht HEIDLER (2009) die GRV auf einem guten Weg zu einer regelbasierten Politik. Allerdings ist in diesem Zusammenhang auf die (modifizierte) Schutzklausel hinzuweisen, die nachträglich notwendige Leistungskürzungen einseitig zu Lasten der jungen und künftigen Generationen einschränkt und die Verlässlichkeit des Systems aufgrund der wiederholten Eingriffe in die Rentenformel erheblich in Frage stellt.

Das Modell mit stochastischen Pauschalbeiträgen in HAUENSCHILD (1999) kann als Untersuchung der Auswirkungen politischen Risikos auf die Frage der Finanzierung eines Alterssicherungssystems interpretiert werden. Bei stochastischen Pauschalbeiträgen gilt nach wie vor die allokative Neutralität des Kapitaldeckungsverfahrens. Im Umlageverfahren ist die private Ersparnisbildung aufgrund des Vorsichtsmotivs aber größer als in deterministischen Modellen. Die vorbeugende Ersparnis kann aber keinesfalls so groß sein, dass ein höherer gesamtwirtschaftlicher Kapitalstock resultiert als dies im Modell ohne Alterssicherung der Fall wäre. Insgesamt kann dieser Befund auch als Beleg für die in deterministischen Modellen abgeleiteten Ergebnisse zu gesamtwirtschaftlichen Gleichgewichten und zur Kapitalakkumulation gewertet werden.

---

[501] Damit könnte die Politik implizit der von POTERBA (2001b) vermuteten altersspezifischen Risikoaversion Rechnung getragen haben.

4.4.1.3 Demografisches Risiko

Die Ausführungen zur demografischen Entwicklung (in Kapitel 2) haben bereits gezeigt, dass die identifizierten Determinanten der Bevölkerungsentwicklung keineswegs sicher vorhergesagt werden können. Exemplarisch sei auf die großen Unterschiede bei der aktuellen und künftigen Lebenserwartung nach den verschiedenen Sterbetafeln verwiesen. In der wissenschaftlichen Diskussion zum demografischen Risiko im Kontext der Alterssicherung wird außerdem die Migration meist vernachlässigt – so auch im Folgenden. Demografisches Risiko entsteht dann durch die Unsicherheit bezüglich der Determinanten Sterblichkeit und Fertilität. Diese und folglich auch der Altersquotient werden dann als Zufallsvariablen modelliert, die selbst wiederum durch Technologieschocks (bspw. im Gesundheitssektor) beeinflusst werden können.

Auch die demografischen Risiken wirken sich auf die Lebenszyklusressourcen über die Kanäle der Faktorpreise und des staatlichen Steuer/Transfer- bzw. Alterssicherungssystems aus. Zur Analyse von Fertilitäts- und Mortalitätsrisiken im Kontext der Risikoteilung verwendet BOHN (2001) ein Drei-Perioden-OLG-Modell einer geschlossenen Volkswirtschaft mit exogenem Arbeitsangebot und einer für alle Generationen identischen, konstanten relativen Risikoaversion.[502,503]

Die Ergebnisse hängen entscheidend von der Entwicklung der Faktorpreise ab.[504,505] Durch die Annahmen einer geschlossenen Volkswirtschaft und einer Cobb-Douglas-Produktionsfunktion sind im Modell von BOHN (2001) kleinere Generatio-

---

[502] Neben den oben angedeuteten (begrenzten) Möglichkeiten zur privaten Risikoteilung ergibt sich im Drei-Perioden-OLG-Modell eine Art Vorankündigungseffekt für die demografische Entwicklung, weil die junge Kohorte als Proxy für die folgende Erwerbsgeneration genutzt werden kann. Damit ähnelt die Modellsituation der realistischen Entwicklung im Rahmen der Reformdiskussionen zum demografischen Wandel, die ebenfalls mit gewissem Vorlauf geführt wurden und werden.

[503] Für altersabhängig unterschiedliche Grade von Risikoaversion zeigt BOHN (1998), dass die Risikoteilung proportional zur Risikoaversion erfolgt.

[504] BOHN (2001, S. 33 f.) referiert verschiedene Studien zur Arbeitsmarktökonomik, die empirische Evidenz für demografische Effekte auf die Arbeitsentlohnung liefern. Seine Annahmen sind grundsätzlich kompatibel mit den Ergebnissen von MURPHY und WELCH (1992), die eine Lohnreduzierung von 6-15 Prozent schätzen, wenn die Zahl der Erwerbspersonen um 20 Prozent steigt. Die empirische Evidenz für demografische Effekte auf die Kapitalrendite ist weniger eindeutig.

[505] Auf die Abhängigkeit der Größe des Effekts von der zugrunde liegenden Produktionsfunktion und deren Spezifikation wurde bereits hingewiesen (vgl. S. 157).

nen aufgrund der makroökonomischen Effekte immer besser gestellt,[506] die großen Kohorten entsprechend benachteiligt. Sie sehen sich während ihrer Erwerbsphase vergleichsweise geringen Löhnen gegenüber und müssen ihre Vermögensgüter zu vergleichsweise hohen Preisen erwerben. Im stochastischen Modellrahmen sprechen nun also genuine Effizienzgründe für ein DB-System, das die intergenerative Risikoteilung bei *Fertilitätsschocks* ermöglicht, indem die von den Faktorpreisentwicklungen profitierenden kleineren Kohorten entsprechend höhere Beiträge im Umlagesystem leisten, die zudem aufgrund der Annahme eines exogenen Arbeitsangebots nicht verzerrend wirken. Leistungskürzungen oder eine Teilkapitaldeckung stellen daher aus Sicht von BOHN (2001) unter Risikoteilungsaspekten eine unangemessene Politikreaktion auf einen unerwarteten Rückgang der Geburtenrate dar.[507] Folglich wäre aus seiner Sicht der Nachhaltigkeitsfaktor grundsätzlich abzulehnen.

Bei *unsicherer Lebensdauer* ist grundsätzlich zwischen der individuellen (vgl. dazu S. 174) und der aggregierten Ebene zu unterscheiden.[508]

Auf *aggregierter Ebene* ist das Langlebigkeitsrisiko privatwirtschaftlich nicht versicherbar, weil die Versicherungsnehmer und -geber der gleichen Generation angehören bzw. in (zu) ähnlicher Weise vom Risiko betroffen sind. Entsprechend ergibt sich eine Effizienzbegründung für staatliche Eingriffe:

> „To put it differently, governments have in principle the ability to make markets more complete by providing longevity insurance backed by future generations."[509]

Eine Risikoteilung ist nach BOHN (2005), analog zum Fall eines Fertilitätsschocks, innerhalb eines DB-Systems möglich. Dieses ist dann effizient, wenn sichergestellt ist, dass Transfers von den Kohorten mit kurzer Lebensdauer an jene mit längerer Lebensdauer fließen. Wirkt bspw. ein *temporärer* Mortalitätsschock auf eine längere Lebensdauer der gegenwärtigen Erwerbsgeneration hin, dann wäre es effizient die Renten der gegenwärtigen Rentnergeneration zu kürzen und jene der kommenden Rentnergeneration (der Erwerbsgeneration mit der höheren Lebenserwartung) zu erhöhen. Damit macht BOHN (2001) darauf aufmerksam, dass Leistungskürzun-

---

[506] Daher wird nicht weiter auf die Unterscheidungen zwischen Schocks auf die Geburtenrate und auf die Erwerbsgeneration eingegangen. Für die etwas komplexeren Implikationen der erstgenannten sei auf das Originalpapier verwiesen.

[507] Im Ergebnis deckt sich dies also mit dem Befund von RAFFELHÜSCHEN und RISA (1997) im deterministischen Modellrahmen.

[508] Vgl. BLOMMENSTEIN et al. (2009).

[509] BLOMMENSTEIN et al. (2009), S. 7.

gen nur dann sinnvoll sind, wenn sie unmittelbar auf den Schock reagieren. Eine Politik, welche die Leistungen für die Generation mit der schockbedingt/temporär höheren Lebenserwartung kürzt, muss dagegen als ineffizient gelten.

Effiziente Risikoteilung erfordert jedoch keineswegs ständig steigende Transferzahlungen. Denn grundsätzlich kann nur die unerwartete Langlebigkeit versichert werden. Mit anderen Worten ist bei einem *permanenten* Mortalitätsschock, d. h. einem anhaltenden Trend zu höheren Lebenserwartungen, *nur die Abweichung von diesem Trend* abzusichern. Lediglich diese Abweichungen vom Langlebigkeitstrend induzieren dann intergenerative Transfers. Für BOHN (2005) ist damit eine Verknüpfung von Renteneintrittsalter und Langlebigkeitstrend nur folgerichtig.[510] Damit die generell positiven Eigenschaften eines DB-Systems zur Teilung demografischer Risiken erhalten bleiben, muss die mit der Anhebung des gesetzlichen Renteneintrittsalters automatisch verbundene Rentenkürzung mit entsprechend langer Ankündigungszeit erfolgen.[511] Vor diesem Hintergrund ist die im RVAGAnpG festgelegte schrittweise Anhebung der Regelaltersgrenze als unter Risikoteilungsgesichtspunkten positive Maßnahme zu bewerten.[512,513]

Abschließend werden noch zwei theoretische Arbeiten vorgestellt, die neben dem demografischen Risiko noch mindestens ein weiteres Risiko betrachten und dadurch zu abweichenden Ergebnissen kommen. BORGMANN (2002) betrachtet Unsicherheit bezüglich Lohneinkommen und Demografie. In einer kleinen offenen und dynamisch effizienten Volkswirtschaft ist hier ein DC-System im Vergleich zu einem DB-System mit einer effizienteren Risikoteilung und einem höheren Erwartungswert der Lebenszyklusressourcen verbunden. In einer geschlossenen Volkswirtschaft

---

[510] Damit wird auch das aus distributiver Sicht kontraintuitive Ergebnis vermieden, dass Generationen mit kürzerer Lebenserwartung für den *absehbar* höheren Bedarf an Lebenszyklusressourcen von Generationen mit höherer Lebenserwartung in Anspruch genommen werden, wie es die effiziente Risikoteilung bei einem temporären Schock erfordern würde.

[511] Diese Empfehlung wurde in den USA umgesetzt. BEHAGHEL und BLAU (2010) weisen dabei empirisch nach, dass die Anhebung der gesetzlichen Regelaltersgrenze einen Effekt auf das tatsächliche Renteneintrittsalter hat.

[512] Stimmt die Regelaltersgrenze mit dem individuell optimalen Renteneintrittsalter überein, können die Vorteile der Risikoteilung jedoch verschwindend gering sein, weil die zusätzlichen Erwerbseinkommen lediglich den Nutzenverlust der entgangenen Freizeit kompensieren.

[513] Als weiteres Argument für die Verknüpfung von Langlebigkeitstrend und Renteneintrittsalter sieht BOHN (2005), dass ansonsten die intergenerativen Transfers notwendig größer sein müssten und die entsprechend höheren Abgaben dann größere Verzerrungswirkungen hätten.

sind die Ergebnisse hingegen vielschichtiger, weil – wie in den Modellen von BOHN (1998, 1999, 2001) – die Faktorpreisentwicklung eine zusätzliche Rolle spielt. Hier kann ein DB-System unter dem Gesichtspunkt der Risikoteilung vorzuziehen sein, wenn das eigene Arbeitseinkommen den Großteil der Lebenszyklusressourcen ausmacht.

MATSEN und THØGERSEN (2004) beziehen zusätzlich zum Einkommensrisiko noch das Aktienmarktrisiko in ein OLG-Modell mit repräsentativen Individuen ein. Ist die interne Rendite eines Umlageverfahrens nur wenig mit den Aktienmarktrenditen korreliert, ergeben sich natürliche Möglichkeiten zur Diversifizierung der Portfolios. Die Gewichtung der umlagefinanzierten Portfoliokomponente hängt vom Grad der Risikoaversion und dem Zugang zum Aktienmarkt ab.[514] Insgesamt kommen die Autoren zu dem Schluss, dass die Beibehaltung von umlagefinanzierten Komponenten im System der Alterssicherung nicht als Makel empfunden werden sollte, sondern als Teil eines möglicherweise optimalen Rentensystems.

4.4.2 Idiosynkratische Risiken und intragenerative Umverteilung

Ebenso wie AIYAGARI (1994) in der bereits einleitend erwähnten Studie vertreten auch KRUSELL und SMITH (1998) die Ansicht, dass deterministische Modelle kein geeignetes Abbild der Realität liefern. Modelltheoretisch ist der Determinismus die Folge der Annahme der perfekten Voraussicht – d. h. der Fähigkeit der Individuen, die Zukunft mit absoluter Sicherheit prognostizieren zu können – die realiter nicht zu vertreten sei.[515,516] Nur unter dieser Annahme ist die in deterministischen Modellen übliche Betrachtung eines repräsentativen Individuums möglich. Denn eine vollständige Marktstruktur und perfekte Voraussicht erlauben es unterschiedlichen

---

[514] Der Zugang zum Aktienmarkt kann bspw. durch Kreditbeschränkungen versperrt sein. PESTIEAU und POSSEN (2000) zeigen, dass die Investition eines staatlichen Alterssicherungsfonds in Aktien eine Pareto-Verbesserung bedeutet, wenn die Individuen Liquiditätsbeschränkungen unterliegen.

[515] Diese Kritik betrifft prinzipiell auch deterministische AK-Modelle mit mehreren Einkommensklassen, da in diesem Fall ein repräsentatives Individuum pro Einkommensklasse betrachtet wird.

[516] Gerade in der Anfangszeit der Computersimulation war diese Annahme auch aus Gründen der Rechnerkapazitäten von Bedeutung, weil dadurch die Zahl der möglichen Zustände im Vergleich zu stochastischen Modellen deutlich geringer ist und entsprechend weniger Arbeitsspeicher erfordert.

Individuen, sich gegen alle potenziellen idiosynkratischen Risiken in perfekter Weise zu versichern, so dass sie sich sowohl bei einer ex-post, als auch bei einer ex-ante-Betrachtung nicht unterscheiden und folglich durch ein repräsentatives Individuum modelliert werden können.

Werden hingegen idiosynkratische Risiken in Modellen mit unvollständiger Marktstruktur betrachtet, dann können sich ex ante identische Individuen aufgrund der unvollständigen Versicherung im Zeitablauf heterogen entwickeln, weshalb die CGE-Modelle mit dieser Struktur auch als *heterogene-Agenten-Modelle* bezeichnet werden. In dieser Modellklasse ergibt sich – neben dem aus deterministischen Modellen bekannten Lebenszyklus- und Erbschaftsmotiv – ein sog. Vorsichtsmotiv für die Ersparnisbildung.[517] Die vorsorgende Ersparnis (*Precautionary Savings*) dient im hier verwendeten Begriffssinn[518] dazu, die negativen monetären Konsequenzen eines stochastischen Schocks zu kompensieren. Dies ist mit Blick auf die bisher als Argument für die Kapitaldeckung dienende Ersparnis- und Kapitalbildung von Interesse.[519] Sie führt letztlich dazu, dass steuerbegünstigte Ersparnisbildung einen weniger starken Effekt hat, als im Rahmen eines deterministischen Modells. Zudem erklären die *Precautionary Savings* die empirisch beobachtbare Ersparnisbildung in der Ruhestandsphase, die nicht mit der klassischen Lebenszyklushypothese vereinbar ist.[520] Ein weiterer bedeutender Effekt, der im Rahmen der CGE-Modelle näher erläutert wird, ist das Zusammenwirken von Einkommensrisiko und Liquiditäts- oder Kreditbeschränkungen.

Im Unterschied zu aggregierten Risiken sind idiosynkratische Risiken jedoch prinzipiell privat versicherbar. Dies kann am Beispiel des bereits im Kontext der aggregierten Unsicherheit behandelten Langlebigkeitsrisikos illustriert werden. Auf *individueller Ebene* kann dies grundsätzlich über Leibrenten- bzw. Lebensversicherungsverträge (Annuitäten) abgesichert werden, die dem Eigentümer eine Ren-

---

[517] Ein weiterer zentraler Unterschied zu deterministischen Modellen ist, dass in heterogene-Agenten-Modellen eine endogene Einkommens- und Vermögensverteilung resultiert.

[518] Einige Autoren verwenden den Begriff nur im Kontext von idiosynkratischen Einkommensrisiken. Dem wird hier nicht gefolgt.

[519] Einen Überblick über die empirische Bedeutung der *Precautionary Savings* bieten GOURINCHAS und PARKER (2001).

[520] VENTURA und EISENHAUER (2005) kommen auf Basis italienischer Daten, dass etwa 20 Prozent der Ersparnis durch das Vorsichtsmotiv zu erklären sind.

tenzahlung bis zum Lebensende garantieren.[521,522] Ein fairer Annuitätenvertrag bietet im Erlebensfall eine Verzinsung oberhalb der Kapitalmarktverzinsung, weil die Überlebenden neben ihren eigenen (verzinsten) Beiträgen auch vom Kapital der Verstorbenen profitieren.[523] Angesichts dieser *Mortalitätsprämie* überrascht der Befund von YAARI (1965) nicht, der zeigt, dass ein risikoaverses Individuum ohne Vererbungsmotiv sein Vermögen vollständig in Annuitätenverträge investiert, wenn diese fair und verfügbar sind.[524]

Tatsächlich sind die Annuitätenmärkte jedoch deutlich kleiner als das Resultat von YAARI (1965) impliziert. Die Existenz eines Vererbungsmotivs wird dabei nicht selten als möglicher Grund angeführt. Allerdings zeigen DAVIDOFF et al. (2005), dass eine partielle Annuitisierung bei imperfekten Märkten optimal ist und gleichzeitig die Variation in den Erbschaften verringert, so dass ein Vererbungsmotiv einen wenig plausiblen Grund für vergleichsweise kleine Annuitätenmärkte darstellt. DAVIDOFF et al. (2005) vermuten vielmehr, dass verhaltenstheoretische Aspekte eine Rolle spielen.[525] Weitere Gründe, die regelmäßig für die empirisch geringe Bedeutung von Annuitätenmärkten angeführt werden, sind hohe Kosten und das Problem der adversen Selektion.[526] Ebenso denkbar ist, dass das bereits

---

[521] Es gibt durchaus unterschiedliche Definitionen und Zahlungsschemata, auf die hier aber nicht eingegangen werden soll.

[522] Annuitätenverträge ermöglichen es, bei Unsicherheit über die verbleibende Lebensdauer, die angesparten Vermögensbestände zu liquidieren, ohne sich der Gefahr auszusetzen, dass die finanziellen Mittel vor dem Lebensende erschöpft sind.

[523] Vgl. bspw. HAUENSCHILD (1999).

[524] DAVIDOFF et al. (2005) zeigen, dass das Ergebnis von YAARI (1965) auch unter weniger restriktiven Annahmen gilt.

[525] Einen sehr guten Überblick zum Thema Annuitäten bietet BROWN (2007), der auch verhaltenstheoretische Ansätze mit einbezieht.

[526] HOMBURG (1988, S. 11 f.) negiert (in Übereinstimmung mit einigen seiner Zeitgenossen) das Problem der asymmetrischen Information und die dadurch entstehende Problematik des Marktversagens. Insbesondere wenn eine Rentenversicherung in jungen Jahren abgeschlossen würde, sei anzunehmen, dass der Versicherungsnehmer keinen signifikanten Wissensvorsprung hinsichtlich seiner Lebenserwartung hat. Diese Auffassung ist vor dem Hintergrund des aktuellen Forschungsstands nicht mehr zu vertreten. Die empirischen Studien von HURD und McGARRY (1995, 2002) sprechen dafür, dass private Informationen über die eigenen Lebensumstände von den Individuen in einen Informationsvorsprung hinsichtlich der individuellen Lebenserwartung umgemünzt werden können. In diese Richtung kann auch die Studie von POTERBA (2001a) interpretiert werden: Besitzer von Annuitätenverträgen (mit einmaliger Einzahlung und sofortigem Rentenzahlungsbeginn) haben im britischen Markt eine signifikant höhere Lebenserwartung als die übrige Bevölkerung.

erwähnte Vorsichtsmotiv eine Rolle spielt, weil die Individuen für einen zufallsbedingt höheren Liquiditätsbedarf (wie er bspw. bei Unfällen oder unzureichendem Krankenversicherungsschutz auftreten kann) vorsorgen wollen.[527]

Eine interessante Entwicklung der jüngeren Vergangenheit ist die Entwicklung sog. *Life Markets*, die durchaus als Form der erwähnten SHILLERSCHEN *Macro Markets* interpretiert werden können. Sie machen das Langlebigkeitsrisiko am Kapitalmarkt handelbar und stellen damit eine Alternative zur bisher in diesem Bereich dominierenden Versicherungsbranche dar. Ob diese Möglichkeiten dazu beitragen können, dass nicht staatliche Annuitäten künftig eine größere Bedeutung in der Liquidation von Vermögensgegenständen spielen werden, kann an dieser Stelle ebenso wenig abgeschätzt werden, wie für die speziell zur Liquidation von Immobilienvermögen konstruierten sog. *Reverse-Mortgage*-Produkte.[528]

Das Beispiel des demografischen Risikos auf der individuellen Ebene zeigt, dass idiosynkratische Risiken grundsätzlich über privatwirtschaftliche Mechanismen gepoolt und damit auch versichert werden können. Die Notwendigkeit staatlicher Eingriffe hängt also in diesem Fall vom empirischen Befund ab, inwieweit diese Märkte funktionieren. Dies zu beurteilen ist nicht trivial, denn nicht zuletzt wird auch die Existenz staatlicher Sicherungssysteme als Grund für die dünnen privaten Annuitätenmärkte gesehen.

SHILLER (1999, S. 168) definiert die Rolle des Staates in Bezug auf die intragenerative Risikoteilung wie folgt:

> „The government can take on management of risks that are revealed before the people are old enough to make risk management contracts, can promote risk-sharing for which institutions do not exist, and take on the management of risks for individuals who are not competent to manage their own affairs fully."

In diesen Fällen können bspw. umverteilende Elemente einer Sozialversicherung ex-ante als Versicherung gegen eine ungünstige Realisierung der Zufallsvariable wirken und einen Staatseingriff aus Effizienzgründen rechtfertigen.

Weil die ex-ante-Versicherung immer mit einer ex-post-Umverteilung verbunden ist, besteht allerdings ein moralisches Risiko (*Moral Hazard*). Für SHILLER (1999,

---

[527] Damit wird allerdings die theoretische Möglichkeit einer Re-Kapitalisierung der Annuitätenzahlungen im Unglücksfall vernachlässigt, die wiederum aufgrund von Kosten tatsächlich problematisch sein kann.

[528] Einen Einstieg in diese Thematik bieten BLAKE et al. (2008) und SUN et al. (2008).

S. 182) hängt der optimale Grad der Risikoteilung/Umverteilung innerhalb einer Generation dabei von der relativen Bedeutung dreier Variablen (moralisches Risiko, Risikoaversion, Varianz der Einkommen) für die Mitglieder der Gruppe ab. Der Umfang des Programms zur Risikoteilung sollte demnach umso größer sein, je höher die Risikoaversion und die Varianz der Einkommen sind bzw. je kleiner das moralische Risiko ist. Denkbar ist für SHILLER (1999), dass die Risikoaversion der Rentnergeneration größer als jene der Erwerbsgeneration ist, so dass eine altersspezifische Umverteilung erforderlich wäre. Eine vollständige Gleichverteilung der Alterseinkommen – die im Modell in Abwesenheit moralischen Risikos optimal wäre – ist nach SHILLER (1999) jedoch nicht anzustreben, vielmehr müsse eine Beziehung zwischen der Einkommensposition der Erwerbsphase und jener im Ruhestand gewahrt bleiben.

4.4.3 Internationale Risikoteilung

SHILLER (1999) vermutet, dass die Varianz des BIP-Wachstums der Weltwirtschaft geringer ist als jene einer einzelnen Volkswirtschaft. Dadurch entstehen Möglichkeiten zur internationalen Risikoteilung über Instrumente, die eine Partizipation am BIP eines anderen Landes ermöglichen. Im Hinterkopf hat SHILLER (1999) dabei die von ihm propagierte Idee sog. *Macro Markets*.[529] Dabei handelt es sich im Kern um strukturierte Finanzinstrumente, die an die Entwicklung unterschiedlicher volkswirtschaftlicher Aggregate gekoppelt werden können.[530] SHILLER (1993, 1999) geht davon aus, dass diese Märkte die gegenwärtigen Finanzmärkte deutlich in den Schatten stellen können. Jedoch müssen diese Instrumente gegenwärtig noch als Zukunftsmusik betrachtet werden.[531]

Folglich muss eine internationale Risikoteilung derzeit über die bestehenden Kapitalmärkte erfolgen. Ein Aspekt der internationalen Risikoteilung kann grundsätzlich in der Möglichkeit gesehen werden, sich von der demografischen Entwicklung des Heimatmarktes abzukoppeln, wie es die o. a. Ergebnisse von BÖRSCH-SUPAN et al. (2002) zeigen. Darüber hinaus spielen Aspekte der internationalen Risikodiversifizierung im Sinne der Portfoliotheorie eine Rolle. Die Idee ist einfach: Ein

---

[529] Vgl. dazu ausführlich SHILLER (1993).

[530] Neben dem BIP bspw. auch Immobilienpreisniveaus.

[531] Shiller selbst hat mit einigen Studenten ein Unternehmen zur Entwicklung derartiger strukturierter Finanzprodukte gegründet und bemüht sich damit auch praktisch um die Realisierung seiner Idee.

Portfolio, das international diversifiziert, kann einen gleichmäßigeren Einkommensstrom und damit eine Konsumglättung bewirken.[532] LEWIS (1999) macht allerdings darauf aufmerksam, dass die internationale Diversifizierung weder notwendige noch hinreichende Bedingung für die Risikoteilung ist. Eine Konsumglättung bei temporären Schocks sei ebenso durch Leihgeschäfte möglich. Umgekehrt kann auch eine vollständige internationale Diversifizierung nicht ausreichen, wenn die Investition im Vergleich zum BIP gering ist. Dies verdeutlicht nochmals die mögliche Rolle der *Macro Markets*.

Empirisch ist das Ausmaß der zu beobachtenden internationalen Diversifizierung stark vom Betrachtungszeitraum abhängig. Der Befund einer starken Korrelation von inländischer Ersparnis und Investition von FELDSTEIN und HORIOKA (1980), der eine wissenschaftliche Debatte zur Frage der internationalen Kapitalmobilität unter dem Schlagwort *Home Bias* auslöste, mag noch durch die zu dieser Zeit bestehenden politischen Hindernisse (z. B. Kapitalverkehrskontrollen) erklärbar sein. Jedoch zeigt die Arbeit von BAXTER und JERMANN (1997), dass auch beinahe 20 Jahre später – und trotz der stärker integrierten Finanzmärkte – nur wenig in ausländische Vermögensgüter investiert wird.[533] Die verwendete Datenreihe umfasst dabei die Jahre 1960 bis 1993. SORENSEN et al. (2005) kommen auf Basis aktuellerer Daten jedoch zu einem anderen Ergebnis. In ihrer empirischen Arbeit verknüpfen sie dabei den Aspekt der internationalen Diversifizierung der *Home-Bias*-Diskussion mit der Untersuchung der Risikoteilung. Für den Zeitraum 1993 bis 2001 stellen sie eine deutliche Abnahme des *Home Bias* fest, der wie vermutet mit einer zunehmenden internationalen Risikoteilung einhergeht.

4.4.4 Ausgewählte Ergebnisse von CGE-Modellen

Mit den bisherigen Ausführungen wurde eine Reihe von durchaus plausiblen und modelltheoretisch stringent abgeleiteten Begründungen für eine effizienzsteigernde Rolle eines staatlichen Umlagesystems vorgestellt. In den zuvor behandelten deterministischen Arbeiten wurden demgegenüber die Probleme dieser Systeme, besonders im Hinblick auf die private Kapitalbildung, untersucht.

---

[532] Vorausgesetzt, dass keine (nennenswerte) Korrelation der Demografie der Länder mit den jeweiligen makroökonomischen Variablen besteht.

[533] Unter Einbeziehung von Humankapital müsste ein optimales Portfolio aufgrund der bereits erwähnten hohen positiven Korrelation von Human- und Sachkapitalrendite nach BAXTER und JERMANN (1997) sogar beträchtliche *Short*-Positionen heimischer Aktienmärkte beinhalten.

Welche der genannten Effekte nun tatsächlich eine größere Bedeutung haben, kann letztlich nur in sorgfältig durchgeführten quantitativen Studien ermittelt werden. Überraschenderweise gibt es bis dato nur wenige Untersuchungen, welche diese Effekte im Rahmen eines CGE-Modells mit aggregierten Risiken quantifizieren. Dies dürfte primär an den methodischen Problemen bzw. den aktuellen technischen Grenzen liegen.[534] Positiver formuliert spricht die empirische Evidenz dafür, dass die idiosynkratischen Risiken eine größere Bedeutung für die individuelle Wohlfahrt haben, weshalb vor allem diese analysiert wurden. Tatsächlich ist die Zahl der stochastischen CGE-Modelle, die idiosynkratische Risiken einbeziehen, in den letzten zehn bis fünfzehn Jahren enorm gewachsen, so dass hier eine entsprechende Auswahl getroffen werden muss. Diese erfolgt unter dem Gesichtspunkt der Anwendbarkeit auf die angestrebte Beurteilung des deutschen Systems der Alterssicherung.

4.4.4.1 Aggregierte Risiken und intergenerative Risikoteilung in CGE-Modellen

Eines der ersten Modelle, das Rentensysteme in Gegenwart aggregierter Risiken untersucht, wurde von KRUEGER und KUBLER (2006) entwickelt. Sie betrachten neun überlappende Generationen, die sich stochastischen Löhnen gegenübersehen und ihre Ersparnisse in risikofreien Anleihen oder riskantem Realkapital anlegen können. Eine rekursiv formulierte Nutzenfunktion erlaubt es den Autoren, die Risikoaversion unabhängig von der intertemporalen Substitutionselastizität zu variieren und so eine realistische Risikoprämie zu erhalten. Das über lohnabhängige Beiträge finanzierte Umlageverfahren stellt als weiteres Vermögensgut eine Möglichkeit zur Diversifizierung des Portfolios dar.[535] Dieser positive Effekt ist jedoch verbunden mit dem negativen Effekt der Verdrängung gesamtwirtschaftlicher Ersparnis. Zunächst betrachten die Autoren die Einführung eines Umlageverfahrens

---

[534] Die aggregierte Unsicherheit erhöht die Zahl der möglichen Zustände der Ökonomie. Die Komplexität der üblicherweise zur Lösung verwendeten Algorithmen der dynamischen Programmierung nimmt mit den Dimensionen der Zustandsvariablen exponentiell zu und stößt entsprechend an Grenzen der Rechenkapazität. Von BELLMAN (1961) wurde dieses Problem als *Curse of Dimensionality* bezeichnet.

[535] PESTIEAU und POSSEN (2000) zeigen jedoch, dass ein Umlageverfahren letztlich eine Investition in Staatsanleihen bedeutet, die nicht unbedingt positive Effekte haben muss. In Gegenwart von Liquiditätsbeschränkungen kann eine Aktienmarktinvestition von Teilen der Beiträge mit einer Pareto-Verbesserung verbunden sein. Unter anderen Voraussetzungen ist hingegen auch eine Pareto-Verschlechterung möglich.

unter Abstraktion von Verdrängungseffekten. Diese bewirkt in ihrem Modell auch dann eine Pareto-Verbesserung, wenn die Ökonomie im Ausgangsgleichgewicht deutlich im dynamisch effizienten Bereich ist. Unter Einbeziehung der Verdrängungseffekte kann dieses Ergebnis aufrecht erhalten werden, wenn entweder eine sehr hohe intertemporale Substitutionselastizität angenommen wird, die im Ausgangsgleichgewicht mit dynamischer Ineffizienz verbunden wäre, oder ein geringer Anteil des Kapitals am Gesamteinkommen angenommen wird. Die Autoren stellen diesbezüglich allerdings fest, dass eine Parametrisierung mit den üblicherweise in quantitativen Makromodellen bzw. der Finanzwissenschaft verwendeten Größenordnungen stets dazu führt, dass der Verdrängungseffekt die Risikoteilungsaspekte dominiert, so dass die Einführung eines Umlagesystems in einer geschlossenen Volkswirtschaft in der Regel keine Pareto-Verbesserung darstellen dürfte.

OLOVSSON (2010) betrachtet ein CGE-Modell mit drei überlappenden Generationen, die wie in KRUEGER und KUBLER (2006) sowohl in risikofreie Anleihen als auch in riskantes Produktivkapital investieren können und sich Schocks auf die totale Faktorproduktivität ausgesetzt sehen. Untersucht wird ein zwischen DC- und DB-Politik liegendes Kontinuum lohnindexierter Rentenleistungen mit einer kapitaleinkommensindexierten Komponente.[536] Wie bereits die theoretischen Modelle gezeigt haben, erfordert effiziente Risikoteilung, dass die älteren Kohorten einen größeren Teil des Produktivitätsrisikos tragen, was im Modell von OLOVSSON (2010) über prozyklische Steuern bzw. Beiträge und entsprechend sehr volatile Leistungen – und damit auf direkterem Wege als bei KRUEGER und KUBLER (2006) – geschieht. Je mehr Zeit die Individuen haben sich auf dieses System einzustellen, desto stärker fallen die *Precautionary Savings* aus, die der Verdrängung der gesamtwirtschaftlichen Ersparnis entgegenwirken. Unter Vernachlässigung von Übergangsproblemen kommt OLOVSSON (2010) zu dem Schluss, dass Individuen, die in ein solches System geboren werden, einen klaren Wohlfahrtsgewinn erfahren. Im zweiten Teil der Studie werden verschiedene Übergangsschemata berücksichtigt, die in der Regel mit großen Verlusten für die mittlere Generation verbunden sind und so insgesamt keine Pareto-Verbesserungen darstellen.

Diese Modelle deuten also darauf hin, dass in Gegenwart von Produktivitätsrisiken die Kapitalisierungsaspekte stärker wiegen als die Versicherungsaspekte, so dass die qualitative Aussage deterministischer Modelle grundsätzlich erhalten bleibt.

---

[536] Diese sind so lange äquivalent, wie die – in der obigen Diskussion vermutete – vollständige Korrelation zwischen Arbeits- und Kapitaleinkommen besteht.

Eine andere Fragestellung mit direkter Beziehung zur deutschen GRV untersuchen LUDWIG und REITER (2010) in ihrem CGE-Modell mit *demografischem Risiko*, das für die deutsche Volkswirtschaft kalibriert wurde. Sie betrachten verschiedene politische Reaktionen auf einen Fertilitätsschock und widersprechen insgesamt dem oben präsentierten Ergebnis von BOHN (2001). In dessen Modell würden die Verzerrungswirkungen des Rentensystems systematisch unterschätzt. Die von ihm geforderten steigenden Beitragssätze führen gemeinsam mit den Interdependenzen im allgemeinen Steuersystem zu Verzerrungen des Arbeitsangebots. Darüber hinaus weisen sie auf die bereits erwähnte Abhängigkeit des Resultats von der Spezifikation der Produktionsfunktion hin. Schließlich sei auch zu berücksichtigen, welches Ziel die Politik verfolge. Statt der ex-ante-Effizienz, die ein Sozialplaner anstrebt, ist durchaus denkbar, dass – ähnlich wie im Modell der Generationenbilanzierung – lediglich ein Ausgleich der fiskalischen Beziehungen zwischen den Generationen anzustreben ist. Würde dieses Kriterium zugrunde gelegt, so die Autoren, dann wäre die Implementierung des Nachhaltigkeitsfaktors durchaus positiv zu beurteilen und würde sogar einer *Second-Best*-Lösung ähneln.

Abschließend sei noch auf die Studie von FEHR und HABERMANN (2006) hingewiesen, die in ihrem AK-Modell mit demografischem Risiko die Verteilungs- und Risikoteilungsaspekte der beiden Reformalternativen *Demografischer Faktor* und *Nachhaltigkeitsfaktor* miteinander vergleichen.[537] Beide Reformoptionen führen im Vergleich zum Referenzszenario ohne Reformen zu einem Rückgang der Ersatzquoten und im Gegenzug zu weniger stark steigenden Beitragssätzen. Der dem Modell zugrunde liegende stochastische Bevölkerungsprozess berücksichtigt sowohl Mortalitäts- als auch Fertilitätsrisiken und zeigt, dass speziell in der kurzen Frist der Altersquotient mit größerer Sicherheit vorhergesagt werden kann als die Lebenserwartung. Dies hat zur Folge, dass auch das Konfidenzintervall für die Ersatzquote unter Anwendung des Nachhaltigkeitsfaktors enger ist, als im Fall des Demografischen Faktors, für den die Unsicherheit bereits von Beginn an zunimmt. Die Beitragssätze sind hingegen in beiden Reformszenarien tendenziell mit weniger Unsicherheit verbunden als im Referenzszenario, beim Demografischen Faktor ist das Konfidenzintervall v. a. zu Beginn etwas kleiner als beim Nachhaltigkeitsfaktor.

Darin zeigt sich, dass beide Reformen eine Umverteilung von Lebenszyklusressourcen zugunsten der jungen und künftigen Generationen mit sich bringen. Für die gegenwärtigen Rentenempfänger ändert sich kaum etwas, die Mehrbelastungen

---

[537] Mit Ersterem sollte dem Langlebigkeitstrend Rechnung getragen werden, während sich der Nachhaltigkeitsfaktor auf Veränderungen des Rentnerquotienten bezieht (vgl. auch Abschnitt 3.2.1).

treffen in beiden Fällen die mittleren Jahrgänge. Das Ausmaß dieser Mehrbelastung ist beim Nachhaltigkeitsfaktor um bis zu Faktor fünf größer, die jüngeren und künftigen Jahrgänge profitieren entsprechend stärker.[538] Das entgegengesetzte Bild ergibt sich bei Betrachtung der Risikoaspekte, die mit den Reformoptionen verbunden sind. Die mittleren Jahrgänge unterliegen beim Nachhaltigkeitsfaktor deutlich geringeren Risiken. Auch in der langen Frist sind hier die Risiken geringer, weil das Konfidenzintervall der Beitragssätze etwas kleiner ist.[539] Damit geht die Reformoption, die eine stärkere intergenerative Umverteilung zu Lasten der geburtenstarken Jahrgänge bedeutet, mit signifikant geringeren Risiken für eben jene Generation einher. Dies erschwert eine abschließende Beurteilung, die ohne Rückgriff auf eine Wohlfahrtsfunktion nur bei gegensätzlichen Effekten der Reformoptionen möglich ist. Bei der Interpretation der Ergebnisse ist zu beachten, dass die Individuen modellbedingt das demografische Risiko nicht in ihre Entscheidung einbeziehen und sich somit wie unter Sicherheit verhalten. Damit werden *Precautionary Savings* in der Analyse nicht berücksichtigt.

4.4.4.2 Idiosynkratische Risiken und intragenerative Risikoteilung in CGE-Modellen

Zu den ersten Autoren, die auf die positive Wirkung eines öffentlichen Rentensystems bei *unsicherer Lebenserwartung* aufmerksam machen, gehören HUBBARD und JUDD (1987). Dem analysierten positiven Versicherungseffekt steht allerdings das Problem gegenüber, dass ein beitragspflichtiges System mögliche Kreditbeschränkungen verstärken und damit negativ auf die angestrebte Konsumglättung wirken kann. Damit ist die Grundidee der in diesem Bereich folgenden Arbeiten bereits in diesem Aufsatz angelegt.

Wohlfahrtsbeurteilung von Rentensystemen bei Unsicherheit. In dieses Modell integrieren erstmalig İMROHOROĞLU et al. (1995) ein zusätzliches *idiosynkratisches Einkommensrisiko*. Während in ihrem Modell Verzerrungen am Arbeits-

---

[538] Es liegt daher nahe, dass die Nachhaltigkeitslücke durch den Nachhaltigkeitsfaktor etwas stärker reduziert werden kann.

[539] Lediglich die 1980er und 1990er Jahrgänge unterliegen im Modell mit dem Demografischen Faktor einem etwas geringeren Risiko, weil hier der beitragsstabilisierende Effekt zeitlich gesehen etwas früher greift. Da die Unsicherheit bei der Ersatzquote jedoch größer ist und ebenfalls zu Beginn der Betrachtungsperiode ansteigt, sind die Risiken für die älteren Jahrgänge höher als beim Nachhaltigkeitsfaktor.

markt durch die Annahme eines exogenen Arbeitsangebots ausgeschlossen werden, führt das betrachtete umlagefinanzierte Rentensystem erwartungsgemäß zu einer sinkenden Kapitalisierung.[540] Im Ausgangsgleichgewicht ist die Ökonomie ohne das Rentensystem im dynamisch ineffizienten Bereich. Entsprechend wirkt die Verdrängung der Ersparnis durch Einführung eines Umlageverfahrens wohlfahrtserhöhend. Die zur Überführung in das konsummaximierende *Golden-Rule*-Gleichgewicht notwendige Ersatzquote liegt jedoch unter der Ersatzquote, die İMROHOROĞLU et al. (1995) als optimal berechnen. Dieser Effekt ist der Versicherungswirkung des Rentensystems geschuldet, das damit die im Modell per Definition fehlenden privaten Annuitätenmärkte ersetzt. Durch Einbeziehung eines fixen Faktors (Boden) schließen İMROHOROĞLU et al. (1999) dynamische Ineffizienz im Ausgangsgleichgewicht aus. Die positiven Versicherungsaspekte und die negativen Liquiditätseffekte eines Rentensystems bleiben bei dieser Konstellation grundsätzlich erhalten. Allerdings zeigen die Simulationsergebnisse, dass – ähnlich wie im Kontext der aggregierten Risiken bei KRUEGER und KUBLER (2006) – langfristig die negativen Kapitalisierungseffekte dominieren und ein Umlageverfahren keine Vorteile bringt.

STORESLETTEN et al. (1999) betrachten verschiedene Einkommensrisiken und spezifizieren die stochastischen Prozesse nicht wie in den bisher genannten Studien ad hoc, sondern auf Basis ökonometrischer Schätzungen. Weiterhin berücksichtigen sie im Modell ein Mortalitätsrisiko und eine verzerrende Kapitaleinkommensteuer. Verglichen wird das US-Rentensystem mit einem Reformvorschlag, bei dem dieses System zurückgefahren wird und etwa 50 Prozent der Beiträge in sog. *Personal Savings Accounts* (PSA) fließen. Als dritte Alternative wird die vollständige Privatisierung der Alterssicherung betrachtet. Die Autoren berücksichtigen dabei die impliziten Schulden des bestehenden Systems und disaggregieren die verschiedenen Effekte. Sie kommen zu dem Schluss, dass die Gleichgewichtseffekte (Faktorpreisänderungen) quantitativ am bedeutsamsten sind und insgesamt die PSA-Reform langfristig wohlfahrtsmaximierend ist. Dieses Ergebnis deutet darauf hin, dass die mit dem AVmG und AVmEG beschrittene Teilfundierung einer vollständigen Privatisierung überlegen ist.

Weil sich die genannten Modelle auf eine reine *steady-state*-Betrachtung beschränken, erlauben sie keine Effizienzbeurteilung. Zu den ersten Autoren, die einen Tran-

---

[540] Die Leistungen des Rentensystems ergeben sich als Anteil am durchschnittlichen Arbeitslohn eines durchgehend Beschäftigten. Sie sind damit unabhängig von der individuellen Erwerbsbiografie, so dass keine direkte Beziehung zwischen Beiträgen und Leistung besteht.

sitionspfad in einem Modell mit Mortalitäts- und Einkommensrisiken berechnen, gehören DE NARDI et al. (1999).[541] Sie untersuchen die Auswirkungen des für die USA prognostizierten demografischen Wandels auf ein umlagefinanziertes Rentensystem (unter Einbeziehung des Gesundheitswesens). Berechnet werden die Wohlfahrtseffekte für verschiedene Reformoptionen, jedoch ohne die Effizienzgewinne zu quantifizieren.[542] Der demografische Übergang übt auch in ihrem Modell den erwarteten Druck auf die Beitrags- bzw. Lohnsteuersätze und verstärkt folglich die bestehenden Verzerrungen am Arbeitsmarkt. Die betrachteten Politikreaktionen, die eine mehr oder weniger starke Leistungskürzung vorsehen, führen zu langfristigen Wohlfahrtsgewinnen. Diese sind allerdings aufgrund der intergenerativen Umverteilung mit den aus deterministischen Modellen bekannten Doppelbelastungen der Übergangsgenerationen verbunden. Einzig eine Politik zur Stärkung des Zusammenhangs von Beiträgen und Leistungen wäre den Autoren zu Folge mit einer Wohlfahrtsverbesserung für alle Kohorten verbunden.[543]

Entwicklung der Faktorpreise - Teil II. Auch KRUEGER und LUDWIG (2007) beschäftigen sich mit den Wohlfahrtseffekten des demografischen Wandels in einem Modell mit Unsicherheit, beziehen aber die Auswirkungen der internationalen Kapitalströme mit ein. In einem Drei-Regionen-Modell betrachten sie neben idiosynkratischen Mortalitätsschocks auch idiosynkratische Produktivitätsschocks. Letztere führen dazu, dass einige Agenten vornehmlich von Kapitaleinkommen leben, während andere primär auf Lohneinkommen angewiesen sind. Die zentrale Frage des Arbeitspapiers ist, welche Auswirkungen der demografische Wandel und die damit verbundenen Faktorpreisänderungen auf die individuelle Wohlfahrt hat.[544] Im Szenario ohne Alterssicherungssystem sinkt die Kapitalrendite in den USA um 0,89 Prozentpunkte und damit in der Größenordnung der deterministischen

---

[541] Sie erweitern ein Modell von HUANG et al. (1997), die erstmals einen Transitionspfad in einem Modell mit fixem Arbeitsangebot berechnen.

[542] Modelliert werden zwei Szenarien zur Beziehung zwischen Beiträgen und Leistung.

[543] FEHR (2009) führt dieses Resultat auf die Annahme einer quadratischen Nutzenfunktion zurück, die dazu führt, dass die Individuen den Versicherungsaspekt weniger schätzen und damit die mit der Reform beseitigten Verzerrungseffekte stärker wiegen.

[544] Durch die Betrachtung eines Modells mit heterogenen Agenten sind außerdem Aussagen über Verteilungswirkungen der Alterung möglich, auf die hier jedoch nicht näher eingegangen werden soll. Insgesamt resultiert ein Anstieg der Ungleichheit, weil die älteren Kapitaleinkommensbezieher sich geringeren Faktorpreissteigerungen gegenübersehen werden als die jüngeren Arbeitseinkommensbezieher.

Modelle.[545] Die Arbeitslöhne steigen hingegen deutlicher um 4,2 Prozentpunkte, wovon insbesondere die jungen Haushalte profitieren. Die Lohnsteigerungen sind für die jungen Generationen der dominierende Effekt, so dass der demografische Wandel für sie mit einer Wohlfahrtssteigerung von bis zu einem Prozent des Lebenszykluskonsums verbunden ist. Dagegen erfahren die älteren Jahrgänge eine Wohlfahrtsreduzierung, die mit dem akkumulierten Vermögen zunimmt. Von den reinen Faktorpreisänderungen profitieren 38 Prozent der im Basisjahr lebenden Individuen.

In Gegenwart eines Rentensystems ändern sich diese Befunde je nach Rentenpolitik deutlich. Während ein DC-System kaum Auswirkungen auf die Faktorpreise hat, führt ein DB-System nur zu einem Renditerückgang von 0,18 Prozentpunkten und einer Lohnsteigerung von 0,8 Prozentpunkten. Dabei resultiert im neuen Gleichgewicht ein Wohlfahrtsgewinn im DC-System, während ein DB-System mit Wohlfahrtverlusten verbunden ist. Günstiger auf die Wohlfahrt wirkt jedoch eine Anhebung des Renteneintrittsalters, die zwar mit ähnlichen Faktorpreisänderungen verbunden ist wie das DC-System, aber zu einem geringeren Rückgang der Ersatzquote führt und damit insbesondere die älteren Jahrgänge begünstigt.

FEHR et al. (2008b) erweitern das Modell von KOTLIKOFF et al. (2007) und kommen zu differenzierten Ergebnissen bezüglich der Faktorpreisentwicklungen, indem sie neben einer unsicheren Lebenserwartung auch außenwirtschaftliche Aspekte in die Analyse mit einbeziehen.[546] Im Drei-Regionen-Modell mit den USA, der EU und Nordostasien (Japan, Korea, Taiwan und Hong Kong) führt der demografische Wandel bis 2030 zunächst zu einem leichten Rückgang der Zinsen um 0,2 Prozentpunkte. Im Jahr 2050 liegen die Realzinsen dann aber um etwa 0,8 Prozentpunkte über dem Zinsniveau des Basisjahres 2005.[547] Werden zusätzlich noch China und Indien in das Modell einbezogen, so sinken die Zinsen auch langfristig. Insbesondere die hohe Ersparnisbildung in China kann zu einer insgesamt steigenden Kapitalintensität führen, so dass nun die Realzinsen bis 2030 (2050) um etwa

---

[545] Im Fall einer geschlossenen Volkswirtschaft kommt es zum zunächst kontraintuitiven Ergebnis eines geringeren Renditerückgangs (0,79 Prozentpunkte). Dies führen die Autoren auf die in den USA vergleichsweise günstigere Bevölkerungsentwicklung zurück – im Fall der offenen Ökonomie importieren die USA hingegen die demografischen Probleme der übrigen OECD-Länder.

[546] Wie in KOTLIKOFF et al. (2007) wird auch eine intragenerationale Heterogenität in Form von drei Einkommensklassen modelliert. Allerdings handelt sich nicht um ein Modell mit heterogenen Agenten im oben definierten Begriffssinn, weil diese Heterogenität nicht durch Einbeziehung idiosynkratischer Risiken modellendogen resultiert.

[547] Gemessen in Effizienzeinheiten.

0,8 (3,6) Prozentpunkte sinken. Unterstellt wird dabei, dass in den ebenfalls alternden Volkswirtschaften Indiens und Chinas die makroökonomischen Kennziffern (Sparquoten, Budgetdefizite etc.) konstant bleiben und der Aufholprozess anhält. Die Arbeitslöhne steigen dann insgesamt, allerdings hängt das Ausmaß der Lohnsteigerungen stark vom Qualifikationsniveau ab. Im Modell profitieren vor allem hochqualifizierte Arbeitnehmer.[548]

Tatsächlich wäre es zudem durchaus denkbar, dass im Zuge des demografischen Wandels die Löhne für einfache Arbeitnehmer steigen, wenn der Konsum in einer alternden Gesellschaft einen höheren, nicht substituierbaren Einsatz von einfachen Arbeitsleistungen etwa im Bereich der Pflege erfordert.[549]

Effizienzgewinne durch Privatisierung? Erstmals gelingt es NISHIYAMA und SMETTERS (2007) einen Transitionspfad *und* die reinen Effizienzgewinne einer Rentenreform zu berechnen.[550] Wie die anderen genannten Modelle gehen sie im Ausgangsgleichgewicht vom *Social-Security*-System aus und berücksichtigen sowohl Mortalitäts- als auch idiosynkratische Einkommensrisiken. Die über 65-jährigen genießen bei der simulierten Reform Bestandsschutz. Für die 25- bis 64-jährigen Haushalte werden die Leistungen aus dem Umlagesystem linear und altersabhängig bis auf 50 Prozent reduziert. Im langfristigen Gleichgewicht resultieren erhebliche Wohlfahrtsgewinne – auch innerhalb der betrachteten Einkommensklassen.[551] Werden die Verlierer der Übergangsgenerationen kompensiert, verbleibt per Saldo allerdings ein Effizienzverlust für die nach dem Reformjahr geborenen Generationen. Insgesamt wiegen somit die positiven Versicherungsaspekte des bestehenden US-Rentensystems stärker als die mit ihm verbundenen Verzerrungs-

---

[548] Mit zunehmender Ausbildung und Qualifikation der Bevölkerung in Indien und China können diese ungleichen Entwicklungen allerdings begrenzt werden.

[549] Zur Zunahme des Bedarfs an Pflegekräften vgl. bspw. HACKMANN und MOOG (2009).

[550] CONESA und KRUEGER (1999) berechnen zwar erstmals einen Transitionspfad, betrachten aber vornehmlich polit-ökonomische Aspekte und nehmen keine Effizienzberechnungen vor. Ihre Analyse von drei Reformstrategien für die US-amerikanische Rentenversicherung zeigt, dass in einer geschlossenen Ökonomie – im Vergleich zu deterministischen AK-Modellen – eine deutlich größere Anzahl von Individuen einen Wohlfahrtsverlust beim Übergang zu einer kapitalgedeckten Rentenversicherung hinnehmen muss und keine Mehrheitsentscheidung zugunsten eines Systemwechsels möglich ist.

[551] Betrachtet werden acht „working abilities" mit korrespondierenden Einkommensklassen. Die Mitglieder der unteren Einkommensklassen profitieren naturgemäß durch die Abschaffung des progressiv wirkenden Systems weniger.

wirkungen und Liquiditätsbeschränkungen. Hingegen resultieren Effizienzgewinne, wenn nur die Mortalitätsrisiken (ohne Einkommensrisiken) betrachtet werden. Die Absicherung des Langlebigkeitsrisikos alleine würde in dieser Hinsicht nicht ausreichen, um die mit dem etablierten System verbundenen negativen Aspekte zu kompensieren.

Im Rahmen eines für Deutschland kalibrierten Modells untersuchen FEHR et al. (2008a) die Auswirkung einer Ausphasung des Umlagesystems bei gleichzeitiger (Teil-)Privatisierung. Einbezogen werden dabei sowohl Mortalitäts- als auch Einkommensrisiken, sowie Liquiditätsbeschränkungen für 20 Prozent der jüngeren Haushalte im Ausgangsgleichgewicht. Dort bestehen zudem starke Beziehungen zwischen Beiträgen und Leistungen, so dass die negativen Verzerrungs- aber auch die positiven Versicherungsaspekte vergleichsweise gering sind. Im langfristigen Gleichgewicht resultiert aus der Privatisierung für alle Einkommensklassen ein höheres Konsumniveau. Die Berechnung des Transitionspfades und der Wohlfahrtseffekte für die verschiedenen Alters- und Einkommensklassen zeigt das erwartete Bild. Die *Baby-Boom*-Jahrgänge verlieren durch eine Privatisierung deutlich, wobei innerhalb dieser Kohorte die ärmeren Haushalte stärker belastet werden. Neben der Analyse von Wohlfahrtseffekten werden auch Effizienzberechnungen durchgeführt. Werden alle Risiken bei stochastischem Einkommen betrachtet, resultiert bei der Privatisierung ein Wohlfahrtsverlust in Höhe von 0,57 Prozent der ab dem Reformzeitpunkt verbleibenden Lebenszyklusressourcen. Durch eine Betrachtung verschiedener Szenarien können FEHR et al. (2008a) den Beitrag einzelner Systemkomponenten zu diesem Gesamteffekt bestimmen.[552]

Der Vergleich von Szenario 1 (*progressives* Steuersystem, unsichere Lebenserwartung und Liquiditätsbeschränkungen) und Szenario 2 (*proportionales* Steuersystem, unsichere Lebenserwartung und Liquiditätsbeschränkungen) zeigt, dass *bei stochastischem Einkommen* das Steuersystem vergleichsweise neutral wirkt: zwar würde ein proportionales Steuersystem das Arbeitsangebot weniger stark verzerren als das progressive Steuersystem. Letzteres bietet aber durch die Umverteilung einen Versicherungsschutz, der dem negativen Effekt auf das Arbeitsangebot ent-

---

[552] Bei *deterministischem Einkommen* wirkt sich die Privatisierung deutlich negativer aus. Dies erklären die Autoren damit, dass die Privatisierung im Modell mit einer Verlagerung des Schwerpunkts der Finanzierung von der Konsum- zur Einkommensteuer einhergeht. Im Vergleich zu einem proportionalen Steuersystem wirkt bei einer progressiven Einkommensbesteuerung aber dem negativen Effekte auf das Arbeitsangebot aufgrund des deterministischen Einkommens kein positiver Versicherungseffekt entgegen.

gegen wirkt. Per Saldo verringert sich der Effizienzverlust der Privatisierung von 0,57 auf 0,54 Prozent der Lebenszyklusressourcen im Modell nur unwesentlich, wenn statt des progressiven ein proportionales Steuersystem betrachtet wird. Im dritten Szenario betrachten FEHR et al. (2008a) neben dem proportionalen (statt wie im Ausgangsgleichgewicht progressiven) Steuersystem eine sichere Lebenserwartung von 80 Jahren bei nach wie vor bestehenden Liquiditätsbeschränkungen. Die Abwesenheit des Mortalitätsrisikos führt dazu, dass (bei stochastischem Einkommen) nun eine Privatisierung mit einem Effizienzgewinn von 0,68 Prozent der verbleibenden Lebenszyklusressourcen verbunden wäre. Im Umkehrschluss bedeutet dies, dass die Versicherungswirkung des Umlagesystems im Hinblick auf das Langlebigkeitsrisiko mit etwa 1,2 Prozent der verbleibenden Lebenszyklusressourcen vergleichsweise deutlich zur Vorteilhaftigkeit des Umlagesystems unter Unsicherheit beiträgt.[553] Neben einer vollständigen Privatisierung betrachten FEHR et al. (2008a) auch eine partielle Privatisierung. Unter Einbeziehung aller Unsicherheiten dominieren dabei für sämtliche Privatisierungsgrade die Effizienzverluste einer Privatisierung.[554] Entsprechend schließen die Autoren, dass die Reduzierung der Ersatzquoten im Zuge der deutschen Rentenreformen nicht mit ihrem Modell zu rechtfertigen ist.

Oder sollte die GRV gar stärker umverteilen? Dieser Befund könnte auch der starken Beziehung von Beiträgen und Leistungen im Ausgangsgleichgewicht des modellierten GRV-Systems geschuldet sein. Schließlich hatte FENGE (1995) unter Sicherheit gezeigt, dass die potenziellen Privatisierungsgewinne in einem stärker am Äquivalenzprinzip orientierten System geringer sind als in einem System mit einer weniger stark ausgeprägten Beziehung zwischen Beiträgen und Leistungen, weil der stärkere Versicherungscharakter eines progressiv(er)en Systems im *deterministischen Rahmen* keine Rolle spielt.

---

[553] Im vierten Szenario wird schließlich noch der Effekt der Liquiditätsbeschränkungen isoliert. In Abwesenheit von Liquiditätsbeschränkungen reduziert sich der potenzielle Privatisierungsgewinn von 0,68 auf 0,18 Prozent, als um etwa 0,5 Prozent, der verbleibenden Lebenszyklusressourven.

[554] Neben rationalen Agenten werden die Berechnungen auch für myopische Individuen mit hyperbolischen Präferenzen durchgeführt. Myopische Agenten legen tendenziell zu viel Wert auf den Gegenwartskonsum und würden sich ex-post für eine höhere Ersparnisbildung entscheiden. Mittelfristig diskontieren diese Agenten deutlich stärker als rationale Agenten. Langfristig kehrt sich dies aufgrund der Parabelform ins Gegenteil um. Aus diesem Grund sind die Effizienzverluste der Privatisierung für diese Agenten höher.

Unter Unsicherheit stellt sich hingegen die Frage, ob eine Abschwächung der Beitrags-Leistungs-Beziehung im deutschen GRV-System unter Effizienzgesichtspunkten sogar vorteilhaft sein könnte. Diese Fragestellung untersuchen FEHR und HABERMANN (2008) in einem *stochastischen Modellrahmen* – anders als FEHR et al. (2008a) allerdings ohne die Berücksichtigung eines Langlebigkeitsrisikos. Sie betrachten ein System, das zu je 50 Prozent aus einem Pauschalrentenmodell und einer beitragsabhängigen Komponente besteht (und somit einen stärkeren Versicherungscharakter aufweist, dafür aber das Arbeitsangebot stärker (negativ) verzerrt als das gegenwärtige GRV-System). Im Modell zeigt sich, dass eine solche progressive(re) Ausgestaltung der GRV langfristig mit einer Pareto-Verbesserung verbunden wäre.

An diesem Befund können jedoch mindestens zwei Punkte kritisiert werden. Erstens wird im Modell keine Ruhestandsentscheidung modelliert. Je progressiver ein System wird, desto früher werden die Haushalte vermutlich aufgrund der damit verbundenen Effekte auf das Arbeitsangebot in den Ruhestand gehen. Folglich unterschätzt das Modell tendenziell die Verzerrungswirkungen. Gemeinsam mit der Abstraktion von privaten Annuitätenmärkten (die realiter zumindest in imperfekter Form (s. o.) existieren) führt dies zu einer tendenziellen Überschätzung der Effizienzverluste durch eine Privatisierung. Zweitens berücksichtigen die Autoren nicht die Grundsicherung im Alter, welche die GRV komplementiert und damit indirekt eine Progressionswirkung in das bestehende System einführt. Diesem letzten Kritikpunkt messen die Autoren jedoch nur eine untergeordnete Bedeutung bei, weil nur vergleichsweise wenige Menschen von der Grundsicherung im Alter profitieren.

Verbindet ein zweistufiges System das Beste aus beiden Welten? Aufgrund der angeführten Kritikpunkte wäre es interessant, das Zusammenspiel von Grundsicherung im Alter und der GRV zu untersuchen. Dies ist nicht zuletzt aufgrund der im politischen Bereich aufgekommenen Diskussion um das Problem der Altersarmut relevant. Denkbar wäre, dass ein solches zweistufiges Rentensystem die Vorteile aus zwei Welten verbindet: Eine GRV mit möglichst großer Beitragsäquivalenz vermeidet Verzerrungen und die Umlagefinanzierung stellt die intergenerative Risikoteilung sicher, während ein Grundsicherungssystem dem Risikoausgleich in intragenerativer Hinsicht Rechnung trägt. Ein Modell, das exakt diese Fragestellung untersucht ist gegenwärtig nicht verfügbar.

Einen Hinweis auf die zu erwartenden Ergebnisse kann jedoch die Arbeit von HUG-
GETT und VENTURA (1999) geben. Diese Autoren stellen ein solches zweistufiges
System dem US-amerikanischen System gegenüber und untersuchen es im Rahmen eines CGE-Modells mit heterogenen Agenten. Die Autoren beschränken sich
infolge der ohnehin hohen Komplexität ihres Modells jedoch auf eine *steady-state*-
Betrachtung und berechnen keine (reinen) Effizienzgewinne. Sie gehen jedoch davon aus, dass die Betrachtung der Transition keine qualitativen Veränderungen
bedeuten würde. Ein zentrales Ergebnis ist, dass prinzipiell sowohl die effizienz-
steigernden Effekte als auch die Absicherung der Geringverdiener im zweigliedrigen System funktionieren. Allerdings stellen HUGGETT und VENTURA (1999) fest,
dass die Mehrheit der betrachteten Individuen im System schlechter gestellt wird.
Im gegenwärtigen progressiven *Social-Security*-System erfolgt eine Umverteilung
zugunsten der als „median ability agents" bezeichneten Mehrheit der Bevölkerung,
die im zweigliedrigen System – unabhängig von dessen Generosität – nicht mehr
gegeben ist. Auch die Effizienzgewinne, die mit dem zweigliedrigen System aufgrund der Effekte der Beitragsäquivalenz auf das Arbeitsangebot verbunden sind,
können an diesem Befund nichts verändern. Ohne ein politökonomisches Modell zu
betrachten vermuten HUGGETT und VENTURA (1999) daher, dass ein zweistufiges
System in den USA kaum Aussicht auf Einführung hat. Da in Deutschland bereits
ein zweigliedriges System besteht könnte die Beibehaltung des Systems vor dem
Hintergrund dieser Ergebnisse aber durchaus rational sein.

4.5 Zusammenfassung und Zwischenfazit

Die Ausführungen in diesem Kapitel zeigen die Entwicklungen in der ökonomischen
Theorie der Alterssicherung unter besonderer Beachtung von Simulationsmodellen
auf, und setzen sie in Beziehung zu der in diesem Zeitraum verfolgten Politik bzw.
verabschiedeten Reformen und Reformelementen. Die Ausführungen fokussieren
dabei fast ausschließlich auf die GRV und die im Zuge neu geschaffene Riester-
Rente sowie die bAV. Der Grund hierfür ist die Tatsache, dass die GRV vor den
Reformen eine dominierende Rolle einnahm und auch gegenwärtig für die überragende Mehrheit der Arbeitnehmer noch das wichtigste Einzelsystem darstellt.

Die Grundproblematik der umlagefinanzierten GRV im Zuge des demografischen
Wandels wird im eingangs betrachteten und stark vereinfachenden Modell aufgezeigt. Die absehbare Veränderung des Rentnerquotienten lässt im Umlagesys-

tem letztlich nur zwei mögliche Reaktionen zu: Eine konstante Ersatzquote ist nur durch steigende Beitragszahlungen darstellbar. Umgekehrt muss bei konstanten Beiträgen die Ersatzquote zwangsläufig zurückgehen. An dieser fundamentalen Einsicht führt für eine verantwortliche Politik kein Weg vorbei. Ähnlich formuliert dies BOHN (2005, S. 6):

> „Honest Planning should acknowledge that either tax rates or benefits must vary in response to economic and demographic disturbances."

Wie in der Einleitung zu dieser Arbeit bemerkt, dürfte die vergleichsweise späte Umsetzung politischer Reformen im Bereich der umlagefinanzierten Alterssicherung weniger mit fehlender Kognition zu erklären sein, als vielmehr mit politischen Opportunitäten. Für diese Vermutung spricht, dass in der öffentlichen Debatte rund um die seit 1999 erfolgten Reformen stets auf diese einfache Logik rekurriert wurde, die mit dem AVmEG schließlich Eingang in die Gesetzgebung fand. Der in § 154 SGB VI formulierte Zielkonflikt zwischen Ersatzquote und Beitragssätzen zeigt dabei das politische Bestreben nach einem Ausgleich der Interessen verschiedener Generationen.[555] Wie im Zwei-Perioden-Modell dargestellt, sollen die absehbaren demografischen Lasten zwischen Alten und Jungen aufgeteilt werden indem das Umlageverfahren zwar beibehalten, aber die daraus generierten Leistungen sukzessive zurückgeführt werden. Als Argumentationshilfe in dieser Richtung dienten auch die (wie gezeigt nicht unproblematischen) Ergebnisse der Generationenbilanzierung.

Eine Rationalisierung der mit AVmEG und AVmG verfolgten Politik einer Teilkapitaldeckung ist unter wohlfahrtsökonomischen Aspekten jedoch nur schwer möglich. So ist der unter den ökonomischen und demografischen Rahmenbedingungen bestehende – und als Zwischenergebnis festgehaltene – Renditeunterschied zwischen einem kapitalgedeckten und einem umlagefinanzierten System keineswegs gleichbedeutend mit einer Vorteilhaftigkeit der Kapitaldeckung nach dem Pareto-Kriterium und damit kein geeignetes Effizienzmaß. Vielmehr zeigt die Analyse in Abschnitt 4.2, dass der Übergang zu einem rein kapitalgedeckten System nur dann eine Pareto-Verbesserung bedeutet, wenn statische Ineffizienzen vorliegen.[556]

---

[555] Es werden sowohl Ziele für den Beitragssatz als auch für die Ersatzquoten ausgegeben. Mithin wird keine Extremvariante (ausschließlich Beitragssatzfixierung bzw. Aufrechterhaltung der Ersatzquote des Status Quo) verfolgt.

[556] Dieses Ergebnis bleibt auch in den verschiedenen Modellen erhalten, bei denen die restriktiven Annahmen aus Abschnitt 4.2 sukzessive aufgegeben und an die Realität angepasst werden.

Aus diesem Grund sieht SINN (2000) nicht Effizienzargumente sondern vielmehr distributive Argumente als schlagend an, die er als *burden smoothing* bezeichnet.

Die erfolgte Teilkapitaldeckung stellt so gesehen ein Werturteil darüber dar, wie stark die *Baby-Boomer* zur intergenerativen Lastenteilung beitragen müssen, indem sie entsprechendes Deckungskapital für die ergänzende bzw. ersetzende Vorsorge im Rahmen der zweiten Schicht akkumulieren. Dabei zeigt RAFFELHÜSCHEN (1993), dass die mit der Kapitalisierung verbundenen Effizienzgewinne bereits zu einem Großteil bei vergleichsweise geringen Kapitalisierungsgraden erreicht werden können. Dennoch bleibt in diesem Modell die Teilkapitaldeckung letztlich ein (unbefriedigender) Kompromiss. Dies gilt für die überwiegende Mehrheit der in den 1990er Jahren dominierenden deterministischen CGE-Modelle, die der Politik eine mehr oder weniger radikale Rückführung umlagefinanzierter Komponenten empfehlen, weil die Kosten der Transition durch Effizienzgewinne im Zuge der Beseitigung weiterer Ineffizienzen (bspw. durch die Verringerung von Verzerrungen am Arbeitsmarkt) überkompensiert werden können. Diese Argumentation ist aus zwei Gründen kritisch zu sehen: Zum einen sind die zusätzlichen Ineffizienzen auch auf anderem Wege zu beseitigen, so dass die Abschaffung der Umlagefinanzierung nur eine unter mehreren Lösungsmöglichkeiten darstellt. Zum anderen ist das Ergebnis maßgeblich durch die Berücksichtigung der zusätzlichen Ineffizienzen und die deterministische Modellstruktur vorherbestimmt.

So kommen die stochastischen CGE-Modelle der jüngeren Vergangenheit zu durchaus deutlich abweichenden Empfehlungen. Durch Berücksichtigung von Unsicherheit und damit der Einführung von Risiko und Heterogenität schwindet die Überlegenheit marktorientierter Reformen, die in deterministischen Modellen vorherrscht. Mit der Berücksichtigung von Unsicherheit bzw. Risiko kommen diese Modelle auch der Forderung von BARR (2000) nach, der nicht nur die Berücksichtigung des Transitionsproblems sondern auch die Gegenüberstellung der den konkurrierenden Systemen inhärenten Risiken sowie die jeweiligen Verwaltungskosten fordert, um einen vollständigen Vergleich der Finanzierungssysteme sicherzustellen.

Der Vergleich der Verwaltungskosten ist ein empirisches Problem und wurde daher im Rahmen der Ausführungen dieses (theoretischen) Kapitels nur am Rande behandelt. Bemerkenswert ist, dass sich das Vorurteil vergleichsweise hoher Verwaltungskosten bei öffentlich administrierten Systemen nicht zu bestätigen scheint. So liegen die Verwaltungskosten der GRV bei etwa 1,5 Prozent und damit tendenziell deutlich unterhalb der Kostenbelastung von Privatvorsorge und Gruppenverträgen.[557] Zu beachten ist dabei generell, dass jede (Teil-)Kapitaldeckung nur insoweit zu echten Vorteilen führt, wie sie in der Bildung von Realkapital erfolgt. Insofern ist der hohe Marktanteil der Versicherungsprodukte im Rahmen der Riester-Rente durchaus problematisch zu sehen, weil diese überwiegend in Staatsanleihen anlegen. Insoweit kann damit allenfalls ein indirekter Effekt im Sinne einer Kontrollfunktion für die Staatsfinanzen induziert werden, weil durch diese Art der Teilfundierung die implizite (explizite) Schuld verringert (erhöht) wird.

Sehr ausführlich wurden im Rahmen des vorliegenden Kapitels die in der jüngsten Vergangenheit gewonnen Erkenntnisse zu Fragen der Unsicherheit und des Risikos betrachtet. Die mit der Einführung von intragenerativer Heterogenität verbundenen Konsequenzen sind weitreichend. Das Pareto-Kriterium fordert in diesem Fall, dass sich kein Mitglied einer heutigen oder zukünftigen Generation durch den Übergang schlechter stellt. Generell zeigt sich, dass der Versicherungsaspekt des Umlagesystems an Bedeutung gewinnt. Die Teilfundierung stellt in dieser Modellwelt letztlich keinen unbefriedigenden Kompromiss mehr dar, sondern ist im Sinne der Streuung von Risiken im Sinne der Portfoliotheorie wünschenswert. So ist nur das Umlageverfahren in der Lage, eine Generation gegen den Totalverlust des Produktivkapitals durch Kriege oder Naturkatastrophen zu versichern.[558]

Aufgrund der größeren Realitätsnähe der Modelle ist daher für das bestehende System in Deutschland festzuhalten, dass die Kombination von Umlagefinanzierung und kapitalgedeckten Elementen grundsätzlich sinnvoll ist. Allerdings gibt der gegenwärtige Stand der Forschung keinen Aufschluss über die optimale Gewichtung der Finanzierungselemente und ihre spezifische Ausgestaltung als DB- oder DC-System. So zeigt die Darstellung der rein theoretischen Modellanalysen (im Unterschied zu den Simulationsmodellen), dass die optimale Ausgestaltung eines Systems stark von der Art des betrachteten Risikos abhängig ist. Pointiert formuliert findet sich für jede erwünschte Ausgestaltung ein Risiko zu deren Rechtfertigung und umgekehrt. Mithin ist es möglich, die jüngsten Reformelemente der Rente mit 67 sowie auch die Besteuerung der Alterseinkünfte unter dem Aspekt der Risikoteilung grundsätzlich zu rechtfertigen.[559] Selbst die Rentengarantie ist als isoliertes Element mit der Argumentation von BOHN (2001) vereinbar. Wenn

---

[557] Vgl. DRV, DEUTSCHE RENTENVERSICHERUNG BUND (2009b) bzw. Kapitel 3 dieser Arbeit.

[558] Diesen Aspekt betonen u.a. GORDON und VARIAN (1988) und KRUEGER und KUBLER (2002).

[559] Das AltEinkG kann in Anlehnung an BOHN (1999) als Instrument der Risikoteilung interpretiert werden. Künftige Generationen erhalten so einen Anteil an den gegen-

jedoch sämtliche Maßnahmen lediglich zur Verschiebung von Risiken auf die jüngere Generation dienen, ist dies kaum im Sinne der Risikoteilung zu begründen. In der Gesamtschau ist die Rentengarantie daher äußerst kritisch zu bewerten, denn sie führt zu einer asymmetrischen Wirkungsweise des Nachhaltigkeitsfaktors, die nur eine Anpassung nach oben erlaubt.[560] Als Erklärung für die politische Entscheidung sind dabei vermutlich in erster Linie polit-ökonomische Aspekte von Bedeutung, die im Rahmen der vorliegenden Analysen nicht betrachtet werden konnten.[561]

Eine gemeinsame Betrachtung verschiedener Risiken und deren Bedeutungsgewichtung ist im Rahmen der (stochastischen) CGE-Modelle möglich. Aber auch diese bieten zum gegenwärtigen Zeitpunkt nur wenig Orientierung hinsichtlich der geeigneten Ausgestaltung der Systeme. Tendenziell legen sie eine stärkere Umverteilung im Rahmen der umlagefinanzierten Elemente nahe. Damit stützen sie bei oberflächlicher Betrachtung Forderungen, wie bspw. die von SCHMÄHL (2009) vorgeschlagene steuerfinanzierten Erhöhung der Bezugsgröße bei der Ermittlung der Entgeltpunkte im Fall von ALG-II-Beziehern.

Bei genauerer Betrachtung ist diese Folgerung jedoch durchaus kritisch zu bewerten. Denn letztlich wird damit antizipativ eingegriffen und eine Situation vermieden, die ex-post ohnehin durch den Steuerzahler gelöst wird.[562] Warum eine Einkommenssituation im Alter anders zu bewerten ist, als in der Jugend- und Erwerbsphase, erschließt sich dabei nicht. Zudem sind die Modelle, aus denen eine Forderung nach stärkerer Umverteilung abzuleiten ist nur begrenzt auf die deutsche Situation anwendbar. So existiert bislang kein Modell, das die spezifischen

---

wärtigen Erträgen aber auch den Produktivitätsrisiken, wobei die nachgelagerte Besteuerung die negativen Anreizeffekte der Besteuerung soweit wie möglich begrenzt.

[560] Tatsächlich hat der Nachhaltigkeitsfaktor auch für die Rentenanpassung 2009 eine rentenanpassungssteigernde Wirkung entfaltet, d. h. er führte zu einem positiven Anpassungswert. In diesen beiden Jahren stieg die Zahl der Beitragszahlerinnen und Beitragszahler stärker als die der Rentnerinnen und Rentner(vgl. KERSCHBAUMER (2009)).

[561] Es sei auf ein aktuelles polit-ökonomisches Modell von D'AMATO und GALASSO (2010) verwiesen. Sie zeigen, dass sowohl ein Sozialplaner als auch ein an seiner Wiederwahl orientierter Politiker ein zustandsabhängiges Umlagesystem im Sinne von BALL und MANKIW (2007) etablieren würden. Das Ausmaß der intergenerativen Transfers ist dabei vom Privatvermögen der Älteren abhängig. Im Unterschied zum Sozialplaner resultiert im politischen Prozess tendenziell eine stärkere Umverteilung zugunsten der Älteren und das System ist weniger sensitiv hinsichtlich der Entwicklung der riskanten Vermögensgüter.

[562] Schließlich wird jedes unter dem GiA-Niveau liegende Rentenniveau aufgestockt.

Gegebenheiten des deutschen Systems der Alterssicherung mit seiner Flankierung durch die steuerfinanzierte Grundsicherung im Alter hinreichend genau abbildet.

Damit bleibt festzuhalten, dass das gegenwärtige System der Alterssicherung in Deutschland dem Stand der Erkenntnisse in der ökonomischen Theorie durchaus Rechnung trägt,[563] so dass bestehende Probleme eher dem Bereich des *Fine Tuning* zugeordnet werden können, als dass fundamentale Reformen notwendig wären. Bei diesem *Fine Tuning* erweisen sich die theoretischen Erkenntnisse jedoch nur als begrenzt hilfreich.

Dies mag zum Teil auch an den kritisch zu wertenden Entwicklungen im Bereich der Simulationsanalyse liegen:

> „What does concern me about my discipline, however, is that its current core – by which I mainly mean the so-called dynamic stochastic general equilibrium approach – has become so mesmerized with its own internal logic that it has begun to confuse the precision it has achieved about its own world with the precision that it has about the real one. This is dangerous for both methodological and policy reasons."[564]

Vor dem Hintergrund dieser Einschätzung sollte auch künftig nicht zu sehr auf Lösungsvorschläge aus diesem Bereich der Forschung vertraut werden. Stattdessen verspricht die empirische Betrachtung und Identifikation verbliebener Probleme und Problemgruppen eine größere Effektivität. Ein Anfang in dieser Richtung bietet das anschließende Kapitel.

---

[563] In diese Richtung deuten auch die Ergebnisse eines aktuellen Diskussionspapiers von Du et al. (2010). Sie zeigen, dass ein Drei-Säulen-System mit einer umlagefinanzierten ersten Säule, einem DB-Pensionsplan als zweiter Säule und privaten Ersparnissen in der dritten Säule die Folgen der drei modellierten Schocks (Alterung, Inflation und ein Einbruch am Aktienmarkt) abmildern kann und so zur Verstetigung der Alterseinkommen beiträgt.

[564] Caballero (2010), S. 85.

5 Empirie der Altersvorsorge in Deutschland: Eine Bestandsaufnahme mit regionalen Aspekten

> „Die Wissenschaft besteht
> nur aus Irrtümern. Aber
> diese muß man begehen. Es
> sind die Schritte zur
> Wahrheit."
>
> *Jules Verne*

Nach der Betrachtung der Reformen im Bereich der deutschen Alterssicherung unter institutionellen und theoretischen Gesichtspunkten, geht es im folgenden dritten Teil der Arbeit um die empirische Untersuchung der Altersvorsorge in Deutschland. Im Vordergrund steht die Frage, inwieweit sich bereits (intendierte und nicht intendierte) Effekt dieser Reformen in der empirischen Wirklichkeit nachweisen lassen. Dabei scheint es offensichtlich, dass die verschiedenen Reformen zu einem Bedeutungsverlust der ersten Schicht beitragen werden. Doch wie stark werden sich die Gewichte zwischen den Schichten verschieben? Um diese Frage beantworten zu können, gilt es einen mehr oder weniger vollständigen Altersvorsorgestatus auf individueller Ebene zu ermitteln, der Auskunft über den aktuellen Stand der Vorsorgebemühungen in Deutschland gibt.

Aufgrund der schrittweisen Einführung der Neuerungen ist damit zu rechnen, dass verschiedene Jahrgänge unterschiedlich betroffen sein werden. Neben dem Alter verspricht auch eine Auswertung nach Einkommen und Geschlecht wertvolle Erkenntnisse zu möglichen Problemen bzw. Problemgruppen. Angesichts der in verschiedenen Studien festgestellten regionalen Disparitäten in Deutschland,[565] die

---

[565] BERTHOLD und MÜLLER (2010) untersuchen in einer aktuellen Studie die Frage der Einheitlichkeit der Lebensverhältnisse auf Basis unterschiedlicher Indikatoren. Sie kommen zu dem Ergebnis, dass sich die Bundesländer „teilweise erheblich bezüglich ihrer Wirtschaftskraft, Beschäftigungssituation sowie innerer Sicherheit" unterscheiden. Eine Ursache hierfür sehen Sie im deutschen Föderalismus, dessen Ausgestaltung nach wie vor problematische Anreizeffekte beinhaltet.

sich nicht zuletzt in unterschiedlichen Beschäftigungsmöglichkeiten, Einkommens-
und Vermögensniveaus sowie auch in der demografischen Struktur zeigen,[566] ist zu
vermuten, das sich auch im Bereich der Altersvorsorge eine regionale Dimension
nachweisen lässt. Eine Bestätigung dieser Hypothese wäre nicht nur von theore-
tischem Interesse, sondern hätte auch praktischen Nutzen, weil die Identifikation
von Problemregionen für eine gezieltere Aufklärungsarbeit und politische Entscheidungen wichtig und hilfreich ist.

5.1 Datenquellen mit Informationen zur Altersvorsorge

Die Erhebung eines möglichst vollständigen Altersvorsorgestatus erfordert Informationen, die entweder direkt oder indirekt die Berechnung und Projektion der
in den unterschiedlichen Versorgungswegen bestehenden Anwartschaften zulassen.
Im Idealfall liegen diese Informationen in einem einzigen Mikrodatensatzes vor, so
dass für eine Untersuchungseinheit lediglich die in den verschiedenen Versorgungswegen bestehenden Anwartschaften addiert werden müssen. Die folgenden Ausführungen geben einen Überblick über die einschlägigen – meist als „Datensätze zur
wissenschaftlichen Nutzung" (englisch: *Scientific Use Files*, SUF) bezeichneten –
Mikrodatensätze, die in Deutschland für eine wissenschaftliche Nutzung verfügbar
und für die Erreichung der o. a. Zielsetzung potenziell geeignet sind.[567]

---

[566] GATZWEILER und MILBERT (2006) und BLIEN und WOLF (2001) betrachten regionale Disparitäten auf dem Arbeitsmarkt. Ein Vergleich der regionalen Einkommensunterschiede in Deutschland mit jenen in anderen Ländern findet sich in LESSMANN
(2005). Für Ausführungen zu regionalen Unterschieden in der demografischen Entwicklung sei auf Abschnitt 2.3 und die dortigen Literaturhinweise (wie bspw. LUY
(2006a)) verwiesen. Anschaulich lassen sich verschiedene Indikatoren auf der inter-
aktiven Webseite des Statistischen Bundesamtes (http://ims.destatis.de/indikatoren)
darstellen.

[567] Die Weitergabe anonymisierter Individualdatensätze der amtlichen Statistik an Forschungseinrichtungen (das sog. Wissenschaftsprivileg) wurde mit dem Bundesstatis-
tikgesetz von 1987 geschaffen (§ 16 Abs. 6 BStatG).

5.1.1 Merkmale zur Altersvorsorge in amtlichen Mikrodatensätzen

5.1.1.1 Mikrozensus (MZ)

Der Mikrozensus wird, wie jede amtliche Statistik, auf gesetzlicher Grundlage (Mikrozensusgesetz, MZG) erhoben. Eine Besonderheit ist die Auskunftspflicht.[568] Zweck der Erhebung des Mikrozensus ist es, Daten zu gewinnen, die Aussagen „über die Bevölkerung, den Arbeitsmarkt sowie die Wohnsituation der Haushalte" ermöglichen.[569] Die Durchführung fand in den alten Bundesländern erstmals im Jahr 1957 statt. Erhoben werden zahlreiche statistische Informationen in tiefer fachlicher und regionaler Gliederung, wie bspw. die Bevölkerungsstruktur, die wirtschaftliche und soziale Lage der Bevölkerung, die Familien- bzw. Haushaltsstrukturen, die Erwerbstätigkeit, sowie Wohnverhältnisse, Gesundheit und Altersvorsorge.[570]

Diese und andere Erhebungsinhalte werden im Mikrozensus als repräsentativer Stichprobe der deutschen Wohnbevölkerung in regelmäßigen und kurzen Abständen erhoben, um dadurch Datenlücken zwischen zwei Volkszählungen (Zensus) zu füllen bzw. auszugleichen.[571] Befragt wird jedes Jahr etwa ein Prozent der Bevölkerung in deutschen Haushalten. Als Auswahlgesamtheit und Grundgesamtheit der Hochrechnung dient dabei der auf Basis des letzten Zensus (gegenwärtig noch: 1987) fortgeschriebene Bevölkerungsstand.[572] Für das Berichtsjahr 2005 umfasst die Grundgesamtheit etwa 83,5 Mio. Personen, so dass der MZ mit einem Stichprobenumfang von etwa 830.000 Personen (ein Prozent) die größte Haushaltsstichprobe in Deutschland darstellt. Aufgrund der dadurch gegebenen Repräsentativität

---

[568] Aufgrund dieser Auskunftspflicht kam es mehrfach zu Protesten aus der Bevölkerung, die in der Konsequenz zu hohen Anforderungen an die Gewährleistung des Datenschutzes führten. Diese waren für die Wahl der Methodik im Rahmen dieser Arbeit von zentraler Bedeutung.

[569] § 1 Abs. 2 MZG 2005.

[570] Die Arbeitskräftestichprobe der Europäischen Union (EU-Arbeitskräftestichprobe) ist in den Mikrozensus integriert.

[571] Vgl. KRUG et al. (2001).

[572] Aufgrund der mit dem Zeitabstand zwischen zwei Zensus zunehmenden Fortschreibungsfehler und damit verbundener Probleme der Stichprobenergebnisse ist in der Regel alle zehn Jahre ein neuer Zensus erforderlich (vgl. KRUG et al. (2001)). In Deutschland konnte dieser Richtwert offensichtlich nicht eingehalten werden, da der nächste Zensus im Jahr 2011 – und damit 24 Jahre nach dem letzten Zensus – stattfindet.

sind die Ergebnisse des Mikrozensus als Referenz für zahlreiche Institutionen und Untersuchungen von Bedeutung.[573,574]

Mit dem MZG 2005 wurde das Erhebungskonzept grundlegend geändert: Bis 2004 wurde die Statistik nach dem sog. *Berichtswochenprinzip* erhoben, d. h. alle Stichprobenhaushalte wurden innerhalb einer vorgegebenen Woche des Jahres befragt.[575] Mit dem Mikrozensus 2005 erfolgte die Erhebung erstmals kontinuierlich über das ganze Jahr hinweg, wobei in jedem der vier Quartale jeweils ein Viertel der Befragungen durchgeführt wurde.[576] Die Auswahl der Befragten erfolgt mit einer einstufigen Klumpenstichprobe.[577] Auswahleinheiten sind die unter statistischen Gesichtspunkten abgegrenzten sog. Auswahlbezirke. Innerhalb dieser künstlich abgegrenzten Flächen, die sich aus ganzen Gebäuden oder Gebäudeteilen zusammensetzen,[578] werden alle Haushalte und Personen befragt, wobei jedes Jahr ein Viertel der Haushalte in der Stichprobe ersetzt bzw. ausgetauscht werden. Dieses Prinzip der partiellen Rotation hat zur Folge, dass jeder Haushalt vier Jahre in der Stichprobe verbleibt, was grundsätzlich auch die Möglichkeit eröffnet, ein Panel zu generieren.[579]

Die Rotationsstruktur findet sich auch in der Gestaltung des Fragenprogramms des Mikrozensus wieder, das in § 4 MZG 2005 geregelt ist. Neben einem Grundprogramm, das jedes Jahr erhoben wird, gibt es eine Reihe von Merkmalen, die nur alle vier Jahre erhoben werden. Zum Grundprogramm gehören neben zahlreichen soziodemografischen Variablen wie Alter, Geschlecht, Einkommen, Ausbildung, Er-

---

[573] So finden die Ergebnisse des Mikrozensus u. a. Eingang in Regierungsberichte, in das Jahresgutachten des Sachverständigenrates zur Begutachtung der gesamtwirtschaftlichen Entwicklung und den jährlichen Rentenversicherungsbericht der Bundesregierung.

[574] Auch dient der Mikrozensus als Hochrechnungs-, Adjustierungs- und Kontrollinstrument für Erhebungen der empirischen Sozial- und Meinungsforschung sowie der amtlichen Statistik.

[575] Vgl. hierzu auch STATISTISCHES BUNDESAMT (2005b).

[576] Zu den Konsequenzen der unterjährigen Befragung bspw. im Hinblick auf Vergleichbarkeit mit früheren Mikrozensus oder für die Hochrechnung vgl. IVERSEN (2007).

[577] Vgl. ausführlich STATISTISCHES BUNDESAMT (2006e).

[578] Zur Aktualisierung wird die Bautätigkeitsstatistik herangezogen (vgl. STATISTISCHES BUNDESAMT (2006e)).

[579] Der Panel-Datensatz des Mikrozensus, der für die angestrebte Abbildung des Altersvorsorgestatus ebenfalls von Interesse wäre, liegt in der aktuellsten Fassung gegenwärtig nur für den Berichtszeitraum 2001 bis 2004 vor, so dass die Merkmale zur Altersversorgung aus dem Jahr 2001 stammen (s. u.). Für nähere Informationen zum Mikrozensus Panel vgl. STATISTISCHES BUNDESAMT (2009c).

werbstätigkeit und Branchenzugehörigkeit auch zwei Variablen zur Altersvorsorge, die zeigen, ob der Merkmalsträger in der GRV pflicht- oder freiwillig versichert ist.[580] Zu den nur im vierjährigen Rhythmus erhobenen Merkmalen gehören bspw. die Themenkomplexe Wohnsituation und Altersversorgung. Die Angaben zur Altersvorsorge wurden dabei letztmalig im Jahr 2009 erhoben.[581] Zum Zeitpunkt der Berechnungen in der vorliegenden Arbeit waren diese Daten jedoch noch nicht verfügbar, weshalb im Rahmen der empirischen Untersuchung im Rahmen dieser Arbeit das Berichtsjahr 2005 gewählt wurde, um die Informationen zur Altersvorsorge nutzen zu können.[582]

Aufgrund der angestrebten Regionalisierung wird im Rahmen dieser Arbeit nicht mit dem SUF des Mikrozensus, sondern aufgrund des größeren Stichprobenumfangs und einiger nicht im SUF enthaltenen Variablen mit dem kompletten Datensatz gearbeitet. Dieser steht jedoch nur an einem Gastwissenschaftlerarbeitsplatz (GWAP) eines Statistischen Landesamtes (hier des Landesamtes Baden-Württemberg in Stuttgart) zur Verfügung.[583] Unterste regionale Einheit des verwendeten sog. standardisierten On-Site-Datensatzes sind sog. regionale Anpassungsschichten.[584] Diese setzen sich aus zusammengefassten Kreisen oder, bei sehr großen Städten (wie bspw. Berlin), auch aus Teilen zusammen. In der Regel umfasst eine Anpassungsschicht etwa 500.000 Einwohner. Damit können auch in der Stichprobe vergleichsweise große Fallzahlen sichergestellt werden, die üblicherweise auch für Auswertungen von Subpopulationen noch hinreichend groß sind.

---

[580] Dies sind die Variablen mit der Bezeichnung ef391 und ef392.

[581] Die drei zusätzlichen Variablen (ef393, ef394 und ef395) enthalten Informationen zu privaten Lebens- oder Rentenversicherungen, zu einer zusätzlichen bAV sowie zu vermögenswirksamen Leistungen.

[582] Insbesondere die Informationen zur bAV sind dabei von zentraler Bedeutung.

[583] Alternativ ist eine kontrollierte Datenfernverarbeitung möglich. Für eine Untersuchung mit hohem Programmieraufwand, wie im vorliegenden Fall, ist die kontrollierte Datenfernverarbeitung jedoch wenig praktikabel.

[584] Die Möglichkeit mit dem Mikrozensus auch (zumindest summarische) regionale Auswertungen durchzuführen wurde erst mit der Reduzierung der Größe der Auswahlbezirke im Rahmen der Stichprobenpläne ab 1990 geschaffen. Zuvor war das Bundesland einziges regionales Schichtungsmerkmal (vgl. ausführlicher KRUG et al. (2001)).

5.1.1.2 Einkommens- und Verbrauchsstichprobe (EVS)

Auch die EVS gehört zu den amtlichen Statistiken. Im Unterschied zum Mikrozensus ist hier die Teilnahme jedoch freiwillig.[585] Nach der erstmaligen Erhebung der EVS 1962/63 wurde sie in den Jahren 1969 und 1973 erhoben. Seither erfolgt die Durchführung im fünfjährigen Rhythmus. Rechtsgrundlage für die Erhebung über Einnahmen und Ausgaben aller privaten Haushalte ist das Gesetz über die Wirtschaftsrechnungen privater Haushalte (PrHaushStatG) vom 11.1.1961.[586] Die Erfassung sämtlicher Einnahmen und Ausgaben im Rahmen der EVS soll dem Ziel der Bereitstellung einer Datenbasis zur wirtschaftlichen Situation (Einkommens- und Verbrauchsverhältnisse) der Gesamtbevölkerung und ihrer Teilgruppen dienen.[587] Damit handelt es sich um eine Datengrundlage für administrative und politische sowie wissenschaftliche Zwecke und Fragen.[588]

Erhebungseinheiten sind die Privathaushalte am Ort der Hauptwohnung. Als Haushalt wird dabei eine Wirtschaftsgemeinschaft verstanden, die sich aus verwandten oder persönlich verbundenen (auch familienfremden) deutschen oder ausländischen Personen zusammensetzt.[589] Die Zugehörigkeit zu einem Haushalt ergibt sich mithin dadurch, dass der überwiegende Teil des verfügbaren Einkommens gemeinschaftlich bewirtschaftet wird.[590] Diese Definition schließt offensichtlich auch Einpersonenhaushalte ein. Hingegen werden einige Personen(gruppen) in der EVS nicht berücksichtigt: Hierzu gehören Personen ohne festen Wohnsitz sowie Personen, die keinen eigenständigen Haushalt führen, weil sie in Gemeinschaftsunter-

---

[585] § 4 PrHaushStatG und § 15 Abs. 1 BStatG.

[586] Die letzte Änderung dieser Rechtsgrundlage erfolgte durch Artikel 10 des Gesetzes vom 14.3.1980 (BGBI. I S. 294).

[587] Ein weiteres, zu diesem Zweck entwickeltes Instrument sind die seit 1949 durchgeführten laufenden Wirtschaftsrechnungen, die Daten für drei in ihrer Struktur stark abgegrenzte Haushaltstypen liefern.

[588] Auf Basis der EVS werden bspw. die Wägungsschemata des Verbraucherpreisindex ermittelt. Auch die Armuts- und Reichtumsberichterstattung der Bundesregierung sowie Gutachten zu verschiedensten Fragen der Sozial-, Steuer- und Familienpolitik basieren auf EVS-Daten. Im Jahr 2010 kann etwa die Ermittlung der Regelsätze in der Grundsicherung als Beispiel dienen.

[589] Haushalte von Ausländern und Haushalte in den neuen Bundesländern gehören erst seit 1993 zum Berichtskreis. STEIN (2004) merkt dabei an, dass ein eigener Hochrechnungsfaktor für die ausländische Bevölkerung fehlt, was aufgrund der unterschiedlichen Haushaltsstrukturen problematisch sei.

[590] Vgl. STEIN (2004).

künften und Anstalten leben.[591] Außerdem werden Haushalte, deren monatliches Haushaltsnettoeinkommen mehr als 18.000 € beträgt, zwar prinzipiell erfasst, jedoch aufgrund der geringen Fallzahl und der damit hohen statistischen Unsicherheit nicht ausgewiesen.[592]

Die Durchführung erfolgt durch die Statistischen Landesämter, welche die disproportional auf die Bundesländer verteilten Haushalte nach einem Quotenplan auswählen und befragen.[593,594] Das vorgegebene Erhebungssoll entspricht einem Auswahlsatz von etwa 0,2 Prozent der Erhebungsgesamtheit des zum Zeitpunkt der Erstellung des Quotenplans aktuellen MZ (im Fall der EVS 2003 der MZ 2000).[595] Dieses Erhebungssoll wird, dem sog. „Prinzip der vergleichbaren Präzision für gegliederte Ergebnisse" folgend, disproportional auf die Bundesländer verteilt, um so zu vergleichbaren relativen Standardfehlern je Quotierungszelle beizutragen.[596,597] Die jeweiligen Statistischen Landesämter verteilen diese Stichprobenumfänge dann auf sog. Quotierungszellen, welche auf Basis der Merkmale Haushaltstyp, soziale Stellung der Bezugsperson und Haushaltsnettoeinkommen gebildet werden.

Allein die Freiwilligkeit der Teilnahme impliziert offensichtlich, dass die EVS keine Zufallsstichprobe ist. Gleichzeitig ergeben sich dadurch Schwierigkeiten bei der Erfüllung des Erhebungssolls, das in der Vergangenheit wiederholt nicht erreicht wurde.[598] Auch bei der EVS 2003 lag das angestrebte Erhebungssoll mit 74.600 Haushalten deutlich oberhalb der Zahl von 59.713 zu Beginn des Jahres 2003 teilnahmebereiten Haushalten. Für diese Haushalte kann aufgrund der Freiwilligkeit der Teilnahme eine vergleichsweise hohe Motivation vermutet werden. Trotzdem

---

[591] Vgl. STEIN (2004).

[592] Vgl. ebenda und STATISTISCHES BUNDESAMT (2005a).

[593] Die organisatorische und technische Vorbereitung erfolgte durch das Statistische Bundesamt, die Anwerbung der Haushalte und die Erhebungsdurchführung durch die Landesämter.

[594] Die Datengewinnung erfolgte bei der EVS 1998 noch durch eine Kombination von persönlicher und schriftlicher Befragung. Im Fall der EVS 2003 wurde aus Kostengründen auf den Einsatz von Interviewern verzichtet und ausschließlich schriftlich befragt (vgl. WOLF (2004)).

[595] Vgl. STATISTISCHES BUNDESAMT (2005a).

[596] Vgl. STEIN (2004). So entspricht bspw. der Auswahlsatz in Nordrhein-Westfalen bei der EVS 2003 0,18, derjenige für Bremen 0,2 Prozent (vgl. STATISTISCHES BUNDESAMT (2005a)).

[597] Die Vergleichbarkeit der Standardfehler ist jedoch auch hier nicht vollständig gegeben. In kleinen Bundesländern sind die relativen Standardfehler in der Regel deutlich größer (vgl. KRUG et al. (2001)).

[598] Vgl. STEIN (2004).

waren am Jahresende letzten Endes nur Angaben zu 53.432 Erhebungseinheiten verwertbar. Diese Ausfallquote (*unit non-response*) von etwa 11 Prozent wird vom Statistischen Bundesamt mit dem umfangreichen und komplexen Fragenprogramm erklärt.[599]

Dieses Fragenprogramm bestand bei der EVS 2003 aus einem Einführungsinterview, in welchem die Zusammensetzung des Haushalts, vielfältige sozio-ökonomische Informationen, Angaben zur Wohnsituation und Ausstattung sowie zum Geld- und Sachvermögen erfasst wurden.[600] Anschließend war für ein Quartal ein Haushaltsbuch zu führen, das der Aufzeichnung der Einnahmen und Ausgaben in diesem Zeitraum diente. Hinsichtlich der Einnahmen waren Art und Quelle anzugeben, bei den Ausgaben wurde zwischen privatem Verbrauch, Steuern und Abgaben, Beiträge zu Sozialversicherungen sowie zu privaten Versicherungen, Vermögensbildung und Schuldbedienung sowie sonstigen Zwecken differenziert.[601] 20 Prozent der teilnehmenden Haushalte mussten zusätzlich für einen Monat ein sog. Feinaufzeichnungsheft führen und darin den Konsums von Nahrungsmitteln, Getränken und Tabakwaren detailliert festhalten.[602]

Eine weitere Implikation der Freiwilligkeit ist, dass die Statistischen Ämter bei der Suche nach Teilnehmern bevorzugt ehemalige Teilnehmer ansprechen.[603] Aus diesem Grund ist nach STEIN (2004) davon auszugehen, dass die im Prinzip als reine Querschnittsstichprobe konzipierte EVS faktisch eine „partielle Längsschnittsdatenbank" darstellt. Weil jedoch die Identifikation der in mehreren Stichproben enthaltenen Haushalte nicht möglich ist, sind reine Panelanalysen, wie sie bspw. das SOEP (s. u.) erlaubt, nicht möglich.

Schließlich wird die Freiwilligkeit der Teilnahme auch als eine Ursache für den bestehenden sog. Mittelschichtbias gesehen. Besonders Haushalte mit sehr hohen oder niedrigen Einkommen haben tendenziell eine geringere Teilnahmebereitschaft, was u. U. mit Neid oder Scham zu erklären ist.[604] Zur Vermeidung einer eingeschränkten Validität der EVS bzw. zur Erhaltung ihrer Eignung als Basis für die statistische Inferenz, werden die Haushalte in der EVS nicht gleich, sondern mit

---

[599] Vgl. STATISTISCHES BUNDESAMT (2005a).

[600] Vgl. WOLF (2004).

[601] Vgl. WOLF (2004).

[602] In der Vergangenheit wurden unterschiedliche Erhebungsverfahren angewendet (vgl. bspw. KRUG et al. (2001)).

[603] Vgl. STEIN (2004).

[604] Vgl. ebd.

Hochrechnungsfaktoren, gewichtet. Die Hochrechnungsfaktoren basieren wie der Quotenplan auf dem MZ. Im Fall der EVS 2003 wurden die Hochrechnungsfaktoren auf Basis des MZ 2002/2003 ermittelt.

Der vorliegenden Untersuchung liegen die Daten des SUF zur EVS 2003 zugrunde. Dieser faktisch anonymisierte Datensatz enthält aus Datenschutzgründen nur 80 Prozent der Beobachtungen auf Haushaltsebene (hier: 42.744 Fälle).[605] Daten aus der EVS 2008 sind zwar in Teilen bereits verfügbar; die für diese Untersuchung relevanten Teile der EVS 2008 werden jedoch erst gegen Ende des Jahres 2010 und teilweise erst Anfang 2011 als sog. SUF verfügbar sein. Informationen aus der EVS wurden für die Ermittlung der Relation von Brutto- und Nettoeinkommen verwendet, um so eine einheitliche Grundlage für die Bildung von Ersatzquoten zu erhalten (vgl. Abschnitt 5.2.2). Außerdem basieren die Berechnungen zur dritten Schicht (vgl. Abschnitt 5.3.3) weitgehend auf EVS-Daten.

5.1.1.3 Versicherungskontenstichprobe bzw. SUF-VSKT

Die DRV erhebt im Zuge der entsprechenden Verwaltungsvorgänge eine Vielzahl von Prozessdaten. Die Inhalte der Statistiken des DRV-Berichtswesens sind aus diesen Verwaltungsdaten abgeleitete Produkte, die einer Datenprüfung mittels einheitlicher Plausibiltätsprogramme unterzogen werden.[606] Zur Vermeidung zusätzlichen Aufwands, handelt es sich dabei im Allgemeinen um eine Vollerhebung unter Berücksichtigung der Vorschriften der Allgemeinen Verwaltungsvorschrift über die Statistik in der Rentenversicherung (RSVwV).[607]

Nach § 1 RSVwV sind sämtliche verfügbaren rentenrelevanten Tatbestände sowie der Stand der Rentenanwartschaften der Versicherten der GRV auf den sog. Versicherungskonten zu erfassen. Diese Daten stellen eine wertvolle Grundlage für Planungsaufgaben des Gesetzgebers, interne Planungen der Versicherungsträger und zur Politikberatung dar. Weil eine Vollerhebung dieser umfangreichen Daten mit immensem Aufwand verbunden wäre, entschieden sich die Verantwortlichen im Jahr 1983 dazu, erstmals eine in ihrer Form nicht weiter spezifizierte disproportional geschichtete repräsentative Stichprobe aus den Versicherungskon-

---

[605] Zur Wahrung des Aussagegehalts wurden die Hochrechnungsfaktoren durch das Statistische Bundesamt entsprechend angepasst (vgl. STEIN (2004)).

[606] Vgl. STEGMANN und HIMMELREICHER (2008).

[607] Die RSVwV wurde mit dem RRG 1992 neugefasst.

ten zu ziehen.[608] Diese sog. Versicherungskontenstichprobe (VSKT) wird seitdem als disproportional geschichtetes Panel fortgeführt, um einerseits auf geklärte Konten zurückgreifen zu können, und andererseits den Aufwand der Kontenklärung[609] möglichst gering zu halten.[610]

Schichtungsmerkmale der VSKT sind der Altersjahrgang, das Geschlecht, die Staatsangehörigkeit und der aktuelle Versicherungszweig. Die Disproportionalität der Stichprobe gewährleistet, dass aus jeder sich aus den Schichtungsmerkmalen ergebenden Gruppe etwa gleich viele Fälle in die Stichprobe aufgenommen werden, unabhängig vom Anteil der jeweiligen Gruppe an der Bevölkerung bzw. der Grundgesamtheit aller geführten Konten. Entsprechend ist bei der erstmaligen Erhebung 1983 das Fallzahlkriterium in der Zusammenstellung berücksichtigt worden und fließt seitdem in jedem Berichtsjahr in die Auswahl der nachzuziehenden Fälle für Abgänge von Stichprobenfällen aus der Grundgesamtheit mit ein. Jene Grundgesamtheit umfasst alle Versicherungskonten, die (1) geklärt, (2) nicht tot- oder stillgelegt, (3) nicht leer und deren Führer (4) zwischen 15 und 67 Jahren alt ist. Nach Angaben der DRV „konnte [...] nachgewiesen werden, dass von [G]RV-Daten etwa 96 Prozent der Bevölkerung Deutschlands ab 15 Jahren repräsentiert werden."[611] Damit ähnelt die Grundgesamtheit der VSKT im analyserelevanten Bereich jener des MZ. Die hohe Abdeckung lässt sich dadurch erklären, dass nicht nur diejenigen Fälle erfasst werden, die tatsächlich einen Altersvorsorgeanspruch aus der GRV haben, bzw. bei denen die gesetzliche Rente am Ende die Haupteinkunftsquelle sein wird, sondern *alle* Personen, die *jemals* bei der DRV gemeldet waren, gleich in welcher Stellung und unabhängig von der Erfüllung von Wartezeiten.

Das Erhebungskonzept der VSKT ruht auf zwei Säulen: Für jedes Berichtsjahr wird ein Stichtagsdatensatz, der sog. *fixe Teil*, erstellt. Dieser enthält einerseits Stichtagswerte (wie bspw. den hypothetischen Erwerbsminderungsrenten-Anspruch[612] ab dem 1.1. des Folgejahres, die aktuelle Versicherten- und Statusgruppe, den aktuellen Beruf oder das Bundesland) und andererseits zeitkonstante Merkmale (wie Geburtsjahr, Geschlecht, Ausbildungsabschluss und Geburtsjahre der rentenrecht-

---

[608] Vgl. RICHTER und HIMMELREICHER (2008).

[609] Bei der Kontenklärung werden auf Antrag bestehende Lücken im Versicherungsverlauf bzw. Versicherungskonto geklärt und ggf. durch Anrechnungszeiten aufgefüllt.

[610] Vgl. STEGMANN (2008).

[611] RICHTER und HIMMELREICHER (2008), S. 36.

[612] Zur Berechnung dieser Größe wird angenommen, dass vom Betrachtungszeitpunkt an eine Erwerbsminderung besteht, so dass die Rentenanwartschaft nicht den Fall der Fortführung der bisherigen Erwerbsbiografie abbildet.

lich berücksichtigten Kinder). Der *variable Teil* umfasst die seit 1983 im Panel erfassten zeitvariaten Merkmale, wie etwa die monatlichen Entgeltpunkte oder die soziale Erwerbssituation. Dabei wird für jeden Monat – vom Januar des Jahres, in dem das 14. Lebensjahr vollendet wird, bis zum aktuellen Rand bzw. bis zum Dezember des Jahres, in dem das 65. Lebensjahr vollendet wird – ein Wert erfasst. Damit hat der Datensatz eine variable Länge.

Dieses Erhebungskonzept hat zugleich Vor- und Nachteile im Hinblick auf die vorliegende Untersuchung. Zu den generellen Vorteilen der VSKT gehört, dass die übliche Panelmortalität nicht auftreten kann und die Daten eine hohe Verlässlichkeit haben, weil es sich um Meldedaten der Sozialversicherung, um Daten über andere Beitragszeiten und um nachgewiesene und geprüfte Daten zu beitragsfreien Zeiten handelt. Zur Eigenschaft der prozessproduzierten Daten gehört aber auch, dass Informationen, die rentenrechtlich nicht relevant sind auch nicht gespeichert werden. So sind bspw. die den Entgeltpunkten zugrunde liegenden Einkommen nicht im Datensatz enthalten. Ebenso wenig finden sich Angaben zum Familienstand. Schließlich sind auch die Angaben zu Kindern nicht unproblematisch, weil diese nur in einem Versicherungskonto auftauchen und somit nur einer Person zugeordnet werden können.[613]

Im Rahmen der zweiten Förderphase des sog. Forschungsdatenzentrums der Rentenversicherung (FDZ-RV) wurde die VSKT als SUF mit Datenbasis 2005 entwickelt und erstmals im Jahr 2008 zur Verfügung gestellt.[614,615] Beim SUF-VSKT-2005 – der Datengrundlage der empirischen Analyse zu den GRV-Ansprüchen im Rahmen dieser Arbeit – handelt es sich um eine 25-Prozent-Substichprobe, wobei die Ziehung der Substichprobe Teil des Anonymisierungskonzeptes ist, welches zudem die Vergröberung verschiedener rentenrechtlich relevanter Tatbestände durch

---

[613] Vgl. dazu STEGMANN (2009). Wann Kinder erzogen wurden, kann anhand der Daten folglich nur für diejenigen Personen bestimmt werden, denen die Kinder rentenrechtlich zugeordnet sind. Da die Erziehung eines Kindes ein rentenrechtlich relevanter Tatbestand ist, kann davon ausgegangen werden, dass zum Zeitpunkt der Kontenklärung alle Kinder erfasst sind. KREYENFELD und MIKA (2008) machen allerdings darauf aufmerksam, dass dies für bestimmte Personengruppen (darunter Männer, Personen mit Migrationshintergrund sowie Beamte und Freiberufler mit berufsständischer Versorgung) nicht gilt.

[614] Mit Gründung des FDZ-RV im Jahr 2004 war u. a. das Ziel verbunden, ein Basisangebot an Daten auch für wissenschaftliche Zwecke bereitzustellen. Seither erschließt das FDZ-RV sukzessive die Daten der GRV aus den Bereichen Versicherung, Rente und Rehabilitation für die wissenschaftliche Nutzung.

[615] Vor der Freigabe erfolgte eine wissenschaftliche Testnutzung.

Klassierung von Merkmalen oder Bildung größerer Betrachtungszeiträume umfasst.[616] Schichtungskriterien sind der Versicherungszweig, der Geburtsjahrgang, das Geschlecht und die Nationalität. Diese Kriterien zur Ziehung der Substichprobe entsprechen damit weitgehend jenen der Originalziehung. Da die VSKT eine disproportionale Stichprobe darstellt, wurden die Hochrechnungsfaktoren durch eine erneute Hochrechnung angepasst. Für die Datenweitergabe wurde die Auswahl anschließend auf die im Inland lebenden Deutschen im Alter 30 bis 67 Jahren (Jahrgänge 1938 bis 1975) – insgesamt 59.457 Fälle – begrenzt.[617] Dadurch wird einerseits die Betrachtung der unter 30-jährigen Personen komplizierter, andererseits sind die GRV-Ansprüche von Ausländern letztlich nicht valide bzw. nur unter weitreichenden Annahmen zu ermitteln.

5.1.2 Merkmale zur Altersvorsorge in nicht-amtlichen Mikrodatensätzen

Neben den genannten amtlichen Datensätzen gibt es eine Reihe nicht-amtlicher Datensätze mit Informationen zur Altersvorsorge, die von Forschungseinrichtungen und/oder Dienstleistungsinstitutionen erhoben werden. Eine vollständige Übersicht zu diesen Informationsquellen kann im Rahmen der vorliegenden Untersuchung nicht geleistet werden. Daher beschränken sich die folgenden Ausführungen auf jene Datenquellen, die im Rahmen der empirischen Analyse Verwendung fanden. Damit werden zwangsläufig potenziell hilfreiche Quellen, wie beispielsweise die SAVE-Daten, vernachlässigt.[618] Die Entscheidung gegen diese Datensätze und für die unten beschriebenen Quellen fiel unter dem Gesichtspunkt der Aktualität und Verfügbarkeit sowie der Stichprobengröße.[619]

---

[616] Für nähere Informationen zum Anonymisierungskonzept, insbesondere zur Vergröberung und zum dadurch entstehenden Problem der Überlappung verschiedener rentenrechtlicher Zeiten sei auf STEGMANN (2009) verwiesen.

[617] Vgl. STEGMANN (2009). Eine Kontenklärung erfolgt routinemäßig im Alter von 30 Jahren.

[618] Diese Daten zur Ersparnisbildung in Deutschland werden im Rahmen einer von der Deutschen Forschungsgemeinschaft unterstützten Studie des Mannheim Research Institute for the Economics of Aging (MEA) in Zusammenarbeit mit TNS Infratest Sozialforschung seit 2001 erhoben. Eine ausführliche Darstellung zu den SAVE-Daten bieten BÖRSCH-SUPAN et al. (2008b).

[619] Der SAVE-Datensatz enthält grundsätzlich interessante Informationen zur Riester-Rente. Im Vergleich zur unten beschriebenen Sondererhebung der GfK ist jedoch die Fallzahl mit (je nach Erhebungsjahr) 2.000 bis 3.000 Fällen deutlich geringer als im Fall der in dieser Untersuchung verwendeten GfK-Daten (s. u.).

5.1.2.1 SOEP

Das Sozio-ökonomische Panel (SOEP) gehört zu den umfangreichsten nicht amtlichen wissenschaftlichen Wiederholungsbefragungen in Deutschland.[620] Das SOEP ist grundsätzlich als Haushaltspanel strukturiert, stellt jedoch durch die Befragung aller erwachsenen Personen eines Haushalts entsprechende Informationen auf individueller Ebene zur Verfügung. Das Fragenprogramm umfasst *standardmäßig* folgende Bereiche:[621] Demografie und Bevölkerung, Arbeitsmarkt und Beschäftigung, Einkommen, Steuern und soziale Sicherung, Wohnen, Gesundheit, Bildung und Qualifikation, Leistungen privater Haushalte sowie Grundorientierungen, Partizipation und Integration. Ergänzend zu diesem Standarderhebungsprogramm werden wellenspezifische Erhebungsschwerpunkte, wie etwa zum individuellen und haushaltsspezifischen Vermögen (1988 und 2002 und 2007) gesetzt. In den Jahren 2004, 2006 und 2007 wurde auch zur Riester-Rente befragt, jedoch nur zur Teilnahme (ja/nein), nicht aber zur Höhe der eingezahlten Beiträge.[622]

Die Zielpopulation des SOEP ist die gesamte Wohnbevölkerung, welche ausdrücklich auch die im Inland lebenden Ausländer umfasst. Die ursprüngliche Stichprobenziehung erfolgte im Jahr 1984 aus „stichproben- und erhebungstechnischen Gründen getrennt für zwei Teilpopulationen:"[623] Stichprobe A umfasst (bis heute) die Personen bzw. Haushalte im alten Bundesgebiet, deren Haushaltsvorstand nicht türkischer, griechischer, jugoslawischer, spanischer oder italienischer Staatsangehörigkeit ist. Stichprobe B umfasst die (damals als „Gastarbeiter"-Haushalte bezeichnete) ausländische Bevölkerung aus den in Stichprobe A nicht enthaltenen Mittelmeerländern. Insgesamt umfasste das SOEP im Jahr 1984 5.921 Haushalte mit 12.290 befragten Personen. Nach 24 Wellen im Jahre 2007 sind es noch 3.337 Haushalte mit 5.963 Personen. Damit weist das SOEP eine im Vergleich zu US-

---

[620] Hervorgegangen ist das SOEP aus dem Sonderforschungsbereich 3 „Mikroanalytische Grundlagen der Gesellschaftspolitik" an den Universitäten Frankfurt/Main, Mannheim und Berlin. Es ist am Deutschen Institut für Wirtschaftsforschung (DIW) angesiedelt. Die Feldarbeit führte ununterbrochen Infratest Sozialforschung durch. Zur historischen Entwicklung des SOEP vgl. KRUPP (2008).

[621] Vgl. WAGNER et al. (1994).

[622] Ein tabellarischer Überblick über die wellenspezfischen Befragungsinhalte findet sich in HAISKEN-DENEW und FRICK (2005).

[623] WAGNER et al. (1994), S. 75.

amerikanischen Panels (*Panel Study of Income Dynamics* (PSID) bzw. *Survey of Income and Program Participation* (SIPP)) ähnliche Panelsterblickkeit auf.[624]

Im Zeitablauf wurde das SOEP dabei um insgesamt sechs weitere Substichproben ergänzt und umfasst damit gegenwärtig insgesamt acht Substichproben.[625] Im Jahr 1990 wurde die Stichprobe C integriert, die 2.179 Haushalte mit 4.453 Personen in den neuen Bundesländern umfasste.[626] Seit 1994/1995 wird eine zusätzliche Zuwandererstichprobe (D) erhoben, die etwa zur Hälfte Aussiedler beinhaltet. Im Jahr 1998 wurde die Einbeziehung einer neuen frischen Stichprobe (E) erfolgreich getestet. Darauf aufbauend erfolgte mit Hilfe der Stichprobe F im Jahr 2000 eine annähernde Verdopplung des Stichprobenumfangs, was sich entsprechend positiv auf die statistische Aussagekraft (*Power*), insbesondere hinsichtlich der Analysen kleinerer Teilgruppen, auswirkte.[627] Auch Auswertungen unter regionalen Gesichtspunkten profitieren von dieser Vergrößerung der Stichprobe.[628] Allerdings zeigen die Mengengerüste in KNIES und SPIESS (2007), dass auf Ebene der Raumordnungsregionen (Landkreise) im Minimum nur etwa 30 (1) Beobachtung(en) vorliegen, sodass eine statistische Auswertung nur bei entsprechender Aggregation zu größeren Raumeinheiten sinnvoll ist. Bei den zuletzt ergänzten Stichproben handelt es sich um die seit 2002 gezogene Stichprobe G, die sog. Hocheinkommensbezieher umfasst. Schließlich wurde im Jahr 2006 eine weitere Ergänzungsstichprobe (H) integriert.

Die Substichproben haben den Zweck, durch ein gezieltes *Oversampling* auch Analysen für bestimmte Teilpopulationen vornehmen zu können, die in einer proportional geschichteten Stichprobe aufgrund (zu) geringer Fallzahlen nur eine eingeschränkte statistische Aussagekraft hätten. Durch das Oversampling bzw. die Schichtung der Gesamtstichprobe sind für die Hochrechnung der Einzelfälle auf die Zielpopulation entsprechende Gewichtungen vorzunehmen. Zu unterscheiden sind dabei Querschnitts- und Längsschnittsgewichte, die u. a. den unterschiedli-

---

[624] So waren im PSID nach 21 Jahren noch 48,8 Prozent der Teilnehmer der ersten Erhebungswelle enthalten (vgl. ZABEL (1998)).

[625] Zu den Substichproben vgl. ausführlicher HAISKEN-DENEW und FRICK (2005).

[626] Im Jahr 2007 waren noch 3.067 Personen in 1.654 Haushalten beteiligt.

[627] Vgl. FRICK et al. (2007).

[628] Vgl. SPIESS (2005) und KNIES und SPIESS (2007).

chen Auswahlwahrscheinlichkeiten oder der unterschiedlichen Zugehörigkeitsdauer zum Panel (bspw. *Panel-Mortalität*) Rechnung tragen.[629]

Diese Ziehungswahrscheinlichkeiten unterscheiden sich dabei zwischen den Stichproben, weil in diesen zum Teil unterschiedliche Designs zur Anwendung kommen.[630] Grundsätzlich handelt es sich bei allen Stichproben um mehrstufige Verfahren. So erfolgt die Ziehung der Stichprobe A in einem mehrstufigen Verfahren auf Basis des ADM-Ziehungsbands (*ADM-Mastersample*).[631,632] Das ADM-Design liegt auch den Ziehungen der Stichproben D, E, F und G zugrunde. Bei den Stichproben B und C handelt es sich hingegen um mehrstufige Registerstichproben. Die Anstaltsbevölkerung gehört zwar grundsätzlich zur Zielpopulation, wird jedoch aufgrund der Form der Stichprobenziehung sowie des Feldzugangs auch im SOEP nicht hinreichend repräsentiert.[633]

Die Erhebung der SOEP-Daten erfolgt einmal jährlich, meist in den ersten Monaten eines Kalenderjahres. Dabei werden unterschiedliche Erhebungsinstrumente eingesetzt, um sowohl den bisherigen Lebensverlauf als auch die aktuelle Lebenssituation von Personen im Familien- bzw. Haushaltsverbund zu erfassen.[634] Neben persönlichen Befragungen durch Interviewer werden auch telefonische Befragungen durchgeführt. Die Mehrzahl der Interviews wird von Interviewern durchgeführt, jedoch zunehmend in computer-unterstützter Form (CAPI) und immer seltener mit gedruckten Fragebögen.[635] Neben dem eigentlichen Haushalts- und Personenfragebogen ist aufgrund der Längsschnittdimension des SOEP die Weiterverfolgung der Befragten von besonderer Bedeutung.[636]

---

[629] Mit den Hochrechnungsfaktoren wird bspw. auch berücksichtigt, ob es sich um einen erstmalig im SOEP befragten Haushalt handelt, um möglichen Lerneffekten beim Ausfüllen der Fragebögen Rechnung zu tragen (vgl. GOEBEL et al. (2008)).

[630] Eine detaillierte Darstellung zur Stichprobenziehung findet sich in GRAMLICH (2008) und HAISKEN-DENEW und FRICK (2005).

[631] Vgl. GRAMLICH (2008) oder KRUG et al. (2001).

[632] Der **A**rbeitskreis **d**eutscher **M**arkt- und Sozialforschungsinstitute e. V. stellt seinen Mitgliedern das ADM-Mastersample als qualitätssichernde Maßnahme zur Verfügung. Das ADM-Design stellt eine standardisierte Methode zur mehrstufigen Ziehung von repräsentativen Stichproben für das Bundesgebiet dar (vgl. dazu ausführlicher FREY-VOR et al. (2008) oder ADM UND AG.MA (1999)).

[633] Vgl. GRAMLICH (2008).

[634] Vgl. GOEBEL et al. (2008).

[635] Vgl. ebd.

[636] Zum Weiterverfolgungskonzept und den Aspekten der Panel-Pflege und des *Tracking* vgl. GRAMLICH (2008).

Für die vorliegende Untersuchung wurden aus dem SOEP-Panel insbesondere Altersprofile der Beamten und ZöDler gewonnen, sowie Wachstumsraten der Einkommen berechnet.

5.1.2.2 GfK-Finanzpanel (Zusatzbefragung)

Bei den Daten der Gesellschaft für Konsumforschung (GfK) handelt es sich um eine Zusatzbefragung einer Auswahl der im GfK-Finanzpanel enthaltenen Haushalte und Personen, die für eine gemeinsame Studie des Forschungszentrums Generationenverträge in Freiburg und Union Investment durchgeführt wurde.

Das GfK-Finanzpanel wurde als Instrument der kontinuierlichen Marktforschung für Finanzdienstleistungen entwickelt. Es sollen insbesondere die Faktoren abgebildet werden, welche die kurz- und mittelfristige Geschäftsentwicklung von Geldinstituten, Versicherungen und Bausparkassen prägen. Durch die Konzeption als Wiederholungsbefragung bzw. Panel kann die Veränderung der Kundenbedürfnisse und die zeitliche Struktur einer Produktentscheidung (Anbahnung, Kontakt, Neugeschäft, Kündigung) erfasst werden.

Die Erhebung dieser nicht-amtlichen Statistik erfolgt ebenfalls als Quotenstichprobe (nach dem ADM-Mastersample), die nach den Merkmalen Bundesland, Ortsgröße, Alter des Haushaltsvorstandes, Haushaltsgröße, Haushaltsnettoeinkommen, Anzahl der Kinder und Berufsgruppe repräsentativ ist. Neben diesen Merkmalen werden etwa 25 weitere Merkmale der Befragten als Stammdaten standardmäßig erhoben (darunter bspw. die Größe des Hauses, die Familienstruktur etc.). Das Panel umfasst etwa 20.000 deutsche Privathaushalte mit 43.671 Personen in 2008 und ist nach Aussage der GfK repräsentativ für 33,4 Mio. private, selbständig wirtschaftende, deutsche Haushalte.[637]

Vor der Übernahme in das Panel werden die Haushalte sechs Monate beobachtet. Ihre Berichte werden in dieser Zeit umfangreichen Plausibilitätstest unterzogen. Nach Aufnahme in das Panel erhalten die Teilnehmer eine ständige Betreuung über Hotlines. Verschiedene Maßnahmen zur Aufrechterhaltung der Teilnahmebereitschaft tragen nach Auffassung der GfK dazu bei,[638] die Panelsterblichkeit

---

[637] Nicht erfasst werden ausländische Haushaltsführer und die Anstaltsbevölkerung, so dass diesbezüglich eine Vergleichbarkeit mit MZ und EVS grundsätzlich gegeben ist.
[638] Zu diesen Maßnahmen gehören u. a. Verlosungen.

gering zu halten. Tatsächlich liegt diese jährlich bei etwa zwölf Prozent (Stand: 1/2009).

Die Erhebung bzw. Aktualisierung der Stammdaten erfolgt jährlich. Im vierteljährlichen Rhythmus werden die Veränderungen der finanzmarktspezifischen Merkmale (Kontakte, Neugeschäfte und Kündigungen) erhoben. Stammdaten und Veränderungsdaten des Haushalts werden laufend zur Plausibilitätskontrolle abgeglichen. Zudem erfolgt ein Abgleich mit Aggregatsdaten der amtlichen Statistik. Darüber hinaus werden regelmäßige und unregelmäßige Sonderbefragungen (bspw. zur Kundenzufriedenheit im Anbietervergleich) durchgeführt, die sich an alle Panel-Teilnehmer oder eine bestimmte Auswahl richten.

Die vorliegende Arbeit nutzt Daten aus einer unregelmäßigen Sonderbefragung, die zur Verbreitung und Nutzung von Riester-Produkten und der bAV durchgeführt wurde. Die Versendung der Fragebögen an alle Haushalte des Finanzmarkt-Panels mit einem Haushaltsvorstand im Alter bis unter 66 Jahren – insgesamt 14.396 Haushalte – erfolgte Ende des Jahres 2008. Der Rücklauf wurde bis Mitte Februar des Jahres 2009 berücksichtigt und ist als eher gering einzustufen. Weil zu diesem Zeitpunkt nicht mit Sicherheit davon auszugehen war, dass den Befragten die notwendigen Informationen von der Anbieterseite bereits zugegangen waren, beziehen sich die abgefragten Daten auf den Stichtag 31.12.2007.

Letztlich sind für die vorliegende Untersuchung Daten von insgesamt 5.012 Personen zu 6.412 Verträgen (Riester und bAV) verwertbar. Dies liegt jedoch immer noch deutlich oberhalb von anderen Befragungsergebnissen zu ähnlichen Fragestellungen, die meist bei etwa 1.000 Befragten liegen. Zudem dürften die Angaben vergleichsweise valide sein, weil die befragten Personen aufgrund ihrer Panel-Zugehörigkeit bereits eine gewisse Erfahrung mit der Art der Befragung haben und für die Anforderungen insbesondere an die Verlässlichkeit der Angaben sensibilisiert sein dürften.[639]

---

[639] Zumindest gibt die GfK an, die Teilnehmer über die Bedeutung exakter Angaben aufzuklären und entsprechend zu motivieren.

5.2 Grundlagen der Datenkombination und die Methodik der vorliegenden Untersuchung

In Abschnitt 5.1 wurde deutlich, dass es keinen einzelnen Datensatz gibt, der alle zur Ermittlung eines vollständigen Altersvorsorgestatus relevanten bzw. notwendigen Variablen enthält und zugleich eine Regionalisierung zulässt. Das Ziel der Abbildung des Vorsorgestatus der deutschen Bevölkerung muss dennoch nicht aufgegeben werden. Es stehen drei grundsätzliche Lösungsmöglichkeiten zur Verfügung: Einerseits könnte eine eigene Erhebung durchgeführt werden. Diese müsste, soll die Auswertung auch in regionaler Dimension erfolgen, einen entsprechend großen Stichprobenumfang haben und wäre folglich mit großem zeitlichem und finanziellem Aufwand verbunden. Andererseits kann versucht werden, die in den verschiedenen Datensätzen vorhandenen Informationen in statistisch valider Form zu kombinieren. Drittens können beide Alternativen kombiniert werden.

Im Rahmen dieser Arbeit werden die in Abschnitt 5.1 genannten Datensätze bzw. die in diesen enthaltenen Informationen miteinander kombiniert und durch Zusatzinformationen ergänzt, um ein Bild über den Altersvorsorgestatus der deutschen Bevölkerung zu erhalten.

Für die Kombination verschiedener (Mikro-)Datensätze wurden in den letzten vier Jahrzehnten verschiedene Methoden entwickelt, um dem sehr häufig auftretenden Problem zu begegnen, dass Informationen, die für wissenschaftliche und/oder marktforscherische Zwecke von Interesse sind, nur in unterschiedlichen Datensätzen zu finden sind.[640] Diese werden im folgenden Abschnitt 5.2.1 kategorisiert und kurz beschrieben, um für die zentralen methodischen Probleme zu sensibilisieren und damit auch die Grundlagen für die sachgerechte Interpretation der Ergebnisse in Kapitel 5.2 zu schaffen. Die Darstellung der im Rahmen der vorliegenden Untersuchung angewendeten Methodik erfolgt dann in Abschnitt 5.2.2 anhand eines konkreten Beispiels.

---

[640] Die Information kann dabei aus verschiedenen Gründen verstreut vorliegen. Sowohl finanzielle als auch administrative Überlegungen können eine Vollerhebung nicht sinnvoll erscheinen lassen.

5.2.1 Methoden der Datenkombination – Ein Überblick

Weil sich bisher noch keine einheitliche Sprachregelung etabliert hat, wird der Begriff der *Datenkombination* im Folgenden als vergleichsweise neutrale Bezeichnung des grundsätzlichen Anliegens einer Zusammenführung von Informationen aus zwei oder mehr Datensätzen verwendet. Ein Teil der Informationen – die Variablen Z (im Fall der vorliegenden Arbeit überwiegend sozioökonomische bzw. soziodemografische Informationen) – ist dabei in beiden Datensätzen enthalten. Darüber hinaus enthält jeder der Datensätze spezifische Informationen. Hilfreich ist dabei die Unterscheidung in einen *Empfängerdatensatz A* mit den spezifischen Variablen Y (im Fall der vorliegenden Untersuchung regionale Informationen)[641] und einen *Spenderdatensatz B* mit den spezifischen Variablen X (im Fall der vorliegenden Untersuchung Informationen zu den verschiedenen Versorgungswegen), wobei X, Y und Z Vektoren beliebiger Größe beschreiben mögen.

Ziel der Datenkombination ist es, die Werte der Variablen X aus dem Spenderdatensatz möglichst valide in den Empfängerdatensatz einzubinden bzw. an diesen heranzuspielen, um auf der dadurch generierten Datenbasis Aussagen über die gemeinsame Verteilung, die Kovarianzen oder Korrelationen der nicht gemeinsam beobachtbaren Variablen X und Y aus dem erweiterten Empfängerdatensatz treffen zu können.

Grundsätzlich ist dabei zu unterscheiden, ob Informationen aus verschiedenen Quellen für ein und denselben Merkmalsträger oder für verschiedene, jedoch ähnliche, Merkmalsträger kombiniert werden. Zur ersten Gruppe von Ansätzen gehören nach D'ORAZIO et al. (2001) das sog. *Data Merging* und das *Record Linkage* (auch: Exaktes Matching), während für die Kombination von Information zu ähnlichen, aber nicht identischen Merkmalsträgern neben Regressionsansätzen vor allem Ansätze des sog. *Statistischen Matchings* (in Deutschland häufig auch Datenfusion) Anwendung finden.[642]

Die folgenden Ausführungen zu den grundlegenden Verfahren und Konzepten der Datenkombination in den Abschnitten 5.2.1.1 und 5.2.1.2 dienen der Einordnung der Methodik der empirischen Untersuchung im Rahmen der vorliegenden Arbeit,

---

[641] Regional meint hier unterhalb der Ebene der Bundesländer.

[642] Einen Überblick zu häufig synonym verwendeten Begriffen gibt RÄSSLER (2002).

die in Abschnitt 5.2.2 skizziert und an einem praktischen Beispiel erläutert und diskutiert wird.[643]

5.2.1.1 Datenkombination bei identischen Merkmalsträgern

Die Verknüpfung von Daten identischer Merkmalsträger wird in der Literatur meist als *Record Linkage* oder Exaktes Matching bezeichnet, wobei das Exakte Matching nach GABLER (1997) als historischer Ursprung des in Abschnitt 5.2.1.2 dargestellten Statistischen Matchings gilt. Allerdings halten RIDDER und MOFFITT (2007) die Bezeichnung Exaktes Matching nur für bedingt geeignet bzw. nur dann für angebracht, wenn eine eindeutige Identifikation der korrespondierenden Merkmalsträger in beiden Datensätzen möglich ist.

Offensichtlich erfordert die Verknüpfung von Datensätzen identischer Merkmalsträger eine eindeutige Schlüsselvariable, wie bspw. die Sozialversicherungsnummer oder die Passnummer. Ein eindeutiger Schlüssel muss dabei nicht aus einer Variablen bestehen, sondern kann auch eine Kombination einer Teilmenge der Z-Variablen sein. Liegt ein eindeutiger Schlüssel vor, können die verschiedenen Informationen zusammengespielt werden.

Eine eindeutige Identifikation identischer Merkmalsträger in verschiedenen Datensätzen ist in der Praxis jedoch nur in seltenen Fällen möglich. Das Hauptproblem ist dabei in juristischen bzw. datenschutzrechtlichen Einschränkungen zu sehen. Zudem sind aufgrund der in der Praxis zur Anwendung kommenden unterschiedlichen Verfahren der Datengewinnung häufig kaum Stichproben mit einer ausreichend großen Zahl von Überlappungen verfügbar, die zudem noch eine eindeutige Schlüsselvariable enthalten.[644,645] Daher wurden Verfahren entwickelt, die RIDDER

---

[643] Das *Data Merging* wird im Rahmen der vorliegenden Arbeit nicht weiter betrachtet. Bei diesen Ansätzen geht es grundsätzlich um die Auflösung von auftretenden Konflikten/Widersprüchen (in Form unterschiedlicher Ausprägungen desselben Attributs bei einem in unterschiedlichen Stichproben enthaltenen identischen Individuum) und Unsicherheiten (wie etwa die Unterscheidung von fehlenden Werten und Nullwerten). Diese Interpretation findet sich bei NOLL (2009), der auf die Arbeit von BLEIHOLDER (2004) verweist.

[644] Vgl. BUCK (2006).

[645] In der Praxis kommt es bspw. auch durch Eingabe- bzw. Tippfehler zu Problemen (vgl. RUGGLES et al. (1977)).

und MOFFITT (2007) als *probabilistic record linkage* bezeichnen.[646],[647] Letztlich geht es bei diesen Ansätzen darum, die Messfehler (bspw. falsche Namensangaben) so zu modellieren, dass die beobachteten Schlüsselvariablen mit den wahren Identifikationsvariablen in Einklang gebracht werden.[648]

Wenn eine Datenkombination für identische Merkmalsträger möglich ist, gilt dies gegenüber dem Statistischen Matching (vgl. Abschnitt 5.2.1.2) aufgrund seiner „relativ unkritischen statistischen Eigenschaften" als überlegen.[649] Dies kommt auch in der Festellung von RODGERS (1984, S. 102) zum Ausdruck:

> „It is a relatively small step, computationally, from such procedures for exact matching of identical individuals to statistical matching of similar individuals. A small step for the computer is in this case a giant step for the statistician."

Exkurs: Das Beispiel der AVID-Studie. Die Studie zum Status der Altersvorsorge in Deutschland (AVID) 2005 gehört zu den zentralen empirischen Studien in diesem Themenbereich. Dies ist insbesondere auf die methodisch bedingt sehr verlässliche Datenbasis zurückzuführen. Das gemeinsame Projekt von TNS Infratest Sozialforschung und Askos wurde im Auftrag der DRV und des BMAS erstellt und kann methodisch grundsätzlich den Exakten Matching-Verfahren zugeordnet werden. Im Sinne der einleitenden Bemerkungen kann es jedoch auch als Kombination aus vorhandenen Daten und einer speziellen Erhebung interpretiert werden.

Wenngleich eine exakte Methodenbeschreibung zum gegenwärtigen Zeitpunkt noch nicht öffentlich verfügbar ist, gehen die zur Ermittlung der Altersvorsorgeanwartschaften für die Geburtsjahrgänge 1942 bis 1961 – der Zielsetzung dieser Studie – erfolgten Projektschritte aus dem von HEIEN et al. (2007) verfassten Ergebnisbericht hervor.

---

[646] Genau genommen unterscheiden RIDDER und MOFFITT (2007) zwischen der Datenkombination für *broken random samples* und *probabilistic record linkage*. Während im ersten Fall Messfehler bei ordinal skalierten Variablen bestehen, geht es beim *probabilistic record linkage* um die Verknüpfung von identischen Merkmalsträgern, wenn die identifizierenden Variablen nominal skaliert sind und einen Messfehler aufweisen.

[647] Die mathematische Formulierung dieser Verfahren erfolgte erstmals durch FELLEGI und SUNTER (1969).

[648] Vgl. hierzu ausführlicher RIDDER und MOFFITT (2007).

[649] BUCK (2006), S. 9.

Im ersten Projektschritt wurden zwischen Oktober 2002 und Januar 2003 vielfältige sozioökonomische Daten im Rahmen einer schriftlichen Befragung einer für die Bevölkerung der entsprechenden Geburtsjahrgänge repräsentativen Stichprobe erhoben. Insbesondere ging es dabei um die Gewinnung von Informationen zu den erworbenen Altersversorgungsanwartschaften außerhalb der GRV. Zusätzlich wurde die Zustimmung der entsprechenden Personen eingeholt, dass ihre Befragungsdaten mit den Informationen ihrer Versicherungskonten (exakt) verknüpft werden dürfen. Im zweiten Projektschritt erfolgte die Verknüpfung der Infratest-Daten mit den (eigens für die Studie geklärten) Versicherungskonten auf der Personenebene. Aufgrund der reformbedingten Veränderungen im Bereich der Alterssicherung wurde im Sommer 2004 eine schriftliche Nachbefragung zu Art und Höhe der seit 2002 abgeschlossenen zusätzlichen betrieblichen und privaten Vorsorge durchgeführt. Zur Berechnung der Anwartschaften wurden im dritten Projektschritt die Biografien der Befragten auf der Basis eines speziell für die AVID entwickelten Mikrosimulationsmodells fortgeschrieben. Aus den fortgeschriebenen Biografien wurden schließlich die Anwartschaften in den einzelnen Alterssicherungssystemen auf Personenebene ermittelt. Im Zentrum des Berichtes von HEIEN et al. (2007) steht ein Basisszenario, das auf dem Rechtsstand des Jahres 2005 basiert. Die Rente mit 67 wurde in Form einer Variante berücksichtigt.

Durch die zusätzliche Befragung geht die Qualität der AVID-Daten grundsätzlich über die beim Exakten Matching von Querschnittsdaten allgemein erwartbare Qualität hinaus. Insbesondere wurde durch die Erhebung der Biografien auch eine gewisse Längsschnittkomponente verfügbar, die es erlaubt Mehrfachanwartschaften (z. B. BSV und GRV) abzubilden. Die zusätzlichen Befragungen sind offensichtlich aber auch mit erheblichem finanziellem Aufwand verbunden, was Kompromisse hinsichtlich der Stichprobengröße zur Folge hat. Befragt wurden 5.850 verheiratete und 2.016 alleinstehende deutsche Personen der Geburtsjahrgänge 1942 bis 1961 (im Jahr 2002 zwischen 40 und unter 60 Jahren alt). Weil im Fall der Verheirateten auch der Ehepartner (unabhängig von dessen Nationalität) befragt wurde ergibt sich einschließlich der Ehepartner eine Nettostichprobe von 13.716 Personen, davon 12.218 deutsche Befragte. Damit ist die Untersuchungspopulation der AVID 2005 repräsentativ für die 20,622 Mio. Personen der genannten Altersklasse.[650] Die Stichprobengröße (rund 0,7 Promille) erweist sich im Rahmen der Auswertungen als teilweise zu klein. So können verschiedene Subpopulationen, wie die Mitglieder der BSV in manchen Jahrgängen nicht statistisch belastbar ausgewertet werden. Auch eine regionale Auswertung ist angesichts dieser Fallzahl, zumal

---

[650] Vgl. HEIEN et al. (2007).

nach Alter, Geschlecht und/oder Einkommen differenziert, nicht immer möglich. Dennoch greift die Untersuchung im Rahmen dieser Arbeit auf einzelne Zahlen aus der AVID-Studie zurück (vgl. bspw. die Abschnitte 5.3.1.2 und 5.3.1.3).

5.2.1.2 Datenkombination bei ähnlichen Merkmalsträgern

Aufgrund der in der Praxis häufig nicht gegebenen Verfügbarkeit von Datensätzen mit einer hinreichenden Anzahl identischer Merkmalsträger in unterschiedlichen Stichproben, die zugleich (eindeutig) zu identifizieren sind, war es naheliegend für praktische Zwecke auch Verfahren zu entwickeln, die eine Zusammenführung von Informationen bei Vorliegen *ähnlicher aber nicht identischer* Merkmalsträger erlauben.

Abbildung 5.1:
Datenkombination als Imputation.

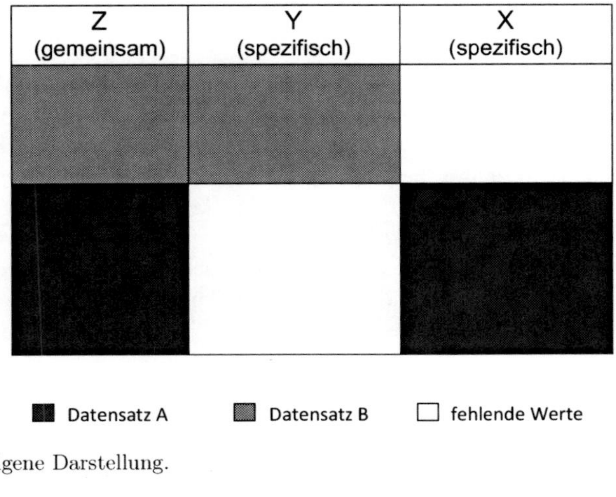

Z (gemeinsam)	Y (spezifisch)	X (spezifisch)

■ Datensatz A   ▨ Datensatz B   ☐ fehlende Werte

Eigene Darstellung.

Letztlich können diese Ansätze als Imputationsverfahren interpretiert werden, denn bildlich formuliert können die zu kombinierenden Datensätze zunächst aneinandergehängt (vgl. Abb. 5.1) und anschließend die jeweils fehlenden Werte (*missing values*) auf Basis der vorhandenen Informationen imputiert werden. Im Vergleich zu den üblichen Problemen mit fehlenden Werten, die bei einzelnen Merkmalsträgern innerhalb eines Datensatzes auftreten, zeigt Abbildung 5.1 eine Besonderheit der Datenkombination auf: Die Variablen X und Y werden nie gemeinsam beobachtet,[651] weil die entsprechenden Angaben im Unterschied zur *item-nonresponse* nicht nur für einzelne Merkmale/Variablen sondern für alle Merkmalsträger fehlen. Der Grund für die fehlende Antwort liegt dabei schlicht darin, dass der jeweiligen Teilpopulation die entsprechende Frage nicht gestellt worden ist. Mithin lässt sich das vorliegende Problem der Datenkombination als Problem der *unit nonresponse* begreifen.[652]

Diese Interpretation liegt der folgenden Diskussion zugrunde, die sich nach einer Systematisierung bzw. Kategorisierung der verschiedenen Imputationsverfahren (vgl. Abschnitt 5.2.1.2.1) der Frage der Validität bzw. der Güte der imputierten Werte zuwendet (vgl. Abschnitt 5.2.1.2.2).

5.2.1.2.1 Datenkombination als Imputation

Von einer eingehenden Betrachtung der äußerst vielfältigen Imputationsverfahren wird an dieser Stelle abgesehen und auf die hervorragende Einführung von LITTLE und RUBIN (2002) verwiesen. Stattdessen soll eine Abgrenzung und Einordnung der verschiedenen Verfahren auf Basis grundlegender Unterschiede erfolgen, um auf diese Weise den im Rahmen der vorliegenden Arbeit verwendeten Ansatz und die so gewonnenen Ergebnisse kritisch bewerten zu können. Eine erste, zentrale Unterscheidung der Imputationsverfahren ist nach dem Kriterium möglich, ob ein einziger Wert (*single Imputation*) oder mehrere Werte (*multiple imputation*) imputiert werden.

Einfachimputation (*single imputation*). Bei der Einfachimputation unterscheiden LITTLE und RUBIN (2002) zwischen expliziten und impliziten Modellierungs-

---

[651] Dies hat weitreichende Implikationen für die Validität bzw. Güte der kombinierten Datensätze, die unter dem Begriff der „bedingten Unabhängigkeit" diskutiert werden (s. u.).

[652] Vgl. im Kontext des Statistischen Matchings RÄSSLER (2002).

strategien. Zu den *expliziten Modellierungsstrategien* zählen sie die Ersetzung der fehlenden Werte durch

a) unbedingte Mittelwerte,
b) bedingte Mittelwerte bzw. Regressionsansätze, oder
c) stochastische Regressionsansätze.[653]

Die Ermittlung der unbedingten Mittelwerte kann in der gröbsten Form auf Basis aller vorhandenen Werte der beobachteten Merkmalsträger erfolgen – eine im Fall der Datenkombination unbefriedigende Lösung, weil die Varianz vollständig verschwinden würde. Eine weitere Möglichkeit ist die Bildung der Mittelwerte für bestimmte homogene Gruppen bzw. Klassen. Beispielsweise könnte dem Unterschied zwischen den Geschlechtern Rechnung getragen werden, indem für Frauen und Männer die Mittelwerte gesondert berechnet und diese bedingten Mittelwerte den korrespondierenden Zellen im Empfängerdatensatz zugeordnet werden.[654] Die konsequente Fortsetzung dieses Gedankens führt direkt zu den Regressionsansätzen, wobei sich die auf Basis des Regressionsmodells imputierten Schätzwerte (*predicted value*) offensichtlich nur dann von den bedingten Mittelwerten auf Basis von homogenen Gruppen/Klassen unterscheiden, wenn das Regressionsmodell nicht ausschließlich Dummy-Variablen oder kategoriale – also nicht stetige – Variablen enthält. Im Rahmen der stochastischen Regressionsansätze werden die ermittelten Schätzwerte um einen stochastischen Fehlerterm ergänzt, um so der Unsicherheit des Schätzwerts Rechnung zu tragen.[655]

Als *implizite Modellierungsstrategien* nennen die Autoren:

a) Substitution,
b) *Cold deck imputation*,
c) *Hot deck imputation* und die
d) Kombination der verschiedenen (expliziten und impliziten) Ansätze.[656]

Die Substitution (von Merkmalsträgern) ist vor allem im Stadium der Feldarbeit relevant und wird daher hier nicht weiter betrachtet. Bei der *cold deck imputation* werden die fehlenden Werte durch (Lage-)Parameter aus externen Quellen (daher

---

[653] Vgl. LITTLE und RUBIN (2002), S. 60 ff.

[654] Als geeignete Klassen sind bspw. auch Alter, Ausbildung, Berufsgruppe sowie die verschiedenen Kombinationen dieser Merkmale denkbar.

[655] Üblicherweise wird zu diesem Zweck eine Ziehung aus einer Normalverteilung mit dem Mittelwert und der Varianz der vorhandenen Beobachtungen durchgeführt.

[656] Vgl. LITTLE und RUBIN (2002), S. 60 ff.

cold deck) ersetzt. In der Praxis werden die auf diese Weise generierten Datensätze dabei meist als vollständig interpretiert und die mit der Imputation verbundenen statistischen Konsequenzen ignoriert; eine befriedigende theoretische Begründung fehlt zumeist.[657] Im Unterschied zur *cold deck imputation* wird bei der *hot deck imputation* ein imputierter Wert nicht aus einer externen Quelle verwendet, sondern innerhalb des Datensatzes (daher *hot deck*) gewonnen.[658] Im Unterschied zu den expliziten Verfahren werden dabei keine Mittelwerte eingefügt, sondern der *beobachtete Wert* eines möglichst *ähnlichen* Merkmalsträgers. Die Ähnlichkeit der Merkmalsträger kann dabei anhand verschiedener Maße bestimmt werden, wobei in der Regel vergleichsweise einfache Distanzmaße zur Anwendung kommen.[659]

Probleme der Einfachimputation und Lösungsansätze. Die Ansätze der Einfachimputation haben die Gemeinsamkeit, dass sie die mit der Imputation verbundene Unsicherheit nicht abzubilden vermögen. Somit werden die auf Basis der imputierten Punktschätzer ermittelten Varianzen bzw. Standardfehler der Verteilung in der Regel unterschätzt, so dass die Konfidenzintervalle entsprechend zu eng sind und die Inferenz auf Basis dieser vervollständigten Datensätze problematisch ist.[660] Auch bei den Kovarianzen gibt es ein vergleichbares Problem. Hier sind die Schätzer gegen Null verzerrt, was als *attenuation bias* bezeichnet wird.[661]

Diesen Problemen kann in mehr oder weniger komplexer Weise Rechnung getragen werden. Zwei vergleichsweise einfache, jedoch nicht allgemein anwendbare, Möglichkeiten sind zum einen die Anwendung einer Formel zur Berechnung der Varianz, welche *nonresponse* erlaubt oder zum anderen die Veränderung der imputierten Werte, so dass valide Standardfehler resultieren.[662] Eine dritte Möglichkeit besteht in der Anwendung von Verfahren der wiederholten Stichprobenziehung

---

[657] Vgl. LITTLE und RUBIN (2002).

[658] Die Bezeichnungen gehen zurück auf die Zeit, in der Daten noch auf Lochkarten gespeichert wurden. Als *hot deck* wurde ein gerade in der Bearbeitung befindlicher Stapel von Lochkarten bezeichnet.

[659] Mögliche Distanzmaße sind etwa die Summe der absoluten Abstände (auch *City-Block-Metrik* genannt), die euklidische Distanz, der quadratische Abstand oder die Mahalanobis-Distanz. Letztere berücksichtigt die Inverse der Varianz-Kovarianz-Matrix und hat durch die damit erfolgte Normierung den Vorteil ein skaleninvariantes Distanzmaß darzustellen (vgl. BUCK (2006)).

[660] LITTLE und RUBIN (2002).

[661] Vgl. COHEN (1996).

[662] Vgl. ausführlicher LITTLE und RUBIN (2002).

(*resampling*), wie bspw. dem sog. *bootstrapping*- oder dem *jackknife*-Verfahren.[663] Grundidee dieser rechenintensiven Methoden ist es, durch eine b-fach wiederholte Stichprobenziehung die gesuchte Variable b-fach zu schätzen und die Varianz der Schätzungen für diesen Wert als Varianz für des geschätzten bzw. gesuchten Wertes zu verwenden.[664] Schließlich kann der mit der Imputation verbundenen Unsicherheit auch durch die Mehrfachimputation (*multiple imputation*) Rechnung getragen werden. Jeder fehlende Wert wird hier durch einen Vektor von D⩾2 imputierten Werten ersetzt, der bspw. auf Basis verschiedener Regressionsmodelle gezogen wird. Dieses Vorgehen liefert D verschiedene vollständige Datensätze, deren Kombination zu einer Inferenz genutzt werden kann, welche die Unsicherheit der Imputation reflektiert. Weil folglich nicht ein finaler vervollständigter Datensatz sondern D verschiedene Datensätze resultieren, sind die Analysen verglichen mit der Einfachimputation deutlich aufwendiger. Dieser Mehraufwand ist nicht generell als lohnend einzuschätzen, weil die Mehrfachimputation gegenüber dem *resampling* hinsichtlich der Validität der Inferenz nicht generell als überlegen anzusehen ist.[665]

Statistisches Matching. Die Grundidee der oben erläuterten *hot deck imputation* liegt auch den unterschiedlichen Verfahren des Statistischen Matchings zugrunde, die zur Anwendung kommen wenn das spezielle, in Abbildung 5.1 schematisch dargestellte Muster fehlender Werte – X und Y nie gemeinsam beobachtet – vorliegt.

Im Unterschied zu den expliziten Modellierungsstrategien nach LITTLE und RUBIN (2002) werden also beim Statistischen Matching keine (mehr oder weniger differenzierten) Mittelwerte imputiert, sondern wahre Werte eines ähnlichen – auch als *statistischer Zwilling*[666] bezeichneten – Merkmalsträgers. Diese statistischen Zwillinge werden bei den verschiedenen Verfahren stets auf Basis der gemeinsam beobachteten Variablen Z (auch: Matching-Variablen) bestimmt. Formal ausgedrückt wird beim Statistischen Matching jeder Beobachtung (y_i, z_i) im Empfängerdatensatz A (mit $i = 1, 2, \ldots n_A$ Beobachtungen) ein Wert x aus dem n_B Beobachtungen umfassenden Spenderdatensatz B zugeordnet, so dass ein kombinierter Datensatz $(\tilde{x}_1, y_1, z_1), \ldots, (\tilde{x}_{n_A}, y_{n_A}, z_{n_A})$ mit n_A Beobachtungen resultiert. Wohlgemerkt ist

---

[663] Vgl. hierzu bspw. RAO und SHAO (1992), RAO (1996).

[664] Vgl. ausführlicher LITTLE und RUBIN (2002).

[665] Vgl. FAY (1991, 1996). BINDER (1996) diskutiert die Voraussetzungen, unter denen der jeweilige Ansatz angemessen bzw. vorteilhaft ist.

[666] Dieser Ausdruck wird in der Literatur häufiger verwendet, vgl. bspw. NOLL (2009).

der sog. imputierte (und mit einer Tilde gekennzeichnete) Wert $\tilde{x}_i$ nicht der wahre x-Wert der i-ten Beobachtung im Empfängerdatensatz A, sondern der Wert seines statistischen Zwillings, d. h. eines Merkmalsträgers im Spenderdatensatz B, der die – nach Maßgabe des Zuordnungsalgorithmus – größte Ähnlichkeit mit dem Merkmalsträger im Empfängerdatensatz aufweist.

Wie bereits erwähnt, sind zur Bestimmung der Ähnlichkeit verschiedene Maße bzw. Zuordnungsalgorithmen vorhanden. RÄSSLER (2002) unterscheidet diesbezüglich drei größere Gruppen: Neben den *Nearest-Neighbor*-Ansätzen, die sich der einfachen Distanzmaßen oder sog. *Propensity-Scores* bedienen,[667] wurden auch clusterbasierte Matching-Ansätze entwickelt, zu denen sowohl die topologischen Verfahren als auch das jüngst von NOLL (2009) entwickelte Fuzzy-Matching gezählt werden müssen.[668,669] Die dritte Gruppe kann unter dem Begriff der Bayesiani-

---

[667] Die auf Distanzmaßen basierenden Verfahren zur Identifizierung der statistischen Zwillinge stoßen mit einer zunehmenden Zahl von Matching-Variablen auf ein Dimensionalitäts- bzw. Rechenkapazitätsproblem. Zur Lösung dieser Problematik schlagen ROSENBAUM und RUBIN (1983) das Matching auf Basis von – ursprünglich im medizinischen Kontext zur Identifikation ähnlicher Individuen in der Behandlungs- und der Kontrollgruppe entwickelten – sog. *Propensity Scores* vor. Der optimale Matching-Partner wird dann durch Minimierung der Differenz der Propensity-Scores des Falles aus A und jedes möglichen Falles aus B ermittelt. Dieses Verfahren hat deutliche Vorteile in Bezug auf die Rechenkapazität, bringt jedoch den Nachteil des Informationsverlustes mit sich, da die Informationen vieler Variablen auf eine einzige Kennzahl verdichtet werden.

[668] Die topologischen Verfahren sind in der Regel zweistufig. Auf der ersten Stufe erfolgt die Einschränkung der zulässigen Matching-Partner auf Basis einer Clusteranalyse. Unter Verwendung der gemeinsamen Variablen Z werden zunächst im Spenderdatensatz Cluster definiert, deren Grenzen dann in den Empfängerdatensatz übertragen werden, um dessen Beobachtungspunkte in korrespondierende Gruppen einzuordnen. Das Matching der zweiten Stufe ist schließlich auf die Fälle in korrespondierenden Clustern der beiden Datensätze beschränkt und greift bei der Ermittlung der Zwillinge meist auf eines der o. a. Distanzmaße zurück.

[669] Der von NOLL (2009) entwickelte Matching-Ansatz geht im Prinzip ähnlich vor wie die topologischen Verfahren, nutzt jedoch die Theorie der unscharfen Mengen (*Fuzzy Theorie*), um Nachteile des gewöhnlichen Distanz-Matchings auszugleichen. Die Zuordnung eines Falles zu einer Teilmenge bzw. einem Cluster ist in der *Fuzzy-Theorie* keine binäre Entscheidung (wahr oder falsch), sondern es ist möglich, einen einzelnen Fall verschiedenen, unscharfen (*fuzzy*) Mengen zuzuordnen (vgl. dazu ausführlich NOLL (2009), S. 54 ff.). Als wesentlich Vorteile gegenüber den klassischen Verfahren auf Grundlage von Distanzmaßen nennt NOLL (2009) die Möglichkeit, fehlende Werte in den Ausgangsdaten differenziert zu betrachten und nominal skalierte Matching-Variablen direkt einzubinden.

schen Verfahren zusammengefasst werden, wobei zwischen iterativen und nicht-iterativen Verfahren unterschieden wird. Ein iteratives Verfahren schlägt bspw. RUBIN (1986) vor. Dieses kann als Kombination einer multiplen Imputation mit Hilfe eines Regressionsansatzes und einer *hot deck imputation* auf Basis von Distanzmaßen interpretiert werden.[670] RÄSSLER (2002) entwickelt eine *non-iterative Bayesian-based* imputation (NIBAS).[671]

5.2.1.2.2 Gütebeurteilung und die Annahme bedingter Unabhängigkeit

Offensichtlich existiert eine Vielzahl von Ansätzen und Möglichkeiten zur Lösung von Problemen mit fehlenden Werten, die durch entsprechende Modifikation auch im hier betrachteten Spezialfall der Datenkombination anzuwenden sind.[672] Die Wahl des konkreten Verfahrens ist dabei letztlich von den Ausgangsbedingungen und der Zielsetzung abhängig.

Aspekte der Verfahrenswahl. Wie erwähnt lässt sich das hier thematisierte Problem der Datenkombination als Problem der *unit nonresponse* interpretieren.

---

[670] Stark verkürzt dargestellt, imputiert RUBIN (1986) die fehlenden Werte sowohl im Empfänger- als auch im Spenderdatensatz auf Basis eines Regressionsmodells. Die Identifikation der statistischen Zwillinge erfolgt dann auf Basis der beiden Schätzwerte – also nicht auf Basis eines Vergleichs der realen Werte im Spenderdatensatz mit den Schätzwerten im Empfängerdatensatz. Im Empfängerdatensatz wird dann – der Logik der *hot deck imputation* folgend – der beobachtete Wert des statistischen Zwillings aus dem Spenderdatensatz zugeordnet. Kritik an diesem Ansatz äußern MORIARITY und SCHEUREN (2003).

[671] Diese wird von KIESL und RÄSSLER (2006) im Rahmen einer Simulationsstudie verwendet. Den Ausgangspunkt bilden in diesem Fall zwei Schätzungen auf Basis von Regressionsansätzen. Anschließend werden die Fehlerquadratsumme für beide Schätzungen bestimmt wird. Dann erfolgt die Ziehung des Korrelationskoeffizienten aus einer a-priori-Verteilung, die entweder auf Zusatzinformationen zur Verteilung der nicht gemeinsam beobachteten Variablen basiert oder auf (nicht unproblematischen) ad-hoc Annahmen. Schließlich werden verschiedene Parameter, wie die bedingten Varianzen, Koeffizientenvektoren der Regressionen und die Werte für X und Y in vier Schritten aus ihren a-posteriori-Verteilungen gezogen. Der Unterschied zur multiplen Imputation besteht dabei vor allem darin, dass direkt die Parameter aus ihren a-posteriori-Verteilungen gezogen und nicht die Fehler aus den empirischen Verteilungen generiert werden.

[672] Es sei an die gewählte Abgrenzung anhand des Musters der fehlenden Werte erinnert (s. o.).

Diese Interpretation wirkt sich auch auf die Validität der Vorhersagen aus, da kein Zusammenhang zwischen beobachteten oder unbeobachteten Variablen und dem Umstand der *nonresponse* besteht bzw. bestehen kann. Somit ist die Anforderung, die Little und Rubin (1987) unter *missing completely at random* (MCAR) fassen, erfüllt und es muss dem Muster der fehlenden Antworten nicht gesondert Rechnung getragen werden.

Unter dieser MCAR-Annahme kann das Ziel einer Minimierung der Fehlerquadratsumme bspw. durch die vergleichsweise einfache Imputation bedingter Mittelwerte (bspw. mittels eines Regressionsansatzes) erreicht werden – sie sind dann die besten Punktschätzer.[673] Diese Eigenschaft sowie die vergleichsweise einfache methodische Umsetzung dürften dazu beigetragen, dass Regressionsansätze bereits vergleichsweise früh auch für die Zusammenführung von Datensätzen angewendet wurden und auch heute noch verbreitet sind.[674] Stochastische Regressionsansätze stellen dabei nicht unbedingt eine Verbesserung dar, im Gegenteil:

> „For point estimation, single random imputation [stochastische Regression] is less efficient than conditional mean imputation because the random imputation mechanism introduces extra noise."[675]

Kritisch ist die Anwendung einfacher Regressionsansätze hingegen dann zu beurteilen, wenn die Zielsetzung in der validen Abbildung höherer Momente und/oder der Inferenz auf Basis der vervollständigten Datensätze besteht. In diesen Fällen sind die Methoden der wiederholten Stichprobenziehung (*resampling*) oder der Mehrfachimputation sowie die verschiedenen *hot-deck*-Verfahren vorzuziehen.

Die diesbezüglichen Eigenschaften der Mehrfachimputation werden an dieser Stelle nicht betrachtet,[676] weil für das vorliegende Grundproblem der Datenkombination die im Rahmen der Forschung zum Statistischen Matching als speziellem *hot-deck*-Verfahren gewonnenen Erkenntnisse bedeutsamer erscheinen.

Nach RÄSSLER (2002, S. 29 ff.) können zur Beurteilung der Validität der Datenkombination vier Stufen unterschieden werden, wobei die Qualität von der ersten zur vierten Stufe abnimmt:

---

[673] Vgl. LITTLE und RUBIN (2002).

[674] LITTLE und RUBIN (2002) verweisen bspw. auf eine Arbeit von YATES (1933).

[675] SCHAFER und SCHENKER (2000), S. 147.

[676] Zur Vertiefung wird auf LITTLE und RUBIN (2002) verwiesen.

1. Zuweisung der wahren X-Werte zu jedem Beobachtungspunkt im kombinierten Datensatz, so dass dieser am Ende nur Beobachtungspunkte enthält, die genau so in der Grundgesamtheit vorkommen.

2. Reproduktion der gemeinsamen Verteilung aller Variablen, so dass die Verteilung in der Grundgesamtheit ($f_{X,Y,Z}$) jener im kombinierten Datensatz ($\tilde{f}_{X,Y,Z}$) entspricht.[677]

3. Erhaltung der Korrelationsstrukturen, so dass sich die Varianz-Kovarianz-Matrizen in der Grundgesamtheit ($\sum$) und im kombinierten Datensatz ($\tilde{\sum}$) entsprechen.[678]

4. Erhaltung der Randverteilung der Variablen X ($\tilde{f}_X = f_X$) sowie der gemeinsamen Randverteilung der Variablen X und Z ($\tilde{f}_{X,Z} = f_{X,Z}$).

So einleuchtend diese Kriterien auf den ersten Blick sein mögen, so schwierig ist ihre Verifikation im konkreten Fall. Die Erfüllung des Validitätskriteriums der ersten Stufe lässt sich nur unter Kenntnis der Grundgesamtheit überprüfen. Mit Ausnahme des exakten Matchings (s. o.) bleibt es daher auch in den Augen von RÄSSLER (2002) ein eher theoretisches Konstrukt, welches das absolute Optimum markiert. Die absolute Minimalanforderung stellt dagegen die vierte Stufe dar. Dieses Kriterium lässt sich anhand der vorhandenen Informationen aus dem erweiterten Datensatz A und Datensatz B verifizieren.

Inwieweit die Randverteilungen erhalten bleiben ist dabei auch abhängig von der Matching-Strategie. Im Fall des von RADNER et al. (1980) als beschränktes Matching (*constrained matching*) bezeichneten Vorgehens, wird mit entsprechenden Restriktionen sichergestellt, dass die Verteilung im Spenderdatensatz auch im Empfängerdatensatz erhalten bleibt. Dies impliziert, dass jede Beobachtung des Spenderdatensatzes auch in den Empfängerdatensatz imputiert wird.[679] Entsprechend kann es beim beschränkten Matching vorkommen, dass einer Beobachtungseinheit im Empfängerdatensatz der Wert eines Merkmalsträgers im Spenderdatensatz zugeordnet wird, der nach Maßgabe des Zuordnungsalgorithmus nicht die größte Ähnlichkeit aufweist. Hingegen wird beim unbeschränkten Matchings (*unconstrained matching*) einfach jedem Merkmalsträger im Empfängerdatensatz der Wert des Merkmalsträgers aus dem Spenderdatensatz zugeordnet, der die größ-

---

[677] f und $\tilde{f}$ stehen für die jeweiligen Dichtefunktionen.

[678] Analoge Identitäten müssen auch für höhere Momente gelten (vgl. BUCK (2006)). Zudem muss gelten, dass $\tilde{f}_{Y,Z} = f_{Y,Z}$ bzw. $\tilde{f}_{X,Z} = f_{X,Z}$.

[679] Im (Regel-)Fall einer ungleichen Zahl von Beobachtungseinheiten in beiden Datensätzen wird dies durch Expandierung der Datensätze unter Verwendung von Gewichten erreicht. Streng genommen müssen dabei beide Datensätzen dieselbe Grundgesamtheit repräsentieren (vgl. das Beispiel in RODGERS (1984)).

te Ähnlichkeit (nach Maßgabe des verwendeten Ansatzes) aufweist.[680] Im Unterschied zum beschränkten Matching kann beim unbeschränkten Matching also eine Beobachtung des Spenderdatensatzes unabhängig vom Gewicht beliebig oft verwendet werden, so dass es sich letztlich um eine Ziehung mit Zurücklegen handelt.

Im Hinblick auf die Gütebeurteilung nach den o. a. Kriterien von RÄSSLER (2002) haben beide Ansätze Vor- und Nachteile. Die Randverteilung bleibt im Fall des beschränkten Matchings im Idealfall erhalten.[681] Dies wird jedoch durch – im Vergleich mit dem unbeschränkten Matching – insgesamt höhere mittlere Abweichungen der Distanzfunktion erkauft.[682] Zudem ist das beschränkte Matching durch die Optimierung unter Nebenbedingungen mit größerem Rechenaufwand verbunden.[683]

Die Annahme bedingter Unabhängigkeit. Für die Validität ergibt sich bei der Datenkombination im Vergleich zum allgemeinen Fall der Imputation ein spezielles Problem aus der Tatsache, dass die Variablen X und Y nie gemeinsam beobachtet werden.

Daraus folgt, dass ein statistisches Modell nur unter der Annahme der bedingten Unabhängigkeit sinnvoll zu schätzen ist, wenn nicht weitere Informationen (s. u.) vorliegen.[684] Diese Annahme besagt, dass die bedingte Verteilung von X bei gegebenem Z unabhängig von der bedingten Verteilung von Y bei gegebenem Z sein muss. Anders formuliert heißt dies, dass die Kenntnis von X gegeben Z keine Informationen über Y enthalten dürfen und umgekehrt. Unter anderem aufgrund dieser sehr weitreichenden Annahme werden Matching-Ansätze immer noch kontrovers diskutiert. Die wohl eindringlichste Warnung stammt von FELLEGI (1977):[685]

> „I would like to see a good deal of empirical evaluation of the validity of such joint distributions before I would suggest removing the label from this procedure: ‚DANGEROUS - USE WITH CAUTION'."

---

[680] Dabei wird jedoch meist die Zugehörigkeit zu einer homogenen Klasse (wie beispielsweise identisches Geschlecht, s. o.) verlangt.

[681] Vgl. BUCK (2006).

[682] Beim unbeschränkten Matching sind die mittleren Abweichungen minimal, weil stets der statistische Zwilling mit der größten Ähnlichkeit als Spender verwendet wird.

[683] Vgl. BUCK (2006).

[684] Vgl. u. a. D'ORAZIO et al. (2001) und BUCK (2006).

[685] Zur kritischen Betrachtung des Statistical Matching siehe weiterhin RODGERS (1984).

Erstmalig hatte Sims (1972) die klassischen Matching-Verfahren dafür kritisiert, dass diese Annahme nur implizit getroffen und die Validität der kombinierten Datensätze nicht weiter diskutiert wurde. Dies dürfte vor allem auch darauf zurückzuführen sein, dass die ersten Ansätze des Statistischen Matchings im Zuge angewandter Fragestellungen entwickelt wurden.[686] Die Betrachtung theoretischer Aspekte spielte hingegen zunächst eine untergeordnete Rolle,[687] führte aber seit den 1980er Jahren dann – u. a. im Rahmen von Simulationsstudien – zur Entwicklung von Verfahren, bei denen von der Annahme bedingter Unabhängigkeit abweichende Annahmen in die Datenkombination eingehen können.[688] Zu ihnen gehören die bereits genannten bayesianischen Ansätze, die den Vorteil haben, dass sie tatsächlich neue Informationen generieren und damit einen weiteren Kritikpunkt am klassischen Matching überwinden können: Die Annahme bedingter Unabhängigkeit impliziert, dass die Ergebnisse der Datenkombination bereits wohlbekannt sind und ein Matching somit eigentlich unnötig ist.[689]

5.2.2 Ansatz im Rahmen der vorliegenden Arbeit

Im Folgenden wird der im Rahmen dieser Arbeit angewendete Ansatz zur Berechnung des Vorsorgestatus beschrieben. Zunächst wird das Vorgehen im Allgemeinen erläutert und eingeordnet (Abschnitt 5.2.2.1). Abschnitt 5.2.2.2 dient dann der Darstellung der Datenkombination am Beispiel der Beziehung zwischen Brutto- und Nettoeinkommen als Grundlage für die Generierung einer – zum Zwecke der späteren Berechnung von Ersatzquoten benötigten – Bruttoeinkommens-Variable.

---

[686] So stammen erste Ansätze des Statistischen Matchings aus den 1960er Jahren (für eine ausführliche Darstellung der historischen Entwicklungen vgl. Rässler (2002)). Während die Entwicklung dieser Ansätze in Europa stark durch die privatwirtschaftliche Anwendung im Bereich der Mediaanalyse und -planung motiviert war, bemühten sich in den USA und Kanada primär die administrativen Einrichtungen darum, Politikanalysen und -empfehlungen auf Basis umfassender Mikrodatensätze zu ermöglichen. Das erste große amerikanische Projekt zur Kombination von Steuerdaten mit sozioökonomischen Informationen beschreibt Okner (1972). Auf eben diese Arbeit bezieht sich die Kritik von Sims (1972).

[687] Vgl. Rodgers (1984). Dies schlug sich auch in der Art der Publikationen nieder. Eine Dokumentation der Untersuchungsergebnisse und -methoden erfolgte eher in Form von – häufig nicht öffentlich zugänglichen – Diksussionspapieren oder internen Berichten und weniger in wissenschaftlichen Zeitschriften (vgl. Rässler (2002)).

[688] Vgl. ausführlich Buck (2006).

[689] Vgl. Rässler (2002).

5.2.2.1 Grundidee

Wie bereits festgestellt, hängt die Wahl des Ansatzes von der Zielsetzung und den Ausgangsbedingungen ab. Im Rahmen der vorliegenden Arbeit macht die angestrebte Regionalisierung der Ergebnisse die Verwendung des On-Site-Datensatzes des MZ – als Empfängerdatensatz – an einem der Statistischen Landesämter erforderlich. Der in diesem Zusammenhang geschlossene Nutzungsvertrag wurde durch die zuständige Mitarbeiterin am Statistischen Landesamt Baden-Württemberg dabei in einer Weise ausgelegt, die *hot-deck*-Verfahren a priori ausschloss. Konkret wurde die Verwendung der verschiedenen o. a. Spenderdatensätze auf dem GWAP in Stuttgart als nicht mit den datenschutzrechtlichen Bestimmungen kompatibel angesehen.[690]

Aus praktischen Erwägungen fiel die Wahl daher auf die Verwendung von Regressionsansätzen – mit den bereits erläuterten Vorzügen und Problemen. Soweit, wie im Fall der BV, der BSV und der ZöD, keine Mikrodaten (Spenderdatensätze) zu einem Versorgungsweg vorliegen, wurden Simulationsmodelle implementiert, die auf die im MZ On-Site-Datensatz direkt verfügbaren Daten zur Identifikation von Berufsgruppen und relevanten soziodemografischen Variablen (primär Alter und Einkommen) zurückgreifen und diese zur Hochrechnung nutzen. Zudem wird auf weitere, mehr oder weniger stark aggregierte Informationen aus externen Datenquellen zurückgegriffen. Einen Überblick über die zur Bestimmung des Vorsorgestatus in den verschiedenen Versorgungswegen verwendeten Datenquellen und die Methodik gibt Tabelle 5.1.

Genau genommen ist auch für die Berechnung des Vorsorgestatus in jenen Versorgungswegen, für welche Mikrodaten verfügbar sind, die Implementierung von Simulationsmodellen notwendig. Denn in den Spenderdatensätzen sind die Anwartschaften bzw. Ansprüche nicht direkt in der angestrebten Dimension – Anwartschaft in Euro zum Zeitpunkt des Renteneintritts (nach RVAGAnpG) – erfasst. Vielmehr ist der Vorsorgestatus auf Basis der imputierten Informationen zu ermitteln, indem die Werte fortgeschrieben und/oder umgerechnet werden. So gilt es bspw. im Fall der GRV-Anwartschaften, die in der VSKT enthaltenen Spenderinformationen zur Summe der Entgeltpunkte zum Beobachtungszeitpunkt in den MZ (als Empfängerdatensatz) zu imputieren und dann auf Basis von Simulationsrechnungen bis zum regulären Renteneintritt im Alter zwischen 65 und 67 Jahren fortzuschreiben

---

[690] Auf die Hintergründe für diese hohe Sensibilität in datenschutzrechtlichen Belangen wurde in Fußnote 568 auf Seite 199 hingewiesen.

sowie – durch Bestimmung des im jeweiligen Jahr des Eintritts in den Ruhestand zu erwartenden aktuellen Rentenwertes – in Euro-Beträge zu transformieren. Die Regressionsansätze stellen somit streng genommen nur die erste von mehreren Stufen zur Ermittlung des Vorsorgestatus dar, sodass der Begriff in Tabelle 5.1 nicht die gesamte Routine sondern nur das identifizierende Charakteristikum erfasst. Als Kurzform bzw. Arbeitsbegriff im Rahmen einer Übersicht scheint diese fehlende Präzision jedoch vertretbar.

Tabelle 5.1:
Datengrundlage für den Vorsorgestatus in den verschiedenen
Versorgungswegen.

Versorgungsweg	Datengrundlage	Methodik
Erste Schicht		
GRV	VSKT	Regressionsansatz
BV	MZ und SOEP	Simulationsmodell
BSV	MZ, SOEP und AVID	Simulationsmodell
Zweite Schicht		
Riester	GfK	Regressionsansatz
bAV	GfK	Regressionsansatz
ZöD	MZ und SOEP	Simulationsmodell
Dritte Schicht		
Geld- und Immobilienvermögen	EVS	Regressionsansatz

Eigene Darstellung.

Die Imputation der X-Werte mittels Regressionsansatz erfordert die Spezifikation eines ökonometrischen Modells. Mit Ausnahme der Dummy-Variablen zur Riester-

Partizipation wurde dabei auf OLS-Modelle zurückgegriffen,[691] die eine grundsätzliche Strukturgleichheit aufweisen:

$$X^B = Z^B \cdot \beta^B_{XZ} + \epsilon^B.$$

In Datensatz B werden also für die jeweilige Spenderinformation X als abhängige Variable die Koeffizienten $\hat{\beta}^B_{XZ}$ unter Nutzung der gemeinsamen (in der Regel soziodemografischen) Variablen Z^B als Regressoren geschätzt. Die Imputation der X-Werte im Empfängerdatensatz (MZ) erfolgt dann durch Einsetzen der dort erfassten Werte für die gemeinsamen Variablen (Z^A):

$$\hat{X}^A = Z^A \cdot \hat{\beta}^B_{XZ}.$$

Dabei ist es offensichtlich, dass die Variablen Z^A und Z^B im Spender- und Empfängerdatensatz auf ein identisches Format zu bringen sind. Neben dieser von D'Orazio et al. (2001) als *variable harmonization* bezeichneten Voraussetzung für eine inhaltlich sinnvolle Datenkombination sind zwei weitere Harmonisierungsschritte erforderlich: die *unit harmonization* (Imputation auf Haushalts- bzw. Personenebene) und die (über Verwendung von Hochrechnungsfaktoren sichergestellte) *target population harmonization*.[692]

Möglichkeiten und Grenzen des Ansatzes. Die beschriebenen Regressionsgleichungen implizieren die Annahme der bedingten Unabhängigkeit. Im betrachteten Kontext bedeutet diese Annahme, dass die regionale Variable Y, die nur im MZ vorhanden ist, bei gegebenen soziodemografischen Informationen der Z-Variablen keine statistische Beziehung zu der Spenderinformation X (bspw. den Entgeltpunkten) aufweist. Anders formuliert liefern die Y-Variablen keine über die Z-Variablen hinausgehenden Informationen bezüglich X. Dies ist umso plausibler, je höher das Bestimmtheitsmaß des Modells ist, welches die Z-Variablen als Regressoren enthält.[693] Daraus folgt, dass die regionale Darstellung des Vorsorgestatus

---

[691] Im Fall der Riester-Partizipation wurde mit einem Logit-Modell gearbeitet (vgl. ausführlich Abschnitt 5.3.2.2.1).

[692] Die Einzelheiten zu den jeweils vorgenommenen Harmonisierungen werden im Zuge der Erläuterungen zu den einzelnen Versorgungswegen und den dort vorgestellten spezifischen Modellen erläutert.

[693] Buck (2006) wertet dies als Nachteil der Regressionsansätze, speziell wenn komplexe oder nichtlineare Zusammenhänge zwischen den Variablen bestehen, und hält aus diesem Grund *hot-deck-Verfahren* für geeigneter, die keine funktionale Form unterstellen

im Rahmen dieser Arbeit das Ergebnis der unterschiedlichen soziodemografischen Zusammensetzung der betrachteten Regionen ist, der Raum selbst jedoch keinen Einfluss auf diesen Status hat. Zu beachten ist, dass die regionale Variable Y sich explizit auf die Ebene unterhalb der Bundesländer bezieht. Letztere sind in allen verwendeten Datenquellen enthalten und wurden berücksichtigt, wenn sie einen Erklärungsgehalt aufweisen.

Im Zusammenhang mit der Erläuterung der Verfahren der Imputation bzw. Datenkombination wurde auf den mit den Regressionsansätzen verbundenen Vorteil der Mittelwerttreue und den Nachteil der *regression to the mean* bzw. der Unterschätzung der Varianz hingewiesen. Auf eine Korrektur der Verteilung, wie sie bspw. durch Verfahren des *resampling* möglich wäre, wurde im Rahmen dieser Untersuchung bewusst verzichtet. Ein Grund ist die große Stichprobe des MZ als Empfängerdatensatz, die das Problem der *regression to the mean* abmildern kann.[694] Zudem erscheint eine Korrektur auch deshalb wenig sinnvoll, weil durch die umfangreichen Annahmen im Zuge der Simulationsmodelle zusätzliche und kaum quantifizierbare Unsicherheit in die am Ende ausgewiesenen Ergebnisse eingeht. Die Behebung der verhältnismäßig geringen Verzerrung der geschätzten Varianz der tatsächlich imputierten Werte würde mithin nur eine Scheingenauigkeit erzeugen, so dass der Verbleib im deterministischen Ansatz mit dem Ziel einer Mittelwertanalyse hinreichend gerechtfertigt erscheint. In der Konsequenz sind interpersonelle Verteilungsanalysen auf Basis der imputierten Werte äußerst problematisch. Damit sind Aussagen zum Problemkreis Altersarmut wenig sinnvoll und werden entsprechend nicht getroffen. Auf die Ausweisung von Konfidenzintervallen wird aufgrund der hohen Unsicherheit in der Quantifizierung der Varianz auf den verschiedenen Berechnungsstufen ebenfalls verzichtet.

5.2.2.2 Exemplarische Darstellung der Imputationsmethode

Die beschriebene Methodik dient der Ermittlung der in den verschiedenen Versorgungswegen bestehenden Anwartschaften (in €), die bei Eintritt in den Ruhestand gemäß RVAGAnpG zu erwarten sind. Weil diese – im Folgenden als *Ersatzniveau*

---

müssen. Wie die Darstellung der Ausführungen von LITTLE und RUBIN (2002) zeigt, verwenden auch diese Verfahren *implizite* Annahmen, die nicht weniger problematisch sind.

[694] Auch in den klassischen Verfahren erweist sich ein großer Empfängerdatensatz als Vorteil. Die vergleichsweise hohe Beobachtungsdichte macht das Auffinden statistischer Zwillinge einfacher (vgl. RUGGLES und RUGGLES (1974)).

bezeichnete – absolute Niveaugröße im Hinblick auf die Beurteilung der Möglichkeit zur Aufrechterhaltung der gewohnten Lebensführung nur begrenzt aussagekräftig ist, wird zudem eine relative Größe berechnet, die das Ersatzniveau (im jeweiligen Versorgungsweg) ins Verhältnis zum (projizierten) letzten Einkommen in der Erwerbsphase setzt. Für die Berechnung dieser – im Folgenden als *Ersatzquote* bezeichneten – Kenngröße gibt es grundsätzlich zwei Möglichkeiten: Entweder erfolgt eine Netto/Netto-Betrachtung oder eine Brutto/Brutto-Betrachtung, wobei im Sinne der Vergleichbarkeit der Werte über verschiedene Geburtsjahrgänge in beiden Fällen nur die Betrachtung realer Größen in Preisen von 2005 sinnvoll erscheint. Bedingt durch die Tatsache, dass die Besteuerung der Alterseinkünfte sich derzeit in einer Übergangsphase von der Nichtbesteuerung zur Vollversteuerung befindet (vgl. die Ausführungen zum AltEinkG in Abschnitt 3.2.1.4), die eine Netto/Netto-Betrachtung rechnerisch sehr komplex hätte werden lassen, wurde die Brutto/Brutto-Betrachtung gewählt. Dies wiederum macht die Imputation der Bruttoeinkommen im Empfängerdatensatz erforderlich, weil der MZ lediglich eine klassierte Variable zum Nettoeinkommen enthält.

Dieser Arbeitsschritt erscheint als Anwendungsbeispiel zur Erläuterung des im Rahmen dieser Arbeit verfolgten Ansatzes der Datenkombination prädestiniert, da letztlich nur ein Zwischenergebnis für die eigentlich interessierenden – und in den folgenden Abschnitten (5.3 und 5.4) dargestellten – Größen (Ersatzniveaus und -quoten) generiert wird. Als Spenderdatensatz wurde für diesen Arbeitsschritt die EVS gewählt. Ausschlaggebend war dabei, dass EVS und MZ vom Statistischen Bundesamt bereitgestellt werden und somit eine Vergleichbarkeit der Angaben eher gegeben ist als bei von verschiedenen Institutionen verwalteten Datensätzen.[695] Im Unterschied zum MZ sind in der EVS Brutto- und Nettoeinkommen als stetige Variablen auf der Haushaltsebene vorhanden, zudem findet sich eine klassierte Variable zum Nettoeinkommen, die mit Ausnahme der hohen Einkommen identische Klasseneinteilungen aufweist wie der MZ, so dass die oben angesprochene *variable harmonization* unproblematisch ist.

Die Grundidee für die Imputation einer Bruttoeinkommens-Variable im MZ kann wie folgt skizziert werden: Im Rahmen der EVS wurden die stetigen Variablen von Brutto- und Nettoeinkommen zueinander ins Verhältnis gesetzt, um die im Folgenden als Brutto-Netto-Faktoren bezeichneten Multiplikatoren zu berechnen. Diese Transformation erwies sich als geeignet, um für verschiedene – unter steuersystematischen Gesichtspunkten gebildete – sog. homogene Klassen ein OLS-Modell

---

[695] So wäre etwa das SOEP im Hinblick auf die erhobenen Merkmale ebenfalls geeignet.

mit vergleichsweise hohem Erklärungsgehalt zu schätzen. Anschließend erfolgte die Imputation dieser Faktoren im MZ, wobei die entsprechenden homogenen Klassen zu berücksichtigen waren. Weil im Unterschied zur EVS im MZ keine stetige Einkommensvariable vorliegt, wurden die jeweiligen Klassenmitten als kardinale Variablen interpretiert. Die Zulässigkeit dieser Annahme untersuchen STAUDER und HÜNING (2004). Sie kommen zu dem Schluss, dass die Klassenmitte im MZ den wahren Mittelwert der Klasse im Bereich zwischen 1.000 und 8.000 DM (d. h. in neueren Berichtsjahren zwischen 500 und 4.000 €) sehr gut annähert.[696] Mithin kann eine Variable für Bruttoeinkommen im MZ dann durch die Multiplikation der Nettoeinkommen (als Klassenmitte der Netto-Einkommensklassen) mit den imputierten Brutto-Netto-Faktoren bestimmt werden.

Arbeiten am Spenderdatensatz. Im Spenderdatensatz erfolgte die Berechnung der Brutto-Netto-Faktoren auf Haushaltsebene als Quotient von (um den Mietwert des selbstgenutzten Wohneigentums bereinigtem) monatlichem Haushaltsbrutto- und -nettoeinkommen.[697] In Abbildung 5.2 werden diese Faktoren über der Netto-Einkommenklasse des Haushalts abgetragen und eine Lowess-Funktion berechnet,[698] die als Maß für die durchschnittliche Abgabenquote[699] der Haushalte in den jeweiligen Einkommensklassen interpretiert werden kann.

Diese Brutto-Netto-Faktoren gehen als abhängige Variable in ein Regressionsmodell ein. Die Spezifikation des Regressionsmodells erfolgt im Rahmen eines mehrstufigen Verfahrens, das sämtlichen Imputationen im Rahmen dieser Arbeit zugrunde liegt.

---

[696] Bei den Einkommen darunter und darüber ist die Genauigkeit bedingt durch die Schiefe der Einkommensverteilung bzw. sehr breite Klassen nicht in dem Maße gegeben. Als pragmatische Annäherung wird die Klassenmitte trotzdem für alle Klassen verwendet. Für die oberste Einkommensklasse (18.000 € und mehr) wurde ein Wert von 18.000 € angenommen.

[697] Das monatliche Bruttoeinkommen ergibt sich im Datensatz durch Subtraktion der Variablen ef164 (Mietwert) von der Variable ef40 (Quartals-Bruttoeinkommen) und Division des Residuums durch drei. Analog folgt für das Haushaltsnettoeinkommen: (ef41-ef164)/3.

[698] Bei dieser Stata-Funktion handelt es sich um eine lokal gewichtete Regression (hier der Brutto-Netto-Faktoren auf die Einkommensklasse), die grafisch dargestellt wird.

[699] Genau genommen ist der Begriff der Abgabenquote hier nicht im üblichen Wortsinn (als Abzüge vom Bruttoeinkommen) zu verstehen, sondern bezieht sich auf das Nettoeinkommen.

Abbildung 5.2:

Lowess-Funktion der Brutto-Netto-Faktoren (EVS).

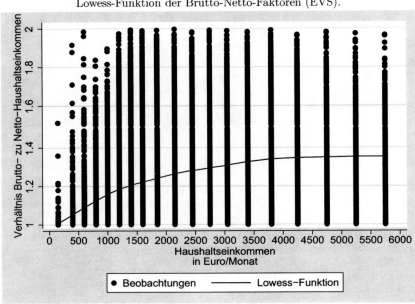

Eigene Darstellung.

Zunächst werden alle gemeinsamen Variablen Z, die in einem theoretisch plausiblen Zusammenhang zur Steuer- und Abgabenbelastung stehen, als Regressoren berücksichtigt und das Modell sowohl gewichtet als auch ungewichtet und mit robusten Standardfehlern geschätzt. Auf Basis von F-Tests, dem *Variance-Inflation-Factor* (VIF) sowie des R^2 wird dieses umfassende Modell durch sukzessive Eliminierung von Regressoren in ein finales Modell überführt. Dabei werden auch Tests auf fehlende Variablen und Homoskedastizität durchgeführt, um die Angemessenheit der OLS-Schätzung sicherzustellen.[700]

Das auf diese Weise bestimmte finale Modell wird dann für homogene Klassen geschätzt. Im vorliegenden Fall werden diese unter steuersystematischen Gesichts-

---

[700] Dabei wird auf die Stata-Routinen *ovtest* sowie *hettest* (Breusch-Pagan/Cook-Weisberg Test) zurückgegriffen.

punkten gebildet.[701] Unterschieden werden dabei die Haupteinkommensbezieher bzw. Haushaltsvorstände in Beamte, Selbständige, Mitglieder in der ZöD und Sonstige, weil diese Gruppen sich in ihrer Abgabenbelastung systematisch unterscheiden und der Haushaltsvorstand definitorisch die Abgabenquote im Haushalt hauptsächlich prägt. So entfallen bspw. bei Beamten und (nicht freiwillig sozialversicherten) Selbständigen die Sozialversicherungsbeiträge. Um dem nichtlinearen Tarifverlauf bei der Einkommensbesteuerung Rechnung zu tragen werden diese Gruppen noch in Einkommensklassen unterteilt, wobei den unterschiedlichen Fallzahlen Rechnung zu tragen war. Schließlich wurden noch die Berichtsquartale berücksichtigt, um bspw. Verzerrungen durch Sonderzahlungen (bspw. Weihnachtsgeld) zu vermeiden. Ausreichende Fallzahlen konnten dabei für insgesamt je vier Einkommensklassen bei Beamten und Selbständigen, fünf Einkommensklassen bei den ZöD-Versicherten und zehn Einkommensklassen in der Residualgruppe der Sonstigen sichergestellt werden.

Weil die Schätzergebnisse für sämtliche homogene Klassen nicht sinnvoll darstellbar sind, wird im Rahmen dieser Arbeit nur das gewichtete finale Modell vorgestellt und erläutert. Im vorliegenden Fall sind die Ergebnisse der Regressionsanalyse für die verschiedenen Quartale (und ohne Differenzierung in die homogenen Klassen) in Tabelle 5.2 zusammengefasst.

Zu den Koeffizienten mit signifikantem t-Test im Einzelnen: Der als *splitratio* bezeichnete Anteil des (Netto-)Einkommen des Haushaltsvorstands am gesamten Haushaltsnettoeinkommen steht wie das (logarithmierte) Haushaltsnettoeinkommen (*lnHHnetevs*) selbst erwartungsgemäß in einem positiven Zusammenhang zur Abgabenbelastung (den Brutto-Netto-Faktoren). Ebenso plausibel ist die positive Beziehung zwischen der Abgabenbelastung und den Dummies für die Zahl der Erwerbstätigen im Haushalt (*dnerw1* bis *dnerw5*) – wobei als Referenz der Dummy *dnerw0* gewählt wurde, welcher den Wert eins annimmt, wenn sich keine Erwerbstätigen im Haushalt befinden.

---

[701] Die Bildung der homogenen Klassen nach Alter und Einkommen, wie sie den meisten Modellen zu den Versorgungswegen zugrundeliegt, erweist sich als weniger günstig, das sie im Fall der Brutto-Netto-Faktoren zu einer wesentlich geringeren Varianz führt.

Tabelle 5.2:

Koeffizienten des Regressionsmodells zu den Brutto-Netto-Faktoren.

brtnetfak	1. Quartal	2. Quartal	3. Quartal	4. Quartal
splitratio	0,1137715***	0,1542651***	0,1646581***	0,1742013***
lnHHnetevs	0,089145***	0,1021791***	0,0944128***	0,1057828***
dnerw1	0,1847805***	0,1910688***	0,2053387***	0,2185526***
dnerw2	0,2861091***	0,3335295***	0,3472779***	0,3648071***
dnerw3	0,3579857***	0,3951756***	0,4586849***	0,4423036***
dnerw4	0,3289916***	0,4239382***	0,4582522***	0,513124***
dnerw5	0,6001615***	0,4367975**	0,5413052***	0,6891122***
kind18_evs2	−0,0362083***	−0,0446092***	−0,0518364***	−0,0469246***
kind18_evs3	−0,0584497***	−0,0495318***	−0,0508312***	−0,0628119***
kind18_evs4	−0,0804552**	0,0200869	−0,0625704*	−0,0957182**
dfamstdHEKB2	−0,1113298***	−0,1200436***	−0,1034155***	−0,119711***
dfamstdHEKB3	−0,0859601***	−0,0971516***	−0,1014093***	−0,1096509***
dfamstdHEKB4	−0,0279171***	−0,0456622***	−0,0309971***	−0,0516161***
grvpfl_evs1	0,127086***	0,1767735***	0,1395293***	0,1615364***
ngrvpflHHevs	−0,01684	−0,0531699***	−0,0443726***	−0,0544059***
vfreiw_evs1	0,0083812	−0,00281	−0,0285416	−0,0146273
nvfreiwHHevs	−0,0289968	−0,0403546*	−0,0128626	−0,0635216***
darb_evs1	−0,0083091	−0,0183188*	0,0236468**	−0,031426***
narbHHevs	−0,031727***	−0,0161305**	−0,0437093***	−0,0063369
nselbstHHevs	−0,1240118***	−0,1469945***	−0,1638536***	−0,149788***
nbeamtHHevs	−0,1273469***	−0,1277389***	−0,1393866***	−0,140341***
nzoedHHevs	0,0422218***	0,0368734***	0,0500435***	0,0720574***
dalos_evs1	−0,1366952***	−0,1840438***	−0,1548219***	−0,1868442***
nalosHHevs	−0,0157522	0,0223077*	0,025099*	0,0258643*
dfhuni_evs1	0,040362***	0,0387021***	0,0180105*	0,0350366***
dlehre_evs1	0,0238227**	0,0299625***	0,0083222	0,0265052***
Konstante	0,3648323***	0,2399185***	0,2997138***	0,2120231***

*** p-Wert<0.01,

** p-Wert<0.05,

* p-Wert<0.1

Eigene Darstellung.

Angesichts verschiedener familienpolitischer Instrumente wie etwa Kinderfreibetrag bzw. -geld ist auch der negative Zusammenhang zwischen Kindern (unter 18 Jahren, *kind18_evs*) und Abgabenbelastung nachvollziehbar.[702] Im Vergleich zum ledigen Haushaltsvorstand (*dfamstdHEKB1* = 1), gehen die Familienstände „verheiratet" (*dfamstdHEKB2*), „verwitwet" (*dfamstdHEKB3*) und „sonst" (*dfamstdHEKB4*) mit signifikant geringeren Abgabenquoten einher. Ist der Haushaltsvorstand in der GRV pflichtversichert (*grvpfl_evs1* = 1), hat der Haushalt eine tendenziell höhere Abgabenquote. Eine sehr geringe Reduzierung ergibt sich mit zunehmender Zahl der in der GRV Pflichtversicherten (*ngrvpflHHevs*). Ist der Haushaltsvorstand als Arbeiter tätig (*darb_evs1* = 1), liegt die Abgabenquote im Vergleich zur Referenzgruppe der Angestellten leicht höher.[703] Mit einer zunehmenden Zahl von Arbeitern im Haushalt (*narbHHevs*) sinkt die Abgabenbelastung tendenziell in ähnlich geringem Ausmaß. Deutlicher sind die Effekte für Beamte und Selbständige. So ist die Abgabenbelastung des Haushalts deutlich geringer, je höher die Zahl der Beamten (*nbeamtHHevs*) und Selbständigen (*nselbstHHevs*) im Haushalt ist.[704] Hingegen nimmt die Abgabenbelastung mit der Zahl öffentlich Bediensteter im Haushalt (*nzoedevs*) tendenziell etwas zu, was auf die Pflichtabgabe zur ZöD zurückzuführen sein könnte. Arbeitslosigkeit des Haushaltsvorstands (*dalos_evs1* = 1) geht tendenziell mit deutlich geringeren Abgabenquoten einher.

Bei der Schätzung nach homogenen Klassen wurden einige Dummies aus inhaltlichen Gründen eliminiert. So macht bspw. die Berücksichtigung von *grvpfl_evs1* im für Selbständige geschätzten Modell inhaltlich keinen Sinn. Umgekehrt erweisen sich die im hier dargestellten – nicht nach homogenen Klassen geschätzten Modell – nicht signifikanten Koeffizienten für die Zahl der freiwillig in der GRV versicherten Haushaltsmitglieder (*nvfreiwHHevs*) und den freiwillig in der GRV versicherten Haushaltsvorstand (*nvfreiwHHevs*) im nach Klassen geschätzten Modell für die Selbständigen als signifikant. Eine Erklärung könnte dabei die Nutzung von Möglichkeiten der Steuergestaltung durch Selbständige sein. Ebenso erweisen

---

[702] Als Referenzgruppe wurden hier kinderlose Haushalte (*kind18_evs1*) gewählt. *kind18_evs2* ist eine Dummy-Variable, die den Wert eins annimmt, wenn ein Kind im Haushalt lebt. *kind18_evs3* steht für die Indikatorvariable, die bei zwei Kindern im Haushalt den Wert eins annimmt. Schließlich gilt *kind18_evs4* = 1, wenn drei und mehr Kinder im Haushalt leben.

[703] Dies kann möglicherweise durch die Notwendigkeit erklärt werden, dass in Arbeiterhaushalten auch die Ehefrauen erwerbstätig sind, um das Haushaltseinkommen zu erhöhen. Dies wiederum würde zu einer Verringerung des Splitting-Vorteils führen und das Vorzeichen des Koeffizienten erklären.

[704] Wohlgemerkt beziehen sich diese Variablen auf alle Haushaltsmitglieder und nicht wie die Einteilung der homogenen Klassen allein auf den Haushaltsvorstand.

sich die Koeffizienten für die Zahl der Arbeitslosen im Haushalt (*nalosHHevs*), den Dummy für einen Fachhochschul- oder Universitätsabschluss (*dfhuni_ evs1*) sowie der Dummy für eine abgeschlossene Lehre (*dlehre_ evs1*) bei der Schätzung für homogene Klassen als signifikant. Zudem ist nochmals darauf hinzuweisen, dass die Plausibilität der Beibehaltung sämtlicher Variablen im finalen Modell durch den Wald-Test auf gruppenweise Signifikanz der Koeffizienten und die Überprüfung des VIF gestützt werden.

Arbeiten am Empfängerdatensatz. Im MZ-Onsite-Datensatz waren zunächst die Variablen auf ein mit der EVS vergleichbares Format zu bringen. Anschließend wurden die Brutto-Netto-Faktoren auf Basis der Z-Variablen im Mikrozensus auf Haushaltsebene für die homogenen Gruppen als Kombination von Einkommensklasse und Berufsstatus des Haushaltsvorstands (Beamte, Selbständige, ZöD-Versicherte und Sonstige) nach Quartalen geschätzt. Daraufhin erfolgte die Zuweisung der Brutto-Netto-Faktoren auf die Personen im Haushalt. Während dieses Verfahren für Einpersonen-Haushalte unproblematisch ist, impliziert es bei den Mehrpersonen-Haushalten einen einheitlichen Abgabensatz. Dies ist umso kritischer, je unterschiedlicher die Einkommen im Haushalt verteilt sind.

Zur Ermittlung des Bruttoeinkommens bei Renteneintritt ist das Nettoeinkommen (*netek*$_{2005}$) mit den Brutto-Netto-Faktoren (brutnetfak) multipliziert und bis zum Jahr des regulären Austritts gemäß § 235 SGB VI (für GRV-Versicherte) bzw. § 51 Beamtenbesoldungsgesetz fortgeschrieben worden. Für die BSV gibt es bedingt durch die Satzungsfreiheit keine einheitliche Regelung, weshalb bei der Berechnung des vorgesehenen Renteneintrittsjahres nicht die monatsweise Erhöhung analog zu § 235 SGB VI vorgenommen, sondern das Rentenalter für die Geburtsjahrgänge 1958 und 1964 jeweils diskret um ein Jahr erhöht wurde.[705] Die zur Fortschreibung notwendige Annahme über die jährliche Wachstumsrate des Bruttoarbeitseinkommens basiert auf einer *fixed-effects*-Regression des natürlichen Logarithmus des Bruttoarbeitseinkommens auf das Alter aus den Wellen A bis X des SOEP. Auf der Grundlage von 2.230 Fällen ergibt sich daraus ein Wachstum von 3,26 ln-Prozent pro Jahr. Zur Fortschreibung wurde dieses Nominalwachstum durch Deflationierung mit 1,91 ln-Prozent p. a. in ein Realwachstum

---

[705] Lag das sich ergebende Erwerbsaustrittsjahr bei 2005 oder früher, wurde diskretionär 2006 gesetzt.

umgerechnet.[706] Formal ergibt sich das im Jahr des Erreichens der Regelaltersgrenze (t_{RAG}) verdiente Bruttoeinkommen ($brutek_{RAG}$) damit als:

$$brutek_{RAG} = netek_{2005} \cdot \text{brutnetfak} \cdot e^{(t_{RAG}-2005)\cdot(0{,}0326-0{,}0191)}.$$

Diskussion. Zur Überprüfung der Güte der Imputation sind wie o. a. verschiedene Kriterien möglich, die sich jedoch zum Teil nur schwer validieren lassen. Daher wird hier und in den weiteren Abschnitten eine Diskussion anhand des Vergleichs der Randverteilung der imputierten Werte (im Empfängerdatensatz) und der originären Randverteilung im Spenderdatensatz geführt. Dieser Vergleich erfolgt für die homogenen Klassen, die der Schätzung des finalen Regressionsmodells zugrunde gelegt wurden.[707]

Tabelle 5.3 zeigt das erwartete Ergebnis. Die Mittelwerte werden in den verschiedenen homogenen Klassen sehr gut reproduziert. Die vergleichsweise hohe Abweichung bei den Selbständigen ist einzig auf die Unterschiede im obersten Einkommensbereich im vierten Quartal zurückzuführen.[708] Für die übrigen homogenen Klassen liegt die Mittelwertabweichung auch für die Selbständigen im Bereich der anderen betrachteten Klassen. Ebenso erwartet ist die nur bedingt valide Reproduktion der Verteilung. Dies zeigt sich bereits bei der Betrachtung der Quartilsabstände (erstes vs. drittes Quartil). Aufgrund der Schiefe der Einkommensverteilung erweist sich insbesondere die Abbildung des oberen Quartils als deutlich verzerrt. Schließlich zeigt sich für alle statistischen Kennzahlen, dass die Größenordnung der Abweichung der im MZ imputierten Werte von den EVS-Daten im Vergleich zur Differenz von Schätzung *im Spenderdatensatz* und EVS-Daten in etwa vergleichbar ist.

---

[706] Diese Inflationsrate entspricht dem arithmetischen Mittelwert der logarithmischen Inflation über den – durch die Wellen A bis X des SOEP abgedeckten – Zeitraum 1984 bis 2007. Dabei wurde für die Zeit vor 1990 nur Westdeutschland betrachtet, danach Gesamtdeutschland.

[707] Ähnlich geht KASSELLA (1994) vor.

[708] In der EVS beträgt der auf 135 Beobachtungen basierende Durchschnitt des Brutto-Nettofaktors für das obere Einkommensquartil der Selbständigen im vierten Quartal 3,63. Dieser ist weniger plausibel als der Durchschnitt der imputierten Werte im MZ, der für die korrespondierende homogene Klasse lediglich 1,3 beträgt.

Tabelle 5.3:

Güte der imputierten Brutto-Netto-Faktoren.

Durchschnitt der absoluten Abweichungen

homogene Klasse	Beamte	Angestellte im öffentl. Dienst	Selbständige	Sonstige
		IMPUTATION VS. SPENDERDATEN		
Mittelwert	0,0073	0,0328	0,1921	0,0621
Median	0,0268	0,0263	0,0613	0,1374
unteres Quartil	0,0344	0,0482	0,0505	0,1190
oberes Quartil	0,0169	0,0325	0,0576	0,0878
		SPENDERDATEN VS. SCHÄTZUNG IM SPENDERDATENSATZ		
Mittelwert	0,0033	0,0122	0,1621	0,0254
Median	0,0225	0,0299	0,0747	0,0405
unteres Quartil	0,0322	0,0762	0,0801	0,0875
oberes Quartil	0,0227	0,0388	0,0272	0,0027

Hinweis: Die Bildung der homogenen Klassen richtet sich nach dem Beruf des Haushaltsvorstands.

Eigene Darstellung.

Zur Darstellung der Ergebnisse. Hinsichtlich der Ausweisung und Darstellung der ermittelten Ersatzniveaus und -quoten in den folgenden Abschnitten wurden die oben theoretisch erläuterten und mit Tabelle 5.3 anschaulich dargestellten Möglichkeiten und Grenzen der Methodik entsprechend berücksichtigt: Präsentiert und interpretiert werden primär die (arithmetischen) Mittelwerte. Lediglich nachrichtlich werden Median und Quartilsabstand angegeben, um einen groben Eindruck über die Verteilung zu geben.[709]

---

[709] Gerade die Replizierung der Quartile aus dem jeweiligen Spenderdatensatz war zum Teil noch vergleichsweise gut möglich.

Eine Differenzierung der Ergebnisse nach den Merkmalen Geschlecht (Mann/Frau), Alter (vier Klassen zwischen 25 und 65 Jahren),[710,711] (Netto-)Einkommen (drei Klassen) und Region ermöglicht ein umfassendes Bild über den gegenwärtigen Vorsorgestatus. Dabei bedeutet die Einschränkung der Betrachtungsgruppe auf Personen zwischen 25 und 65 Jahren, dass im On-Site-Datensatz insgesamt 380.145 Beobachtungen potenziell zur Berechnung des Vorsorgestatus von hochgerechnet 47,1 Mio. Personen genutzt werden können.[712] Die regionale Darstellung orientiert sich an den administrativen Regierungsbezirken, soweit diese in den verschiedenen Bundesländern existieren. In den Bundesländern Thüringen, Schleswig-Holstein und Brandenburg, die keine Regierungsbezirke haben, wurden die regionalen Anpassungsschichten des MZ genutzt, um Regionen zu definieren, welche mit Regierungsbezirken vergleichbar sind (vgl. Tabelle 5.4). In den Stadtstaaten Hamburg und Bremen sowie im Saarland wurde aus Größenüberlegungen das Bundesland als kleinste Betrachtungsebene verwendet.

Von der vielfach im Kontext regionaler Analysen verwendeten Darstellung in Kartenform wird dabei im Rahmen der vorliegenden Arbeit abgesehen. Hauptgrund ist, dass es sich bei der vorgenommenen regionalen Abgrenzung keinesfalls um Isoplethen handelt, so dass dünn besiedelte und flächenmäßig große Regionen gegenüber Ballungsräumen augenscheinlich dominieren, was bei oberflächlicher Betrachtung in die Irre führen kann.[713] Am gravierendsten ist schließlich der Umstand, dass nach der Kartierung die Dimensionen der Werte nur noch anhand der Le-

---

[710] Personen über 65 Jahren wurden aus naheliegenden Gründen nicht berücksichtigt – schließlich geht es um den Versorgungsstatus der von den Reformen betroffenen Erwerbspersonen, die ihr Sparverhalten noch anpassen können. Zudem dürfte bei den noch arbeitenden Personen im Alter über 65 Jahren ein deutlicher Selektionseffekt bestehen, der die Repräsentativität der Berechnungen für diese Gruppe stark einschränkt.

[711] Die Beschränkung auf Personen über 25 Jahren hat unterschiedliche Gründe, darunter vor allem die hohe Unsicherheit bei der Fortschreibung des Status Quo, weil sich große Teile der unter 25-Jährigen noch in der Ausbildung befinden.

[712] Grundsätzlich besteht gemäß § 7 MZG 2005 Auskunftspflicht bezüglich aller für die Analyse relevanten Merkmale, insbesondere auch des Einkommens. Es zeigt sich jedoch, dass die Auskunftspflicht nicht zwangsläufig eine Auskunft zur Folge hat, so dass ein Teil der Beobachtungen nicht genutzt werden kann. Grund hierfür könnte sein, dass es sich bei der Nichtbeantwortung von Teilen des Fragenprogrammes zwar um eine Ordnungswidrigkeit handelt, diese jedoch nicht hoch bestraft wird (vgl. § 9 MZG 2005 in Verbindung mit §§ 22 und 23 BStatG).

[713] So wird jede Einteilung der regionalen Werte in Quantilsabschnitte letztlich arbiträr, da sie einen Bezug zur betroffenen Bevölkerung suggeriert, der faktisch nicht gegeben ist.

Tabelle 5.4:
Zusammensetzung der Regionen in Bundesländern ohne Regierungsbezirke.

Region	konstituierende Stadt- bzw. Landkreise
Schleswig-Holstein_I	Pinneberg, Segeberg, Stormarn und Herzogtum Lauenburg
Schleswig-Holstein_II	Rendsburg-Eckernförde, Neumünster, Plön, Kiel, Lübeck, Ostholstein
Schleswig-Holstein_III	Flensburg, Schleswig-Flensburg, Nordfriesland, Dithmarschen, Steinburg
Mecklenburg-Vorpommern_I	Rostock, Bad Doberan, Güstrow
Mecklenburg-Vorpommern_II	Schwerin, Wismar, Nordwestmecklenburg, Ludwigslust, Parchim, Neubrandenburg, Demmin, Mecklenburg-Strelitz, Müritz, Greifswald, Stralsund, Rügen, Nordvorpommern, Ostvorpommern, Uecker-Randow
Brandenburg_I	Prignitz, Ostprignitz-Ruppin, Oberhavel, Barnim, Uckermark
Brandenburg_II	Märkisch-Oderland, Oder-Spree, Frankfurt (Oder), Havelland, Brandenburg an der Havel, Potsdam, Potsdam-Mittelmark, Teltow-Fläming
Brandenburg_III	Dahme-Spreewald, Cottbus, Spree-Neiße, Oberspreewald-Lausitz, Elbe-Elster
Thüringen_I	Eichsfeld, Nordhausen, Unstrut-Hainich-Kreis, Kyffhäuserkreis, Suhl, Wartburgkreis, Schmalkalden-Meiningen, Hildburghausen, Sonneberg, Eisenach
Thüringen_II	Erfurt, Weimar, Gotha, Sömmerda, Ilm-Kreis, Weimarer Land, Gera, Jena, Saalfeld-Rudolstadt, Saale-Holzland-Kreis, Saale-Orla-Kreis, Greiz, Altenburger Land

Eigene Darstellung.

gende nachvollziehbar sind. Es wird mithin schwierig, eher homogene Verteilungen mit einem Blick von sehr heterogenen zu unterscheiden, was zu falschen oder zumindest verzerrten Interpretationen führen kann. Daher wird zur Darstellung der Werte in den verschiedenen Regionen auf Balkendiagramme zurückgegriffen. Die Darstellung nach Alter, Einkommen und Geschlecht ohne regionale Differenzierung erfolgt in tabellarischer Form.

5.3 Vorsorgestatus im Schichten-Modell

Auf Basis der in den vorigen Abschnitten beschriebenen Datensätze und der erläuterten Methodik konnte der im Folgenden dargestellte Vorsorgestatus der deutschen Wohnbevölkerung ermittelt werden. In den Abschnitten 5.3.1, 5.3.2 und 5.3.3 wird dieser Vorsorgestatus dabei zunächst isoliert für jeden Versorgungsweg betrachtet. Abschnitt 5.4 dient dann der Ermittlung eines Gesamtstatus über Versorgungswege und Schichten hinweg.

Generell ist bei den Ergebnissen zu beachten, dass, aufgrund der individuellen Betrachtung der Ansprüche bzw. Anwartschaften, der im BFH-Urteil vom 19.1.2010 bestimmte Grundsatz der internen Teilung bei Ehegatten bzw. abgeleitete Ansprüche nicht berücksichtigt werden konnte.[714] Hinsichtlich der Darstellung ist anzumerken, dass aus Gründen der Übersichtlichkeit auf eine detaillierte Dokumentation der einzelnen Arbeitsschritte – wie sie am Beispiel in Abschnitt 5.2.2.2 erfolgte – verzichtet wird. Stattdessen beschränkt sich die methodische Diskussion auf die jeweilige Grundidee, auf ausgewählte Variablen der Regressionsmodelle sowie auf zentrale und/oder kritische Annahmen. Um dennoch möglichst hohe Transparenz zu gewährleisten, wurde dieser Arbeit eine CD mit sämtlichen im Zuge der Analysen der Spenderdatensätze generierten log-Dateien beigelegt.[715]

---

[714] Nach dem Grundsatz der internen Teilung bei Ehegatten gilt grundsätzlich (also auch für betriebliche und private Ansprüche/Anwartschaften), dass die ausgleichsberechtigte Person im jeweiligen System eigenständige Versorgungsanrechte erhält (vgl. BMF-Schreiben vom 26.4.2010 (GZ: IV C 3 - S 2222/09/10041)). Eine externe Teilung findet nur in den nach §§ 14-17 VersAusglG geregelten Ausnahmefällen statt, wobei die GRV als sog. „Auffang-Zielversorgung" dient, wenn die ausgleichsberechtigte Person ihr Wahlrecht nicht ausübt. Zur steuerlichen Behandlung sei auf das BMF-Schreiben verwiesen.

[715] Diese Dokumentation kann bei Bedarf beim Autor angefordert werden.

5.3.1 Vorsorgestatus in der ersten Schicht

5.3.1.1 Gesetzliche Rentenversicherung

Die Ermittlung der Ansprüche bzw. Anwartschaften in der GRV basiert auf einer Datenkombination von MZ und VSKT des Berichtsjahres 2005.[716] Da in der VSKT die Anwartschaften nicht in der angestrebten Dimension ausgewiesen sind, wurde auf die zum Erhebungszeitpunkt der Statistik (31.12.2005) auf dem Versichertenkonto verbuchten Entgeltpunkte zurückgegriffen. Deren Imputation im MZ und die Fortschreibung bis zur Regelaltersgrenze gemäß § 235 SGB VI ermöglicht, gemeinsam mit Projektionen zur Entwicklung des aktuellen Rentenwerts, die Berechnung von Ersatzniveaus und Ersatzquoten zum Zeitpunkt des Renteneintritts.

5.3.1.1.1 Spezifische Methodik und Annahmen

Die Imputation der Entgeltpunkte erfolgte mit Hilfe eines Regressionsansatzes, der verschiedene Transformationen im Spenderdatensatz notwendig machte. Zum einen enthält die VSKT weder eine Variable zur Summe der Entgeltpunkte in der benötigten Definition.[717] Zum anderen fehlt in der VSKT eine Einkommensvariable. Für letztere war aufgrund des Äquivalenzprinzips in der GRV ein hoher Erklärungsbeitrag im Regressionsmodell zu erwarten.

Daher mussten beide fehlenden Variablen aus den sequentiellen Biografiedaten – konkret den Informationen zu den monatlichen Entgeltpunkten – ermittelt werden. Dabei ergab sich aus dem Stichprobendesign der VSKT die Notwendigkeit, die Berechnungen und Schätzungen für die 30- bis 65-Jährigen und die 25- bis 29-Jährigen getrennt durchzuführen, weil im fixen Teil der VSKT nur Personen im Alter von 30 Jahren und darüber erfasst werden. Die Werte der 25- bis 29-jährigen

---

[716] Auch bei der VSKT wären aktuellere Berichtsjahre verfügbar gewesen. Allerdings wurde aus naheliegenden Gründen das Berichtsjahr gewählt, auf dem auch der On-Site-Datensatz des MZ basiert.

[717] Zwar gibt es für die Entgeltpunkte eine Variable *SUEGPT*, jedoch geht diese vom (im Regelfall konterfaktischen) Umstand einer Erwerbsminderungsrente ab dem 1.1.2006 aus, um eine rechtliche Grundlage für die fiktive Rentenberechnung zu schaffen (vgl. auch STEGMANN (2009)).

Versicherten wurden daher aus den Biografiedaten der Geburtsjahrgänge 1965 bis einschließlich 1975 gewonnen.[718]

Summe der Entgeltpunkte und Einkommen. Die Summe der insgesamt bis zum Stichtag 31.12.2005 erworbenen Entgeltpunkte wurde durch Aufsummierung der im Biografieteil enthaltenen Entgeltpunkteinformationen ermittelt. In diesem Fall wurde die Variable *GMEGPTAN* verwendet, die sämtliche Informationen zu erworbenen Entgeltpunkten (einschließlich Zurechnungs- und Anrechnungszeiten) enthält. Bei der Aggregation wurde auch berücksichtigt, dass nach Anlage 2 b SGB VI für jedes Jahr und damit anteilig für jeden Monat, eine Höchstgrenze für zu erwerbende Entgeltpunkte existiert, die sich aus dem Quotienten der Beitrags-bemessungsgrenze und des Durchschnittsverdienstes ergibt. Dabei wurde aufgrund der signifikanten Unterschiede zwischen Versicherten in der allgemeinen RV und der knappschaftlichen RV differenziert. Die Werte für die monatlichen Entgelt-punkte, die oberhalb dieser Grenze lagen, wurden auf den möglichen Höchstwert gesetzt.

Das Bruttoeinkommen aus sozialversicherungspflichtiger Tätigkeit kann auf Basis der monatlichen Entgeltpunkte (und in Kenntnis der geltenden Beitragssätze) präzise rückgerechnet werden. Im vorliegenden Fall geschah dies über die Variable *MEGPT*, die im Unterschied zur o. a. *GMEGPTAN* keine Zurechnungs- und Anrechnungszeiten enthält und damit die direkte Äquivalenzkomponente der GRV abbildet. Diese Entgeltpunkte der mit rentenrechtlichen Zeiten belegten Monate wurden aufsummiert und durch die Anzahl der belegten Monate geteilt, um die durchschnittlich pro Monat erworbenen Entgeltpunkte zu ermitteln. Das Brutto-einkommen ergibt sich daraufhin durch Multiplikation dieses Durchschnitts mit dem Durchschnittsentgelt von 29.202 € in 2005.[719] Dabei wurden für jeden Fall die durchschnittlichen Bruttoeinkommen jedes Quartals einzeln ausgewiesen, um im MZ eine Quartalszuordnung vornehmen zu können und so saisonale Effekte zu berücksichtigen.

---

[718] Die Altersobergrenze von 65 Jahren ist datensatzbedingt und hängt vor allem mit der zurzeit noch geltenden Regelaltersgrenze von 65 Jahren zusammen. Bei der Wahl der Altersuntergrenze hingegen, handelt es sich um eine diskretionäre Entscheidung, die auf Basis der für die anderen Versorgungswege verfügbaren altersspezifischen Daten mit hinreichender Fallzahl getroffen wurde.

[719] Vgl. Anlage 1 zum SGB VI.

Im Gegensatz zum Bruttoeinkommen ist die Berechnung eines Nettoeinkommens im Rahmen der VSKT nur auf Basis starker Annahmen hinsichtlich der Steuerbelastung möglich. Im Rahmen der vorliegenden Untersuchung wurde das Nettoeinkommen durch Abzug der Arbeitnehmeranteile an den Sozialversicherungsbeiträgen vom Bruttoeinkommen und Anwendung des Einkommensteuertarifes nach § 32a EStG ermittelt.[720] Neben den einfachen Regelungen für die Sozialversicherung wurden zusätzlich die Bestimmungen der §§ 20 ff. SGB IV in Verbindung mit den entsprechenden Vorschriften der einzelnen Versicherungszweige für Personen berücksichtigt, deren Einkommen innerhalb der Gleitzone von 400,01 € bis 800 € liegt.

Bei der Einkommensteuer wurde stets der Tarif nach Grundtabelle angewendet, weil die VSKT keine Angaben zum Familienstand enthält, wobei das ermittelte Bruttoeinkommen ohne Abzüge veranschlagt worden ist. Zudem wird durch das oben ermittelte Bruttoeinkommen nur das Arbeitseinkommen bis zur Beitragsbemessungsgrenze erfasst, mithin also weder Kapitaleinkommen noch Einkommen oberhalb der Beitragsbemessungsgrenze von 5.200 € (bzw. 6.400 € im Fall der knappschaftlichen Versicherung) einbezogen. Im Saldo dürften daher die ermittelten Nettoeinkommen unter den wahren Netto(gesamt)einkommen liegen, was für den später zu ermittelnden Regressionskoeffizienten des Nettoeinkommens bedeutet, dass dieser nach oben verzerrt ist. Im Zusammenspiel mit dem MZ kann dieser Umstand nützlich sein, weil dort ebenfalls tendenziell ein zu geringes Nettoeinkommen ausgewiesen wird.[721]

Für die Zusammenführung von VSKT und MZ ergibt sich das Problem, dass in der VSKT das Bruttoeinkommen verlässlicher ist, als das via Annahmen generierte Nettoeinkommen, während im MZ das Bruttoeinkommen aufgrund der genannten Einschränkungen des Imputationsansatzes weniger verlässlich ist, als das (klassierte) Nettoeinkommen. Aus diesem Grund wurden für die Datenkombination von VSKT und MZ zwei Varianten berechnet, die im Folgenden skizziert werden. Die Brutto-Variante (Netto-Variante) nimmt die Datenkombination auf Basis der Bruttoeinkommen (Netto-Einkommen) vor und akzeptiert damit implizit die mit

---

[720] Zugrunde gelegt wurden die im Betrachtungsjahr geltenden Beitragssätze zur allgemeinen Rentenversicherung (9,75 Prozent), zur knappschaftlichen Rentenversicherung (12,95 Prozent), zur Pflegeversicherung (0,85 Prozent) und zur Arbeitslosenversicherung (3,25 Prozent). Beim Beitragssatz zur Krankenversicherung wurde das (ungewichtete) arithmetische Mittel auf Bundesebene (7,76 Prozent, vgl. BMG, BUNDESMINISTERIUM FÜR GESUNDHEIT (2005, 2006)) zugrunde gelegt.

[721] Vgl. STAUDER und HÜNING (2004).

den entsprechenden Angaben im MZ (in der VSKT) verbundene Problematik bzw. Unsicherheit.

Regressionsmodelle. Bei der Spezifikation der Regressionsmodelle musste aus genannten Gründen zwischen den unter 30-jährigen und den 30- bis 65-jährigen Versicherten differenziert werden. Unterschiede ergeben sich dabei im Hinblick auf die abhängige Variable. Während bei den über 30-jährigen Versicherten die Summe der bis zum Stichtag 31.12.2005 auf dem Versichertenkonto bestehenden Entgeltpunkte als Regressand dient, wird bei den unter 30-jährigen Personen der 31.12. des entsprechenden Biografiejahres als Stichtag verwendet.

Bei der Auswahl der Regressoren wurde für beide Gruppen dem im Beispiel der Brutto-Netto-Faktoren skizzierten Ablauf gefolgt: Ausgehend vom zunächst spezifizierten umfassenden Modell mit sämtlichen inhaltlich plausiblen Z-Variablen als Regressoren, erfolgte auf Basis der in Abschnitt 5.2.2.2 genannten Tests und Statistiken die Festlegung eines finalen Modells. Dieses wurde dann wie im Fall der Brutto-Netto-Faktoren für verschiedene homogene Klassen geschätzt. Aus vier Alters- und fünf Einkommensklassen resultierte dabei eine Kreuztabelle (vgl. Tabelle 5.5) mit insgesamt 20 Zellen für die nach Quartalen durchgeführte Schätzung des Modells für die 30- bis 65-jährigen Versicherten. Für die unter 30-jährigen Versicherten wurden weitere fünf Zellen (Einkommensklassen) gebildet. Die Einteilung der Einkommensklassen erfolgte dabei jeweils anhand der Netto- bzw. Bruttoeinkommensquintile, um eine gleichmäßige Zellbesetzung sicherzustellen. Die Quintilsgrenzen wurden dabei im Sinne einer *variable harmonization* an die Klassengrenzen der Einkommensvariable im MZ angepasst.

Das finale Modell der 30- bis 65-jährigen Versicherten enthält als Regressoren neben dem Netto- bzw. Bruttoeinkommen unter anderem das Geschlecht, die Anzahl der Kinder unter 16 Jahren,[722] die Berufsgruppe nach Klassifikation der Beru-

---

[722] Für die Definition des Kinderbegriffs war die Vergleichbarkeit von VSKT und MZ maßgeblich. Beschränkender Faktor ist hierbei der MZ, in dem lediglich die im Haushalt wohnenden Kinder im jeweiligen Berichtsmonat erfasst sind. Um die Diskrepanz zwischen im Haushalt wohnenden und tatsächlich vorhandenen Kindern zu minimieren und gleichzeitig das Kindesalter nicht zu früh abzuschneiden, wurde von 16 Jahren ausgegangen. Plausibilisiert werden kann diese Abschneidegrenze mit der gemäß KMK (2002) stark rückläufigen Bildungsbeteiligung an allgemeinbildenden Schulen ab dem 16. Lebensjahr. Zudem haben im 18. Lebensjahr laut BMFSFJ (2005) bereits ca. 44 Prozent der Frauen und 28 Prozent der Männer das Elternhaus verlassen, was den Auszug vor dem 18. Lebensjahr impliziert.

Tabelle 5.5:

Homogene Klassen im Kontext des Regressionsmodells zur Imputation der Entgeltpunkte für die 30- bis 65-jährigen Versicherten.

Alter (in Jahren)	Bruttoeinkommen (in €)	Nettoeinkommen (in €)
Unter 30-Jährige (auf Basis von Biografiedaten der Jahrgänge 1965-1975)		
25 bis unter 30	unter 1.000	unter 900
	1.000 bis unter 1.800	900 bis unter 1.100
	1.800 bis unter 2.300	1.100 bis unter 1.500
	2.300 bis unter 2.700	1.500 bis unter 1.700
	2.700 und mehr	1.700 und mehr
Über 30-Jährige (fixer Teil der VSKT)		
30 bis unter 39	unter 600	unter 500
39 bis unter 48	600 bis unter 1.650	500 bis unter 1.100
48 bis unter 57	1.650 bis unter 2.400	1.100 bis unter 1.500
57 und älter	2.400 bis unter 3.300	1.500 bis unter 2.000
	3.300 und mehr	2.000 und mehr

Eigene Darstellung.

fe gemäß Statistischem Bundesamt 1992, den Ausbildungsabschluss, das Bundesland und eine Indikatorvariable, welche Arbeitslosigkeit innerhalb des betrachteten Quartals markiert.

Darüber hinaus wurden diverse Interaktionseffekte als Regressoren verwendet.[723] Interaktionseffekte, wie beispielsweise derjenige zwischen der Berufsgruppe und dem Nettoeinkommen, wurden vor allem aufgenommen, um strukturelle Unterschiede in der Wirkung kardinaler Variablen zwischen verschiedenen Gruppen erfassen zu können. So hängt die Anzahl der bis zum Stichtag erworbenen Entgeltpunkte systematisch nicht – je nach Alter nicht einmal wesentlich – vom aktuellen Einkommen ab, sondern vom Einkommenspfad über den bisherigen Lebenszyklus. Dem oben beispielhaft erwähnten Interaktionseffekt liegt die Annahme zugrunde, dass verschiedene Berufe, etwa Bergleute und Dienstleistungsberufe, unterschiedliche Entwicklungspfade des Einkommens im Verlauf der Beschäftigung und mit hoher Wahrscheinlichkeit verschiedene Berufseintrittsmuster besitzen. Dies sollte

---

[723] Vgl. die ausführliche Dokumentation in den log-Dateien.

sich in abweichenden Koeffizienten der Interaktionseffekte zwischen dem jeweiligen Berufsgruppendummy und dem Nettoeinkommen niederschlagen. Eine ähnliche Intuition lässt sich auch für die Bundesländer entwickeln.

Bei den unter 30-jährigen Versicherten wurden weitgehend diejenigen Variablen als Regressoren verwendet, die auch bei den über 30-Jährigen im finalen Modell verblieben sind. Eine wesentliche Ausnahme musste bei den verschiedenen Interaktionstermen gemacht werden. Aufgrund der Fallzahl-Restriktion wurden keine Intereaktionseffekte mit den Bundesländern zugelassen, sondern diesbezüglich lediglich zwischen Ost- und Westdeutschland differenziert.

Die Koeffizienten haben im jeweiligen finalen Modell zum überwiegenden Teil die erwarteten Vorzeichen und sind dabei meist hoch signifikant. Die Bestimmtheitsmaße für die verschiedenen Quartale liegen für beide Varianten (Netto und Bruttoeinkommensmethode) bei knapp über 0,76 im Fall der über 30-Jährigen. Auch bei den unter 30-Jährigen resultieren hohe Bestimmtheitsmaße, die jedoch zwischen den Quartalen etwas stärker variieren und bei 0,69 bis 0,73 liegen.

Einige Koeffizienten weisen im finalen Modell Vorzeichen auf, die zunächst kontraintuitiv erscheinen, sich jedoch plausibilisieren lassen. Ein Beispiel ist die Indikatorvariable für Arbeitslosigkeit im Betrachtungsquartal, die im ersten Quartal einen hochsignifikanten (p-Wert$<$0,01) Koeffizienten von etwa 1,93 aufweist. Geht man davon aus, dass ein Arbeitsloser von Versicherungs- oder Unterstützungsleistungen lebt, dann sind diese auf jeden Fall geringer als das vorherige Erwerbseinkommen. Somit muss ein Arbeitsloser, der ein Ersatzeinkommen in Höhe von E bezieht, vorher mehr verdient haben, was nahelegt, dass es ihm im Erwerbszyklus gelungen ist ein höheres Erwerbseinkommensniveau zu erreichen als ein aktuell Erwerbstätiger, der ein Erwerbseinkommen in der gleichen Höhe E erhält. Das Erreichen einer höheren Einkommensstufe impliziert meist auch, dass bis dahin mehr Entgeltpunkte erworben worden sind, weshalb bei gleichem Einkommen die Arbeitslosigkeit eine positive Wirkung haben kann. Auch die negativen Koeffizienten für die Variablen Abitur (-2,22, p-Wert$<$0,01 im ersten Quartal) und Hochschulabschluss (-1,17, p-Wert$<$0,01 im ersten Quartal) überraschen angesichts der Befunde der Humankapitaltheorie, die einen positiven Effekt nahelegen. Eine Plausibilisierung ist durch einen tendenziell späteren Eintritt in das Erwerbsleben möglich. Dieser Rückstand ist zunächst im Hinblick auf das Einkommen aufzuholen und entsprechend später erst im Bereich der Entgeltpunkte auszugleichen.

Durch die klassenweise Schätzung sinkt das Bestimmtheitsmaß insgesamt ab, weil die Klassen bereits als solche einen Erklärungswert bieten. Für die über 30-jährigen Versicherten liegt das Bestimmtheitsmaß sowohl beim Brutto- als auch beim Netto-Modell – bei einem Minimum von 0,26 und einem Maximum von 0,59 – meist im Bereich zwischen 0,4 und 0,5. Auch hinsichtlich der Vorzeichen der Koeffizienten ergeben sich durch die klassenweise Schätzung zum Teil Veränderungen, die sich jedoch plausibilisieren lassen. So hat bspw. der Koeffizient der Indikatorvariable für das männliche Geschlecht im nicht klassenweise geschätzten finalen Modell ein positives Vorzeichen, das angesichts einer immer wieder nachgewiesenen *gender-wage-gap* plausibel ist. Bei der klassenweisen Schätzung wird das Vorzeichen der Indikatorvariable in einzelnen Zellen jedoch negativ, was auf verschiedene Anrechnungszeiten (vor allem der üblicherweise den Frauen zugeschriebenen Zeit für Kindererziehung) in bestimmten Altersgruppen zurückzuführen ist.[724]

Imputation und Fortschreibung. Die aus der VSKT 2005 ermittelten Koeffizienten wurden anschließend mit den korrespondierenden Variablen des MZ 2005 zur Imputation der Entgeltpunkte zum Stichtag 31.12.2005 verwendet. Die Zuweisung der Schätzwerte erfolgte auf Personenebene, wobei auf der Grundlage der MZ-Variablen ef391 und ef392 – den Indikatorvariablen für Pflicht- und freiwillige Versicherung in der GRV – eine Eingrenzung der relevanten Gruppe vorgenommen wurde, für welche Entgeltpunkte imputiert wurden. Zusätzlich wurde ein Dummy für knappschaftlich Versicherte aus der dreistelligen Berufsbezeichnung generiert, um die unterschiedlichen Regelungen für diese Gruppe bei der Imputation und Hochrechnung berücksichtigen zu können. Insgesamt können auf diese Weise 257.733 Fälle (243.646 Pflichtversicherte und 14.087 freiwillig Versicherte) identifiziert werden, die hochgerechnet etwa 31,93 Mio. GRV-Versicherte reprä-

---

[724] Trotz der Aufnahme einer Indikatorvariable für Kinder unter 16 Jahren in das Regressionsmodell, können diese Kindererziehungszeiten sich noch auswirken, da für die Summe der Entgeltpunkte alle im Lebenszyklus erzogenen Kinder relevant sind, unabhängig von deren Alter im Berichtsjahr.

sentieren.[725] Aufgrund fehlender Angaben sind jedoch nicht für alle Fälle auch tatsächlich Werte für die Summe der Entgeltpunkte imputiert worden (s. u.).[726]

Das im Rahmen der Schätzung verwendete Einkommen wurde den Beitragsbemessungsgrenzen der beiden Versicherungszweige insofern angepasst, als Einkommen oberhalb der Grenze für die Schätzung als Einkommen auf der Grenze betrachtet wurde, was der Logik der Beitragsbemessungsgrenze entspricht. Zudem erfolgte eine Korrektur nicht plausibler Schätzwerte der Entgeltpunkte. So wurden negative Schätzwerte auf Null gesetzt und Werte, die mehr als 5 Prozent oberhalb der in der VSKT für die jeweilige Alters-Einkommensklassen-Kombination größten Beobachtungen lagen, auf eben diesen um 5 Prozent gesteigerten Maximalwert gesetzt.

Die Fortschreibung der imputierten Werte erfolgte auf Basis der aus der VSKT ermittelten arithmetischen Mittelwerte nach Altersjahrgang, Ausbildung in breiter Definition, und Geschlecht. Dabei wurde der Heterogenität der Individuen durch Skalierung der Mittelwerte, mit dem Verhältnis des individuellen Bruttoeinkommens zum Bruttoeinkommen der Vergleichsgruppe, Rechnung getragen.[727] Vergleichsgruppe war jeweils ein fünf Altersjahre umfassender Bereich, angefangen bei 25 bis 29 bis hin zu 60 Jahren und älter, in dem das Individuum in 2005 gelegen hat. Für Jahrgänge mit einer Regelaltersgrenze oberhalb von 65 Jahren wurde der Mittelwert für das 65. Lebensjahr mehrfach verwendet, weil für das 66. und 67. Lebensjahr aus der VSKT keine Daten zu gewinnen sind.

Damit liegt der Fortschreibung die zentrale Annahme zugrunde, dass die Position der Individuen innerhalb der Einkommensverteilung für den Rest des Erwerbslebens gleich bleibt. Die auf diese Weise bis zum gesetzlich vorgegebenen Ende des

---

[725] Die DRV (2009b) weist zum 31.12.2005 31,12 Mio. Pflichtversicherte und 440.000 freiwillig Versicherte aus, so dass eine weitgehende Übereinstimmung mit den Angaben im MZ gegeben ist. Die Abweichungen können vermutlich im Wesentlichen durch die unterschiedlichen Berichtszeiträume im MZ bzw. das Stichtagsprinzip der DRV-Statistik erklärt werden. Nachrichtlich ist auf die bereits in Kapitel 3 genannte Zahl der aktiv Versicherten von 34,72 Mio. hinzuweisen, die zum 31.12.2005 in der GRV versichert waren.

[726] Dies hätte die zusätzliche Imputationen fehlender Merkmalswerte – insbesondere Einkommen – erforderlich gemacht, auf die bewusst verzichtet wurde.

[727] Die alternative Fortschreibung über die Verhältnisse der Entgeltpunktesummen hat sich im Hinblick auf die Ergebnisse als wenig plausibel herausgestellt und wird daher hier nicht weiter dargestellt. Hinsichtlich der individuellen Zuweisungen unterscheiden sich die beiden Fortschreibungsvarianten – Bruttoeinkommens-Skalierung und Entgeltpunkte-Skalierung – deutlich.

Erwerbslebens fortgeschriebenen Entgeltpunkte wurden zur Ermittlung des Renteneinkommens mit dem für das Jahr des Renteneintritts projizierten aktuellen Rentenwert multipliziert. Dieser basiert auf der in Kapitel 3 besprochenen Rentenformel. Der für den Rentenwert relevante Rentnerquotient wurde dabei für die Jahre 2005 und 2006 aus den offiziellen Statistiken des BMAS entnommen und ausgehend vom Wert des Jahres 2007 mit der Veränderung des Altersquotienten fortgeschrieben.[728] Dieser Altersquotient wurde im Bevölkerungsmodell des Forschungszentrums Generationenverträge berechnet, das auch den Generationenbilanzen zu Grunde liegt und sich an der Variante 1-W2 der 11. koordinierten Bevölkerungsvorausberechnung orientiert (vgl. Abschnitt 2.2). Das nominale Wachstum der Bruttoengelte wird mit 2,1 Prozent pro Jahr angenommen und mit einer Inflation von 1,64 Prozent deflationiert.[729] Die Projektion der aktuellen Rentenwerte setzt dabei voraus, dass sich bis zu dem Zeitpunkt des Eintritts der letzten beobachteten MZ-Kohorte die Strukturdeterminanten wie Rentenzugangsverhalten, Erwerbsquote, Struktur der Erwerbseinkünfte oder Arbeitslosenquote nicht verändern. Sie ist jedoch unter pragmatischen Gesichtspunkten vertretbar, da eine differenzierte Berechnung die Implementierung eines komplexeren Simulationsmodells erfordert hätte, dessen Mehrwert für die vorliegende Untersuchung durchaus diskussionswürdig ist.

Diskussion. Die Ausführungen zeigen, dass die Berechnung des Vorsorgestatus in der GRV nur auf Grundlage zahlreicher, zum Teil starker, Annahmen möglich ist. Hinsichtlich der imputierten Entgeltpunkte sind offensichtlich zwei Annahmen von zentraler Bedeutung. Zum Einen wird implizit unterstellt, dass das zur Schätzung verwendete Einkommen tatsächlich sozialversicherungspflichtiges Entgelt darstellt und folglich keine Kapitaleinkünfte oder Einnahmen aus Vermietung und Verpachtung vorliegen. Diese Problematik einer fehlenden Differenzierung der Einkunftsarten besteht in sämtlichen Versorgungswegen der ersten und zweiten Schicht. Zum Anderen ist die bereits ausführlich diskutierte Annahme der bedingten Unabhängigkeit zwischen Entgeltpunktinformation und Region relevant.

---

[728] Zu den tatsächlichen Werten siehe BMAS (2008).

[729] Dieser Wert liegt zwar am unteren Rand, aber immer noch innerhalb des in den Rentenversicherungsberichten 2007 und 2008 für das Wachstum veranschlagten Rahmens. Das Bruttoentgeltwachstum beruht auf dem Mittelwert für 2000-2007 für Westdeutschland gemäß SVR (2009b). Der dort empirisch feststellbare Unterschied zwischen Ost- und Westdeutschland wird im Sinne von BÄCKER und JANSEN (2009) nicht übernommen. Die Inflation ergibt sich für den gleichen Zeitraum aus den Angaben im Statistischen Jahrbuch (vgl. STATISTISCHES BUNDESAMT (2009d)).

Diese lässt sich mit den vorhandenen Daten nicht abschließend überprüfen. Näherungsweise kann die Annahme als erfüllt angesehen werden. So wurde das finale Modell im MZ erneut geschätzt, allerdings unter Einbeziehung der (nicht in der VSKT enthaltenen) Regionsvariable als Regressor. Diese erweist sich dabei in allen Klassen als nicht signifikant, was im Sinne einer schwachen[730] Evidenz für die Erfüllung der Annahme der bedingten Unabhängigkeit gewertet werden kann. Zudem kann die Güte der Imputation – analog zum Vorgehen im Kontext der Brutto-Netto-Faktoren – durch den Vergleich der absoluten Abweichungen der verschiedenen Statistiken, insbesondere des Mittelwerts, plausibilisiert werden. Die Quartile werden dabei durch beide Methoden tendenziell besser reproduziert als im Fall der Brutto-Netto-Faktoren. Damit erweist sich auch die vergleichsweise grobe Korrektur der imputierten Werte am oberen und insbesondere am unteren Rand der Verteilung der geschätzten Entgeltpunkte als vertretbar, wenngleich diese theoretisch kaum zu rechtfertigen ist.[731]

Ein Vergleich der Imputationsmethoden (Brutto- vs. Netto-Methode), anhand der absoluten Abstände von den Mittelwerten der homogenen Klassen in den VSKT-Originaldaten und in den MZ imputierten Werten, bringt keinen endgültigen Aufschluss zur Überlegenheit eines Ansatzes. So sind die Abweichungen für die über 30-jährigen Versicherten im Fall der Brutto-Methode etwas geringer als bei der Netto-Methode. Letztere ist aber für die Gruppe der unter 30-Jährigen mit deutlich geringeren absoluten Mittelwertabweichungen in den homogenen Klassen verbunden. Damit besteht letztlich ein Abwägungsproblem: Die Netto-Methode liefert die besseren Startwerte für die jungen GRV-Mitglieder und damit für jene Gruppe, bei denen sich die Annahmen der Fortschreibung am stärksten auswirken. Demgegenüber ist die Brutto-Methode mit besseren Startwerten für die größere Bevölkerungsgruppe verbunden. Aus diesem Grund werden im folgenden Abschnitt zunächst die Ergebnisse beider Methoden präsentiert, um dann anhand eines Abgleichs mit den Statistiken der DRV weitere Anhaltspunkte für die Eignung der Verfahren insgesamt, also unter Einbeziehung der Auswirkungen des Simulationsmodells, zu erhalten.

Im Rahmen der Simulationsmodelle gehört die Annahme eines unveränderten Rentenzugangsverhaltens im Kontext der Projektion des aktuellen Rentenwerts ange-

---

[730] Das Problem ist, dass dieses Verfahren nur den Nachweis für die geschätzte Verteilung erbringt. Eine starke Evidenz kann jedoch nur durch Überprüfung der (unbekannten) wahren Verteilung beigebracht werden.

[731] Allenfalls die Beschränkung auf die Interpretation der Mittelwerte mag diesbezüglich anzuführen sein.

sichts in Zukunft höherer Abzüge (bedingt durch die steigende Regelaltersgrenze) zu den stärkeren Hypothesen.[732] Abgemildert wird dieses Problem jedoch dadurch, dass die Projektion der Entgeltpunkte bis zum gesetzlich vorgegebene Regelalter erfolgt, was impliziert, dass gemeinsam mit den Grundannahmen zur Rentenwertberechnung die ausgewiesenen Alterseinkommen tendenziell leicht überschätzt werden dürften.

Eine weitere starke Annahme ist keine grundsätzliche Folge der Methode, sondern durch die Datenqualität bedingt. Da trotz Auskunftspflicht in einigen Fällen keine Einkommensangabe vorhanden ist, ließen sich für einen Teil der eigentlich GRV-Versicherten keine Ansprüche schätzen. Die im folgenden Abschnitt 5.3.1.1.2 ausgewiesenen Mittelwerte sind mithin nur dann korrekt, wenn die Verteilung der schätzbaren Werte der Verteilung inklusive der nicht schätzbaren Werte entspricht und somit die Annahme MCAR erfüllt ist.[733]

5.3.1.1.2 Ergebnisse

Die Betrachtung der Ergebnisse in regionaler Dimension zeigt zunächst, dass es in qualitativer Hinsicht keinen Unterschied macht, ob die Brutto-Methode (vgl. Abbildung 5.3) oder die Netto-Methode (vgl. Abbildung 5.4) angewendet wird. So zeigt sich bei den Ersatzniveaus in beiden Fällen (Abbildung 5.3 (a) und 5.4 (a)) ein – verglichen mit anderen noch zu beschreibenden Versorgungswegen allerdings eher geringes – West-Ost-Gefälle, das durch ein noch weniger ausgeprägtes Süd-Nord-Gefälle überlagert wird. Im Fall der Brutto-Methode liegt das mittlere Ersatzniveau im Bundesschnitt über alle betrachteten Personen auf Basis der Brutto-Methode (Netto-Methode) bei 997,47 € (960,89 €).[734] In den westdeutschen Regionen liegt das durchschnittliche Ersatzniveau insgesamt bei 1.028,31 € (Brutto-Methode) respektive 991,83 € (Netto-Methode). Das Durchschnittsniveau in den

---

[732] So berechnen bspw. BÖRSCH-SUPAN et al. (2008a) auch eine Variante mit individuellen Verhaltensanpassungen bezüglich des Renteneintritts.

[733] Ähnlich werden auch für die Gruppe der im Inland lebenden Deutschen und der Ausländer identische Strukturen angenommen. Wie eingangs erwähnt müssten ansonsten die Ausländer aufgrund ihres Fehlens in der VSKT von der Ergebnisbetrachtung ausgenommen werden.

[734] Bei einer Parametrisierung des Simulationsmodells mit einem optimistischen Wachstumsszenario ergibt sich im Bundesschnitt ein Ersatzniveau über alle Personen von 1.064,55 € (Netto-Methode) bzw. 1.103,54 € (Brutto-Methode).

ostdeutschen Regionen liegt bei 875,84 € (Brutto-Methode) bzw. 840,59 € (Netto-Methode).

Bei den Ersatzquoten der GRV ist das Muster beinahe invertiert. Mit Ausnahme Ost-Berlins befinden sich alle Regionen Ostdeutschlands im Schnitt deutlich oberhalb der in den westdeutschen Bundesländern erreichten Ersatzquoten (vgl. Abbildung 5.3 (b) und 5.4 (b)). Im Fall der Brutto-Methode liegt die mittlere Ersatzquote im Bundesschnitt über alle betrachteten Personen auf Basis der Brutto-Methode (Netto-Methode) bei 36,55 Prozent (36,97 Prozent) des letzten Einkommens.[735] In den westdeutschen Regionen liegt die durchschnittliche Ersatzquote insgesamt bei 34,78 Prozent (Brutto-Methode) respektive 35,28 Prozent (Netto-Methode) des letzten Einkommens. Hingegen können aus GRV-Renten in den ostdeutschen Regionen im Schnitt über alle Personen 44,1 Prozent (Brutto-Methode) bzw. 44,28 Prozent (Netto-Methode) des letzten Bruttoeinkommens ersetzt werden.

Die genannten Durchschnittswerte für das Ersatzniveau auf Bundesebene basieren im Fall der Netto-Methode auf 214.207 Beobachtungen, im Fall der Brutto-Methode auf 213.218, die etwa 26 Mio. bzw. 25,9 Mio. Personen repräsentieren. Die Differenz zur o. a. Fallzahl der im MZ On-Site Datensatz enthaltenen pflicht- und freiwillig in der GRV Versicherten erklärt sich im Wesentlichen durch fehlende Werte, die entweder die Imputation der Summe der Entgeltpunkte oder die Berechnungen im Simulationsmodell (für das Angaben zum Brutto-Einkommen erforderlich sind) verhindern.[736] Die Durchschnittswerte zu den Ersatzquoten auf Bundesebene basieren auf noch geringeren Fallzahlen: Im Fall der Netto-Methode basiert der Bundesschnitt auf 164.089, im Fall der Brutto-Methode auf 166.037 Beobachtungen, die etwa 20 Mio. bzw. 20,2 Mio. Personen repräsentieren. Im Wesentlichen ist diese Diskrepanz durch Einkommen in Höhe von Null zu erklären, die zwar eine Berechnung des Ersatzniveaus erlauben, eine Verhältnisbildung jedoch mathematisch nicht zulassen.

---

[735] Bei einer Parametrisierung des Simulationsmodells mit einem optimistischen Wachstumsszenario ergibt sich im Bundesschnitt eine Ersatzquote über alle Personen von 40,46 Prozent (Netto-Methode) bzw. 40,0 Prozent (Brutto-Methode) des letzten Einkommens.

[736] Damit besteht eine Interdependenz zu den imputierten Brutto-Netto-Faktoren. So ist es grundsätzlich möglich, dass auf Basis der Netto-Methode Entgeltpunkte imputiert werden können. War jedoch die Imputation der Brutto-Netto-Faktoren in bestimmten Fällen nicht möglich, konnte für diese auch kein Bruttoeinkommen berechnet werden, was wiederum die Simulationsrechnung zum Ersatzniveau unmöglich macht.

Abbildung 5.3:

Vorsorgestatus in der GRV nach Regionen (Brutto-Methode).

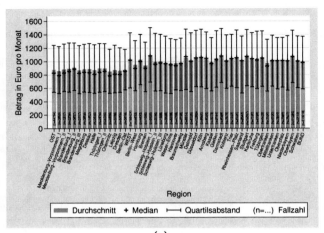

(a)
Ersatzniveau

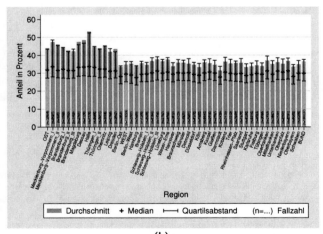

(b)
Ersatzquote

Eigene Berechnungen.

Abbildung 5.4:

Vorsorgestatus in der GRV nach Regionen (Netto-Methode).

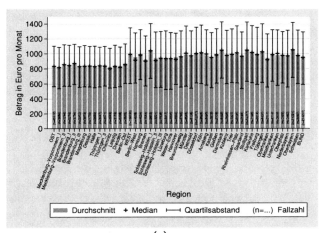

(a)
Ersatzniveau

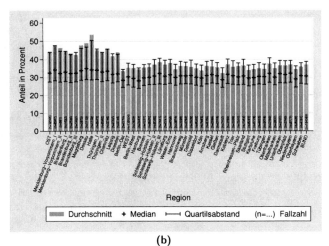

(b)
Ersatzquote

Eigene Berechnungen.

Die Betrachtung des Vorsorgestatus in dieser stark aggregierten Form hat offensichtlich Vor- und Nachteile. Zu den Vorteilen gehört zweifellos, dass damit – auch in den folgenden Versorgungswegen – ein erstes Bild vermittelt werden kann und Fragen aufgeworfen werden können. Im vorliegenden Fall ist insbesondere die Frage nach Erklärungen für den auf den ersten Blick erstaunlichen Befund vergleichsweise hoher Ersatzniveaus bei eher geringen Ersatzquoten in den westdeutschen Bundesländern von Interesse. Wenig geeignet ist die Betrachtung hingegen im Hinblick auf die Beurteilung der Imputationsmethode (Brutto- vs. Netto-Methode) sowie die unterschiedliche Betroffenheit der verschiedenen Jahrgänge durch die Rentenreformen. Die genannten Aspekte sind daher Gegenstand der weiteren Ausführungen zum Vorsorgestatus in der GRV.

Ergebnisorientierte Methodendiskussion. Nachdem der Vergleich der beiden Methoden zur Imputation der Entgeltpunkte nicht eindeutig für einen der Ansätze gesprochen hat, bietet sich ein Vergleich der Methoden vom Ergebnis her an. Damit werden auch die Effekte der Simulationsrechnungen berücksichtigt, die sich aufgrund individuell unterschiedlicher Wertezuweisungen bei beiden Methoden durchaus unterschiedlich auswirken können. Dabei liegt es nahe, die im Rahmen der vorliegenden Untersuchung ermittelten Ersatzniveaus mit den von der DRV (2006) ausgewiesenen Rentenanwartschaften zu vergleichen. Laut DRV (2006) beträgt die durchschnittliche Rentenanwartschaft (ohne Zurechnungszeiten) eines im ursprünglichen Bundesbiet lebenden deutschen Mannes im Alter von 60 Jahren 958,28 €. Da im Bereich des durchschnittlichen Renteneintrittsalters deutliche Selektionseffekte zu erwarten sind, sei noch der Wert des 59 (61)-jährigen Versicherten zum Vergleich angegeben. Dieser liegt bei 995,86 € (957,83 €).

Das in den On-Site Datensatz des MZ imputierte Ersatzniveau eines 60-jährigen Mannes im ursprünglichen Bundesgebiet liegt im Fall der Netto-Methode bei 1.197,39 €, im Fall der Brutto-Methode bei 1.288,87 €. Damit überschätzen beide Ansätze, wie im Rahmen der Methodendiskussion erwartet, das Rentenniveau und sollten daher eher als Größenordnung und weniger als exakte Projektionen gesehen werden.[737] Die Netto-Methode liegt dabei insgesamt näher am Wert der offiziellen Statistik, weshalb im Folgenden – nicht zuletzt auch aus Gründen der Lesbarkeit –

---

[737] Die Überschätzung dürfte mehrere Ursachen haben, die nur schwer zu quantifizieren sind. Ein Aspekt sind die aufgrund fehlender Werte nicht einbezogenen Beobachtungen eigentlich GRV-Versicherter Personen (s. o.). Ein weiterer die genannten Probleme der Imputations- und Simulationsmodelle.

auf Basis der Netto-Ergebnisse argumentiert wird und die Ergebnisse der Brutto-Methode lediglich nachrichtlich in Tabellenform aufgeführt sind.

Vorsorgestatus nach Alter, Einkommen und Geschlecht. Im Hinblick auf die vergleichsweise hohen Ersatzquoten in den ostdeutschen Regionen, liegt die Vermutung nahe, dass dieses Muster mit der Hochwertung der Entgeltpunkte im Beitrittsgebiet (vgl. Abschnitt 3.2.1.3) zusammenhängt. Von dieser sind verschiedene Jahrgänge in unterschiedlicher Weise betroffen, so dass eine altersspezifische Betrachtung von Ersatzniveaus und insbesondere -quoten (vgl. Tabelle 5.6) diesbezüglich weitere Erkenntnisse verspricht. Aus Gründen der Übersichtlichkeit wird dabei – wie auch bei den folgenden einkommens- und geschlechtsspezifischen Ergebnissen – auf die regionale Dimension verzichtet. Die Darstellungen der regionalen Unterschiede nach Alter, Einkommen und Geschlecht finden sich im Anhang A.

Aus Tabelle 5.6 sind zwei zentrale Ergebnisse abzuleiten. Zum Einen zeigt sich, dass die in den Abbildungen 5.3 (b) und 5.4 (b) dargestellte Invertierung des regionalen Musters im Vergleich von Ersatzniveaus und -quoten zentral durch die älteren ostdeutschen Jahrgänge geprägt ist. Denn diese Jahrgänge haben besonders von der Hochwertung der Entgeltpunkte profitiert: Gerade in den 1970er Jahren waren die nach § 256 a SGB VI anzuwendenden Faktoren am größten. Bei den jüngeren und insbesondere den jüngsten Jahrgängen nähern sich die Quoten zwischen Ost- und Westdeutschland fast vollständig an, was ebenfalls durch die Faktoren nach § 256 a SGB VI zu erklären ist.

Das zweite zentrale Ergebnis belegt die Effekte der Rentenreformen. So sind auf individueller Ebene deutlich rückläufige Ersatzquoten zu erwarten. Dies gilt für Ost- und Westdeutschland, wobei der Effekt in den neuen Bundesländern durch den eben erläuterten Sachverhalt noch verstärkt wird. Insofern greift die Interpretation von GEYER und STEINER (2010) deutlich zu kurz: Sie führen neben den Rentenreformen insbesondere die Arbeitslosigkeit in den ostdeutschen Regionen als Ursache für den starken Rückgang der Ersatzquoten an und vernachlässigen damit einen zentralen Aspekt. Die quantitative Bedeutung der Hochwertung wird auch durch die Tatsache illustriert, dass zur Überführung der Ostrenten allein im Zeitraum 2009 bis 2013 rund 13,4 Mrd. € im Bundeshaushalt vorgesehen sind.[738] Unabhängig von der Ursache zeigt sich insgesamt sehr deutlich, dass primär die

---

[738] Vgl. BMF (2009), S. 18.

Tabelle 5.6:

Vorsorgestatus in der GRV nach Altersklassen.

Alter in Jahren	Ersatzniveau (in €)		Ersatzquote (in Prozent)	
	Netto-Methode	Brutto-Methode	Netto-Methode	Brutto-Methode
BUND				
25 bis unter 35	976,53	993,50	27,83	27,65
35 bis unter 45	968,28	978,58	32,80	32,38
45 bis unter 55	951,87	1.004,42	41,94	41,34
55 bis 65	934,71	1.039,43	53,50	52,81
WEST				
25 bis unter 35	1.003,47	1.022,39	27,61	27,43
35 bis unter 45	998,63	1.008,06	32,22	31,75
45 bis unter 55	990,69	1.040,49	39,26	38,55
55 bis 65	956,09	1.067,55	48,75	47,92
OST				
25 bis unter 35	860,78	868,82	28,81	28,66
35 bis unter 45	841,83	854,01	35,50	35,26
45 bis unter 55	821,41	880,35	52,32	51,97
55 bis 65	852,60	930,35	73,76	73,11

Eigene Darstellung.

unter 45-jährigen Versicherten mit deutlich geringeren Ersatzquoten zu rechnen haben und entsprechend Vorsorge beitreiben sollten.

Im Hinblick auf die Kombination von im Zeitverlauf relativ konstanten realen Anspruchsniveaus und sinkenden Ersatzquoten sei dabei noch angemerkt, dass sich diese am ehesten auf die Annahme stetiger Erwerbsbiografien in Verbindung mit dem angenommene realen Wachstum des Einkommens zurückführen lässt, welches bei konstanten Ansprüchen in den meisten Fällen zu geringeren Ersatzquoten führt.[739]

---

[739] Die Verifizierung dieser Aussage würde die Kenntnis der Verteilung von Ansprüchen und Einkommen voraussetzen.

Tabelle 5.7 zeigt die durchschnittlichen Ersatzniveaus und -quoten auf Bundesebene und für die grobe regionale Dimension Ost vs. West für die Terzile der im MZ ausgewiesenen Nettoeinkommen.

Tabelle 5.7:
Vorsorgestatus in der GRV nach Einkommensklassen.

Nettoeinkommen (in € pro Monat)	Ersatzniveau (in €)		Ersatzquote (in Prozent)	
	Netto-Methode	Brutto-Methode	Netto-Methode	Brutto-Methode
BUND				
unter 1.100	599,13	645,89	49,36	49,78
1.100 bis unter 1.700	977,50	1.012,81	32,32	31,70
über 1.700	1.350,76	1.300,36	28,89	27,36
WEST				
unter 1.100	571,60	623,34	46,44	47,01
1.100 bis unter 1.700	987,71	1.022,62	32,08	31,46
über 1.700	1.367,92	1.315,88	29,02	27,47
OST				
unter 1.100	663,72	699,76	56,97	56,88
1.100 bis unter 1.700	940,79	977,58	33,30	32,65
über 1.700	1.192,41	1.157,08	27,53	26,21

Eigene Darstellung.

Im Einklang mit dem Prinzip der Teilhabeäquivalenz besteht ein deutlich positiver Zusammenhang zwischen gegenwärtigem Einkommen und künftigem Ersatzniveau. Dabei ist die Spreizung im Westen insgesamt größer als im Osten. Die durchschnittlichen Ansprüche der untersten Einkommensklasse liegen dabei im Bereich der Grundsicherung. Bei den hohen Einkommen dürfte sich die Tatsache auswirken, dass der Rentenwert für Ostdeutschland geringer ist als der für Westdeutschland und somit auch die Ansprüche am oberen Ende der Einkommensskala – bzw. im Bereich der durch die BBG bestimmten maximal erreichbaren Entgeltpunkte – dort geringer sein müssen.

Bei den Ersatzquoten zeigt sich ein anderes Bild. So werden in der unteren Einkommensklasse die höchsten Ersatzquoten erreicht. Vergleichsweise gering sind dagegen die Unterschiede bei den Ersatzquoten zwischen mittlerer und oberer Einkommensklasse. Für diese Einkommensklassen bestehen auch kaum Unterschiede zwischen Ost und West. Dagegen ist das Gefälle von der unteren zur mittleren Einkommensklasse im Osten besonders ausgeprägt. In diesem Bereich dürfte erneut der § 256 a SGB VI eine nicht unwesentliche Rolle spielen. Zudem deutet die hohe Ersatzquote in der unteren Einkommensklasse und die geringe Ersatzquote in der oberen Einkommensklasse in Verbindung mit der Betrachtung der Altersklassen darauf hin, dass die untere Einkommensklasse im Osten stark von den älteren Jahrgängen besetzt wird. Dieser Verdacht wurde jedoch nicht am Mikrozensus verifiziert. Einen interessanten Befund liefert schließlich noch die gemeinsame Betrachtung von regionaler und einkommensspezifischer Auswertung (vgl. Abbildung A.12 ff. im Anhang). Sie zeigt, dass die untere Einkommensklasse im Osten wesentlich inhomogener ist als im Westen und als die anderen Einkommensklassen in Ost und West.

Die abschließende geschlechtsspezifische Betrachtung (vgl. Tabelle 5.8) lässt erkennen, dass der bereits festgestellte Vorsprung des Westens in Bezug auf die Ersatzniveaus hauptsächlich auf die Männer zurückzuführen ist. Dies erscheint in Anbetracht der eben erläuterten Erkenntnisse auf Basis der Einkommensklassen in Verbindung mit der bekannten *gender-wage-gap* durchaus plausibel.

Eher überraschend ist der vergleichsweise geringe Unterschied der Ersatzniveaus zwischen Frauen in Ost- und Westdeutschland; der deutliche Unterschied zwischen ost- und westdeutschen Männern entspricht hingegen der Erwartung. Die unabhängig vom Geschlecht höheren Ersatzquoten in den neuen Bundesländern sind erneut mit § 256 a SGB VI zu erklären. Die Geschlechterunterschiede dürften das Resultat von den eher Frauen zugutekommenden Kindererziehungszeiten und den – aufgrund der im Durchschnitt höheren Einkommen – eher die Männer betreffenden Effekt der Begrenzung der zu erwerbenden Entgeltpunkte durch die BBG sein.

Tabelle 5.8:
Vorsorgestatus in der GRV nach Geschlecht.

| Geschlecht | Ersatzniveau (in €) | | Ersatzquote (in Prozent) | |
	Netto-Methode	Brutto-Methode	Netto-Methode	Brutto-Methode
BUND				
weiblich	724,89	780,60	38,73	38,50
männlich	1.171,56	1.190,15	35,51	34,93
WEST				
weiblich	726,04	784,38	36,92	36,69
männlich	1.223,69	1.239,14	33,94	33,23
OST				
weiblich	720,65	766,71	46,00	45,72
männlich	957,63	983,89	42,68	42,60

Eigene Darstellung.

5.3.1.2 Beamtenversorgung

Da keine Mikrodaten zu Anwartschaften von Beamten vorliegen, basiert die Ermittlung des Vorsorgestatus in der Beamtenversorgung vollständig auf einem Simulationsmodell.

5.3.1.2.1 Spezifische Methodik und Annahmen

Im ersten Schritt wurde anhand der Variable ef117 des MZ-On-Site-Datensatzes eine Fallzahl von 16.236 aktiven Beamten (einschließlich Soldaten) identifiziert, die hochgerechnet eine Beamtenpopulation von 1,96 Mio. repräsentieren. Die Abweichungen zu den vom STATISTISCHEN BUNDESAMT (2009b) ausgewiesenen 1,69 Mio. Beamten und 185.100 Berufs- und Zeitsoldaten sind im Wesentlichen mit der Selbstauskunft im MZ zu erklären. So ist es möglich, dass sich im MZ auch Beurlaubte, Kirchenbeamte sowie Dienstordnungs-Angestellte als Beamte einordnen. Diese sind, wie Beamte bei Sparkassen und Landesbanken, in den genannten Zahlen der Fachserie 14, Reihe 6 nicht erfasst.

Gemäß Gleichung 3.6 ergibt sich deren Versorgungs- bzw. Ersatzniveau als Produkt aus gesetzlich festgelegten Steigerungs- und Verminderungsfaktoren, ruhegehaltsfähigen Dienstbezügen und der ruhegehaltsfähigen Dienstzeit (vgl. ausführlich Abschnitt 3.2.2), wobei die Steigerungs- und Verminderungsfaktoren zugleich die Ersatzquote determinieren. Der MZ enthält über die zur Identifikation der Beamtenpopulation verwendete Variable ef117 hinaus keine der benötigten Informationen, so dass gewisse Annahmen getroffen werden mussten, um die ruhegehaltsfähige Dienstzeit und Bezüge berechnen zu können.

Ruhegehaltsfähige Bezüge und Dienstzeit. Wie im Fall der GRV wird angenommen, dass bis zum gesetzlich vorgegebenen Eintritt in den Ruhestand gearbeitet wird. Die Ausführungen zu den institutionellen Grundlagen in Abschnitt 3.2.2 haben dabei gezeigt, dass die Länder diesbezüglich seit der Föderalismusreform 2006 unterschiedliche Wege gehen. Zum Zeitpunkt der Berechnungen hatten neben dem Bund neun von sechzehn Bundesländern die Anpassung der Regelaltersgrenze an die Regelungen der GRV implementiert. Weil absehbar ist, dass auch die restlichen Bundesländer diesem Vorbild folgen werden, wurde im Rahmen dieser Arbeit vereinfachend davon ausgegangen, dass der Eintritt in den Ruhestand im Sinne einer *Pension mit 67* erfolgt. Auf Basis dieser Annahme kann gemeinsam mit den im MZ vorhandenen Angaben zum Geburtsjahr das Jahr des Austritts aus dem aktiven Dienst bestimmt werden.

Bis zu diesem Zeitpunkt wurde das aktuelle Einkommen fortgeschrieben, indem für die Jahre bis einschließlich zur Neuordnung der Besoldung durch das Besoldungs- und Versorgungsanpassungsgesetz 2008/2009 die tatsächlichen Werte verwendet wurden. Anschließend erfolgte die Fortschreibung mit der auch im Rahmen der GRV unterstellten Bruttolohnwachstumsrate. Diese Annahme beruht auf der wirtschaftlichen Überzeugung, dass die Beamten nicht dauerhaft von der allgemeinen Lohnentwicklung losgelöst behandelt werden können.[740] In der gesetzlichen Realität hingegen sind die Anpassungen der Besoldung eher diskretionär denn stetig. Die Tatsache, dass auch im Vierten Versorgungsbericht der Bundesregierung drei Szenarien für die jährlichen Bezügeanpassungen (2/2,5/3 Prozent) betrachtet werden,

---

[740] Auch in zahlreichen Makro-Modellen muss ein Lohnausgleich über die Sektoren erfolgen, weil es sonst zu Arbitrageverhalten kommt.

die in ähnlicher Größenordnung wie der verwendeten liegen, lässt das Vorgehen jedoch als angemessen erscheinen.[741] Die ruhegehaltsfähigen Dienstbezüge wurden im Rahmen dieser Arbeit dann durch Multiplikation dieses Einkommens mit dem gemäß § 5 BeamtVG anzuwendenden Faktor von 0,9951 bestimmt.

Für die Ermittlung der ruhegehaltsfähigen Dienstzeit ist die Kenntnis des Eintritts in den Ruhestand offensichtlich nicht hinreichend. Benötigt wird auch der Zeitpunkt des Beginns der Beamtenlaufbahn. Zur Imputation dieser Angabe wurde auf Daten aller Wellen des SOEP zurückgegriffen, um aus insgesamt 844 (ungewichteten) Fällen, die im Jahr 2006 als Beamte geführt wurden, eine Verteilung des Eintrittsalters in den Beamtenstand zu generieren. Als Indikator für das Eintrittsalter wurde dabei das Alter zum Zeitpunkt der erstmaligen Angabe des Berufes „Beamter" im Rahmen der Befragung verwendet, sofern dieses nicht mit dem Jahr der erstmaligen Erfassung im Panel zusammenfiel.[742] Auch Fälle, die erstmalig im Alter von über 50 Jahren als Beamte geführt werden, wurden dem Beamtenrecht entsprechend als Ausreißer ausgeschlossen.

Aufgrund von Unterschieden zwischen verschiedenen Gruppen wurden insgesamt drei verschiedene Gammaverteilungen angenähert: eine gemeinsame für Männer mit Berufsausbildung und Frauen mit Hochschulabschluss $\gamma\,(5;5,6)$[743], bei der die Werte von unter 20 oder über 45 gleichmäßig auf den Wertebereich 24 bis 30 und 34 bis 45 verteilt wurden; eine für Männer mit Hochschulabschluss $\gamma\,(16,5;2)$, wobei Werte unter 26 oder über 45 gleichmäßig auf den Bereich zwischen 28 und 45 verteilt wurden; schließlich eine gemeinsame für Beamte ohne Berufsabschluss und Frauen mit Berufsausbildung $\gamma\,(0,8;17)$, wobei Werte unter 18 und über 45 gleichmäßig auf den Bereich zwischen 20 und 30 verteilt wurden. Aus diesen Verteilungen wurden die Eintrittsalter für die mit der Variable ef117 identifizierten Beamten gezogen und imputiert.

Unter der Annahme einer ab Eintritt in den Beamtenstand idealtypischen Beamtenbiografie wurde die ruhegehaltsfähige Dienstzeit als Differenz von Eintrittsalter in den Ruhestand und Alter zu Beginn des Beamtenverhältnisses ermittelt. Diese ruhegehaltsfähige Dienstzeit wurde anschließend gemäß § 14 BeamtVG mit 1,79375 Prozentpunkten multipliziert, um die Ersatzquote zu bestimmen. Dabei wurde die Begrenzung auf 71,75 Prozent bzw. eine Dienstzeit von 40 Jahren, be-

---

[741] Vgl. BUNDESREGIERUNG (2009).

[742] Im Fall der erstmaligen Erfassung ist keine Unterscheidung zwischen Berufseintritt und Effekt der Ersterfassung möglich.

[743] (Formparameter; Lageparamter).

rücksichtigt. Das Ruhegehalt konnte schließlich durch Multiplikation dieser Ersatzquote mit den ruhegehaltsfähigen Bezügen bestimmt werden.

Diskussion. Die Ergebnisse hängen offensichtlich stark vom imputierten Bruttoeinkommen und dem Eintrittsalter in den Beamtenstand ab.[744] Ersteres wurde bereits ausführlich in Abschnitt 5.2.2.2 diskutiert. Im Hinblick auf die Imputation des Eintrittsalters kann festgestellt werden, dass die verwendeten Gamma-Verteilungen die empirische Verteilung sehr gut annähern. Die Reproduktion der Verteilung bedeutet jedoch keineswegs, dass auch auf der individuellen Ebene eine korrekte Zuweisung erfolgte.

Gerade bei den im MZ als Beamte identifizierten Personen im fortgeschrittenen Alter ist die Wahrscheinlichkeit der Imputation eines zu geringen Eintrittsalters tendenziell höher einzuschätzen als bei den jüngeren, weil grundsätzlich der Zuweisung des Eintrittsalters grundsätzlich eine unbedingte Wahrscheinlichkeit zugrunde liegt – eine Konditionierung auf das aktuelle Alter erfolgte nur insoweit, als Eintrittsalter oberhalb des aktuellen Alters nicht zulässig waren. Weil eine idealtypische Erwerbsbiografie unterstellt wird, ist ein geringes Eintrittsalter gleichbedeutend mit hohen Ersatzquoten. Das Ersatzniveau hängt zudem noch vom aktuellen Bruttoeinkommen und den Annahmen zur Fortschreibung ab.

Aus diesen Gründen ist für die bereits in jungen Jahren als Beamte erfassten Personen mit sehr hohen Ersatzquoten zu rechnen, was im Sinne einer Wenn-Dann-Aussage plausibel ist. Bei den älteren Jahrgängen ist die Annahme einer idealtypischen Erwerbsbiografie problematischer, weil bei Ihnen die Unsicherheit über die Richtigkeit des stochastisch imputierten Eintrittsalters und damit der Anwartschaften im Rahmen der BV tendenziell größer ist als bei den jüngeren. Allerdings werden den älteren methodisch bedingt, tendenziell höhere Eintrittsalter zugewiesen. Nur so kann angesichts der nach oben stärker beschränkten Eintrittsalter für die jüngeren Beamten die empirische Realität hinreichend angenähert werden.[745]

---

[744] Zudem verursacht die weiter oben erwähnte fehlende Unterscheidung zwischen Bundes- und Landesbeamten eine nicht berechenbare Verzerrung, auch wenn diese aufgrund der in dieser Hinsicht noch jungen Autonomie der Länder (noch) nicht zu gravierend sein sollte.

[745] Die stärkere Beschränkung bei den Jüngeren ergibt sich aus der Restriktion, dass das Eintrittsalter kleiner oder gleich dem Alter bei Erfassung im MZ sein muss.

Dies wiederum erweist sich im Hinblick auf die nicht vorgenommene Differenzierung zwischen Beamten in Ost und West – die angesichts der Ausführungen in Abschnitt 3.2.2 notwendig erscheinen mag – als Vorteil. So ist die Gruppe für die eine Differenzierung sinnvoll erscheint aufgrund der Bestimmungen im Beamt-VÜV eher als klein anzunehmen. Denn für Beamte im öffentlichen Dienst können bis zu fünf Jahre der bis zum 2.10.1990 geleisteten Dienstzeiten als ruhegehaltsfähig anerkannt werden. Gegeben die normalen Eintrittsalter, die wie erwähnt bei den älteren tendenziell höher liegen als bei den jüngeren Beamten, wäre eine Differenzierung damit allenfalls für Teile der Altersjahrgänge über 55 erforderlich. Davon wurde hier jedoch abgesehen, weil zum einen keine Informationen über die GRV-Anwartschaften dieser Gruppe vorliegen und zum anderen die Hochwertung für diese Gruppe gerade in die Zeiträume mit den höchsten Faktoren fällt. Damit dürften die Unterschiede aus BV und GRV in diesem speziellen Fall eher gering ausfallen, so dass der gewählte Ansatz insgesamt als plausible bzw. pragmatische Lösung für ein nicht befriedigend zu lösendes Problem angesehen werden kann.

Hinsichtlich der Annahme eines Verbleibs im Beamtenstand bis zur Regelaltersgrenze nach dem Vorbild der GRV ist festzustellen, dass das aktuelle Austrittsalter bei den Beamten (ohne Soldaten, Eisenbahn und Post) im Durchschnitt leicht über jenem in der GRV liegt, so dass sich das Problem der Überschätzung der Ersatzquoten etwas relativiert.[746] Betrachtet man die Laufbahngruppen, so fällt auf, dass im höheren Dienst heute mit durchschnittlich 64,2 Jahren pensioniert wird, während dies im mittleren und einfachen Dienst bereits im Alter von 60,6 Jahren der Fall ist. Offenbar steigt die Motivation zur Erreichung der Altersgrenze über die Einkommensskala hinweg an.

Die Auswirkungen auf das Ersatzniveau sind dabei weniger eindeutig. So dürften in der Regel die Qualifikationsanforderungen und damit die Dienstbezüge bei Personen, die sehr jung in den Beamtenstand eintreten, eher gering sein und damit trotz hoher Ersatzquoten zu einem vergleichsweise geringen Ersatzniveau führen. Allerdings ist der Anteil der Beamten in den unteren Laufbahngruppen mit geringeren Bezügen bezogen auf alle Beamten eher gering (s. u.).

Schließlich sei noch auf das Problem der Mehrfachansprüche hingewiesen, die im Rahmen der vorliegenden Untersuchung aufgrund der Datenstruktur nicht zu be-

---

[746] So lag das Eintrittsalter in den Ruhestand bei den Beamten und Richtern des Bundes 2005 (2008) bei 62,1 (62,6) Jahren. Die Landesbeamten traten 2005 (2008) im Schnitt im Alter von 61,3 (61,9) Jahren in den Ruhestand (vgl. STATISTISCHES BUNDESAMT (2010a)).

stimmen waren.[747] Dies bedeutet, dass vorhandene Ansprüche an die GRV aus einer Tätigkeit vor der Verbeamtung nicht berücksichtigt werden. Zieht man jedoch in Betracht, dass viele Beamtenlaufbahnen einen Hochschulabschluss erfordern und der Modus der Eintrittsverteilung im Bereich von 30 Jahren liegt (bzw. 80 Prozent der Personen bis zum 35. Lebensjahr in den Beamtenstand getreten sind), dürfte der Fehler durch die nicht abgebildete (eher kurze) GRV-Biografie vergleichsweise gering sein.

5.3.1.2.2 Ergebnisse

Im Vergleich zur GRV sind die Unterschiede in den Ersatzniveaus zwischen Ost und West sowohl absolut als auch relativ gesehen geringer und in Abbildung 5.5 (a) mit dem bloßen Auge kaum erkennbar. Im Bundesschnitt wurden auf Basis von 13.049 Fällen (hochgerechnet etwa 1,58 Mio. aktive Beamte) Anwartschaften in Höhe von durchschnittlich 2.454,86 € pro Monat ermittelt.[748] In den westdeutschen (ostdeutschen) Regionen beträgt das auf 11.725 (1.324) Beobachtungen basierende durchschnittliche Ruhegehalt 2.464,80 € (2.365,23 €).

Bei den Ersatzquoten, dem eigentlichen Ausgangspunkt der Schätzung, ist das Muster noch einheitlicher (vgl. Abbildung 5.5 (b)). Dabei ist kaum abzuschätzen, ob dies allein methodisch bedingt ist, denn grundsätzlich erscheint es nicht unplausibel, dass sich die ruhegehaltsfähigen Dienstzeiten – im Unterschied zu den Bezügen – regional kaum unterscheiden. Bei einer bundesdurchschnittlichen Ersatzquote von 62,33 Prozent über alle homogenen Klassen, werden in Ostdeutschland (Westdeutschland) 63,46 (62,19) Prozent erreicht. Methodisch bedingt können zur Ermittlung dieser Werte sämtliche 16.236 Fälle, davon 1.883 in den ostdeutschen Regionen, genutzt werden.

---

[747] Anhaltspunkte für die Dimension von Mehrfachansprüchen können aus der AVID und den Ergebnissen amtlicher Statistiken, wie etwa BUNDESREGIERUNG (2009), gewonnen werden (s. u.).

[748] Mithin waren für etwa 3.187 Fälle keine Einkommen zu berechnen. Diese nonresponse ist im Vergleich zur GRV deutlich geringer.

Abbildung 5.5:
Vorsorgestatus in der BV nach Regionen.

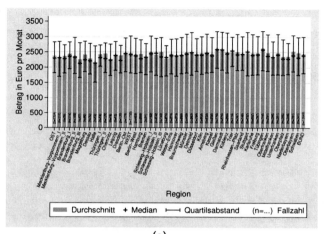

(a)
Ersatzniveau

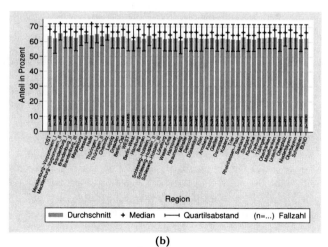

(b)
Ersatzquote

Eigene Berechnungen.

Die leicht höheren Ersatzquoten im Osten dürften damit zu erklären sein, dass der Beamtenapparat im Beitrittsgebiet erst später aufgebaut wurde und damit vergleichsweise jünger ist. Während in den westdeutschen Regionen 21,7 Prozent der Beamten in die obere Altersklasse zwischen 55 und 65 Jahren fallen, sind dies in den ostdeutschen Regionen lediglich 11,6 Prozent. Dies dürfte im Zusammenspiel mit der Methodik (und der Tatsache, dass der Bundesschnitt aufgrund der o. a. Fallzahlen maßgeblich durch die westdeutschen Regionen geprägt ist) die Erklärung für die ermittelten Werte sein.

Eine Plausibilisierung der vorliegenden Untersuchung kann erneut durch den Vergleich der hier ermittelten Ergebnisse mit aktuellen Daten zur Beamtenversorgung erfolgen. Laut dem aktuellen Vierten Versorgungsbericht der Bundesregierung liegt das durchschnittliche Ruhegehalt gegenwärtig bei etwa 2.500 € monatlich.[749]

Die durchschnittlichen Ruhegehaltssätze im unmittelbaren öffentlichen Dienst liegen für 2010 bei 70,4 Prozent.[750] Die höchsten Ersatzquoten erreichen dabei die Soldaten im einfachen und mittleren Dienst (73,7 Prozent) sowie die Bundesbeamten im höheren Dienst (73,2 Prozent). Die niedrigsten Ruhegehaltssätze (66,9 Prozent) werden im einfachen und mittleren Dienst der Länder erreicht. Zwar liegen die genannten Werte über alle homogenen Klassen hinweg durchaus im Bereich dieser Kennzahlen. Jedoch ist ein sinnvoller Abgleich im Hinblick auf die Verifikation der Methodik analog zum Vorgehen im Bereich der GRV eher durch eine isolierte Betrachtung der Jahrgänge gegeben, die sich nahe der Pensionierung befinden.

Die dazu notwendigen altersspezifischen Ergebnisse zur BV sind Tabelle 5.9 zu entnehmen. Die Ersatzniveaus weisen über die Altersklassen hinweg einen Verlauf auf, der als umgekehrt u-förmig beschrieben werden kann. Dabei sind die Unterschiede zwischen den Altersklassen im Osten deutlich größer als im Westen. In allen Altersklassen liegen die Niveaus in den westdeutschen Regionen oberhalb jener in Ostdeutschland. Die Differenzen sind dabei jedoch je nach Altersklasse sehr unterschiedlich bzw. im Fall der 35- bis unter 45-Jährigen quasi nicht vorhanden. Die geringeren Werte für die jüngsten Altersjahrgänge beruhen dabei vermutlich auf dem Umstand, dass sich in diesem Alter vorzugsweise Personen ohne Hochschulausbildung bereits im Beamtenstand befinden. Sie dürften sich dabei tendenziell in niedrigeren Entgeltgruppen befinden, so dass folglich die einkommensstarken Gruppen dieser Altersklassen in der Projektion schwächer vertreten sind.

---

[749] Vgl. BUNDESREGIERUNG (2009), S. 39.
[750] Vgl. STATISTISCHES BUNDESAMT (2010a).

Tabelle 5.9:
Vorsorgestatus in der BV nach Alter.

Alter in Jahren	Ersatzniveau (in €)	Ersatzquote (in Prozent)
	BUND	
25 bis unter 35	2.467,36	68,71
35 bis unter 45	2.509,47	63,42
45 bis unter 55	2.456,70	60,42
55 bis 65	2.362,38	58,34
	WEST	
25 bis unter 35	2.484,70	68,66
35 bis unter 45	2.510,20	63,45
45 bis unter 55	2.471,44	60,34
55 bis 65	2.378,27	58,20
	OST	
25 bis unter 35	2.345,35	68,97
35 bis unter 45	2.504,60	63,26
45 bis unter 55	2.303,93	61,04
55 bis 65	2.083,77	60,33

Eigene Darstellung.

Die bestehenden Differenzen lassen sich dabei auf zwei wesentliche Ursachen zurückführen. Zum einen können sie methodisch bedingt zufällig sein. Dies wäre der Fall, wenn die imputierten Eintrittsalter und damit die Ersatzquoten in einem Landesteil deutlich geringer wären als in anderen. Die andere Erklärung sind Unterschiede in den bestehenden Einkommensstrukturen.

Die Betrachtung der Ergebnisse spricht eher für letztere Erklärung: Bei den 25- bis 35-Jährigen liegen die zu erwartenden Ersatzniveaus im Osten trotz höherer imputierter Ersatzquoten unterhalb der Ruhegehaltssätze im Westen. Damit sind hier insbesondere Einkommensunterschiede maßgeblich für die unterschiedlichen Ersatzniveaus. Diese Einkommensunterschiede können dabei zum Teil auch auf die Zusammensetzung des Beamtenapparats bzw. die unterschiedlichen Gewichte der Laufbahngruppen zurückzuführen sein. Bei den 35- bis 45-Jährigen bestehen auch bei den Ersatzquoten kaum Unterschiede. Auffällig ist, dass bei den über

45-Jährigen die Ersatzquoten im Osten vergleichsweise deutliche über jenen im Westen liegen, während es sich bei den Ersatzniveaus umgekehrt verhält. Dies ist primär dem Problem geschuldet, dass Beamte im Osten bei der Imputation wie die Kollegen im Westen behandelt wurden, obwohl sie faktisch nicht so lange im Staatsdienst sein können. Zudem können Unterschiede in den aktuellen Einkommen bestehen, die darauf zurückgehen, dass aufgrund der genannten Problematik speziell in den oberen Altersklassen kaum Ansprüche aus hohen Laufbahnstufen generiert werden können.

Bei Betrachtung der BV nach Einkommensklassen (vgl. Tabelle 5.10) fällt zunächst auf, dass der Bundesdurchschnitt des Ersatzniveaus offensichtlich primär durch die Beamten in der oberen Einkommensklasse geprägt ist. Tatsächlich finden sich 12.633 Fälle (hochgerechnet etwa 1,5 Mio. Beamte) in dieser Einkommensklasse. Die übrigen etwa 3.000 Fälle verteilen sich im Verhältnis zwei zu eins auf die mittlere (hochgerechnet etwa 250.000 Beamte) und untere (hochgerechnet etwa 125.000 Beamte) Einkommensklasse.[751]

Im Vergleich zu den Altersklassen sind die Unterschiede im Versorgungsniveau zwischen den Einkommensklassen deutlich größer. So beläuft sich der Abstand der Ersatzniveaus zwischen oberer und mittlerer Einkommensklasse auf allen Betrachtungsebenen (Bund/Ost/West) auf etwa 1.000 € monatlich. Zwischen der mittleren und der unteren Einkommensklasse liegen auf Bundesebene und im Westen etwa 700 €, im Osten knapp 900 €. Im Vergleich zur GRV zeigt Tabelle 5.10, dass die durchschnittlichen Ansprüche für die Beamten in jeder Einkommensklasse über denjenigen der GRV-Mitglieder in der gleichen Einkommensklasse liegen. Relativierend sei an dieser Stelle jedoch die faktische Pflicht der Beamten erwähnt, sich privat für den Krankheitsfall zu versichern, was einen Teil des Niveauvorsprunges aufzehren dürfte.

Bei den Ersatzquoten sind die Unterschiede weit geringer ausgeprägt. Der Unterschied zwischen Ost und West ist zu vernachlässigen und die Spreizung der Ersatzquoten zwischen den Einkommensklassen beträgt nur rund 10 Prozent. Dabei dürften die tendenziell etwas höheren Ersatzquoten in den unteren Einkommensklassen auf die hier stärker vertretene untere Altersklasse zurückzuführen sein.

---

[751] Zur Erinnerung: Die Einkommensklassen wurden als Terzile der Einkommen *aller* im MZ erfassten Personen zwischen 25 und 65 Jahren eingeteilt, die für die vorliegende Untersuchung verwendet wurden.

Tabelle 5.10:
Vorsorgestatus in der BV nach Einkommen.

Nettoeinkommen (in € pro Monat)	Ersatzniveau (in €)	Ersatzquote (in Prozent)
	BUND	
unter 1.100	1.003,24	68,26
1.100 bis unter 1.700	1.734,35	66,21
über 1.700	2.704,56	61,19
	WEST	
unter 1.100	1.013,03	68,28
1.100 bis unter 1.700	1.718,18	65,98
über 1.700	2.718,93	61,06
	OST	
unter 1.100	851,97	68,10
1.100 bis unter 1.700	1.835,78	67,35
über 1.700	2.571,09	62,22

Eigene Darstellung.

Die zentralen Kennzahlen zur BV nach Geschlecht sind Tabelle 5.11 zu entnehmen. Hinsichtlich der Ersatzniveaus fällt auf, dass der Abstand zwischen Männern und Frauen im Westen deutlich größer ausfällt als im Osten. Dieser Unterschied geht zum einen darauf zurück, dass die Männer in den westdeutschen Regionen ein deutlich höheres Ersatzniveau erwarten können als in den ostdeutschen Regionen. Zum anderen liegt das Ersatzniveau der ostdeutschen etwas oberhalb der westdeutschen Beamtinnen.

Ein ganz anderes Bild bietet der Geschlechtervergleich bei den Ersatzquoten. Hier liegen die Frauen – gemessen an der bisher beobachteten regelmäßigen Schwankungsbreite der Ersatzquoten in der BV – deutlich vor den Männern. Der Ost-West-Vergleich zeigt hier für beide Geschlechter nur einen jeweils geringen Vorsprung des Beitrittsgebietes.

Eine tiefere regionale Gliederung ist im Fall der BV problematischer als im Fall der GRV. So werden im Anhang A lediglich die Balkendiagramme für die beiden Geschlechter dargestellt, weil für Alter und Einkommen die Fallzahlen teilweise

Tabelle 5.11:
Vorsorgestatus in der BV nach Geschlecht.

Geschlecht	Ersatzniveau (in €)	Ersatzquote (in Prozent)
BUND		
weiblich	2.153,56	65,38
männlich	2.632,83	60,14
WEST		
weiblich	2.145,13	65,21
männlich	2.654,86	60,06
OST		
weiblich	2.232,89	66,54
männlich	2.438,85	60,82

Eigene Darstellung.

zu gering sind, um verlässliche Mittelwerte ausweisen zu können.[752] Die o. a. Fallzahlen für die Einkommensklassen verdeutlichen dies anschaulich – aus etwa 1.000 Fällen resultieren bei 49 Regionen im Schnitt etwa 20 Beobachtungen. Weil diese nicht gleichverteilt sind, ergaben sich teilweise auch deutlich geringere Fallzahlen, weshalb von der Darstellung im Anhang abgesehen wird.

Einzig in der oberen Einkommensklasse sind die Fallzahlen hinreichend groß. Dort zeigt sich mit Blick auf die Ersatzniveaus ein leichtes West-Ost-Gefälle, wobei in beiden Großregionen eine hohe Schwankungsbreite zwischen den Einzelregionen erkennbar ist. Bei den Ersatzquoten liegen die ostdeutschen Regionen an der Spitze, gleichwohl die Differenz hier relativ schwach ausgeprägt ist. Auffällig ist die, wenn auch auf geringem Niveau, höhere Schwankungsbreite der Ersatzquoten zwischen den westdeutschen Regionen, wobei hier erneut eine Rolle spielen kann, dass in einigen ostdeutschen Regionen nur sehr wenige Beobachtungspunkte vorhanden sind.

---

[752] Auch bei den geschlechtsspezifischen Auswertungen sind die zum Teil geringen Fallzahlen zu berücksichtigen, die nachrichtlich auf den zugehörigen Balken abgebildet sind. Im Fall von Dessau wurde bei den Frauen auf die Ausweisung des Ersatzniveaus verzichtet, weil die Fallzahl unter 10 liegt.

Bei den Geschlechtern bestätigt sich bei der Auswertung auf der tieferen regionale Ebene (vgl. die Abbildungen A.20 und A.19 im Anhang), das bisher beschriebene Bild. Bei den Frauen zeigt sich das Anspruchsniveau sehr homogen mit eher zufällig verteilten Schwankungen in allen Teilen des Landes. Bei den Männern offenbart sich das angesprochene West-Ost-Gefälle mit wesentlich stärkeren Schwankungen im Osten. Zudem zeigt sich beim Anspruchsniveau ein Anstieg von Nord- nach Süddeutschland im Westteil, der jedoch nur schwach ausgeprägt ist. Mit Blick auf die Ersatzquoten ist bei den Frauen eine hohe Variation zu erkennen, wobei die Regionen eines Bundeslandes, vor allem in Westdeutschland, sehr ähnlich sind, etwa Nordrhein-Westfalen, wo sich Arnsberg, Detmold, Düsseldorf, Köln und Münster fast gar nicht unterscheiden. Bei den Männern ist diese Gleichmäßigkeit innerhalb der Bundesländer nicht erkennbar, wobei hierbei in Rechnung zu stellen ist, dass die Gesamtvariation bei den Männern zwischen der Region mit den höchsten und der mit den geringsten Ansprüchen etwas kleiner ist als bei den Frauen.

5.3.1.3 Berufsständische Versorgung

Auch im Fall der BSV liegen keine Mikrodaten zu Anwartschaften vor, so dass wie im Fall der BV die Ergebnisse vollständig auf einem Simulationsmodell basieren, das im vorliegenden Fall auf Daten der AVID 2005 zurückgreift.

5.3.1.3.1 Spezifische Methodik und Annahmen

Zunächst war auch für die BSV die Eingrenzung des Personenkreises notwendig, der Ansprüche im Rahmen dieses Versorgungsweges erwerben kann. Im Gegensatz zur GRV und zur BV existiert für die Zugehörigkeit zu einem kammerfähigen Beruf im Mikrozensus keine direkte Indikatorvariable. Aus diesem Grund mussten die für eine BSV in Frage kommenden Fälle mittels der vierstelligen Berufsbezeichnung ermittelt werden. Berücksichtigt wurden dabei die folgenden Berufsstände: Ärzte, Apotheker, Rechtsanwälte, Notare, Psychotherapeuten, Wirtschafsprüfer, Steuerberater und Steuerbevollmächtigte.[753] Insgesamt konnten auf diese Weise im Mikrozensus hochgerechnet etwa 656.000 potenzielle BSV-Mitglieder identifiziert werden, was sehr nahe an der Zahl von für das Jahr 2005 von der ABV

---

[753] Die nur in Niedersachsen kammerfähigen Ingenieure wurden wegen Geringfügigkeit nicht berücksichtigt.

ausgewiesenen 666.175 beitragszahlenden Mitglieder in berufsständischen Versorgungswerken liegt.[754]

Zusätzlich erfolgte eine Eingrenzung auf jene Personen, die nicht in der GRV pflichtversichert sind, womit vermutlich primär potenzielle BSV-Mitglieder in den unteren Altersgruppen von der Analyse ausgeschlossen wurden. Deren Anwartschaften wurden dem Status Quo Rechnung tragend im Rahmen der GRV berechnet. Anwartschaften im Rahmen der BSV wurden letztlich für insgesamt 3.300 Fälle (hochgerechnet etwa 406.000 potenzielle BSV-Mitglieder) im relevanten Altersbereich zwischen 25 und 65 Jahren berechnet.

Mangels Alternativen erfolgte die Ermittlung der Anwartschaften auf Basis eines vergleichsweise kruden – auf das online-Tabellenprogramm zur AVID 2005 (vgl. dazu Abschnitt 5.2.1.1, S. 217 f.) aufsetzenden – Ansatzes. Dieses online-Programm erlaubt die Ausgabe von Durchschnittswerten für die zu erwartenden Ansprüche im Alter von 65 Jahren nach bestimmten soziodemografischen Merkmalen.[755] Im Rahmen dieser Untersuchung wurden diese Werte für Männer und Frauen getrennt nach Ost- und Westdeutschland sowie die in der AVID 2005 erfassten Jahrgangsklassen zwischen 1942 und 1961 verwendet. Allerdings beruhen die in der jeweils ersten Zeile in Tabelle 5.12 abgetragenen Werte der AVID auf zum Teil äußerst geringen Fallzahlen. Für die Frauen in Ostdeutschland werden aus diesem Grund in drei Altersklassen keinerlei Werte ausgewiesen.

Die Werte für die westdeutschen Männer erscheinen aufgrund der höchsten Fallzahlen am verlässlichsten, wobei auch hier der Wert für die Jahrgänge 1947 bis 1951 den Charakter eines Ausreißers zu haben scheint. Dieser Wert und die übrigen weniger plausiblen Werte aus dem AVID-Tabellenprogramm wurden daher auf Basis der Werte der westdeutschen Männer interpoliert. Diese reskalierten Werte sind der jeweils zweiten Zeile von Tabelle 5.12 zu entnehmen und liegen den Berechnungen im Rahmen der weiteren Untersuchung zugrunde. Bei den westdeutschen Männern wurde lediglich der Wert der besagten Jahrgänge (1947 bis 1951) durch den arithmetischen Mittelwert der umgebenden Jahrgänge ersetzt. Bei den ostdeutschen Männern und westdeutschen Frauen wurde jeweils nur ein Originalwert verwendet und der Rest entsprechend der Entwicklung der Männer/West über die Jahrgänge fortgeschrieben. Für die Frauen/Ost wurde aufgrund sehr geringer Fallzahlen kein einziger Wert direkt verwendet, sondern die Annahme getroffen, dass das Verhältnis von Männern zu Frauen im Osten das gleiche ist wie im Westen.

---

[754] Vgl. BUNDESREGIERUNG (2010b).

[755] Vgl. http://www.altersvorsorge-in-deutschland.de/TABVIEWER/TabViewer.html.

Tabelle 5.12:
Die BSV in der AVID 2005. Originalwerte und Anpassungen.

| | Jahrgänge in AVID 2005 | | | |
	1942 bis 1946	1947 bis 1951	1952 bis 1956	1957 bis 1961
	MÄNNER, WEST			
AVID-Wert	1.705	1.412	2.179	2.266
verwendeter Wert	1.705	1.942	2.179	2.266
	FRAUEN, WEST			
AVID-Wert	2.063	1.255	1.101	1.668
verwendeter Wert	1.255,05	1.429,50	1.603,96	1.668
	MÄNNER, OST			
AVID-Wert	1.490	1.269	595	2.060
verwendeter Wert	1.550,00	1.765,45	1.980,91	2.060
	FRAUEN, OST			
AVID-Wert	-	-	-	370
verwendeter Wert	1.140,95	1.299,55	1.458,14	1.516,36

Eigene Darstellung.

Für die nicht von der AVID erfassten Jahrgänge mussten Werte angenommen werden. Dabei wurde für die vor 1942 geborenen Fälle in Ermangelung weiterer Informationen vom gleichen Wert ausgegangen wie für die zwischen 1942 und 1946 Geborenen. Für die Jahrgänge der ab 1967 Geborenen wurde der heutige Durchschnittswert von 2.700 € der Ärzteversorgung Nordrhein unterstellt,[756] für die noch fehlenden Jahrgänge 1962 bis 1966 wurde eine lineare Anpassung zwischen dem Wert der jüngsten AVID-Generation der Männer/West und den genannten 2.700 € für die Jüngsten unterstellt. Die Werte der Männer/Ost, der Frauen/Ost und der Frauen/West werden entsprechend ihres Verhältnisses zu den Männern/West der jüngsten AVID-Generation zu den oben genannten Werten skaliert.

---

[756] Vgl. NORDRHEINISCHE ÄRZTEVERSORGUNG (2007).

Um diese Mittelwerte (M^{Avid}) nicht undifferenziert zu übernehmen, erfolgten zwei Reskalierungen, die der Äquivalenz im Rahmen der BSV Rechnung tragen sollen. Zum einen wurde das persönliche Einkommen zum Einkommen der entsprechenden AVID-Jahrgangsklasse ins Verhältnis gesetzt. Zum anderen wurde noch die Dauer der Mitgliedschaft im Vergleich zum Durchschnitt berücksichtigt. Die dazu benötigte Verteilung des Eintrittsalters konnte ebenso wie dessen Durchschnitt analog zur Betrachtung der BV im SOEP ermittelt werden. Als durchschnittliches Eintrittsalter ergibt sich dabei ein Wert von 34 Jahren, der in Verbindung mit der bisherigen Regelaltersgrenze zu einer durchschnittlichen Ansparphase von 31 Jahren führt. Die Verteilung des Eintrittsalters ließ sich auf Grundlage von nur 27 vorhandenen Fällen im SOEP am ehesten durch eine Kombination von zwei Normalverteilungen mit den Parametern N (28; 2)[757] und N (34; 1) annähern. Werte unter 25 oder über 45 wurden dabei zurückgelegt und gleichmäßig auf das Intervall von 25 bis 45 verteilt.

Mit Hilfe der so ermittelten Werte wurden die Durchschnitte der AVID skaliert, und die Anwartschaften bei Austritt aus dem Erwerbsleben A^{BSV} nach folgender Formel imputiert:

$$A^{\text{BSV}} = \frac{\text{EK}^{\text{pers}}}{\text{EK}^{\text{ref}}} \cdot \frac{(65 + a) - \text{EA}^{\text{pers}}}{34} \cdot M^{Avid}.$$

Dabei steht EK^{pers} für das individuelle Bruttoeinkommen, das ins Verhältnis zum Einkommen der Referenzgruppe EK^{ref}, also der entsprechenden AVID-Altersklasse, gesetzt wird. EA^{pers} gibt das individuelle Eintrittsalter an und a dient der diskreten Modellierung der Regelaltersgrenze (vgl. Abschnitt 3.2.3). Für die vor 1958 geborenen Jahrgänge gilt dabei $a = 0$, für die Jahrgänge 1958 bis 1963 $a = 1$ und für die Jahrgänge ab 1964 $a = 2$.

Diskussion Die auf diese Weise ermittelten Ergebnisse zur BSV sind damit in mehrfacher Hinsicht kritisch zu betrachten. Letztlich liegen als Mikrodaten nur die MZ-Angaben zu Geschlecht, Einkommen, Ost/West und zur Berufsgruppe zugrunde. Mithin können die speziellen Gegebenheiten und Regelungen der derzeit 89 Versorgungseinrichtungen damit offensichtlich nicht adäquat abgebildet werden. Die zur Skalierung verwendeten Werte aus der AVID 2005 basieren zwar auf Mikrodaten, jedoch sind diese nicht öffentlich zugänglich, so dass auf arithmetische

---

[757] N (μ; σ).

Mittelwerte zurückgegriffen werden musste. Deren Qualität ist angesichts der zum Teil – selbst auf regional stark aggregierter Ebene – sehr geringen Fallzahlen nur als bedingt valide anzusehen.[758] In HEIEN et al. (2007) wird aus diesem Grund vielfach vollständig auf die Ausweisung der – im Rahmen dieser Untersuchung angepassten – Werte verzichtet.

Dennoch können die Ergebnisse bei qualitativer Interpretation durchaus im Sinne einer Heuristik betrachtet werden und dazu beitragen, Anstöße für künftige Untersuchungen zu geben bzw. Forschungsfragen aufzuwerfen.

5.3.1.3.2 Ergebnisse

Weil die Zahl der im MZ erfassten potenziellen BSV-Mitglieder ebenfalls gering ist, ergeben sich auch für die angestrebte Regionalisierung starke Restriktionen. Die Fallzahlen sind dabei noch geringer als im Fall der BV, so dass sinnvoll allenfalls die regionale Gesamtbetrachtung (vgl. Abbildung 5.6) möglich ist. Die auf den jeweiligen Balken abgetragenen Fallzahlen, auf denen die ausgewiesenen Mittelwerte basieren, sind dabei besonders zu beachten. Bei den Ersatzquoten wird für Thüringen_I kein Mittelwert ausgewiesen. Zum einen wäre dieser auf Basis von nur neun Beobachtungen kaum als valide anzusehen, zum anderen hat das Statistische Landesamt diesen Wert aus Datenschutzgründen nicht freigegeben.

Im Bundesdurchschnitt liegen die BSV-Anwartschaften bei 1.951,34 €. Auffallend ist die im Vergleich zur GRV und vor allem der BV ausgeprägte regionale Heterogenität bei den Ersatzniveaus in Abbildung 5.6 (a). Diese Heterogenität beschränkt sich dabei keineswegs auf die Ost-West-Dimension, wenngleich auch in dieser Hinsicht Unterschiede bestehen. So liegt der Durchschnitt in den ostdeutschen Regionen bei 1.577,99 €, in den westdeutschen Regionen bei 2.017,69 €.

---

[758] Vgl. http://www.altersvorsorge-in-deutschland.de/TABVIEWER/TabViewer.html für die genauen Fallzahlen.

Abbildung 5.6:

Vorsorgestatus in der BSV nach Regionen.

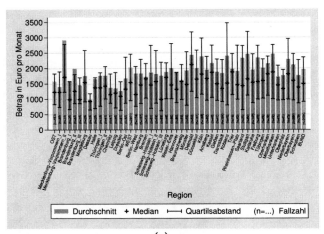

(a)

Ersatzniveau

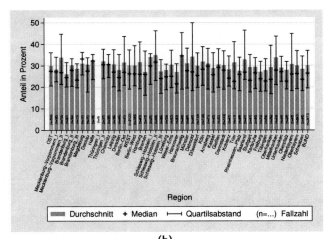

(b)

Ersatzquote

Eigene Berechnungen.

Mit Blick auf den Bundesschnitt verdeutlichen diese Werte zugleich, dass es in den ostdeutschen Regionen nur sehr wenige BSV-Mitglieder gibt: Der Schnitt der westdeutschen Regionen basiert auf 2.601 Beobachtungen, jener der ostdeutschen Regionen auf lediglich 483.

Eine Beschränkung auf einen Ost-West-Vergleich wird der regionalen Verteilung aber offensichtlich nicht gerecht. So ist die maximale regionale Spreizung zwischen den Regionen Mecklenburg-Vorpommern_II (2.910,90 €) und Dessau (977,50 €) 1.933,40 € deutlich höher als der Unterschied zwischen den Durchschnittswerten für Ost- und Westdeutschland. Dieser Unterschied kann angesichts der geringen Fallzahlen von 14 bzw. 18 Beobachtungen jedoch stark von Ausreißern geprägt sein. Allgemeingültig dürfte dabei festzustellen sein, dass für die regional heterogenen Ersatzniveaus primär die Einkommen verantwortlich sein dürften, die offensichtlich deutlich ungleicher verteilt sind als im Fall der Beamten.

Bei den Ersatzquoten ist das regionale Bild etwas ausgeglichener, was für die o. a. These spricht, dass die regionale Spreizung im Fall der Ersatzniveaus primär auf die Einkommensverteilung zurückzuführen ist. Der Ermittlung des Bundesdurchschnitts in Höhe von 30,06 Prozent liegen dabei 2.473 Beobachtungen zugrunde. Mithin konnten für 20 Prozent der potenziellen BSV-Mitglieder keine Bruttoeinkommen berechnet werden. Interessant ist, dass der Unterschied zwischen Ost und West im Durchschnitt beinahe verschwindet. In den ostdeutschen Regionen können etwa 29,91 Prozent des letzten Bruttoeinkommens aus der BSV ersetzt werden, im Westen sind es 30,08 Prozent.[759]

Die altersspezifische Betrachtung der BSV-Anwartschaften in Tabelle 5.13 offenbart ähnlich große Unterschiede wie zwischen den Regionen. Aus methodischen Gründen (Fallzahl und Ausschluss potenzieller BSV-Mitglieder am Anfang ihrer Laufbahn durch deren Erfassung als GRV-Versicherte) dürften die verlässlichsten Werte dabei für die Altersklasse der 50- bis 65-Jährigen und bedingt der 35- bis 49-Jährigen existieren. Für alle Berufe, für die eigene Versorgungswerke existieren, ist ein Hochschulstudium erforderlich, für einige davon, etwa Steuerberater und Wirtschaftsprüfer, zusätzlich noch eine besondere Ausbildung, was sich auch im o. a. durchschnittlichen Eintrittsalter von 34 Jahren niederschlägt. Ähnlich wie in der BV ist auch in der BSV ein umgekehrt u-förmiger Verlauf des Ersatzniveaus über die Altersklassen festzustellen, das jedoch deutlich ausgeprägter ist. Das Niveau liegt dabei insgesamt zwischen GRV und BV, wobei speziell die Anwart-

---

[759] Dem Schnitt in Ostdeutschland liegen 353 Fälle zugrunde, der Durchschnitt im Westen basiert auf 2.120 Beobachtungen.

schaften der jüngeren Kohorten deutlich näher an den Werten der BV liegen. Dies wiederum geht wesentlich auf die Annahme des durchschnittlichen Ersatzniveaus von 2.700 € gemäß Ärzteversorgung Nordrhein zurück.

Tabelle 5.13:
Vorsorgestatus in der BSV nach Alter.

Alter in Jahren	Ersatzniveau (in €)	Ersatzquote (in Prozent)
	BUND	
25 bis unter 35	2.197,96	48,21
35 bis unter 45	2.505,18	35,14
45 bis unter 55	1.659,21	23,29
55 bis 65	1.371,86	19,61
	WEST	
25 bis unter 35	2.290,22	49,21
35 bis unter 45	2.603,86	35,63
45 bis unter 55	1.709,55	23,05
55 bis 65	1.434,57	19,55
	OST	
25 bis unter 35	1.742,97[†]	42,53[†]
35 bis unter 45	2.006,07	32,60
45 bis unter 55	1.365,40	24,89
55 bis 65	923,51[†]	20,12[†]

[†] Basierend auf $50 < n < 100$ Beobachtungen.
[‡] Basierend auf $20 < n < 50$ Beobachtungen.

Eigene Darstellung.

Die Ersatzquoten nehmen von den jungen zu den alten BSV-Mitgliedern linear ab. Für die Älteren liegen die Ersatzquoten im Vergleich zur GRV eher niedrig, was sich allerdings bei Betrachtung der Ersatzniveaus relativiert. Gerade für diese Altersgruppe dürften die gegenwärtig hohen Arbeitseinkommen zu den geringen Ersatzquoten beitragen.

Wie im Fall der Beamten sind auch die überwiegende Mehrheit der BSV-Mitglieder den Hocheinkommensbeziehern zuzuordnen. So gehören 2.531 von 3.078 Fällen mit einer Einkommensangabe der oberen Einkommensklasse mit Nettoeinkommen über 1.700 Euro an. Die verbleibenden 547 verteilen sich fast hälftig auf die untere ($n = 273$) und die mittlere ($n = 274$) Einkommensklasse. Die Mehrheit der Personen mit diesen vergleichsweise geringen Einkommen gehört dabei der unteren Altersklasse an und hat somit noch potenzielle Gehaltserhöhungen in Aussicht, die über die modellierte lineare Einkommenssteigerungen hinausgehen dürften. Mithin sind die sehr geringen Ersatzniveaus in der unteren Einkommensklasse (vgl. Tabelle 5.14), die unter dem Grundsicherungsniveau liegen, aus zwei Gründen nicht als Signal für politischen Handlungsbedarf zu werten.

Tabelle 5.14:
Vorsorgestatus in der BSV nach Einkommen.

Nettoeinkommen (in € pro Monat)	Ersatzniveau (in €)	Ersatzquote (in Prozent)
BUND		
unter 1.100	470,44	38,19
1.100 bis unter 1.700	950,76	36,05
über 1.700	2.225,89	28,63
WEST		
unter 1.100	472,85	38,26
1.100 bis unter 1.700	953,60	36,20
über 1.700	2.298,11	28,68
OST		
unter 1.100	454,36[‡]	37,69[‡]
1.100 bis unter 1.700	940,90[†]	35,42[‡]
über 1.700	1.799,93	28,33

[†] Basierend auf $50 < n < 100$ Beobachtungen.
[‡] Basierend auf $20 < n < 50$ Beobachtungen.

Eigene Darstellung.

Zum einen sind die Fallzahlen nicht ausreichend für ein derartiges Urteil, zum anderen ist die Einkommensverteilung – auf der die Modellierung basiert – im Fall der jüngeren BSV-Mitglieder nicht hinreichend stabil.

Für die Masse der BSV-Mitglieder liegt das Ersatzniveau zwar im Bundesschnitt mit fast 500 € monatlich noch deutlich unterhalb des BV-Ersatzniveaus der vergleichbaren Einkommensklasse, angesichts einer Größenordnung von 2.225,89 € ist die Gefahr sozialer Härten jedoch nicht gegeben. Hingegen geben die Ersatzquoten auf individueller Ebene Anlass, die eigene Strategie zur Alterssicherung genau zu prüfen. Mit nur knapp über 28 Prozent in Ost- und Westdeutschland liegt die Ersatzquote für diese BSV-Mitglieder im Bereich der GRV-Ersatzquote in der oberen Einkommensklasse. Damit legen die Ergebnisse im Rahmen dieser Untersuchung nahe, dass primär Gutverdiener zusätzliche Sparanstrengungen in der zweiten und/oder dritten Schicht unternehmen müssen, um die gewohnte Lebensführung auch im Alter beibehalten zu können (vgl. auch Abschnitt 5.4).

Die abschließende geschlechterspezifische Betrachtung in Tabelle 5.15 verdeutlicht auch im Rahmen der BSV deutliche Unterschiede zwischen Männern und Frauen.

Tabelle 5.15:
Vorsorgestatus in der BSV nach Geschlecht.

Geschlecht	Ersatzniveau (in €)	Ersatzquote (in Prozent)
BUND		
weiblich	1.538,30	32,29
männlich	2.215,54	28,87
WEST		
weiblich	1.580,17	32,45
männlich	2.273,28	28,89
OST		
weiblich	1.367,95	31,51
männlich	1.796,76	28,74

Eigene Darstellung.

Bei den Ersatzniveaus ist der Unterschied zwischen Frauen und Männern dabei in den westdeutschen Regionen etwas stärker ausgeprägt. Insgesamt dürften die höheren Ersatzniveaus der Männer wie im Fall der GRV auf die *gender-wage-gap* zurückzuführen sein. Bei den Ersatzquoten nivellieren sich die Unterschiede zwischen ostdeutschen und westdeutschen Regionen auch bei geschlechtsspezifischer Betrachtung. Die höheren Ersatzquoten der Frauen sind vermutlich auf einen früheren Berufseintritt bzw. die Wehrpflicht der Männer zurückzuführen, die sich indirekt auf das imputierte Eintrittsalter und den Verbleib im BSV-Kollektiv auswirken.

5.3.2 Vorsorgestatus in der zweiten Schicht

Die Ermittlung des Vorsorgestatus in der zweiten Schicht basiert im Fall der betrieblichen Altersversorgung (bAV) und der privaten Altersversorgung nach § 10 a EStG (im Folgenden kurz als Riester-Rente bezeichnet) auf einer Datenkombination der beschriebenen GfK-Daten zum Stichtag 31.12.2007 und dem MZ 2005. Dabei wurden keine Anpassungen der Rechengrößen/Beträge vorgenommen, was gleichbedeutend mit der Unterstellung von Strukturgleichheit ist. Der Vorsorgestatus der ZöD basiert hingegen vollständig auf einem Simulationsmodell, das die neuen Regelungen im Rahmen des Punktemodells abbildet und auch die Übergangsbestimmungen (Stichwort: Startgutschriften) berücksichtigt.

Wie erwähnt enthält der MZ eine Variable (ef394), die angibt, ob eine zusätzliche bAV besteht, so dass der relevante Personenkreis, für welchen Anwartschaften imputiert werden, vergleichsweise zuverlässig einzugrenzen ist. Ebenso ermöglicht die Variable (ef121) die Identifikation der im öffentlichen Dienst beschäftigten Personen, so dass auch die potenziellen Mitglieder in der ZöD eingegrenzt werden können. Eine entsprechende Variable zur Riester-Rente fehlt im MZ 2005, so dass neben der Berechnung der Anwartschaften bzw. Ersatzquoten auch die Imputation einer Indikatorvariable zur Riester-Rente erforderlich war.

Dieser zusätzliche Arbeitsschritt ist der Grund, warum im folgenden Abschnitt zunächst die bAV behandelt wird. Dies erscheint aus didaktischer Sicht sinnvoll, weil die im Rahmen der bAV erläuterte Methodik zur Ermittlung der Anwartschaften grundsätzlich auch bei der Untersuchung der Riester-Rente Anwendung findet. Entsprechend können diese Aspekte im Rahmen der Ausführungen zur Riester-

Rente knapp gehalten werden und es kann der Schwerpunkt auf die Imputation der Indikatorvariable gelegt werden.

5.3.2.1 Betriebliche Altersversorgung

Mit nur 37 Beobachtungen zu bestehenden bAV-Anwartschaften im GfK-Datensatz kann nicht von einer validen Datengrundlage für die Imputation der zum Stichtag bestehenden Anwartschaften in den MZ ausgegangen werden. Daher erfolgte die Ermittlung des Vorsorgestatus in diesem Vorsorgeweg – wie auch in jenem der Riester-Rente, wo 297 Beobachtungen vorliegen – auf Basis der Beitragszahlungen. Hier war mit jeweils gut 1.600 Beobachtungen eine deutlich höhere Antwortquote zu verzeichnen. Aus Gründen der Vergleichbarkeit mit den Versorgungswegen der ersten Schicht werden auch die Anwartschaften der zweiten Schicht für den Zeitpunkt des regulären Renteneintritts gemäß § 235 SGB VI berechnet.

5.3.2.1.1 Spezifische Methodik und Annahmen

In der GfK-Befragung wurden die Anwartschaften bzw. Beitragszahlungen nach Durchführungswegen differenziert abgefragt. Jedoch erschien eine Imputation in diesem Detailgrad kaum zuverlässig möglich. Daher – und aufgrund der o. a. hohen *nonresponse* zur Frage der Anwartschaften – wurde aus den vorhandenen Beitragsangaben eine aggregierte Variable zu den bAV-Beiträgen gebildet und für die weitere Analyse unterstellt, dass bAV-Anwartschaften im Durchführungsweg der Direktversicherung in Form von Beitragszusagen mit Mindestleistung (vgl. Abschnitt 3.3.2) aufgebaut werden. Diese Annahme ist gerade im Hinblick auf die Abbildung der internen Durchführungswege nicht unproblematisch, stellt aber den vermutlich pragmatischsten Weg dar, um die Größenordnung der bAV-Anwartschaften im Rahmen dieser Untersuchung abzubilden und hat zudem den Vorteil einer weitgehenden Vergleichbarkeit mit den Anwartschaften im Rahmen der Riester-Rente, die eine der Direktversicherung vergleichbare Charakteristik ausweist. Eine Plausibilisierung des gewählten Ansatzes ist schließlich auch von der Ergebnisseite her möglich (s. u.).

Regressionsmodell. Die aggregierte Variable zu den jährlichen Beitragszahlungen (Mittelwert: 1.519,45 €) diente als abhängige Variable im Regressionsmodell, welches in einem mehrstufigen Verfahren spezifiziert und anschließend klassenweise geschätzt wurde (vgl. Abschnitt 5.2.2.2). Aus dem zunächst spezifizierten umfassenden Modell mit der maximal möglichen Zahl an Z-Variablen wurden vergleichsweise wenige gruppierte Regressoren in das finale Modell übernommen. Zu den auf Basis des Wald-Tests auf gruppenweise Signifikanz und des VIF nicht übernommenen Regressoren bzw. Variablengruppen gehörte die Gruppe von Indikator-Variablen für verschiedene Kinderzahlen, die Variablen zum Alter[760] sowie Interaktionseffekte der räumlichen Variablen (je eine Indikatorvariable für Ostdeutschland und Stadtstaaten) mit Alter und Geschlecht. Auch die Koeffizienten zu weiteren Interaktionseffekten, wie bspw. jene zwischen Einkommen und Alter bzw. Geschlecht, erwiesen sich als nicht (gruppenweise) signifikant.

Eingang in das für 1.623 Beobachtungen geschätzte finale Modell fanden die Indikatorvariable für den Haushaltsvorstand, das Haushaltseinkommen, das Geschlecht, die Indikatorvariablen für Ostdeutschland und die Stadtstaaten, ein Dummy für Arbeiter, die Bildungs-Dummies mit Referenz zum Abitur (also mittlere Reife und Hochschulbildung) sowie eine Indikatorvariable für Haushaltsmitglieder im öffentlichen Dienst. Weil die einzige Einkommensangabe im GfK-Datensatz ein klassiertes Netto-Haushaltseinkommen ist, wurde dieses ähnlich wie im Fall des MZ durch Zuweisung der jeweiligen Klassenmitte in eine kardinale Variable überführt.[761] Der t-Test des Koeffizienten für das so definierte Einkommen sowie das quadrierte Einkommen ist zwar nicht signifikant, jedoch spricht der Wald-Test für den Verbleib dieser Variablengruppe. Obwohl der Koeffizient der Variable zur Haushaltsgröße keinen signifikanten t-Test aufweist und der Verbleib dieses Regressors auch auf Basis des Wald-Tests nicht zu rechtfertigen ist, wurde die Variable im finalen Modell beibehalten, um eine Bezugsgröße für das Haushaltseinkommen aufzunehmen.

Die Koeffizienten zu folgenden Variablen weisen – neben der Konstanten – im finalen Modell unter Berücksichtigung der Hochrechnungsfaktoren ein positives Vorzeichen auf: Die Indikatorvariable für den Haushaltsvorstand, die genannten Variablen zum Einkommen, die Indikatorvariable für Männer und für eine Hochschulbildung. Die räumlichen Indikatorvariablen (Ostdeutschland und Stadtstaaten) und Arbeiter haben (auf hohem Signifikanzniveau) negative Koeffizienten. Das Modell weist ein mit etwa 0,12 nur geringes Bestimmtheitsmaß auf, was die Validität der Imputation negativ beeinflusst, zumal wie im Fall der VSKT bei den

---

[760] Zur Abbildung nichtlinearer Effekte wurde neben dem Alter auch das quadrierte Alter und der natürliche Logarithmus des Alters getestet.

[761] Im Vergleich zum MZ erscheint dieses Vorgehen eher problematisch, weil die Klassenbreiten im GfK-Datensatz größer sind.

klassenweisen Schätzungen in einzelnen Klassen noch geringe Werte zu beobachten sind.

Hinsichtlich der klassenweisen Schätzung erfolgte anders als im Fall der VSKT keine Festlegung von homogenen Klassen a priori. Vielmehr wurde das finale Modell unter verschiedenartig gebildeten Klassen geschätzt, um dann am MZ zu prüfen, welche Klassenbildung Imputationswerte liefert, die möglichst gut der Verteilung bzw. den betrachteten Verteilungsparametern im GfK-Datensatz entsprechen (s. u.). Aufgrund der vergleichsweise geringen Fallzahlen waren dabei der Zahl möglicher Klassen – und damit deren Homogenität – deutliche Grenzen gesetzt. Geschätzt wurde das finale Modell für folgende homogene Klassen: drei Altersklassen, drei Einkommensklassen, eine Kombination aus zwei Alters- und zwei Einkommensklassen (also ähnlich wie im Fall der VSKT), eine Kombination aus zwei Altersklassen in Ost- bzw. Westdeutschland sowie eine Kombination aus zwei Einkommensklassen in Ost- bzw. Westdeutschland.

Imputation und Fortschreibung. Die in den verschiedenen, klassenweise geschätzten, Modellen ermittelten Koeffizienten wurden anschließend mit den korrespondierenden Variablen des MZ 2005 zur Imputation der Beitragszahlungen im Rahmen der bAV verwendet und dabei auf die in den GfK-Daten ermittelten Extremwerte begrenzt. Die Zuweisung der Schätzwerte erfolgte auf Personenebene, wobei die relevanten Gruppe, wie bereits erwähnt, auf Basis der MZ-Variable ef394 bestimmt wurde.

Für die genannten homogenen Klassen konnten damit im MZ 2005 jeweils insgesamt 76.486 Werte imputiert werden, die hochgerechnet knapp 9,4 Mio. Inhaber einer bAV repräsentieren. Die durchschnittliche Beitragshöhe liegt bei 1.400 € pro Jahr und damit etwas niedriger als im Spenderdatensatz. Unter Berücksichtigung der in Abschnitt 3.3.2 beschriebenen Dynamik im Bereich der bAV scheint dieser Wert mit den von TNS Infratest für Ende 2007 ausgewiesenen 13,7 Mio. Arbeitnehmern mit bAV-Anwartschaften durchaus kompatibel.[762] Beim Vergleich der Verteilung, insbesondere der Mittelwerte, der imputierten Beitrags-Variable stellten sich diejenigen als näher an der Originaldaten der GfK heraus, die mit zwei Altersklassen und Ost-West-Unterscheidung bzw. für zwei Alters- und Einkommensklassen imputiert wurden. Weil sich erstere Klasseneinteilung auch im

---

[762] Vgl. KORTMANN (2008).

Rahmen der Imputation der Riester-Beiträge als günstig herausstellte, wurde diese Variante letztendlich gewählt.

Zur Berechnung der Anwartschaften wurde, wie bereits erwähnt, auf die Fiktion einer Direktversicherung in der Form einer Beitragszusage mit Mindestleistung zurückgegriffen. Die eingezahlten Beiträge verzinsen sich bis zum Eintritt in den Ruhestand mit r pro Jahr und bilden den Kapitalstock (k) aus dem eine lebenslange Rentenzahlung gespeist wird. Diese jährliche Annuität (p) ergibt sich mit der klassischen Annuitätenformel als:[763],[764]

$$p = k \cdot \frac{r \cdot (1 + r)^{\text{LE}}}{(1 + r)^{\text{LE}} - 1}. \tag{5.1}$$

Für die Berechnung des Kapitalstocks wird dabei neben den Beiträgen und einer Zinsannahme offensichtlich der Anlagehorizont benötigt. Die Berechnung der Annuität erfordert darüber hinaus eine Annahme zur ferneren Lebenserwartung (LE) bei Eintritt in den Ruhestand.

Hinsichtlich der geleisteten Beiträge wurde eine Dynamisierung von einem Prozent pro Jahr unterstellt. Beim Anlagehorizont wurde ähnlich wie im Fall der BV und der BSV ein Wert für den Beginn der Beitragszahlungen in eine bAV imputiert. Hierzu konnten die Angaben zum Abschlussjahr im GfK-Datensatz genutzt werden. Aus dieser Angabe und dem Geburtsjahr konnte das Alter bestimmt werden, in dem die Befragten erstmalig bAV-Beiträge geleistet haben. Die entsprechende Verteilung wurde durch eine Normalverteilung N (40; 13) angenähert, wobei Werte über 56 und unter 20 Jahren auf die Gruppe im Alter zwischen 22 und 55 Jahren gleichmäßig verteilt wurden. Der Zeitraum zwischen dem Alter bei der ersten Beitragszahlung und dem Alter bei Eintritt in den Ruhestand gemäß § 235 SGB VI stellt folglich den Anlagehorizont für die bAV-Mittel dar.

Bei der Lebenserwartung wurden zwei Szenarien berechnet. Angesichts der Fiktion einer Direktversicherung war es naheliegend, im Standardfall die Sterbetafel DAV2004R der Aktuarvereinigung zu verwenden. Alternativ erfolgte die Berechnung des Ersatzniveaus auch für die Generationensterbetafel des Statistischen Bun-

---

[763] Es sei darauf hingewiesen, dass die Formel eine postnumerando Zahlung unterstellt, was eine geringfügige Überschätzung des Ersatzniveaus zur Folge hat.
[764] Das monatliche Ersatzniveau ergibt sich als $\frac{p}{12}$.

desamtes Variante B (Zivile Kriegssterblichkeit, Trendvariante V2).[765] Die Verwendung der DAV2004R im Standardfall ermöglicht eine weitgehende Vergleichbarkeit mit den Ergebnissen zur Riester-Rente, weil dort die Verwendung dieser Sterbetafel sachlogisch geboten scheint.

Die Vergleichbarkeit mit den Ergebnissen zur Riester-Rente war auch der Grund, warum in beiden Fällen eine einheitliche Zinsannahme gewählt wurde. Diese basiert auf den realen Renditen, die am Aktien-, Renten- und Geldmarkt im Zeitraum 1994 bis 2008 zu erzielen waren (vgl. Tabelle 5.16).

Tabelle 5.16:
Reale Renditen am deutschen Geld-, Renten- und Aktienmarkt.
Unterschiedliche Zeiträume und Berechnungsweisen.

| | | jährliche reale[♮] Rendite (in Prozent) | | |
		1992-2008	1994-2008	1998-2008
Umlaufrendite	JM[†]	2,91	2,98	2,63
	JE[‡]	2,69	2,82	2,48
Dax[◇]	JM[†]	6,16	6,65	3,02
	JE[‡]	4,66	3,43	−0,41
Rex[◇]	JM[†]	4,47	4,03	3,44
	JE[‡]	4,52	3,96	3,65

[♮] Preisbereinigung mit dem Harmonisierten Verbraucherpreisindex (HVPI).
[†] Berechnung der Renditen auf Basis der Jahresmittelwerte (JM), um das Problem der Punktbetrachtung von Jahresendwerten zu reduzieren.
[‡] Berechnung der Renditen auf Basis von Jahresendwerten (JE).
[◇] Performance-Index.

Eigene Berechnungen. Datenquellen: Bundesbank, Statistisches Bundesamt.

Die in diesen Anlageklassen erzielten Renditen wurden mit den Marktanteilen der korrespondierenden Riester-Produkte gewichtet, um einen Wert für die Rendite vor Kosten und nach Inflation zu erhalten, der bei 4,49 Prozent liegt. Unter Berücksichtigung von Kosten für Aktienfonds-Produkte in der Größenordnung von

---

[765] Zum Vergleich dieser beiden Datengrundlagen sei auf Abschnitt 2.1 verwiesen.

1,5 Prozent, für Rentenfonds-Produkte in der Größenordnung von einem Prozent und für Banksparprodukte von 0,5 Prozent ergibt sich bei Gewichtung mit den genannten Marktanteilen eine reale Rendite nach Kosten von etwa 3,4 Prozent. Wie in Tabelle 5.16 aufgeführt, können letztlich diverse Zinsannahmen belegt werden. Daher wurden zusätzlich zwei Szenarien mit 2,0 bzw. 4,5 Prozent berechnet.

Diskussion. Zu den bereits wiederholt genannten Problemen des Imputationsansatzes, die im vorliegenden Fall aufgrund des vergleichsweise geringen Bestimmtheitsmaßes vermutlich nicht vernachlässigbar sind, kommt im Fall der bAV die zusätzliche Annahme einer Vereinheitlichung der verschiedenen Durchführungswege und Zusagearten hinzu. Diese ist angesichts der in Abschnitt 3.3.2 diskutierten Entwicklungstrends durchaus kritisch zu bewerten, weil Experten künftig von einer stärkeren Durchmischung der Durchführungswege ausgehen, was gegen die eindimensionale Behandlung im Rahmen dieser Arbeit spricht.

Weiterhin sind die getroffenen Annahmen zum Anlagehorizont, zur Lebenserwartung und zum Rechnungszins nicht unproblematisch. Abbildung 5.7 veranschaulicht zwar, dass die Verteilung der imputierten Werte zum Alter im Jahr des ersten bAV-Beitrags die Verteilung im Spenderdatensatz (GfK) sehr gut annähert. Gleichwohl ist damit – wie im Fall der BV und der BSV – keine Aussage über die Güte der individuellen Zuweisung verbunden. Eine Zuweisung auf Basis bedingter Wahrscheinlichkeiten könnte sich diesbezüglich als vorteilhaft erweisen, ist hier aber aus Gründen der begrenzten Fallzahlen im SOEP und der Einfachheit nicht erfolgt.

Auch die gewählten Annahmen zur Lebenserwartung können kritisch betrachtet werden. Aufgrund der unterschiedlichen Durchführungswege wird gegenwärtig nicht mit einer einheitlichen Lebenserwartung kalkuliert. Die Entscheidung für die DAV2004R wurde wie erwähnt aus Gründen der Vergleichbarkeit mit den Ergebnissen zur Riester-Rente getroffen. Dort ist die Verwendung dieser Sterbetafel angebracht, weil die versicherungsförmigen Verträge einen Marktanteil von 75 Prozent haben und auf dieser Grundlage kalkuliert werden. Nimmt man noch die fondsbasierten Produkte hinzu, die in der Ausschüttungsphase ab dem 85. Lebensjahr ebenfalls über Versicherungen abgewickelt werden, scheint die Verwendung der DAV2004R hier hinreichend begründet zu sein. Wird die Auffassung des Vorrangs der Vergleichbarkeit der Ergebnisse von bAV und Riester nicht geteilt, so sind die bAV-Werte als Untergrenze der zu erwartenden Ansprüche interpretierbar. Zur Abbildung der Sensitivität der Ersatzniveaus gegenüber den Annahmen

Abbildung 5.7:
Verteilung des Alters bei Beginn der bAV-Beitragszahlungen.

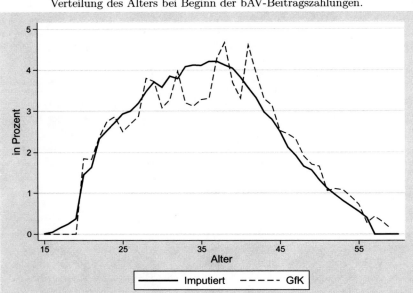

Eigene Darstellung.

zur Lebenserwartung wurden die Ersatzniveaus ergänzend mit den Annahmen des Statistischen Bundesamtes berechnet.

Letztlich ist auch die Zinsannahme nur unter praktischen Gesichtspunkten zu rechtfertigen. Bereits die Wahl der Durchschnittsbildung ist dabei nicht trivial: Bei den Werten in Tabelle 5.16 handelt es sich um geometrische Mittelwerte, um insbesondere der bereits in Abschnitt 4.4.1 diskutierten Realität nicht i. i. d.-verteilter Aktienmarktrenditen Rechnung zu tragen. Im Fall der zu beobachtenden *mean reversion* wäre ein arithmetischer Mittelwert mit einer Überschätzung der Renditen verbunden.[766]

Zu diesem eher rechentechnischen Problem kommen grundsätzlichere methodische Kritikpunkte: Zum einen wurden die Renditen nicht risikobereinigt, zum anderen

---

[766] Vgl. CAMPBELL et al. (2001) und SIEGEL (2008).

stellt sich – gerade auch vor dem Hintergrund der erwarteten Faktorpreisveränderungen im Zuge des demografischen Wandels (vgl. Kapitel 3) – die Frage nach der Eignung historischer Daten zur Vorhersage künftiger Renditen. Was die Risikobereinigung angeht, kann – wie in den meisten Modellrechnungen der vorliegenden Art – allenfalls das Argument der Einfachheit angeführt werden.[767] Zum zweiten Problemkreis sei auf das Gutachten von CAMPBELL et al. (2001, S. 4) verwiesen. Hier wird die Problematik eingehend erläutert und es werden Szenarien über mögliche Entwicklungen der Märkte entwickelt, auf deren Basis die Autoren auf S. 8 zu folgender Aussage kommen:

> „A rough guess for the long term [...] might be a geometric average equity return of 5% to 5.5% or an arithmetic average return of 6.5% to 7%.“

Diese Erwartung für die Aktienmarktrendite liegt durchaus im Bereich dessen, was auch im Rahmen der vorliegenden Untersuchung unterstellt wurde, so dass sich die Kritik vom Ergebnis her relativiert. Auch die Berechnungen von BÖRSCH-SUPAN und GASCHE (2010a) zur Frage, inwieweit die Rentenlücke der GRV durch die Riester-Rente geschlossen werden kann, basieren mit einer nominalen Verzinsung von nominal 4,5 Prozent jährlich und einer Dynamisierung entsprechend der Wachstumsrate der Bruttolöhne von nominal 3,0 Prozent jährlich auf Annahmen in der hier getroffenen Größenordnung.

5.3.2.1.2 Ergebnisse

Die regionale Gesamtbetrachtung der Ersatzniveaus in Abbildung 5.8 (a) veranschaulicht, dass die höchsten Ersatzniveaus erwartungsgemäß in den wirtschaftlich starken Regionen erreicht werden. Dies sind vorrangig die Regionen in Süddeutschland, mit Oberbayern an der Spitze. Dort liegt das Ersatzniveau im Schnitt bei 993,42 € und damit gut 150 € über dem auf 76.462 Beobachtungen beruhenden Bundesschnitt von 840,40 €. Bis auf Schleswig-Holstein_I (900,32 €), Lüneburg (866,12 €) und Köln (876,37 €) liegen alle Regionen mit einem durchschnittlichen Ersatzniveau oberhalb des auf 66.005 Beobachtungen beruhenden Durchschnitts der westdeutschen Regionen von 865,14 € im Süden Deutschlands. Zum Süd-Nord-Gefälle kommt erneut ein West-Ost-Gefälle: Der Durchschnitt der ostdeutschen Regionen liegt bei 672,78 € und basiert auf 10.457 Beobachtungen. Auffällig sind zudem die vergleichsweise geringen Ersatzniveaus in den Stadtstaaten. Unter der

---

[767] Vgl. auch BÖRSCH-SUPAN (1998, S. 412 f.).

Annahme der geringeren Lebenserwartung des Statistischen Bundesamtes liegen die Ersatzniveaus in etwa 200 € höher. Bei dieser Größenordnung bleibt es auch im Rahmen der alters-, einkommens- und geschlechtsspezifischen Betrachtungen, weshalb dort nicht gesondert auf dieses Szenario eingegangen wird.

Bei den Ersatzquoten (vgl. Abbildung 5.8 (b)) ist das regionale Bild etwas ausgeglichener, wenngleich auch hier die Stadtstaaten durch besonders geringe Werte auffallen. Dagegen ist das Süd-Nord-Gefälle beinahe aufgelöst und auch das West-Ost-Gefälle weniger ausgeprägt. Bei einer auf 61.831 Beobachtungen beruhenden durchschnittlichen Ersatzquote von 28,94 Prozent liegt der Schnitt der ostdeutschen Regionen bei 24,56 Prozent, jener in den westdeutschen Regionen bei 29,51 Prozent. Während in der Region Oberbayern die höchsten Ersatzniveaus erreicht wurden, liegt diese Region bei den Ersatzquoten mit 29,99 Prozent lediglich im Bereich des westdeutschen Durchschnitts. Die höchste Ersatzquote wird mit 32,42 Prozent in Niederbayern erreicht.

Die altersspezifische Betrachtung in Tabelle 5.17 zeigt, dass die Ersatzniveaus im Bundesschnitt von den jüngeren zu den älteren Jahrgängen leicht abnehmen. Angesichts der um etwa 300 € höheren Beitragszahlungen der älteren Arbeitnehmer mit einer bAV im GfK-Datensatz, ist dieses Muster primär auf die Dynamisierung der Beiträge und den längeren Anlagehorizont zurückzuführen. Bei der Ost-West-Betrachtung fällt auf, dass diese Monotonie nicht erhalten bleibt. So sind im Fall der westdeutschen Regionen die Ersatzniveaus der 45- bis 55-Jährigen höher als jene der 35- bis 45-Jährigen. Im Osten werden die höchsten durchschnittlichen Ersatzniveaus hingegen von der Gruppe der 35- bis 45-Jährigen erreicht. Insgesamt liegen die Ersatzniveaus für alle betrachteten Altersgruppen höher als die im SOEP ermittelten durchschnittlichen monatlichen Betriebsrenten in Deutschland (405 €).[768]

---

[768] Die Unterschiede zwischen Männern und Frauen und zwischen Ost und West sind dabei erheblich. So erhalten die männlichen Betriebsrentenempfänger eine durchschnittliche Rente von 473 € pro Monat. Die weiblichen Betriebsrentenempfänger erhalten lediglich eine durchschnittliche Betriebsrente von monatlich 313 €. Mit durchschnittlich 411 € pro Monat liegt die westdeutsche Betriebsrente fast doppelt so hoch wie in Ostdeutschland (hier: 214 € pro Monat).

Abbildung 5.8:

Vorsorgestatus in der bAV nach Regionen.

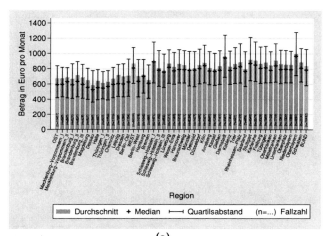

(a)

Ersatzniveau

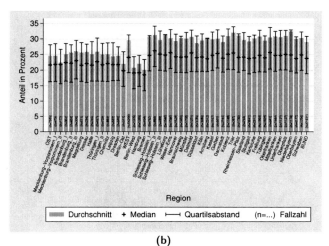

(b)

Ersatzquote

Eigene Berechnungen.

Bei den altersspezifischen Ersatzquoten ist bereits auf Bundesebene kein monotoner Verlauf mehr zu erkennen. Vielmehr alterniert die durchschnittliche Ersatzquote über die Jahrgänge. Neben den Ersatzniveaus und -quoten sind Tabelle 5.17 auch die Partizipationsquoten in der jeweiligen Altersgruppe zu entnehmen. Hier zeigt sich neben einem West-Ost-Gefälle ein umgekehrt u-förmiger Verlauf: Die höchsten Partizipationsquoten werden in den mittleren Altersklassen erreicht. Dies ist durchaus plausibel. Für die Älteren bestanden mit großer Wahrscheinlichkeit weniger Möglichkeiten einer betrieblichen Vorsorge als dies heute der Fall ist. Ein späterer Einstieg mag für viele aus Gründen des eher kurzfristigen Anlagehorizonts dann nicht mehr in Frage gekommen sein. Bei den unter 35-Jährigen dürfte die geringere Partizipation primär damit zu erklären sein, dass sich größere Teile dieser Jahrgänge noch in der Ausbildung befinden.

Tabelle 5.17:
Vorsorgestatus in der bAV nach Alter.

Alter in Jahren	Partizipationsquote (in Prozent)	Ersatzniveau (in €)	Ersatzquote (in Prozent)
	BUND		
25 bis unter 35	17,61	876,09	29,72
35 bis unter 45	23,87	862,75	28,50
45 bis unter 55	24,50	828,62	29,28
55 bis 65	12,29	764,13	28,26
	WEST		
25 bis unter 35	18,75	894,14	30,26
35 bis unter 45	25,11	868,68	28,65
45 bis unter 55	26,11	875,23	30,34
55 bis 65	13,12	799,80	28,96
	OST		
25 bis unter 35	12,10	740,82	25,46
35 bis unter 45	17,86	822,25	27,39
45 bis unter 55	17,86	547,48	21,76
55 bis 65	8,59	521,65	22,78

Eigene Darstellung.

Die einkommensspezifische Betrachtung in Tabelle 5.18 verdeutlicht bei den Ersatzniveaus das zu erwartende Bild einer Zunahme mit dem Einkommen. Dabei ist die Spreizung zwischen der oberen und unteren Einkommensklasse in den ostdeutschen Regionen deutlich ausgeprägter als im Westen.

Tabelle 5.18:
Vorsorgestatus in der bAV nach Einkommen.

Nettoeinkommen (in € pro Monat)	Partizipationsquote (in Prozent)	Ersatzniveau (in €)	Ersatzquote (in Prozent)
	BUND		
unter 1.100	8,88	591,30	53,56
1.100 bis unter 1.700	28,15	717,47	25,58
über 1.700	36,19	1.079,76	22,42
	WEST		
unter 1.100	10,03	613,58	57,04
1.100 bis unter 1.700	28,41	741,86	26,24
über 1.700	36,53	1.090,86	22,52
	OST		
unter 1.100	5,65	480,40	34,19
1.100 bis unter 1.700	27,04	607,56	22,15
über 1.700	32,87	956,79	21,03

Eigene Darstellung.

Bei den Ersatzquoten überrascht der hohe Wert in der unteren Einkommensklasse – dies besonders im Westen. Die Stärke des Effekts lässt vermuten, dass dieser teilweise der *regression to the mean* geschuldet ist. Bei den Partizipationsquoten ist auffällig, dass gerade bei den Geringverdienern deutlich weniger Arbeitnehmer bAV-Anwartschaften aufbauen, während bei den Beziehern hoher Einkommen im

Bundesschnitt mehr als jeder Dritte diesen Vorsorgeweg nutzt. Inwieweit dies allein durch die höheren Steuervorteile zu erklären ist bzw. inwieweit bei den Geringverdienern möglicherweise Zugangsprobleme bestehen, kann an dieser Stelle nicht beurteilt werden. Mit Sicherheit handelt es sich dabei jedoch um eine interessante Fragestellung.

Die bisherigen Ausführungen erklären in weiten Teilen die in Tabelle 5.19 zu beobachtenden Muster im Geschlechtervergleich auf Bundesebene. Die höheren Ersatzniveaus der Männer dürften wie im Fall der GRV der *gender-wage-gap* geschuldet sein. Die höheren Ersatzquoten der Frauen können wohl zumindest teilweise auf das methodisch bedingte Problem der *regression to the mean* zurückgeführt werden. Die geringeren Partizipationsquoten der westdeutschen Frauen im Vergleich zu den Männern sind wohl in erster Linie mit der geringeren Erwerbsbeteiligung sowie den geringeren Einkommen zu erklären. Im Osten ist das Verhältnis zwischen den Geschlechtern umgekehrt. Während die Frauen in Ostdeutschland annähernd vergleichbare Partizipationsquoten erreichen wie im Westen, liegt die Partizipationsquote der Ost-Männer fast 50 Prozent unter jener der West-Männer.

Tabelle 5.19:
Vorsorgestatus in der bAV nach Geschlecht.

Geschlecht	Partizipationsquote (in Prozent)	Ersatzniveau (in €)	Ersatzquote (in Prozent)
	BUND		
weiblich	17,47	659,29	34,01
männlich	22,39	980,07	25,45
	WEST		
weiblich	17,78	668,41	35,27
männlich	24,50	1.007,84	25,75
	OST		
weiblich	16,01	612,37	26,43
männlich	12,96	744,65	22,71

Eigene Darstellung.

5.3.2.2 Private Altersversorgung nach § 10 a EStG (Riester-Rente)

Anders als im Fall der bAV enthält der MZ 2005 keine Angaben zum Vorliegen einer Riester-Rente, so dass in diesem Fall neben den Beiträgen auch eine Indikatorvariable zu imputieren war. Für die Imputation dieser Indikatorvariablen kommt neben dem GfK-Datensatz grundsätzlich auch das SOEP in Frage. Allerdings wurde aus Gründen der Einheitlichkeit vollständig auf dem GfK-Datensatz aufgesetzt. Das zum Zwecke der Imputation der Indikatorvariable entwickelte Verfahren wird im Folgenden beschrieben und diskutiert. Anschließend erfolgt die Darstellung der Berechnung der Anwartschaften, die aufgrund der Analogie zur bAV knapp gehalten ist.

5.3.2.2.1 Spezifische Methodik und Annahmen

Wie im Fall der bAV erfolgte auch im Fall der GfK-Befragung zur Riester-Rente eine Differenzierung zwischen den verschiedenen Vertragsarten. Weil eine Diskriminierung zwischen den Kategorien fondsbasierte Verträge, Versicherungs-Verträge, Bauspar-Verträge und Banksparplan-Verträge im Rahmen eines angewandten ökonometrischen Modells wenig vielversprechend war, wurde auch im vorliegenden Fall mit aggregierten Variablen gearbeitet. Die Indikatorvariable für das Vorliegen eines Riester-Vertrags nimmt den Wert 1 an, wenn eine Person einen oder mehrere der genannten Vertragsarten besitzt und wird auf 0 gesetzt, wenn die Personen keinen Riester-Vertrag haben. Die aggregierte Beitragsvariable wurde analog zum Vorgehen im Rahmen der Untersuchung der bAV generiert.

5.3.2.2.1.1 Riester-Partizipation

Dem binären Charakter der Indikatorvariable wurde durch Spezifikation eines logistischen Regressionsmodells Rechnung getragen.[769] Die Programmierung in Stata erfolgte über den logit-Befehl, so dass die Koeffizienten logarithmierte *odds ratios* (OR) darstellen. Die OR können im vorliegenden Fall vereinfacht als das Verhältnis der Chancen für das Vorliegen eines Riestervertrags unter bestimmten Konstellationen der Regressoren zu den Chancen für das nicht-Vorliegen eines

---

[769] Eine intuitive Einführung zur logistischen Regression findet sich bspw. in KENNEDY (2004). Eine umfassende Darstellung zum Thema bieten HOSMER und LEMESHOW (2000).

Riester-Vertrages unter bestimmten Konstellationen der Regressoren verstanden werden.

(Logistisches) Regressionsmodell. Auch im Fall des logistischen Regressions-modells erfolgte die Spezifikation eines finalen Modells ausgehend von einem umfassenden Modell, das zunächst alle sachlogisch plausiblen Z-Variablen enthielt. Zur Beurteilung der Qualität der Modelle wurde die chi^2-verteilte Hosmer-Lemeshow Teststatistik berechnet, eine 2x2-Klassifikationstabelle erstellt und die Fläche unter der sog. *Receiver Operating Curve (ROC)-Curve* bestimmt.[770] Diese Konzepte sollen an dieser Stelle kurz erläutert werden:

Während die Hosmer-Lemeshow-Statistik ein Maß für die Anpassungsgüte (*goodness of fit*) darstellt, dient die 2x2-Klassifikationstabelle der Überprüfung der Eignung des Modells hinsichtlich der Zuweisung: aus ihr geht hervor, wie häufig auf Basis des Modells korrekt oder irrtümlich Verträge zugewiesen bzw. nicht zugewiesen werden. Dabei erfordert die Umsetzung der logarithmierten *odds ratios* in dichotome Variablen die Festlegung eines Schwellenwertes: liegt das Chancenverhältnis oberhalb (unterhalb) dieses sog. *cutpoints*, wird die Indikatorvariable auf eins (null) gesetzt. Üblich ist dabei die Verwendung eines *cutpoints* $c = 0,5$. Hinsichtlich der beiden Kriterien der *goodness of fit* und der korrekten Klassifizierung ist dabei festzustellen, dass ein guter *fit* nicht zwangsläufig bedeuten muss, dass auch eine korrekte Klassifizierung erfolgt:

> „For example, it is easy to construct a situation where the logistic regression model is in fact the correct model and thus fits, but classification is poor."[771]

Neben der Quote der insgesamt korrekt erfolgten Zuweisungen kann hinsichtlich der Klassifizierungseigenschaften zwischen der Sensitivität und der Spezifizität unterschieden werden. Erstere gibt die Wahrscheinlichkeit für die Zuweisung eines Riester-Vertrags an, wenn in den Daten tatsächlich ein Vertrag vorliegt. Die Spezifizität stellt hingegen die Wahrscheinlichkeit dar, dass kein Riester-Vertrag zugewiesen wird, wenn auch in den Daten kein Vertrag besteht. Dabei ist zu berücksichtigen, dass diese beiden Kennzahlen stark von den relativen Gruppengrößen abhängen. Mithin ist die Einschätzung der Qualität auf Basis dieser Kennzahlen eher im Vergleich zu einer einfachen Zuordnungsregel zu sehen, bei der allen Beobachtungen der Wert (0 bzw. 1) der größeren Gruppe zugeordnet wird.

---

[770] Vgl. ausführlich HOSMER und LEMESHOW (2000).
[771] HOSMER und LEMESHOW (2000, S. 156).

Sensitivität und Spezifizität stehen dabei offensichtlich in direkter Beziehung zum festgelegten *cutpoint*. Mit der *ROC-Curve* werden Sensitivität und Spezifizität für unterschiedliche *cutpoints* berechnet und grafisch dargestellt. Die Fläche unter der ROC-Kurve kann dabei als Maß für die Fähigkeit des Modells dienen, zwischen der Gruppe der Riester-Vertragsinhaber und der Gruppe ohne solche Verträge dienen.[772] Werte zwischen 0,7 und 0,8 gelten dabei als akzeptabel, solche zwischen 0,8 und 0,9 als exzellent und Werte oberhalb von 0,9 als herausragend.[773]

Auf Basis dieser Instrumente wurde das finale Modell bestimmt, wobei für die Klassifikationstabellen zunächst die Standardannahme eines *cutpoints* von 0,5 angenommen wurde. Als Regressoren wurden im finalen Modell – wie im Fall der bAV-Beiträge – die Indikatorvariable für den Haushaltsvorstand, das Haushaltsnettoeinkommen (Klassenmitten) sowie das quadrierte Haushaltsnettoeinkommen, die Haushaltsgröße und Indikatorvariablen für die Zahl der Kinder unter 18 Jahren im Haushalt (Referenz: keine Kinder) berücksichtigt. Weiterhin enthält das Modell eine Variable zum Alter und zum quadrierten Alter sowie Indikatorvariablen für Ostdeutschland und Hochschulbildung, Beamte und Angestellte im öffentlichen Dienst und den Besitz einer bAV. Schließlich wurde noch für die Zahl der Angestellten und Beamten im Haushalt kontrolliert und ein Interaktionseffekt zwischen bAV und dem logarithmierten Haushaltsnettoeinkommen berücksichtigt.

Mit Ausnahme der Konstanten, eines der Kinder-Dummies und der Indikatorvariable für Ostdeutschland, sind sämtliche Koeffizienten des für 4.480 Beobachtungen geschätzten Modells hochsignifikant mit p-Werten unter 0,02. Die genannten Ausnahmen sind signifikant auf dem 10-Prozent-Niveau. Auffällig ist dabei insbesondere der stark negative Zusammenhang zwischen dem Vorliegen einer bAV und eines Riester-Vertrags. Der aufgrund der Kinderzulagen erwartete positive Zusammenhang zwischen Kinderzahl und der Wahrscheinlichkeit des Besitzes eines Riester-Vertrags bestätigt sich. Auch zwischen Hochschulbildung und Riester-Partizipation besteht ein positiver Zusammenhang.

Imputation und Zuweisung von Riester-Verträgen.   Im MZ wurde zunächst der zulagenberechtigte Personenkreis gemäß § 79 EStG identifiziert. Als Riesterberechtigt wurden dabei die in der GRV pflichtversicherten Personen, Beamte, Soldaten, Arbeitslose und Wehr- bzw. Zivildienstleistende sowie die mittelbar Be-

---

[772] Vgl. dazu ausführlicher HOSMER und LEMESHOW (2000, S. 160 ff.).
[773] Vgl. ebd.

rechtigten klassifiziert.[774] Der so eingegrenzte Personenkreis besteht im MZ 2005 aus etwa 287.000 Beobachtungen, hochgerechnet etwa 35,7 Mio. Personen zwischen 25 und 65 Jahren.

Auf diese Gruppe wurde die Imputation der logarithmierten *odds ratios* beschränkt. Weil das finale Modell zur Riester-Partizipation analog zum Vorgehen im Zusammenhang mit den bAV-Beiträgen für verschiedene homogene Klassen geschätzt wurde, erfolgte auch die Imputation der logarithmierten *odds ratios* zunächst für diese – mit den im Kontext der bAV festgelegten Einteilungen identischen – homogenen Klassen. Zur Festlegung des letztendlich verwendeten Modells wurde ein mehrstufiges Verfahren entwickelt.

Zunächst galt es, die logarithmierten *odds ratios* in eine Indikatorvariable für Riester-Vertragsinhaber umzusetzen. Weil im GfK-Datensatz eine deutliche Verzerrung zugunsten von Riester-Verträgen vorliegt – 2.475 von 4.712 Beobachtungen sind im Besitz eines Riester-Vertrags – wären beim Standardwert $c = 0,5$ für den *cutpoint* hochgerechnet etwa 18 Mio. Verträge imputiert worden. Weil die tatsächliche Vertragszahl am Stichtag 31.12.2007 bekannt ist,[775] wurden die vom BMAS veröffentlichten Zahlen im Sinne der Nutzung externer Informationen im Rahmen der Datenkombination zur endogenen Bestimmung eines *cutpoints* verwendet. Intuitiv geschah dies, indem die logarithmierten *odds ratios* zunächst geordnet wurden. Beginnend bei den höchsten Werten erfolgte anschließend die Zuweisung von Verträgen an die Personen mit dem höchsten Chancenverhältnis für den Besitz eines Vertrages bis das angestrebte Aggregat von 10,76 Mio. Verträgen (vgl. Tabelle 3.2) erreicht wurde. Weil weniger Verträge zuzuweisen waren, als beim Standardwert von $c = 0,5$ resultiert hätten, musste die Spezifizität entsprechend erhöht werden. Tatsächlich lagen die endogen bestimmten *cutpoints* im Bereich von etwa 0,8, was gleichbedeutend mit einer höheren Spezifizität bei geringerer Sensitivität (s. o.) ist.

In einem weiteren Arbeitsschritt wurden die endogenen *cutpoints* im Spenderdatensatz dazu verwendet, die Güte der für die verschiedenen homogenen Klassen geschätzten Modelle mit den Klassifikationstabellen und der ROC-Curve zu über-

---

[774] Mit der Variable ef117 wurden Soldaten, Wehr- und Zivildienstleistende identifiziert. Die mittelbar Berechtigten wurden schließlich über die Variablen ef59, ef391 und eine auf Basis der Variablen ef661 und ef391 definierten Indikatorvariable zur Sozialversicherungspflicht des Haushaltsvorstands eingegrenzt.

[775] Zur Erinnerung: Die GfK-Befragung wurde im Zeitraum zwischen Ende 2008 und Anfang 2009 durchgeführt. Abgefragt wurden die Daten zum Stichtag 31.12.2007 (vgl. Abschnitt 5.1.2.2).

prüfen. Im Fall des unklassiert geschätzten finalen Modells liegt der endogene *cut-point* bei 0,8702932 und es resultiert (im GfK-Datensatz) eine Fläche unter der ROC-Kurve von 0,8397. Mithin kann die Diskriminierungsfähigkeit des Modells als exzellent eingestuft werden (s. o.). In den klassiert geschätzten Modellen resultieren, ähnlich wie im Fall der Bestimmtheitsmaße, je nach homogener Klasse geringfügig höhere oder geringere Werte. Auf Basis dieser Kennzahlen und eines paarweisen Vergleichs sämtlicher im MZ erfolgten Zuweisungen von Riester-Verträgen, stellte sich keines der klassiert geschätzten Modelle als eindeutig überlegen heraus. Insgesamt scheinen alle Modelle auf Basis der Kennzahlen grundsätzlich geeignet zu sein.

Aufgrund der o. a. Verzerrungen im Spenderdatensatz erscheint auch der Vergleich der Randverteilungen in beiden Datensätzen als einzige Entscheidungsgrundlage wenig sinnvoll. Letztlich erfolgt die Festlegung der Standardvariante daher unter Abwägung der Plausibilität der verschiedenen Kennzahlen und der Plausibilität der resultierenden Randverteilung. So weist bspw. das für drei Altersklassen geschätzte Modell die höchste Quote korrekter Klassifizierungen im Spenderdatensatz auf. Jedoch erscheint die Randverteilung im MZ, bei der keine Verträge in der Altersklasse über 55 Jahren zugewiesen wurden, wenig plausibel. Unter Berücksichtigung aller genannten Aspekte und Kriterien wurde schließlich das für zwei Einkommensklassen und Ost-West geschätzte Modell als Standard gesetzt.

Diskussion. Die generellen Probleme einer Datenkombination auf Basis von Regressionsansätzen bestehen auch im vorliegenden Fall einer logistischen Regression und müssen hier nicht gesondert diskutiert werden.

Diskussionswürdig ist der o. a. stark negative Zusammenhang zwischen bAV- und Riester-Partizipation, der das Ergebnis der Imputation maßgeblich mitbestimmt. Dieser Sachverhalt ist bei der Interpretation der Ergebnisse stets zu berücksichtigen, insbesondere weil BÖRSCH-SUPAN et al. (2008c) auf Basis der SAVE-Daten zu dem Schluss kommen, dass bAV- und Riester-Verträge keine Substitute sind, sondern komplementären Charakter haben:

> „We also provide circumstantial evidence on displacement effects between saving for old-age provision and other purposes. Households who plan to purchase housing are less likely to have a Riester pension. The same holds for households who attach high importance to a bequest motive. Occupational

pensions and other forms of private pensions, however, act as complements rather than as substitutes."[776]

Der Befund ist offensichtlich primär auf die verschiedenen Datenquellen zurückzuführen und daher im Rahmen dieser Untersuchung nicht abschließend zu klären. Entsprechend sind die Befunde zukünftiger empirischer Arbeiten – die nach Möglichkeit verschiedene Datenquellen zum Vergleich heranziehen – abzuwarten.

Ein weiterer Aspekt des gewählten Verfahrens, der durchaus kritisch gesehen werden kann, ist die endogene Bestimmung der *cutpoints*. Durch die Erhöhung der Schwellenwerte im Vergleich zum Standardwert $c = 0,5$ wird zwangsläufig die Sensitivität des Modells reduziert. Allerdings schien die Berücksichtigung der bekannten Aggregatsdaten des BMAS im Sinne der Nutzung externer Daten im Rahmen einer Datenkombination als hinreichendes Argument für dieses Vorgehen.

Schließlich ist darauf hinzuweisen, dass der – aufgrund der verzerrten Stichprobe – nur eingeschränkt mögliche Vergleich der imputierten Randverteilung mit den Daten dazu führt, dass die Beurteilung der Ergebnisse deutlich erschwert wird. Dies gilt bspw. für die altersspezifischen Partizipationsquoten. In sämtlichen klassenweise geschätzten Modellen resultieren nur vergleichsweise wenige Riester-Sparer in der obersten Altersklasse. Das gewählte Standardmodell, bei dem die homogenen Klassen aus zwei Einkommensklassen und der Ost-West-Unterscheidung bestehen, liegt im Vergleich mit den anderen klassierten Schätzungen in dieser Hinsicht im mittleren Bereich. Die erzielten Ergebnisse sind dabei durchaus mit den Zahlen der ZfA vergleichbar (s. u.).

5.3.2.2.1.2 Riester-Beiträge und die Berechnung der Anwartschaften
Die Ermittlung der Anwartschaften im Bereich der Riester-Rente erfolgte in exakter Analogie zum Fall der bAV-Anwartschaften, weshalb die Ausführungen hier kurz gehalten werden.

Regressionsmodell. Die abhängige Variable in dem im Spenderdatensatz geschätzten Modell ist die Beitrags-Variable mit Angaben zur Höhe der geleisteten Eigenbeiträge (ohne Zulagen). Zu den Regressoren gehören das Haushaltsnettoeinkommen (Klassenmitte) mit einem positiven Koeffizienten (bei einem p-Wert von 0,002) und das quadrierte Haushaltsnettoeinkommen mit einem negativen Koeffi-

---

[776] BÖRSCH-SUPAN et al. (2008c, S. 295).

zienten (bei einem p-Wert von 0,369), wobei sich beide im Rahmen des gruppen-weisen Wald-Tests als gemeinsam signifikant erweisen. Daneben wurde die Indika-torvariable für den Haushaltsvorstand berücksichtigt, die einen deutlich positiven Koeffizienten (bei einem p-Wert von 0,000) aufweist.

Ein ähnlich hohes Signifikanzniveau besteht beim ebenfalls positiven Koeffizien-ten für die Indikatorvariable zur bAV-Partizipation: Geht es um die Entscheidung, einen Riester-Vertrag abzuschließen (Partizipation), ist wie bereits dargestellt, die Wahrscheinlichkeit geringer, wenn bereits eine bAV besteht (bAV und Riester als Substitute). Wird dennoch ein Riester-Vertrag abgeschlossen (wie im vorliegen-den Fall gegeben), dann sprechen die hier vorgestellten Schätzergebnisse dafür, dass dieser höher bespart wird als im Fall ohne zusätzliche bAV (komplementärer Charakter von bAV- und Riester-Beiträgen). Dies wiederum scheint plausibel, weil vermutlich eher Besserverdiener beide Vertragstypen abschließen werden.

Die Indikatorvariablen für die Kinderzahl haben wie die Haushaltsgröße allesamt negative Koeffizienten. Dies ist mit den Kinderzulagen zu erklären, die auf den Mindesteigenbeitrag angerechnet werden und so den notwendigen Beitrag aus ei-genen Mitteln reduzieren (vgl. Abschnitt 3.3.1). Ebenfalls negative Koeffizienten haben die räumlichen Indikatorvariablen für Ostdeutschland bzw. die Stadtstaa-ten. Neben den genannten Variablen wurden zusätzlich noch Variablen zur Zahl der Haushaltsmitglieder mit einer abgeschlossenen Lehre bzw. mit einem Hochschulab-schluss sowie verschiedene Interaktionseffekte des Geschlechts mit dem Einkommen und der Indikatorvariable für Ostdeutschland berücksichtigt.

Das Bestimmtheitsmaß des Modells liegt mit 0,2723 besser als im Fall der bAV, bleibt aber deutlich hinter der Anpassungsgüte des in der VSKT geschätzten Mo-dells für die Entgeltpunkte zurück. Dies kann auch auf die größere Zahl von Beob-achtungen zurückgeführt werden, die den Schätzungen in der VSKT zugrundeliegt, ist aber in jedem Fall entsprechend bei der Interpretation zu berücksichtigen.

Imputation und Berechnung der Anwartschaften. Für die Gruppe der im MZ identifizierten Riester-Vertragsinhaber wurden die Beiträge wie im Fall der bAV klassenweise imputiert und auf die im Spenderdatensatz beobachtbaren Extrem-werte trunkiert. Aufgrund des Vergleichs der Randverteilungen im Spender- und Empfängerdatensatz, sowie aus Gründen der Einheitlichkeit mit dem im Rahmen der bAV verwendeten Modell, fiel die Entscheidung für ein Standardmodell auf die Imputation auf Basis des für zwei Altersklassen in Ost- und Westdeutschland geschätzten Modells.

Weil im Jahr 2008 die letzte Förderstufe der Riester-Rente erreicht wurde, waren die für 2007 imputierten Beitragszahlungen entsprechend zu dynamisieren. Mithin wurde angenommen, dass die Vertragsinhaber ihre Beiträge entsprechend angepasst haben. Neben dieser einmaligen Dynamisierung in Höhe von 4/3 erfolgte die jährliche Dynamisierung in Analogie zur bAV mit real 1,0 Prozent jährlich. Zu den imputierten und dynamisierten Eigenbeiträgen wurden die durchschnittlichen Grundzulagen pro gefördertem Vertrag und unter Berücksichtigung der Kinderzahl ggf. die durchschnittlichen Kinderzulagen pro Kind gemäß der Statistik der ZfA addiert. Die Höchstgrenze des Sonderausgabenabzugs (2.100 €) wurde gemäß des gesetzlichen Status Quo nicht dynamisiert und stellt damit den maximal möglichen Beitrag dar.

Zur Berechnung des Kapitalstocks, der bei Eintritt in den Ruhestand zur Annuitisierung gemäß Formel 5.1 (vgl. Seite 291) zur Verfügung steht, musste auch im vorliegenden Fall der Zeitraum für die Beitragszahlungen und Zinsgutschriften ermittelt werden. Hierzu wurde der Zeitpunkt des Vertragsabschlusses imputiert, anstatt wie im Fall der bAV das Alter bei Vertragsabschluss. Dieses abweichende Vorgehen verspricht aufgrund der erst seit 2001 am Markt erhältlichen Riester-Produkte eine geringere Fehlerquote. Die den BMAS-Zahlen zu entnehmenden Abschlusshäufigkeiten – bzw. die im GfK-Datensatz zu ermittelnden relativen Häufigkeiten der Vertragsschlüsse bezogen auf die Ende 2007 bestehenden Verträge – in den Jahren seit 2001 können durch eine Linearkombination zweier Normalverteilungen $N_1(2002; 1,4)$ und $N_2(2007; 1,15)$ gut angenähert werden (vgl. Abbildung 5.9), wobei Werte kleiner 2001 und größer 2007 auf den Zeitraum nach 2005 gleich verteilt wurden.

Aus dem Jahr des Eintritts in den Ruhestand und dem Jahr des Vertragsschlusses resultiert unter Verwendung der im Rahmen der bAV diskutierten Zinsannahmen der Zeithorizont für den Aufbau des Riester-Kapitalstocks. Dieser wird annahmegemäß als Annuität ausgezahlt, wobei die Lebenserwartung der DAV2004R zugrunde gelegt wurde.

Diskussion. Während die DAV2004R im Fall der bAV kritisch diskutiert wurde, scheint deren Verwendung im vorliegenden Fall unstrittig, weil sie den Verträgen tatsächlich zugrunde liegt. Hingegen lässt der Vergleich mit der Realität die Imputation von Riester-Beiträgen bzw. die Berechnung von Anwartschaften für die Gesamtzahl der 10,76 Mio. imputierten Verträge durchaus problematisch erscheinen. So wurde in Abschnitt 3.3.1 auf das Problem aufmerksam gemacht, dass im Beitragsjahr 2007 lediglich 7,8 Mio. Vertragsinhaber faktisch gefördert wurden, was primär durch ruhende Verträge oder fehlende Antragstellung zu erklären ist. Hinsichtlich der Anpassung der Beiträge an die letzte bzw. aktuelle Förderstufe (4 Prozent des Bruttoeinkommens) scheinen die Daten der ZfA die Annahme im Rahmen dieser Arbeit zu stützen. Hingegen scheint die (laufende) Anpassung von Beiträgen an Veränderungen der individuellen Situation – bspw. Gehaltssteigerungen oder der Wegfall der Kinderzulagen-Berechtigung – eher nicht gegeben.[777]

So gesehen werden im vorliegenden Modell tendenziell optimistische Annahmen hinsichtlich der Nutzung existierender Riester-Verträge getroffen, die eher im Sinne von Wenn-Dann-Aussagen zu interpretieren sind. Andererseits sind die ausgewiesenen Ersatzniveaus näher an der Realität als die von BÖRSCH-SUPAN und GASCHE (2010a) berechneten Größen, weil die Beitragszahlungen imputiert und nicht – wie in der genannten Studie – die konterfaktische Annahme von Mindestbeiträgen in Höhe der Fördergrenzen getroffen wurde.

Die Imputation der Beitragshöhe ist aufgrund der genannten Nachteile der Regressionsansätze keineswegs unproblematisch. Auch die Berücksichtigung durchschnittlicher Zulagen ist durchaus kritisch zu sehen. Allerdings liegen die generierten durchschnittlichen Gesamtbeiträge (inkl. Zulagen) mit 584,96 € sehr nah an den im Beitragsjahr 2007 von der ZfA für Riester-Versicherungsverträge ausgewiesenen durchschnittlichen Gesamtbeiträgen von 592,78 €. Die gute Annäherung sagt, wie bereits mehrfach betont, nichts über die Qualität der individuellen Zuweisung aus. So dürfte sich das Problem der Regression zum Mittelwert auch im vorliegenden Fall besonders auf die Ersatzquoten der Geringverdiener auswirken.

Auf den Vorsorgestatus der – insbesondere jungen – Besserverdiener wirkt sich hingegen die nicht dynamisierte Grenze des maximalen Sonderausgabenabzugs von 2.100 € aus. Inwieweit sich diese – dem gesetzlichen Status Quo entsprechende – Annahme als zutreffend erweisen wird, ist momentan unsicher. Angesichts der in Kapitel 3 erläuterten Divergenz, die zwischen der Förderung von bAV und Riester bereits heute zu beobachten ist, kann die Annahme jedoch durchaus angezweifelt werden, weil der politische Handlungsdruck zur Dynamisierung des Sonderausga-

---

[777] Vgl. hierzu RAFFELHÜSCHEN und SCHODER (2010).

benabzugs im Bereich der Riester-Rente analog zur bAV vermutlich zunehmen wird.

Die Problematik der Imputation eines Startzeitpunkts wurde bereits hinreichend thematisiert. Abbildung 5.9 zeigt, dass die unbedingte Verteilung auch im vorliegenden Fall gut reproduziert werden konnte. Wie mehrfach erwähnt, ist dies jedoch keine Gewähr für die individuell korrekte Zuweisung. Verglichen mit den anderen bisher betrachteten Versorgungswegen ist die damit verbundene Verzerrung der Ergebnisse aber aufgrund des noch jungen Versorgungswegs der Riester-Rente quantitativ wohl eher vernachlässigbar.

Abbildung 5.9:
Verteilung der Riester-Vertragsabschlüsse nach Jahren.

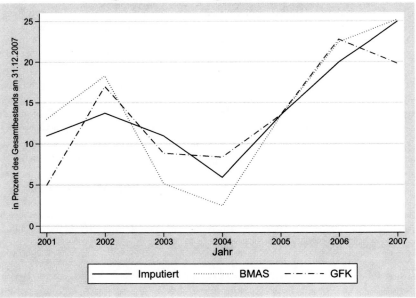

Eigene Darstellung.

5.3.2.2.2 Ergebnisse

Auf Basis des genannten Verfahrens wurden hochgerechnet insgesamt 10,76 Mio. Verträge auf die MZ-Population der etwa 35,7 Mio. Riester-Berechtigten verteilt.[778] Damit liegt die Partizipationsquote im Bundesschnitt bei 30,1 Prozent (vgl. Abbildung 5.10). Auffällig ist dabei das starke Ost-West-Gefälle.

Abbildung 5.10:
Riester-Partizipation nach Regionen.

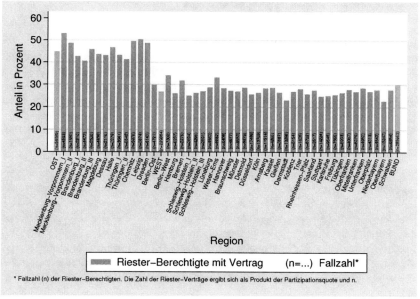

* Fallzahl (n) der Riester-Berechtigten. Die Zahl der Riester-Verträge ergibt sich als Produkt der Partizipationsquote und n.

Eigene Darstellung.

Während die durchschnittliche Partizipation in den ostdeutschen Regionen bei 44,6 Prozent liegt, hat in den westdeutschen Regionen nur gut jeder Vierte (26,8 Pro-

[778] Nicht hochgerechnet sind es 86.000 Fälle mit Verträgen, insgesamt besteht eine Riester-Berechtigung für 288.000 Fälle.

zent) einen Riester-Vertrag. Unter Berücksichtigung der Bevölkerungsverteilung auf die Landesteile, stammen damit etwa 72,3 Prozent der 10,76 Mio. Riester-Sparer aus den westdeutschen Bundesländern, während etwa 27,6 Prozent in den ostdeutschen Regionen leben. Diese Werte liegen sehr nah an den Angaben – 74,1 Prozent (West) und 25,9 Prozent (Ost) – der ZfA-Statistik zum Beitragsjahr 2007. Damit ist das gewählte Modell in der Lage, eine plausible regionale Verteilung der Partizipation zu generieren. Inwieweit dies auch für die tieferen regionalen Ebenen gilt, kann an dieser Stelle nicht beurteilt werden. Auffällig ist auf der tieferen regionalen Ebene, dass die beobachtbare Spreizung noch größer ist als bei der Beschränkung auf die Ost-West-Betrachtung. So wird die höchste Partizipationsquote (53 Prozent) in Mecklenburg-Vorpommern_I, die geringste (22,7 Prozent) in Oberbayern erreicht.

Bei der Betrachtung der Ersatzniveaus in Abbildung 5.11 (a) kehrt sich das bei den Partizipationsquoten beobachtete Muster in ein West-Ost-Gefälle um. Bei einem auf 84.387 Beobachtungen beruhenden bundesdurchschnittlichen Ersatzniveau von 234,80 € werden in den ostdeutschen Regionen durchschnittlich lediglich 186,20 € erreicht, im Westen liegt die durchschnittliche Riester-Rente über alle betrachteten Personen(gruppen) bei 253,36 €.[779] Angesichts der angesprochenen regionalen Einkommensdisparitäten, der Beitragsäquivalenz im Rahmen des kapitalgedeckten Systems und der grundsätzlich linearen Beziehung zwischen Einkommen und Beiträgen ist dies wenig überraschend.

Die aus der Riester-Rente erzielbare Ersatzquote liegt auf Bundesebene im Gesamtschnitt bei 18,97 Prozent, wobei die Zahl der zur Berechnungen verwendeten Beobachtungen bei 65.078 liegt und damit die durch *nonresponse* verursachte Problematik eine etwas größere Bedeutung hat als im Fall der GRV (s. o.). Die durchschnittliche Ersatzquote in den ostdeutschen Regionen liegt bei 15,89 Prozent, jene in den westdeutschen Regionen bei 20,16 Prozent. Damit bleibt das West-Ost-Gefälle den Ersatzquoten (Abbildung 5.11 (b)) grundsätzlich bestehen, wird aber durch die Beitragsäquivalenz des Systems etwas abgeschwächt.

---

[779] Der Durchschnittswert für Ostdeutschland beruht auf 24.662, jener für Westdeutschland auf 59.725 Fällen.

Abbildung 5.11:
Vorsorgestatus in der Riester-Rente nach Regionen.

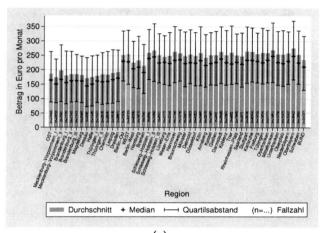

(a)
Ersatzniveau

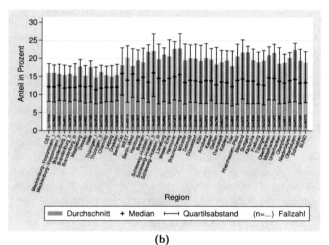

(b)
Ersatzquote

Eigene Berechnungen.

Eine regionale Gleichverteilung der Ersatzquoten – die bei vollständiger Beitragsäquivalenz vorliegen sollte – ist somit nicht gegeben. Inwieweit dies den Zulagen
(insbesondere den Kinderzulagen) geschuldet ist, welche die Proportionalität von
eigenen Beiträgen zum Einkommen aufheben können, oder methodisch bedingt
ist, weil individuell falsche Beiträge zugeordnet und nur durchschnittliche Zulagen
betrachtet werden, ist an dieser Stelle nicht abschließend zu klären.

Aufgrund der erst seit kurzem existierenden Möglichkeit der Riester-Vorsorge sind
bei der altersspezifischen Betrachtung deutliche Unterschiede zu erwarten. Tabelle 5.20 bestätigt diese Vermutung. Offensichtlich nimmt die Riester-Partizipation mit zunehmendem Alter linear ab. Diese Beobachtung lässt sich durch das
AltEinkG bzw. die nachgelagerte Besteuerung rationalisieren. Je länger der Zeitraum, in dem steuerfrei angespart werden kann, desto deutlicher die Vorteile des
Steuerstundungseffekts. Hingegen ist gerade für ältere Personen der Zeitraum der
Steuerbegünstigung im Vergleich zu dem Zeitraum der (nachgelagerten) Besteuerung sehr kurz, so dass dieser Personenkreis nur vergleichsweise geringe steuerliche
Anreize zum Abschluss eines Riester-Vertrags hat.

Die Deutlichkeit der Abnahme der Partizipation mit dem Alter mag dabei überraschen. Jedoch sind die Ergebnisse durchaus im Bereich der Angaben der ZfA-
Zulagenstatistik. So wurden laut STOLZ und RIECKHOFF (2010) im Beitragsjahr
2007 lediglich 3,29 Prozent der Zulagen an Personen ausgeschüttet, die im Jahr
2005 zwischen 55 und 65 Jahren alt waren. Der Anteil der 45- bis 55-Jährigen
(35- bis 45-Jährigen) an allen Geförderten lag in diesem Beitragsjahr bei 20,54
(38,18) Prozent, so dass die Abweichungen zu den im Rahmen dieser Untersuchung generierten Werte für diese Jahrgänge eher gering sind. Bei den 25- und
35-Jährigen ist die Abweichung zu den in der ZfA-Statistik genannten 24,31 Prozent auf den ersten Blick enorm. Dabei ist jedoch zu berücksichtigen, dass im
Rahmen der vorliegenden Untersuchung das Alter von 25 Jahren als Untergrenze
gesetzt wurde und damit die Gesamtzahl der Verträge auf diese kleinere Population der über 25-Jährigen verteilt wurde, während bei der ZfA knapp 14 Prozent
der Zulagenempfänger jünger als 25 Jahre waren.[780] Interpretiert man die in Tabelle 5.20 für die untere Altersklasse genannte Angabe als Partizipationsquote der
unter 35-Jährigen, so relativiert sich die Abweichung zur ZfA-Statistik. Dort liegt
der korrespondierende Anteil bei etwa 38 Prozent.

---

[780] Auch hier bezieht sich die Altersangabe auf das Jahr 2005.

Tabelle 5.20:
Vorsorgestatus in der Riester-Rente nach Alter.

Alter in Jahren	Partizipationsquote (in Prozent)	Ersatzniveau (in €)	Ersatzquote (in Prozent)
	BUND		
25 bis unter 35	49,62	332,29	25,38
35 bis unter 45	39,22	195,73	16,49
45 bis unter 55	15,74	120,59	11,51
55 bis 65	4,74	43,18	6,47
	WEST		
25 bis unter 35	46,75	339,09	26,31
35 bis unter 45	36,56	203,30	17,24
45 bis unter 55	10,58	141,58	10,55
55 bis 65	0,86	82,77	3,53
	OST		
25 bis unter 35	63,28	308,41	22,31
35 bis unter 45	51,65	170,67	14,07
45 bis unter 55	35,59	96,56	12,67
55 bis 65	21,01	36,41	7,05

Eigene Darstellung.

Neben den altersspezifischen Partizipationsquoten erklärt die vergleichsweise junge Vorsorgeform der Riester-Rente auch die unterschiedlichen Ersatzniveaus von jüngeren und älteren Jahrgängen. Das Alter bei Einführung der Riester-Rente im Jahr 2001 bestimmt den Anlagehorizont mit und wirkt entsprechend negativ (positiv) auf die Ersatzniveaus der älteren (jüngeren) Riester-Sparer. Aufgrund dieser ungleichen Verteilung der Ersatzniveaus über die Altersklassen sind die oben genannten vergleichsweise hohen Beträge zum durchschnittlichen Ersatzniveau aus der Riester-Rente offensichtlich nur begrenzt aussagekräftig. Dies gilt analog für die Ersatzquoten, bei denen ebenfalls eine monotone Abnahme über die Altersklassen zu verzeichnen ist.

Eine Auffälligkeit sind die vergleichsweise hohen Ersatzquoten der über 45-Jährigen in Ost-Deutschland. Für die 45- bis 55-Jährigen ist der Unterschied zu den westdeutschen Altersgenossen mit etwa 2 Prozentpunkten noch gering. Für die 55-

bis 65-Jährigen scheint die Riester-Rente relativ gesehen mehr als doppelt soviel vom Arbeitseinkommen ersetzen zu können, wie für die westdeutschen Personen in dieser oberen Altersklasse.

Die in Abschnitt 3.3.1.2 angesprochene Kritik, dass die Riester-Rente insbesondere für Geringverdiener wenig attraktiv ist, bestätigt sich im Rahmen der vorliegenden empirischen Untersuchung nicht. Im Gegenteil belegt Tabelle 5.21, dass die Geringverdiener sowohl bei der Partizipation als auch bei den Ersatzquoten die höchsten Werte erreichen. In beiden Fällen dürfte die Erklärung insbesondere in den hohen Förderquoten aufgrund der Zulagen liegen. Die vorliegenden Ergebnisse sind damit grundsätzlich in Einklang mit der offiziellen Zulagenstatistik. So stammten bspw. im Zulagenjahr 2004 zwei Drittel (44 Prozent) der Zulagenanträge von Personen mit Einkommen unter 30.000 (20.000) €.[781]

Der Widerspruch zu den im Gutachten des MINISTERIUMS FÜR ARBEIT UND SOZIALES BADEN-WÜRTTEMBERG (2007) genannten Befunden des Mannheimer MEA könnte dadurch zu erklären sein,[782] dass die Zulagenstatistik und die vorliegende Untersuchung sich auf die Personenebene beziehen, während der Untersuchung des MEA die Haushaltsdaten des SAVE-Datensatzes zugrunde liegen. Unterschiede können dabei insbesondere in Mehrpersonenhaushalten mit mittelbar berechtigten Personen entstehen. Erzielt der Haushaltsvorstand als Alleinverdiener ein stark überdurchschnittliches Einkommen, so wird der Haushalt nicht den Geringverdienern zugeordnet. Läuft der Riester-Vertrag auf die nicht erwerbstätige Frau dieses Gutverdieners, so resultiert offensichtlich ein anderes Bild, als im Fall der Personenbetrachtung.

Bei den Ersatzniveaus fallen die vergleichsweise geringen Unterschiede zwischen der oberen und mittleren Einkommensklasse auf. Im Westen liegt das durchschnittliche Ersatzniveau in der mittleren Einkommensklasse sogar knapp oberhalb jenem in der oberen Einkommensklasse. Für dieses Ergebnis können zwei methodische Aspekte verantwortlich sein. Neben der Regression zum Mittelwert wirkt sich insbesondere bei jüngeren Besserverdienern das gewählte Verfahren zur Behandlung der Zulagen aus.

---

[781] Vgl. MINISTERIUM FÜR ARBEIT, GESUNDHEIT UND SOZIALES DES LANDES NORDRHEIN-WESTFALEN (2008) und STOLZ und RIECKHOFF (2006, 2007, 2008, 2009, 2010).

[782] Auch GEYER und STEINER (2009) kommen zu dem Ergebnis, dass Geringverdiener die Riester-Rente tendenziell weniger nutzen.

Tabelle 5.21:
Vorsorgestatus in der Riester-Rente nach Einkommen.

Nettoeinkommen (in € pro Monat)	Partizipationsquote (in Prozent)	Ersatzniveau (in €)	Ersatzquote (in Prozent)
	BUND		
unter 1.100	45,80	212,25	25,30
1.100 bis unter 1.700	20,36	294,57	10,54
über 1.700	18,32	306,90	6,77
	WEST		
unter 1.100	39,54	238,30	29,20
1.100 bis unter 1.700	18,25	311,05	11,03
über 1.700	18,96	306,11	6,71
	OST		
unter 1.100	62,80	167,73	17,99
1.100 bis unter 1.700	28,94	252,18	9,22
über 1.700	12,10	318,97	7,67

Eigene Darstellung.

Die geschlechtsspezifische Betrachtung in Tabelle 5.22 offenbart, dass Frauen in Westdeutschland und auf Bundesebene tendenziell häufiger einen Riester-Vertrag besitzen als die Männer. Hochgerechnet besaßen zum 31.12.2007 knapp 5,9 Mio. Frauen und 4,9 Mio. Männer einen Riester-Vertrag. Damit sind 54,7 Prozent der Inhaber eines Riester-Vertrags weiblich. Dieses Verhältnis deckt sich mit den Angaben der ZfA, die im Beitragsjahr 2007 einen Anteil der weiblichen Personen an allen Geförderten von 56,9 Prozent angibt.[783]

In den ostdeutschen Regionen ist das Verhältnis zwischen den Geschlechtern hingegen umgekehrt. Hier liegt Partizipationsquote der Männer oberhalb jener der Frauen. Eine Erklärung könnte darin liegen, dass im Modell gerade die mittelbar berechtigten Frauen im Westen Deutschlands einen Vertrag zugewiesen bekom-

---

[783] Vgl. STOLZ und RIECKHOFF (2010).

Tabelle 5.22:
Vorsorgestatus in der Riester-Rente nach Geschlecht.

Geschlecht	Partizipationsquote (in Prozent)	Ersatzniveau (in €)	Ersatzquote (in Prozent)
	BUND		
weiblich	32,85	205,60	23,13
männlich	27,35	270,02	14,71
	WEST		
weiblich	30,33	213,93	24,56
männlich	23,19	305,30	15,47
	OST		
weiblich	43,88	180,31	19,15
männlich	45,39	191,85	12,91

Eigene Darstellung.

men, während aufgrund der ähnlichen Erwerbsquoten von Frauen und Männern in Ostdeutschland kein derartiger Unterschied besteht.

Auch hinsichtlich der Ersatzniveaus und der Ersatzquoten sind die Unterschiede zwischen den Geschlechtern in Ostdeutschland deutlich geringer als in den westdeutschen Regionen, wobei in allen Landesteilen gilt, dass die Männer höhere Ersatzniveaus erreichen, während die Frauen höhere Ersatzquoten aus der Riester-Rente realisieren. Die Erklärung dürfte wie im Fall der GRV in der *gender-wage-gap*, sowie einer höheren Förderquote der Frauen liegen. Letztere könnte insbesondere daraus resultieren, dass Kinderzulagen tendenziell den Verträgen von Frauen gutgeschrieben werden.

5.3.2.3 Zusatzversorgung im öffentlichen Dienst

Für die Anwartschaften im Rahmen der ZöD liegen wie für die BV und die BSV keine Mikrodaten vor. Daher wurde auch in diesem Fall ein Simulationsmodell entwickelt. Grundsätzlich wäre wie im Fall der BSV ein Verfahren der Reskalierung von Werten der AVID 2005 möglich gewesen. Allerdings kann der letztlich gewählte und im Folgenden dargestellte Ansatz der Implementierung des Punkte-modells als geeigneter angesehen werden, um insbesondere die Anwartschaften der nicht in AVID enthaltenen Jahrgänge abzubilden. Im Sinne der Konsistenz schien es angemessen, den Ansatz auch für die grundsätzlich in der AVID erfassten Jahr-gänge anzuwenden und die AVID-Werte als Vergleichsgrößen für die Beurteilung der Ergebnisse heranzuziehen.

5.3.2.3.1 Spezifische Methodik und Annahmen

Im MZ 2005 galt es zunächst die ZöD-Versicherten zu identifizieren. Auf Basis der Variable ef117 weist der MZ hochgerechnet 4,6 Mio. ZöD-Pflichtversicherte aus, was – speziell im Vergleich mit der Beschäftigtenstatistik des Statistischen Bun-desamtes (vgl. Abschnitt 3.3.3.3) – eine akzeptable Näherung an die in der Träger-befragung von TNS Infratest ausgewiesenen 5,3 Mio. Versicherten zum 31.12.2005 darstellt.

Diese Gruppe wurde auf Basis des Geburtsjahrs und des Tarifgebiets (Ost vs. West) in rentennahe und rentenferne Jahrgänge gemäß ATV eingeteilt, um die Startgutschriften im Punktemodell berechnen zu können.[784] Die Ermittlung die-ser Startgutschriften wurde in Abschnitt 3.3.3.3 ausführlich erläutert, weshalb die spezifischen Begriffe im Folgenden als bekannt vorausgesetzt werden.

Berechnung der Ersatzniveaus und -quoten. Zunächst wurde für beide Grup-pen das fiktive Gesamtversorgungsniveau (GV^{fik}) berechnet, das sich im Fall der *rentenfernen Jahrgänge* durch die Multiplikation des Nettoeinkommens (Klassen-mitte) mit dem maximalen Versorgungssatz von 91,75 Prozent ergibt.[785] Im Fall der rentennahen Jahrgänge wurde das Gesamtversorgungsniveau durch die Multi-plikation des Netto-Versorgungssatzes mit der gesamtversorgungsfähigen Zeit be-stimmt. Dabei erfolgte eine Begrenzung auf 91,75 Prozent des Nettoeinkommens.

Zur Ermittlung der gesamtversorgungsfähigen Zeit wurden die vollen Dienstjahre (vDJ) bestimmt. Diese konnten berechnet werden, indem zunächst – analog zu BV und BSV – das Alter bei Eintritt in den öffentlichen Dienst imputiert wurde. Die

---

[784] Dabei konnten die Anwartschaften der beitragsfrei Versicherten nicht berücksichtigt werden.

[785] Mithin diente das im MZ berichtete Nettoeinkommen als fiktives Nettoarbeitsentgelt.

Referenzverteilung aus dem SOEP war dabei durch eine Gammaverteilung $\gamma(14; 2)$ für Angestellte ohne Berufsabschluss und eine Normalverteilung $N(31; 9)$ für Angestellte mit Hochschulabschluss hinreichend gut abzubilden. Aus dieser Angabe und dem Geburtsjahr konnte dann das Kalenderjahr des Eintritts in den öffentlichen Dienst berechnet werden. Die bis zum Jahr 2002 geleistete unbereinigte Dienstzeit wurde anschließend als Differenz aus 2002 und dem Jahr des Eintritts berechnet. Dabei wurde berücksichtigt, dass die Angliederung des Tarifgebiets Ost erst 1997 erfolgte. Die volle Dienstzeit ergab sich dann durch die Multiplikation der unbereinigten Dienstzeit mit dem Gesamtbeschäftigungsquotienten (GBQ). Letzterer wurde durch Division der im MZ angegebenen Arbeitszeit (ef835) durch die tarifliche Arbeitszeit von 39,75 Stunden pro Monat ermittelt, wobei eine Begrenzung des GBQ auf eins erfolgte. Die gesamtversorgungsfähige Zeit konnte schließlich durch Addition der verbleibenden Jahre bis zum 63. Lebensjahr zu den vollen Dienstjahren bestimmt werden.

Anschließend wurde für die *rentennahen Jahrgänge* die auf das Alter von 63 Jahren hochgerechnete Rentenauskunft (GRV^{fik}) mit folgender Gleichung nachgebildet:

$$\text{GRV}^{\text{fik}} = \left(\text{EP}_{2005} + (63 - \text{Alter}_{2005}) \cdot \frac{\text{EK}_{2005}}{\text{DE}_{2005}} \right) \cdot \text{AR}_{2001} \cdot \text{ZF}.$$

Als Entgeltpunkte (EP) wurden die im Rahmen der Berechnungen zur GRV imputierten Werte verwendet. Weil diese sich auf das Jahr 2005 beziehen, während die Berechnung der Startgutschriften grundsätzlich für das Jahr 2001 erfolgt, wurde der aktuelle Rentenwert des Jahres 2001 (AR_{2001}) verwendet. Die infolge der Verwendung der GRV-Werte höhere Entgeltpunktesumme kann als realitätsnahe Fortschreibung interpretiert werden. Folgerichtig gingen die bis zum Alter 63 noch zu erwerbenden Anwartschaften in der GRV erst ab dem Jahr 2005 – als Produkt aus verbleibenden Jahren ($63-\text{Alter}_{2005}$) und dem Quotienten aus aktuellem Bruttoeinkommen (EK) und dem Durchschnittsentgelt des Jahres 2005 (DE) in Höhe von 29.202 € – in die Gleichung ein. Somit wird unterstellt, dass sich die relative Einkommensposition bis zum fiktiven Renteneintritt nicht mehr verändert. Die fiktive Rentenauskunft wird schließlich durch die Multiplikation mit dem aktuellen Rentenwert des Jahres 2001 (dem Jahr der Umstellung auf das Punktemodell) von 25,31 € und dem Zugangsfaktor (hier: 0,928 aufgrund der Berechnung für das 63. Lebensjahr) vervollständigt.

Die Startgutschrift für die *rentennahen Jahrgänge* (S^{nah}) ergibt sich dann, indem die Differenz aus GV^{fik} und GRV^{fik} durch den Messbetrag von 4 € dividiert und der resultierende Gesamtpunktebetrag um die noch im Punktemodell zu erwerbenden Punkte (RP) vermindert wird:

$$S^{\text{nah}} = \frac{GV^{\text{fik}} - GRV^{\text{fik}}}{4} - RP.$$

Dabei wurde gemäß § 9 Abs. 3 ATV berücksichtigt, dass rentennahe Personen mit mindestens 20 Jahren der Pflichtversicherung wenigstens 1,84 Punkte pro vollem Dienstjahr erhalten.[786]

Zur Ermittlung der noch im Punktemodell zu erwerbenden Punkte für den Zeitraum nach 2001 (RP) wurden für 5-Jahres-Altersklassen die durchschnittlichen Bruttoeinkommen der ZöD-Population bestimmt. Das resultierende Profil wurde als durchschnittlicher Einkommenspfad interpretiert. Dieser durchschnittliche Einkommenspfad wurde (für rentennahe und rentenferne Jahrgänge) durch Reskalierung mit der individuellen Bruttoeinkommensposition (im Vergleich zum durchschnittlichen Einkommen der eigenen Altersklasse und analog zur Fortschreibung der Entgeltpunkte im Rahmen der Berechnungen zur GRV) in einen individuellen Einkommenspfad überführt.

Die Berechnung der Startgutschriften der *rentenfernen Jahrgänge* S^{fern} erforderte gemäß Rechtsstand November 2009 die Modellierung des in § 18 BetrAVG definierten Näherungsverfahrens zur Bestimmung der GRV-Anwartschaften (GRV^{NV}) auf Basis von 45 Dienstjahren:[787]

$$GRV^{\text{NV}} = \xi \cdot 45 \cdot mB \cdot ZF \cdot KF.$$

Dabei wurden die maßgebenden Bezüge (mB) vereinfachend durch das mit 12 Monaten multiplizierte monatliche Bruttoeinkommen (unter Berücksichtigung der jährlichen Lohnwachstumsrate für die Jahre 2001 bis 2005) abgebildet.[788] Neben dem Zugangsfaktor (ZF) wurde der Korrekturfaktor (KF) berücksichtigt. Letzterer soll der Entwicklung des aktuellen Rentenwerts Rechnung tragen und liegt seit

---

[786] Resultierten im Simulationsmodell negative Startgutschriften, wurden diese auf Null gesetzt.

[787] Vgl. bspw. WULF (o. J.).

[788] Tatsächlich beruhen die maßgeblichen Bezüge auf den Verdiensten der letzten drei Dienstjahre.

1.7.2001 bei 0,9086. Die Berechnung des Steigerungssatzes (ξ) erfolgte unter Bezugnahme auf das Verhältnis von maßgebenden Bezüge und der BBG der GRV (2001: 53.379 €) nach folgender Rechenvorschrift:[789]

$$\xi = Max\big(Min(A; 1,09); 0,88\big),$$

mit $A = \big(1,09 - \big(int\big((\frac{mB}{53379} - 0,7) \cdot 100 + 1\big)\big) \cdot 0,007\big).$

Mithin beträgt der Steigerungssatz 1,09, sofern die maßgebenden Bezüge nicht über 70 Prozent der BBG der GRV liegen. Für den Fall mB $> 0,7 \cdot$ BBG vermindert sich ξ um je 0,007 Prozentpunkte für jeden angefangenen Prozentpunkt oberhalb von 70 Prozent. Maximal kann der Steigerungssatz dabei auf 0,88 absinken.

Die Startgutschriften der *rentenfernen Jahrgänge* wurden dann – dem nach wie vor umstrittenen Rechtsstand entsprechend – unter Berücksichtigung der oben erläuterten vollen Dienstjahre (vDJ) und des Steigerungsfaktors für die Volleistung in Höhe von 2,25 Prozent pro Dienstjahr wie folgt berechnet:

$$S^{\text{fern}} = \frac{GV^{\text{fik}} - GRV^{\text{NV}} \cdot vDJ \cdot 0,0225}{4}.$$

Wie im Fall der Startgutschriften für die rentennahen Jahrgänge wurde auch S^{fern} auf Null gesetzt, wenn im Simulationsmodell negative Werte resultierten.

Von den so ermittelten Startgutschriften S^{fern} bzw. S^{nah} ausgehend, konnten die Ersatzniveaus in der ZöD berechnet werden. Zunächst wurden zu den Punkten der Startgutschriften die – unter Berücksichtigung der Altersfaktoren (vgl. Tabelle 3.3) ermittelten – Versorgungspunkte addiert, die in der verbleibenden Erwerbsphase (unter Berücksichtigung der Regelaltersgrenze) noch erreicht werden können. Die Multiplikation dieser Summe mit dem Messbetrag von 4 € und einem Faktor zur Deflationierung lieferte dann das Ersatzniveau in Preisen von 2005. Die Ersatzquote ergab sich schließlich aus der Division von Ersatzniveau und Bruttoeinkommen.

Diskussion. Zur Implementierung des vorgestellten Simulationsmodells mussten aufgrund der Querschnittsdaten des MZ zwangsläufig weitreichende und vereinfachende Annahmen getroffen werden. Wie im Fall der BV und der BSV sind die Anwartschaften auch im vorliegenden Fall besonders stark vom imputierten Alter

---

[789] Vgl. VKM BADEN (o. J.).

bei Eintritt in den öffentlichen Dienst abhängig, weil dieses die Dienstzeit determiniert. Erneut ist darauf hinzuweisen, dass die Reproduktion der Verteilung keine Rückschlüsse auf die Güte der individuellen Zuweisungen erlaubt.

Die Verwendung des im MZ berichteten Nettoeinkommens ist ebenfalls nur als grobe Näherung für das in den Statuten festgelegte fiktive Nettoarbeitsentgelt in Steuerklasse III anzusehen. Auch für die Berechnung des GBQ sind die Querschnittsdaten problematisch, weil damit unterstellt wird, dass die im Jahr 2005 beobachtete Arbeitszeit den Durchschnitt für das gesamte Erwerbsleben darstellt. Somit werden insbesondere die Anwartschaften von Personen unterschätzt, die im Jahr 2005, bspw. aufgrund einer temporären Teilzeit, eine Arbeitszeit angegeben haben, die geringer ist als die, welche sie im Durchschnitt ihres gesamten Anstellungsverhältnisses geleistet haben. Weiterhin kann die Ermittlung der im Punktemodell noch zu erwerbenden Versorgungspunkte über die Reskalierung des durchschnittlichen Einkommenspfades kritisiert werden. Allerdings scheint der damit verbundene Fehler im Vergleich zur BSV tendenziell geringer zu sein, weil die Laufbahnen im öffentlichen Dienst eher linear verlaufen sollten als in den freien Berufen.

5.3.2.3.2 Ergebnisse

Die regionale Gesamtbetrachtung der ZöD verdeutlicht sowohl beim Ersatzniveau als auch bei den Ersatzquoten ein klares West-Ost-Gefälle (vgl. Abbildung 5.12). So liegt der Durchschnitt in den westdeutschen Regionen bei 297,19 €, während im Beitrittsgebiet durchschnittlich nur 189,90 € erreicht werden. Aufgrund der Bevölkerungsverteilung liegt der auf 28.578 Fällen (hochgerechnet etwa 3,6 Mio. ZöD-Mitglieder) beruhende Bundesdurchschnitt mit 278,55 € pro Monat erwartungsgemäß näher am westdeutschen Durchschnittswert. Auf der tieferen regionalen Ebene ist die Spreizung noch größer: Hier liegt das höchste Ersatzniveau mit 337,46 € in Oberbayern mehr als doppelt so hoch wie das niedrigste Ersatzniveau von 161,08 € in Thüringen. In allen westdeutschen Regionen werden höhere Ersatzniveaus erreicht als in Ostdeutschland. Aber auch innerhalb der westdeutschen Regionen ist die Spreizung beachtlich. So liegt das Ersatzniveau in Oberbayern etwa 27 Prozent höher als in Oberfranken, wo mit 265,48 € das niedrigste Niveau der westdeutschen Regionen erreicht wird.

Abbildung 5.12:

Vorsorgestatus in der ZöD nach Regionen.

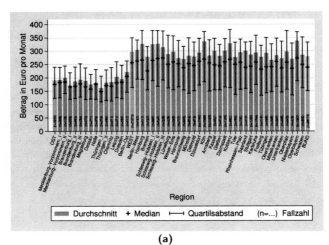

(a)

Ersatzniveau

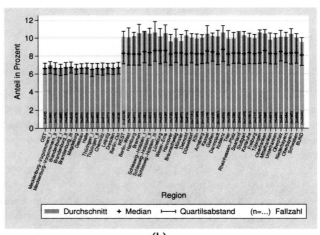

(b)

Ersatzquote

Eigene Berechnungen.

Die bundesdurchschnittliche Ersatzquote liegt bei 9,52 Prozent. Das West-Ost-Gefälle hat mit 10,12 Prozent in den west- und 6,65 Prozent in den ostdeutschen Regionen eine ähnliche Größenordnung wie im Fall der Ersatzniveaus. Auffällig ist jedoch, dass innerhalb dieser Großregionen die regionalen Unterschiede deutlich geringer sind als im Fall der Ersatzniveaus. So ist die Ersatzquote in der westdeutschen Region mit der höchsten Ersatzquote (Schleswig-Holstein_I: 10,66 Prozent) nur noch gut 11 Prozent höher als in der westdeutschen Region mit der geringsten Ersatzquote (Hannover: 9,59 Prozent).

Aufgrund der Systemumstellung ist die Aussagekraft dieser Gesamtbetrachtung jedoch stark eingeschränkt. Gerade aufgrund der im Zuge der Ermittlung der Startgutschriften erfolgten Unterscheidung von rentennahen und rentenfernen Jahrgängen sind dabei insbesondere zwischen den Altersklassen deutliche Unterschiede zu erwarten. Diese Vermutung wird durch Tabelle 5.23 bestätigt. Erwartungsgemäß werden die höchsten Ersatzniveaus in der obersten Altersklasse im Westen erreicht. Mit 508,26 € liegen sie im Schnitt etwa doppelt so hoch, wie bei den 25- bis 35-Jährigen im Westen. Diese geringeren Niveaus sind das Spiegelbild der mit dem Übergang zum Punktemodell verfolgten Konsolidierungspolitik, deren Effektivität damit grundsätzlich nachgewiesen ist.

Noch deutlicher ist der Unterschied im Vergleich zu den Altersgenossen im Osten, die im Schnitt lediglich 122,65 € aus der ZöD erhalten werden. Dieser Unterschied scheint durchaus mit den Zahlen der AVID 2005 vergleichbar. Hier werden für die zwischen 1942 und 1946 geborenen Männer im Westen 423 € ausgewiesen, für jene im Beitrittsgebiet 136 €, wobei der letztgenannte Wert aufgrund geringer Fallzahlen nur geklammert ausgewiesen ist.

In der unteren Altersklasse ist der Unterschied im Ersatzniveau zwischen Ost und West nahezu nivelliert. Ein Abgleich mit den Werten der AVID ist für diese Altersgruppe nicht möglich. Die Werte für die jüngsten AVID-Jahrgänge 1957 bis 1961 scheinen jedoch durchaus mit den Werten der Altersklasse der 45- bis 55-Jährigen im Rahmen der vorliegenden Untersuchung vergleichbar.

Bei den Ersatzquoten bestätigen sich die im Kontext der Ersatzniveaus beschriebenen Muster grundsätzlich. Im Westen sinkt die durchschnittliche Ersatzquote von der ältesten zur jüngsten Altersklasse vergleichsweise steil ab. Im Osten ist hingegen eine leichte Zunahme zu erwarten. Die Erklärung für diese Entwicklungen liegt dabei offensichtlich in der Systemumstellung und dem vergleichsweise späten Beginn der ZöD in Ostdeutschland.

Tabelle 5.23:
Vorsorgestatus in der ZöD nach Alter.

Alter in Jahren	Ersatzniveau (in €)	Ersatzquote (in Prozent)
	BUND	
25 bis unter 35	243,55	7,68
35 bis unter 45	239,93	7,76
45 bis unter 55	273,82	9,68
55 bis 65	431,96	16,01
	WEST	
25 bis unter 35	244,58	7,68
35 bis unter 45	244,89	7,92
45 bis unter 55	297,00	10,39
55 bis 65	508,26	18,66
	OST	
25 bis unter 35	238,01	7,64
35 bis unter 45	215,57	6,96
45 bis unter 55	168,05	6,41
55 bis 65	122,65	5,27

Eigene Darstellung.

Auffällig ist, dass die Werte der Ersatzniveaus und -quoten verglichen mit jenen der privatwirtschaftlichen bAV für alle Altersklassen deutlich geringer sind. Zwar weist auch die AVID 2005 einen Vorteil der bAV gegenüber der ZöD aus, jedoch fällt der Unterschied in den vorliegenden Ergebnissen deutlicher aus. In welcher Größenordnung die Differenzen durch unterschiedliche Zinsannahmen und/oder die unterschiedliche Datengrundlage sowie Methodik verursacht werden, ist an dieser Stelle nicht abzuschätzen, auch weil ein Methodenbericht zur AVID bisher nicht veröffentlicht ist.

Die einkommensspezifische Auswertung des Vorsorgestatus ist in Tabelle 5.24 zusammengefasst. Während die Ersatzniveaus mit dem Einkommen kontinuierlich zunehmen, sind die Unterschiede in den Ersatzquoten eher gering. Auffällig ist bei den einkommensspezifischen Ergebnissen vor allem, dass bei vergleichbarem Einkommen im Osten deutlich geringere Ersatzniveaus und -quoten zu beobachten sind. Dies dürfte in erster Linie auf die zugrundeliegende Dienstzeit und das Alter zurückzuführen sein. Die vergleichsweise hohe Ersatzquote in der oberen Einkommensklasse im Westen könnte damit zu erklären sein, dass die Entlohnung im öffentlichen Dienst besonders stark mit der Dauer des Beschäftigungsverhältnisses verknüpft ist. Je mehr rentennahe Jahrgänge nun in der oberen Einkommensklasse sind, desto eher kann vor dem Hintergrund der altersspezifischen Ergebnisse eine höhere Ersatzquote erwartet werden.

Tabelle 5.24:
Vorsorgestatus in der ZöD nach Einkommen.

Nettoeinkommen in € pro Monat	Ersatzniveau (in €)	Ersatzquote (in Prozent)
	BUND	
unter 1.100	126,83	9,75
1.100 bis unter 1.700	250,37	8,82
über 1.700	469,38	10,17
	WEST	
unter 1.100	130,80	10,24
1.100 bis unter 1.700	268,49	9,46
über 1.700	498,61	10,77
	OST	
unter 1.100	104,87	7,04
1.100 bis unter 1.700	185,04	6,53
über 1.700	291,51	6,47

Eigene Darstellung.

Die geschlechtsspezifische Betrachtung in Tabelle 5.25 zeigt schließlich, dass die Ersatzniveaus der Frauen erneut hinter jenen der Männer zurückbleiben. In den westdeutschen Regionen ist dieser Unterschied deutlich stärker ausgeprägt als im Osten. Auch dieser Befund stimmt qualitativ mit den Ergebnissen der AVID 2005 überein.

Tabelle 5.25:
Vorsorgestatus in der ZöD nach Geschlecht.

Geschlecht	Ersatzniveau (in €)	Ersatzquote (in Prozent)
BUND		
weiblich	211,05	9,37
männlich	373,45	9,72
WEST		
weiblich	219,19	9,97
männlich	405,26	10,33
OST		
weiblich	173,69	6,63
männlich	214,36	6,68

Eigene Darstellung.

In der AVID wurden allerdings keine Ersatzquoten berechnet. Diese zeigen im Rahmen der vorliegenden Untersuchung, dass bezogen auf das letzte Einkommen praktisch kein Unterschied zwischen den Geschlechtern besteht. Eine Erklärung für dieses Muster dürfte gerade im öffentlichen Dienst in der höheren Teilzeitquote der Frauen liegen. Zudem sind leitende Positionen mit entsprechend höheren Bezügen tendenziell stärker durch Männer besetzt.[790]

5.3.3 Vorsorgestatus in der dritten Schicht

Wie die Ausführung zum Schichten-Modell in Kapitel 3 gezeigt haben, ist die dritte Schicht letztlich als Residualgröße zu verstehen, die sämtliche Formen der Vermögensbildung umfasst, welche nicht im Rahmen der ersten beiden Schichten gefördert werden. Damit muss die Ermittlung des Vorsorgestatus in Schicht 3 beim privaten Vermögen ansetzen. Dieses ist in der EVS zwar nicht vollständig (vgl. Abschnitt 5.1.1.2), aber für die Zwecke der vorliegenden Untersuchung doch hinreichend erfasst.

---

[790] Vgl. HEIEN et al. (2007).

Dagegen liegen im MZ weder Angaben über das grundsätzliche Vorhandensein von Vermögen noch über dessen Höhe vor. Damit besteht eine grundsätzliche Ähnlichkeit zum Problem der Ermittlung des Vorsorgestatus bei der Riester-Rente. Während das Problem im Rahmen der Riester-Rente durch Imputation einer Indikatorvariable und anschließende Zuweisung von Beitragszahlungen auf die identifizierten Riester-Sparer befriedigend gelöst werden konnte, stellten sich die Z-Variablen in MZ 2005 und EVS 2003 als wenig geeignet für die Imputation einer Indikatorvariable heraus. Hinzu kommt das Problem, dass Vermögen grundsätzlich auch negativ sein kann. Entsprechend konnte die Gruppe der Personen mit (positiven oder negativen) Vermögensbeständen nicht valide eingegrenzt werden, so dass die Imputation dieser Größe im Basisjahr für die gesamte Gruppe der 25- bis 65-Jährigen erfolgte.

5.3.3.1 Spezifische Methodik und Annahmen

Dieses Vorgehen ist für die später angestrebte disaggregierte Betrachtung der Ergebnisse als äußerst problematisch zu bewerten, weil die Vermögensverteilung bekanntlich eine erhebliche Schiefe aufweist,[791] was gerade bei Anwendung eines Regressionsansatzes kaum valide Ergebnisse erwarten lässt. Aus diesem Grund musste die Entscheidung getroffen werden, welche Randverteilung (Region, Alter, Einkommen oder Geschlecht) durch eine Reskalierung der imputierten Werte prioritär möglichst gut reproduziert werden sollte. Gewählt wurde die regionale Randverteilung, so dass die Ergebnisse in den anderen Dimensionen mit hoher Unsicherheit behaftet sind. Aus diesem Grund haben sie eher nachrichtlichen Charakter und sind lediglich im Anhang B aufgeführt.

Bis zum Arbeitsschritt der Reskalierung entspricht der gewählte Ansatz zur dritten Schicht weitgehend dem im Kontext der anderen Versorgungswege skizzierten Vorgehen. Zunächst galt es im Spenderdatensatz die abhängige Variable zu definieren und ein Regressionsmodell zu spezifizieren, das dann klassenweise geschätzt und in den MZ imputiert wurde. Hier wurden dann zwei Reskalierungen vorgenommen, um die regionale Verteilung anzupassen. Anschließend wurde die individuelle Position in der Vermögensverteilung im Vergleich zur Referenzgruppe bestimmt. Unter der Annahme, dass diese Position in der Vermögensverteilung bis zum Eintritt in den Ruhestand beibehalten wird, konnte dann unter Bezugnahme auf einen – aus

---

[791] Eine empfehlenswerte Auseinandersetzung mit vielen Facetten der Vermögensverteilung bietet STEIN (2004).

dem EVS-Querschnitt ermittelten – Vermögenspfad und unter Berücksichtigung des Wachstums des Vermögensaggregats der Kapitalstock bestimmt werden, der das Ersatzniveau determiniert. Diese Arbeitsschritte werden im Folgenden näher erläutert.

Regressionsmodell. Zur Bestimmung der abhängigen Variable wurde zunächst das Netto-Vermögen auf der Haushaltsebene definiert.[792] Dieses setzt sich aus dem Netto-Geld- und Netto-Immobilienvermögen zusammen. Die Variable zum Netto-Geldvermögen wurde durch Subtraktion der Restschuld aus Konsumentenkrediten vom Brutto-Geldvermögen[793] bestimmt. Die Berechnung des Netto-Immobilienvermögens erfolgte durch die Verminderung des Verkehrswerts der Immobilie (ef457) um die ausstehende Hypothekenbelastung (ef459).

Für diese Netto-Vermögensvariable wurden dann die Durchschnittswerte in 40 homogenen Klassen ermittelt. Die Klasseneinteilung in je 5 Alters- und 4 Einkommensklassen in Ost- und Westdeutschland erfolgte dabei auf Basis der Angaben zum Haushaltsvorstand. Aus den individuellen Vermögensangaben und dem Mittelwert der jeweiligen Referenzgruppe konnte dann ein Vermögens-Quotient gebildet werden, der als abhängige Variable im Regressionsmodell Verwendung fand. Die Spezifizierung des Modells erfolgte im mehrfach erläuterten mehrstufigen Verfahren.

Als Regressoren gingen wie im Modell der Brutto-Netto-Faktoren der Beitrag des Haushaltsvorstands zum Haushaltsnettoeinkommen, das logarithmierte Haushaltsnettoeinkommen, die Indikatorvariablen für Kinder und den Familienstand, die Variablen zur GRV-Pflichtversicherung des Haushaltsvorstands und die Zahl der in der GRV pflichtversicherten Haushaltsmitglieder sowie die Zahl der im Haushalt lebenden Rentner, Beamten, Selbständigen und Angestellten im öffentlichen Dienst ein. Ebenso wurde die Indikatorvariable zur Arbeitslosigkeit des Haushaltsvorstands berücksichtigt. Weiterhin fanden die Haushaltsgröße, Indikatorvariablen für Lehre und Hochschulabschluss, Lebensversicherungen im Haushalt sowie das Alter und das quadrierte Alter des Haushaltsvorstands Eingang in die Schätzglei-

---

[792] Zum Vermögensbegriff vgl. STEIN (2004).

[793] Das Brutto-Geldvermögen setzt sich zusammen aus folgenden Sparformen bzw. Anlageklassen: Bausparguthaben (ef462), Sparguthaben (ef466), Bankeinlagen (ef469), Aktien- und Aktienfonds (ef472, ef474), Anleihen (ef473), Beteiligungen (ef478), verliehene Beträge (ef478) sowie diversen Versicherungen wie etwa Lebens- und Rentenversicherungen (ef484, ef486).

chung. Schließlich wurde noch ein Interaktionseffekt aus Geschlecht des Haushaltsvorstands und der Indikatorvariable für Ostdeutschland berücksichtigt.

Im gruppenweisen F-Test sind alle Variablenblöcke auf dem 5 Prozent-Niveau signifikant. Auch der t-Test für die einzelnen Koeffizienten ist überwiegend hochsignifikant. Allerdings ist das Bestimmtheitsmaß mit nur 0,04 äußerst gering, was jedoch
angesichts der oben beschriebenen Probleme – insbesondere der hohen Varianz der
Verteilung, verbunden mit einer begrenzten Zahl belastbarer Erklärungsvariablen
– wenig überraschend scheint.

Imputation und Fortschreibung. Im MZ wurden die Vermögens-Quotienten in
den homogenen Klassen auf der Haushaltsebene imputiert und anschließend mit
den aus der EVS übernommenen Mittelwerten zum Netto-Vermögen der jeweiligen
Referenzgruppe multipliziert, um ein vorläufiges Vermögen auf der Haushaltsebene
zu generieren.

Diese vorläufigen Vermögensangaben wurden in Ost- und Westdeutschland in Dezile eingeteilt, für die wiederum Mittelwerte bestimmt wurden. Analog waren in
der EVS entsprechende Mittelwerte nach Dezilen berechnet worden, die dann ins
Verhältnis zu den im MZ ermittelten Durchschnittswerten gesetzt wurden, um
einen Faktor für die Reskalierung der vorläufigen Vermögensangabe zu erhalten.

Diese deziladjustierten Vermögen auf der Haushaltsebene galt es dann in einem
weiteren Arbeitsschritt in bundeslandadjustierte Vermögen zu überführen. Der diesem Zweck dienende Faktor wurde bestimmt, indem die Mittelwerte der deziladjustierten Vermögen in jedem Bundesland berechnet und anschließend ins Verhältnis
zu den entsprechenden Werten aus der EVS gesetzt wurden.

Nach der – mangels besserer Informationen – gleichmäßigen Aufteilung des so
ermittelten Vermögens auf die erwachsenen Personen im Haushalt erfolgte die Bestimmung der individuellen Position in der Vermögensverteilung. Dazu wurden aus
fünf Altersklassen sowie den Indikatorvariablen für Selbständige und Ostdeutschland 20 Klassen gebildet, in denen die Quintile des Vermögens bestimmt wurden.

Unter der Annahme, dass diese individuelle Position (also das Quintil der Vermögensverteilung in einer der 20 Klassen) bis zum Eintritt in den Ruhestand erhalten
bleibt, erfolgte dann die Imputation des zur Verrentung verfügbaren Kapitalstock
wie folgt: Zunächst wurde jedem Individuum der Durchschnitt des korrespondie-

renden Quintils der oberen Altersklasse unter Berücksichtigung der Ausprägung der Indikatorvariablen für Selbständigkeit und Ostdeutschland zugewiesen. Zum Beispiel wurde den 25- bis 35-jährigen Beamten in Ostdeutschland, die sich im zweiten Quintil der Vermögensverteilung befinden, der Wert der (55- bis) 65-jährigen ostdeutschen Beamten des zweiten Quintils zugewiesen.

Dieser Wert wurde anschließend mit einer Wachstumsrate von 0,9 Prozent pro Jahr dynamisiert und bis zum Renteneintritt nach § 235 SGB VI fortgeschrieben. Diese Wachstumsrate ergibt sich aus der Gewichtung eines realen Produktivitätsfortschritts in Höhe von 1,5 Prozent mit dem Anteil des Geldvermögens am Gesamtvermögen in Höhe von 60 Prozent und der Annahme eines realen Nullwachstums beim Immobilienvermögen, das etwa 40 Prozent des privaten Vermögens ausmacht.

Aus diesem Vermögensstock und der Restlebenserwartung beim Eintritt in den Ruhestand wurde dann das Ersatzniveau gemäß der Annuitätenformel (5.1) berechnet. Weil etwa ein Viertel des privaten Geldvermögens in Versicherungen besteht, wurde ein Viertel des Geldvermögensanteils mit der Sterbetafel der Versicherer (DAV2004R) annuitisiert.[794] Den aus dem verbleibenden Kapitalstock fließenden Annuitäten liegen die Annahmen zur Lebenserwartung des Statistischen Bundesamtes (vgl. die Ausführungen zur baV) zugrunde. Als Rechnungszins wurden einheitlich 3 Prozent unterstellt.

Diskussion. Die grundlegenden Kritikpunkte am gewählten Ansatz wurden bereits einleitend erwähnt, um von vornherein auf die Problematik hinzuweisen, dass mit diesem Modell allen Haushalten/Personen, für die das Regressionsmodell im MZ geschätzt werden kann, auch ein positives oder negatives Vermögen zugewiesen wird. Es zeigt sich, dass die schiefe der faktischen Vermögensverteilung, wie sie bspw. in STEIN (2004) ausführlich dargestellt wird, damit nicht zu reproduzieren ist. In der Konsequenz sind die hier gewonnen Ergebnisse für die im folgenden Abschnitt 5.4 vorgenommene Schichten-übergreifende Betrachtung nicht sinnvoll zu verwerten.

Daran ändert auch die durchgeführte Deziladjustierung nichts Grundsätzliches, wenngleich sie die Schiefe der imputierten Verteilung erhöht. Diese Verbesserung wurde jedoch vermutlich durch andere, kaum messbare Verzerrungen erkauft. Für diese Vermutung spricht, dass sich beim zweiten Reskalierungsschritt, der Bundesländeradjustierung, wiederum Rückwirkungen auf die zuvor angepassten Dezile

---

[794] Zu den Portfolioanteilen vgl. AMMERMÜLLER et al. (2005).

ergaben. Die Anpassung in einer Dimension führt also zu Verschiebungen in der anderen Dimension. Aus diesem Grund wurde von weiteren Anpassungen, bspw. hinsichtlich der Randverteilungen nach Alter, Einkommen und Geschlecht, abgesehen. Die Bundesländeradjustierung wurde dennoch durchgeführt, weil sie einen Weg darstellt, den unterschiedlichen Boden- bzw. Immobilienpreisniveaus Rechnung zu tragen, was angesichts der überragenden Bedeutung der Immobilie für die große Mehrheit der privaten Portfolios sinnvoll erschien.

Eine Verbesserung der Qualität wäre auch durch die getrennte Behandlung von Immobilien- und Geldvermögen möglich gewesen. So kann durch das Einbeziehen einer Indikatorvariable für die Wohnform (Miete vs. Eigentum) eine deutliche Erhöhung des Bestimmtheitsmaßes im Regressionsmodell erreicht werden. Die vorliegende Untersuchung war jedoch auf die alleinige Verwendung des MZ 2005 angelegt, der diese Variable nicht enthält. Künftige Untersuchungen könnten jedoch ergänzend den MZ 2006 heranziehen, der diese Variable im Sonderfragenprogramm enthält. Weil vor dem Hintergrund der hier generierten Ergebnisse eine Einbeziehung der dritten Schicht in eine Betrachtung des gesamten Altersvorsorgestatus wie erwähnt nicht sinnvoll ist, fiele das Problem zweier unterschiedlicher Empfängerdatensätze kaum ins Gewicht. Eventuell bietet sich sogar die Möglichkeit, die für die Ermittlung des Vorsorgestatus notwendigen bzw. hilfreichen Variablen im MZ-Panel zu nutzen.

Vor dem Hintergrund dieser fundamentalen Kritikpunkte erscheint die Problematik der Parameterwahl für die Projektion des Kapitalstocks und dessen Annuitisierung von untergeordneter Bedeutung zu sein. Dennoch sind natürlich auch hier abweichende Konstellation denkbar bzw. plausibel. So könnte für die Projektion des Kapitalstocks statt der Wachstumsrate der Produktivität auch die von der Bundesbank ausgewiesene und deutlich höhere Wachstumsrate des Geldvermögens (etwa 3,5 Prozent p. a.) gewählt werden. In dieser Hinsicht stellt die vorliegende Untersuchung also vermutlich eher eine Untergrenze dar.

Wenngleich auch die Portfolioanteile regionale Unterschiede aufweisen dürften, scheint die Annahme einer bundeseinheitlichen Wachstumsrate für die Geldvermögen unproblematisch. Dies gilt vor allem im Vergleich zum Wachstum des Immobilienvermögens, für das insbesondere die Lage – sei es auf der Makro-, Meso- oder Mikroebene – und damit regionale Faktoren von zentraler Bedeutung sind. Eine Regionalisierung der Entwicklung der Immobilienvermögen war im Rahmen der vorliegenden Arbeit nicht leistbar. Auf der Bundesebene schien die Annahme eines realen Nullwachstums angesichts der Entwicklungen bei den bestehenden

Gebäuden in den letzten Jahren und vor dem Hintergrund des demografischen Wandels vertretbar.[795]

Die Annahmen zur Lebenserwartung stellen aufgrund der Gewichtung von DAV2004R und den Sterbetafeln des Statistischen Bundesamt eine Art mittlere Variante dar. Wäre durchgängig mit der DAV2004R gerechnet worden, hätten geringere Ersatzniveaus resultiert. Da jedoch etwa 40 Prozent des privaten Vermögens Immobilienvermögen darstellt, erschienen zumindest für diesen Teil die Annahmen des Statistischen Bundesamtes angemessener. Auch in dieser Hinsicht wäre eine getrennte Imputation von Immobilien- und Geldvermögen im MZ 2006 eine Verbesserung.

5.3.3.2 Ergebnisse

Die Gesamtschau zur dritten Schicht zeigt sowohl beim Ersatzniveau als auch bei den Ersatzquoten ein sehr deutliches West-Ost-Gefälle, aber auch sehr deutliche Unterschiede innerhalb dieser Großregionen (vgl. Abbildung 5.13). Aufgrund der erheblichen Ungleichverteilung der Vermögen haben die Durchschnittswerte offensichtlich nur sehr begrenzte Aussagekraft. Dennoch sei hier kurz auf sie eingegangen. Im Bundesdurchschnitt wird ein Ersatzniveau von etwa 752 € erreicht. Der westdeutsche Durchschnitt liegt bei 858,24 €, jener im Osten bei nur 226,08 €. Die Spreizung auf der tieferen regionalen Ebene fällt noch weit deutlicher aus. So liegt das höchste Ersatzniveau mit 1.208,47 € erneut in Oberbayern, das geringste Ersatzniveau aus der dritten Schicht wird mit 155,34 € in Mecklenburg-Vorpommern_I erreicht.

Auch bei den Ersatzquoten sind die regionalen Unterschiede verglichen mit anderen Versorgungswegen enorm. Insofern ist das Modell grundsätzlich in der Lage die Ungleichverteilung der Vermögen zumindest in der regionalen Dimension abzubilden, was in erster Linie auf die Reskalierungen zurückgeführt werden kann. Mithin gilt die Aussage für die interpersonelle Dimension nicht bzw. nur mit den o. a. Einschränkungen.

---

[795] Zur Immobilienpreisentwicklung der jüngeren Vergangenheit vgl. DECHENT (2008). Zu den verwendeten Anteilen am Gesamtvermögen vgl. AMMERMÜLLER et al. (2005).

Abbildung 5.13:

Vorsorgestatus in der dritten Schicht nach Regionen.

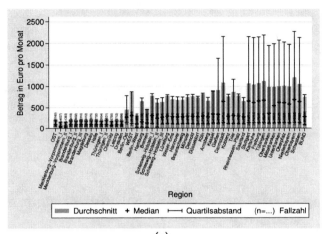

(a)

Ersatzniveau

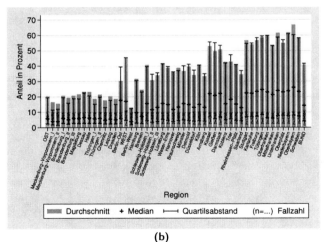

(b)

Ersatzquote

Eigene Berechnungen.

Die bundesdurchschnittliche Ersatzquote aus der dritten Schicht liegt bei 40,79 Prozent, in den ostdeutschen Regionen können durchschnittlich 20,63 Prozent des letzten Bruttoeinkommens ersetzt werden, im Westen sind es 45,11 Prozent. Die Spreizung auf der tieferen regionalen Ebene ist zwar etwas geringer als bei den Ersatzniveaus, mit Faktor fünf aber immer noch enorm. Spitzenregion ist auch bei den Ersatzquoten Oberbayern mit 66,85 Prozent, die geringsten Ersatzquoten werden mit 12,77 Prozent in Berlin-West erreicht.

Auffällig ist, dass Berlin-West sowohl bei den Ersatzniveaus als auch bei den Ersatzquoten deutlich hinter Berlin-Ost zurückbleibt. Dies ist bereits qualitativ überraschend und aufgrund der quantitativen Dimension stellt sich die Frage, ob dieses Ergebnis möglicherweise auf ein Datenartefakt zurückzuführen ist.

5.4 Vorsorgestatus bei schichtenübergreifender Betrachtung

Neben den vorgestellten Ergebnissen zum Vorsorgestatus in den einzelnen Versorgungswegen ist – insbesondere für die wissenschaftliche Politikberatung – auch die Frage nach dem Gesamtstatus der Altersvorsorge von Interesse. Dieser kann im Prinzip einfach berechnet werden, indem die Variablen zu den Ersatzniveaus bzw. Ersatzquoten in den einzelnen Versorgungswegen addiert werden. Weil die Ergebnisse zu den einzelnen Versorgungswegen jedoch das Resultat einer Datenkombination mit den ausführlich behandelten Limitierungen sind, ist bei der Interpretation entsprechende Vorsicht geboten.

So konnten zwar die Randverteilungen mit Ausnahme der dritten Schicht plausibel reproduziert bzw. imputiert werden, jedoch bestehen Unsicherheiten hinsichtlich der Güte der individuellen Zuweisungen und der gemeinsamen Verteilungen. Insbesondere Mehrfachansprüche innerhalb einer Schicht konnten nicht abgebildet werden. Auch die Mehrfachansprüche innerhalb der zweiten Schicht, sowie vor allem die Kumulation der Ansprüche aus erster und zweiter Schicht sind auf individueller Ebene mit Unsicherheit behaftet. Dennoch können die im Folgenden vorgestellten Ergebnisse der kumulierten Betrachtung als grundsätzlich plausibel angesehen werden. Die Einbeziehung der dritten Schicht ist allerdings nicht sinnvoll, weil hier methodisch bedingt die Schiefe der Verteilung nur in der regionalen

Dimension reproduziert werden konnte, so dass die Kumulierung auf individueller Ebene zu inkonsistenten Ergebnissen führen könnte.

5.4.1 Kumulierte Anwartschaften in den ersten beiden Schichten

Insgesamt konnte für 266.007 Beobachtungen (hochgerechnet 32,9 Mio. Personen) ein kumuliertes Ersatzniveau in der ersten und/oder zweiten Schicht berechnet werden. Der auf diesen Beobachtungen beruhende (gewichtete) Bundesdurchschnitt für die monatlichen Zahlungen aus den ersten beiden Schichten liegt in der Gesamtbetrachtung bei 1.244,47 €. Aufgrund der mehrfach erwähnten Antwortausfälle waren bei den Ersatzquoten lediglich die Werte von 206.871 Fällen (hochgerechnet 25,6 Mio. Personen) zu verwertbar. Hier liegt der Bundesdurchschnitt bei 49,90 Prozent.

Die regionale Dimension der kumulierten Anwartschaften aus den ersten beiden Schichten ist in Abbildung 5.14 dargestellt. Mit einem durchschnittlichen Ersatzniveau von 1.303,76 € in den westdeutschen Regionen gegenüber 999,90 € im Osten zeigt sich erneut ein West-Ost-Gefälle (vgl. Abbildung 5.14 (a)). Auf der tieferen regionalen Ebene ist die Spreizung im Westen stärker ausgeprägt als im Osten. So liegt der Durchschnitt in der Region mit dem geringsten Ersatzniveau (Mecklenburg-Vorpommern_I, 943,79 €) nur etwa 16 Prozent unterhalb des Wertes, der in der Ost-Region mit dem höchsten Ersatzniveau (Berlin-Ost, 1.100,81 €) ermittelt wurde. In Berlin-Ost und Brandenburg_II liegt das durchschnittliche Ersatzniveau über jenem in der westdeutschen Region mit den geringsten kumulierten Anwartschaften (Bremen, 1.050,62 €). Spitzenreiter ist auch in der Gesamtbetrachtung der Regierungsbezirk Oberbayern, wo durchschnittlich 1.437,59 € erreicht werden – fast 37 Prozent mehr als in Bremen.

Bei den Ersatzquoten ist das West-Ost-Gefälle – gerade auch bei Betrachtung der tieferen regionalen Gliederung – im Prinzip aufgelöst. Der Durchschnitt in den ostdeutschen Regionen liegt mit 51,84 Prozent sogar etwas oberhalb des westdeutschen Durchschnitts von 49,47 Prozent.

Abbildung 5.14:

Anwartschaften der Anspruchsberechtigten in der ersten und
zweiten Schicht nach Regionen.

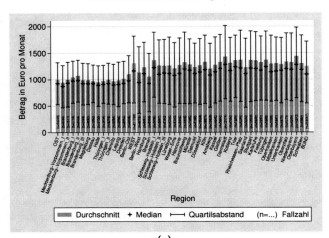

(a)
Ersatzniveau

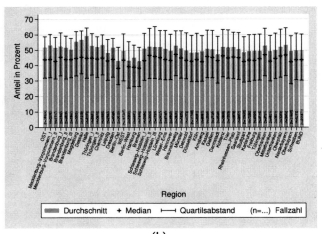

(b)
Ersatzquote

Eigene Berechnungen.

Dies ist vor allem mit den im Kontext der GRV erläuterten Regelungen für das Beitrittsgebiet zu erklären, welche sich aufgrund der Fallzahlen in der GRV in den vorliegenden Ergebnissen deutlich auswirken und den Rückstand der ostdeutschen Regionen in den anderen – insbesondere den privatwirtschaftlich organisierten – Versorgungswegen kompensieren bzw. in einen leichten Vorsprung umkehren.

Diese relative Betrachtung scheint für die regionale Dimension zu bestätigen, was FRICK und GRABKA (2010) für die Personenebene feststellen: Die Alterssicherungsvermögen der öffentlichen Systeme dämpfen tendenziell die Ungleichheit der Vermögensverteilung. Dabei ist allerdings zu berücksichtigen, dass aufgrund der methodischen Einschränkungen Verteilungsaussagen auf Basis der vorliegenden Ergebnisse eher problematisch sind. Dies gilt umso mehr, wenn berücksichtigt wird, dass die Gesamtbetrachtung die Unterschiede in den Dimensionen Alter, Einkommen und Geschlecht verdeckt. Daher sollen diese Dimensionen im Folgenden genauer betrachtet werden.

Tabelle 5.26 fasst die altersspezifische Auswertung des kumulierten Vorsorgestatus für die ersten beiden Schichten zusammen. In den westdeutschen Regionen – und damit aufgrund des Bevölkerungsgewichts auch auf der Bundesebene – zeigt sich ein deutlicher Rückgang der Ersatzniveaus und -quoten von den älteren zu den jüngeren Jahrgängen. Mithin können die Folgen der Rentenreformen durch die Vorsorge in der zweiten Schicht offenbar nicht vollständig kompensiert werden. Hauptverantwortlich hierfür dürften zu geringe Beitragszahlungen sein, ein Faktum das auch den Statistiken der ZfA zu entnehmen ist, so dass methodische Vorbehalte diese Aussage nicht zu belasten scheinen. Diese zu geringen Beitragszahlungen können für die Riester-Sparer mit Einkommen über der BBG der GRV – in der Realität und im Modell – durch die Begrenzung des Sonderausgabenabzugs auf 2.100 € erklärt werden, der sich vor allem langfristig deutlich auf die erzielbaren Ersatzquoten auswirkt. Hier scheint ein politischer Handlungsbedarf gegeben, weil bereits heute faktisch Beitragszahlungen nicht in Höhe von 4 Prozent sondern lediglich in Höhe von etwa 3,2 Prozent der BBG als Sonderausgaben steuerlich geltend gemacht werden können.

Ein etwas anderes Bild bietet die Betrachtung der altersspezifischen Ergebnisse im Osten. Hier liegt das Gesamtniveau für die jüngeren über jenem der älteren Jahrgänge. Dennoch zeigt die Betrachtung der Ersatzquoten, dass auch die jüngeren Jahrgänge die Reformen und insbesondere die auslaufenden Vorteile des Beitrittsgebiets in der GRV nicht kompensieren können. Bei den Ersatzquoten der unteren Altersklasse liegt der Osten sogar knapp hinter dem Westen.

Tabelle 5.26:

Vorsorgestatus der Anspruchsberechtigten in den ersten beiden
Schichten nach Alter.

Alter in Jahren	Ersatzniveau (in €)	Ersatzquote (in Prozent)
	BUND	
25 bis unter 35	1.166,58	44,21
35 bis unter 45	1.220,15	45,74
45 bis unter 55	1.312,32	54,32
55 bis 65	1.326,56	63,85
	WEST	
25 bis unter 35	1.195,28	44,45
35 bis unter 45	1.255,82	45,69
45 bis unter 55	1.420,03	53,57
55 bis 65	1.430,25	62,10
	OST	
25 bis unter 35	1.033,61	43,12
35 bis unter 45	1.058,84	45,97
45 bis unter 55	943,31	57,28
55 bis 65	924,39	71,50

Eigene Darstellung.

Die einkommensspezifische Betrachtung in Tabelle 5.27 bietet kaum neue Erkenntnisse. Erwartungsgemäß steigen die Ersatzniveaus mit den Einkommen. Die Ersatzquoten unterscheiden sich zwischen der mittleren und oberen Einkommensklasse und im Westen bzw. Osten nur geringfügig. Die höheren Ersatzquoten in der unteren Einkommensklasse waren für fast alle Versorgungswege zu beobachten und überraschen entsprechend nicht. Erneut ist diesbezüglich aber an die methodischen Probleme hinsichtlich der individuellen Zuweisungen und vor allem an die Regression zum Mittelwert zu erinnern.

Bemerkenswert sind die geringen Unterschiede zwischen Ost und West in den Ersatzniveaus und -quoten der unteren und mittleren Einkommensklasse. In der oberen Einkommensklasse gilt dies nur für die Ersatzquoten, während sich die Ersatzniveaus recht deutlich unterscheiden.

Tabelle 5.27:
Vorsorgestatus der Anspruchsberechtigten in den ersten beiden
Schichten nach Einkommen.

Nettoeinkommen in € pro Monat	Ersatzniveau (in €)	Ersatzquote (in Prozent)
	BUND	
unter 1.100	661,36	59,21
1.100 bis unter 1.700	1.270,51	43,74
über 1.700	2.051,80	45,16
	WEST	
unter 1.100	659,45	59,54
1.100 bis unter 1.700	1.285,21	43,67
über 1.700	2.072,55	45,21
	OST	
unter 1.100	666,04	58,32
1.100 bis unter 1.700	1.213,72	44,04
über 1.700	1.851,77	44,64

Eigene Darstellung.

Auch die geschlechtsspezifische Auswertung des Vorsorgestatus in den ersten beiden Schichten in Tabelle 5.28 bietet abgesehen von der Größenordnung der Ersatzniveaus und -quoten keine Erkenntnisse, die über das hinaus gehen, was bereits im
Zusammenhang mit den einzelnen Versorgungswegen thematisiert wurde.

Tabelle 5.28:
Vorsorgestatus der Anspruchsberechtigten in den ersten beiden
Schichten nach Geschlecht.

Geschlecht	Ersatzniveau (in €)	Ersatzquote (in Prozent)
	BUND	
weiblich	925,73	53,76
männlich	1.541,83	46,66
	WEST	
weiblich	935,81	53,26
männlich	1.644,29	46,34
	OST	
weiblich	885,03	55,90
männlich	1.110,67	48,14

Eigene Darstellung.

5.4.2 Lebensstandardsicherung und Versorgungslücken

Die bisher präsentierten Ergebnisse zu den Ersatzniveaus und -quoten für die einzelnen Schichten und zum Gesamtstatus bei Kumulation der Anwartschaften aus
den ersten beiden Schichten konnten ein detailliertes Bild über die Entwicklung
der Alterseinkommen vermitteln. Vor allem die Ersatzquoten ermöglichen eine Einschätzung, inwieweit das Alterseinkommen hinter das während der Erwerbsphase
gewohnte Einkommensniveau zurückfallen wird.[796]

Ziel jeder Altersvorsorge ist, wie in Kapitel 4 erörtert, aber nicht die Glättung der
Einkommen – schon gar nicht der Bruttoeinkommen – sondern des Konsums.[797]
Damit wären die Konsumquoten in der Erwerbs- und Ruhestandsphase der ei-
gentlich interessierende Indikator für die Sicherung des Lebensstandards bzw. für

---

[796] Auch hier gilt es die methodischen Einschränkungen und insbesondere die höhere
nonresponse-Quote zu berücksichtigen.
[797] BINSWANGER und SCHUNK (2009) diskutieren, welches Verhältnis des Ausgabenni-
veaus im Ruhestand zum Ausgabenniveau während der Erwerbsphase als adäquat
anzusehen ist.

die Möglichkeit zur Aufrechterhaltung der gewohnten Lebensführung. Aber auch die in der vorliegenden Untersuchung ermittelten Größen können als Indikatoren dienen, wenn sie entsprechend qualifiziert werden. Zunächst ist festzustellen, dass die deutlich unter 100 Prozent liegenden Ersatzquoten per se kein Problem im Hinblick auf die Sicherung des Lebensstandards darstellen, weil im Rentenalter die Abgabenlast deutlich geringer ist – hierzu tragen insbesondere das progressive Steuersystem und die wegfallenden Rentenversicherungsbeiträge bei. Damit stellt sich die Frage, welche Höhe der Ersatzquote im Rahmen der vorliegenden Untersuchung als Indikator für die Sicherung des Lebensstandards bzw. für die Möglichkeit zur Aufrechterhaltung der gewohnten Lebensführung anzusehen ist.

5.4.2.1 Zur Frage der Lebensstandardsicherung

Eine Möglichkeit zur Definition eines Schwellenwerts für eine ausreichende Ersatzquote ist die Bezugnahme auf die Beamtenpension. Im Rahmen der Gesamtversorgung wurde bis zur Absenkung des Höchstruhegehaltssatzes (vgl. Abschnitt 3.2.2.4) ein Bruttoversorgungsniveau von 75 Prozent angestrebt, das so bemessen war, dass von Seiten der Beamten keine weitere Vorsorge zu betreiben war, um die gewohnte Lebensführung nach einer entsprechenden Dienstzeit aufrecht erhalten zu können.

Dieser Prozentsatz stellt aber vermutlich die Obergrenze dar. So gilt gemäß der ständigen Rechtsprechung des Bundesfinanzhofs, dass im Bereich der bAV eine steuerschädliche Überversorgung dann vorliegt, wenn die betriebliche Versorgungsanwartschaft zusammen mit der Rentenanwartschaft aus der GRV 75 Prozent der Aktivbezüge übersteigt.[798] Eine Untergrenze kann aus der historischen Bruttoersatzquote der GRV abgeleitet werden. Diese lag für den Eckrentner zwischen 1957 und 2007 bei knapp 50 Prozent.[799] Durch die Rentenreformen seit 2001 und die gleichzeitige Stärkung der Vorsorgewege der zweiten Schicht sind somit 50 bis 55 Prozent als Untergrenze für die ersten beiden Schichten anzusehen. Dies ist auch mit Blick auf das Nachbarland Schweiz plausibel. Dort legt die Bundesverfassung fest, dass die Ersatzquote „die Fortsetzung der gewohnten Lebenshaltung" ermöglichen sollte. Gemäß der „Goldenen Regel" ist dies gegeben, wenn aus den ersten beiden Säulen rund 60 Prozent des letzten Lohnes erreicht werden.[800] Dabei

---

[798] Vgl. bspw. BFH-Urteil vom 31.3.2004 (I R 79/03) BStBl. 2004 II S. 940.

[799] Vgl. SVR, Zeitreihe 095: Kenngrößen für die Beitragsbemessung und die Leistungen in der Allgemeinen Rentenversicherung.

[800] Vgl. BUNDESAMT FÜR SOZIALVERSICHERUNGEN (2010).

ist jedoch zu beachten, dass in der Schweiz die Versicherung in den ersten beiden Säulen obligatorisch ist und der zweiten Säule (zumindest bislang) eine größere Bedeutung zukommt als in Deutschland.

Bei Einbeziehung der dritten Schicht erhöht sich die Zielgröße entsprechend. JÄGER (2007) skizziert in seiner Studie zu Rentenlücken in Deutschland eine Faustformel und gibt eine Bruttoersatzquote zwischen 60 und 67 Prozent aus allen drei Schichten an. Aber auch auf andere Weise ist eine notwendige Ersatzquote in dieser Größenordnung darstellbar. Ruheständler müssen keine Beiträge mehr zur Renten- und Arbeitslosenversicherung leisten, was eine Entlastung von gut 12 Prozent bedeutet. Auch die Ersparnisbildung für das Alter entfällt (10 Prozent Entlastung) und die Steuersätze sind für künftige Rentner (die unter das AltEinkG fallen) in der Regel ebenfalls geringer (10 bis 20 Prozent Entlastung). Daneben sind wegfallende Familienlasten zu berücksichtigen.

Schließlich sei auf das Ergebnis von BINSWANGER und SCHUNK (2009) hingewiesen, die Befragungsdaten dazu nutzen, um für die Quintile der Einkommensverteilung Ziel-Ersatzquoten im hier definierten Sinn (d. h. bezogen auf das letzte Einkommen) zu ermitteln. Dabei stellt sich heraus, dass die Geringverdiener höhere Ersatzquoten anstreben. In den USA reicht die Bandbreite von 95 Prozent im unteren Einkommensquintil bis 45 Prozent im oberen. Mit der deutschen Situation vermutlich eher vergleichbar sind die Ergebnisse für die Niederlande. Dort ist der Korridor mit 75 bis 60 Prozent deutlich enger und entspricht der bereits aufgezeigten Bandbreite.

5.4.2.2 Versorgungslücken

Die im Rahmen der vorliegenden Untersuchung berechneten Ersatzquoten können somit bei Definition eines Referenzwertes direkt als Indikator für eine mögliche Unterversorgung dienen. Allerdings ist zu berücksichtigen, dass die Ersatzquoten im Vergleich zu den Ersatzniveaus auf teilweise deutlich geringeren Fallzahlen basieren. Nur wenn diese tatsächlich auf unsystematische Antwortausfälle zurückzuführen sind, ist dieser Vergleich methodisch unproblematisch.

Ist dies nicht der Fall, dann ist es möglich, dass Ersatzquoten aus den ersten beiden Schichten über dem Zielwert liegen und eine ausreichende durchschnittliche Versorgung suggerieren, obwohl unter Einbeziehung jener Personen, für die keine Ersatzquoten, aber Ersatzniveaus berechnet werden konnten, eine Unterversorgung zu diagnostizieren wäre und umgekehrt. Methodisch bedingte Probleme bei der individuellen Zuweisung können dieses Problem noch verstärken.

Aus diesem Grund ist es sinnvoll, auf Basis der Ersatzniveaus zusätzlich noch Versorgungslücken in €-Beträgen zu berechnen. Diese ergeben sich auf individueller Ebene als Residuum des mit dem Zielwert für die Ersatzquote multiplizierten Bruttoeinkommens bei Eintritt in den Ruhestand und dem Ersatzniveau der ersten beiden Schichten. Den im Folgenden präsentierten Ergebnissen liegt ein Zielwert in Höhe von 50 Prozent des letzten Einkommens zugrunde. Dieser soll mit den Anwartschaften aus den ersten beiden Schichten erreicht werden. Die Festlegung dieses Wertes erfolgte unter Bezugnahme auf die historischen Ersatzquoten aus der GRV (s. o.). Aufgrund der Verbreitung dieses Versorgungswegs scheint dieser Referenzpunkt angemessen, zumal die staatliche Förderung der zweiten Schicht explizit durch die Kompensation der reformbedingt entstandenen Lücken motiviert ist.

Abbildung 5.15 illustriert die Versorgungslücken in der regionalen Gesamtschau. Bei einem Bundesdurchschnitt von 192,48 € weisen alle Regionen eine positive Lücke aus – im Durchschnitt fehlen also 192,48 € monatlich zum Erreichen der Zielgröße. In Ostdeutschland ist diese Lücke mit 136,43 € monatlich deutlich geringer als im Westen, wo durchschnittlich 204,76 € pro Monat fehlen.

Offenbar wird die zweite Schicht also noch nicht ausreichend genutzt, um die reformbedingten Lücken zumindest im Durchschnitt zu schließen. Diese Interpretation widerspricht dem Befund, der allein auf Basis der Ersatzquoten naheliegt. Bei einer bundesdurchschnittlichen Ersatzquote aus den ersten beiden Schichten in Höhe von 49,9 Prozent ist die deutsche Bevölkerung im Alter zwischen 25 und 65 Jahren im Durchschnitt ausreichend versorgt. Dieser Widerspruch kann letztlich nur durch die Tatsache erklärt werden, dass bei der Ermittlung der Ersatzquoten bereits auf das Einkommen normalisiert wird. Dies führt dazu, dass die Verteilung der Ersatzquoten stärker gestaucht bzw. zentriert ist und entsprechend sowohl mögliche positive als auch negative Lücken tendenziell unterschätzt werden. Eindrücklich hatten sich diese Effekte bei der regionalen Betrachtung der BSV gezeigt, wo sich die starke regionale Heterogenität in den Ersatzniveaus bei Betrachtung der Ersatzquoten deutlich relativierte (vgl. Abbildung 5.6).

Trotz dieser Problematik ist die Betrachtung der absoluten Versorgungslücken auch in der alters-, einkommens- und geschlechtsspezifischen Auswertung von Interesse. Bei der altersspezifischen Betrachtung in Tabelle 5.29 zeigt sich der erwartete Unterschied zwischen den Jahrgängen.

Abbildung 5.15:

Versorgungslücke aus Schicht 1 und 2 nach Regionen.

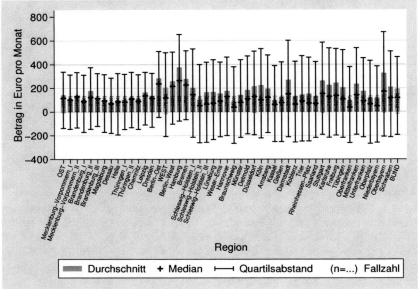

Eigene Darstellung.

Während für die rentennahen Jahrgänge noch eine leichte Überversorgung aus den ersten beiden Schichten zu verzeichnen ist, nimmt die Lücke mit abnehmendem Alter deutlich zu. Dies ist angesichts der überproportionalen Beteiligung der jungen Bevölkerung an der Riester-Rente durchaus überraschend. Andererseits bedeutet die bloße Partizipation nicht, dass automatisch auch hinreichend gespart wird. Zudem kann die hohe Lücke auch durch diejenigen jüngeren Personen bestimmt sein, die weder eine bAV noch eine Riester-Rente besparen. Aber auch diese Gruppe muss damit noch nicht zwangsläufig unterversorgt sein, wenn entsprechende Vorsorge in der dritten Schicht betrieben wird. Darüber hinaus ist darauf hinzuweisen, dass Erbschaften im Modell nicht berücksichtigt wurden. Die Zunahme der Pro-Kopf-Erbschaften im demografischen Wandel kann ein Motiv sein,[801] die Vorsorge aus eigenen Mitteln zu vernachlässigen bzw. bewusst gering zu halten.

---

[801] Vgl. auch LÜTH (2001).

Tabelle 5.29:
Versorgungslücke aus Schicht 1 und 2 nach Alter.

Alter in Jahren	Versorgungslücke (in €)
	BUND
25 bis unter 35	295,26
35 bis unter 45	273,35
45 bis unter 55	84,83
55 bis 65	-35,91
	WEST
25 bis unter 35	307,93
35 bis unter 45	290,44
45 bis unter 55	85,44
55 bis 65	-31,74
	OST
25 bis unter 35	232,94
35 bis unter 45	187,32
45 bis unter 55	82,50
55 bis 65	-53,77

Eigene Darstellung.

Bei der einkommensspezifischen Auswertung in Tabelle 5.30 fällt auf, dass die Unterschiede zwischen Ost und West insgesamt eher gering sind. Dies gilt vor allem für die mittlere und obere Einkommensklasse. In der unteren Einkommensklasse sind die absoluten Unterschiede zwar gering, relativ gesehen liegt die Versorgungslücke im Osten aber überraschend deutlich über der im Westen.

Die positive Lücke in der unteren Einkommensklasse widerspricht erneut dem Befund, der auf Basis der Ersatzquote zu treffen wäre. Letztere liegt für diese Einkommensklasse bei 59,21 Prozent und damit deutlich über dem Schwellenwert von 50 Prozent. Wieder kann dieser Widerspruch letztlich nur durch die oben erläuterte Normalisierung im Zusammenhang mit den Ersatzquoten erklärt werden.

Als Erklärung für die hohen Vorsorgelücken in der oberen Einkommensklasse ist zum einen die BBG in der GRV anzuführen, die mit zunehmendem Einkommen

Tabelle 5.30:
Versorgungslücke aus Schicht 1 und 2 nach Einkommen.

Nettoeinkommen in € pro Monat	Versorgungslücke (in €)
	BUND
unter 1.100	20,86
1.100 bis unter 1.700	204,40
über 1.700	420,68
	WEST
unter 1.100	12,92
1.100 bis unter 1.700	209,47
über 1.700	420,56
	OST
unter 1.100	42,24
1.100 bis unter 1.700	182,54
über 1.700	421,98

Eigene Darstellung.

oberhalb der BBG einen Keil zwischen Beiträge und Einkommen treibt bzw. die potenziellen Ersatzniveaus nach oben begrenzt. Zum anderen können die vergleichsweise geringeren Riester-Zulagen im Verhältnis zum Einkommen einen Erklärungsbeitrag leisten.[802]

Abschließend sind in Tabelle 5.31 die geschlechtsspezifischen Ergebnisse zur absoluten Versorgungslücke bei Betrachtung der ersten beiden Schichten zusammengefasst. Auch hier bietet die Beitragsbemessungsgrenze der GRV einen Erklärungsbeitrag. Zumindest gilt dies für Teile des Unterschieds zwischen den Versorgungslücken der Männer in Ost und West, weil die Männer im Westen im Durchschnitt höhere Einkommen beziehen und damit tendenziell häufiger durch die BBG der GRV beschränkt werden. Auf diese Weise sind auch die Unterschiede zwischen den Geschlechtern zu erklären. Bei den Frauen dürfte dabei die Wirkung versicherungsfremder Leistungen (wie bspw. Erziehungszeiten) hinzukommen. Diese wer-

---

[802] Die steuerlichen Vorteile der Besserverdiener, die über die Zulagenförderung hinausgehen konnten im Rahmen der Untersuchung aufgrund der Bruttobetrachtung nicht abgebildet werden.

den über die imputierten Entgeltpunkte abgebildet und erhöhen das Ersatzniveau im Vergleich zum Einkommen. Schließlich ist nicht auszuschließen, dass Frauen, die eigene Versorgungsansprüche aufbauen, dies zielorientierter tun als Männer.[803]

Tabelle 5.31:
Versorgungslücke aus Schicht 1 und 2 nach Geschlecht.

Alter in Jahren	Versorgungslücke (in €)
	BUND
weiblich	85,90
männlich	289,58
	WEST
weiblich	83,80
männlich	314,33
	OST
weiblich	95,30
männlich	174,92

Eigene Darstellung.

---

[803] Frauen ohne eigene Versorgungsansprüche konnten, wie erwähnt, im Rahmen dieser Arbeit nicht berücksichtigt werden. Ihre Versorgungslücke hängt damit direkt mit den abgeleiteten Versorgungsansprüchen zusammen, die der Ehegatte erwirbt.

6 Zusammenfassung und kritische Würdigung

> „Der Mensch leidet an einer
> fatalen Spätzündung: er
> begreift alles erst in der
> nächsten Generation..."
>
> *Stanislaw Jerzy Lec*

Der in Kapitel 2 dargestellte Prozess der Bevölkerungsalterung gab bereits in den 1970er Jahren den Anstoß, über die daraus abzuleitenden Konsequenzen für die Alterssicherung in Deutschland nachzudenken. Bereits damals war offensichtlich, dass eine kontinuierlich steigende Lebenserwartung bei konstantem Renteneintrittsalter im Durchschnitt zwangsläufig zu längeren Rentenbezugszeiten führt. Das wachsende Rentnerkollektiv wäre durch eine infolge abnehmender Geburtsziffern rückläufige Zahl von Erwerbstätigen zu finanzieren. Diese Gemengelage drohte besonders für das größte System der Alterssicherung in Deutschland, die umlagefinanzierte GRV, erhebliche Probleme im Hinblick auf die Finanzierbarkeit zu verursachen. Entsprechend war ein politischer Handlungsbedarf bereits frühzeitig abzusehen – die Reaktion der Politik erfolgte jedoch vergleichsweise spät. So wurden die zentralen Reformen im Bereich der Alterssicherung mit direktem Bezug zur demografischen Entwicklung erst zwischen Ende der 1990er und Mitte der 2000er Jahre beschlossen.

Eine dieser Reformen war die mit dem AltEinkG erfolgte Neuordnung der steuerlichen Behandlung von Alterseinkommen. Hintergrund und Grundlogik des AltEinkG wurden zu Beginn von Kapitel 3 erläutert. Das in diesem Zuge vorgestellte Drei-Schichten-Modell diente dabei als Ausgangspunkt für die Darstellung der aktuellen Ausgestaltung der Alterssicherung in Deutschland – der ersten der einleitend formulierten Leitfragen der vorliegenden Arbeit. Mit dem Drei-Schichten-Modell ist eine Klassifizierung der verschiedenen existierenden und neu geschaffenen Versorgungswege und -produkte hinsichtlich ihrer Ausgestaltung möglich, was aufgrund der mit dem AltEinkG verfolgten Orientierung an der Leitlinie einer nachgelagerten Besteuerung erforderlich wurde. Die Zuordnung eines Versorgungswegs bzw. -produkts zu einer der Schichten richtet sich dabei im Grundsatz nach dessen Eignung „[...] für eine lebenslange einkommensmäßige Absicherung eingesetzt zu werden [...]."[804] Bei den Versorgungswegen der ersten Schicht handelt es sich um reine Leibrentenverträge. In der zweiten Schicht sind grundsätzlich Teilkapitalisierungen möglich, weshalb sie steuerlich weniger stark begünstigt sind. Die dritte Schicht ergibt sich als Residualgröße. Nicht im Rahmen der ersten beiden Schichten geförderte Versorgungswege sind der dritten Schicht zuzuordnen und werden in der Regel vorgelagert besteuert, da sie in keiner Weise zweckgebunden verwendet werden müssen.

Dabei zeigte sich, dass die Ein- bzw. Zuordnung der verschiedenen Versorgungswege in dieses Modell nicht in allen Fällen eindeutig ist. So kann etwa die üblicherweise der zweiten Schicht zugeordnete bAV unter gewissen Voraussetzungen auch als Teil der ersten Schicht gelten. Über die Einordnung der einzelnen Versorgungswege hinaus wurden in Kapitel 3 die wesentlichen Merkmale der Einzelsysteme sowie aktuelle Entwicklungen beschrieben. Ein Schwerpunkt lag dabei auf der GRV und den zentralen Reformen dieses Systems in den vergangenen Jahren. Diese Betrachtung trug zum besseren Verständnis der anschließend dargestellten Versorgungswege bei. So hatten die GRV-Reformen für die Versorgungswege der ersten Schicht Vorbildcharakter, jedoch wurden bislang nur einzelne Reformelemente in die BV und die BSV übertragen. Aufgrund der föderalen Struktur erfolgte dies zudem nicht einheitlich, so dass in einigen Bundesländern und den meisten Versorgungswerken die Erhöhung der Regelaltersgrenze auf 67 Jahre noch aussteht. Die Einführung eines Nachhaltigkeitsfaktors ist in der BV noch umstritten, langfristig dürfte jedoch kein Weg an dessen Implementierung vorbeiführen.

Im Hinblick auf die zweite Schicht haben die GRV-Reformen bereits bestehende Systeme (wie die bAV) in ihrer Bedeutung gestärkt oder zur Entstehung neuer Systeme (Riester-Rente) geführt. Bei der Betrachtung der staatlichen bzw. steuerlichen Förderung der Versorgungswege der zweiten Schicht stellte sich heraus, dass die bAV deutlich stärker gefördert wird als die Riester-Rente. Diese Entwicklung wird sich in den kommenden Jahren noch verstärken, weil die Höchstgrenze für den Sonderausgabenabzug bei der Riester-Rente mit 2.100 € absolut definiert ist, während die steuerlichen Abzugsmöglichkeiten im Rahmen der bAV relativ zur BBG der GRV begrenzt werden. Während in der bAV nach wie vor 4 Prozent der BBG (zzgl. 1.800 €) steuermindernd geltend gemacht werden können, sind es bei der Riester-Rente aufgrund der seit den Reformen 2001 gestiegenen BBG nur noch

---

[804] Rürup und Myssen (2008), S. 190.

etwa 3,2 (statt ursprünglich 4) Prozent. Damit verliert die Riester-Rente besonders für Bezieher von Einkommen im Bereich der BBG und darüber an Attraktivität. Besteht ein politischer Wille zur Gleichbehandlung von bAV und Riester-Rente, sollten diese Regelungen angeglichen werden.

In Kapitel 4 ging es um die ökonomische Beurteilung des (gerade beschriebenen und) in Kapitel 3 ausführlich dargestellten institutionellen Status Quo und der Reformen. Zur Beantwortung dieser zweiten einleitend formulierten Forschungsfrage wurde erstmals der wissenschaftliche Erkenntnisfortschritt der vergangenen etwa 30 Jahre nachgezeichnet und die Verbindungen mit den realpolitischen Entwicklungen aufgezeigt. Generell zeigte sich dabei, dass die aktuelle Situation in der deutschen Alterssicherung vor etwa 10 bis 20 Jahren wissenschaftlich deutlich anders bewertet worden wäre, als dies beim heutigen Kenntnisstand der Fall ist.

Dies gilt wohlgemerkt nicht für die bereits frühzeitig erkannten grundlegenden Eigenschaften der beiden zentralen Finanzierungsverfahren: So ist unumstritten, dass im Umlageverfahren eine direkte Beziehung zwischen Finanzierung und demografischer Entwicklung besteht, während im Fall der Kapitaldeckung vornehmlich indirekte Effekte über die Faktorpreisveränderungen wirken. Ein einfacher Renditevergleich fällt bei rückläufiger Bevölkerungsentwicklung damit stets zugunsten der Kapitaldeckung aus. Daraus ist allerdings nicht zu schließen, dass die Überführung eines Umlagesystems in ein Kapitaldeckungsverfahren ökonomisch effizient sein muss. So zeigten die Ausführungen zur Wohlfahrtsanalyse, dass ein Umlageverfahren Pareto-effizient ist und der Renditevorteil des Kapitaldeckungsverfahrens letztlich auf einer intergenerativen Umverteilung zugunsten der Einführungsgeneration des Umlageverfahrens beruht. Daher sind die Reformen der vergangenen Jahre nicht über Effizienzargumente zu legitimieren sondern müssen als Werturteil darüber interpretiert werden, wie stark die *Baby-Boomer* zur intergenerativen Lastenteilung beitragen können und müssen. Die Politik hat sich für eine Teilkapitaldeckung entschieden, so dass die demografischen Lasten zwischen den älteren und jüngeren Mitgliedern der Gesellschaft aufgeteilt werden.

Unterschiede in der ökonomischen Beurteilung ergeben sich in den verschiedenen Stadien der ökonomischen Modellgeschichte hinsichtlich eben dieser Lösung einer Teilkapitaldeckung. Die frühen, rein deterministischen Simulationsmodelle sehen eine solche Lösung als unbefriedigenden Kompromiss, wenngleich gezeigt werden kann, dass die mit der Kapitalisierung verbundenen Effizienzgewinne bereits zu einem Großteil bei vergleichsweise geringen Kapitalisierungsgraden erreicht werden können. Neuere Modelle sind in der Lage, Unsicherheit einzubeziehen und kommen auf dieser Basis zu teilweise diametral anderen und unterschiedlichen Ergebnissen. Generell gewinnt in diesen stochastischen Modellen der Versicherungsaspekt eines Umlagesystems an Bedeutung, so dass die Teilfundierung nicht mehr als unbefriedigender Kompromiss anzusehen ist, sondern die Streuung von Risiken im Sinne der Portfoliotheorie erlaubt. Diese Eigenschaft zeigt sich am deutlichsten im Fall von besonderen Entwicklungen wie Kriegen und Naturkatastrophen, sie wurde aber auch im Verlauf der Finanzkrise deutlich.

Wenn eine abschließende Beurteilung des deutschen Systems der Alterssicherung aus theoretischer Sicht derzeit seriös (noch) nicht möglich ist, so hat dies in erster Linie folgende Gründe: Je nachdem, welche Form des Risikos (Fertilität, Langlebigkeit, Kapitalmarkt etc.) betrachtet wird, ergeben sich zum Teil widersprüchliche Empfehlungen für die Ausgestaltung des Systems. Auch die Gewichtung der Risiken nach ihrer empirischen Bedeutung, wie sie im Rahmen stochastischer CGE-Modelle erfolgt, kann diesbezüglich noch keine abschließenden Ergebnisse liefern. Jedoch sprechen die dargelegten, jüngsten Befunde dafür, dass im deutschen Drei-Schichten-Modell die zentralen theoretischen Einsichten berücksichtigt wurden, so dass die noch zu lösenden Probleme eher eine Frage der Feinsteuerung sind als solche der grundlegenden Systematik.

Die Identifikation verbliebener oder neu entstandener Problembereiche im Kontext der Alterssicherung ist im Wesentlichen eine empirische Frage. Aus diesem Grund diente das fünfte Kapitel der Untersuchung des Status Quo der Altersvorsorge auf individueller Ebene bzw. der dritten Leitfrage. Damit liefert die vorliegende Arbeit neben den aktuellen institutionellen Gegebenheiten und deren umfassenden theoretischen Einschätzung (in Kombination mit einem dogmengeschichtlichen Abriss), auch einen empirischen Beitrag, indem erstmals der Gesamtstatus der Altersvorsorge im Drei-Schichten-Modell umfassend untersucht wurde. Dabei konnten neben thematisch-inhaltlichen Ergebnissen auch methodische Erkenntnisse gewonnen werden.

Zum Zweck der Ermittlung dieses Gesamtstatus wurden in einem ersten Schritt die verfügbaren Datenquellen mit Informationen zur Altersvorsorge gesichtet. Weil kein Datensatz existiert, der sämtliche Informationen zu den verschiedenen Versorgungswegen beinhaltet, musste nach Wegen gesucht werden, um die verfügbaren Daten aus unterschiedlichen Quellen zusammenzuführen. Die dafür in Betracht kommenden Möglichkeiten der Datenkombination wurden zunächst in einem Überblick dargestellt und hinsichtlich ihrer Vor- und Nachteile bewertet. Vor diesem Hintergrund wurde festgestellt, dass die Wahl eines geeigneten Ansatzes von der

Zielsetzung und den Ausgangsbedingungen abhängt. Im Rahmen der vorliegenden Arbeit machte die angestrebte Regionalisierung (Zielsetzung) der Ergebnisse die Verwendung des On-Site-Datensatzes des Mikrozensus erforderlich. Aus Gründen des Datenschutzes (Ausgangsbedingungen) schieden damit die sog. *hot-deck*-Verfahren, wie das für die konkrete Problem- und Fragestellung der vorliegenden Untersuchung vorzuziehende Statistische Matching, aus. Stattdessen wurde auf eine Kombination von Regressions- und Simulationsmodellen (Ansatz) zurückgegriffen, die zum Teil weitreichende Annahmen erforderten.

Diese Modelle dienten der Berechnung der als Ersatzniveaus bezeichneten Anwartschaften, die in den verschiedenen Versorgungswegen zum Zeitpunkt des (unter Berücksichtigung der Anhebung der Regelaltersgrenze ermittelten) Eintritts in den Ruhestand in Eurobeträgen (des Jahres 2005) zu erwarten sind. Neben diesen absoluten Größen wurden auch Ersatzquoten berechnet, um die Einkommenssituation vor und nach dem Eintritt in den Ruhestand vergleichen zu können. Die Ersatzquote stellt das Verhältnis von Ersatzniveau zum letzten Bruttoeinkommen dar, das auf den Zeitpunkt unmittelbar vor dem Renteneintritt fortgeschrieben wurde. Trotz der ausführlich beschriebenen methodischen Probleme und Einschränkungen konnten auf Basis dieser Berechnungen interessante Feststellungen abgeleitet werden, die in den Dimensionen Region, Alter, Einkommen und Geschlecht ausgewertet und dargestellt wurden.

In der ersten Schicht entspricht das regionale Bild für die Ersatzniveaus den Erwartungen. Angesichts der wissenschaftlich nachgewiesenen räumlichen Disparitäten beim Einkommen ist es wenig überraschend, dass sich auch die Ersatzniveaus (in €) in den mehr oder weniger dem Äquivalenzprinzip folgenden Versorgungswegen räumlich unterscheiden. Demgegenüber zeigt das regionale Bild zu den GRV-Ersatzquoten überraschend eine Invertierung des bei den Ersatzniveaus bestehenden West-Ost-Gefälles. Die altersspezifische Betrachtung offenbarte, dass die höheren Ersatzquoten im Osten wesentlich durch die Regelungen für das Beitrittsgebiet zu erklären sind. So profitieren die älteren Arbeitnehmer im Beitrittsgebiet deutlich von der sog. Hochwertung ihrer Einkommen aus DDR-Zeiten, während dieser Effekt bei den jüngeren Jahrgängen nahezu verschwindet. Für eben diese jüngeren Jahrgänge ergibt sich eine weitgehende Angleichung der Ersatzquoten in Ost und West, so dass die über die Altersklassen deutlich rückläufigen Ersatzniveaus und -quoten im Osten nicht zwangsläufig den von GEYER und STEINER (2010) postulierten politischen Handlungsbedarf offenlegen, sondern zunächst vor allem Folge der Privilegien der Vergangenheit sind.

Bei der Betrachtung der weiteren Versorgungswege der ersten Schicht fielen vor allem die sehr hohen Ersatzniveaus und -quoten in der BV auf. Bei den Ersatzniveaus ist dies primär durch einen Selektionseffekt zurückzuführen, weil die Beamtenpopulation im Durchschnitt besser ausgebildet ist und damit höhere Einkommen erzielt als die GRV-Population. Bei den Ersatzquoten spielen methodische Aspekte eine Rolle, jedoch zeigt sich auch die nach wie vor gegebene Generosität des Systems. Auffällig war zudem die regional sehr homogene Verteilung von Ersatzniveaus und -quoten, die nicht zuletzt auch der Annahme bundeseinheitlicher Regelungen geschuldet ist, welche derzeit allerdings noch als unproblematisch zu sehen ist. Inwieweit die größere Länderautonomie diesbezüglich künftig zu Veränderungen führt, ist derzeit nicht abzusehen. Schließlich zeigt sich in der BSV (als Versorgungsweg mit der kleinsten Population in Schicht 1) ein sehr heterogenes regionales Bild. Die regionalen Durchschnittswerte reichen von Niveaus im Bereich der BV bis zu solchen in Höhe der GRV. Bei den Ersatzquoten relativieren sich diese Unterschiede. Hier sind die Unterschiede weniger in der regionalen Dimension zu finden, sondern vornehmlich zwischen den Altersklassen. Hier sind die Unterschiede weniger in der regionalen Dimension zu finden, sondern vornehmlich zwischen verschiedenen Altersklassen. Dabei sind jedoch methodische Vorbehalte zu berücksichtigen, die weitere Untersuchungen in diesem Bereich nahe legen. Dies gilt insbesondere, wenn es um die Bereitstellung einer belastbaren Datenbasis für politische Entscheidungen geht.

Im Zusammenhang mit der Betrachtung der zweiten Schicht fiel auf, dass die bAV vor allem in den strukturschwachen Räumen weniger verbreitet ist. Wer jedoch über eine bAV verfügt, kann künftig in der Regel mit vergleichsweise hohen Ersatzniveaus und -quoten rechnen. Im Vergleich zur Riester-Rente ist dies vor allem auch auf die deutlich höheren Beitragszahlungen zurückzuführen. Die Betrachtung der Riester-Rente brachte sowohl methodisch als auch inhaltlich interessante Einsichten. Der entwickelte Ansatz zur Imputation der Riester-Partizipation erweist sich als durchaus belastbar und liefert Ergebnisse, die mit den Statistiken der ZfA grundsätzlich vergleichbar sind. Inhaltlich fiel besonders der negative Zusammenhang zwischen bAV- und Riester-Partizipation auf. Gerade Personen in strukturschwachen Räumen, für die möglicherweise der Zugang zu einer bAV erschwert ist, nutzen offenbar verstärkt die Riester-Rente. Die altersspezifische Auswertung zeigt dabei, dass die Riester-Rente vor allem von den jüngeren Jahrgängen genutzt wird. Die Zurückhaltung der rentennahen Jahrgänge erschließt sich unter Berücksichtigung von Anlagehorizont und Steuerbelastung. Handlungsbedarf ist vor allem hinsichtlich der *Baby-Boomer*-Jahrgänge gegeben, wenn diese weder im

Rahmen der bAV bzw. ZöD als spezieller betrieblicher Altersversorgung noch im Rahmen der Riester-Rente Anwartschaften aufbauen. Die Problematik der im Vergleich zur bAV rückläufigen Maximalförderung der Riester-Rente wurde bereits angesprochen.

Schließlich zeigte die Betrachtung der ZöD, dass die mit dem Übergang zum Punktemodell intendierte Kürzung der Versorgungsleistungen sich bereits auf der individuellen Ebene niederschlägt. Ein Vergleich der 55- bis 65-jährigen ZöD-Mitgliedern mit jenen im Alter zwischen 25 und 35 Jahren zeigt, dass sich die Ersatzniveaus und -quoten künftig annähernd halbieren werden. Mithin besteht vor allem für jüngere Arbeitnehmer im öffentlichen Dienst künftig stärkerer Bedarf zur zusätzlichen Altersvorsorge als dies noch bei den Älteren der Fall war. Im regionalen Kontext fällt bei der Gesamtbetrachtung das deutliche West-Ost-Gefälle auf. Dieses erklärt sich primär durch die Alterszusammensetzung bzw. die Berücksichtigung von Dienstzeiten in der ehemaligen DDR. Entsprechend nivellieren sich die Unterschiede zwischen West und Ost bei den jüngeren Jahrgängen.

Bei der Ermittlung des Vorsorgestatus in der dritten Schicht zeigten sich die Grenzen des gewählten Ansatzes zur Datenkombination. So konnte die Vermögensverteilung nur in einer der Dimensionen (Einkommen, Alter, Geschlecht, Region) in akzeptabler Weise repliziert werden. In der vorliegenden Arbeit wurde dabei die regionale Dimension gewählt. Erwartungsgemäß können die höchsten Ersatzniveaus und -quoten in den starken Wirtschaftsräumen im Rhein-Main-Raum und in den Großräumen Stuttgart sowie München erzielt werden. Ein deutliches Gefälle zeigt sich erneut zwischen West und Ost. Dabei liegt eine Erklärung mit den historischen Umständen und den Möglichkeiten zur Kapitalakkumulation auf der Hand.

Aufgrund der Probleme bei der individuellen Zuweisung von Vermögen unter Wahrung der empirischen Vermögensverteilung, konnte ein Gesamtstatus im eigentlichen Sinn nicht valide ermittelt werden. Stattdessen wurden lediglich die in den ersten beiden Schichten bestehenden Anwartschaften kumuliert, wobei auch hier auf methodische Vorbehalte aufmerksam gemacht wurde. Unter Zugrundelegung des verbalanalytisch abgeleiteten Schwellenwerts der Lebensstandardsicherung, der bei einer Ersatzquote von 50 Prozent erreicht wird, ist festzustellen, dass die deutsche Bevölkerung im Durchschnitt ausreichend versorgt ist. Dennoch zeigten die Berechnungen von Versorgungslücken, dass zum Teil noch erheblicher Handlungsbedarf auf individueller Ebene besteht.

Inwieweit auch auf politischer Ebene ein entsprechender Handlungsbedarf besteht, ist allein auf Basis dieser Untersuchung nicht abschließend zu beurteilen. Dies gilt auch im Hinblick auf die politisch brisante Frage, inwieweit das Problem der Altersarmut künftig wieder stärker in den sozial- und gesellschaftspolitischen Fokus rückt.[805] Zwar wäre grundsätzlich auch im hier verwendeten Empfängerdatensatz die Abfrage von Personen unterhalb der Armutsgrenze möglich, wegen der methodisch bedingten Unsicherheit hinsichtlich der Güte der Verteilung wurde darauf jedoch verzichtet. Angesichts der Ausführungen in Abschnitt 4.5 besteht für die zum Teil geforderte prospektive Reformierung der GRV zum gegenwärtigen Zeitpunkt kein besonderer Anlass. Vielmehr geht es zunächst darum, die potenziellen Problemgruppen weiter einzugrenzen und ggf. ein Obligatorium für die Versorgung in der zweiten Schicht zu prüfen, bevor tiefgreifendere Veränderungen in Erwägung gezogen werden. Die empirischen Methoden zur Bearbeitung der Fragestellungen sind grundsätzlich vorhanden und wurden im Rahmen der Methodendiskussion vorgestellt. Weitere Untersuchungen müssen insbesondere über die reine Durchschnittsbetrachtung hinausgehen und versuchen, zusätzliche Verteilungsparameter sowie Mehrfachansprüche valide abzubilden. Das politische Interesse an diesen Fragen mag dazu beitragen, die datenschutzrechtlichen Restriktionen im Hinblick auf die Methodenwahl (Stichwort: *hot-deck*-Verfahren) zu reduzieren.

---

[805] Dem Problem der Altersarmut und möglichen Konsequenzen im Rahmen der Alterssicherung widmen sich bspw. die Studien von DEDRING et al. (2010), GRABKA und MEINHARDT (2009) und KUMPMANN et al. (2010).

Literaturverzeichnis

AARON, HENRY (1966): *The Social Insurance Paradox*. Canadian Journal of Economics and Political Science, 32(3): S. 371–374.

ABEL, ANDREW B., N. G. MANKIW, L. H. SUMMERS und R. J. ZECKHAUSER (1989a): *Assessing Dynamic Efficiency: Theory and Evidence*. The Review of Economic Studies, 56(1): S. 1–19.

ABEL, ANDREW B., N. G. MANKIW, L. H. SUMMERS und R. J. ZECKHAUSER (1989b): *Assessing Dynamic Efficiency: Theory and Evidence*. Working Paper 2097, National Bureau of Economic Research (NBER).

ABV, ARBEITSGEMEINSCHAFT BERUFSSTÄNDISCHER VERSORGUNGSEINRICHTUNGEN E.V. (2008): *Sicher, Nachhaltig, Transparent. Fakten zur Altersvorsorge der Freien Berufe*.

AIYAGARI, S. RAO (1994): *Uninsured Idiosyncratic Risk and Aggregate Saving*. The Quarterly Journal of Economics, 109(3): S. 659–684.

AMMANN, MANUEL und H. ZIMMERMANN (1997): *Bemerkungen zur Zeithorizontdiskussion*. Finanzmarkt und Portfolio Management, 11(2): S. 205–210.

AMMERMÜLLER, ANDREAS, A. M. WEBER und P. WESTERHEIDE (2005): *Die Entwicklung und Verteilung des Vermögens privater Haushalte unter besonderer Berücksichtigung des Produktivvermögens*. Abschlussbericht zum Forschungsauftrag des Bundesministeriums für Gesundheit und Soziale Sicherung, Zentrum für Europäische Wirtschaftsforschung (ZEW), Mannheim.

ANDO, ALBERT und F. MODIGLIANI (1963): *The 'Life Cycle' Hypothesis of Saving: Aggregate Implications and Tests*. The American Economic Review, 53(1): S. 55–85.

AUERBACH, ALAN J., J. GOKHALE und L. J. KOTLIKOFF (1991): *Generational Accounts: A Meaningful Alternative to Deficit Accounting.*. In: *Tax Policy and the Economy 5*, Cambridge. MIT Press; National Bureau of Economic Research (NBER).

AUERBACH, ALAN J., J. GOKHALE und L. J. KOTLIKOFF (1992): *Generational Accounting: A New Approach to Understanding the Effects of Fiscal Policy on Saving*. Scandinavian Journal of Economics, 94(2): S. 303–319.

AUERBACH, ALAN J., J. GOKHALE und L. J. KOTLIKOFF (1994): *Generational Accounting: A Meaningful Way to Evaluate Fiscal Policy*. The Journal of Economic Perspectives, 8(1): S. 73–94.

AUERBACH, ALAN J. und L. J. KOTLIKOFF (1987): *Dynamic fiscal policy*. Cambridge University Press, Cambridge.

BALL, LAURENCE und N. G. MANKIW (2007): *Intergenerational Risk Sharing in the Spirit of Arrow, Debreu, and Rawls, with Applications to Social Security Design*. Journal of Political Economy, 115(4): S. 523–547.

BARR, NICHOLAS (2000): *Reforming Pensions - Myths, Truths, and Policy Choices*. IMF Working Paper 00/139, International Monetary Fund, Fiscal Affairs Department.

BARRO, ROBERT J. (1974): *Are Government Bonds Net Wealth?*. The Journal of Political Economy, 82(6): S. 1095–1117.

BARRO, ROBERT J. (1978): *The Impact of Social Security on Private Saving: Evidence From the U.S. Time Series*, Bd. 199 d. Reihe *AEI Studies*. American Enterprise Institute for Public Policy Research, Washington, D. C.

BAXTER, MARIANNE und U. J. JERMANN (1997): *The International Diversification Puzzle Is Worse Than You Think*. The American Economic Review, 87(1): S. 170–180.

BÄCKER, GERHARD und A. JANSEN (2009): *Analyse zur Entwicklung der Bruttolöhne und –gehälter in Ost- und Westdeutschland*. In: *Expertise im Auftrag des Forschungsnetzwerks Alterssicherung der Deutschen Rentenversicherung Bund*, Bd. 84 d. Reihe *DRV Schriften*. Deutsche Rentenversicherung Bund.

BEHAGHEL, LUC und D. M. BLAU (2010): *Framing Social Security Reform: Behavioral Responses to Changes in the Full Retirement Age*. IZA Discussion Papers 5310, Institut zur Zukunft der Arbeit.

BELLANTE, DON und C. A. GREEN (2004): *Relative Risk Aversion Among the Elderly*. Review of Financial Economics, 13(3): S. 269–281.

BELLMAN, RICHARD ERNEST (1961): *Adaptive Control Processes: a Guided Tour*. Princeton University Press, Princeton, New Jersey.

BENZ, TOBIAS, C. HAGIST und B. RAFFELHÜSCHEN (2009): *Ausgabenprojektion und Reformszenarien der Beamtenversorgung in Niedersachsen*. Studie im Auftrag des Bundes der Steuerzahler Niedersachsen und Bremen e.V., Hannover.

BENZ, ULRICH und S. FETZER (2004): *Was sind gute Nachhaltigkeitsindikatoren? OECD-Methode und Generationenbilanzierung im empirischen Vergleich*. Diskussionsbeiträge 117, Institut für Finanzwissenschaft der Albert-Ludwigs-Universität Freiburg im Breisgau.

BERATUNGSGREMIUM FÜR DIE GESETZGEBENDEN KÖRPERSCHAFTEN UND DIE BUNDESREGIERUNG (2009): *Gutachten des Sozialbeirats zum Rentenversicherungsbericht 2009*. Drucksache 17/52, Deutscher Bundestag, 17. Wahlperiode, Berlin.

BERTHOLD, NORBERT und A. MÜLLER (2010): *Regionale Disparitäten in Deutschland – Auf dem Weg zu gleichwertigen Lebensverhältnissen?*. Wirtschaftsdienst, 90: S. 591–597.

BINDER, DAVID A. (1996): *On Variance Estimation With Imputed Survey Data: Comment*. Journal of the American Statistical Association, 91(434): S. 510–512.

BINSWANGER, JOHANNES und D. SCHUNK (2009): *What is an Adequate Standard of Living during Retirement?*. Working Paper 2893, CESifo, München.

BIRG, HERWIG (2001): *Die demographische Zeitenwende: der Bevölkerungsrückgang in Deutschland und Europa*. Beck'sche Reihe. Beck, München.

BIRG, HERWIG (2005): *Die ausgefallene Generation: was die Demographie über unsere Zukunft sagt*. Beck, München.

BIRG, HERWIG (2007): *Was auf Deutschland zukommt – die zwingende Logik der Demographie*. In: JOSE BRUNNER, MINERVA INSTITUT FÜR DEUTSCHE GESCHICHTE, UNIVERSITÄT TEL AVIV, Hrsg.: *Tel Aviver Jahrbuch für deutsche Geschichte XXXV (2007) „Demographie – Demokratie – Geschichte, Deutschland und Israel"*, Bd. 35. Wallstein, Göttingen.

BIRK, DIETER und R. WERNSMANN (2008): *Die Besteuerung der Aufwendungen für die Altersvorsorge und der Alterseinkommen.* In: RULAND, FRANZ und B. RÜRUP, Hrsg.: *Alterssicherung und Besteuerung*, Kap. 8, S. 187–227. Gabler, Wiesbaden.

BLAKE, DAVID, A. CAIRNS und K. DOWD (2008): *The Birth of the Life Market.* Asia-Pacific Journal of Risk and Insurance, 3(1): S. 6–36.

BLEIHOLDER, JENS (2004): *Techniken des Data Merging in Integrationssystemen.* Technischer Bericht, Humboldt-Universität zu Berlin, Institut für Informatik.

BLIEN, UWE und K. WOLF (2001): *Regionale Disparitäten auf ostdeutschen Arbeitsmärkten.* Informationen zur Raumentwicklung, 28(1): S. 49–57.

BLOMMENSTEIN, HANS, P. JANSEN, N. KORTLEVE und J. YERMO (2009): *Evaluating Risk Sharing in Private Pension Plans.* Financial Market Trends. OECD, 1.

BMAS, BUNDESMINISTERIUM FÜR ARBEIT UND SOZIALES (2008): *Alterssicherungsbericht 2008. Ergänzender Bericht der Bundesregierung zum Rentenversicherungsbericht 2008 gemäß § 154 Abs. 2 SGB VI.* Berlin.

BMAS, BUNDESMINISTERIUM FÜR ARBEIT UND SOZIALES (2010a): *Geschichte der Gesetzlichen Rentenversicherung.* Webseite des BMAS. abgerufen am 25.06.2010.

BMAS, BUNDESMINISTERIUM FÜR ARBEIT UND SOZIALES (2010b): *Riester-Rente krisenfest: 222.000 neue Verträge im zweiten Quartal 2010.* Pressemitteilung vom 11.8.2010. Webseite des BMAS. abgerufen am 01.09.2010.

BMF, BUNDESMINISTERIUM DER FINANZEN (2003): *Abschlußbericht der Sachverständigenkommission zur Neuordnung der steuerrechtlichen Behandlung von Altersvorsorgeaufwendungen und Altersbezügen.* Berlin.

BMF, BUNDESMINISTERIUM DER FINANZEN (2009): *Finanzbericht 2010. Stand und voraussichtliche Entwicklung der Finanzwirtschaft im gesamtwirtschaftlichen Zusammenhang.* Berlin.

BMFSFJ, BUNDESMINISTERIUMS FÜR FAMILIE, SENIOREN, FRAUEN UND JUGEND (2005): *Gender-Datenreport – 1. Datenreport zur Gleichstellung von Frauen und Männern in der Bundesrepublik Deutschland.*

BMG, BUNDESMINISTERIUM FÜR GESUNDHEIT (2005): *Gesetzliche Krankenversicherung: Mitglieder, mitversicherte Angehörige, Beitragssätze und Krankenstand, Monatswerte Januar bis Juni 2005*. Berlin.

BMG, BUNDESMINISTERIUM FÜR GESUNDHEIT (2006): *Gesetzliche Krankenversicherung: Mitglieder, mitversicherte Angehörige, Beitragssätze und Krankenstand, Monatswerte Dezember 2005*. Berlin.

BMGS, BUNDESMINISTERIUM FÜR GESUNDHEIT UND SOZIALE SICHERUNG (2003): *Nachhaltigkeit in der Finanzierung der Sozialen Sicherungssysteme*. Berlin.

BODIE, ZVI (1995): *On the Risk of Stocks in the Long Run*. Financial Analysts Journal, 51(3): S. 18–23.

BOHN, HENNING (1994): *Optimal State-Contingent Capital Taxation: When is There an Indeterminacy?*. Journal of Monetary Economics, 34(1): S. 125–137.

BOHN, HENNING (1998): *Risk Sharing in a Stochastic Overlapping Generations Economy*. Departmental Working Papers, Department of Economics, UC Santa Barbara.

BOHN, HENNING (1999): *Should the Social Security Trust Fund Hold Equities? An Intergenerational Welfare Analysis*. Review of Economic Dynamics, 2(3): S. 666–697.

BOHN, HENNING (2001): *Social Security and Demographic Uncertainty: The Risk-Sharing Properties of Alternative Policies*. In: CAMPBELL, JOHN Y. und M. FELDSTEIN, Hrsg.: *Risk Aspects of Investment Based Social Security Reform*, S. 203–241. The University of Chicago Press, Chicago.

BOHN, HENNING (2005): *Who Bears What Risk? An Intergenerational Perspective*. Working Paper 2005-7, Pension Research Council.

BOMSDORF, ECKART und B. BABEL (2007): *Annahmenflexible Bevölkerungsvorausberechnungen und die 11. koordinierte Bevölkerungsvorausberechnung des Statistischen Bundesamtes*. Wirtschaft und Statistik, (9): S. 905–912.

BONIN, HOLGER (2001): *Generational Accounting: Theory and Application*. Population Economics. Springer, Berlin.

BORGMANN, CHRISTOPH (2002): *Labor Income Risk, Demographic Risk, and the Design of (Wage-Indexed) Social Security.* Diskussionsbeiträge 100, Institut für Finanzwissenschaft, Albert-Ludwigs-Universität Freiburg.

BORGMANN, CHRISTOPH (2005): *Social Security, Demographics, and Risk.* Population Economics. Springer-Verlag Berlin Heidelberg, Berlin, Heidelberg.

BORGMANN, CHRISTOPH und M. HEIDLER (2007): *Volatility of Social Security Wealth: Political Risks of Benefit-Rule Changes in Germany.* Finanzarchiv, 63: S. 83–106.

BREYER, FRIEDRICH (1989): *On the Intergenerational Pareto Efficiency of Pay-as-you-go Financed Pension Systems.* Journal of Institutional and Theoretical Economics (Zeitschrift für die gesamte Staatswissenschaft), 145: S. 643–658.

BREYER, FRIEDRICH (1990): *Ökonomische Theorie der Alterssicherung.* Vahlens Handbücher der Wirtschafts- und Sozialwissenschaften. Vahlen, München.

BREYER, FRIEDRICH (2000): *Kapitaldeckungs- versus Umlageverfahren.* Perspektiven der Wirtschaftspolitik, 1(4): S. 383–405.

BREYER, FRIEDRICH und W. BUCHHOLZ (2007): *Ökonomie des Sozialstaats.* Springer-Lehrbuch. Springer, Berlin.

BREYER, FRIEDRICH und S. HUPFELD (2010): *On the Fairness of Early-Retirement Provisions.* German Economic Review, 11(1): S. 60–77.

BREYER, FRIEDRICH und M. STRAUB (1993): *Welfare Effects of Unfunded Pension Systems When Labor Supply is Endogenous.* Journal of Public Economics, 50(1): S. 77–91.

BREYER, FRIEDRICH und D. E. WILDASIN (1993): *Steady-State Welfare Effects of Social Security in a Large Open Economy.* Journal of Economics (Zeitschrift für Nationalökonomie), 7(Supplement 1): S. 43–49.

BROWN, JEFFREY R. (2007): *Rational and Behavioral Perspectives on the Role of Annuities in Retirement Planning.* Working Paper Series 13537, National Bureau of Economic Research (NBER).

BÖRSCH-SUPAN, AXEL (1998): *Zur deutschen Diskussion eines Übergangs vom Umlage- zum Kapitaldeckungsverfahren in der gesetzlichen Rentenversicherung.* Finanzarchiv, 55: S. 400–428.

BÖRSCH-SUPAN, AXEL (2000): *Was lehrt uns die Empirie in Sachen Rentenreform?*. Perspektiven der Wirtschaftspolitik, 1(4): S. 431–451.

BÖRSCH-SUPAN, AXEL, Hrsg. (2003): *Life-cycle Savings and Public Policy: a Cross-National Study of Six Countries*. Academic Press, Amsterdam (u. a.).

BÖRSCH-SUPAN, AXEL, T. BUCHER-KOENEN, A. REIL-HELD und C. B. WILKE (2008a): *Zum künftigen Stellenwert der ersten Säule im Gesamtsystem der Alterssicherung*. mea-Discussion Paper 158, Mannheim Research Institute for the Economics of Aging (MEA), University of Mannheim.

BÖRSCH-SUPAN, AXEL, M. COPPOLA, L. ESSIG, A. EYMANN und D. SCHUNK (2008b): *The German SAVE study. Design and Results*. Technischer Bericht, Mannheim Research Institute for the Economics of Aging (MEA), Mannheim.

BÖRSCH-SUPAN, AXEL und M. GASCHE (2010a): *Kann die Riester-Rente die Rentenlücke in der Gesetzlichen Rente schließen?*. mea-Discussion Paper 201-2010, Mannheim Research Institute for the Economics of Aging (MEA), University of Mannheim.

BÖRSCH-SUPAN, AXEL und M. GASCHE (2010b): *Zur Sinnhaftigkeit der Riester-Rente*. mea-Discussion Paper 197-2010, Mannheim Research Institute for the Economics of Aging (MEA), University of Mannheim.

BÖRSCH-SUPAN, AXEL, F. HEISS, A. LUDWIG und J. WINTER (2003): *Pension Reform, Capital Markets and the Rate of Return*. German Economic Review, 4(2): S. 151–181.

BÖRSCH-SUPAN, AXEL, A. LUDWIG und J. WINTER (2002): *Aging and International Capital Flows*. In: AUERBACH, ALAN J. und H. HERRMANN, Hrsg.: *Aging, Financial Markets and Monetary Policy*, S. 55–83. Springer Verlag, Berlin, Heidelberg, New York.

BÖRSCH-SUPAN, AXEL, A. REIL-HELD und D. SCHUNK (2006): *Das Sparverhalten deutscher Haushalte: Erste Erfahrungen mit der Riester-Rente*. MEA discussion paper series 114, Mannheim Research Institute for the Economics of Aging (MEA), Mannheim University, Mannheim.

BÖRSCH-SUPAN, AXEL, A. REIL-HELD und D. SCHUNK (2008c): *Saving Incentives, Old-Age Provision and Displacement Effects: Evidence from the Recent*

German Pension Reform. Journal of Pension Economics and Finance, 7(3): S. 295–319.

BRUNETTI, MARIANNA (2007): *Population Ageing, Household Portfolios and Financial asset Returns: A Survey of the Literature.* Working Paper 1, CEFIN - Center for Studies in Banking and Finance.

BRÄUNINGER, DIETER (2010): *Betriebliche Altersversorgung: Raum für weitere Expansion.* Aktuelle Themen 437, Deutsche Bank Research (dbResearch), Frankfurt/Main.

BRUNNER, ALEXANDER (2001): *Die Krisen in der deutschen Rentenversicherung in der ersten Hälfte des 20. Jahrhunderts. Ein historischer Beitrag zur gegenwärtigen Diskussion über die Finanzierungsverfahren in der Altersversicherung.* Arbeitspapier, Wien.

BRUSSIG, MARTIN (2010a): *Erwerbstätigkeit im Alter hängt vom Beruf ab.* Altersübergangs-Report 5, Hans-Böckler-Stiftung, Forschungsnetzwerk Alterssicherung, Institut Arbeit und Qualifikation, Düsseldorf, Berlin, Duisburg-Essen. Elektronische Publikation.

BRUSSIG, MARTIN (2010b): *Künftig mehr Zugänge in Altersrenten absehbar.* Altersübergangs-Report 2, Hans-Böckler-Stiftung, Forschungsnetzwerk Alterssicherung, Institut Arbeit und Qualifikation, Düsseldorf, Berlin, Duisburg-Essen. Elektronische Publikation.

BUCHER, HANSJÖRG und C. SCHLÖMER (2009): *Raumordnungsprognose 2025/2050: Bevölkerung, private Haushalte, Erwerbspersonen,* Bd. Band 29 d. Reihe *Berichte des Bundesamtes für Bauwesen und Raumordnung (BBR).* Selbstverlag des BBR, Bonn. Mit CD-ROM.

BUCK, JÜRGEN (2006): *Datenfusion und Steuersimulation: Theorie und Empirie im Rahmen des Mikrosimulationsmodells GMOD.* Berichte aus der Statistik. Shaker, Aachen.

BUNDESAMT FÜR SOZIALVERSICHERUNGEN (2010): *Das Leistungsziel der beruflichen Vorsorge.* Faktenblatt, Bern, Schweiz.

BUNDESREGIERUNG (1980): *Bericht über die- Bevölkerungsentwicklung in der Bundesrepublik Deutschland. 1. Teil: Analyse der bisherigen Bevölkerungsentwicklung und Modellrechnungen zur künftigen Bevölkerungsentwicklung.* Drucksache 8/4437, Deutscher Bundestag, 8. Wahlperiode, Bonn.

BUNDESREGIERUNG (1981): *Gutachten des Sozialbeirats über langfristige Probleme der Alterssicherung in der Bundesrepublik Deutschland.* Drucksache 9/632, Deutscher Bundestag, 10. Wahlperiode, Bonn.

BUNDESREGIERUNG (1984): *Bericht über die Bevölkerungsentwicklung in der Bundesrepublik Deutschland. 2. Teil: Auswirkungen auf die verschiedenen Bereiche von Staat und Gesellschaft.* Drucksache 10/863, Deutscher Bundestag, 10. Wahlperiode, Bonn.

BUNDESREGIERUNG (2009): *Vierter Versorgungsbericht der Bundesregierung.* Drucksache 16/12660, Deutscher Bundestag, 16. Wahlperiode, Berlin.

BUNDESREGIERUNG (2010a): *Die Alterssicherungsstrategie der Bundesregierung nach der Bestandsaufnahme der Riester-Renten. Antwort der Bundesregierung auf die Kleine Anfrage der Abgeordneten Matthias W. Birkwald, Caren Lay, Klaus Ernst, weiterer Abgeordneter und der Fraktion DIE LINKE.* Drucksache 17/677, Deutscher Bundestag, 17. Wahlperiode, Berlin.

BUNDESREGIERUNG (2010b): *Entwicklung der berufsständischen Versorgungswerke. Antwort der Bundesregierung auf die kleine Anfrage der Fraktion der SPD.* Drucksache 17/497, Deutscher Bundestag, 17. Wahlperiode, Berlin.

CABALLERO, RICARDO J. (2010): *Macroeconomics after the Crisis: Time to Deal with the Pretense-of-Knowledge Syndrome.* Journal of Economic Perspectives, 24(4): S. 85–102.

CAMERER, COLIN (2003): *Behavioral Game Theory: Experiments in Strategic Interaction.* The Roundtable Series in Behavioral Economics. Russell Sage Foundation, New York. Index S. 535-550.

CAMPBELL, JOHN Y., P. A. DIAMOND und J. B. SHOVEN (2001): *Estimating the Real Rate of Return on Stocks Over the Long Term.* Technischer Bericht, Social Security Advisory Board.

CAMPBELL, JOHN Y. und R. J. SHILLER (1988): *Stock Prices, Earnings, and Expected Dividends.* Journal of Finance, 43(3): S. 661–676.

CAMPBELL, JOHN Y. und L. M. VICEIRA (2002): *Strategic Asset Allocation: Portfolio Choice for Long-Term Investors.* Oxford University Press, Oxford, New York.

COHEN, MICHAEL P. (1996): *A New Approach to Imputation*. In: *Proceedings of the Survey Research Methods Section*, S. 293–298. American Statistical Association.

CONESA, JUAN C. und D. KRUEGER (1999): *Social Security Reform with Heterogeneous Agents*. Review of Economic Dynamics, 2(4): S. 757–795.

CORNEO, GIACOMO, M. KEESE und C. SCHRÖDER (2007): *Erhöht die Riester-Förderung die Sparneigung von Geringverdienern?*. Economics Working Papers 30, Christian-Albrechts-University of Kiel, Department of Economics.

CORNEO, GIACOMO, M. KEESE und C. SCHRÖDER (2009): *The Riester Scheme and Private Savings: An Empirical Analysis based on the German SOEP*. Schmollers Jahrbuch, 129(2): S. 321–332.

D'AMATO, MARCELLO und V. GALASSO (2010): *Political Intergenerational Risk Sharing*. Journal of Public Economics, 94(9-10): S. 628–637.

DAV, DEUTSCHE AKTUARVEREINIGUNG E.V. (2004): *DAV-Sterbetafel 2004 R für Rentenversicherungen*. Köln.

DAV-UNTERARBEITSGRUPPE RENTENSTERBLICKEIT (2005): *Herleitung der DAV-Sterbetafel 2004R für Rentenversicherungen*. Blätter der DGVFM, Springer: Berlin/Heidelberg, 27(2): S. 199–313.

DAVIDOFF, THOMAS, J. R. BROWN und P. A. DIAMOND (2005): *Annuities and Individual Welfare*. American Economic Review, 95(5): S. 1573–1590.

DAWKINS, CHRISTINA, T. N. SRINIVASAN und J. WHALLEY (2001): *Calibration*. In: HECKMAN, J.J. und E. LEAMER, Hrsg.: *Handbook of Econometrics*, Bd. 5 d. Reihe *Handbooks in Economics*, Kap. 58, S. 3653–3703. North-Holland Publ. Co., Amsterdam.

DECHENT, JENS (2008): *Häuserpreisindex – Projektfortschritt und erste Ergebnisse für bestehende Wohngebäude*. Wirtschaft und Statistik, (1): S. 69–81.

DEDRING, KLAUS-HEINRICH, J. DEML, D. DÖRING, J. STEFFEN und R. ZWIENER (2010): *Rückkehr zur lebensstandardsichernden und armutsfesten Rente*. WISO Diskurs, Expertise im Auftrag der Abteilung Wirtschafts- und Sozialpolitik der Friedrich-Ebert-Stiftung, Bonn.

DEUTSCHER BUNDESTAG (2008): *Gesetzentwurf der Fraktionen der CDU/CSU und SPD*. Drucksache 16/8744, Deutscher Bundestag, 16. Wahlperiode, Berlin.

DIAMOND, PETER A. (1965): *National Debt in a Neoclassical Growth Model*. The American Economic Review, 55(5): S. 1126–1151.

DIAMOND, PETER A. (1997): *Insulations of Pensions from Political Risk*. In: VALDÉS-PRIETO, SALVADOR, Hrsg.: *The Economics of Pensions: Principles, Policies and International Experience*. Cambridge University Press.

DOETSCH, PETER A., S. OECKING, M. RATH, R. REICHENBACH, R. RHIEL und A. VEIT, Hrsg. (2008): *Betriebliche Altersvorsorge: Ein praktischer Leitfaden*. Haufe Fachpraxis. Haufe, München.

D'ORAZIO, MARCELLO, M. DI ZIO und M. SCANU (2001): *Statistical Matching: a Tool for Integrating Data in National Statistical Institutes*. Proceedings of the Joint Exchange of Technology and Know-How and New Techniques and Technologies for Statistics Conference for Official Statistics, S. 433–440.

DRV, DEUTSCHE RENTENVERSICHERUNG BUND (2006): *Rentenanwartschaften am 31.12.2005. Höhe der erworbenen Rentenanwartschaften, Umfang und Bewertung ausgewählter rentenrechtlicher Zeiten, Versicherungsbeginn, Beitragsdichte, Wartezeiterfüllung*. Statistik der Deutschen Rentenversicherung Band 161, Berlin, Würzburg.

DRV, DEUTSCHE RENTENVERSICHERUNG BUND (2007): *Beitragsrechtliche Behandlung der steuerfreien Zuwendungen nach § 3 Nr. 56 EStG*. Besprechungsergebnisse. TOP 4 der Besprechung der Spitzenverbände der Krankenkassen, der Deutschen Rentenversicherung Bund und der Bundesagentur für Arbeit über Fragen des gemeinsamen Beitragseinzugs am 11.07.2007 in Bochum.

DRV, DEUTSCHE RENTENVERSICHERUNG BUND (2008): *Rentenversicherung in Zahlen 2008. Aktuelle Ergebnisse, Stand: 22. August 2008, Entwicklung der Daten bis heute, Faustdaten, Werte, Finanzen, Versicherte, Rentenbestand, Rentenzugang, Teilhabe*. Statistik der Deutschen Rentenversicherung.

DRV, DEUTSCHE RENTENVERSICHERUNG BUND (2009a): *Aktuelle Daten 2010. Berechnungswerte und Finanzdaten, Statistik zu Versicherten*. Statistik der Rentenversicherung, Berlin.

DRV, DEUTSCHE RENTENVERSICHERUNG BUND (2009b): *Rentenversicherung in Zeitreihen, Sonderausgabe der DRV*, Bd. 22 d. Reihe *DRV Schriften*. Deutsche Rentenversicherung Bund.

DRV, DEUTSCHE RENTENVERSICHERUNG BUND (2010a): *Gunkel zur Finanzsituation in der Rentenversicherung*. Pressemitteilung vom 24.06.2010, Berlin.

DRV, DEUTSCHE RENTENVERSICHERUNG BUND (2010b): *Rentenversicherung in Zahlen 2010. Aktuelle Ergebnisse, Stand: 25. Juni 2010, Entwicklung der Daten bis heute. Faustdaten, Werte, Finanzen, Versicherte, Rentenbestand, Rentenzugang, Teilhabe*. Statistik der Deutschen Rentenversicherung.

DU, CAI CAI, J. MUYSKEN und O. SLEIJPEN (2010): *Economy Wide Risk Diversification in a Three-Pillar Pension System*. Research Memoranda 055, Maastricht University, Research School of Economics of Technology and Organization.

EHRENTRAUT, OLIVER (2006): *Alterung und Altersvorsorge: das deutsche Drei-Säulen-System der Alterssicherung vor dem Hintergrund des demografischen Wandels*, Bd. 29 d. Reihe *Sozialökonomische Schriften*. Lang, Frankfurt/Main.

ENDERS, WALTER und H. E. LAPAN (1982): *Social Security Taxation and Intergenerational Risk Sharing*. International Economic Review, 23(3): S. 647–659.

EXPERTENKOMMISSION WOHNUNGSPOLITIK (1995): *Wohnungspolitik auf dem Prüfstand*. Mohr, Tübingen.

FAMA, EUGENE F. und K. R. FRENCH (1988): *Dividend yields and expected stock returns*. Journal of Financial Economics, 22(1): S. 3–25.

FAY, ROBERT E. (1991): *A Design-Based Perspective on Missing Data Variance*. In: *Proceedings of the 1991 Annual Research Conference*, S. 429–440. U.S. Bureau of the Census.

FAY, ROBERT E. (1996): *Alternative Paradigms for the Analysis of Imputed Survey Data*. Journal of the American Statistical Association, 91(434): S. 490–498.

FEHR, HANS (2000): *Pension Reform During the Demographic Transition*. Scandinavian Journal of Economics, 102(2): S. 419–443.

FEHR, HANS (2009): *Computable Stochastic Equilibrium Models and Their Use in Pension- and Ageing Research*. De Economist, 157(4): S. 359–416.

FEHR, HANS und C. HABERMANN (2004): *Wann lohnt sich der Übergang zur kapitalgedeckten Zusatzversorgung im öffentlichen Dienst?*. Betriebliche Altersversorgung, 59(7): S. 623–633.

FEHR, HANS und C. HABERMANN (2006): *Pension Reform and Demographic Uncertainty: the Case of Germany*. Journal of Pension Economics and Finance, 5(01): S. 69–90.

FEHR, HANS und C. HABERMANN (2008): *Risk Sharing and Efficiency Implications of Progressive Pension Arrangements*. Scandinavian Journal of Economics, 110(2): S. 419–443.

FEHR, HANS, C. HABERMANN und F. KINDERMANN (2008a): *Social Security with Rational and Hyperbolic Consumers*. Review of Economic Dynamics, 11(4): S. 884.

FEHR, HANS, S. JOKISCH und L. J. KOTLIKOFF (2008b): *Dynamic Globalization and Its Potentially Alarming Prospects for Low-Wage Workers*. Working Paper Series 14527, National Bureau of Economic Research (NBER).

FELDSTEIN, MARTIN (1974): *Social Security, Induced Retirement and Aggregate Capital Accumulation*. Journal of Political Economy, 82(5): S. 905–926.

FELDSTEIN, MARTIN und C. HORIOKA (1980): *Domestic Saving and International Capital Flows*. Economic Journal, 90: S. 314–329.

FELDSTEIN, MARTIN und E. RANGUELOVA (1998): *Individual Risk and Intergenerational Risk Sharing in an Investment-Based Social Security Program*. Working Paper Series 6839, National Bureau of Economic Research (NBER).

FELDSTEIN, MARTIN und E. RANGUELOVA (2001): *Individual Risk in an Investment-Based Social Security System*. American Economic Review, 91(4): S. 1116–1125.

FELLEGI, I. P. (1977): *Discussion on Radner and Muller*. In: *Proceedings of the Social Statistics Section, Part II*, S. 762–764. American Statistical Association.

FELLEGI, IVAN P. und A. B. SUNTER (1969): *A Theory for Record Linkage*. Journal of the American Statistical Association, 64(328): S. 1183–1211.

FENGE, ROBERT (1995): *Pareto-efficiency of the Pay-as-you-go Pension System with Intragenerational Fairness*. Finanzarchiv, 52(3): S. 357–363.

Literaturverzeichnis

FENGE, ROBERT (1997): *Effizienz der Alterssicherung*, Bd. 149 d. Reihe *Wirtschaftswissenschaftliche Beiträge*. Physica-Verlag, Heidelberg.

FEROLI, MICHAEL (2003): *Capital Flows Among the G-7 Nations: a Demographic Perspective*. Finance and Economics Discussion Series 2003-54, Board of Governors of the Federal Reserve System (U.S.).

FIEBERG, CHRISTIAN (2002): *Neue Betriebsrente im öffentlichen Dienst*. Betriebliche Altersversorgung, 57(3): S. 230–237.

FORSCHUNGSZENTRUM GENERATIONENVERTRÄGE, RAUSER TOWERS PERRIN UND TOWERS PERRIN TILLINGHAST (2007): *bAV-Barometer 2006/2007. Trends und Perspektiven im Bereich der betrieblichen Altersversorgung*. Technischer Bericht, Freiburg, Frankfurt/Reutlingen, Köln.

FREY-VOR, GERLINDE, G. SIEGERT und H.-J. STIEHLER (2008): *Mediaforschung*. UVK-Verlagsgesellschaft, Konstanz.

FRICK, JOACHIM R., J. GOEBEL, M. M. GRABKA, O. GROH-SAMBERG und G. G. WAGNER (2007): *Zur Erfassung von Einkommen und Vermögen in Haushaltssurveys: Hocheinkommensstichprobe und Vermögensbilanz im SOEP*. SOEPpapers on Multidisciplinary Panel Data Research 19, Deutsches Institut für Wirtschaftsforschung (DIW), Berlin.

FRICK, JOACHIM R. und M. GRABKA (2010): *Alterssicherungsvermögen dämpft Ungleichheit – aber große Vermögenskonzentration bleibt bestehen*. DIW Wochenbericht, 77(3): S. 2–12.

FÖRSTER, WOLFGANG und S. RECHTENWALD (2008): *Die betriebliche und private Altersvorsorge*. In: RULAND, FRANZ und B. RÜRUP, Hrsg.: *Alterssicherung und Besteuerung*, Kap. 6, S. 136–172. Gabler, Wiesbaden.

FURTMAYER, HEINZ L. und C. WAGNER (2007): *Die Zusatzversorgung im öffentlichen Dienst – der heimliche Abschied von der Gesamtversorgung*. Betriebliche Altersversorgung, 62(6): S. 543–551.

GABLER, SIEGFRIED (1997): *Datenfusion*. ZUMA-Nachrichten, 21(40): S. 81–93. Zentrum für Umfragen, Methoden und Analysen (ZUMA).

GANSEL, ANNA (2006): *Sonderzahlungen an öffentlich-rechtliche Zusatzversorgungskassen – gesetzliche Neuregelung zur BesteuerungSonderzahlungen an öffentlich-rechtliche Zusatzversorgungskassen – gesetzliche Neuregelung zur Besteuerung.* nestor informiert 6, Forschungsinstitut für Neue Alterssicherungssysteme und Rechtsbiometrik in der Humboldt-Universität, Berlin.

GASCHE, MARTIN (2010): *Renenanpassung 2010 – Wem nützt die Rentengarantie?.* Technischer Bericht, Mannheim Research Institute for the Economics of Aging (MEA).

GATZWEILER, HANS-PETER und A. MILBERT (2006): *Regionale Disparitäten in den Erwerbsmöglichkeiten. Grund genug für eine ausgleichsorientierte Raumordnungspolitik?.* Informationen zur Raumentwicklung, 33(6/7): S. 317–324.

GEYER, JOHANNES und V. STEINER (2009): *Zahl der Riester-Renten steigt sprunghaft – aber Geringverdiener halten sich noch zurück.* DIW Wochenbericht, 76(32): S. 534–541.

GEYER, JOHANNES und V. STEINER (2010): *Künftige Altersrenten in Deutschland: Relative Stabilität im Westen, starker Rückgang im Osten.* DIW Wochenbericht, 77(11): S. 1–22.

GILL, INDERMIT S. (2004): *Keeping the Promise of Social Security in Latin America.* Latin American Development Forum. World Bank, Washington, D.C.

GOEBEL, JAN, M. M. GRABKA, P. KRAUSE, M. KROH, R. PISCHNER, I. SIEBER und M. SPIESS (2008): *Mikrodaten, Gewichtung und Datenstruktur der Längsschnittstudie Sozio-oekonomisches Panel (SOEP).* Vierteljahrshefte zur Wirtschaftsforschung, 77(3): S. 77–109.

GORDON, ROGER H. und H. R. VARIAN (1988): *Intergenerational Risk Sharing.* Journal of Public Economics, 37(2): S. 185–202.

GOTTWALD, RAINER (2005): *Die Zusatzversorgung im öffentlichen Dienst.* Neue Justiz (NJ), 59(5): S. 199–205.

GOURINCHAS, PIERRE-OLIVIER und J. A. PARKER (2001): *The Empirical Importance of Precautionary Saving.* American Economic Review, 91(2): S. 406–412.

GRABKA, MARKUS M. und V. MEINHARDT (2009): *Grundstruktur eines universellen Alterssicherungssystems mit Mindestrente.* WISO Diskurs, Diskussionspapier des Gesprächskreises Sozialpolitik der Friedrich-Ebert-Stiftung, Bonn.

GRAF, REINHARD (2004): *Praktische Auswirkungen es Alterseinkünftegesetzes für die Zusatzversorgung des öffentlichen Dienstes*. Betriebliche Altersversorgung, 59(7): S. 611–616.

GRAMLICH, TOBIAS (2008): *Analyse der Panelausfälle im SozioOekonomischen Panel SOEP*. SOEPpapers on Multidisciplinary Panel Data Research 129, Deutsches Institut für Wirtschaftsforschung (DIW), Berlin. (zugleich Diplomarbeit an der Universität Konstanz).

HACKMANN, TOBIAS und S. MOOG (2009): *Pflege als neuer Beschäftigungsmotor? Entwicklung des Personalbedarfs in ambulanter und stationärer Pflege*. In: HOFMANN, FRIEDRICH, G. RESCHAUER und U. STÖSSEL, Hrsg.: *Arbeitsmedizin im Gesundheitsdienst*, S. 131–143.

HAGEN, KORNELIA und L. A. REISCH (2010): *Riesterrente: Politik ohne Marktbeobachtung*. DIW Wochenbericht, 77(8): S. 2–14.

HAISKEN-DENEW, JOHN P. und J. R. FRICK, Hrsg. (2005): *DTC Desktop Companion to the German Socio-Economic Panel (SOEP)*. Deutsches Institut für Wirtschaftsforschung (DIW), Berlin, Essen.

HAUENSCHILD, NILS (1999): *Alterssicherungssysteme im Rahmen stochastischer Modelle überlappender Generationen*, Bd. 6 d. Reihe *Volkswirtschaftliche Analysen*. Lang, Frankfurt/Main.

HAYASHI, FUMIO, J. ALTONJI und L. KOTLIKOFF (1996): *Risk-Sharing Between and Within Families*. Econometrica: Journal of the Econometric Society, 64(2): S. 261–294.

HAYEK VON, FRIEDRICH A. (1979): *Wissenschaft und Sozialismus: Festvortrag anläßlich des 25jährigen Bestehen des Walter-Eucken-Instituts am 6. Februar 1979*. Nr. 71 in *Vorträge und Aufsätze, Walter-Eucken-Institut*. Mohr (Paul Siebeck), Tübingen.

HEER, BURKHARD ; MAUSSNER, ALFRED (2009): *Dynamic general equilibrium modeling : computational methods and applications*. Springer, Berlin, 2. Aufl.

HEIDLER, MATTHIAS (2009): *Reformen der gesetzlichen Rentenversicherung : politisches Risiko und intergenerative Umverteilung*, Bd. 37 d. Reihe *Sozialökonomische Schriften*. Lang, Frankfurt/Main.

HEIEN, THORSTEN, K. KORTMANN und C. SCHATZ (2007): *Altersvorsorge in Deutschland (AVID) 2005: Alterseinkommen und Biografie. Forschungsprojekt im Auftrag der Deutschen Rentenversicherung Bund und des Bundesministeriums für Arbeit und Soziales.* Technischer Bericht, Deutsche Rentenversicherung Bund, TNSInfratest, Berlin.

HEUBECK, KLAUS (2008): *Die Zusatzversorgung des öffentlichen und kirchlichen Dienstes.* In: RULAND, FRANZ und B. RÜRUP, Hrsg.: *Alterssicherung und Besteuerung*, Kap. 7, S. 173–183. Gabler, Wiesbaden.

HEUBECK, KLAUS und B. RÜRUP (2000): *Finanzierung der Altersversorgung des öffentlichen Dienstes: Probleme und Optionen. Gutachten im Auftrag der Arbeitsgemeinschaft kommunale und kirchliche Altersversorgung (AKA) e.V.*, Bd. 20 d. Reihe *Sozialökonomische Schriften.* Peter Lang, Frankfurt/Main.

HEUBECK, KLAUS und M. SEYBOLD (2007): *Zur Besteuerung der betrieblichen Altersversorgung nach dem Alterseinkünfegesetz.* Der Betrieb, 60(11): S. 592–597.

HÜGELSCHÄFFER, HAGEN (2002): *Die neue Zusatzversorgung des öffentlichen Dienstes.* Betriebliche Altersversorgung, 57(3): S. 351–358.

HÜGELSCHÄFFER, HAGEN (2004): *Die Startgutschriften der Zusatzversorgungseinrichtungen des öffentlichen und kirchlichen Dienstes auf dem Prüfstand.* Betriebliche Altersversorgung, 59: S. 354–370.

HÜGELSCHÄFFER, HAGEN (2005): *Aktuelle steuerrechtliche Fragen in der Zusatzversorgung des öffentlichen und kirchlichen Dienstes.* Betriebliche Altersversorgung, 60(5): S. 351–358.

HÜGELSCHÄFFER, HAGEN (2008): *Die Entscheidung des BGH zur Systemumstellung in der Zusatzversorgung des öffentlichen und kirchlichen Dienstes – Eine Zwischenbilanz.* Betriebliche Altersversorgung, 3(3): S. 254–264.

HÜLSKAMP, NICOLA und S. SEYDA (2005): *Politische Rahmenbedingungen als Ursachen niedriger Geburtenraten.* Wirtschaftsdienst, 85(2): S. 109–116.

HOMBURG, STEFAN (1988): *Theorie der Alterssicherung.* Studies in Contemporary Economics. Springer, Berlin.

HOMBURG, STEFAN (1990): *The Efficiency of Unfunded Pension Schemes.* Journal of Institutional and Theoretical Economics (Zeitschrift für die gesamte Staatswissenschaft), 146: S. 640–647.

HOMBURG, STEFAN (1991): *Interest and Growth in an Economy with Land.* Canadian Journal of Economics, 24(2): S. 450–459.

HOSMER, DAVID W. und S. LEMESHOW (2000): *Applied Logistic Regression.* Wiley Series in Probability and Statistics. John Wiley & Sons, New York (u. a.), 2 Aufl.

HUANG, HE, S. İMROHOROĞLU und T. J. SARGENT (1997): *Two Computations to Fund Social Security.* Macroeconomic dynamics, 1(1): S. 7–44.

HUBBARD, R. GLENN und K. L. JUDD (1987): *Social Security and Individual Welfare: Precautionary Saving, Borrowing Constraints, and the Payroll Tax.* The American Economic Review, 77(4): S. 630–646.

HUGGETT, MARK und G. VENTURA (1999): *On the Distributional Effects of Social Security Reform.* Review of Economic Dynamics, 2(3): S. 498–531.

HURD, MICHAEL D. und K. MCGARRY (1995): *Evaluation of the Subjective Probabilities of Survival in the Health and Retirement Study.* Journal of Human Resources, 30(4): S. 268–25.

HURD, MICHAEL D. und K. MCGARRY (2002): *The Predictive Validity of Subjective Probabilities of Survival.* Economic Journal, 112(482): S. 966–985.

İMROHOROĞLU, AYŞE, S. İMROHOROĞLU und D. H. JOINES (1995): *A Life cycle Analysis of Social Security.* Economic Theory, 6(1): S. 83–114.

İMROHOROĞLU, AYŞE, S. İMROHOROĞLU und D. H. JOINES (1999): *Social Security in an Overlapping Generations Economy with Land.* Review of Economic Dynamics, 2(3): S. 638–665.

IVERSEN, KIRSTEN (2007): *Auswirkungen der neuen Hochrechnung für den Mikrozensus ab 2005.* Wirtschaft und Statistik, (8): S. 739–747.

JÄGER, MANFRED (2007): *Rentenlücken in Deutschland.* iwTrends 4, Institut der Deutschen Wirtschaft (IW), Köln.

JORGENSEN, DALE W. (1984): *Econometric Methods for Applied General Equilibrium Analysis*. In: SCARF, H. E. und J. B. SHOVEN, Hrsg.: *Applied General Equilibrium Analysis*. Cambridge University Press, Cambridge.

JUNG, MICHAEL (2008): *Berufsständische Versorgung*. In: RULAND, FRANZ und B. RÜRUP, Hrsg.: *Alterssicherung und Besteuerung*, Kap. 5, S. 114–135. Gabler, Wiesbaden.

KAEMPFE, JUTTA (2005): *Die Systemfunktionen privater Altersvorsorge im Gesamtsystem sozialer Alterssicherung: Großbritannien, Deutschland und die Schweiz im Rechtsvergleich*, Bd. 8 d. Reihe *Schriften zum deutschen und europäischen Sozialrecht*. Nomos, Baden-Baden, 1. Aufl.

KASSELLA, THOMAS (1994): *Ein Verknüpfungsalgorithmus zur Zusammenführung von Steuerprozeßdaten und Umfragedaten*. In: HAUSER, RICHARD, N. OTT, G. WAGNER, R. HAUSER, N. OTT und G. WAGNER, Hrsg.: *Mikroanalytische Grundlagen der Gesellschaftspolitik: Ergebnisse aus dem gleichnamigen Sonderforschungsbereich an den Universitäten Frankfurt und Mannheim.*, Bd. 2 d. Reihe *Erhebungsverfahren, Analysemethoden und Mikrosimulation, Deutsche Forschungsgemeinschaft*, S. 153–178. Akademie Verlag, Berlin.

KEMNITZ, ALEXANDER und B. WIGGER (2000): *Growth and Social Security: the Role of Human Capital*. European Journal of Political Economy, 16(4): S. 673–683.

KENNEDY, PETER (2004): *A Guide to Econometrics*. Blackwell, Malden, Massachussetts, 5 Aufl.

KERSCHBAUMER, JUDITH (2009): *Rentenanpassung zum 1.7.2009 & „Rentengarantie"*. sopoaktuell 82, Vereinte Dienstleistungsgewerkschaft (ver.di), Berlin. Download: http://suedhessen.verdi.de/politik/sozialpolitik.

KEUSCHNIGG, CHRISTIAN (1989): *Tax Incentives For Investment: A Dynamic General Equilibrium Perspective*. Empirica – Austrian Economic Papers., 16(1): S. 31–51.

KIESL, HANS und S. RÄSSLER (2006): *How Valid Can Data Fusion Be?*. IAB Discussion Paper Nr. 15, Institut für Arbeitsmarkt- und Berufsforschung (IAB), Nürnberg.

KNIES, GUNDI und C. K. SPIESS (2007): *Regional Data in the German Socio-Economic Panel Study (SOEP)*. Data Documentation 17, Deutsches Institut für Wirtschaftsforschung (DIW), Berlin.

KOMMISSION FÜR DIE NACHHALTIGKEIT IN DER FINANZIERUNG DER SOZIALEN SICHERUNGSSYSTEME (2003): *Nachhaltigkeit in der Finanzierung der Sozialen Sicherungssysteme*. Berlin.

KONRAD, MATTHIAS (2008): *Reform der Zusatzversorgung – Ende des Streits um die Startgutschriften in Sicht?*. Zeitschrift für Tarifrecht (ZTR), (6): S. 296–303.

KORTMANN, KLAUS (2008): *Situation und Entwicklung der betrieblichen Altersversorgung in Privatwirtschaft und öffentlichem Dienst 2001- 2007*. Endbericht, Untersuchung im Auftrag des Bundesministeriums für Arbeit und Soziales Durchgeführt von TNS Infratest Sozialforschung, München.

KOTLIKOFF, LAURENCE J. (1989): *Health Expenditures and Precautionary Savings*. In: KOTLIKOFF, LAURENCE J., Hrsg.: *What Determines Savings?*, S. 141–162, Cambridge, London. The MIT Press.

KOTLIKOFF, LAURENCE J. (1995): *Privatization of Social Security: How It Works and Why It Matters*. Working Paper Series 5330, National Bureau of Economic Research (NBER).

KOTLIKOFF, LAURENCE J., K. SMETTERS und J. WALLISER (2007): *Mitigating America's Demographic Dilemma by Pre-Funding Social Security*. Journal of Monetary Economics, 54(2): S. 247–267.

KREYENFELD, MICHAELA und T. MIKA (2008): *Erwerbstätigkeit und Fertilität: Analysen mit der Versicherungskontenstichprobe der deutschen Rentenversicherung*. In: *Die Versicherungskontenstichprobe als Scientific Use File. Workshop des Forschungsdatenzentrums der Rentenversicherung (FDZ-RV) am 30. und 31. Oktober 2007 in Würzburg.*, Bd. 79 d. Reihe *DRV-Schriften*, S. 71–95. Deutsche Rentenversicherung Bund, Berlin. Sonderausgabe.

KRIEGER, TIM und S. TRAUB (2008): *Back to Bismarck? Shifting Preferences for Intragenerational Redistribution in OECD Pension Systems*. Working Paper Series 6, Center for International Economics, University of Paderborn.

KRÄMER, HANS-JÖRG (2004): *Rentenversicherungs-Nachhaltigkeitsgesetz – Ein Überblick*. DAngVers, 52(9): S. 404–414.

KRUEGER, DIRK und F. KUBLER (2002): *Intergenerational Risk-Sharing via Social Security When Financial Markets Are Incomplete*. The American Economic Review, 92(2): S. 407–410.

KRUEGER, DIRK und F. KUBLER (2006): *Pareto Improving Social Security when Financial Markets are Incomplete!?*. The American Economic Review, 96(3): S. 737–755.

KRUEGER, DIRK und A. LUDWIG (2007): *On the Consequences of Demographic Change for Rates of Returns to Capital, and the Distribution of Wealth and Welfare*. Journal of Monetary Economics, 54(1): S. 49–87.

KRUEGER, DIRK und F. PERRI (2009): *Public versus Private Risk Sharing*. Working Paper Series 15582, National Bureau of Economic Research (NBER).

KRUG, WALTER, M. NOURNEY und J. SCHMIDT (2001): *Wirtschafts- und Sozialstatistik: Gewinnung von Daten*. Oldenbourgs Lehr- und Handbücher der Wirtschafts- und Sozialwissenschaften. Oldenbourg, München, 6., völlig neubearb. und erw. Aufl.

KRUGMAN, PAUL (1995): *Development, Geography and Economic Theory*. Nr. 6 in *The Ohlin Lectures*. The MIT Press, Cambridge, Massachusetts; London, England. (Fifth printing, 1999).

KRUPP, HANS-JÜRGEN (2008): *Die Anfänge: Zur Entstehungsgeschichte des SOEP*. Vierteljahrshefte zur Wirtschaftsforschung, 77(3): S. 15–26.

KRUSELL, PER und A. A. SMITH (1998): *Income and Wealth Heterogeneity in the Macroeconomy*. Journal of Political Economy, 106(5): S. 867–896.

KUHN, THOMAS S. (1962): *The Structure of Scientific Revolutions*. International Encyclopedia of Unified Science. University of Chicago Press, Chicago.

KULTUSMINISTERKONFERENZ (2002): *Schule in Deutschland – Zahlen, Fakten, Analysen*. Bonn.

KUMPMANN, INGMAR, M. GÜHNE und H. S. BUSCHER (2010): *Armut im Alter – Ursachenanalyse und eine Projektion für das Jahr 2023*. IWH-Diskussionspapiere 8, Institut für Halle Wirtschaftsforschung Halle (IWH), Halle.

LACHMUTH, ANNEMARIE, H. GEORGII und S. BORHANIAN (2006): *Förderalismusreform 2006. Grundgesetzänderung - Synopse.* Dokumentation WD 3 - 313/06, Deutscher Bundestag, Wissenschaftliche Dienste, Berlin.

LANGENBRINCK, BERNHARD (2007): *Auswirkungen von Entwicklungen im Steuerrecht auf die betriebliche Altersversorgung des öffentlichen Dienstes (insbesondere aufgrund der durch das Jahressteuergesetz 2007 getroffenen Neuregelung des § 3 Nr. 56 EStG).* Zeitschrift für Tarifrecht (ZTR), (10): S. 529–533.

LESSMANN, CHRISTIAN (2005): *Regionale Disparitäten in Deutschland und ausgesuchten OECD-Staaten im Vergleich.* ifo Dresden berichtet, 12(3): S. 25–33.

LEWIS, KAREN K. (1999): *Trying to Explain Home Bias in Equities and Consumption.* Journal of Economic Literature, 37(2): S. 571–608.

LITTLE, RODERICK J. A. und D. B. RUBIN (2002): *Statistical Analysis with Missing Data.* Wiley Series in Probability and Statistics. Wiley, Hoboken, New Jersey, 2. Aufl.

LÖSEL, CHRISTIAN (2004): *Betriebliche Altersversorgung durch Entgeltumwandlung: steuerliche Auswirkungen einer Arbeitnehmerentsendung in die USA,* Bd. 12 d. Reihe *Schriftenreihe betriebswirtschaftliche Steuerlehre in Forschung und Praxis.* Kovač, Hamburg.

LÜTH, ERIK (2001): *Private Intergenerational Transfers and Population Aging : the German Case.* Contributions to Economics. Physica-Verlag, Heidelberg.

LUDWIG, ALEXANDER und M. REITER (2010): *Sharing Demographic Risk: Who is Afraid of the Baby Bust?.* erscheint in: American Economic Journal: Economic Policy.

LUY, MARC (2006a): *Differentielle Sterblichkeit: die ungleiche Verteilung der Lebenserwartung in Deutschland.* Diskussionspapier 6, Rostocker Zentrum.

LUY, MARC (2006b): *Perspektiven für die zukünftige Entwicklung der Lebenserwartung.* Diskussionspapier 4, Rostocker Zentrum.

MANDELBROT, BENOÎT B. und R. L. HUDSON (2004): *The (Mis)Behavior of Markets: A Fractal View of Risk, Ruin, and Reward.* Basic Books, New York.

MANKIW, N. GREGORY und D. N. WEIL (1989): *The Baby Boom, the Baby Bust, and the Housing Market*. Regional Science and Urban Economics, 19(2): S. 235–258.

MARBURGER, HORST (2006): *Die Versorgung der Beamten und anderweitig Beschäftigen im öffentlichen Dienst: Pension, Rente, Zusatzleistungen*. Erich Schmidt Verlag, Berlin, 2., überarb. Aufl.

MAREKWICA, MARCEL, R. MAURER und S. SEBASTIAN (2006): *Asset Meltdown - Fact or Fiction?*. Working Paper Series: Finance and Accounting 169, Department of Finance, Goethe University, Frankfurt/Main.

MARKOWITZ, HARRY (1952): *Portfolio Selection*. The Journal of Finance, 7(1): S. 77–91.

MATSEN, EGIL und Ø. THØGERSEN (2004): *Designing Social Security - a Portfolio Choice Approach*. European Economic Review, 48(4): S. 883–904.

MEINDEL, ALEXANDER (2004): *Intergenerative Verteilungswirkung beim Übergang zu einer nachgelagerten Rentenbesteuerung*, Bd. 25 d. Reihe *Sozialökonomische Schriften*. Lang, Frankfurt/Main (u. a.).

MERRILL, CRAIG und S. THORLEY (1996): *Time Diversification: Perspectives from Option Pricing Theory*. Financial Analysts Journal, 52(3): S. 13–20.

MILES, DAVID und A. TIMMERMANN (1999): *Risk Sharing and Transition Costs in the Reform of Pension Systems in Europe*. Economic Policy, 14(29): S. 251–286.

MINISTERIUM FÜR ARBEIT, GESUNDHEIT UND SOZIALES DES LANDES NORDRHEIN-WESTFALEN (2008): *Vermeidung von Altersarmut. Bericht und Handlungsvorschläge*. Düsseldorf.

MINISTERIUM FÜR ARBEIT UND SOZIALES BADEN-WÜRTTEMBERG (2007): *PROSA – Pro Sicherheit im Alter. Für mehr Dynamik im bewährten System*. Technischer Bericht, Bericht des Landesbeirats.

MOLLENHAUER, RUDI (2005): *Nachhaltigkeitsrücklage der gesetzlichen Rentenversicherung*. Der aktuelle Begriff, Wissenschaftliche Dienste des Deutschen Bundestages.

MOOG, STEFAN, C. MÜLLER und B. RAFFELHÜSCHEN (2009): *Tricksen an der Rentenformel - Rentenpolitik zu Lasten der Beitrags- und Steuerzahler*. Gutachten, Kurzexpertise des Forschungszentrums Generationenverträge im Auftrag der Initiative Neue Soziale Marktwirtschaft.

MORGENSTERN, KLAUS (2004): *Die große Flucht in die Kapitaldeckung*. Portfolio institutionell, 4: S. 43–47.

MORIARITY, CHRIS und F. SCHEUREN (2003): *A note on Rubin's statistical matching using file concatenation with adjusted weights and multiple imputations*. Journal of Business & Economic Statistics, 21(1): S. 65–73.

MURPHY, KEVIN M. und F. WELCH (1992): *The Structure of Wages*. The Quarterly Journal of Economics, 107(1): S. 285–326.

MYRSKYLÄ, MIKKO, H.-P. KOHLER und F. C. BILLARI (2009): *Advances in Development Reverse Fertility Declines*. Nature, 460(6): S. 741–743.

NARDI DE, MARIACRISTINA., S. İMROHOROĞLU und T. J. SARGENT (1999): *Projected U.S. Demographics and Social Security*. Review of Economic Dynamics, 2(3): S. 575–615.

NIERMANN, UDO und M. FUHRMANN (2010): *Alternativen zum Gegenwert. Überlegungen zur interessengerechten Regelung der Austrittsfolgen bei umlagefinanzierten Zusatzversorgungskassen*. Betriebliche Altersversorgung, 65(6): S. 528–534.

NISHIYAMA, SHINICHI und K. SMETTERS (2007): *Does Social Security Privatization Produce Efficiency Gains?*. The Quarterly Journal of Economics, 122(4): S. 1677–1719.

NOLL, PATRICK (2009): *Statistisches Matching mit Fuzzy Logic: Theorie und Anwendung in Sozial- und Wirtschaftswissenschaften*. Vieweg+Teubner Research. Vieweg+Teubner, GWV Fachverlage GmbH, Wiesbaden, 1. Aufl.

NORDRHEINISCHE ÄRZTEVERSORGUNG (2007): *Geschäftsbericht 2006*. Technischer Bericht, Düsseldorf.

OBERSCHELP, MALTE, Hrsg. (2002): *Paul Feyerabend*. Absolute. Orange Press, Freiburg.

OEHLER, ANDREAS (2009): *Alles „Riester"'? Die Umsetzung der Förderidee in der Praxis Stärken und Schwächen, Risiken und Chancen der staatlich geförderten kapitalgedeckten privaten Altersvorsorge von abhängig Beschäftigten (ohne Beamte) im Kontext der umlagefinanzierten ge-setzlichen Rentenversicherung.* Gutachten, Verbraucherzentrale Bundesverbandes e. V., Bamberg.

OKNER, BENJAMIN (1972): *Constructing A New Data Base From Existing Microdata Sets: The 1966 Merge File.* In: *Annals of Economic and Social Measurement*, Bd. 1 d. Reihe *NBER Chapters*, S. 326–361. National Bureau of Economic Research (NBER).

OLOVSSON, CONNY (2010): *Quantifying the Risk-Sharing Welfare Gains of social Security.* Journal of Monetary Economics, 57(3): S. 364–375.

ORTHMANN, SEBASTIAN (2003): *Betriebliche Altersversorgung im Jahresabschluss nach HGB, US-GAAP und IAS: eine Betrachtung unter besonderer Berücksichtigung der Verknüpfung von Aktiv- und Passivseite*, Bd. 27 d. Reihe *Juristische Reihe TENEA*. Tenea, Berlin.

PESTIEAU, PIERRE und U. M. POSSEN (2000): *Investing Social Security in the Equity Market. Does it Make a Difference?.* National Tax Journal, 53(1): S. 41–57.

PFARR, CHRISTIAN und U. SCHNEIDER (2009): *Angebotsinduzierung und Mitnahmeeffekt im Rahmen der Riester-Rente. Eine empirische Analyse.* Wirtschaftswissenschaftliche Diskussionspapiere 02-09, Rechts- und Wirtschaftswissenschaftliche Fakultät, Universität Bayreuth.

PFAU, WADE DONALD (2005): *The Effects of Social Security on Private Savings: A Reappraisal of the Time Series Evidence.* MPRA Paper 19032, University Library of Munich.

PHELPS, EDMUND S. (1961): *The Golden Rule of Accumulation: A Fable for Growthmen.* The American Economic Review, 51(4): S. 638–644.

PHELPS, EDMUND S. (1965): *Second Essay on the Golden Rule of Accumulation.* The American Economic Review, 55(4): S. 793–815.

PLÖTZSCH, OLGA (2007): *Geburten in Deutschland.* Statistisches Bundesamt, Wiesbaden.

POTERBA, JAMES M. (2001a): *Annuity Markets and Retirement Security.* Fiscal Studies, 22(3): S. 249–270.

POTERBA, JAMES M. (2001b): *Demographic Structure and Asset Returns.* The Review of Economics and Statistics, 83(4): S. 565–584.

PRELLER, STEFAN (2009): *Die Zusatzversorgung im öffentlichen Dienst – Systemwechsel, Finanzierung und Ausgabenentwicklung.* FÖV Discussion Papers 50, Deutsches Forschungsinstitut für öffentliche Verwaltung, Speyer.

PUSKÁS VON, GÉZA (2001): *Zukunftsperspektiven der Zusatzversorgung des öffentlichen und kirchlichen Dienstes.* Betriebliche Altersversorgung, 56(4): S. 309–313.

RADNER, DANIEL B., R. ALLEN, M. E. GONZALEZ, T. B. JABINE und H. J. MULLER (1980): *Report on Exact and Statistical Matching Techniques.* Statistical Policy Working Paper 5, U.S. Dept. of Commerce and Office of Federal Statistical Policy and Standards, U.S. Government Printing Office, Washington D.C. Download: http://www.fcsm.gov/working-papers/wp5.html.

RAFFELHÜSCHEN, BERND (1989): *Anreizwirkungen des Systems der sozialen Alterssicherung: Eine Dynamische Simulationsanalyse,* Bd. 40 d. Reihe *Finanzwissenschaftliche Schriften.* Peter Lang, Frankfurt/Main (u. a.).

RAFFELHÜSCHEN, BERND (1993): *Funding Social Security Through Pareto-optimal Conversion Policies.* Journal of Economics, 7(Supplement 1): S. 105–131.

RAFFELHÜSCHEN, BERND (2002): *Zur Reform der gesetzlichen Rentenversicherung – eine unendliche Geschichte.* Zeitschrift für Wirtschaftspolitik, 51(3): S. 319–327.

RAFFELHÜSCHEN, BERND und A. E. RISA (1997): *Generational Accounting and Intergenerational Welfare.* Public Choice, 93(1-2): S. 149–163.

RAFFELHÜSCHEN, BERND und J. SCHODER (2004a): *Die Freiburger Zwei-Flanken-Strategie zur Wohneigentumsförderung.* ifo Schnelldienst, 57(4): S. 3–6.

RAFFELHÜSCHEN, BERND und J. SCHODER (2004b): *Wohneigentumsförderung unter neuen Vorzeichen: Skizze einer zukunftsorientierten Reform.* Diskussionsbeiträge 113, Institut für Finanzwissenschaft, Albert-Ludwigs-Universität Freiburg.

RAFFELHÜSCHEN, BERND und J. SCHODER (2007): *Generationengerechtigkeit – gibts die?*. Wirtschaftsdienst, 87(3): S. 143–146.

RAFFELHÜSCHEN, BERND und J. SCHODER (2010): *Zur Inanspruchnahme der Riester-Förderung*. Studie, Forschungszentrum Generationenverträge, Freiburg.

RAGNITZ, JOACHIM (2010): *Rentenangleichung Ost?*. ifo Dresden berichtet, 17(2): S. 3–4.

RAO, J. N. K. (1996): *On Variance Estimation With Imputed Survey Data*. Journal of the American Statistical Association, 91(434): S. 499–506.

RAO, J. N. K. und J. SHAO (1992): *Jackknife Variance Estimation with Survey Data Under Hot Deck Imputation*. Biometrika, 79(4): S. 811–822.

RHEE, CHANGYONG (1991): *Dynamic Inefficiency in an Economy with Land*. The Review of Economic Studies, 58(4): S. 791–797.

RHIEL, RAIMUND (2010): *Gegenwertberechnung der VBL – Anmerkungen zum Beitrag von Blome, BetrAV 2010 S. 442*. Betriebliche Altersversorgung, 65(6): S. 534–535.

RICHTER, MARIA und R. K. HIMMELREICHER (2008): *Die Versicherungskontenstichprobe als Datengrundlage für Analysen von Versicherungsbiografien unterschiedlicher Altersjahrgänge*. In: *Die Versicherungskontenstichprobe als Scientific Use File. Workshop des Forschungsdatenzentrums der Rentenversicherung (FDZ-RV) am 30. und 31. Oktober 2007 in Würzburg.*, Bd. 79 d. Reihe *DRV-Schriften*, S. 34–61. Deutsche Rentenversicherung Bund, Berlin. Sonderausgabe.

RICHTER, WOLFRAM F. (1993): *Intergenerational Risk Sharing and Social Security in an Economy With Land*. Journal of Economics (Zeitschrift für Nationalökonomie), Supplement 7: S. 91–103.

RIDDER, GEERT und R. MOFFITT (2007): *The Econometrics of Data Combination*. In: HECKMAN, JAMES J. und E. E. LEAMER, Hrsg.: *Handbook of Econometrics*, Bd. 6 d. Reihe *Handbook of Econometrics*, Kap. 75, S. 5469–5547. Elsevier.

RIOS-RULL, JOSÉ-VICTOR (1996): *Life-Cycle Economies and Aggregate Fluctuations*. Review of Economic Studies, 63(216): S. 465–490.

RIOS-RULL, JOSÉ-VICTOR (2001): *Population Changes and Capital Accumulation: The Aging of the Baby Boom.* Advances in Macroeconomics, 1(1): S. 1–48. Article 7.

RISCHE, HERBERT (2005): *Die Deutsche Rentenversicherung mit neuen Strukturen.* RVaktuell, 52(10/11): S. 454–461.

RODGERS, WILLARD L. (1984): *An Evaluation of Statistical Matching.* Journal of Business & Economic Statistics, 2(1): S. 91–103.

ROMER, DAVID (2001): *Advanced Macroeconomics.* McGraw-Hill, Boston (u. a.), 2. Aufl.

ROSE, MANFRED, Hrsg. (2002): *Reform der Einkommensbesteuerung in Deutschland: Konzept, Auswirkungen und Rechtsgrundlagen der Einfachsteuer des Heidelberger Steuerkreises*, Bd. 122 d. Reihe *Der Betriebs-Berater: Steuerrecht heute.* Verlag Recht und Wirtschaft, Heidelberg.

ROSE, MANFRED und D. ZÖLLER (2008): *Die Heidelberger Einfachsteuer: eine optimale Besteuerung von Einkommen in der Marktwirtschaft.* Nachhaltige Finanz- und Sozialpolitik in Georgien, S. 225–272.

ROSENBAUM, PAUL R. und D. B. RUBIN (1983): *The Central Role of the Propensity Score in Observational Studies for Causal Effects.* Biometrika, 70(1): S. 41–55.

RÜRUP, BERT und M. MYSSEN (2008): *Die steuerlich geförderte private Altersvorsorge.* In: RULAND, FRANZ und B. RÜRUP, Hrsg.: *Alterssicherung und Besteuerung*, Kap. 8, S. 187–227. Gabler, Wiesbaden.

RÄSSLER, SUSANNE (2002): *Statistical Matching: a Frequentist Theory, Practical Applications, and Alternative Bayesian Approaches*, Bd. 168 d. Reihe *Lecture Notes in Statistics.* Springer, New York.

RUBIN, DONALD B. (1986): *Statistical Matching Using File Concatenation With Adjusted Weights and Multiple Imputations.* Journal of Business & Economic Statistics, 4(1): S. 87–95.

RUGGLES, NANCY und R. RUGGLES (1974): *A Strategy for Merging and Matching Microdata Sets.* Annals of Economics and Social Measurement, 3(2): S. 353–371.

RUGGLES, NANCY, R. RUGGLES und E. WOLFF (1977): *Merging Microdata: Rationale, Practice and Testing.* Annals of Economics and Social Measurement, 6(4): S. 407–428.

RULAND, FRANZ (2008a): *Überblick über die Alterssicherung in Deutschland.* In: RULAND, FRANZ und B. RÜRUP, Hrsg.: *Alterssicherung und Besteuerung*, Kap. 1, S. 15–28. Gabler, Wiesbaden.

RULAND, FRANZ (2008b): *Die Beamtenversorgung.* In: RULAND, FRANZ und B. RÜRUP, Hrsg.: *Alterssicherung und Besteuerung*, Kap. 4, S. 95–113. Gabler, Wiesbaden.

RULAND, FRANZ (2008c): *Rentenversicherung.* In: RULAND, FRANZ und B. RÜRUP, Hrsg.: *Alterssicherung und Besteuerung*, Kap. 2, S. 29–74. Gabler, Wiesbaden.

SAMUELSON, PAUL A. (1958): *An Exact Consumption-Loan Model of Interest with or without the Social Contrivance of Money.* The Journal of Political Economy, 66(6): S. 467–482.

SARRAZIN, VIKTOR (2003): *Leistungen der neuen Zusatzversorgung und ihre steuerrechtliche Behandlung.* Betriebliche Altersversorgung, 58: S. 189–192.

SCHAFER, JOSEPH L. und N. SCHENKER (2000): *Inference with Imputed Conditional Means.* Journal of the American Statistical Association, 95(449): S. 144–154.

SCHMÄHL, WINFRIED (2007): *Alterssicherung im Wandel - Anmerkungen zu grundlegenden Reformen der gesetzlichen Rentenversicherung.* In: BECKER, ULRICH, Hrsg.: *Alterssicherung in Deutschland: Festschrift für Franz Ruland zum 65. Geburtstag*, S. 291–314. Nomos, Baden-Baden.

SCHMÄHL, WINFRIED (2009): *Elemente und Perspektiven einer umgestalteten und umfassend konzipierten Alterssicherungspolitik.* Sozialer Fortschritt, 58(12): S. 295–299.

SCHMIDT, TOBIAS und S. TROTZEWITZ (2003): *Überblick über die Systeme der Alterssicherung in Deutschland, den Niederlanden und der Schweiz.* Gutachten, Parlamentarischer Beratungs- und Gutachterdienst des Landtags Nordrhein-Westfalen.

Literaturverzeichnis

SCHWAN, FLORIAN (2009): *Entwicklungen im öffentlich-rechtlichen Alterssicherungssystem.* Wirtschaft und Statistik, (1): S. 84–90.

SCHWIND, JOACHIM (2010): *Die Deckungsmittel der betrieblichen Altersversorgung in 2008.* Betriebliche Altersversorgung, 65(4): S. 383–384.

SEITER, HARALD (2002): *Reform der Zusatzversorgung im öffentlichen Dienst – Altersvorsorgeplan 2001.* Betriebliche Altersversorgung, 57(6): S. 511–513.

SHILLER, ROBERT J. (1993): *Macro Markets: Creating Institutions for Managing Societys Largest Economic Risks.* Clarendon Lectures in Economics. Clarendon Press, Oxford.

SHILLER, ROBERT J. (1999): *Social Security and Institutions for Intergenerational, Intragenerational, and International Risk-Sharing.* Carnegie-Rochester Conference Series On Public Policy, 50: S. 165–204.

SIEGEL, JEREMY J. (2008): *Stocks for the Long Run: the Definitive Guide to Financial Market Returns and Long-Term Investment Strategies.* McGraw-Hill, New York, 4. Aufl.

SIMS, CHRISTOPHER A. (1972): *Comments.* Annals of Economic and Social Measurement, 1(1): S. 343–345.

SINN, HANS-WERNER (2000): *Why a Funded Pension System is Useful and Why It is Not Useful.* International Tax and Public Finance, 7(4-5): S. 389–410.

SORENSEN, BENT E., Y.-T. WU, O. YOSHA und Y. ZHU (2005): *Home Bias and International Risk Sharing: Twin Puzzles Separated at Birth.* Discussion Papers 5113, Centre for Economic Policy Research (CEPR).

SOZIALFORSCHUNGSINSTITUTE (ADM), ARBEITSKREIS DEUTSCHER MARKT UND und A. M. A. (AG.MA), Hrsg. (1999): *Stichproben-Verfahren in der Umfrageforschung. Eine Darstellung für die Praxis.* Lehrtexte Soziologie. Leske + Budrich, Opladen.

SPIESS, C. KATHARINA (2005): *Das Sozio-oekonomische Panel (SOEP) und die Möglichkeiten regionalbezogener Analysen.* In: GRÖZINGER, GERD und W. MATIASKE, Hrsg.: *Deutschland regional. Sozialwissenschaftliche Daten im Forschungsverbund*, S. 57–64, München. Rainer Hampp.

SPREMANN, KLAUS (1984): *Intergenerational Contracts and Their Decomposition.* Journal of Economics (Zeitschrift für Nationalökonomie), 44(3): S. 237–253.

STATISTISCHES BUNDESAMT (2003): *Ergebnisse der 11. koordinierten Bevölkerungsvorausberechnung.* Wiesbaden.

STATISTISCHES BUNDESAMT (2005a): *Einkommens- und Verbrauchsstichprobe 2003.* Qualitätsbericht, Wiesbaden.

STATISTISCHES BUNDESAMT (2005b): *Ergebnisse des Mikrozensus 2004, Band 1: Ergebnisse des Mikrozensus 2004, Band 1: Allgemeine und methodische Erläuterungen.* Wiesbaden.

STATISTISCHES BUNDESAMT (2005c): *Wanderungen über die Grenzen Deutschlands.* Wiesbaden.

STATISTISCHES BUNDESAMT (2006a): *11. koordinierte Bevölkerungsvorausberechnung.* Wiesbaden.

STATISTISCHES BUNDESAMT (2006b): *Generationensterbetafeln für Deutschland. Modellrechnungen für die Geburtsjahrgänge 1871-2004.* Wiesbaden.

STATISTISCHES BUNDESAMT (2006c): *Generationensterbetafeln für Deutschland. Modellrechnungen für die Geburtsjahrgänge 1871-2004.* Wiesbaden.

STATISTISCHES BUNDESAMT (2006d): *Generationensterbetafeln für Deutschland. Modellrechnungen für die Geburtsjahrgänge 1871-2004.* Wiesbaden.

STATISTISCHES BUNDESAMT (2006e): *Mikrozensus.* Qualitätsbericht, Wiesbaden.

STATISTISCHES BUNDESAMT (2007): *Bevölkerungs- und Haushaltsentwicklung im Bund und in den Ländern.* In: *Demografischer Wandel in Deutschland.*

STATISTISCHES BUNDESAMT (2009a): *12. koordinierte Bevölkerungsvorausberechnung.* Wiesbaden.

STATISTISCHES BUNDESAMT (2009b): *Finanzen und Steuern. Personal des öffentlichen Dienstes 2008.* In: *Fachserie 14, Reihe 6.*

STATISTISCHES BUNDESAMT (2009c): *Handbuch zum Mikrozensus Panel.* Wiesbaden.

STATISTISCHES BUNDESAMT (2009d): *Statistisches Jahrbuch 2009. Für die Bundesrepublik Deutschland*. Wiesbaden.

STATISTISCHES BUNDESAMT (2010a): *Finanzen und Steuern. Versorgungsempfänger des öffentlichen Dienstes*. In: *Fachserie 14, Reihe 6.1*.

STATISTISCHES BUNDESAMT (2010b): *Wanderungen 2009: wieder mehr Personen nach Deutschland gezogen*. Pressemitteilung vom 26.05.2010, Nr. 185.

STAUDER, JOHANNES und W. HÜNING (2004): *Die Messung von Äquivalenzeinkommen und Armutsquoten auf der Basis des Mikrozensus*. In: *Statistische Analysen und Studien NRW*, Bd. 13, S. 9–31.

STEFFEN, JOHANNES (2004): *Alterseinkünftegesetz (AltEinkG). Wesentliche Punkte der Neuregelungen im Rahmen des AltEinkG ab 2005*. Arbeitnehmerkammer Bremen.

STEGMANN, MICHAEL (2008): *Aufbereitung der Sondererhebung „Versicherungskontenstichprobe (VSKT)" als Scientific Use File für das FDZ-RV*. In: *Die Versicherungskontenstichprobe als Scientific Use File. Workshop des Forschungsdatenzentrums der Rentenversicherung (FDZ-RV) am 30. und 31. Oktober 2007 in Würzburg*, Bd. 79 d. Reihe *DRV Schriften*, S. 17–33. Deutsche Rentenversicherung Bund, Berlin. Sonderausgabe.

STEGMANN, MICHAEL (2009): *Methodische Umsetzung des SK79 in einen anonymisierten Datensatz fester Satzlängen, Sequentielle Biografiedaten. Benutzerhinweise Methodische Umsetzung FDZ-Biografiedatensatz aus der Versichertenkontenstichprobe*. Technischer Bericht, Deutsche Rentenversicherung, Würzburg.

STEGMANN, MICHAEL und R. K. HIMMELREICHER (2008): *Aufbereitung der prozessproduzierten Daten der gesetzlichen Rentenversicherung im FDZ-RV*. In: *Die Versicherungskontenstichprobe als Scientific Use File. Workshop des Forschungsdatenzentrums der Rentenversicherung (FDZ-RV) am 30. und 31. Oktober 2007 in Würzburg*, Bd. 79 d. Reihe *DRV Schriften*, S. 7–13. Deutsche Rentenversicherung Bund, Berlin. Sonderausgabe.

STEIN, HOLGER (2004): *Anatomie der Vermögensverteilung: Ergebnisse der Einkommens- und Verbrauchsstichproben 1983-1998*, Bd. 52 d. Reihe *Forschung aus der Hans-Böckler-Stiftung*. edition sigma, Berlin.

STEIN, ULRIKE (2009): *Zur Entwicklung der Sparquoten der privaten Haushalte – Eine Auswertung von Haushaltsdaten des SOEP.* SOEPpapers on Multidisciplinary Panel Data Research 249, Deutsches Institut für Wirtschaftsforschung (DIW), Berlin.

STEPHAN, ANETTE (2002): *Neuordnung der betrieblichen Altersversorgung im öffentlichen Dienst. „Altersvorsorgeplan 2001" – Teil I (Ziff. 1 bis 4).* Zeitschrift für Tarifrecht (ZTR), S. 49–54.

STEURER, MIRIAM (2009): *Extending the Aaron Condition for Alternative Pay-as-You-Go Pension Systems.* Discussion Papers 2009-03, School of Economics, The University of New South Wales.

STOLZ, ULRICH und C. RIECKHOFF (2006): *Zulagenzahlung der Zentralen Zulagenstelle für Altersvermögen – Auswertungen für das Beitragsjahr 2003.* RVaktuell, 54(8): S. 306–313.

STOLZ, ULRICH und C. RIECKHOFF (2007): *Zulagenförderung für das Beitragsjahr 2004 durch die Zentrale Zulagenstelle für Altersvermögen (ZfA).* RVaktuell, 55(9): S. 306–313.

STOLZ, ULRICH und C. RIECKHOFF (2008): *Förderung der zusätzlichen Altersvorsorge für das Beitragsjahr 2005 durch die ZfA.* RVaktuell, 56(9): S. 267–273.

STOLZ, ULRICH und C. RIECKHOFF (2009): *Beitragsjahr 2006: Erstmals mehr als eine Milliarde Euro Zulagenförderung durch die ZfA.* RVaktuell, 57(11): S. 376–383.

STOLZ, ULRICH und C. RIECKHOFF (2010): *Zulagenförderung nochmals um mehr als ein Viertel gestiegen.* RVaktuell, 58(11): S. 355–362.

STORESLETTEN, KJETIL, C. TELMER und A. YARON (1999): *The Risk Sharing Implications of Alternative Social Security Arrangements.* In: MCCALLUM, BENETT T., Hrsg.: *Carnegie Rochester Conference Series on Public Policy*, Bd. 50, S. 213–259, Amsterdam. Elsevier.

SUMMERS, LAWRENCE H. (1981): *Capital Taxation and Accumulation in a Life Cycle Growth Model.* The American Economic Review, 71(4): S. 533–544.

SUN, WEI, R. K. TRIEST und A. WEBB (2008): *Optimal Retirement Asset Decumulation Strategies: The Impact of Housing Wealth.* Asia-Pacific Journal of Risk and Insurance, 3(1): S. 112–139.

SVR, SACHVERSTÄNDIGENRAT ZUR BEGUTACHTUNG DER GESAMTWIRT-SCHAFTLICHEN ENTWICKLUNG (2005): *Umfinanzierungsoptionen in der Sozial-versicherung*. In: *Jahresgutachten: 2005/06: „Chancen nutzen – Reformen mutig voranbringen"*, Kap. 5, S. 330–403. H. Heenemann GmbH & Co., Wiesbaden.

SVR, SACHVERSTÄNDIGENRAT ZUR BEGUTACHTUNG DER GESAMTWIRT-SCHAFTLICHEN ENTWICKLUNG (2007): *Gesetzliche Rentenversicherung: Nach-haltigkeit deutlich erhöht*. In: *Jahresgutachten 2007/08: „Das Erreichte nicht verspielen"*, Kap. 4, S. 171–197. Wiesbaden.

SVR, SACHVERSTÄNDIGENRAT ZUR BEGUTACHTUNG DER GESAMTWIRT-SCHAFTLICHEN ENTWICKLUNG (2009a): *Gesetzliche Rentenversicherung: Fi-nanzielle Nachhaltigkeit weiter beschädigt*. In: *Jahresgutachten: 2009/10: „Die Zukunft nicht aufs Spiel setzen"*, Kap. 5, S. 198–201. Wiesbaden.

SVR, SACHVERSTÄNDIGENRAT ZUR BEGUTACHTUNG DER GESAMTWIRT-SCHAFTLICHEN ENTWICKLUNG (2009b): *Index der durchschnittlichen Brutto-monatsverdienste der vollzeitbeschäftigten Arbeitnehmer nach Wirtschaftszwei-gen*.

TAKÁTS, ELÖD (2010): *Ageing and Asset Prices*. BIS Working Papers 318, Mo-netary and Economic Department, Bank for International Settlements.

THØGERSEN, ØYSTEIN (1998): *A Note on Intergenerational Risk Sharing and the Design of Pay-As-You-Go Pension Programs*. Journal of Population Economics, 11(3): S. 373–378.

THOMPSON, LAWRENCE (1998): *Older and Wiser: the Economics of Public Pen-sions*. Urban Institute Press Series. Ashgate, Aldershot.

TIROLE, JEAN (1985): *Asset Bubbles and Overlapping Generations*. Econometrica, 53(6): S. 1499–1528.

TOWNLEY, PETER G. C. (1981): *Public Choice and the Social Insurance Paradox: A Note*. The Canadian Journal of Economics (Revue canadienne d'Economique), 14(4): S. 712–717.

U.S. SOCIAL SECURITY ADMINISTRATION (2010). Webseiten. abgerufen am 11.06.2010.

VBL, VERSORGUNGSANSTALT DES BUNDES UND DER LÄNDER, Hrsg. (2004): *Zukunft durch Wandel – 75 Jahre VBL*. Festschrift. Engelhardt und Bauer.

VBL, VERSORGUNGSANSTALT DES BUNDES UND DER LÄNDER (2006): *Der Geschäftsbericht 2005*. Karlsruhe.

VBL, VERSORGUNGSANSTALT DES BUNDES UND DER LÄNDER (2009): *Geschäftsbericht 2008. Partnerschaft von Anfang an*. Karlsruhe.

VBL, VERSORGUNGSANSTALT DES BUNDES UND DER LÄNDER (2010): *Aktuelle Rechengrößen in der Zusatzversorgung 2010*. Informationsblatt, Karlsruhe.

VENTURA, LUIGI und J. G. EISENHAUER (2005): *The Relevance of Precautionary Saving*. German Economic Review, 6(1): S. 23–35.

VISCO, IGNAZIO (2005): *Ageing and Pension System Reform: Implications for Financial Markets and Economic Policies*. Technischer Bericht, Report prepared at the request of the Deputies of the G10.

VKM BADEN (o. J.): *Die Überleitung der Renten und Anwartschaften in das neue Zusatzversorgungsrecht („Punktemodell") des öffentlichen Dienstes*. Technischer Bericht, Verband Kirchlicher Mitarbeiterinnen und Mitarbeiter, Gewerkschaft für Kirche und Diakonie, Landesverband Baden.

WAGNER, CHRISTIAN (2008): *Die Zusatzversorgung im öffentlichen Dienst – Schaffung einer verfassungskonformen Neuregelung der Satzung der VBL?*. Betriebliche Altersversorgung, 2(2): S. 153–159.

WAGNER, GERT, J. SCHUPP und U. RENDTEL (1994): *Das Sozio-oekonomische Panel (SOEP) – Methoden der Datenproduktion und -aufbereitung im Längsschnitt*. In: HAUSER, RICHARD, N. OTT und G. WAGNER, Hrsg.: *Mikroanalytische Grundlagen der Gesellschaftspolitik: Ergebnisse aus dem gleichnamigen Sonderforschungsbereich an den Universitäten Frankfurt und Mannheim.*, Bd. 2 d. Reihe *Erhebungsverfahren, Analysemethoden und Mikrosimulation, Deutsche Forschungsgemeinschaft*, S. 70–112. Akademie Verlag, Berlin.

WEBER, ANDREAS und U. WYSTUP (2008): *Riesterrente im Vergleich. Eine Simulationsstudie zur Verteilung der Renditen*. CPQF Working Paper Series 12, Frankfurt School of Finance & Management, Frankfurt/Main.

WEIN, NORBERT (2008): *Die Rechtsprechung des Bundesgerichtshofs zu den Startgutschriften*. Betriebliche Altersversorgung, 5(5): S. 451–456.

WESTERHEIDE, PETER (1999): *Vermögenspolitik in der sozialen Marktwirtschaft: Ziele und Wirkungsmöglichkeiten.* Nr. 185 in *Beiträge zur Raumplanung und zum Siedlungs- und Wohnungswesen.* Institut für Siedlungs- und Wohnungswesen, Münster.

WESTERHEIDE, PETER, M. FEIGL, L. JAROSZEK, J. LEINERT und A. TIFFE (2010): *Transparenz von privaten Riester- und Basisrentenprodukten.* Abschlussbericht Projekt 7/09, Zentrum für Europäische Wirtschaftsforschung (ZEW), Mannheim.

WIGGER, BERTHOLD U. (2005): *Public Debt, Human Capital Formation, and Dynamic Inefficiency.* International Tax and Public Finance, 12(1): S. 47–59.

WOLF, BIRGITT (2004): *Durchführung der Einkommens- und Verbrauchsstichprobe 2003.* Statistik in Sachsen, (1): S. 31–33.

WULF, SIEGFRIED (o. J.): *Berechnung der Anwartschaften nach § 18 BetrAVG (Gesetz zur Verbesserung der betrieblichen Altersversorgung/ kurz: Betriebsrentengesetz).* Technischer Bericht, Zentrale Kommission zur Ordnung des Arbeitsvertragsrechtes im kirchlichen Dienst (Zentral-KODA).

YAARI, MENAHEM E. (1965): *Uncertain Lifetime, Life Insurance, and the Theory of the Consumer.* The Review of Economic Studies, 32(2): S. 137–150.

ZABEL, JEFFREY E. (1998): *An Analysis of Attrition in the Panel Study of Income Dynamics and the Survey of Income and Program Participation with an Application to a Model of Labor Market Behavior.* The Journal of Human Ressources, 33(2): S. 479–506.

Anhang

A Abbildungen

Abbildungen zum Vorsorgestatus in der GRV

Abbildung A.1:
Vorsorgestatus in der GRV im Alter 25 bis unter 35 Jahren
(Netto-Methode).

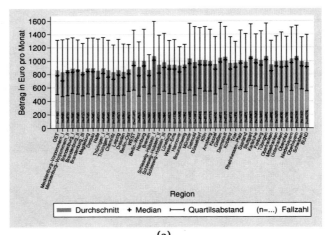

(a)
Ersatzniveau

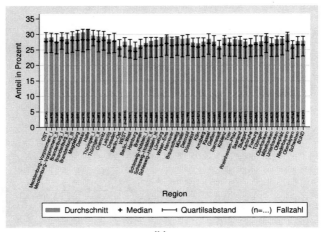

(b)
Ersatzquote

Eigene Berechnungen.

Abbildung A.2:
Vorsorgestatus in der GRV im Alter 35 bis unter 45 Jahren
(Netto-Methode).

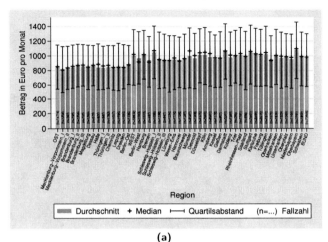

(a)
Ersatzniveau

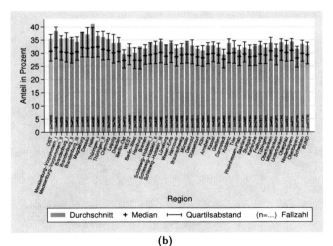

(b)
Ersatzquote

Eigene Berechnungen.

Abbildung A.3:
Vorsorgestatus in der GRV im Alter 45 bis unter 55 Jahren
(Netto-Methode).

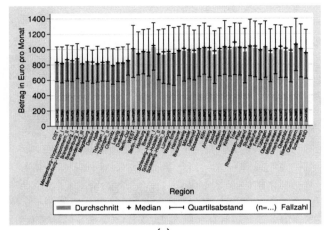

(a)
Ersatzniveau

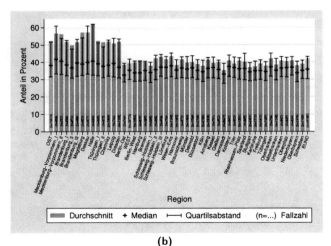

(b)
Ersatzquote

Eigene Berechnungen.

Abbildung A.4:

Vorsorgestatus in der GRV im Alter 55 bis 65 Jahren (Netto-Methode).

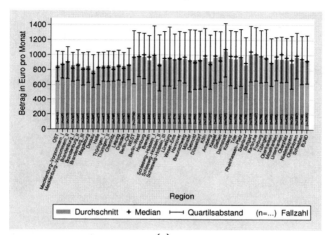

(a)
Ersatzniveau

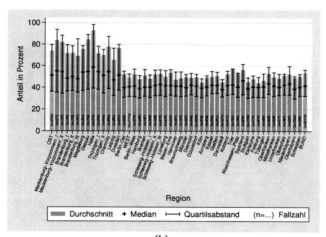

(b)
Ersatzquote

Eigene Berechnungen.

Abbildung A.5:

Vorsorgestatus in der GRV im Alter 25 bis unter 35 Jahren
(Brutto-Methode).

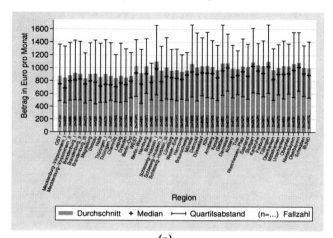

(a)
Ersatzniveau

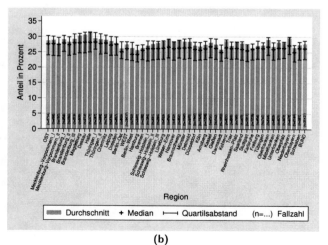

(b)
Ersatzquote

Eigene Berechnungen.

Abbildung A.6:

Vorsorgestatus in der GRV im Alter 35 bis unter 45 Jahren
(Brutto-Methode).

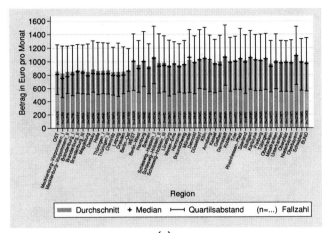

(a)
Ersatzniveau

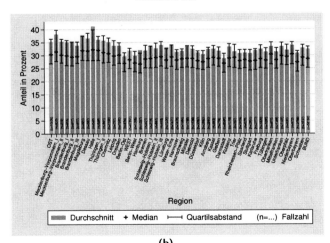

(b)
Ersatzquote

Eigene Berechnungen.

Abbildung A.7:

Vorsorgestatus in der GRV im Alter 45 bis unter 55 Jahren (Brutto-Methode).

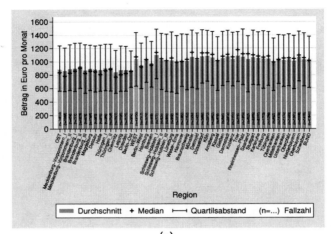

(a)

Ersatzniveau

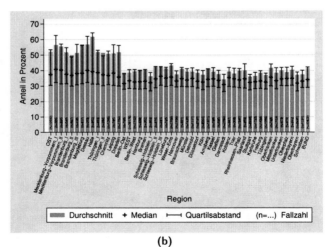

(b)

Ersatzquote

Eigene Berechnungen.

Abbildung A.8:

Vorsorgestatus in der GRV im Alter 55 bis 65 Jahren (Brutto-Methode).

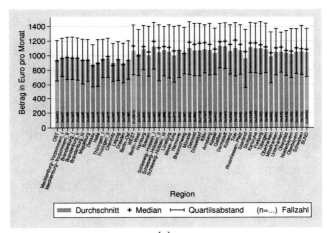

(a)
Ersatzniveau

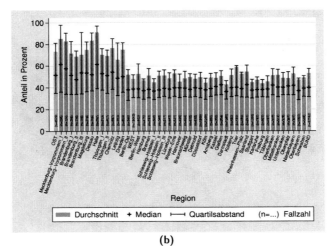

(b)
Ersatzquote

Eigene Berechnungen

Abbildung A.9:
Vorsorgestatus in der GRV bei einem monatlichen
Nettoeinkommen von unter 1100 € (Netto-Methode).

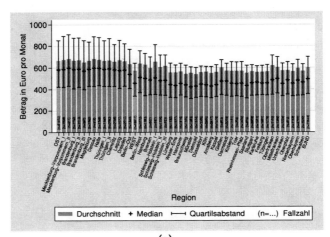

(a)
Ersatzniveau

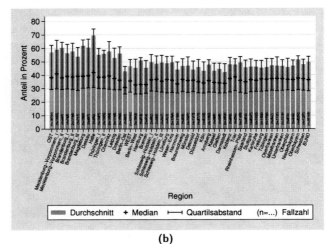

(b)
Ersatzquote

Eigene Berechnungen.

Abbildung A.10:

Vorsorgestatus in der GRV bei einem monatlichen
Nettoeinkommen von 1100 bis unter 1700 € (Netto-Methode).

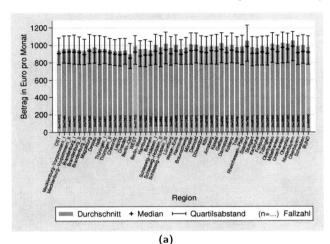

(a)
Ersatzniveau

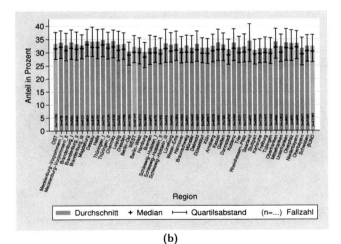

(b)
Ersatzquote

Eigene Berechnungen.

Abbildung A.11:

Vorsorgestatus in der GRV bei einem monatlichen
Nettoeinkommen von über 1700 € (Netto-Methode).

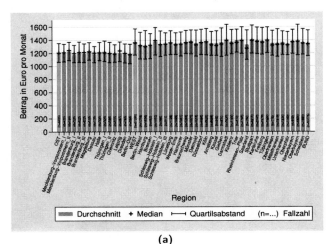

(a)
Ersatzniveau

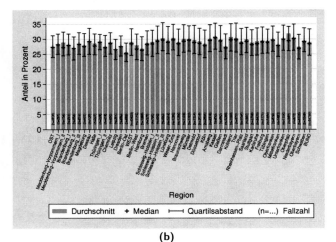

(b)
Ersatzquote

Eigene Berechnungen.

Abbildung A.12:

Vorsorgestatus in der GRV bei einem monatlichen
Nettoeinkommen von unter 1100 € (Brutto-Methode).

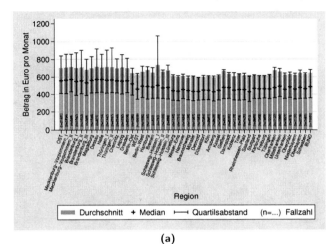

(a)
Ersatzniveau

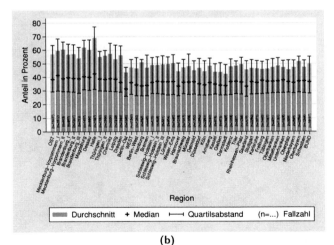

(b)
Ersatzquote

Eigene Berechnungen.

Abbildung A.13:
Vorsorgestatus in der GRV bei einem monatlichen
Nettoeinkommen von 1100 bis unter 1700 € (Brutto-Methode).

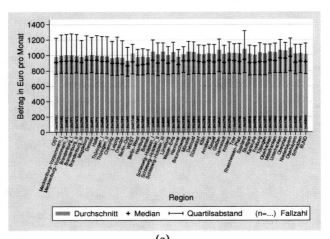

(a)
Ersatzniveau

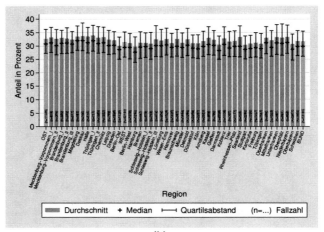

(b)
Ersatzquote

Eigene Berechnungen.

Abbildung A.14:

Vorsorgestatus in der GRV bei einem monatlichen
Nettoeinkommen von über 1700 € (Brutto-Methode).

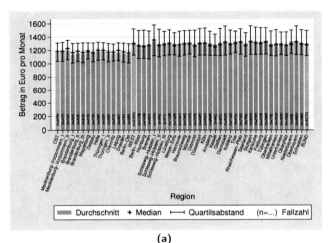

(a)
Ersatzniveau

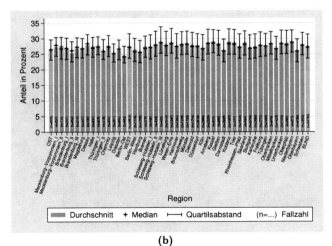

(b)
Ersatzquote

Eigene Berechnungen.

Abbildung A.15:

Vorsorgestatus in der GRV, Frauen (Netto-Methode).

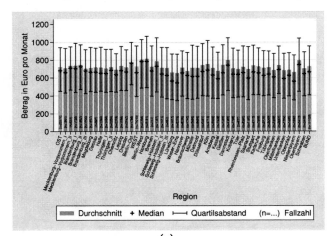

(a)

Ersatzniveau

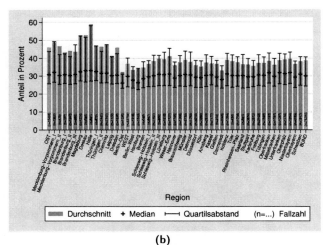

(b)

Ersatzquote

Eigene Berechnungen.

Abbildung A.16:
Vorsorgestatus in der GRV, Männer (Netto-Methode).

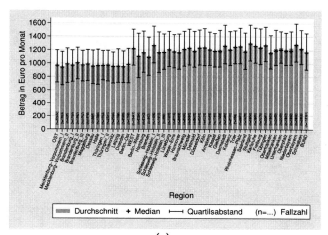

(a)
Ersatzniveau

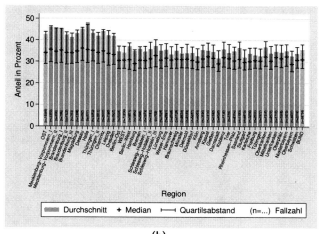

(b)
Ersatzquote

Eigene Berechnungen.

Abbildung A.17:

Vorsorgestatus in der GRV, Frauen (Brutto-Methode).

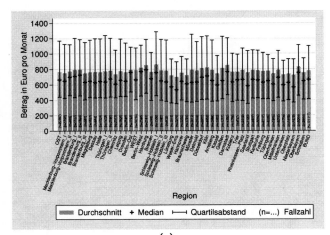

(a)

Ersatzniveau

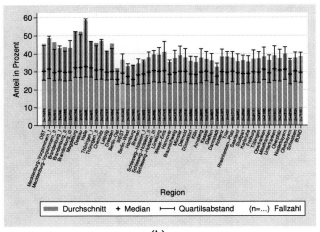

(b)

Ersatzquote

Eigene Berechnungen.

Abbildung A.18:
Vorsorgestatus in der GRV, Männer (Brutto-Methode).

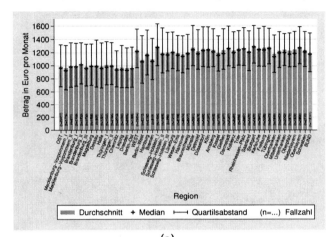

(a)
Ersatzniveau

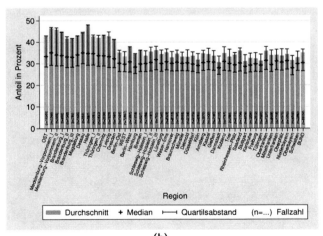

(b)
Ersatzquote

Eigene Berechnungen.

Abbildungen zum Vorsorgestatus in der BV

Abbildung A.19:
Vorsorgestatus in der BV, Frauen.

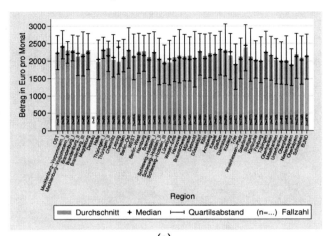

(a)
Ersatzniveau

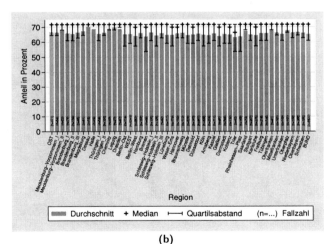

(b)
Ersatzquote

Eigene Berechnungen.

Abbildung A.20:

Vorsorgestatus in der BV, Männer.

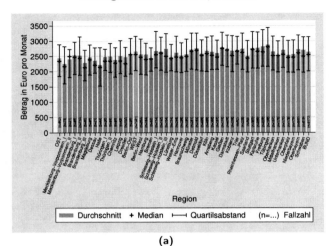

(a)

Ersatzniveau

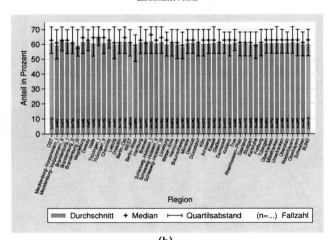

(b)

Ersatzquote

Eigene Berechnungen.

Abbildungen zum Vorsorgestatus in der bAV

Abbildung A.21:
Vorsorgestatus in der bAV im Alter 25 bis unter 35 Jahren.

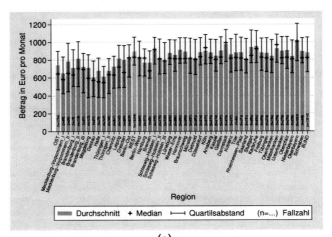

(a)
Ersatzniveau

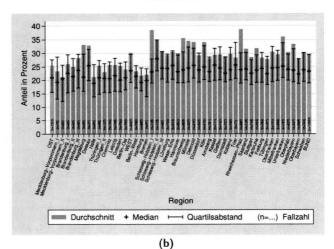

(b)
Ersatzquote

Eigene Berechnungen.

Abbildung A.22:

Vorsorgestatus in der bAV im Alter 35 bis unter 45 Jahren.

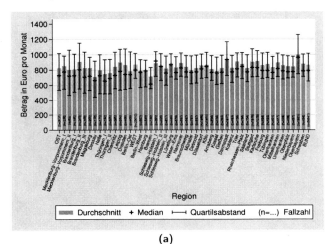

(a)

Ersatzniveau

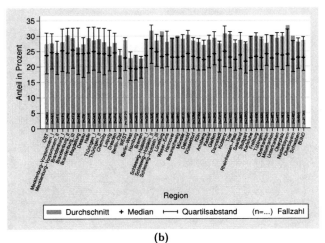

(b)

Ersatzquote

Eigene Berechnungen.

Abbildung A.23:

Vorsorgestatus in der bAV im Alter 45 bis unter 55 Jahren.

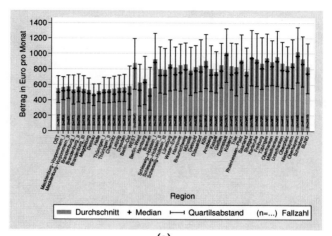

(a)
Ersatzniveau

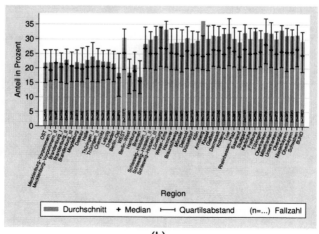

(b)
Ersatzquote

Eigene Berechnungen.

Abbildung A.24:

Vorsorgestatus in der bAV im Alter 55 bis unter 65 Jahren.

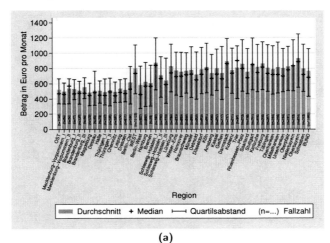

(a)

Ersatzniveau

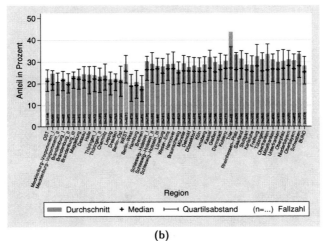

(b)

Ersatzquote

Eigene Berechnungen.

Abbildung A.25:
Vorsorgestatus in der bAV bei einem monatlichen
Nettoeinkommen von unter 1100 €.

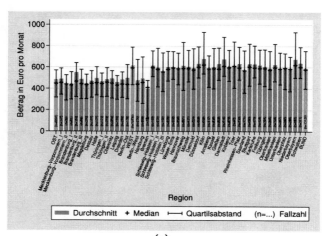

(a)
Ersatzniveau

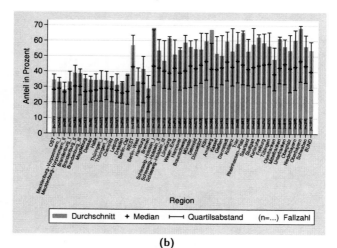

(b)
Ersatzquote

Eigene Berechnungen.

Abbildung A.26:
Vorsorgestatus in der bAV bei einem monatlichen
Nettoeinkommen von 1100 bis unter 1700 €.

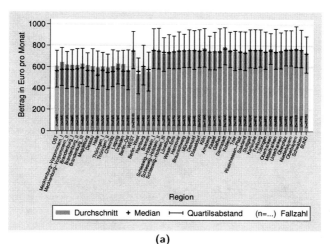

(a)
Ersatzniveau

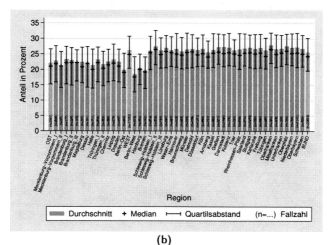

(b)
Ersatzquote

Eigene Berechnungen.

Abbildung A.27:
Vorsorgestatus in der bAV bei einem monatlichen
Nettoeinkommen von über 1700 €.

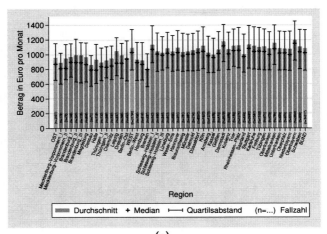

(a)
Ersatzniveau

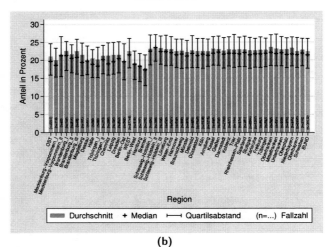

(b)
Ersatzquote

Eigene Berechnungen.

Abbildung A.28:
Vorsorgestatus in der bAV, Frauen.

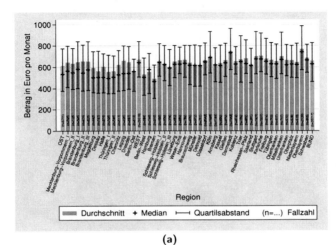

(a)
Ersatzniveau

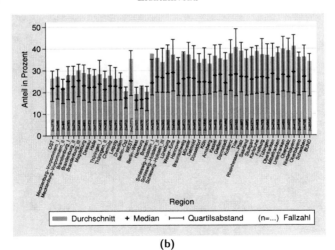

(b)
Ersatzquote

Eigene Berechnungen.

Abbildung A.29:

Vorsorgestatus in der bAV, Männer.

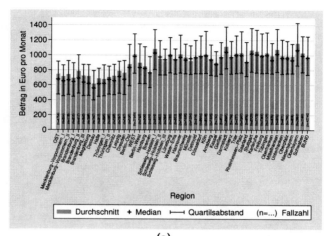

(a)

Ersatzniveau

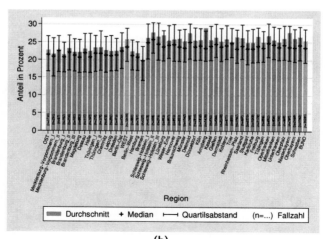

(b)

Ersatzquote

Eigene Berechnungen.

Abbildungen zum Vorsorgestatus in der Riester-Rente

Abbildung A.30:
Vorsorgestatus in der Riester-Rente im Alter 25 bis unter 35 Jahren.

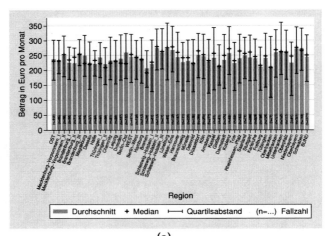

(a)
Ersatzniveau

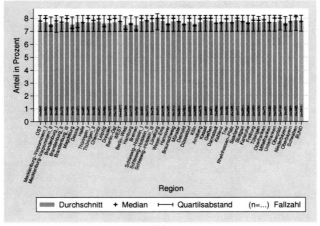

(b)
Ersatzquote

Eigene Berechnungen.

Abbildung A.31:
Vorsorgestatus in der Riester-Rente im Alter 35 bis unter 45
Jahren.

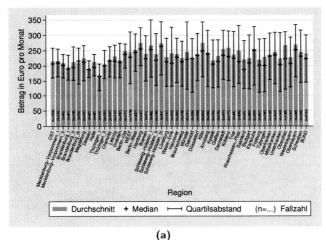

(a)
Ersatzniveau

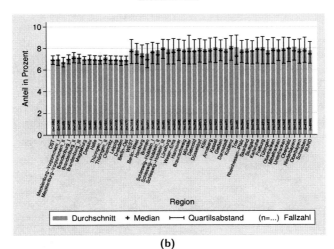

(b)
Eigene Berechnungen.   Ersatzquote

Abbildung A.32:
Vorsorgestatus in der Riester-Rente im Alter 45 bis unter 55
Jahren.

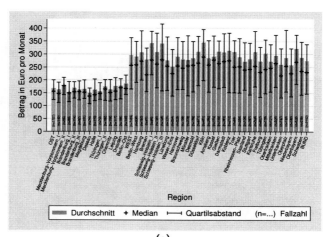

(a)
Ersatzniveau

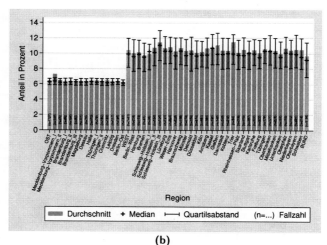

(b)
Ersatzquote

Eigene Berechnungen.

Abbildung A.33:
Vorsorgestatus in der Riester-Rente im Alter 55 bis unter 65
Jahren.

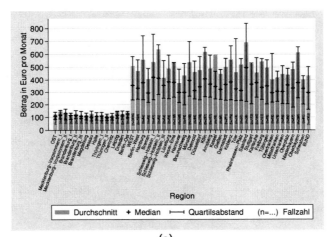

(a)
Ersatzniveau

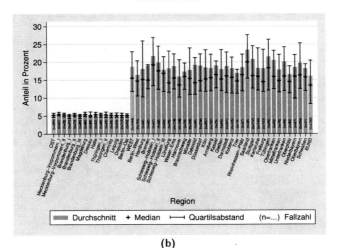

Eigene Berechnungen.

(b)
Ersatzquote

Abbildung A.34:
Vorsorgestatus in der Riester-Rente bei einem monatlichen
Nettoeinkommen von unter 1100 €.

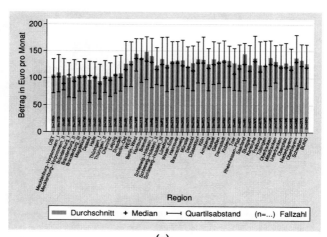

(a)
Ersatzniveau

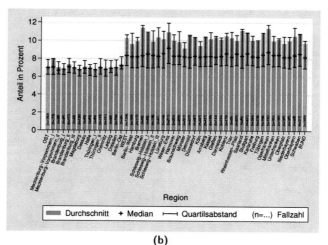

(b)
Ersatzquote

Eigene Berechnungen.

Abbildung A.35:

Vorsorgestatus in der Riester-Rente bei einem monatlichen
Nettoeinkommen von 1100 bis unter 1700 €.

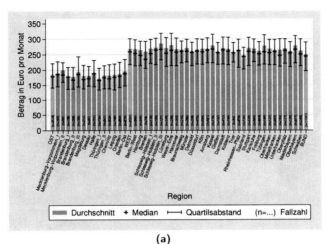

(a)
Ersatzniveau

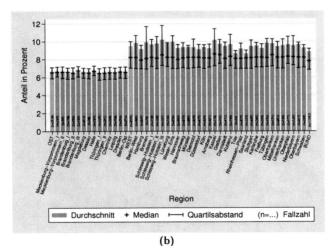

(b)
Ersatzquote

Eigene Berechnungen.

Abbildung A.36:

Vorsorgestatus in der Riester-Rente bei einem monatlichen
Nettoeinkommen von über 1700 €.

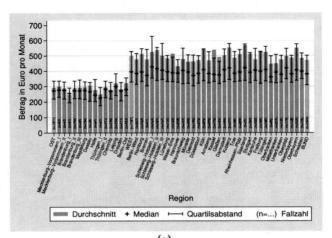

(a)
Ersatzniveau

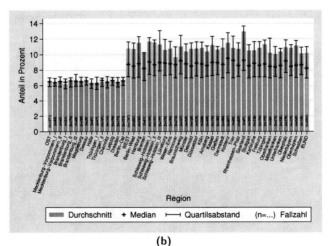

(b)
Ersatzquote

Eigene Berechnungen.

Abbildung A.37:
Vorsorgestatus in der Riester-Rente, Frauen.

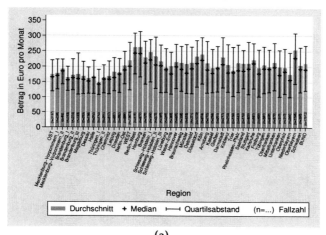

(a)
Ersatzniveau

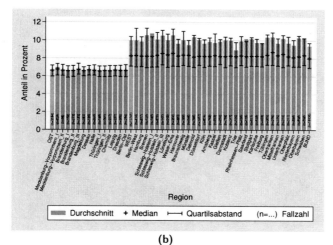

(b)
Ersatzquote

Eigene Berechnungen.

Abbildung A.38:
Vorsorgestatus in der Riester-Rente, Männer.

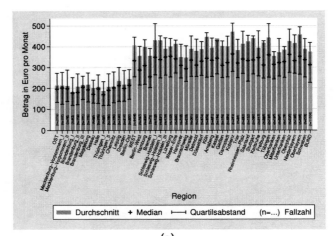

(a)
Ersatzniveau

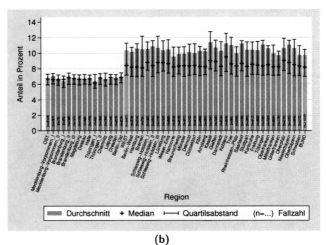

(b)
Ersatzquote

Eigene Berechnungen.

Abbildungen zum Vorsorgestatus in der ZöD

Abbildung A.39:

Vorsorgestatus in der ZöD im Alter 25 bis unter 35 Jahren.

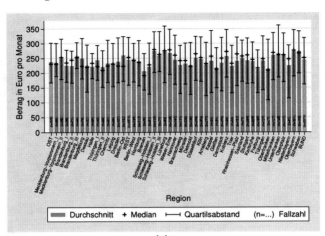

(a)
Ersatzniveau

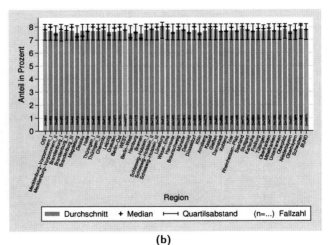

(b)
Ersatzquote

Eigene Berechnungen.

Abbildung A.40:
Vorsorgestatus in der ZöD im Alter 35 bis unter 45 Jahren.

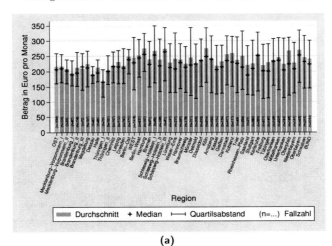

(a)
Ersatzniveau

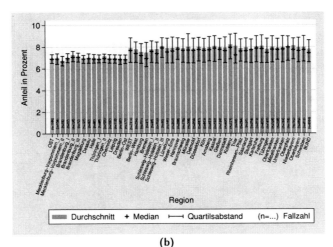

(b)
Ersatzquote

Eigene Berechnungen.

Abbildung A.41:
Vorsorgestatus in der ZöD im Alter 45 bis unter 55 Jahren.

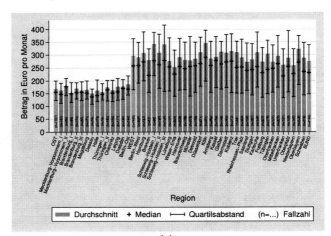

(a)
Ersatzniveau

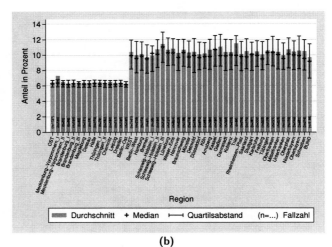

(b)
Ersatzquote

Eigene Berechnungen.

Abbildung A.42:

Vorsorgestatus in der ZöD im Alter 55 bis unter 65 Jahren.

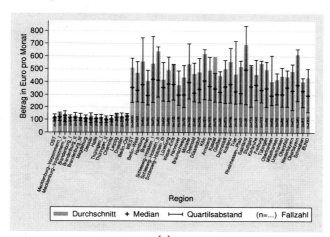

(a)

Ersatzniveau

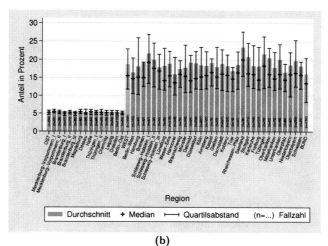

(b)

Ersatzquote

Eigene Berechnungen.

Abbildung A.43:
Vorsorgestatus in der ZöD bei einem monatlichen
Nettoeinkommen von unter 1100 €.

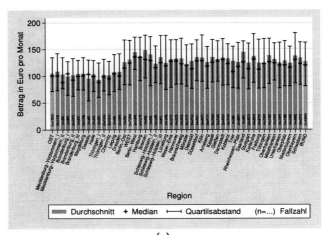

(a)
Ersatzniveau

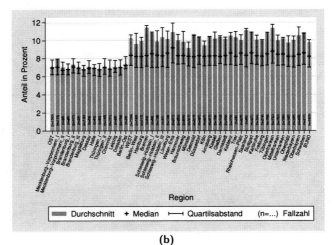

(b)
Ersatzquote

Eigene Berechnungen.

Abbildung A.44:
Vorsorgestatus in der ZöD bei einem monatlichen
Nettoeinkommen von 1100 bis unter 1700 €.

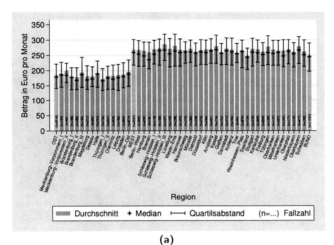

(a)
Ersatzniveau

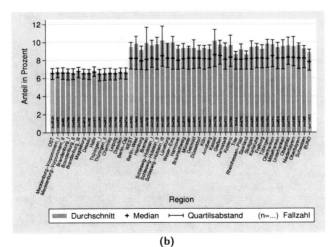

(b)
Ersatzquote

Eigene Berechnungen.

Abbildung A.45:
Vorsorgestatus in der ZöD bei einem monatlichen
Nettoeinkommen von über 1700 €.

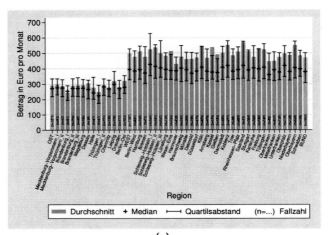

(a)
Ersatzniveau

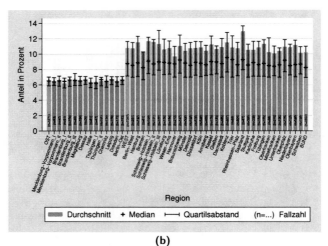

(b)
Ersatzquote

Eigene Berechnungen.

Abbildung A.46:
Vorsorgestatus in der ZöD, Frauen.

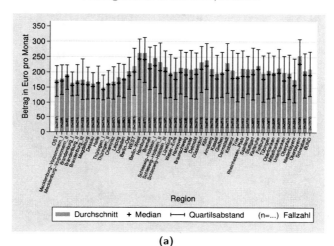

(a)
Ersatzniveau

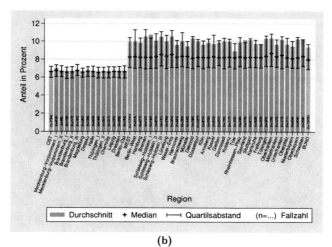

(b)
Ersatzquote

Eigene Berechnungen.

Abbildung A.47:

Vorsorgestatus in der ZöD, Männer.

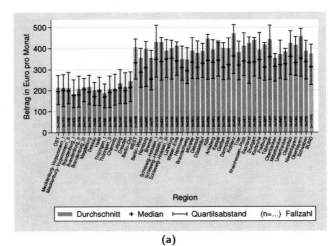

(a)

Ersatzniveau

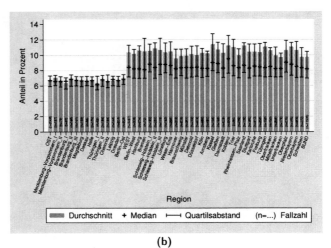

(b)

Ersatzquote

Eigene Berechnungen.

Abbildungen zum Vorsorgestatus in den ersten beiden Schichten

Abbildung A.48:

Vorsorgestatus in den ersten beiden Schichten im Alter 25 bis
unter 35 Jahren.

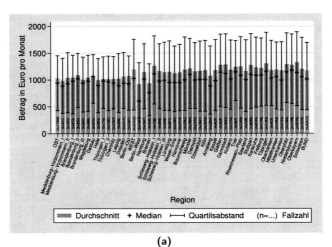

(a)
Ersatzniveau

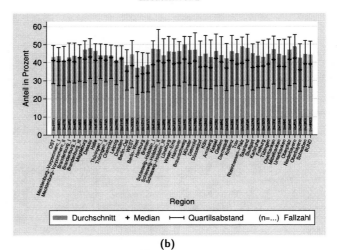

(b)
Ersatzquote

Eigene Berechnungen.

Abbildung A.49:

Vorsorgestatus in den ersten beiden Schichten im Alter 35 bis
unter 45 Jahren.

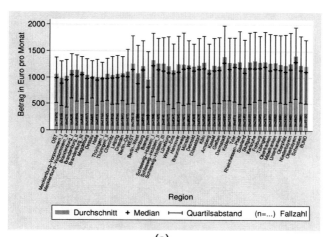

(a)
Ersatzniveau

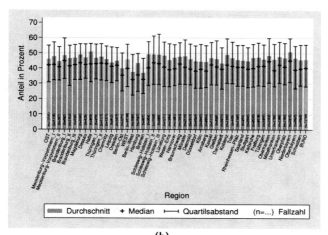

(b)
Ersatzquote

Eigene Berechnungen.

Abbildung A.50:

Vorsorgestatus in den ersten beiden Schichten im Alter 45 bis unter 55 Jahren.

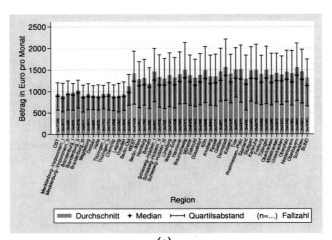

(a)
Ersatzniveau

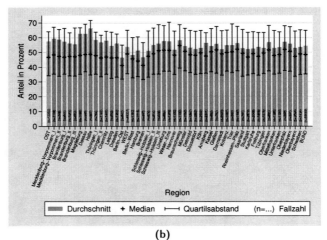

(b)
Ersatzquote

Eigene Berechnungen.

Abbildung A.51:

Vorsorgestatus in den ersten beiden Schichten im Alter 55 bis
unter 65 Jahren.

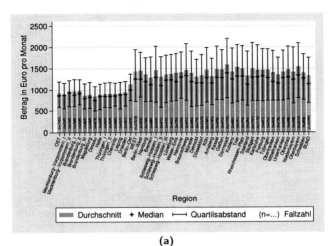

(a)
Ersatzniveau

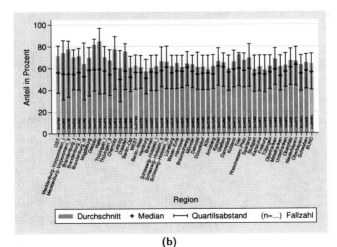

(b)
Ersatzquote

Eigene Berechnungen.

Abbildung A.52:

Vorsorgestatus in den ersten beiden Schichten bei einem
monatlichen Nettoeinkommen von unter 1100 €.

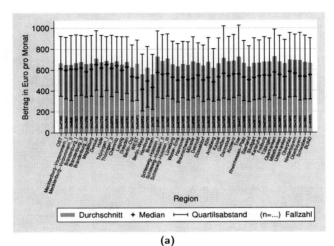

(a)
Ersatzniveau

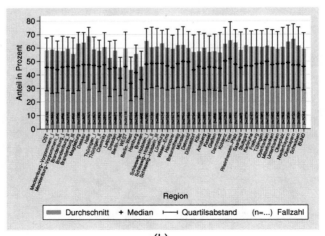

(b)
Ersatzquote

Eigene Berechnungen.

Abbildung A.53:

Vorsorgestatus in den ersten beiden Schichten bei einem
monatlichen Nettoeinkommen von 1100 bis unter 1700 €.

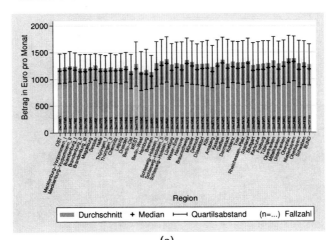

(a)
Ersatzniveau

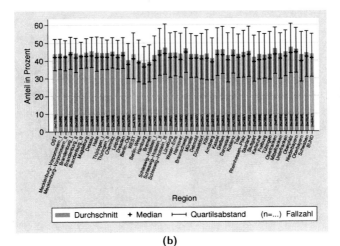

(b)
Ersatzquote

Eigene Berechnungen.

455

Abbildung A.54:

Vorsorgestatus in den ersten beiden Schichten bei einem
monatlichen Nettoeinkommen von über 1700 €.

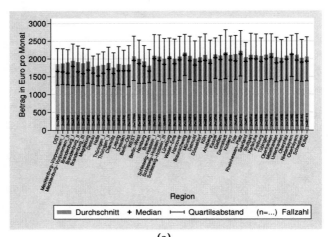

(a)
Ersatzniveau

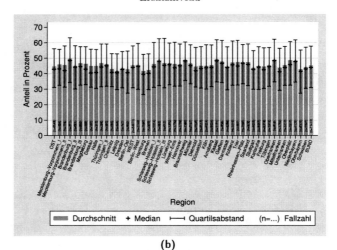

(b)
Ersatzquote

Eigene Berechnungen.

Abbildung A.55:

Vorsorgestatus in den ersten beiden Schichten, Frauen.

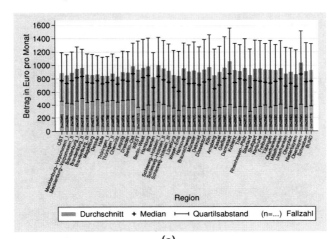

(a)

Ersatzniveau

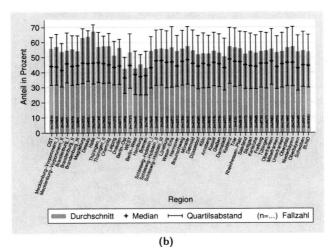

(b)

Ersatzquote

Eigene Berechnungen.

Abbildung A.56:
Vorsorgestatus in den ersten beiden Schichten, Männer.

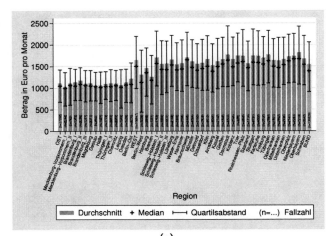

(a)
Ersatzniveau

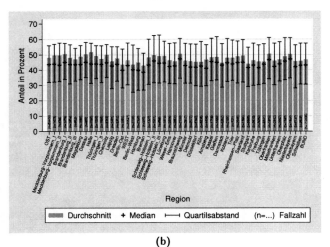

(b)
Ersatzquote

Eigene Berechnungen.

Abbildungen zu den absoluten Versorgungslücken

Abbildung A.57:
Versorgungslücke in den ersten beiden Schichten im Alter von 25 und unter 35 Jahren.

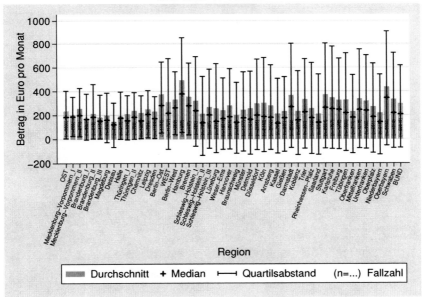

Eigene Darstellung.

Abbildung A.58:

Versorgungslücke in den ersten beiden Schichten im Alter von 35 und unter 45 Jahren.

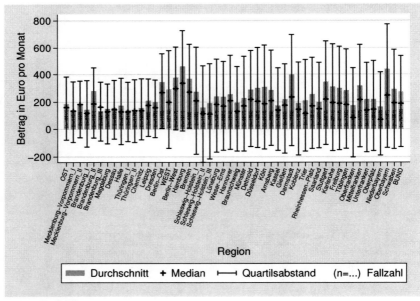

Eigene Darstellung.

Abbildung A.59:

Versorgungslücke in den ersten beiden Schichten im Alter von 45
und unter 55 Jahren.

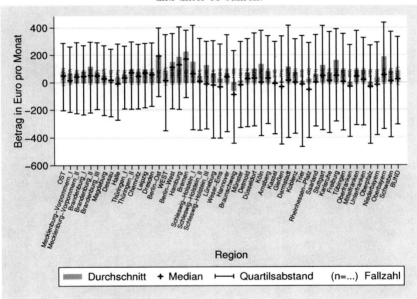

Eigene Darstellung.

Abbildung A.60:

Versorgungslücke in den ersten beiden Schichten im Alter von 55
und 65 Jahren.

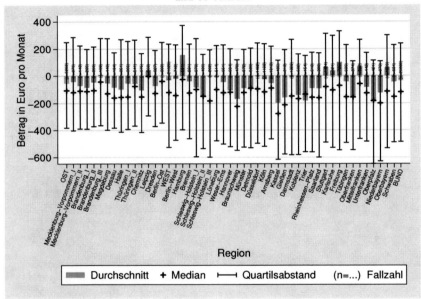

Eigene Darstellung.

Abbildung A.61:

Versorgungslücke in den ersten beiden Schichten bei einem
monatlichen Nettoeinkommen von unter 1100 €.

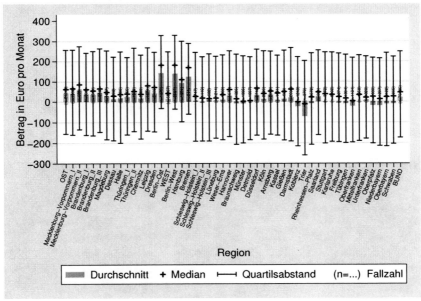

Eigene Darstellung.

Abbildung A.62:

Versorgungslücke in den ersten beiden Schichten bei einem
monatlichen Nettoeinkommen von 1100 bis unter 1700 €.

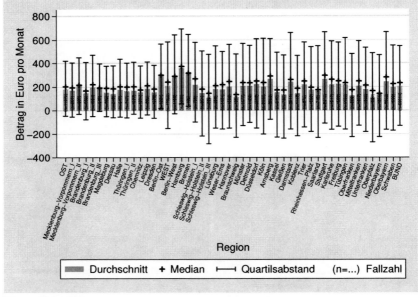

Eigene Darstellung.

Abbildung A.63:

Versorgungslücke in den ersten beiden Schichten bei einem
monatlichen Nettoeinkommen von über 1700 €.

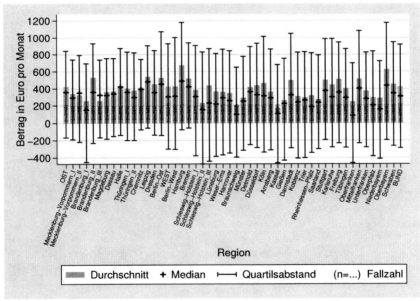

Eigene Darstellung.

Abbildung A.64:
Versorgungslücke in den ersten beiden Schichten, Frauen.

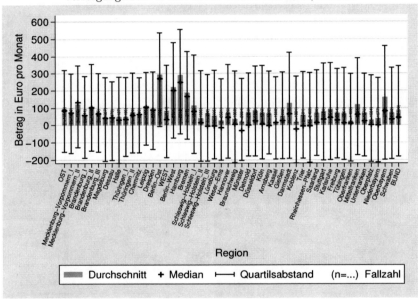

Eigene Darstellung.

Abbildung A.65:

Versorgungslücke in den ersten beiden Schichten, Männer.

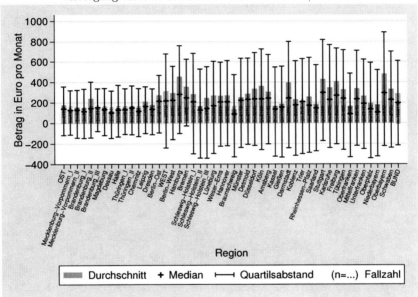

Eigene Darstellung.

B Tabellen

Tabelle B.1:
Vorsorgestatus in der dritten Schicht nach Alter.

Alter in Jahren	Ersatzniveau (in €)	Ersatzquote (in Prozent)
	BUND	
25 bis unter 35	767,09	42,24
35 bis unter 45	827,50	41,40
45 bis unter 55	730,29	39,14
55 bis 65	650,63	40,37
	WEST	
25 bis unter 35	871,98	47,59
35 bis unter 45	936,41	45,76
45 bis unter 55	841,53	43,01
55 bis 65	745,57	44,06
	OST	
25 bis unter 35	233,02	16,96
35 bis unter 45	246,94	19,47
45 bis unter 55	217,10	22,09
55 bis 65	202,35	24,05

Eigene Darstellung.

Tabelle B.2:

Vorsorgestatus in der dritten Schicht nach Einkommen.

monatliches Nettoeinkommen in €	Ersatzniveau (in €)	Ersatzquote (in Prozent)
BUND		
unter 1.100	401,38	61,26
1.100 bis unter 1.700	513,01	20,19
über 1.700	1.499,26	31,40
WEST		
unter 1.100	452,43	71,58
1.100 bis unter 1.700	574,54	22,53
über 1.700	1.615,61	33,79
OST		
unter 1.100	246,17	29,90
1.100 bis unter 1.700	220,10	9,04
über 1.700	184,21	4,37

Eigene Darstellung.

Tabelle B.3:
Vorsorgestatus in der dritten Schicht nach Geschlecht.

Geschlecht	Ersatzniveau (in €)	Ersatzquote (in Prozent)
	BUND	
weiblich	559,21	54,39
männlich	936,31	29,57
	WEST	
weiblich	632,71	62,43
männlich	1.074,96	31,05
	OST	
weiblich	189,19	18,66
männlich	260,40	22,38

Eigene Darstellung.

SOZIALÖKONOMISCHE SCHRIFTEN

Herausgegeben von Professor Dr. Dr. h.c. Bert Rürup und
Professor Dr. Werner Sesselmeier

Band 41 Nicolas Gatzke: Public Private Partnerships und öffentliche Verschuldung. PPP-Modelle im Licht deutscher und europäischer Verschuldungsregeln und ihre Transparenz in den öffentlichen Haushalten. 2010.

Band 42 Olaf Weddige: Measuring Public Pension Liabilities in the European Union. 2011.

Band 43 Christina Boll: Lohneinbußen von Frauen durch geburtsbedingte Erwerbsunterbrechungen. Der Schattenpreis von Kindern und dessen mögliche Auswirkungen auf weibliche Speziali- sierungsentscheidungen im Haushaltszusammenhang. Eine quantitative Analyse auf Basis von SOEP-Daten. 2011.

Band 44 Jörg Schoder: Theorie und Empirie der Alterssicherung in Deutschland. Eine Bestandsauf- nahme zu den Versorgungswegen des Drei-Schichten-Modells unter Berücksichtigung re- gionaler Aspekte. 2011.

www.peterlang.de